DAS REISEBUCH
AFRIKAS SÜDEN

Die schönsten Ziele entdecken in Südafrika,
Namibia, Botswana und Simbabwe –
Highlights, Naturwunder und Traumtouren

Roland F. Karl

DAS REISEBUCH AFRIKAS SÜDEN

Die schönsten Ziele entdecken in Südafrika, Namibia, Botswana und Simbabwe – Highlights, Naturwunder und Traumtouren

BRUCKMANN

INHALTSVERZEICHNIS

	Übersichtskarte	8
	Willkommen im Südlichen Afrika – Erstaunliche Einblicke	18
	Faszination Südliches Afrika – Unermesslich riesige Natur pur	20

ANGOLA UND SAMBIA

1	Geheimtipp Angola – Abenteuer im Südlichen Afrika	28
2	**AFRIKA IM FLUG** **Kernige Buschpiloten**	**32**
3	Sambias Kafue Nationalpark »Land unter« in den Busanga Plains	34
4	South-Luangwa-Nationalpark – Sambias Urwaldterritorium	40
5	Lower-Zambezi-Nationalpark und Lake Kariba – Sambias Nowhereland	44
6	Mosi-oa-Tunya-Nationalpark – Livingstone und Victoriafälle in Sambia	48
	ZEIT FÜR AFRIKA Wilde Tiere im Fokus	54

MALAWI UND MOSAMBIK

7	Kaya Mawa & St. Peter's – Seemärchen Lake Malawi	58
	ROBINSONADE AUF MUMBO ISLAND **Südsee in Malawi**	**64**
8	Die nördlichen Highlands – Nyikas Hochmooratmosphäre	66
9	Old Bhandawe, Mua Mission & Co. – Das »warme Herz von Afrika«	67
10	Die südlichen Highlands – Blantyre, Zomba & Tea	68
11	Liwonde-Nationalpark – Malawis Dschungelbuch	70
12	Majete Wildlife Reserve – Die Rettung der Wildtiere	72
13	Maputo – Mosambiks quirlige Hauptstadt und chaotische Schönheit	74
14	**QUIRIMBAS** **Trauminseln aus 1001 Nacht**	**76**
15	Ponta do Ouro – Mosambiks hippstes Beachlife	80
16	Geheimtipp Ponta Malongane – Die ruhigere Schwester	81
17	Bazaruto und Benguerra – Safari im »Kruger«, Baden in Mosambik	84

Chamäleon auf Likoma Island, auf Futter spekulierender Affe am Straßenrand, Grabmal von Cecil Rhodes in Simbabwes Matobo-Nationalpark, Marktfrau in Maputo, Sightseeing in Cape Town, Himba-Kinder im Kaokoveld (v.l.n.r.).

Namibias Etoshapfanne

BOTSWANA UND SIMBABWE

18	**Okavango-Delta** – Die Inseln der Wildtiere	90
	SEHNSUCHTSZIEL SAFARI Ökonomie der Wildnis	**94**
19	**Runway Maun** – Die Stadt der Propeller	96
20	**Kasane am Chobe River** – Hafen der Hausboote	97
21	**MOBILE SAFARI** Im Zeltcamp durch die Wildnis	**98**
22	**KAZA** – Naturschutz für fünf Länder	102
23	**Sandtraum Kalahari** – Botswanas mystische Schönheit	104
24	**Nxai und Makgadikgadi** – Aus einer anderen Welt	105
25	**Victoriafälle und The Vic Falls Hotel** – Luxus pur	106
26	**Simbabwes Hauptstadt Harare** – Im Zentrum der Macht	108
27	**Kolonialperle Bulawayo** – »The City of Kings«	109
28	**Hwange-Nationalpark** – Simbabwes meistbesuchtes Tierparadies	110
29	**African Bushcamp »Somalisa«** – Die Lodge der Elefanten	114
30	**Matobo-Hills-Nationalpark** – Cecil Rhodes' »World's View«	115
31	**Mana-Pools-Nationalpark** – Wildnistraum am Sambesi	116

NAMIBIA

32	**Zum ersten Mal Namibia** – Zwischen Wüste und Atlantik	122
33	**Windhoek** – Namibias Metropole im Hochland	126
34	**Township Katutura** – Windhoeks afrikanische Seele	130
35	**Namibia für Selbstfahrer** – Das Beste in zwei Wochen	134
36	**Fliegen auf Eros** – Ab in die Wildnis	138
37	**Khomas-Hochland und Erongo** – Die Bergwelt der Hauptstadt	140
38	**Waterberg** – Namibias Naturwunder	142
	VOM GLÜCK, IN NAMIBIA ZU LEBEN Wer einmal hier ist, geht nicht mehr weg	**144**
39	**Tsumeb und Grootfontein** – Lebensquellen der Wüste	146
40	**Etosha-Nationalpark** – Das Paradies der Wildtiere	148
41	**Damaraland** – »The Place of God«	152
42	**Brandberg, Spitzkoppe & Co.** – Namibias Bergwelten	154
43	**Namibische »Rock-Art«** – Felsiges UNESCO-Weltkulturerbe	158
44	**Das wilde Kaokoveld** – Expeditionen ins Niemandsland	160
	LETZTE KRIEGER DER WILDNIS Ein kostbarer ethnologischer Schatz	**164**
45	**Das Flusstal von Purros** – Landebahn im Nirgendwo	166

INHALTSVERZEICHNIS

46	**Bei den Himba am Kunene River** – Ursprünglichkeit und Menschenleere	168
47	**Die Skelettküste** – Am eiskalten Atlantik	172
48	**SCHOEMANS SAFARIS** **der Pionier der Wildnis**	**178**
49	**Cape Cross** – Nichts für Ästheten der Düfte	180
50	**Jugendstilperle Swakopmund** – Von der Namib geküsst	182
	ATLANTISCH GOLFEN **Einputten wird hier großgeschrieben**	**186**
51	**Walvis Bay** – Die Bucht der Wale	188
52	**Namib-Naukluft-Nationalpark** – Nichts außer Sand!	190
53	**Gondwana Desert Collection** – Vier auf einen Schlag	194
54	**Sandwunder Sossusvlei** – Im Ballon über der Wüste	198
55	**NamibRand Nature Reserve** – Wo der Wolf tanzt	200
	ZAUBER DER NAMIB **Desert Whisper**	**202**
56	**Lüderitzbucht** – Wo einmal alles begann	204
57	**Kolmanskop und das Sperrgebiet** – Im Sand funkelnder Steine	206
58	**Fish-River-Canyon-Nationalpark** – Abenteuer für Wanderer	210
59	**Keetmanshoop** – Wildpferde und Wüstenschloss	212
60	**Der Caprivi-Streifen** – Namibias tropische Hotline	216
	EXOTISCH **Namibias Flora und Fauna**	**220**
61	**Lodges als luxuriöse Beobachtungsposten** – Flussinseln im Kwando River	222
62	**Im exotischen Vierländereck** – Mächtiger Sambesi	224
63	**VICFALLS ADVENTURE** **Daytrip zu den Viktoriafällen**	**226**

SÜDAFRIKA, LESOTHO, SWASILAND (ESWATINI)

64	**Die Südspitze des Kontinents** – Abenteuer auf eigene Faust	230
65	**Kapstadt** – Am Ende der Welt	234
66	**CHAPMAN'S PEAK DRIVE** **Traum einer Küstenstraße**	**240**
67	**Cape Point** – Die schönste Lüge der Welt	244
68	**Das Kap der guten Weine** – Verkostung ohne Ende	248
69	**Karoo** – Eine wüste Welt für sich	252
70	**Hermanus und Walker Bay** – Von Walen, Robben und Pinguinen	256
71	**Grootbos Nature Reserve** – Fynbos, Grootbos und Erika	258
72	**Cape Agulhas** – »Southernmost Tip of Africa«	262
73	**Südafrikas Garden Route** – Ultimativ	264

Arbeiten Hand in Hand: Wilde Exoten, die Ilala Lodge in Victoria Falls, *game driver* auf Spurensuche in Malawi, junger Kudu in Habacht, Elefantenkuh mit ihrem Kleinen, Sun City mit seinem Märchenschloss »The Palace« (v.l.n.r.)

Wie in Zeitlupe stolzieren Giraffen auf der Suche nach saftig grünem Blattwerk, das nur für lange Hälse erreichbar ist.

	PLETTENBERG BAY **Zentrum der Garden Route**	**268**
74	Tsitsikamma-Nationalpark – Natur pur	270
75	Cape West Coast – Nordfriesische Impressionen	274
76	Cederberg Mountains – Bushmans Kloof Wilderness	278
77	Upington & Augrabies Falls – Durchs Namaqualand	280
	REISEN IN SÜDAFRIKA **Für Familien mit Kindern**	**282**
78	Die Heimat der San – The Song of the Kalahari	284
79	Tswalu – Arche Noah der Wildtiere	286
80	Grahamstown und Addo Elephant National Park – Kultur & Wildnis	288
81	Graaff-Reinet – Kapholländisches Bilderbuch	290
82	Wild Coast – Nicht von dieser Welt	292
83	Golden-Gate-Highlands-Nationalpark – Ziel für Wanderer	296
84	Johannesburg – Zentrum der Kraft	298
85	Pretoria – Die halbe Hauptstadt	302
86	Sun City – Vergnügen pur	304
87	Madikwe Game Reserve – Safari für Kinder	306
88	Waterberg Mountains – Wildlife ohne Raubtiere	308
89	**EXOTISCH AUF SCHIENEN** **Mit der Eisenbahn durch Afrika**	**310**
90	Kruger-Park – Die Arche der Wildtiere	312
91	Singita Lebombo & Co. – Krugers Geldmaschinen	316

	VOM BESONDEREN GLÜCK IN SÜDAFRIKA ZU LEBEN **Tolle Natur, freundliche Menschen**	**320**
92	Wettstreit der Edelherbergen – Wer die Wahl hat …	322
93	Nördliche Drakensberge und God's Window – Landschaftsszenario allererster Güte	326
94	Pilgrim's Rest – Aus Goldgräbers Zeiten	330
95	Durban – Die Stadt des Lichts	332
96	Die südlichen Drakensberge – Überirdisch	336
	ERBE DER ANGST **Südafrikas Townships**	**338**
97	Im Stammesland der Zulu – KwaZulu-Natal	340
98	Hluhluwe – Gourmetparadies für Vegetarier	344
99	Greater St. Lucia und iSimangaliso Wetland Park – Wasserreiches Tierparadies	346
100	Elephant Coast – Die Küste der Wunder	350
101	**AUF DEM DACH SÜDAFRIKAS** **Über den Wolken**	**354**
102	Swasiland (Eswatini) – Ahnenkult, Hexerei und aufregendes Nachtleben	356
	Kartenatlas	360
	Register	378
	Text-/Bildnachweis	382
	Impressum	384

Romantische Wildlife-Szenerie: Sonnenuntergang am Kameldornbaum in den namibischen Tiras-Bergen.

Capsicum frutescens oder Piri-Piri: scharfes Pfeffergewürz aus Chilischoten auf dem Zentralmarkt in Maputo, Mozambik

Im fragilen Mokoro, dem botswanischen Einbaum, in exotischen Gewässern des Okavango-Deltas – dem natürlichen Habitat von Flusspferden und Krokodilen

UNSER NACHHALTIGKEITSKODEX

Die Welt birgt viele Wunder, Abenteuer und spektakuläre Aussichten, die wir gerne erkunden möchten. Doch sie ist auch leicht aus dem Gleichgewicht zu bringen. Hier ein paar Tipps, wie wir unsere Welt nachhaltig entdecken können:

- **Die Hauptsaison meiden:** Wenn wir nicht gerade auf die Ferienzeiten angewiesen sind, können wir der Umwelt einen großen Gefallen tun, indem wir in der Nebensaison verreisen. Damit tragen wir zu einer gleichmäßigeren Auslastung der Umwelt und der Infrastruktur bei und der Urlaub wird dazu auch noch wesentlich entspannter.

- **Die Aufenthaltsdauer dem Reiseziel anpassen:** Je weiter das Reiseziel ist, desto länger sollte der Aufenthalt sein. Dadurch lernen wir die Region nicht nur intensiver kennen, sondern stärken sie ganz nebenbei noch durch unsere Ausgaben vor Ort. Anfahrtsintensive Tagesausflüge sollten besser vermieden werden, das bedeutet nur Stress, sowohl für die Umwelt als auch für uns selbst.

- **Auf umweltschonende Verkehrsmittel setzen:** Wo es möglich ist, reisen wir mit öffentlichen Verkehrsmitteln an. Das reduziert nicht nur die Luftverschmutzung, sondern schont auch unsere Nerven. Falls das nicht geht, helfen verschiedenste Plattformen dabei, den CO_2-Austoß auszugleichen, vor allem, wenn das gewünschte Reiseziel nur mit dem Flugzeug zu erreichen ist.

- **Nur dort parken und campen, wo es erlaubt ist:** Selbst, wenn wir uns noch so vorbildlich verhalten und unseren Aufenthaltsort so hinterlassen, wie wir ihn vorgefunden haben, stören wir den Lebensraum von Wildtieren und hinterlassen Spuren und Gerüche. Auch Lagerfeuer entzünden wir ausschließlich an den dafür vorgesehenen Stellen und achten dabei auf Waldbrandstufen und Naturschutzgebiete.

- **Ressourcen gewissenhaft nutzen:** Manche Umweltressourcen sind bereits knapp, endlich sind auf jeden Fall alle. Um sie zu schonen, sollten wir sparsam mit ihnen umgehen, gerade in Gegenden, in denen zum Beispiel Wasser oder Strom nicht im Überfluss vorhanden sind.

- **Ein guter Gast sein:** Nachhaltig unsere Umgebung zu erkunden bedeutet auch, der hiesigen Flora und Fauna mit Respekt zu begegnen. Pflanzen sollten auf keinen Fall gepflückt werden, aber sie stehen uns bestimmt gerne Modell für das eine oder andere Foto. Das Gleiche gilt für wilde Tiere: Wir füttern sie nicht, halten Abstand und beobachten sie aus der Ferne.

- **Auf den Wegen bleiben:** Wer die vorgegebenen Wege verlässt, dringt nicht nur in die Rückzugsräume heimischer Arten ein, sondern trägt auch dazu bei, dass sich neue Wege bilden, was zur Erosion des Bodens führt.

- **Abfall wieder mitnehmen:** Plastikverpackungen jeglicher Art, Dosen, Flaschen und Papiertaschentücher (es dauert Jahre, bis sich ein einzelnes Taschentuch vollständig abgebaut hat!) gehören nicht in die Natur, sondern artgerecht entsorgt. Am besten gleich eine wiederverwendbare Brotdose oder Trinkflasche mitnehmen. Dazu zählen natürlich auch Toilettenpapier und der Inhalt von (Chemie-)Toiletten. Entsprechende Entsorgungsstationen finden sich überall.

- **Lokal kaufen:** Dadurch lernen wir Land und Leute besser kennen und unterstützen die regionale Wirtschaft, außerdem sind regionale Produkte meist auch preisgünstiger und qualitativ hochwertiger.

So wie wir die Umwelt respektieren, wollen wir auch unseren Mitmenschen und deren Kultur Respekt entgegenbringen, gerade im Hinblick auf deren Traditionen, Religion oder typische Gebräuche. So können ein Lächeln oder ein paar Worte in der Landessprache Berge versetzen!

WILLKOMMEN IM SÜDLICHEN AFRIKA

Erstaunliche Einblicke

Die Schönheit der begehrten Destination lässt sich an Zahlen nicht festmachen: Die zehn Länder bieten eine Vielzahl an Attraktionen auf – darunter eine exotische Tierwelt, unermesslich riesige Flusssysteme sowie unberührte Natur ohne Ende.

Afrikas Süden querbeet

Zusammen kommen die 10 Länder auf rund 6 Millionen Quadratkilometer in der Fläche, was einem Sechstel des riesigen Kontinents entspricht. Von Luanda in Angola bis nach Maputo in Mosambik sind es 3.760 Kilometer, Malawis Hauptstadt Lilongwe liegt von Kapstadt beinahe ebenso weit entfernt. Wer sich auf riesigen Distanzen bewegt, wird starke Kontraste erleben: Malawi zählt zu den ärmsten Staaten Afrikas, Südafrika steht für Gold und Diamanten, Namibia für einen eiskalten Atlantik sowie hitzebrütende Wüsten, und Botswana reklamiert in seinem Okavango-Delta die aufregendste Tierdichte der Welt für sich.

Nationalparks

Selbst das wenig durch Tourismus bereiste Angola zählt 9 Nationalparks auf 162 000 km², was einer Landesfläche von 12,6 % entspricht. Südafrika kommt auf 24 Nationalparks, Namibia auf 20, Botswana auf 18, Simbabwe auf 5.

Hinzu zu addieren sind unzählige Naturschutzgebiete, die niemand anderem als der afrikanischen Tierwelt gehören.

Sprachengewirr

Afrikaans, Englisch, Tswana, Xhosa, Zulu, Sotho und Tsonga listet allein Südafrika als offizielle Amtssprachen auf, dazu kommt Portugiesisch in Mosambik und Angola sowie Englisch in allen übrigen Staaten des Südlichen Afrika.

Wild Thing

Als Wilde Exoten verstehen sich vor allem Exemplare der Big Five. Dazu gehören Elefant, Büffel, Leopard, Löwe und Nashorn. Zu den Big Seven zählen zudem Südafrikas Wale sowie der Urfisch »Coelacanth«, ein Quastenflosser, der vor den Küsten des Indischen Ozeans lebt.

KAZA ohne Grenzen

Das Kavango-Zambezi Transfrontier Conservation Project gilt als das spektakulärste, wenn nicht das größte und ehrgeizigste Naturschutzprojekt der Welt – das zum Ziel hat, fünf aneinander grenzende afrikanische Staaten zum Wohle der wilden Tiere grenzenlos zu verbinden.

130 Millionen …

… Einwohner bringen alle zehn Länder zusammen auf, was einem guten Drittel der EU entspricht – auf einer Fläche, die nur wenig größer ist. Dabei schießt Namibia den Vogel ab: Auf zweieinhalbfacher Größenausdehnung Deutschlands leben nur so viele Menschen wie in Hamburg: 2,5 Millionen.

UNESCO-Welterbe

Südafrika ist mit 10 Welterbestätten vorne dran, aber auch die Mitbewerber haben einiges zu bieten: Ein Teil des Malawi-Sees zählt dazu, Botswanas Okavango-Delta, die weltberühmten Fälle des Sambesi zwischen Livingstone und Victoria Falls, Namibias Felsgravuren in Twyfelfontein sowie das Weltkulturerbe der Matobo Hills in Simbabwe.

Der Himmel voller Sterne

Über den riesigen Wüstengebieten des Südlichen Afrika funkeln nachts der Südliche Fisch und die Silberdollar-Galaxie für Sternengucker, und nicht nur die Milchstraße strahlt: Geringe Luftverschmutzung, niedrige Luftfeuchtigkeit und wenig Bewölkung machen die Weiten der Kalahari und der Namib in beinahe 300 Nächten im Jahr zu nachgefragten Dark-Sky-Reservaten.

Superlative

Das schönste Ende der Welt: Kapstadt
Die schnellsten Raubkatzen: Geparde
Die älteste Wüste der Welt: Namib
Das beliebteste Delta: Okavango
Die meisten Elefanten: Simbabwe
Die zweitgrößten Wasserfälle: Victoria Falls
Die gefährlichste Schlange: Black Mamba
Der luxuriösteste Zug: Blue Train
Größte Dichte an Golfplätzen: Johannesburg

Ohne Wasser geht nichts: nicht mal das zufriedene Nickerchen einer satten Löwin im botswanischen Tierparadies Okavango-Delta (rechte Seite), schon gar nicht die berauschenden Victoria Falls (oben).

FASZINATION SÜDLICHES AFRIKA

Unermesslich riesige Natur pur

Gemeinsam sind den Ländern des Südlichen Afrika unvorstellbare Distanzen entlang ihrer Grenzen, die Savannen, Buschland, Wüsten, Gebirge und Regenwälder durchschneiden. Und natürlich die Tierparadiese ihrer »wilden Exoten«, die dort ein aufregendes Bühnenstück geben. Damit die Dramaturgie funktioniert, braucht es vor allem Wasser, das gewaltige Flusssysteme über alle Grenzen hinweg bis in die Ozeane spülen.

In der Choreografie des Südlichen Afrika ist das aquatische Nass die alles bestimmende Größe: Lake Malawi, 55-mal die Fläche des Bodensees, wartet mit glasklaren Süßwassern und einem Fischreichtum auf, der Schnorchler und Taucher begeistert; Sambia kann mit der vor Feuchtigkeit strotzenden Region des Luangwa River und seinen wildreichen Nationalparks so richtig protzen; im Mana-Pools-Nationalpark spielt Simbabwe einen urzeitlichen Bildertraum auf, zu erleben auf einer unwirklich erscheinenden Kanu-Safari auf dem Sambesi, zusammen mit Flusspferden und gefräßigen Krokodilen; die weltberühmten Victoriafälle, an denen die Wassermassen des Sambesi 111 Meter in brodelnde Felsschluchten abstürzen, teilen sich Sambia und Simbabwe genau an der Stelle, wo die Viktoriabrücke das tobende Wasser überspannt.

EINLEITUNG

Die Kontraste im Südlichen Afrika sind frappierend: Seeufer am Lake Malawi (rechte Seite oben), die Skyline Johannesburgs (oben) steht gegen Windhoeks kaiserliche Christuskirche (unten).

Wasser ist der Katalysator

Es ist das kostbare Nass mächtiger Wassergiganten, das den Lebenskreislauf der Wildnis mehr als alles andere bestimmt. Einer der ganz großen »Player«, der Sambesi, wälzt sich auf 2574 Kilometern durch Buschland und Savannen, bis er vor der Küste Mosambiks im Indischen Ozean verschwindet. Seinen Anfang nimmt der unbezähmbare Riese, der als viertgrößter Fluss einer der kraftvollsten Afrikas ist und Milliarden Existenzen als Lebensschlagader regiert, im entrückten Bergland des Länderdreiecks Sambia, Kongo und Angola, wenn aufgeheizte Luftmassen aus der Subsahara-Region mit antarktisch-atlantischen Schichten kollidieren, sich dichte, dunkle Wolkengebirge auftürmen, es zu grollen und zu blitzen und dann wie aus Kübeln zu schütten beginnt. Drei Monate kann so eine Regenzeit dauern, und seinen Wasserkörper von einem Flussbett von einigen hundert Metern zu einem bis zu 25 Kilometer breiten Seengebiet anschwellen lassen. Was einmal Land war, verschwindet. Inseln im Strom entstehen und ein vor Saft und Kraft strotzendes Vegetations- und Tierparadies unwirklicher Schönheit. Großer Berühmtheit erfreut sich der 1700 Kilometer lange Okavango, der nicht als Fluss, sondern als Delta in unser Bewusstsein tritt: Das Okavango-Delta Botswanas ist mit einer Fläche von über 20 000 Quadratkilometern so groß wie Hessen und wird als Tierparadies mit der dichtesten Population aller afrikanischen Dschungelbuch-Exoten gehandelt, Spitzmaulnashorn und selten gewordene Wild Dogs, Wildhunde, inklusive.

Okavango-Delta

Es ist auch das Wasser, das als Katalysator die Nahrungskette (und die Fressgeschwindigkeit der Raubtiere) beschleunigt. Dem Okavango sei Dank, fließt es aus dem regenreichen Hochland Angolas in großen Mengen herbei, versorgt weite Savannengebiete mit See- und Flusslandschaften, bevor die letzten Tropfen in der botswanischen Kalahari versickern, wenn sie nicht vorher in flimmernder Hitze verdunsten. Jahreszeiten im Delta sind wichtig. Mit den ersten Rinnsalen, die im europäischen Frühjahr aus Angola ankommen, beginnt dieser exorbitante Wasserkreislauf. Im Sommer ist das gefüllte Delta landschaftlich am schönsten, aber nur noch mit Booten zu befahren. Die beste Zeit für Tierbeobachtungen beginnt September/Oktober, in den heißesten Monaten, wenn sich die Wildtiere gegen Ende der Trockenzeit an den noch verbliebenen Wasserlachen versammeln. Etwa gleich wichtig für die Existenz von Mensch, Tier und Natur ist der südafrikanische Oranje, der im schroffen Bergland

Lesothos entspringt und zusammen mit seinem kleineren Kollegen, Vaal River, nach rund 2360 Flusskilometern bei Oranjemund nicht nur kostbares Süßwasser, sondern auch wertvolle Diamanten in den Atlantik spült, die monsterhafte Unterwasserstaubsauger südafrikanischer und namibischer Minengesellschaften vom Meeresgrund aufsammeln. Die Liste der wasserreichsten Lebensadern des Südlichen Afrika setzt sich mit dem Chobe River fort, der als 1500 Kilometer langer Cuando in Angola startet, im weiteren Verlauf erst zum Cuando, dann zum Linyanti und schließlich zum Chobe wird, und mit schilfgrasbewachsenen Uferlandschaften und romantischen Flussauen beim botswanischen Safaristädtchen Kasane die allerschönste Garten-Eden-Idylle, oder, wenn man so will, das tollste Fressparadies der Wildtiere entfaltet. Weshalb hier ein Dutzend Flussdampfer, allen voran das historische Flaggschiff »Zambezi Queen«, schon frühmorgens seine lehmgrauen Fluten durchpflügen. Unmengen Flusspferde und bis zu sechs Meter lange Nilkrokodile halten die weitläufigen Flussinseln des Chobe-Paradieses besetzt, auf denen Giraffen, Büffel, Antilopen und Elefanten grasen. Angesichts so fetter potenzieller Beute wagen sich manchmal sogar wasserscheue Raubkatzen trotz reißender Strömung hinüber.

Das KAZA-Projekt

Von Kasane aus geht es auf weit verzweigten Wasserwegen per Schnellboot zu den Wildnis-Domizilen der namibischen Zambezi-Provinz, und noch viel weiter. Bis nach Rundu zum Beispiel, wo am westlichen Ende des Caprivi-Streifens die Hakusembe River Lodge an den Ufern des Okavango filmreife Bilder vorführt: Die Flussmitte trennt hier Namibia von Angola, wie in Zeitlupe bewegen sich archaisch wirkende Eingeborene drüben halbnackt vor der Kulisse dichter Buschvegetation, Hähne krähen, Feuer lodern, die Strohdächer einfacher Lehmhütten glänzen im späten Sonnenlicht, die Männer staken im Einbaum zum Fischfang.

Der Malawi-See ist 55-mal so groß wie der Bodensee und mit durchschnittlich 292 Metern Tiefe, glasklarem Wasser und einem exotischen Fischreichtum ein Süßwasser-Dorado für Schnorchler und Taucher.

Wenn die Sonne sinkt, wird es Zeit für einen Drink: Löwenfamilie beim Sundowner

Eines der ehrgeizigsten Ziele des Südlichen Afrika ist das KAZA-Projekt in der Sambesi-Okavango-Region, und noch hört es sich wie ein Traum an, der die riesigen wasserreichen Areale Angolas, Sambias, Botswanas, Simbabwes und des namibischen Nordostens zum spektakulärsten Tier- und Naturschutzvorhaben der Welt vereinen soll: Unfassbare 440 000 Quadratkilometer würden zu dieser Kavango-Zambezi Transfrontier Conservation Area gehören, was der Fläche Deutschlands und Österreichs entspricht! Drei Dutzend nationale Schutzgebiete und Wildtierreservate umfasst KAZA grenzübergreifend, darunter große Nationalparks wie Angolas Luiana, Botswanas Chobe, Simbabwes Hwange, Sambias Sioma-Ngweizi sowie Namibias Bwabwata.

Endstation Sehnsucht

Unermesslich riesig stellt sich der Markt dar, der sich im Südlichen Afrika um afrikanische Wildtiere dreht, längst hat das kraftvolle »Out of Africa«-Feeling seine ökonomischen Triebe in die abgelegensten Winkel gesetzt. Weltab von Reisemultis, Spezialveranstaltern, Linienflug- und Chartergesellschaften, gastronomischen Großunternehmen sowie Transport- und Logistikfirmen, die in Sachen »Wildlife« schon lange grenzübergreifend operieren, findet in dieser sehr eigenen Welt der Wildnis das ersehnte Endprodukt statt: Das Verweilen in einer Safari-Lodge als verlangsamte Bewegung zwischen Raum und Zeit, abseits einer sich immer hektischer drehenden Zivilisation. Wer sich einlassen kann, mag den schnellen Takt für Momente vergessen, macht sich vielleicht hier auf die Suche nach der eigenen verlorenen Zeit. Diejenigen, die sich nach Tagen in der Wildnis vor dem Einsteigen in den Helikopter, eine Zweimotorige, ein Boot oder den Land Rover zwecks Transfer zum nächstgelegenen International Airport noch einmal umdrehen und dabei eine wehmutsvolle Stimmungstiefe verspüren, sind angekommen. Auch wenn sie gerade wieder abreisen. Aber keine Angst: Wildnis macht süchtig. Die richtige Dosierung zu finden, hat sich dieser Band zur Aufgabe gemacht.

Faszination Südliches Afrika

Die Wüsten

Während der nördliche Teil des Südlichen Afrika durch seine riesigen Flusssysteme geprägt ist, lebt der südliche mit und von seinen Wüsten, der Namib und der Kalahari. Die Kalahari erstreckt sich auf einer Fläche von zirka 1,2 Millionen Quadratkilomter zwischen Namibia, Südafrika und Botswana. Die kleine Schwester, die Namib, liegt zum größten Teil auf namibischem Gebiet, wie auch in Angola, nimmt sich aber im Vergleich zur Kalahari mit rund 80 000 Quadratkilometer Fläche eher bescheiden aus.

Dort, wo sich das zentrale südafrikanische Hochland gegen Namibia und Botswana zum Bushveld senkt, beginnt die Weite der Kalahari. Dicke Lagen rötlichen Sands bedecken die Gebiete des Northern Cape: hitzeflimmernde Ebenen im südafrikanischen Sommer, mit eiskalten Nächten im Winter. Es wird ausgesprochen ungemütlich, wenn glühend heiße Sandstürme über das dürre Land ziehen, und Frostgrade klirrend kalte Nächte bescheren. Die Heimat der Buschleute, der San, gilt als das größte zusammenhängende Sandgebiet der Welt. Sanddünen wachsen zu riesigen Gebilden und führen je nach Sonnenstand die faszinierendsten Farbspiele auf. Dass sich Wildtiere hier wohlfühlen, erscheint wie ein Wunder der Evolution. Sogar Geparden zeigen sich dann und wann, außerdem besonders prachtvolle Exemplare der Raubkatzen: die Kalahari-Löwen mit ihren eindrucksvollen schwarzen Mähnen. Zur Jahrtausendwende wurde der frühere südafrikanische Kalahari Gemsbok Park mit dem botswanischen Gemsbok National Park zum grenzüberschreitenden Kgalagadi Transfrontier Park zusammengelegt. Es wurde der erste »Park ohne Grenzen«, der im Südlichen Afrika beispiellos war. Vielleicht wird ein namibischer Teil dieses grenzenlose Durstland-Reservat in der Kalahari erweitern – das jedenfalls ist das Fernziel der Park-Manager. »Ervaar die Wonderweld van die Kalahari« ist auf Afrikaans bei der Einfahrt über die »dorstige Woestyn« in Twee Rivieren zu lesen. Wer hier unvorsichtigerweise aussteigt und sich fototechnisch zwischen einer Puffotter und einem Kalahari-Löwen nicht schnell genug entscheiden kann, hat möglicherweise die Anpassung ans lokale Ökosystem verpasst. Allerdings brauchen Fotografen beim Großwild wie Geparden, Leoparden, Nashörner und Löwen Geduld. Wenn die monotone, vertrocknete Landschaft in großer Hitze erstarrt vor sich hinbrütet, haben auch Springböcke und Antilopen wenig Lust zu hüpfen. Entlang der beiden Trockenflüsse Auob und Nossob, die so gut wie niemals fließen, bieten Wasserbohrlöcher mit sinnfälligen Bezeichnungen wie Lekkerwater und Dankbaar eine Chance, Tiere aus der Nähe zu beobachten.

Die luxuriöse Lodge versteckt sich in der Wildnis Malawis (oben). Fröhliche Schulkinder auf dem Heimweg in KwaZulu-Natal (unten).

ANGOLA UND SAMBIA
Exotisch und wild

Verrückte Kontraste: Adrenalinsport über den Victoria Falls (links). Straßenmusiker in Angola (oben) und zebrastylisches Wildlife in der Savanne Sambias (unten).

Während Luanda (oben) als teuerste Stadt Afrikas in die Moderne wächst, bleibt das restliche Angola archaisch: Eingeborene bei der Arbeit (rechte Seite oben), Natur pur an den Kalandula-Wasserfällen (rechte Seite unten).

ABENTEUER IM SÜDLICHEN AFRIKA – GEHEIMTIPP ANGOLA

Starke Kontraste: archaisch bis hypermodern

Ein lebendes Archiv afrikanischer Bilderorgien ist Angola für Fotografen, für Liebhaber absurd schöner Landschaftsszenarien ist es das Paradies schlechthin, und für wagemutige Abenteurer ist es einfach nur das genau richtige Terrain. Wer sich in einer der beiden erstgenannten Kategorien wiederfindet und sich über Angolas »Last Frontier« wagen will, wird der dritten Variante ebenfalls zustimmen.

So mancher in die Jahre gekommene Haudegen des ehemaligen Deutsch-Südwest mag sich erinnern, wie es einmal war: Wenn im jahreszeitenverkehrten namibischen Winter, also unserem Sommer, die Nächte in Windhoek fröstelnd kühl wurden, die Ferien vor der Tür standen und Angola mit angenehm warmen Gefilden lockte. Dann wurde der Land Rover mit Campingausrüstung und Vorräten bepackt, und es ging nordwärts über den Kunene River, der über weite Strecken die namibisch-angolanische Grenze markiert. Jenseits des krokodilbesetzten Dschungelflusses gab es nur noch Wildnis, und Angola war von einer modernen Zivilisation noch weitgehend unberührt.

Berührender Landschaftstraum

Wer den Kunene überschreitet, wird im Inneren auch heute noch auf berauschend schöne Gebirgslandschaften treffen, die bis auf 2700 Meter Höhe aus Savannen und wüstenähnlichen Regionen wachsen. Irgendwo da oben im Bergland brüten die ersten Rinnsale des Okavango und des Sambesi ein gewaltiges Flusssystem aus, das einen Großteil des Süd-

ANGOLA UND SAMBIA

Angolas Auftritte sind magisch: stolzer Krieger mit *western-style* Drink (oben) und Frau mit typischen Ompota-Kopfschmuck (unten). Mystische Landschaft am Kunene River (rechte Seite oben). Bootstrip auf dem Kunene (rechte Seite unten).

lichen Afrika mit wohlwollend feuchter Hand regiert. An rund 2000 Kilometer langen Küsten kann der atlantische Landesteil mit palmenbestandenen Stränden, glasklaren Wassern in Badetemperatur und exorbitanten Sandpaketen nur so protzen. Unterschiedliche Klimazonen prägen einen trockenen Süden, den vornehmlich die Kargheit bestimmt. Im Norden, zum Kongo hin, wo es Wasser satt gibt, breitet sich ein Land tropischer Regenwälder mit grünenden Vegetationsparadiesen aus. Auf der Wasserfall-Liste ganz oben stehen die Cachoeira-Fälle am Rio Cambongo sowie die Kalandula-Fälle, die zu den höchsten in Afrika und den schönsten der Welt zählen. Über 15 Prozent der mit grandioser Vielfalt ausgestatteten Natur sind Nationalparks und sonstige Schutzzonen, was bei der riesigen Fläche Angolas einer Größenordnung von fast zwei Dritteln der Bundesrepublik entspricht! Angolas Iona-Nationalpark, einer von insgesamt sechs, ist mit 15 200 Quadratkilometern beinahe so groß wie Schleswig-Holstein, wirbt mit 900 endemischen Tierarten sowie selten gewordenen Vogelspezies; säbelgehörnte Oryx, Kudus, Springböcke, Zebras, Strauße und Dik Diks sind hier in großen Mengen zu beobachten. Seltener allerdings Löwen, Elefanten, Leoparden und Nashörner; die exotischen Großwildvertreter haben als wertvolle Elfenbein- und Trophäenträger zahlenmäßig die Bürgerkriegswirren nicht unbeschadet überstanden. Groß angelegte Aufkaufprogramme sollen den Wildtierbestand zumindest innerhalb der angolanischen Nationalparks wieder auffüllen und helfen, den Safari-Tourismus zu stärken. Selbst wenn das versucht würde, stünde dem die Wilderei gegenüber, die ein weit verbreitetes Zubrot einer Bevölkerung in bitterer Not ist.

Extreme soziale Verwerfungen

Das von Kongo, Sambia und Namibia umfasste Land war immer schon Abenteuer pur. Für die Portugiesen: Zum Seeabenteuer an der afrikanischen Westküste entlang; erste Handelsposten entstanden im 15. Jahrhundert, 1575 wurde Luanda gegründet, und Angola in den 1920er-Jahren offiziell eine Kolonie Lissabons. Für die namibische Guerilla: Zum abenteuerlichen Operations- und Rückzugsgebiet der SWAPO, Namibias Befreiungsorganisation, die von Angola aus gegen die verhassten südafrikanischen Apartheids-Besatzer kämpften. Für die eigenen Befreiungsbewegungen FNLA, UNITA und MPLA, die seit den 1960er-Jahren den Unabhängigkeitskampf gegen Portugal führten. 1972 kam der Sieg gegen die Kolonialmacht, aber die Rebellen zerfleischten sich nun

gegenseitig in einem blutigen Bürgerkrieg, der bis 2002 andauerte, Millionen Flüchtlinge hervorbrachte und eine geschätzte halbe Million Menschenleben kostete.

Heute ist das geschundene Land im Aufbau begriffen, finanzielle Mittel sind keine Frage, denn aufgrund großer Ölvorkommen sowie anderer Bodenschätze zählt Angola zu den reichsten Staaten Afrikas. Aber zugleich zu den ärmsten: Die Hälfte der Bewohner des zweitwichtigsten Ölexporteurs und der drittgrößten Volkswirtschaft des Kontinents lebt unterhalb der Armutsgrenze, der größte Teil ist arbeitslos, weshalb sich die Städte rasant mit Landflüchtigen füllen. Unter Präsident José Eduardo dos Santos schwelgt eine ultrareiche und ultraschmale Oberschicht in unvorstellbarem Luxus, während der Rest der Bevölkerung in großer Armut wie gewohnt weiterkämpft.

Der Tanz ums Goldene Kalb

Die Kontraste der sich rasant auf acht bis zehn Millionen Einwohner zubewegenden Metropole des Wandels spiegeln riesige Slums, heruntergekommene Wohnquartiere, feine Villenviertel, glitzernde Hochhauspaläste und eine City, durch die sich nonstop der chronische Verkehrsstau schiebt. Die Skyline der »Cidade Baixa« an der Baía de Luanda erhebt sich bombastisch: Mondäne Geschäfts- und Hotelkonglomerate aus Glas, Stahl und Marmor türmen sich eindrucksvoll über der atlantischen Seepromenade, die einfliegende Geschäftsleute, Politiker und technisches Fachpersonal aus aller Welt kennen. Big Business funktioniert hier täglich 24 Stunden am Tag, nicht ohne Grund zählt Luanda zu einem der exklusivsten Immobilienstandorte und zu den teuersten Hauptstädten weltweit. Das Flair längst vergangener Zeiten verströmt Luandas Cidade Alta mit historischen Gassen und hübscher Kolonialarchitektur, zu den schönsten Fotostopps gehören die Festung São Miguel aus dem Jahr 1576 sowie die katholische Kathedrale Igreja da Nossa Senhora dos Remédios aus dem Jahr 1679. Mindestens so aufregend wie die Metropole sind die Wracks gestrandeter Schiffe, die während jahrzehntelanger Kriegswirren an die umliegenden Küsten gespült wurden, sowie zahlreiche Zeugen der Bürgerkriegsära wie vor sich hin rostende Panzer, ausgedientes Kriegsgerät aller Art und vergrabene Landminen, die immer noch da sind. Draußen im Land wartet Angolas echter Zauber. Mit spektakulären Einblicken in Geschichte und Kultur und ins Alltagsleben archaisch anmutender Lebensgemeinschaften wie den halbnomadisch lebenden Volksstämmen Mucubal, Muchimba, Mucawana, Mutua, Mudimba, Mugambue und Muila, die wie Jahrhunderte zuvor mit obskuren Bräuchen und Ritualen existieren, deren Bilder nicht von dieser Welt sind.

TOP ★ ERLEBNISSE

★ ANGELN AM KUNENE

Der Veranstalter Faces Of The Namib bietet diverse Reise-Abenteuer in Angola an, u. a. Fischen am Kunene River, dem Grenzfluss zwischen Angola und Namibia. Angler sind begeistert vom Fischreichtum, der sich in den abgelegenen und kaum von Menschenhand berührten beziehungsweise gestörten Naturlandschaften zeigt. Übernachtet wird auf dem 10-tägigen Angler-Trip in der Flamingo Lodge, das Mündungsgebiet des Kunene am eiskalten Atlantik verspricht ein Optimum an Petri Heil!
INFO: Rundreisen beim namibischen Abenteuerspezialisten Faces of the Namib, facesofthenamib.com sowie beim deutschen Veranstalter Diamir, diamir.de

★ REISEN IN SACHKUNDIGEN HÄNDEN

Die Infrastruktur ist beschwerlich, Kriminalität nicht nur auf große Städte beschränkt. Ganze Landesteile wie die Provinz Cabinda und die Diamantengebiete in den Provinzen Lunda Norte und Lunda Sul sind aus sicherheitstechnischen Gründen nicht zu empfehlen. Generell sollten Reisende nur unter sachkundiger Führung und im Konvoi fahren.
INFO: Deutsche Botschaft in Angola, luanda.diplo.de; Angolanische Botschaft in Berlin, botschaftangola.de; Reiseempfehlungen und Sicherheitshinweise unter auswaertigesamt.de

TRAUMROUTEN

AFRIKA IM FLUG

Kernige Buschpiloten

In kleinen Ein- oder Zweimotorigen unterwegs zu sein, meist der Marke Beechcraft oder Cessna, ist ein Abenteuer für sich. Kernige Buschpiloten sind hier in den entlegensten Ecken der Wildnis unterwegs, kennen jede noch so kleine Piste für Start und Landung. »Unser Traum«, seufzt eine Passagierin, als die Flugsafari zum Ende kommt, »wir hatten diesen Traum von Afrika.«

Tag 1: Lusaka International Airstrip – Lunga River Camp

Der Pilot lässt für die Passagiere schon mal die Propeller seiner Maschine anlaufen, sie trägt den schönen Namen *Star of Africa*. Es geht zum Lunga River Camp am Rand des Kafue National Park. Während die Cessna Caravan eine Schleife über den Fluss zieht, zeigen sich dort planschende Flusspferde und noch dickere Fleischklopse, Elefanten. Wer die Gefahr der Wildnis in Form von Krokodilen und Flusspferden auf Tuchfühlung will, macht einen Bootstrip auf dem Lunga River.

Geniales Fortbewegungsmittel im Busch: Pisten gibt es überall.

Tag 2: Lunga River Camp – Busanga Plains

Unser Landcruiser bleibt dreimal im Schlamm stecken, Tsetsefliegen setzen zum Sturzflug an, dann weicht der Buschwald abrupt, und die Weite der Busanga Plains gibt einen berauschenden Blick bis zum Horizont frei, durchbrochen nur von aufragenden Bauminseln. Zur Regenzeit wird Busanga zu einer Wasserfläche, die so groß ist wie der Bodensee. Auf den verbliebenen Bauminseln residieren Wildnis-Domizile, exklusive Lodges oder rustikale Camps, die ihre Safari-Gäste per Boot ans Wildlife bringen. Die Shumba Lodge ist deshalb auf Stelzen gesetzt, Laufstege verbinden die Hauptlodge mit den Übernachtungseinheiten.

Tag 5: Busanga Plains – Mfuwe

Im Tiefflug zieht unser Hubschrauber über die Busanga Plains, die zur Zeit relativ trocken sind. Wenn die

Fly-in-Safari: Buschpiste nahe der Etoshapfanne, Namibia.

Regenzeit beginnt, versinkt hier alles im Schlamm, und Busanga geht Land unter. Viele der Lodges schließen, weil es mit der Logistik schwierig wird. Für den Chopper-Piloten steht Mfuwe am Rand des South Luangwa National Park auf dem Flugplan. Mäandernde Dschungelflüsse zeigen sich im späten Sonnenlicht. Der gewaltigste ist der Sambesi, der seine flutbraunen Wassermassen bis zu den Viktoriafällen bringt, wo sie über hundert Meter tief abstürzen. Im South Luangwa National Park residiert Robin Pope Safaris, ein bekannter Buschpionier, gleich mit mehreren Lodges.

Tag 7: Mfuwe – Lilongwe – Mumbo Island

Die Cessna Caravan fliegt von Mfuwe nach Lilongwe, Malawis Hauptstadt. In Cape Maclear, drei Fahrstunden von Lilongwes Kamuzu International Airport, wartet das Boot. Der Malawisee ist mit durchschnittlich 292 Metern Tiefe, glasklarem Wasser und einem frappierenden Fischreichtum ein Süßwasserparadies für Schnorchler und Taucher. Zudem ist er mit zahlreichen idyllischen Inseln bestückt und von Bergketten umgeben. Wer auf Mumbo Island erwacht, findet den Weg zur Hängematte ganz automatisch. Zwischen rundgeschliffene, mächtige Felsblöcke in schwindelnde Höhen gesetzt, kleben die Domizile dort wie Schwalbennester über dem spiegelglatten See.

Tag 10: Mumbo Island – Likoma Island

Auf Likoma Island zieht die Barron Beechcraft am gewaltigen Kirchenschiff der St. Peter's-Kathedrale vorbei, die unwirklich aus der winzigen Landfläche des riesigen Malawisees ragt. Der Likoma-Archipel besteht aus zwanzig Inseln und ist mit 19 Quadratkilometern kleiner als Amrum. Östlich davon ragt die imposante Kulisse der Küstengebirge Mosambiks auf. Stolz führt der Küster von St. Peter seine prachtvolle Kathedrale vor, das mechanische Läutwerk im Glockenturm, die mit Bibelmotiven kunstvoll bleiverglasten Fenster, kostbare Herrgottsschnitzereien aus Oberammergau sowie ein Holzkreuz aus Sambia, das, wie er lächelnd erzählt, von einem Baum stammt, der aus David Livingstones Grab wuchs. Blauweiß gekleidete Nonnen wandeln im Kirchhof. Zweimal im Monat kommt der Bischof aus Mzuzu vom Festland herüber, um in St. Peter Gottesdienst zu halten. Zuweilen versammeln sich sonntags bis zu tausend Gläubige zum vielstimmigen Kirchengesang dreier Chöre. In Sichtweite der Kathedrale liegt die Luxuslodge Kaya Mawa unter mächtigen Affenbrotbäumen zwischen Fels- und Sandbuchten an einem Traumstrand.

TOP ★ ERLEBNISSE

★ RUNDFLUG ÜBER LAKE KARIBA

Wer die Reisekasse noch gut gefüllt hat, sollte sich einen Sightseeingflug über Lake Kariba gönnen. Die gewaltige Staumauer des einstmals umstrittenen Stausees ist beeindruckend und ragt wie ein Mahnmal moderner Ingenieurskunst 128 Meter auf. Eine Million Kubikmeter Beton sind in dieses 617 Meter breite Sperrwerk geflossen, das den afrikanischen Flussriesen Sambesi hier bezwingt. Der See ist zehnmal so groß wie der Bodensee, seine Kraftwerke beliefern Sambia und Simbabwe mit Elektrizität, vor allem südafrikanische Touristen kommen wegen seines außerordentlichen Fischreichtums hierher. Petri Heil!
INFO: Passgenaue Flugarrangements sowie Fly-in-Safaris stellt der Spezialveranstalter Abendsonne Afrika zusammen, z. B. ab Lusaka oder Johannesburg, abendsonneafrika.de

★ MIT DEM HAUSBOOT UNTERWEGS

Für Europäer ist der Karibasee eine gesuchte und gut besuchte Adresse. Auch für Südafrikaner und Sambier, die es sich leisten können. Zum Beispiel Urlaub auf dem Hausboot. Eine stattliche Flotte befährt Lake Kariba, der im Schnitt 25 Kilometer breit und 280 Kilometer lang ist. Die Boote sind motorisierte Kreuzfahrtschiffe und haben zwischen vier und zehn Gästekabinen.
INFO: Hausbootarrangements auf dem Karibasee, gondwanatoursund safaris.de, zimbabwetravel.de

ANGOLA UND SAMBIA

 ## »LAND UNTER« IN DEN BUSANGA PLAINS – SAMBIAS KAFUE-NATIONALPARK

Ein aquatisches Tierparadies geht baden

Mit 752 614 Quadratkilometern kommt Sambia auf eine Fläche, so groß wie Italien und Spanien zusammen, wird von drei der größten Flüsse des Kontinents durchquert, dem Kafue River, dem Luangwa River und dem Sambesi, und bietet paradiesische Feuchtgebiete in seinen Nationalparks, die einer überschwänglichen Tierwelt ein verzauberndes Dschungel- und Buschlandhabitat bieten.

Moses Masumba, als erfahrener sambischer Buschpilot in dieser abenteuerlichen Region unterwegs, lässt auf Lusakas Airport die Propeller seiner Cessna Caravan anlaufen. Seine Charter-Airline operiert mit fünf Maschinen, erreicht die abgelegensten No-go-Areas im tiefsten Dschungel, falls eine landefähige Piste zu finden ist.

Terrain der Flusspferde: Lunga River

Die Lunga River Lodge liegt am Rande des Kafue-Nationalparks, der mit 22 500 Quadratkilometern halb so groß ist wie die Schweiz. Die Flugzeit dorthin beträgt rund 60 Minuten.

Unten zeigen sich glitzernde Flüsse und grüne Sumpfebenen, dann wieder Landschaften in Umbra und Ocker. Trockenflussläufe durchziehen die wüstenhaften, marsähnlichen Flächen, die mit dunklen Kratern gespickt sind. Während Moses über eine Flussschleife zieht, wird der Landeanflug zur Safari: An den Ufern des Lunga River, einem Nebenfluss des Kafue, sind Giraffen und Elefanten zu sehen, und im lehmigen Wasser die klobigen Rücken badender Hippos. Die Zeit reicht für einen Speedboot-Trip flussaufwärts: Aus der flachen Perspektive geht es dabei hautnah an den großen Flusspferdfamilien vorbei, sowie an grauenerregenden Krokodilen. Wasserböcke,

Ein wasserreiches Lebensreservoir bieten die Busanga Plains (rechte Seite oben) und der Lunga River (rechte Seite unten) den Bewohnern abgelegener Dörfer und zahllosen Wildtieren (unten).

ANGOLA UND SAMBIA

Im Shumba Camp ist die Safari schon vom Holzdeck aus möglich. Das Hinkommen bei Regen auf verschlammter Piste hingegen ist beinahe unmöglich (rechte Seite unten).

Wildkatzen und Antilopen bewegen sich wie in Zeitlupe im dichten Busch, Fischadler, die mit gellenden Schreien die dschungelhafte Flussszene durchdringen, zeigen stolz ihre Flügelspannweiten. 500 Vogelarten sowie 150 Säugetierarten beleben in großen Mengen diese Oase der Tiere. Grunzend und schnaubend beobachtet ein argwöhnischer Flusspferdbulle das ankernde Boot, das zum Sundowner in einer Lagune schaukelt. Es gibt eiskaltes Mosi-Bier aus der Kühlbox.
Die Rückfahrt wird zum Spektakel: Blitze durchzucken einen schnell ins Schwarzgrau verzogenen Tropenhimmel, der seine Schleusen sekundenschnell öffnet, während Jonathan, der Bootsführer, den Lunga in großer Eile flussabwärts durchpflügt. Zum Glück bleiben Hippos und Krokodile verkehrsgünstig abgetaucht, und sein Aluminiumboot hat freie Fahrt. Auf der hölzernen Plattform eines Flusscamps frühmorgens einen starken Kaffee zu schlürfen, gehört zu den herausragenden Erlebnissen. Hohe Stelzen lassen diese hier weit übers Ufer in den Lunga River hineinragen, dessen Wasserflächen jetzt in statischer Ruhe spiegelglatt dahinziehen. Nur schemenhaft sind Büsche und Bäume auf der gegenüberliegenden Seite im frühen Dunst zu erkennen. Die Vogelwelt spielt gerade verrückt, wird aber noch übertönt vom hackigen Gebell der Affen.

Nicht von dieser Welt: Busanga Plains

Die Wahl zwischen Helikopter-Transfer, 20 Minuten, und einer dreistündigen Fahrt mit dem Land Cruiser ist schnell entschieden. Letzterer bleibt dreimal im Schlamm stecken. Tsetsefliegen setzen zum Sturzflug an. Als am Ende der Buschwald abrupt endet, gibt eine berauschende Weite den Blick frei bis zum Horizont: Die Busanga Plains, nur durchbrochen von hoch aufragenden Baumkronen, die hier und da aus flutsicheren Termitenhügeln wachsen, sind das Sahnestück des Kafue-Nationalparks. Wenn sich Busanga zur Regenzeit in eine Wasserfläche verwandelt, die so groß ist wie der Bodensee, ragen seine symbiotischen Bauminselgebilde wie Halligen aus dem Meer der Wildtiere. Auf einer solchen Hallig hat sich das Shumba Camp positioniert, vorsichtshalber auf Stelzen. Sechs Luxus-Safarizelte finden auf den hochbeinigen Plattformen Platz. Wer heruntersteigt, tut dies auf eigene Gefahr und zum Frohlocken der Löwen, die ringsum durchs hohe Savannengras streifen.
In der Früh liegt ein kühles Nebeltuch über der tellerflachen Savanne. Hier und dort stechen dunkle Spitzen ruckelnd und fuchtelnd aus dem weißlichen Dunst. Später wird sich das Rätsel lösen: Es sind die Gehörne von

äsenden Säbelantilopen und Wasserböcken. Darüber heben sich Schattenrisse von Bauminseln aus der sich langsam purpurn färbenden mystischen Szene. Shumba bedeutet *the place of lion* und erfordert eine Menge kühler Logistik hinter den schönen Kulissen: Zwei Tage brauchen Versorgungs-Trucks aus Lusaka hierher. Coca-Cola kommt aus Botswana, Salat und Obst aus Südafrika, die gesamte Frischware muss im Kühlcontainer herangeschafft und jedes Ersatzteil auf Vorrat gelagert und, natürlich, per Funk oder E-Mail vor allem rechtzeitig bestellt werden.
Im benachbarten Busanga Bush Camp, nur 20 Fahrminuten von Shumba entfernt, kontrollieren besonders wachsame Ranger ihren Teil der *wilderness*. Hoffentlich sehr penibel, denn hier bewegen sich Raubkatzen auf Augenhöhe mit Zeltbewohnern, die hier ebenerdig und ohne Umzäunung nächtigen. Sobald gemeldet wird, dass Raubtiere in der Nähe sind, darf sich niemand mehr ohne Schutz im Lager bewegen. Ziemlich häufig stehen im Busanga Bush Camp Löwen auf der Liste der Attraktionen. Während an der Bar die obligatorischen Gin Tonics zum Sundowner gemixt werden, besteigt in Sichtweite brüllend und fauchend ein prachtvoller Alpha-Löwe in Abständen von 17 Minuten eine seiner Damen. Begattungszeremonien wie diese nehmen zuweilen zwei volle Tage und Nächte in Anspruch. Was bedeutet, dass es selbst ein König in der Wildnis nicht leicht hat.

Wenn der Regen kommt
»Bevor der große Regen kommt«, erklärt der Chopper-Pilot und zeigt auf vereinzelte Fahrspuren tief unten, »muss aus Busanga alles heraus«. Wilde Tropengewitter, grelle Blitzorgien und heftige Sturmböen sind die Vorboten, die durch die Ebenen ziehen. Wenn es richtig losgeht mit der Regenzeit, kommt am Boden kein Fahrzeug mehr durch. Mit seinem fliegenden Transportmittel wird der Hubschrauberpilot dann zum König des Rückzugs, wenn Lodges und Camps im letzten Moment evakuiert werden. Nur das Wachpersonal verbleibt vor Ort. »The rains come early this year«, hatte Idos Mulenge, *game driver* auf Shumba, mit Blick auf den wolkenverhangenen Himmel gesagt. Der Sambier kennt die Region seit 15 Jahren. Wenn es losgeht, werden die Plains sehr bald schon voll Wasser laufen, und das Reich der Tiere wird für Monate nach anderen Regeln funktionieren. Bis zum Frühjahr, wenn die Trockenzeit beginnt und Busanga wieder festen Boden unter die Füße bekommt. Wenn das Leben im Überfluss endet und der Kampf um die Ressourcen aufs Neue beginnt.

TOP ⭐ ERLEBNISSE

⭐ ABENTEUER SCHWEMMLAND
Die Lunga River Lodge residiert als einer der wenigen Standorte menschlicher Zivilisation im äußersten Nordosten des Parks. Von hier führt eine Piste zu den wasserreichen Busanga Plains, die nur mit geländegängigen Fahrzeugen zu schaffen ist. Die beste und kühlste Reisezeit ist von Mai bis Oktober. Während der großen Regenzeit von Dezember bis April gehen weite Teile der Busanga Plains und des Kafue-Nationalparks Land unter, die meisten Camps schließen. Eine Fahrt zum Busanga Plains Hippo Pool ist ein Highlight, dutzende Flusspferde balgen sich dort in den Fluten.
INFO: Der Wildnisspezialist Wilderness ist im Kafue-Nationalpark mit zwei bildschönen Camps, Shumba und Busanga Bush Camp, vertreten, wildernessdestinations.com

⭐ DIE WETLANDS IM NORDEN
Nordöstlich des Kafue finden sich weite Feuchtgebiete mit Sümpfen, Wasserfällen und zahlreichen Seen, deren Spur bis zu Tansanias Tanganjikasee führt. Wer Fahrabenteuer liebt, 4x4- und Outdoorerfahrung hat, wird in diesem vergessenen Landstrich nahe der Grenze zum Kongo sein Afrika finden. Generell sollte man auf gute Vorausplanung setzen und nicht auf eigene Faust losfahren.
INFO: Reisebausteine beim Spezialveranstalter Abendsonne Afrika, abendsonneafrika.de, sowie zambiatourism.com

Fischer bringen ihren morgendlichen Fang zum Markt am Tanganjikasee, Sambia.

Bienenspechte (*Merops nubicus,* oben) haben ihren Auftritt im South-Luangwa-Nationalpark. Seltene Wildhunde (rechte Seite oben). Romantische River Lodge am Luangwa-Fluss (rechte Seite unten).

SAMBIAS URWALDTERRITORIUM – SOUTH-LUANGWA-NATIONALPARK

Afrikanisches Dschungelbuch vom Allerfeinsten

Eine große Dichte und Vielfalt an Wildtieren bringt das über 9000 Quadratkilometer große Schutzgebiet des South-Luangwa-Nationalparks auf, dem der Luangwa River die lebensspendende Wasserader ist. Je nach Jahreszeit produziert er trockenes, karges Buschland oder auch vegetationsstrotzende Dschungelatmosphäre, in der sich nicht nur Leoparden, Löwen, Elefanten, Giraffen, Büffel und Nilpferde wohlfühlen.

Auf dem Lunga River Airstrip des Kafue-Nationalparks steigen Helikopter-Passagiere um in eine wartende Cessna. Mfuwe steht auf dem Flugplan, mit dem nächsten Sambia-Abenteuer, dem South-Luangwa-Nationalpark. Im späten Sonnenlicht zeigen sich tief unten schimmernde Dschungelflüsse, deren mäandernde Läufe sich wie goldene Schlangen durch ein riesiges, dunkles Urwaldterritorium schlängeln. Die gewaltigste dieser Arterien stellt hier der Sambesi, der seine flutbraunen Wassermassen zu Livingstones legendären Victoria Falls transportiert, wo sie donnernd und tosend über 100 Meter tief abstürzen.

Das Schwarze Herz von Afrika

Die Heimat des Mosi-oa-Tunya-Nationalparks mit den Viktoriafällen (zumindest der einen bezaubernden Hälfte, die andere darf das benachbarte Simbabwe für sich reklamieren) hat die frappierend unverbrauchte Ursprünglichkeit seiner Naturlandschaften in 19 Nationalparks sowie einer Reihe von privaten Wildtierreservaten für die Gegenwart und die Nachwelt konserviert. Das sind 21 Prozent der gesamten Landesfläche, mit einer Rekordzahl von 60 000 Quadratkilometern! Das »schwarze Herz von Afrika« pulsiert zwischen Angola im Westen, Tansania im Nordosten, Malawi im Osten, Mosambik

ANGOLA UND SAMBIA

im Südosten, Simbabwe und Botswana im Süden sowie dem namibischen Caprivi-Zipfel. Im Süden bildet der Sambesi zusammen mit dem Kariba-See, durch den der gewaltige Dschungelstrom hindurchfließt, die Grenze zu Simbabwe. Im Osten und Nordosten steigt das sambische Plateau bis auf 1200 Meter auf, die sambischen Savannen sind mit Laubbäumen, Sträuchern, weiten Grasebenen und hitzebrodelnden Sümpfen bedeckt, was die sambische Welt der Wildtiere zu einer der artenreichsten im Südlichen Afrika macht.

Mfuwe besteht aus nicht viel mehr als ein paar Lehmhütten, einer Tankstelle, ein paar Shops und seiner Runway, die den Haupteingang des South-Luangwa-Nationalparks mit einfliegenden Besuchern versorgt.

Zum Busch-Pionier Robin Pope

Bis zum Parkeingang führt die Reise im offenen Geländefahrzeug durch lebendige Straßendörfer. Fröhlich winken Menschen dem Wagen nach. Rauchsäulen steigen allerorten in den Himmel, ein blutroter Sonnenuntergang bereitet auf das Dunkel der hereinbrechenden Nacht vor, lässt seinen Feuerball während der Fahrt zwischen strohgedeckten Rundhütten, riesigen Mangobaumkronen und schlanken Kokospalmen eine Weile mithüpfen. Wohltuend kühlt der Fahrtwind die dumpfe Hitze des Abends. Einer der Mitreisenden ist als WHO-Fachmann unterwegs, mit UN-HIV-Programmen im Südlichen Afrika befasst. Er betrachtet die lieblich-gelösten, tropischen und sehr exotischen Bilder aus einem anderen Blickwinkel. Die Statistik, merkt der Gesundheitsexperte an, offenbare keine romantische Perspektive. Sambia verzeichnet die beneidenswerte Bevölkerungsdichte von 14,9 pro Quadratkilometer, Tendenz aufgrund hoher HIV-Ansteckungsrate allerdings sinkend. Im Fahrtwind lassen sich Freudenausrufe der Kinder aufschnappen, die begeistert, soweit es die Geschwindigkeit zulässt, neben dem Fahrzeug herlaufen. Die offizielle Landessprache ist Englisch, neben den Stammessprachen Bemba, Kaonda, Lozi, Lunda, Luvale, Nyanja und Tonga werden aber noch über 70 andere Dialekte gesprochen.

Robin Pope, mit insgesamt sieben teils sehr luxuriösen Safari-Herbergen im Land ein Pionier am Luangwa River, präsentiert mit dem Nkwali Luangwa House afrikanische Lodge-Architektur vom Allerfeinsten. Das laute Grunzen der Flusspferde gleich neben der Dinner-Tafel am Flussufer des Luangwa wird zum Gesprächskiller, und die Nacht zur Safari in der Horizontalen: Elefantentrompeten, aufgeregtes Affengebell, brüllende Löwen und

Impala-Antilopen (oben), Kudu (unten), während eines Schläfchens aufgeschreckte Löwin (rechte Seite oben). Robin Popes Safari Lodge (rechte Seite unten).

markerschütternde Schreie von irgendetwas kommen hier, mitten im Busch, nicht aus schlechten Träumen.

Luangwa-Valley Walking Safaris

Als einer der Ersten versuchte Robin Pope Safarigäste zu Fuß durch die bezaubernden Landschaften des bis zu 50 Kilometer breiten Luangwa Valley zu bringen. Das Tal ist ein Ausläufer des Ostafrikanischen Grabenbruchsystems und zählt zu den unberührtesten und wildesten Flusslandschaften Afrikas. Und er hatte großen Erfolg: Walking Safaris etablierten sich schnell im gesamten Südlichen Afrika als eine der großartigsten und hautnahesten Begegnungen mit der Wildnis. Eine Reihe verschiedenster Angebote von Tageswalks bis zu Fünf-Tages-Etappen mit jeweils Zehn-Kilometer-Walks zu speziell dazu eingerichteten Zelt-Camps, die keinerlei zivilisatorischen Luxus vermissen lassen, setzen die Tierwelt auf einzigartige Weise in den Fokus.

In großen Schleifen mäandert der Luangwa River mit sich verändernden Landschaftsbildern Richtung Süden. Wenn sein flaches Flussbett während der Regenzeit angrenzende Grasebenen und weite Sandbänke überschwemmt, verschwinden die Ruhezonen tausender Krokodile und Flusspferde. Galeriewälder aus mächtigen Baobabs, Palmen sowie Marula-, Mopane- und Mahagonibäumen bieten Affenhorden und einer über 400 Spezies zählenden exotischen Vogelwelt (zu der sich im europäischen Herbst zahllose Zugvögel gesellen) in diesem einzigartigen Nationalpark das geeignete Habitat. Hinzu kommen natürlich Elefanten, eine Vielzahl verschiedener Antilopenarten wie die Eland-Antilope, außerdem Busch- und Wasserböcke, Kudus sowie Zebras, Warzen- und Stachelschweine, dazu gut bestückte Büffelherden, Löwen, Hyänen, Leoparden, Schakale, Gnus und Giraffen. Die bis zu sechs Meter langen Nilkrokodile sowie Scharen grunzender Hippos, die sich hier dauerhaft ein Stelldichein geben, bevölkern zahlreiche Flusslagunen.

Das Tierparadies des Luangwa ist nur während weniger Monate im Jahr zu empfehlen, wenn die Trockenzeit Walking Safaris überhaupt möglich macht. Während der Regenzeit zwischen November und Ende März versinken die bildschönen Areale im Morast, Fahrpisten werden zu Schlammfallen, die meisten Lodges und ihre Ableger-Camps sind dann auf dem Landweg nicht mehr erreichbar und schließen. Sowieso sind dann die klimatischen Bedingungen in der feuchtheißen Hitze des Luangwa Valley nur noch ganz hartgesottenen Wilderness-Individualisten zumutbar.

TOP ⭐ ERLEBNISSE

⭐ ZU FUSS DURCH DEN URWALD

Über 800 Kilometer windet sich der Luangwa River durch eine naturbelassene Flusslandschaft. Zu den herausragenden Aktivitäten gehören hier Wildfahrten im Safarifahrzeug, Bootsafaris, vor allem aber Wildnis zu Fuß: Bewaffnete Ranger begleiten Walking-Safari-Gäste bei Buschwanderungen, erklären die aufregende Ökologie der Wildnis und das richtige Verhalten bei Wildtierbegegnungen. Zu den schönsten Busch- und Dschungelherbergen zählen hier die Lodges und Camps von Robin Pope Safaris.
INFO: Mfuwe Lodge, bushcampcompany.co; Robin Pope, robinpopesafaris.net; Nsolo Lodge, timeandtideafrica.com

⭐ ALLE WETTER!

Die beste Reisezeit liegt in der Trockenzeit zwischen Mai und Oktober, während der Regenzeit sind die meisten Pisten im Luangwa-Tal unbefahrbar und einige Lodges haben geschlossen. Ganzjährig besteht im Luangwa-Gebiet ein hohes Malariarisiko, das sich während der Trockenzeit minimiert. Eine Prophylaxe ist zu allen Zeiten ein Muss!
INFO: Zambia Tourism, zambiatourism.com sowie zambia.travel und sambia.de

ANGOLA UND SAMBIA

 ## SAMBIAS NOWHERELAND – LOWER-ZAMBEZI-NATIONALPARK UND LAKE KARIBA

Wilde Exoten und feine Domizile

Viele der 19 sambischen Nationalparks verfügen über eine üppige Ausstattung exotischer Wildtiere, die besonders nachgefragten Safari-Highlights der »Big Five« inklusive. Insgesamt bringt es die Tierwelt Sambias auf 700 Vogelarten, die seine weiten Naturräume zu einem wahren Paradies für Birdwatcher machen. Als eines der bemerkenswertesten Schutzgebiete gilt neben Kafue und South-Luangwa der Lower-Zambezi-Nationalpark.

Safari per Hausboot zählt auf dem Lower Zambezi zu den top Erlebnissen (unten). Wellness-Abteilung einer Luxuslodge im Mana-Pools-Nationalpark (rechte Seite) – hier bleiben keine Wünsche offen.

Aber auch weniger bekannte Parks bieten Natur und Tierwelt pur, wie zum Beispiel der Liuwa-Plain-Nationalpark im abgelegenen Westteil des Landes, vor allem wenn im November riesige Herden an Schwarzbartgnus aus Angola in die sambischen Ebenen wandern. Die bis auf 1500 Meter ansteigenden Berghöhen des Sambesi-Steilhangs südlich der Hauptstadt Lusaka, das weiter nördlich gelegene Muchinga Escarpment und die sich im Nordwesten anschließenden Muchinga Mountains mit dem Lavushi-Manda-Nationalpark gelten als Geheimtipp unter Wanderfreunden, die auf verwunschenen Tracks zwischen malerischen Wasserfällen unwirklich schöne Aussichten auf diesen Teil des Südlichen Afrikas genießen – auf üppig blühende Wildblumengebiete, malerische Berglandschaften und tropische Wälder. Die höchstgelegenen Gebiete Sambias schaffen die Mafinga Hills, vis-à-vis des malawischen Nykia-Plateaus, mit 2301 Metern; in den schwer zugänglichen Bergregionen entspringt der Luangwa River im Dreiländereck Malawi-Tansania-Sambia. Die Feuchtgebiete des Blue-Lagoon-Nationalparks, der Lochinvar-Nationalpark mit abertausenden Kafue-Lechwe-Antilopen, die hier endemisch sind, sowie die Seenlandschaften des Nsumbu-Nationalparks am südlichen Ende des Tanganjika-Sees bieten eindrucksvolle Kulissen.

ANGOLA UND SAMBIA

Lower Zambezi

Nicht von dieser Welt sind die Naturschauspiele, die sich im Lower-Zambezi-Nationalpark, dem jüngsten der sambischen Schutzgebiete, zeigen. Sambias viertgrößtes Schutzgebiet liegt mit einer Gesamtfläche von über 4000 Quadratkilometern dem berühmten simbabwischen Mana-Pools-Nationalpark direkt gegenüber, nur die Fluten des Sambesi trennen die beiden Areale, die sich auf einer Länge von über 100 Kilometern entlang der naturbelassenen und wild wuchernden Flussufer erstrecken. Riesige Elefantenherden mit teilweise über 100 Tieren tummeln sich an den hier träge Richtung Indischem Ozean dahinfließenden Wassern des Sambesi. Elefanten und Rhinozerosse gelten allgemein als gutmütig und friedlich, was sich vom afrikanischen Büffel nicht sagen lässt. Einmal richtig gereizt, gehören die Kraftpakete zu den angriffslustigsten Tieren im Busch. Eine der spannendsten Big-Five-Geschichten erzählt, wie einmal ein Rudel Löwen von 200 Büffeln auf die Bäume gejagt wurde, auf denen der König der Tiere samt Anhang stundenlang herumsitzen musste, weil die unten nicht daran dachten zu weichen. Die Big Five (Elefant, Nashorn, Löwe, Leopard und Büffel), bei der Großwildjagd als Trophäentiere die begehrtesten und deshalb so genannt, zählen auf jeden Fall auch heute zu den gefragtesten Wildtieren auf jeder Safari.

Im Paddelboot auf dem Sambesi

Bootsafaris zeigen ein Flussparadies aus krokodilbesetzten Sandinseln, flusspferdbewohnten Lagunen und stillen Seitenarmen, die eines der letzten und beinahe unberührten aquatischen Wildtierparadiese offenbaren. Hier, unterhalb des riesigen Kariba-Stausees, erreicht der mächtige und mit 2700 Kilometern viertlängste Flussgigant Afrikas eine Breite von anderthalb Kilometern. Träge und friedlich wälzen sich jetzt seine in zuvor engen Flussbetten brodelnden Wassermassen auf der Reise zum mosambikanischen Cahora-Bassa-Stausee, bevor er als Rio Zambeze (Sambesi) im Indischen Ozean verschwindet. Zu den erregendsten Momenten der Lower-Zambezi-Wildnis zählt eine Kanu- oder Kajaktour auf dem aquatischen Monster, das üppige Galeriewälder aus Akazien, Palmen, Mopane-, Mahagoni- und Feigenbäumen an seinen Ufern versammelt, in denen es kreischenden Affenhorden vortrefflich gut geht; auch der großen Menge an Federvieh, die sich aus über 300 im Park heimischen Vogelarten zusammensetzt, darunter Nilgänse, Sattelstörche, Reiher, seltene Kingfisher, Ibisse und Seeadler mit gewaltigen Spannweiten.

Elefant und Flusspferd bei der Kühlung im Wasser (linke Seite). Angler auf dem Sambesi (rechte Seite oben), Dschungel-Lodge (rechte Seite unten).

Für eine steigende Adrenalinproduktion sorgen zahllose Krokodile und Flusspferde, wobei besonders Letztere Paddlern in einem schmalen Fiberglasboot den Angstschweiß auf die Stirn treiben: Hippos gelten als die gefährlichsten Wildtiere Afrikas und zögern, einmal gereizt, keine Sekunde, einen Angriff gegen Eindringlinge in ihr Revier zu starten. Ein einziger Biss der mächtigen Kiefer kann schon ein wesentlich größeres Boot als ein Kanu zum Kentern bringen.

Unwirklich riesig: Lake Kariba

Ein Flug über die mächtige und mehr als 600 Meter breite und 24 Meter dicke Staumauer, die als umstrittenes Projekt zur Energiegewinnung in den 1960er-Jahren entstand, zeigt die Dimension eines Eingriffs in die Natur, bei dem ca. 60 000 Menschen umsiedeln mussten, weil ihre Dörfer geflutet wurden. Den hier lebenden Wildtieren ging es nicht besser: Die einzigartige Tierrettungsaktion »Operation Noah« rettete, was vorher einzufangen war: Wer bis zum Fluten seine Wildnis aus Tälern und Höhen nicht geräumt hatte, musste kläglich ersaufen, sofern seine Spezies nicht zu den Schwimmern oder dem vogelfreien Federvieh gehörte. Heute ist der 280 Kilometer lange und bis zu 20 Kilometer breite Karibasee zwischen den Ländern Sambia und Simbabwe ein Paradies für Angler und Hausboot-Fans, die sich mit ihren schwimmenden Refugien zwischen zahllosen Seeinseln und idyllischen Buchten ihr individuelles Paradies in großer Abgeschiedenheit suchen. Im Süßwasser fühlen sich zahlreiche Krokodile wohl, was den am See betriebenen Krokodilfarmen gut bekommt, aber das Badevergnügen zu einem nicht kalkulierbaren Abenteuer macht: Da viele Angler Fischreste über Bord werfen, schwimmen die gefährlichen *crocs* gern im Kielwasser mit und warten geduldig auf fette und zur Not auch menschliche Beute.

Während die Propeller der Cessna sich drehen, zeigt sich aus der Vogelperspektive eine unermessliche Inselwelt aus abgeschiedenen Eilanden, weit in den See ragenden Landzungen, schneeweißen Stränden und glitzernden Buchten. Hier und da sind Lodges neben winzigen Airstrips zu erkennen, die sich die besten Plätze ausgesucht haben, und natürlich in einsamen Buchten dümpelnde Hausboote, die im sambischen Städtchen Kariba zu buchen sind, wo sich eine ganze Urlaubsindustrie mit zahlreichen Agenturen entwickelt hat: Der Anflug auf dieses letzte Ende der Welt zeigt Bootsstege einer mit Seglern, Motorjachten und Kleinbooten prall gefüllten Marina.

TOP ★ ERLEBNISSE

★ INSELN DER ZIVILISATION

Die Geschichte der originären Buschcamps Chiawa Camp & Old Mondoro ist die der südafrikanischen Cumings, die sich in den 1990er-Jahren unter Einbeziehung ansässiger Dorfgemeinschaften um den Tierschutz des Lower Zambezi kümmerten, und einen wesentlichen Verdienst daran haben, was der einst vernachlässigte Park heute ist! Die Zelte der luxuriös-nostalgischen Buschcamps liegen im Uferwald verteilt, Tierbeobachtung findet praktisch vom Bett aus statt.
INFO: Chiawa Camp & Old Mondoro, chiawa.com; zambiatourism.com

★ OUT-OF-AFRICA-FEELING

Die Royal Zambezi Lodge befindet sich direkt am Ufer des Lower Zambezi in einem Schutzgebiet, das an den Lower-Zambezi-Nationalpark angrenzt. Eine typische Out-of-Africa-Architektur und die grandiose Lage verschaffen Gästen Afrika-Feeling vom ersten Moment an. Game Drives, Wildfahrten, braucht es nicht. Elefanten, Hippos, Krokodile und Wasservögel sind von den hölzernen Decks aus zu beobachten oder vom privaten Pool, den jedes Safaridomizil zur Verfügung hat.
INFO: Royal Zambezi Lodge, royalzambezilodge.com; Reisebausteine beim Spezialveranstalter Abendsonne Afrika, abendsonneafrika.de

Der gewaltige Grabenbruch der Viktoriafälle wird erst aus der Luft wirklich sichtbar (oben). Die aufgestauten Wassermassen des Sambesi vor dem Absturz auf sambischer Seite (rechte Seite).

MOSI-OA-TUNYA-NATIONALPARK – LIVINGSTONE UND VICTORIAFÄLLE IN SAMBIA

Das Traumziel auf der sambischen Seite

Die Grenzlinie der wohl faszinierendsten Wasserfälle der Welt verläuft genau zwischen den an »Mosi-oa-tunja« beteiligten Ländern Sambia und Simbabwe, dem donnernden Rauch, der eine Menge Getöse macht. Jedenfalls wenn der Wasserstand hoch ist und der Sprühnebel der breitesten zusammenhängenden Wasserfälle der Welt und der größten auf dem afrikanischen Kontinent hunderte Meter hoch aufsteigt.

Auch für den Entdecker des Naturwunders, David Livingstone (1813–1873), war die Anreise ungewöhnlich, damals, im Jahr 1855, als es noch keine Highways in Afrika gab. Per Boot trieb der britische Naturforscher den Sambesi hinunter, als plötzlich in der Ferne gewaltige Nebelschwaden aufstiegen, wie riesige Wolkengebirge, obwohl das Firmament azurblau und von Gewittern keine Spur war. Ein immer lauter werdendes donnerndes Geräusch war zu vernehmen.

Später notierte Livingstone, dass die Makololo die Fälle »Mosi-oa-tunja« nannten, was so viel bedeutet wie donnernder Rauch. Die durcheinanderwirbelnden Wassermassen erzeugen eine Sprühwolke, die manchmal sogar bis zu anderthalb Kilometer in den Himmel zieht und noch aus 50 Kilometern Entfernung zu sehen ist. Die mächtigen Basaltklippen, über die der Wasserfall stürzt, verwandeln den zuvor ruhig dahinfließenden Sambesi nach seinem Absturz in einen kraftvoll brodelnden Strom, der sich durch tief eingeschnittene und üppig grüne Schluchten zwängen muss. Der Regenwald, der die Fälle umgibt, verdankt seine Existenz der Feuchtigkeit aus dem immerwährenden Sprühnebel Mosi-oa-tunjas.

Epizentrum Livingstone

Zu Ehren seiner Königin im fernen London nannte Livingstone seine Entdeckung Victoria Falls. Gut anderthalb Jahrhunderte später geht auf dem modernen Airport der Stadt mit 140 000 Einwohnern, die heute seinen Namen trägt, großes Fluggerät nieder. Die Sammler von Weltwundern aus allen Winkeln des Globus, die hier im schnellen Takt landen, werden sich zunächst wundern, weshalb sie sich mitten in Afrika in einem halben Dutzend Warteschlangen vor sechs Einreiseschaltern wiederfinden. Schon lange sind die Fälle ein beliebtes Ziel für Afrikareisende, sie waren schon zu Kolonialzeiten als Attraktion bekannt und wurden viel besucht. Inzwischen wird das Naturwunder auf der Grenze der ehemaligen britischen Besitzungen Süd- und Nord-Rhodesien (den heutigen Staaten Simbabwe und Sambia) mittels einer hervorragend ausgebauten Infrastruktur in Form von Hotels, Lodges und Gästehäusern, Reiseagenturen, Charter-Airlines und »Just-for-fun«-Anbietern professionell vermarktet. Und natürlich ist das ganz große Thema das Wasser des Sambesi, das hier in allen Variationen hautnah zu erleben ist.

Spielwiese für Adrenalin-Junkies

Ganz oben auf der Liste der Angebote stehen Flüge über die Fälle im Doppeldecker oder im Hubschrauber. Auf jeden Fall auch ein High-Tea-Picknick auf Livingstone Island, weil sich von dem felsigen Inselchen, das nur einen Steinwurf vor dem Abgrund der Fälle liegt, bis kurz vor die Abbruchkante der Wassermassen waten lässt, um sich den ultimativen Kick und das allerspektakulärste Foto zum Vorzeigen daheim zu verschaffen. In den Devil's Pools an gleicher teuflischer Stelle lässt es sich mit maximalem Nervenkitzel auch Schwimmen, was das Unternehmen zu einem unvergesslichen Abenteuer in Verbindung mit den Viktoriafällen macht!

Besucher sollten gegen das viele Nass gut gewappnet sein, denn je nach Wasserstand geht die herumsprühende Feuchtigkeit durch und durch: Über 5000 Kubikmeter Wasser rauschen während der Regenzeit zwischen März und Mai pro Sekunde in die Tiefe! Die echten Adrenalin-Angebote sind Bungee-Springen von der Victoriabrücke, Abseiling in der Batoka Gorge, Wildwasser-Rafting zwischen den von oben herabstürzenden Wassermassen und wilde Speedboot-Trips durch die tosenden Schluchten des Sambesi. Dagegen nehmen sich Aktivitäten wie Kanu- oder Kajak-Exkursionen auf dem Oberen Sambesi, Flussfahrten auf der »Victoria Queen«, Jeepsafaris, Quadbiken, Golfen, Angeln und Elefantenreiten fast schon harmlos aus.

Mutprobe: Devil's Pool direkt an der Abbruchkante der Fälle (unten). Sightseeing per Ausflugsboot (rechte Seite oben). Bungeespringen von der Brücke (rechte Seite unten).

Seine rasante Entwicklung hat das sambische Livingstone in erster Linie der desaströsen Politik des simbabwischen Präsidenten Mugabe zu verdanken, was einen Großteil des touristischen Geschäfts auf Sambia konzentriert hat. Die erstklassigen Herbergen sind dort das »Zambesi Sun« und das »Royal Livingstone«, feine Domizile am Ufer des Sambesi. Letzteres, in Sichtweite der aufsteigenden Wasserschwaden, ist zwar nur wenige Jahre alt, transportiert aber mit livriertem Dienstpersonal, kreisenden Deckenventilatoren und exklusiver Preisgestaltung das koloniale Ambiente vergangener Zeiten.

Reise ins Licht der Fünf-Sterne-Herbergen

Was auch auf den noblen »River Club« zutrifft, der allerdings rund 20 Kilometer flussaufwärts von Livingstone in bester Uferlage des Sambesi residiert. Neben einer Vielzahl anspruchsvoller Hotels und Lodges haben sich auch preiswertere Unterkünfte etabliert. Eine davon ist »The Waterfront«, eine ansprechende River-Lodge, die neben der Anlegestelle des Flussdampfers »Victoria Queen« mit einer lockeren Atmosphäre aus reetgedeckten Gästehäusern, Coffee-Shop und Restaurant vor allem jüngeres Traveller-Publikum anspricht. Auf einer Anhöhe über Livingstone hat sich die Stanley Safari Lodge den Namen desjenigen zu eigen gemacht, der sich 1871 als Reporter des *New York Herald* von Sansibar aus mit 200 Trägern auf den Weg machte, um den verschollenen Livingstone in der unerforschten afrikanischen Wildnis zu suchen, Henry Morton Stanley (1841–1904). Die eingängig klingenden Namen der beiden Afrikalegenden sind ein Glück für Safari-Unternehmen, Hotels und Tour-Unternehmen, die entweder den einen oder den anderen in ihrem Firmennamen haben. Oder beide zugleich wie das feine »The Stanley & Livingstone in Victoria Falls«, das auf der anderen Seite der Grenze liegt.

Die Victoria Falls Bridge bietet wunderbare Aussichten auf die Sambesi-Schlucht zur einen und die Wasserfälle zur anderen Seite, weshalb zu einem Brückenspaziergang bis zur spektakulären Bungee-Station in etwa der Mitte unbedingt anzuraten ist! Zu den Wundern des 66 Quadratkilometer großen sambischen Mosi-oa-Tunya-Nationalparks, der die Wasserfälle am oberen Flusslauf des Sambesi über eine Strecke von insgesamt zwölf Kilometern umfasst, gelangt man am schnellsten von Johannesburg aus – mit South African Airways direkt nach Livingstone; langsamer funktioniert das für Selbstfahrer auf dem namibischen Caprivi-Highway über den Grenzübergang Wenela bei Katima Mulilo nach Livingstone.

TOP ⭐ ERLEBNISSE

★ TRAUMROUTE RUNDFLUG

Erst aus der Vogelperspektive wird der gewaltige Grabenbruch deutlich, der sich dem Verlauf des Sambesi entgegenstellt. Dessen Wassermassen gehen in diesem einzigartigen Naturschauspiel nonstop über 100 Meter in die Tiefe. Wer in einer Cessna anreist, wird das Sightseeing-Wunder bereits beim Anflug hautnah erleben: Ein lang gezogener, schmaler Canyon zeigt sich in einer ansonsten flachen Landschaft, weiße Kaskaden stürzen über seine Ränder in tiefe Schluchten, Mosi-oa-Tunya, donnernder Rauch, schwebt als Sprühnebelwolke darüber wie über kochenden Geysiren.
INFO: Die stilvollsten Übernachtungen: The Royal Livingstone, anantara.com/en/royal-livingstone; Stanley Safari Lodge, robinpopesafaris.net; Tongabezi Lodge, greensafaris.com/tongabezi; The Stanley & Livingstone, more.co.za/stanleyandlivingstone

★ VIC FALLS VON OBEN

Ganz sicher kommt bei einem Rundflug im Heli die Victoria Bridge in Sicht, Baujahr 1904, deren fragiles Spannwerk sich über die Sambesi-Schlucht legt und Simbabwe und Sambia verbindet. Gleich daneben steht das legendäre Luxushotel Victoria Falls.
INFO: Zambia Tourism, zambiatourism.com sowie zambia.travel und sambia.de; The Victoria Falls Hotel auf der simbabwischen Seite, victoriafallshotel.com

Gewaltige Wassermassen donnern über die steil abfallenden Felswände der Sambesi-Schlucht.

THEMA

ZEIT FÜR AFRIKA
Wilde Tiere im Fokus

Der Leopard ist ein Nachtjäger.

Kaum jemand hat die Sehnsucht nach afrikanischen Savannen, exotischen Wildtieren und romantischen Safaricamps mehr entfacht als der Frankfurter Zoodirektor und Tierforscher Professor Bernhard Grzimek. In sandfarbenen Landrovern und zebragestreiften Einmotorigen war der weltberühmte Zoologe vor einem halben Jahrhundert medienwirksam in der Wildnis unterwegs, um sie für uns zu retten. Sein unvergessener Appell an die Welt: »Die Serengeti darf nicht sterben!«

In zahlreichen Büchern, Fernsehsendungen und Filmen befeuerte der Gründer der Zoologischen Gesellschaft Frankfurt in einer zuvor nie da gewesenen Natur- und Wildschutzkampagne die Angst vor dem Untergang der afrikanischen Tierwelt. Als der US-amerikanische Bestsellerautor Ernest Hemingway 1934 mit einem gewissen Baron Bror von Blixen-Finecke in Kenia auf Großwildjagd ging, bahnte sich für Grzimeks geliebte Savannenlandschaften ein noch viel großartigerer Werbefeldzug an: Die Dänin Karen Christence von Blixen-Finecke war die Ehefrau des Barons und sollte unter dem Pseudonym Tania Blixen den Bestseller *Jenseits von Afrika* auf den Markt der Sehnsüchte bringen, der 1985 mit Klaus Maria Brandauer, Robert Redford und Meryl Streep in den Hauptrollen verfilmt wurde. Unvergessen sind bis heute die Szenen, die sich zwischen Zeltplanen, Klappstühlen, lodernden Lagerfeuern und perlenden Champagnergläsern abspielten, mit Blick auf krokodilbesetzte Seeufer, rosa schimmernde Flamingoscharen und planschende Flusspferde.

Film und Fernsehen
Heute fliegen jährlich Millionen Besucher aus aller Welt ein, um auf Kameralänge an Giraffen, Zebras, Gorillas, Schimpansen und dahinziehende Gnu-Herden heranzukommen. Zahlreiche Fernsehserien wie *Daktari* und Filmproduktionen wie *Die weiße Massai* von Corinne Hofmann oder *Der ewige Gärtner* von John le Carré haben die halbe Welt auf die Suche nach den Big Five gebracht, wie auch *Meine Heimat Afrika* mit Christine Neubauer. Blixens Kinoversion *Out of Africa*, so der Originaltitel, daran besteht kein Zweifel, wurde zu einem außerordentlichen Imageerfolg für die afrikanische Tierwelt und deren Schutz.

Wildnis im Hier und Jetzt
Längst hat sich auch bei Tierschützern die Einsicht verfestigt, dass sich der Lebensraum afrikanischer Wildtiere – angesichts wachsender Bevölkerungszahlen bei den Menschen und einer unvermeidlich immer größer werdenden Zersiedlung im Kampf ums Territorium – nur unter

Elefantenbullen können schnell nervös werden. Hier sichern sie ihre Herde.

Nashörner und Giraffen zählen eher zu den friedlichen Wildtieren – sofern sie nicht gereizt werden.

marktwirtschaftlichen Gesichtspunkten absichern lässt. Sowie die Einsicht, dass, wer von der Wildnis und deren exotischer Flora und Fauna profitiert, sich für seine Lebensgrundlage engagiert einsetzen wird, und damit den Erhalt der Wildnis. Weshalb zunehmend die ortsansässige Bevölkerung am Geschäft mit der Wildnis beteiligt wird. Sogenannte Community Joint Ventures beziehen Dorfgemeinschaften in den touristischen Betrieb von Lodges und Camps mit ein, was Arbeitsplätze schafft, und vor allem dem Tier- und Naturschutz zugute kommt. Anfang des dritten Jahrtausends präsentiert sich Wildnis ohnehin sehr modern: Mobilfunkempfang und Internet sind heutzutage mitten im afrikanischen Busch inklusive.

Konkurrenz Südliches Afrika

Seit dem Fall der Apartheid 1994 mussten sich die klassischen Safariparadiese Ostafrika, Kenia und Tansania den lukrativen Markt mit den Ländern des Südlichen Afrika teilen, die vermehrt mit ihren eigenen, zugkräftigen Markenzeichen in Konkurrenz traten: Unverwechselbar ist Botswana mit dem Okavango-Delta verbunden, Namibia mit der Etosha-Pfanne, Südafrika mit dem bekanntesten Tierreservat der Welt, dem Kruger-Nationalpark. Schon haben sich Malawi, Sambia, Mosambik und Zimbabwe bemerkbar gemacht, um am Wildlife-Segen zu partizipieren. Die Liste ihrer Attraktionen ist lang: Lake Malawi, 55 Mal so groß wie der Bodensee (!), wartet mit gewaltigen Gebirgsketten auf, glasklaren Wassern und einem Fischreichtum, der Schnorchler und Taucher zur Begeisterung bringt; Sambia präsentiert mit den beiden Nationalparks South und North Luangwa Wildnis pur sowie die weltberühmten Victoria Fälle, an denen die Wassermassen des Sambesi 111 Meter tief abstürzen; Mosambiks Bazaruto-Archipel steht für Traumstrände, eine exzellente Unterwasserwelt, Tauchen, Hochseefischen und gilt als wahres Paradies für Ornithologen; und Simbabwe spielt im Mana-Pools-Nationalpark sein urzeitliches Bühnenstück, zu erleben auf einer spektakulären Kanusafari auf dem Sambesi River.

Fernglas und Kamera im Dauerbetrieb: Foto-Safari im Busch

Die Inselwelt des Lake Malawis ist von mystischer Schönheit (links). Das traditionelle Make-up der mozambikanischen Makua-Frauen schützt vor Sonne (oben). Pater Claude Boucher in der katholischen Mua-Missionsstation (unten).

Inseltraum: Die Luxuslodge Kaya Mawa ist die erste und einzige Herberge auf Likoma Island, was dem »Seemärchen« den besonderen Schliff gibt. Herrliche Sandstrände laden am Lake Malawi zum Entspannen ein (rechte Seite oben). Paddler im glasklaren Nass zwischen den Inseln (rechte Seite unten).

SEEMÄRCHEN LAKE MALAWI – KAYA MAWA & ST. PETER'S

Die Suche nach der verlorenen Zeit

Die Reise zur größten Seeinsel des Lake Malawi führt über glitzernde Wasserflächen zu einem Archipel verwunschener Inseln, aus dem ein riesiger Kirchturm ragt: keine Fata Morgana, sondern der von St. Peter's, Likomas anglikanischer Kathedrale! Vor über 150 Jahren landete der britische Naturforscher David Livingstone hier, in seinem Gefolge wuchs eine der größten Kathedralen Afrikas aus dem riesigen See.

Zweieinhalb Stunden von Johannesburg geht der Airbus A319 auf der riesigen Runway Lilongwes, Malawis politischem Hauptsitz und Verwaltungskapitale, nieder. Auf den weitläufigen Betonflächen parkt ein verlorenes Dutzend Light Aircrafts, Ein- und Zweimotorige. Das überdimensionierte Terminalgebäude des Kamuzu (Lilongwe) International Airport, mit dem sich Malawis erster Präsident ein Denkmal gesetzt hat, hofft offensichtlich auf mehr Passagiere. Richtig lebendig wird es hier nur, wenn VIPs aus Politik und *showbiz* einschweben. Zum Beispiel Popstar Madonna, die mit ihrem Begleittross zuweilen aus London anreiste.

Wo ist eigentlich der See?

Gewöhnliche Reisende stellen gleich nach dem Aussteigen die Frage: Wo ist der See? Diese riesige Wasserfläche, die mit zahlreichen idyllischen Inseln bestückt und von imposanten Bergketten umgeben ist. Lake Malawi, 55-mal so groß wie der Bodensee und mit durchschnittlich 292 Metern Tiefe, glasklarem Wasser und einem frappierenden Fischreichtum ein Süßwasser-Dorado für Schnorchler und Taucher, liegt nur 20 Flugminuten von der Hauptstadt entfernt. Das heißt Umsteigen in eine der parkenden Zweimotorigen. Mit den Küstengebirgen Mosambiks, an deren Hängen gerade wilde Buschfeuer lodern, tauchen schon bald

MALAWI UND MOSAMBIK

Hängebrücken verbinden die Eilande der Insel-Lodge Kaya Mawa (oben). Insulaner auf dem Wochenmarkt (unten) und Kathedrale St. Peter's auf Likoma Island (rechte Seite oben). Backpacker in der Bar von Mango Drift (rechte Seite unten).

dunkle Pünktchen aus dem unendlichen Blau, es ist Likoma Island. Knapp 20 Inseln verteilen sich auf 19 Quadratkilometer, das bedeutet, die gesamte Region hat weniger Landmasse als Amrum. Nach einem kurzen, szenischen Flug über spiegelglatte Wasserflächen wird Buschpilot Louis Steyl seine zweimotorige Beechcraft Baron auf der staubigen Piste von Likoma Island, der Hauptinsel, aufsetzen. Auf historisch gewachsenem Boden sozusagen, und nicht einfach irgendwo.

Erster Europäer: David Livingstone

Er zieht seine Maschine in einer Landeschleife nahe an einem mächtigen Kirchenschiff vorbei, das unwirklich aus der Inselwelt ragt. Wie ein Abenteuerroman liest sich die Geschichte von St. Peter's Cathedral, wobei die Protagonisten wegstarben wie die Fliegen, bevor ihr Kapitel richtig begann: Nachdem der britische Forschungsreisende David Livingstone 1859 als erster Europäer den See entdeckt hatte, reisten die ersten Missionare an, die sich hier, auf dem Prachtstück unter den See-Inseln, ansiedelten. 1885 wurde die Likoma-Mission gegründet und 1903 begannen die Anglikaner, auf dem abgelegenen Eiland eine Kathedrale zu bauen, die sich an Größe mit Londons Westminster Abbey messen kann. Zahlreiche Inschriften auf hölzernen Wandtafeln bezeugen in dem prachtvollen neugotischen Gotteshaus ihre Schicksale: Edward Drayton, gestorben 1870, Ormsby Hancock, 1872, Richard Pennell, 1874, Arthur West, 1875. Die Liste der kurzlebigen Missionare ist endlos.

Stolz sind die blau-weiß gekleideten Nonnen auf das mechanische Läutwerk im Glockenturm, auf kunstvoll bleiverglaste Kirchenfenster und das prächtige Schnitzwerk aus Oberammergau. Und auf ein magisches Holzkreuz aus Sambia, das angeblich aus einem Baumriesen, der einst aus Livingstones Grab herauswuchs, gefertigt wurde. Noch heute wandeln die Nonnen im Kirchhof, und wenn der Bischof mit dem Schiff vom Festland kommt, um in der Kathedrale von St. Peter's Gottesdienst zu halten, versammeln sich zum afrikanisch-melodischen Gesang dreier Chöre zuweilen mehr als 1000 Gläubige auf einen Schlag.

Ein Traum von Afrika

Eine Mission anderer Art haben Andrew Came und William Sutton aus Oxford erfüllt, als sie vor einem guten Jahrzehnt mit der Luxuslodge Kaya Mawa die erste und einzige Herberge auf Likoma etablierten: als wagemutige Visionäre, gegen jede Vernunft und alle Hürden einer fernen, aber sehr wirksamen Hauptstadt-Bürokratie. Dafür

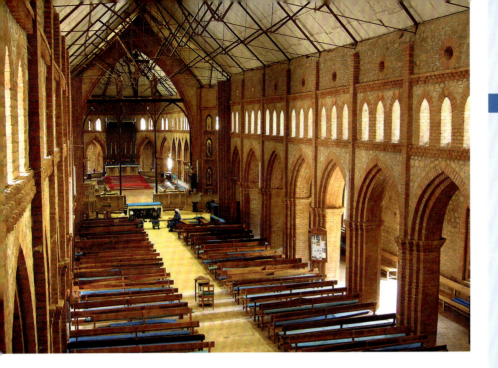

mit handfester Unterstützung der 6000 Einwohner zählenden Inselgemeinde. Und dem unausweichlich notwendigen Segen von St. Peter. Das architektonisch besondere Inselresort (laut Condé Nast Traveler unter den zehn romantischsten Destinationen der Welt) zählt ein knappes Dutzend Suiten, verteilt auf Miniinseln und Landzungen, durch Hängebrücken und Stege mit der Hauptlodge verbunden, und ist in geschmackvoller Naturstein-Architektur zwischen mächtige Baobab-Bäume, Fels- und Sandbuchten gesetzt. Insgesamt 28 Gäste finden in der 5-Sterne-Unterkunft Platz, die 2010 komplett neu gestaltet wurde. Den Gästen bietet sich hier ein atemberaubender Blick auf den See und reichlich Gelegenheit für Tauch- und Wassersport.

Unter der utopisch schönen Oberfläche pulsiert eine irrwitzige Infrastruktur aus Strom- und Wasserversorgung (250 000-Liter-Tank), Schul- und Waisenhausprojekten, über 70 direkten Arbeitsplätzen, die zahlreiche Familien ernähren und die soziale Einbindung festigen, sowie, sündhaft teuer, Airstrip, Transport und Logistik. Das Abenteuer der Bauphase allein wäre eine buchfüllende Geschichte, deren schönster Aspekt ist, dass danach alle ehemaligen Arbeiter umgeschult wurden und heute als Kellner, Mechaniker oder Hausmeister in der Luxuslodge weiterhin Lohn und Brot haben. Wer tut sich das hier, auf einer entrückten See-Insel, am Ende der Welt, freiwillig an? Aus dem fernen Elsass verirrte sich Diana Barlow hierher, verliebte sich in die ungewöhnliche Robinsonade und ist nun verantwortlich für die exquisite Küche der Kaya Mawa Lodge. »Ein Traum«, erklärt sie.

Das Erbe der Missionare

Die Kirche hat auf Likoma ein gesellschaftliches Musterbeispiel geschaffen, und ist ein nicht wegzudenkender Bestandteil des insularen Lebens. Das modern ausgestattete Missionshospital sorgt für die Kranken, und ein halbes Dutzend Schulen für Bildung und Ausbildung. 95 Prozent der Inselbevölkerung sind des Lesens und Schreibens mächtig, was sensationell ist für jede afrikanische Statistik. Wenn der betagte, marineblaue Land Rover der Lodge abfahrbereit unter gigantischen Baobab-Bäumen auf abreisende Passagiere wartet, während Louis auf dem nahen Airstrip seine »Beechcraft Baron« startklar macht, stellt sich ein merkwürdiges Gefühl ein. Es sind die letzten kostbaren Minuten, bevor die Zeit in diesem Inselparadies verbraucht ist.

TOP ⭐ ERLEBNISSE

⭐ LUXUS IN KAYA MAWA

Wie St. Peter ist auch Kaya Mawa eine feste Größe auf Likoma und engagiert sich in Hilfsprogrammen für Schulen, die Förderung bedürftiger Kinder sowie die Versorgung von Dörfern mit fließendem Wasser. Zudem werden Gäste ermuntert, an einem Partnerschaftsprogramm teilzunehmen, eine kleine Dollarsumme in private Haushalte zu investieren, um weitere Wasseranschlüsse sowie Baumsetzlinge und Saatgut zu finanzieren.
INFO: Neben anderen Wildnisdomizilen findet sich die ökologisch orientierte Lodgecompany Green Safaris auch in Kaya Mawa, greensafaris.com/kaya-mawa

⭐ BACKPACKERLODGE MANGO DRIFT

Damit der Likoma-Traum auch für schmale Reisekassen bezahlbar bleibt, gibt es auf Wunsch der Kirchenoberen in der nächstfolgenden Sandbucht die preiswerte Backpacker-Herberge Mango Drift. Dienstags und samstags bringt das Versorgungsschiff Ilala Traveller-Nachschub vom Festland herüber, auf die strohgedeckte Bungalows unter prächtigen Mangobäumen warten.
INFO: Die nachhaltig operierende Strandherberge ist zugleich Tauchbasis und Treffpunkt wagemutiger Rucksackreisender, mangodrift.com

Malawierin in typischer Tracht vor einem ländlichen »Supermarkt« nahe Lilongwe

THEMA

ROBINSONADE AUF MUMBO ISLAND – SÜDSEE IN MALAWI

Dschungelinsel mit Öko-Camp

Malawis unvorstellbar riesiger Binnensee ist 55-mal so groß wie der Bodensee und mit durchschnittlich 292 Metern Tiefe, glasklarem Wasser und einem außerordentlichen Fischreichtum ein Süßwasser-Eldorado für Schnochler und Taucher. Verwunschene Inseln und endlose Kilometer feiner Sandstrände am Festland des südlichen Seeufers lassen den Lake-Malawi-Nationalpark zum aquatischen Traum werden.

Außer den Eilanden des bekannten Likoma-Archipels finden sich noch weitere Inseln auf den weiten Flächen des Malawisees, dessen südliche Seegebiete seit 1984 als Lake-Malawi-Nationalpark auf der UNESCO-Liste stehen. Vor allem, weil hunderte schützenswerte tropische Süßwasserfischarten hier eine glasklare Unterwasserwelt bewohnen, einzigartige, grellbunte, teils endemische Farbwunder der Schöpfung, die Besitzern von Süßwasseraquarien als Malawisee-Cichliden wohlbekannt sind. Weshalb es Schnorchler und Taucher hierherzieht.

Mumbo: feine Robinsonade

Aus diesem überdimensionalen Aquarium ragt Mumbo Island, ein winziges, tropisches Inselreich, heraus. Tauchen, Schnorcheln, Kajakfahren und Schwimmen sind neben obligatorischen Sunset-Cruises durch die bizarren Fels-Archipele das Einzige, was hier außer Schlafen, Lesen, Essen möglich ist. Wobei in der bildschönen Öko-Idylle außer zu schauen gar nichts anderes nötig ist. Denn wer auf Mumbo Island erwacht, findet den Weg zur Hängematte auf seiner hölzernen Zeltplattform ganz automatisch. Zwischen rund geschliffene, mächtige Felsblöcke auf Stelzen in schwindelnde Höhen gesetzt, kleben sechs Domizile in Traumlage wie Schwalbennester über dem spiegelglatten See. Reetgedeckte Pfahlbauten aus edlen Hölzern, liebevoll gestaltete Interieurs sowie eine rührend besorgte einheimische Crew kreieren hier eine sehr feine Robinsonade.

Die einfache Eimer-Dusche unter dem Blätterdach eines Baobab mag für Luxusverwöhnte beim ersten Mal noch gewöhnungsbedürftig sein, sich aber bald zu einem romantischen Duscherlebnis gestalten. Immerhin: Zehn Minuten vorab bestellt, wird heißes

Monkey Bay am Cape MacLear ist die Ausgangsbasis für Boottrips zu den Seeinseln.

Durch hölzerne Laufstege und Hängebrücken sind die Eilande des Mumbo-Archipels miteinander verbunden.

Wasser auf dem Lagerfeuer bereitet, und *just in time* zur Dusche geliefert. Auch die Bio-Gemeinschaftstoilette (mit Rindenmulch-»Spülung«) und Petroleum- oder Taschenlampen als einziges Leuchtmittel in dunkler Nacht mindern das einzigartige atmosphärische Ambiente des kleinen Öko-Camps nicht, das mit seinem Naturparadies ein niedliches, beinahe unwirkliches Seemärchen auf die Bühne bringt, für das nach 55 Minuten Bootsfahrt am Steg des Festland-Basiscamps in Monkey Bay leider viel zu schnell der Vorhang fällt.

Monkey Bay – MacLear-Halbinsel

Wer von dem bezaubernden Robinson-Crusoe-Leben noch nicht genug hat, kann auf die wesentlich größere Nachbarinsel Domwe Island wechseln, die vom Festland nur durch einen Kanal getrennt ist und für jeden Geldbeutel die geeignete Unterkunft bietet: Vom Campground bis zum Safarizelt mit Traumblick auf den See ist alles dabei! Am Festland spielt vor allem die bildschöne McLear-Halbinsel, die weit in den See hineinragt, die Lake-Malawi-Musik: Kilometerlange, breite Sandstrände produzieren in zahlreichen Strandanlagen das entsprechende Beachlife.

Monkey Bay, ein beschauliches Strandörtchen mit Naturhafen, dient als Basis für Jacht-Charter, Fishing-Trips, privaten Fährservice nach Likoma Island, Schnorchel- & Diving-Unternehmungen und ist zugleich die Anlegestelle des Liniendampfers »Ilala«, der mit verschiedenen Stopps um den See die Runde macht.

Cape MacLear, das weitgehend zum Lake-Malawi-Nationalpark gehört, ist ein Naturparadies, das zahlreich Besucher anzieht. Seine glutroten Sunsets sind legendär: Wenn die Sonne im späten Nachmittagslicht in dieses rötlich glitzernde Meer aus Süßwasser sinkt und sich Verzauberte auf einem Brettersteg versammeln, um das alltägliche Spektakel wie einen filmischen Höhepunkt zu genießen, dann wird jedem Besucher dieses entlegenen Fleckchens Erde klar, was David Livingstone, sein Entdecker, beim Anblick der Naturschönheit dieser Bucht empfunden haben mag.

An der Anlegestelle in Monkey Bay wird es für Seereisende aufregend.

Unvorstellbare, riesige und menschenleere Areale bieten sich Hikern und Reitern in den nördlichen Highlands.

NYIKAS HOCHMOORATMOSPHÄRE

Die nördlichen Highlands

Wer glaubt, Malawi sei ein flaches Land, wird mit dem bis auf 2600 Meter an den nordwestlichen Ufern aufsteigenden Nyika-Plateau eines Besseren belehrt. Mit Kargheit, Stille und moderaten Temperaturen erwartet der hoch gelegene Naturtraum Besucher, die sich im Nykia-Nationalpark auf bezaubernde Landschaften aus *rolling hills* und dichten Wäldern einlassen.

Es sind vor allem Wanderer und Reiter, die das mit 3200 Quadratkilometern größte und höchstgelegene Schutzgebiet Malawis aufsuchen, ein Drittel der Fläche liegt über 2100 Meter! Der zivilisatorische Mittelpunkt ist Chelinda, ein ehemaliges Holzfällercamp, in dem die Chelinda-Lodge, ein Campingplatz und eine Jugendherberge untergebracht sind. Wer heraufkommt, wird vom Charme der Umgebung absorbiert, was in besonderer Weise auf Vogelbeobachter zutrifft, die 400 Spezies vor die Ferngläser bekommen. Ansonsten ist eine stattliche Anzahl an Leoparden vertreten, zahlreich tummeln sich Antilopen, Zebras, Hyänen, Paviane und Warzenschweine, vereinzelt lassen sich in tieferen Regionen auch Elefanten, Löwen und Büffel sichten. Die wärmsten Monate (Okt./Nov.) schaffen gerade einmal 22 Grad, während der restlichen Zeit gibt es nachts Frost im warmen Herz von Afrika! Eine Serpentinenstrecke führt zur 800 Meter hoch gelegenen Missionsstation des britischen Mediziners und Missionars Dr. Robert Laws, der hier im Gordon Memorial Hospital tausende Patienten behandelte. Geblieben ist eine altkoloniale Atmosphäre samt Museum, Kirche und Laws' Stone House, sein Wohnhaus. Besonders das mit bunten Glasfenstern verzierte Kirchhaus liefert schöne Fotomotive, im Stone House sowie im Gästehaus lässt es sich übernachten.
INFO: Chelinda Lodge, cawsmw.com

DAS »WARME HERZ VON AFRIKA«
Old Bhandawe, Mua Mission & Co.

Eine Reihe historischer Missionsstationen zeugt heute noch von der Arbeit der »White Fathers«, die aus der Ferne kamen und Kirchen und Krankhäuser bauten. Neben St. Peter's auf Likoma Island, der Old Bhandawe Mission bei Chintheche, Livingstonia auf dem Nyika-Plateau und der Ekwendeni Mission zählt Malawis Mua Mission zu den erlebenswertesten Zeugen kirchlicher Kulturarbeit.

In der katholischen Mua Mission, eine Fahrstunde vom Seeufer entfernt in einer bildhübschen Bergwelt, erklärt Pater Claude Boucher sein afrikanisches Leben. Schon immer sei bei ihm diese Sehnsucht gewesen, aber nicht wegen der wilden Tiere. Seit 1967 hat der Kanadier aus Montreal die Missionsstation (1902) zu einem Zentrum der Kunst ausgebaut. Das »Kungoni Centre of Culture and Art« umfasst Werkstätten, Galerien und ein fantastisches Museum, in dem der in London studierte Anthropologe die Entstehungsgeschichte der Volksgemeinschaften Malawis zusammengetragen hat. Schulklassen aus dem ganzen Land reisen beinahe täglich zum geschichtlichen Anschauungsunterricht. Was hat sich verändert in all der Zeit? Ein Zerfall der Gemeinschaften zugunsten einer Individualisierung sei zu beobachten, erzählt der Pater, und dass ein Bevölkerungswachstum die Natur inzwischen mit 16 statt mit 4 Millionen belaste. Die Freundlichkeit der Menschen, lächelt Father Boucher, sei aber noch genau wie damals: »They open their mouth and give you a smile!« Was der besonders friedfertigen und manchmal beinahe kindlichen Mentalität der Malawier entspricht, die bisher nie in kriegerische Auseinandersetzungen verwickelt waren, und deshalb zurecht den verlockenden Werbeslogan der Tourismus-Strategen »Malawi: The Warm Heart of Africa« zustande gebracht haben.

INFO: kungoni.org

Das »Kungoni Centre of Culture and Art« umfasst Werkstätten, Galerien und ein wundersames Museum.

Angestellte der Plantage haben Spaß (oben), Pflückerinnen im blättrigen Grün beim Ernten und Sortieren (rechte Seite).

BLANTYRE, ZOMBA & TEA – DIE SÜDLICHEN HIGHLANDS

Malawis ganz andere Seite

Zusammen mit seiner Schwesterstadt Limbe war Blantyre einst das Zentrum der weißen Kolonialherren im lieblichen und über 1000 Meter hoch gelegenen Shire-Hochland. Eine kurvige Fahrt in die einstige Hauptstadt Zomba führt durch bezaubernde Bergwelten, die mit sprudelnden Bächen, kurvigen Serpentinen und rauschenden Wasserfällen ein unerwartetes Malawi-Bild zeichnen.

Aber es geht noch einen landschaftlichen Tick härter: Wie aus einer vollkommen anderen Welt erscheinen die Hochland-Provinzen Thyolo und Mulanje, die sich südöstlich von Blantyre und Zomba ausbreiten: Soweit das Auge reicht, erstrecken sich saftstrotzend grüne Teeplantagen, in denen herrschaftliche Pflanzeranwesen einen sehr eigenen Film produzieren. Was der Grund dafür sein mag, dass im geschichtsbeladenen Huntingdon House der Satemwa Tea & Coffee Estates tatsächlich nicht selten internationale Filmteams vor den Toren stehen, um das altkoloniale Flair seiner schottischen Erbauer als Kulisse zu nutzen. Mitsamt hollywoodreifen Interieurs, verwunschenen Gärten, von Efeu umwucherten Steinterrassen, zwischen historisch gewachsenen Baumriesen – über die Mount Mulanje, mit 3002 Metern Malawis höchster Berg, wacht.

»Schottische« Highlands-Pracht

In seinem herrschaftlichen Plantagensitz Huntingdon, der sich hier weitab von See, Wildnis und Stränden im Hochland versteckt, spult der über 80-jährige Tee- und Kaffeebaron Robert Cathcart-Kay zum Knistern des Kaminfeuers eine Menge Kolonial- und Firmengeschichte ab: über die Kaiser-Deutschen in Ostafrika, den Helgoland-Sansibar-Vertrag des Berliner Reichskanzlers Otto von Bismarcks und die Grenzziehung der Kolo-

Blantyre, Zomba & Tea – Die südlichen Highlands

nialmächte. Eine Verbindung vom Atlantik in Deutsch-Südwest bis ins deutsch-koloniale Tanganjika am Indischen Ozean sollte die *very crazy* Idee bringen, so der malawisch-schottische Haudegen. Man stelle sich das nur vor, quer durch Afrika! Wobei man ja wisse, lächelt der Afrika-Veteran im holzgetäfelten Dining-Room weise, dass man hier schon an viel kleineren Projekten scheitern kann! Last, not least parliert er über drei Jahrzehnte Regentschaft durch Malawis Präsidenten auf Lebenszeit, Dr. Hastings Kamuzu Banda, dem man in Lilongwe ein opulentes Mausoleum erbaut hat, sowie die Satema Tea Estates seiner schottischstämmigen Familie natürlich. Gegründet wurde der Plantagenbetrieb 1922, 890 Hektar produzieren mit 2500 Arbeitskräften (davon sind 1800 saisonale Pflücker) auf 1200 Metern Höhenlage 2500 Tonnen Schwarztee pro Jahr. Die einzigartige Atmosphäre der Plantagenresidenz zieht mit ihrem Flair vor allem Gäste mit Sinn für Atmosphärisches an, die hier oben abseits von der restlichen Welt ein paar Tage verbringen.

Blantyre und Zomba

Auf 900 Metern Höhe genießt die ehemalige Kolonial-, Haupt- und heutige Universitätsstadt Zomba ganzjährig ein angenehmes Klima. Zahlreich sind Architekturbauten Zeugen der alten Zeit, sehenswert sind das State House, Baujahr 1901, und Zombas Market Hall, wo es nicht nur Obst und Gemüse, sondern auch Top-Shots für Fotografen gibt. Eine kurvige Strecke führt auf das Zomba Plateau, das schon seit 1913 ein gefragtes Waldschutzgebiet ist, zahllose Wander-Tracks erschließen berauschende Naturlandschaften in luftiger Höhe.

Infos für Hiker und zu Übernachtungsmöglichkeiten in umliegenden Berglodges und Pensionen gibt es im Besucherzentrum beim Sunbird Ku Chawe Resort.

Das benachbarte Blantyre wurde im Jahr 1876 von schottischen Missionaren gegründet, denen das gemäßigte Klima der Shire Highlands als göttliches Zeichen erschien für einen langfristig funktionierenden Missionsbetrieb. Was angesichts der Tatsache, dass vielerorts die Kollegen an Malaria und anderen rätselhaften Fiebererkrankungen starben wie die Fliegen, verständlich ist. Die von den Missionaren ab 1888 erbaute Kirche St. Michael's and All Angels war der Mittelpunkt der Blantyre-Mission und ist heute das Wahrzeichen der Stadt, das Blantyre-Besucher in Scharen anzieht.

TOP ⭐ ERLEBNISSE

⭐ HAUPTSTADT VOM REISSBRETT: LILONGWE

Malawis Präsidentenlegende Dr. Kamuzu Banda ist es zu verdanken, dass das ehemals kleine Städtchen auf 1110 Metern durch ein gigantisches Bauprojekt mit Regierungs- und Botschaftsviertel, breiten Alleen und Villenanwesen zur Millionenmetropole geworden ist. Hübsch sind Old Town und der Old Market in der Malangalanga Road im Indischen Viertel, wo es in viel Gedränge praktisch alles zu kaufen gibt. Zahlreiche Hotels internationaler Standards bieten hauptstädtische Übernachtungen an.
INFO: Wer es romantisch mag, fährt ein paar Kilometer zur luxuriösen Kumbali Country Lodge vor die Tore der Stadt, wo die Pickerings auf 650 Hektar Farmland eine besondere Welt gestaltet haben, kumbali.com

⭐ TEE IN ZOMBA

Die Fahrt vom allgegenwärtigen Malawisee hinauf in die Berge der südlichen Highlands ist ein Erlebnis an sich, wie auch der Besuch des idyllisch gelegenen altkolonialen Zomba. Der Besuch einer Teeplantage zeigt eine ganz andere Seite Malawis und ist unbedingt empfehlenswert!
INFO: Satemwa Tea Estate und Huntingdon House bei Thyolo im Hochland, huntingdon-malawi.com. Bildschön ist das Sunbird Ku Chawe Mountain Resort auf dem Weg dorthin, sunbirdmalawi.com

Der Shire River durchkreuzt den Liwonde-Nationalpark am südlichen Seeufer. Wohin man auch blickt zeigen sich biblische Wildtier-Szenen (oben, rechte Seite unten). Eine in Tansania gedruckte Briefmarke zeigt die Tansania Insect Series (rechte Seite oben).

MALAWIS DSCHUNGELBUCH – LIWONDE-NATIONALPARK

Am Shire River ist die Wildnis zu Hause

Natürlich kann Malawi auch mit echter Wilderness protzen. Das am südlichen Ende des Malawisees gelegene Shire-River-Paradies entpuppt sich schon beim Anflug als Top-Safari: Riesige Krokodile sonnen sich auf sandigen Flussinseln, Elefanten durchbrechen die üppige Galerievegetation und stampfen klatschend ins kühlende Nass, Giraffen stolzieren mit langen Hälsen, die Köpfe im Blätterwerk versteckt.

Nach spektakulären Aussichten auf die wilden Gebirgsketten Mosambiks zieht die Cessna über Mumbo Island hinweg, dessen Inselchen wie gemalt im Tiefblau des Sees schwimmen, und setzt wenig später über dem Shire River im Tiefflug zur Landung auf dem Mvuu Airstrip an. Rund geschliffene dunkle Basaltbrocken, die aus dem Flachwasser des Shire herausragen, werden zu teufelslebendigen Flusspferden, wenn es bei den notorischen Grunzern tierischen Aufruhr gibt, was da unten gerade jetzt passiert. Außer Krokodilen und planschenden Hippos sind noch dickere Fleischklöpse zu sehen, Elefanten, von denen es tausende im Liwonde gibt, und selten gewordene Rhinozerosse.

Bootsafari in stockdunkler Nacht

In diesem verwunschenen Wilderness-Gebiet wimmelt es nur so vor Wildlife, und seit einigen Jahren hat ein Einwilderungsprogramm sogar die raren Spitzmaulnashörner zurückgebracht. Highlights der im Zentrum des Spektakels residierenden Mvuu-Lodge sind Bootsafaris, die noch ein aufregendes Stück weiter ins schilfbestandene Terrain der Großwildexoten führen. Schon das Ablege-

Malawis Dschungelbuch – Liwonde-Nationalpark

manöver am Steg treibt die Adrenalinproduktion hoch, weil aggressive Flusspferde die Nussschale von einem Boot sofort prustend und grunzend umzingeln. Toleranter ist eine reichhaltige Vogelwelt, die Fischadler, Kormorane, Reiher, Pelikane, Seefalken und Fischeulen präsentiert, und die Liste ist lang: Selbst der grellblau schimmernde »King Fisher«, der Eisvogel aus der Bierwerbung, lässt sich hier beim senkrechten Eintauchen ins Wasser beobachten. Wem es vor einer nächtlichen Bootsfahrt nicht graut, der taucht bei Scheinwerferlicht in die gruselige Welt bis zu sechs Meter langer Nilkrokodile ein. Die Lodge, zwischen verzweigte Wasserarme des Shire gesetzt, präsentiert im Morgengrauen die Stunde der Vögel: Mörderisch gellende Schreie durchtrennen die Stille, manche gefiederte Gesellen proben mit dumpfen, hohlen Tönen unermüdlich die Tonleiter von oben nach unten, andere mit glasklarem Pfeifen, ein Schnappen und Klatschen im Wasser, heftiges Flügelschlagen und was für ein Gezeter!

Birdwatcher's Paradise

Ist ein potenzielles Opfer noch mal knapp entwischt? 370 verschiedene Vogelarten sind im Nationalpark gelistet, die Palmen, Fieberbäume, Baobabs, Leberwurstbäume und dichtes Mopanebuschwerk bevölkern, und die Spannung ist gerade jetzt förmlich zum Greifen: Der Kampf der Tiere ums Überleben, den eine Zehntelsekunde entscheidet, zeigt dramatische Szenen aus der kaltherzigen Realität des Dschungelbuches. Krokodile bewegen sich hier auf Augenhöhe mit den Gästen, die keine Abzäunung von den bis zu sechs Meter langen Muskelpaketen trennt. Horden von Affen turnen um die acht reetgedeckten Chalets, die sich im dichten Uferbewuchs des Shire verstecken, Warzenschweine rennen zwischen Pool und Rezeption zielstrebig hin und her, als wollten sie auch hier ihr Terrain markieren, und nichts Ungewöhnliches passiert, wenn bei der Morgentoilette im offen gestylten Natursteinbad ein Elefantenbulle seinen Rüssel fordernd in Richtung Badewanne streckt. Auch Leoparden und Geparden streifen hier auf der Jagd nach Gazellen, Antilopen und anderem passablem Getier durch grün wuchernde Ufermarschen und versteckte Lagunen.

Fast 600 Quadratkilometer an aquatischen Niederungen, Grasebenen, Schwemmland und Sandböden stellt der Liwonde-National-Park seinen Wildtieren zur Verfügung, die sich vor allem während der Trockenzeit in großen Zahlen zeigen, wenn sie sich auf der Suche nach Wasser an die Fluten des Shire River erinnern und zurückkommen.

TOP ★ ERLEBNISSE

★ LAKE MALAWI FERRY SERVICE

Auf wöchentlicher Basis lässt es sich an Deck der Ilala, die als Passagierdampfer mit einer Kapazität für 350 Passagiere seit 1951 ihre Runden um den Malawisee dreht, ziemlich abenteuerlich loslegen. Immer freitags legt das legendäre Schiff in Monkey Bay ab und dampft gemächlich mit 8,4 Knoten und zwei Zwischenstopps bis nach Chipoka. Weiter geht es samstags über Nkahota Kota nach Likoma Island und zum benachbarten Chizumulu Island, am Sonntag dann über Nkhata Bay bis ins nördliche Seegebiet nach Tcharo (Mzuzu) und Chilumba (Nyika-Nationalpark) – und zurück. Empfehlenswert ist ein Erste-Klasse-Ticket für das Oberdeck (mit Bordbar!) und bei Overnight-Trips eine der sechs recht passabel ausgestatteten Kabinen.
INFO: Detaillierte Infos zur Ilala unter malawitourism.com

★ ACHTUNG: MOSKITO-COUNTRY

Wie an den Seeufern auch lieben es Stechmücken – im Liwonde auch Tsetsefliegen – im dichten Dschungel herumzuschwirren: Achtung Gefahr durch Malaria, Prophylaxe unbedingt empfehlenswert!
INFO: Zur Gesundheit: Zentrum für Reisemedizin, crm.de; Übernachten: Mvuu Lodge & Camp, cawsmw.com; Robin Pope Kuthengo Camp, robinpopesafaris.net

MALAWI UND MOSAMBIK

 ## DIE RETTUNG DER WILDTIERE – MAJETE WILDLIFE RESERVE

Für Individualisten: abseits ausgetretener Pfade

Eine beispiellose Rettungsaktion stellte die Hilfsorganisation »African Parks« auf die Beine, weil es im Majete-Schutzgebiet kaum noch Wildtiere gab: Wilderei im großen Stil hatte das 700 Quadratkilometer große Reservat an der Westgrenze zu Mosambik weitgehend entleert. Tausende Tiere wurden aus anderen Teilen Malawis sowie durch Ankäufe aus anderen afrikanischen Staaten hier, an den Shire River, zurückgebracht.

Der Zugang zu Robin Popes Mkulumadzi Lodge (rechte Seite oben) am Mkulumadzi River spricht für sich – und er ist die Eintrittskarte zu Majetes Wunderwelt (unten). Löwenfutter Antilope (rechte Seite unten).

Unweit von Blantyre, der heimlichen Hauptstadt Malawis, spielt das Stück »Arche Noah und das Wunder von Majete«. In den 1980er- und 1990er-Jahren hatten Wilderer das 1955 gegründete Majete-Wildreservat in der Grenzregion zu Mosambik beinahe komplett ausgeplündert. Die Elfenbeinjäger waren bestens organisiert, hatten Sturmgewehre und ausreichend Geld, um Helfer in den Dörfern der Umgebung für die Drecksarbeit bezahlen zu können, und die Behörden fürs Wegsehen. Im direkten Umland von Majete leben 140 000 Menschen, die von der Wilderei der Wildtiere profitierten, und nicht, wie heute, von deren Schutz. 2003 wurden auf den 700 Quadratkilometern von Majete nur noch 23 Antilopen sowie eine Handvoll Krokodile und Flusspferde gezählt.

Top-Safari-Spot

Mit viel Geld, strikten Schutzmaßnahmen und gewaltigen Tierumsiedlungen brachte die internationale Non-Profit-Hilfsorganisation »African Parks«, die sich aus internationalen Finanzhilfen finanziert, die Wildnis in

eines der schönsten Naturreservate Malawis zurück. Zunächst mussten 160 Kilometer Elektrozäune her, die neu eingestellte Scouts auf 250 Kilometer neu gebauten Straßen und Pisten Tag und Nacht kontrollieren, hunderte Gewehre wurden in den umliegenden Dorfgemeinschaften eingesammelt sowie tausende Drahtfallen und Fangeisen, und zugleich die Menschen durch Schulen, Brunnen, Wasserleitungen und Kliniken in ihren *local communities* unterstützt. Das stärkste Argument für den Tierschutz waren Arbeitsplätze, die mit dem Safari-Tourismus entstanden sind und heute Familieneinkommen sichern.

An die 3000 Wildtiere wurden wieder angesiedelt, darunter 217 Elefanten, 306 Büffel, 174 Zebras, Nashörner, Leoparden, und zuletzt mit den drei Raubkatzen Shire, Chimwala und Sapitwa auch Löwen. Damit hat der Top-Safari-Spot Majete nun auch wieder die »Big Five« in seinem Programm – Elefant und Nashorn, Büffel, Leopard und Löwe. Manchmal idyllisch und kleinlaut, an anderen Stellen in Kaskaden und Wasserfällen abwärts brausend, durchfließt der Shire River hier liebliche Savannen, undurchdringliches Buschland und grünende Wiesen, und nährt das Habitat von inzwischen wieder über 5000 exotischen Wildtieren, die sich in Majetes Schutz munter vermehren. Baobabs, Mopane, Palmen, Akazien und Brachystegiawälder bringt die Flora hervor, über 300 Vogelarten sind hier heimisch, was zahlreiche Hobby-Ornithologen zum *birdwatching* anzieht.

Unaussprechlich: »Mkulumadzi«

Frühmorgens erwacht Robin Popes Mkulumadzi Lodge am gleichnamigen Flüsschen durch das Vogelgezeter. Mkulumadzi ist wie ein Traum und zugleich ein handfester Bestandteil der African-Parks-Rettungsaktion: Mit Konzessionsgebühren und substanziellen finanziellen Zuwendungen hat der Safari-Pionier Robin Pope einen Teil der ökonomischen Vermarktung der Wildtiere übernommen, und für Majete und die Dorfgemeinschaften da draußen mit seiner Luxus-Lodge ein Zeichen gesetzt. Eine Boot-Safari auf dem nahen Shire River führt mitten hinein in das schilfbestandene Terrain wilder Exoten, wo sich Fischadler, Reiher, Pelikane, Seefalken und Fischeulen ein Stelldichein geben. Für den britischen Naturforscher David Livingstone (1813–1873) und seine Zambezi Expedition war hier, an den Kapichira Falls, Schluss: An der südlichen Barriere des Shire, der irgendwo in den Sambesi und mit ihm in den Indischen Ozean fließt, endete 1859 seine unermüdliche Suche nach noch mehr von Afrika.

TOP ⭐ ERLEBNISSE

⭐ DIE BESTEN MALAWI-SPOTS

Likoma Island. Die größte der Seeinseln Lake Malawis, mit Luxuslodge Kaya Mawa und der Traveller-Strandherberge Mango Drift.
Mumbo Island. Winziger Inselarchipel am südlichen Ende des Malawisees mit der gleichnamigen Ökolodge.
Liwonde Nationalpark. Südliches Seegebiet und Shire River, ein Paradies für die Vogelwelt, Krokodile und Flusspferde rund um die Mvuu Lodge.
Majete Wildlife Reserve. Wildreservat mit Elefanten, Büffeln, Zebras, Nashörnern, Leoparden und Löwen und der Dschungellodge Mkulumadzi.
Highlands bei Blantyre. Malawis Hochland zeigt bildschöne Tee- und Kaffeeplantagen mit märchenhaften altkolonialen Anwesen, beispielsweise das Huntingdon House bei Thyolo.
Nykia-Nationalpark. Die malawischen »schottischen Highlands« sind beliebt bei Naturfreunden, Reitern und Wanderern.
INFO: Malawi Tourism, visitmalawi.mw sowie malawitourism.com

⭐ SICHERHEIT

Malawi verzeichnet einen Anstieg der Kriminalität, auch gegenüber Touristen. Hiervon sind vor allem die Städte Lilongwe, Blantyre und die Touristenziele Senga Bay, Nkhata Bay und Cape Maclear betroffen.
INFO: Reise- und Sicherheitshinweise beim Auswärtigen Amt, auswaertiges-amt.de

Gemächliches Treiben herrscht vor der kolonialen Kulisse des Bahn- und Busbahnhofs in Mosambiks Hauptstadt Maputo (oben). Das Museu de História Natural in Maputo (rechte Seite unten). Fantastische Strände liegen der Hauptstadt direkt vor der Haustür (rechte Seite oben).

MOSAMBIKS QUIRLIGE HAUPTSTADT UND CHAOTISCHE SCHÖNHEIT – MAPUTO

Henning Mankells zweite Heimat

Gediegene Eleganz, Luxus und moderne Weltläufigkeit prallen in der Megacity am Indischen Ozean auf chaotische Zustände. Ausufernde Elendsviertel belasten nicht nur die mangelnde Infrastruktur der schnell wachsenden Metropole. Dennoch ist Mosambiks Hauptstadt in herrlicher Lage an der Baia de Maputo mit ihrem maritimen Lebensgenuss für viele Besucher eine exotische Versuchung.

Eine Versuchung, die als Metropole krasser Gegensätze regiert. Vor allem dort, wo nach dem Scheitern der afrikanischen Variante eines sozialistisch-marxistischen Gesellschaftsversuches knallhart der Kapitalismus Einzug hielt; immer noch knabbert die ehemalige República Popular de Moçambique an den Folgen eines langen Bürgerkrieges, den sich die Guerillagruppen FRELIMO und RENAMO im Kampf um die Macht lieferten.

Bombastisch: Baia de Maputo

Die Universitätsstadt mit katholischem und anglikanischem Bischofssitz platzt aus allen Nähten, ein nicht zu kontrollierender Zuzug durch verarmte Landbevölkerung sowie Immigranten aus anderen Teilen des darbenden Kontinents lassen Elendsviertel und Slumsiedlungen schneller wachsen als jede Infrastruktur. Geschätzte drei oder auch mehr Millionen Einwohner dürften sich in der Megastadt um eine bessere Lebensqualität streiten.

1498 ankerten mit dem portugiesischen Entdecker Vasco da Gama erstmals Europäer in der weitläufigen Bucht, die mit fast 100 Kilometern Länge und 30 Kilometern Breite eine grandiose urbane Zutat ist, danach folgten wechselnde Nationalitäten. 1721 rückten niederländische Seefahrer an, ab 1777 übernahmen Österreicher die Bucht und errichteten zwei Befestigungsanlagen, von 1781 an betrieben portugiesische Kaufleute die

Mosambiks quirlige Hauptstadt und chaotische Schönheit – Maputo

bewehrte Handelsstation, die als profitabler Umschlagplatz für Elfenbein sowie als Walfangstation und später dem Sklavenhandel diente. Die strategisch hervorragende Lage an den Schifffahrtsrouten der Ostindien-Segler begründete 1875 das heutige Maputo, das bis 1975 nach dem portugiesischen Händler und Entdecker als Lourenço Marques benannt war.

Die besten Spots

An der palmenbesetzten Uferstraße ragt jenseits prächtiger portugiesischer Kolonialbauten eine moderne Business-Skyline himmelwärts, im eleganten Viertel Polana sind vornehme Botschaftsbauten, internationale Schulen, exklusive Hotels wie das altkoloniale Grandhotel Polana Serena aus dem Jahr 1922 und natürlich gediegene Wohnquartiere zu besichtigen. Zu den absoluten Sightseeing-Highlights zählen die Fortaleza da Nossa Senhora da Conceição im Stadtzentrum aus dem Jahr 1787 sowie der nach Plänen des französischen Architekten Gustave Eiffel im Art-déco-Stil erbaute Bahnhof in der Altstadt Baixa mit Oldtimer-Lokomotiven, Stuckfassaden und beeindruckender Kuppel, und die ebenfalls von Eiffel entworfene Casa de Ferro, das Eisenhaus. Ziemlich überraschend kommt die ultramoderne Igreja de San António de la Polana daher, bildschön die katholische Cathedral of Our Lady of the Immaculate Conception sowie die Mesquita da Baixa, einer der ältesten Moscheebauten der Stadt. Nicht zu verpassen sind Maputos Fischmarkt am Hafen, wo sich exotische Frischware bergeweise auftürmt, und der Zentralmarkt, der mit bunten Obst- und Gemüsepyramiden sowie einer unüberschaubaren Menge an Gewürz- und Souvenirständen zahlreich Touristen und geübte Taschendiebe anzieht. Im Teatro Avenida wirkte der schwedische Schriftsteller Henning Mankell als Regisseur und Intendant jahrzehntelang, mit zahlreichen Afrikaromanen wie *Kennedys Hirn* und *Die flüsternden Seelen* hat der für Afrika glühende Chronist den Kampf einer von Bürgerkriegen, Aids und wirtschaftlichem Elend gebeutelten Bevölkerung authentisch beschrieben.

Legendär ist Maputo für sein schillerndes und exzentrisches Nachtleben. Und für ein unerschöpfliches Füllhorn an gastronomischen Sensationen, zu deren begehrtesten Lokalitäten das Restaurant Clube Marítimo zählt, das ein beliebter Treffpunkt von Europäern mit traumhafter Aussicht auf die Maputo-Bucht ist.

TOP ★ ERLEBNISSE

★ GUT ZU WISSEN: REISEZEIT

Die besten klimatischen Bedingungen herrschen zwischen April und Oktober, also in den Wintermonaten des Südlichen Afrika. Die generieren angenehme Temperaturen und ein weitgehend erträgliches Maß an Moskitos, was besonders bei Inlandsaufenthalten mit anstrengendem Sightseeing wichtig ist. Die Regenzeit zwischen November und März entwickelt ein schwülwarmes Klima, das für Besucher der mosambikanischen Inselwelten an den Stränden des Indischen Ozeans ganzjährig durchaus erträglich ist.
INFO: Botschaft von Mosambik in Berlin, embassy-of-mozambique.de Ministry for Culture and Tourism in Maputo, visitmozambique.net

★ GUT ZU WISSEN: GESUNDHEIT

In jedem Fall sind für alle Landesteile die Ratschläge zur Gesundheitsvorsorge zu beachten, Malaria ist weit verbreitet und in der feuchten Jahreszeit ein kritisches Thema. Dazu kommen nicht ungefährliche Viruserkrankungen sowie Aids: Die HIV-Infektionsrate ist höher als die Menge erotischer Versuchungen, die allerorten warten.
INFO: Festlands- und vor allem Stadtbesucher sollten zusätzlich die Hinweise des Auswärtigen Amts zum Thema Sicherheit beachten, Info unter crm.de und auswaertiges-amt.de

TRAUMROUTEN

TRAUMINSELN AUS 1001 NACHT – QUIRIMBAS

Inselparadiese im Nirgendwo

Rund 30 Minuten vom Hafenstädtchen Pemba entfernt setzt die Cessna auf der Piste von Matemo Island auf. Während des Fluges zogen unten sonnengleißende Bilderbuchstrände, türkis schillernde Buchten und weiß schäumende Riffe des weitgehend unbekannten Quirimba-Archipels an der Grenze zu Tansania wie eine unwirkliche Filmkulisse vorbei, gewaltige Sandberge strahlten, von glasklaren Wassern umspült.

Mit brüllenden Propellern rollt die Einmotorige zwischen schlank aufragenden Palmen auf einem stilechten Robinson-Crusoe-Eiland, das kaum größer als die Nordseeinsel Spiekeroog ist, aus. Für seine maritime Traumlodge an einer mit dicken Sandpaketen beladenen Landzunge hat sich der saudische Geschäftsmann und Multimillionen-Investor Scheich Adel Aujan ein sehr besonderes Fleckchen ausgesucht.

Wohltäter aus der Wüste

In zehn Monaten wurden 24 Chalets sowie die Gebäude der Hauptlodge aus dem Sandboden gestampft, traditionelle Makuti-Palmdächer geflochten, Materialien in 200 Containern vom Festland herangeschafft, drumherum 3200 Kokospalmen und 12 000 heimische Pflanzen und Bäume auf das bisher kaum bekannte Nowhere-Eiland gesetzt. Während sich die 2000 Insulaner über Jahrhunderte an kaum trinkbares Brackwasser gewöhnt haben, musste für die Fremden eine sündhaft teure Meerwasserentsalzungsanlage her, die sich mit den Klimaanlagen der Gäste-Chalets die Elektrizität aus rund 20 000 Litern Diesel pro Monat teilt. Während der Fahrt durch die verstreut liegenden dörflichen Ansiedlungen kommen die Entwicklungsprojekte des arabischen Geldgebers in Sicht, der sich,

Nicht nur für Inselliebhaber ein Bildertraum: der Quirimba-Archipel aus der Vogelperspektive

Gleißend weiße Sandstrände säumen unvergleichliche Inselparadiese.

so sagt er, in erster Linie dem Wohl der Menschen verpflichtet fühlt: die Grundschule für 300 Kinder, eine Nutzgartenanlage zur Förderung gesunder Ernährung, das brandneue Gemeinschaftszentrum, frische Setzlinge hunderter Avocado- und Mangobäume, zwei Moscheen.

Keine Frage, dass sich der Standard des Insellebens für die Einwohner mit der exklusiven Lodge und den aus aller Welt anreisenden Gästen drastisch verändert hat, denn ein Großteil des Lodge-Personals kommt aus den Dörfern, die zudem Zulieferer für zahlreiche Produkte und Dienstleistungen sind.

Fünf-Sterne-Robinson-Traum

Nicht immer werden Investoren allein durch idealistische Beweggründe getrieben, aber Geldgeber haben die vom Schicksal bisher weitgehend vergessenen Quirimbas bitter nötig. Nur wenige der 28 Eilande des Archipels erfreuen sich bisher einer touristischen Anbindung. Noch einmal so viele dürfen als Planspiele schon mal darauf hoffen. Und was macht man hier, außer am Strand zu liegen, mit Blick auf das Meer? Der 1500 Quadratkilometer große Parque Nacional das Quirimbas bietet Tauchern und Schnorchlern ein Unterwasser-Eldorado erster Güte, dessen Riffe sich Nemo mit unfassbaren Schwärmen seiner farbschillernden Freunde teilt sowie mit Barracudas, Haifischen, Delfinen und Schildkröten. Hochseeangler rauschen im Schnellboot zur St. Lazarus Bank hinaus, wo sich ein Unterwassergebirge aus 2,4 Kilometern Tiefe bis auf sechs Meter unter der Wasseroberfläche aufbaut und vorzeigt, was der Indische Ozean vor Mosambiks Küste an Artenreichtum zu bieten hat. Natürlich ließe sich auch zu einer noch winzigeren und noch luxuriöseren Inselperle, nach Medjumbe Private Island, hinüberfahren, das mit seinen hellen Sandstränden schlank wie ein Aal im Türkisblau zwischen den Riffen liegt. Oder nach Ibo Island, zur »versunkenen Stadt«, die schon um 1500 ein prosperierender Handelsplatz war, der durch den Umschlag von Gold, Elfenbein und Sklaven reich wurde.

Die versunkene Stadt

Im 19. Jahrhundert lebten 35 000 Einwohner auf Ibo, hauptsächlich Inder, Chinesen und Europäer, allerdings bescheidener, von Kaffee, Mandeln und Cashew-Kernen. Heute schaffen es nur noch rund 4000 verarmte Insulaner, die gerade so eben vom Fischfang leben, zunehmend auch vom Tourismus. Längst haben USAID, UNESCO sowie die Aga-Khan-Stiftung ein Auge auf die prachtvollen architektonischen Schätze aus vergangenen Zeiten geworfen, einige der schützenswerten Baudenkmäler wurden bereits liebevoll restauriert. Und mit der jungen, luxuriösen Ibo Island Lodge kommen vermehrt Gäste, die den lokalen Silberschmieden preziösen Schmuck pfundweise abkaufen. In jedem Fall präsentiert sich Ibo mit seinen Handelshäusern, Kontoren

Kopfschmuck und Gesichtsschutz – die Äquatorsonne brennt.

TRAUMROUTEN

und den Festungen São João Batista, Santo Antonio, St. José als historischer Bilderschmaus für jede Kameralinse, was auch auf sein pittoreskes Kirchlein Nossa Senhora do Rosario zutrifft. Die wasser- und stromlose Schwesterinsel Matemo wird nach dem *sunset* zum afrikanischen Herz der Finsternis: Im Dunkel versinken ihre Dörfer, schemenhaft bewegen sich Schattengestalten vor strohgedeckten Hütten im kurzen Moment des Scheinwerferlichts, hier und da lodern Holzfeuer hell auf, dort verbreitet eine einsame Petroleumlampe ihren bescheidenen Glanz. Im paradiesischen Urzustand liegen die Menschen auf Matten vor ihren Häusern dicht zusammen, Gekicher und fröhlich neckende Zurufe sind im Vorbeifahren zu hören, dann versenken die weiterziehenden Lichter des Geländewagens die nächtlichen Szenen in rabenschwarzer Nacht.

Wie eine Fata Morgana kommt nach wenigen Fahrminuten die Lodge als Insel der Zivilisation aus der zeitlichen Versenkung: mit eiskalten Drinks, fangfrischen Frutti di Mare sowie moskitogesicherten Stranddomizilen unter Palmen. Und einer komfortablen Klimatisierung natürlich, sollte sich die tropisch-warme Natur nicht mit einer kühlenden Brise erbarmen.

Fischer beim Ordnen, Flicken und Zurechtlegen der Netze

Abstecher in die Wildnis

Ben, einer der bekanntesten unter den »Großohren«, ist etwa 30 Jahre alt und verschreckt die Gäste, die auf der hölzernen Pool-Plattform nach der Safari Siesta halten: Indem er unvermittelt kleine Scheinangriffe durchführt, mit dem Rüssel wahllos Sonnenschirme bearbeitet, unter denen sichtlich verschreckte Lodge-Gäste ihre grundsätzliche Vorliebe für Elefanten sekundenschnell überdenken und tief durchatmen, wenn Ben es gut sein lässt und sich wieder trollt. Rauch steigt auf in der Mitte des Flussbetts, riesige Krokodile sonnen sich auf den rund geschliffenen Felsen des Lugenda River, biblische Szenen spielen sich ab, wenn die Sonne blutrot hinter 1000-jährigen Baobab-Riesen versinkt. Eingeborene Fischer stehen balancierend in schmalen Booten, umgeben von grunzenden Hippos, staken vorwärts mit langen Stangen, unter Lachen und Stimmengewirr. Keine Umzäunung trennt hier die Wildnis von den Menschen, die sich auf Augenhöhe mit den Wildtieren bewegen.

Die arabische Dhau ist als Transportmittel überall im Einsatz.

Die Farbe Blau ist das vorherrschende visuelle Element (oben).
Geringer Tiefgang macht Dhaus die Fahrt durch Mangrovenkanäle möglich (unten).

TOP ★ ERLEBNISSE

★ MOSAMBIKSAFARI

Gerne werden die Quirimbas in Kombination mit einer Safari gebucht, die Flugzeit vom Archipel zur Piste des Lugenda-Wilderness-Camps in der riesigen 42 000 Quadratkilometer großen Reserva Nacional do Niassa beträgt nur eine Stunde. Das dortige bildschöne Camp residiert nur einen Steinwurf vom Lugenda River entfernt zwischen den mächtigen Felsklötzen der Mecula Mountains und besteht aus acht luxuriösen Safarizelten, die sich um ein reetgedecktes Hauptgebäude unter ausladenden Feigenbäumen gruppieren. Die Hauptattraktion hier sind Elefanten, die sich in der Lodge wie zu Hause fühlen und zwischen den Zelten und durch die Lobbyhalle marschieren. Fotoaufnahmen sind aus nächster Nähe möglich, aber auch sonst hat die Umgebung der bildschönen Ngalongue-Berge einiges an Wildlife zu bieten.

INFO: Der Spezialveranstalter Abendsonne Afrika arrangiert Kombinationen aus Badeurlaub auf den Inseln und Safari im Niassa-Nationalpark, abendsonneafrika.de
Hilfreiche Infos zu den Trauminseln Mosambiks unter mozambiqueislands.com

★ PEMBA

Das frühere Porto Amélia, das heutige Pemba an der bezaubernden Baia de Pemba, ist ein charmantes Hafenstädtchen mit ein paar Architekturbauten aus der alten Zeit. Restaurantterrassen und bunte Fischerboote kreieren eine tranquille Atmosphäre, kilometerweit erstrecken sich Sandpakete wie der Wimbe Beach mit Kokospalmen und feinen Strandresorts. Von hier gehen halbstündige Flüge zum Parque Nacional das Quirimbas.

INFO: Unbedingt Hinweise des Auswärtigen Amtes beachten, immer wieder finden im hohen Norden Mozambiks Übergriffe islamistischer Terroristen statt, auswaertiges-amt.de

 ## MOSAMBIKS HIPPSTES BEACHLIFE
Ponta do Ouro

Wer genug Abenteuer im Blut hat, um in dieses quirlige Fun-Eldorado zu kommen und ausreichend motiviert ist, die Verrücktheit eines weit abgelegenen Party-Fleckchens 120 Kilometer südlich von Maputo für sich zu erschließen, ist *on the beach* von Mosambiks *craziest party town* Ponta do Ouro genau richtig.

Nur zehn Kilometer liegt das Strandparadies von der südafrikanischen Grenze entfernt, was den illustren und preiswerten Badeort vor allem bei Südafrikanern beliebt macht. Er lockt mit Vergnügungen und Wassersport, Backpacker-Herbergen, ausgefallenen Beach-Domizilen und Eat-out-Places, nach Sonnenuntergang ziehen skurrile Strandbars ein buntes Publikum an. Der Wirtschaftsfaktor Nummer eins hat die Ponta do Ouro zu einem nachgefragten *seaside playground* gemacht.

Für Experimentierfreudige ist der abgelegene und trotzdem boomende Ort eine Versuchung, die sich von Durban aus oder vom südlichen Kruger-Park via Kosi Bay verwirklichen lässt, allerdings nur in Allradfahrzeugen: Während die südafrikanische Anfahrt asphaltiert ist, geht es auf der mosambikanischen Seite über sandige Pisten. Normal-Pkw lassen sich auf dem Grenzparkplatz abstellen, die gebuchte Herberge besorgt den Transfer. An der Endstation gehen Unterwasserfotografen auf Schnorchel-Safaris (backtobasicsadventures.com), Hochseeangler kommen auf Charterjachten auf ihre Kosten, und Surfer im Mokum Surf Club aufs Brett. Die Szene zum Abfeiern wechselt allabendlich, die besten Nächte gibt es im Coco Rico Resort, im Gala-Gala Eco Resort und in der Gästelodge Lar do Ouro. Was ist da am Ende der Welt eigentlich los? Vor allem Südafrikaner kommen zum Urlauben und Feiern ins preiswertere Mosambik.

INFO: pontadouro.com

Wer einen bezahlbaren Beach-Traum sucht, wird in Ponta do Ouro sofort fündig.

DIE RUHIGERE SCHWESTER

Geheimtipp Ponta Malongane

Weniger hip, dafür *Wellness on the beach* vom Feinsten: Ponta Malongane

Über Attraktivität lässt sich nicht streiten. Sowieso sind die Äußerlichkeiten der beiden mit feinen Sandstränden, schillernden Riffen und der maritimen Natur ziemlich gleich. Dennoch verheißt dieser Ort nur ein paar Kilometer nördlich von Ponta do Ouro eine ganz andere Art Paradies.

Was nicht nur für Feinschmecker einen Reiz hat: Berge von Langusten, Shrimps und frischem Fisch landen hier auf dem Tisch, von lokalen Cuisine-Künstlern zu grandiosen Frutti-di-Mare-Menüs verarbeitet, da wird ein Spaziergang schnell obligatorisch: Nur eine Stunde geht es von Ponta do Ouro am Traumstrand entlang bis zur geschwisterlichen Konkurrenz. Für beide gilt: Die Plätze in den bunt-hölzernen Gourmettempeln werden zur Hauptsaison knapp, vor allem während der Weihnachts- und Osterferien, wobei Ponta Malongane mit seinen weiten Sanddünengebieten an der schier endlosen Küste ruhiger, naturbelassener und erholsamer ist. In dieser Sehnsuchtsstation nehmen Genusssüchtige ein oder zwei Cocktails zu berauschenden Ausblicken in Jack's Barefoot Bar, in Jenny's Bar und im 360 Degrees Restaurant & Bar, die in Top-Lagen der Dünen residieren, oder Dinieren in The Marula Shak. Für reizvolle Nächte sorgt das Wakene Beach Estate, an der Ponta Mamoli bietet das White Pearl Resort einen abgeschiedenen Residencia-Traum an, sowie grandiose Ocean Safaris für Taucher und Schnorchler. Hier lässt sich Urlaub wie im Paradies veranstalten, an goldenen Sandstränden des Indischen Ozeans, umgeben von üppiger Küstenvegetation. Viele Pisten bestehen aus sehr weichem Sand, sodass auch hier Allradantrieb alternativlos ist.

INFO: pontamalongane.com

Delfin-Show: Maritimes Wildlife kann man im Indischen Ozean auch ohne Schnorchel und Brille erleben.

MALAWI UND MOSAMBIK

 ## SAFARI IM »KRUGER«, BADEN IN MOSAMBIK – BAZARUTO UND BENGUERRA

Bush & Beach auf einen Schlag

Mosambiks zweiter Inseltraum, der Bazaruto-Archipel, ist nur ein Katzensprung vom Kruger International Airport bei Nelspruit entfernt. Von Vilankulo, einer kleinen Küstenenklave nördlich der Hauptstadt Maputo, reichen acht Minuten an Bord einer Cessna, die es allerdings in sich haben: Während des Fluges breitet sich unten ein Wasserparadies allererster Güter aus!

Einheimische nehmen das preiswerte Fährboot zum Festland (unten). Als unwirklicher Bildertraum zeigt sich der Bazaruto Archipel aus der Luft (rechte Seite oben). Gemeinschaft ist alles auf den abgelegenen Inseln, der Einzelne zählt nichts (rechte Seite unten).

Mit riesigen Sandpaketen, farbschillernden Riffen, im Sonnenlicht gleißenden Stränden sowie kleineren Sandinseln, die wie künstlich begrünte Bade-Oasen im Türkis des Indischen Ozeans schwimmen! Viel zu schnell ziehen die Bilder der maritimen Wunderwelt unter der Einmotorigen vorbei, was auf den Speicherchips klickender Kameras bleiben wird, ist ein einzigartiger Eindruck von vom Winde verwehten Dünenlandschaften, deren Muster an die Sandberge der Sahara erinnern. Bei Flut schillern sie als unwirkliches Design unter der glitzernden, glasklaren Wasseroberfläche. Auf den sechs Eilanden (Bazaruto, Benguerra, Magaruque, Santa Carolina, Banque und Pansy Shell Island) des erst seit wenigen Jahren nicht mehr so ganz von der Welt vergessenen Bazaruto Archipels präsentiert sich Afrika pur.

Das Benguerra-Paradies

Sanftmütige, fröhliche Menschen, leben hier ihr einfaches Insulaner-Dasein in großer Anmut; mit bunten Fischerbooten, die bei Ebbe an goldgelben Stränden auf ihren nächsten Einsatz warten; mit bildschönen Dünenlandschaften und schneeweißen Sandstränden sowie einer artenreichen Vogelwelt, die Hobby-Ornithologen begeistert.

MALAWI UND MOSAMBIK

Zwei Welten: Einheimische nutzen kosten- und abgasfreie Windkraft wie eh und je (unten) – Besucher kommen auf PS-starken Yachten (oben). Dieser prächtige Riesenzackenbarsch kommt nicht alle Tage so nah vor die Kamera (rechte Seite oben). Für Insulanerinnen der bequemste Transportweg: On The Beach (rechte Seite unten).

Eine Handvoll feiner Resortanlagen lässt den Traum einer Robinsonade auf Luxusniveau zum Rascheln der Kokospalmen in sanfter tropischer Brise schnell zur Wirklichkeit werden.

Exklusivität auf Zeit

Und, was lässt sich hier tun, außer sanft in der Hängematte zu schaukeln, mit Blick durch die Palmenreihen aufs Meer? Zum Beispiel reiten an Traumstränden am Wasser entlang, im Geländewagen die Insel erkunden oder auf Dünen surfen: Action-Sportler schießen dabei auf ihren Brettern 100 Meter hohe Sandberge an der Ostküste hinab! Eine Bootsfahrt von der bildschönen Benguerra Island Lodge zur Hauptinsel Bazaruto hinüber zeigt die ganze Pracht des Archipels auf einen Schlag: Berge von Sand zwischen glasklaren Wassern, die Tauchern und Schnorchlern ein unterirdisches Eldorado präsentieren, dessen Riffe sich unfassbare Schwärme bunt schillernder exotischer Fischgenossen mit Barrakudas, Haifischen, Delfinen und Schildkröten teilen. Nicht ohne Grund nennen die Insulaner ihr zwei Meilen langes Hausriff »Aquarium«, Hochseeangler und Taucher rauschen in ihren Schnellbooten noch viel weiter hinaus und schwärmen aus, um zu sehen, was der Indische Ozean an Artenreichtum dort irgendwo noch alles zu bieten hat.

Quastenflosser und Schildkröten

Zum Beispiel den Urfisch *coelacanth*. Lange Zeit galt der Quastenflosser als ausgestorben, auch Wissenschaftler des Max-Planck-Instituts kurvten hier vor der Ostküste des Südlichen Afrika schon mit ihrem Tauchboot durch die Tiefen, um dem urtümlichsten Wesen der Meere auf die Spur zu kommen. Das Alter dieses lebenden Fossils wird auf 410 Millionen Jahre geschätzt! 1938 wurde zum ersten Mal ein Exemplar im Indischen Ozean entdeckt, inzwischen ließen sich an die 200 dieser urfischartigen Unterwasserwesen an verschiedenen Orten der Welt einfangen. Vor allem die Lederschildkröte *(Dermochelys coriacea)*, die Karettschildkröte *(Eretmochelys imbricata)* und die Grüne Meeresschildkröte oder Suppenschildkröte *(Chelonia mydas)* nutzen die abgelegenen Sandstrände der Inseln des Archipels zur ungestörten Eiablage. Das Naturspektakel findet zwischen November und April statt, wenn die bis zu 750 Kilogramm schweren Meeresschildkröten an Land krabbeln, um am Strand Löcher zur Eiablage in den warmen Sand zu buddeln. Erst recht bewegend ist der Moment, wenn die Kleinen nach zwei Monaten aus ihren Schalen schlüpfen, um gleich danach ihr noch wackeliges Rennen zum vermeintlich

rettenden Wasser zu beginnen. Aber Feinde warten überall, zu Lande und zu Wasser, weshalb nur ein sehr geringer Prozentsatz der jungen Panzerträger überlebt.

Bazaruto-Nationalpark

Die Inselgruppe gilt wegen des besonders klaren Wassers und der Artenvielfalt als eines der besten Tauchreviere Afrikas. Nicht nur Wale, Delfine, Haie, Meeresschildkröten und Rochen tummeln sich rund um die zahlreichen Korallenriffe, hier ist auch die Heimat der Dugongs, vom Aussterben bedrohter Seekühe. Schon seit 1971 existiert eine 1430 Quadratkilometer große Meeresschutzzone als Nationalpark. 3500 Insulaner existieren hier in verschiedenen dörflichen Gemeinschaften, bei Ebbe schwärmen die Einheimischen aus, um im Schlick und zwischen Felsbrocken eine ihrer Lebensgrundlagen zu ernten, *frutti di mare*, bestehend aus Krebsen, Schnecken und Muscheln. Fischfang gehört zu den Hauptexistenzgrundlagen sowie im bescheidenen Maße Tierhaltung und Plantagenbetrieb. Seit sich im Bazaruto-Archipel aufgrund einer Handvoll Luxusresort-Anlagen der Badetourismus entwickelt hat, sind wie auf den Quirimbas begehrte Arbeitsplätze entstanden, die den Insulanern einen bescheidenen Wohlstand bringen. Auch hier hat sich der geldschwere Wohltäter Scheich Aujan mit seinem Strandresort »Indigo Bay« (das jetzt Anantana Bazaruto Island Resort heißt und als das Top-Island-Resort in Mosambik gilt) auf der Hauptinsel Bazaruto etabliert.

Bob Dylans lyrischer Traum

Der nächste Inseltraum »made in Mosambik« spielt auf Santa Carolina gleich nebenan, die sich die wohlklingende Bezeichnung »Paradise Island« zugelegt hat. Dort, auf der kleinsten der fünf Bazarutos, soll Bob Dylan in den 1970er-Jahren seinen weltberühmten Song *Mozambique* komponiert haben: »I like to spend some time in Mozambique / The sunny sky is aqua blue / And all the couples dancing cheek to cheek / It's very nice to stay a week«. Dylans Song erschien zu einer Zeit, zu der Mosambik gerade einen blutigen Freiheitskampf gegen die Kolonialmacht Portugal hinter sich hatte. Heute kommen bevorzugt Südafrikaner auf die Bazarutos, die eine relativ kurze Anreise haben und die Inseln als alternative Badedestination zu Mauritius nutzen. Für europäische Reisende sind sie als Anschlussprogramm zu einer Rundreise oder einer Safari im Kruger-Park zu empfehlen, da Kruger International Airport eine schnelle Verbindung möglich macht.

TOP ⭐ ERLEBNISSE

⭐ VILANCULOS

Vom 40000-Einwohner-Städtchen Vilanculos werden die meisten Bazaruto-Besucher auf ihrem Weg zu den Bazaruto-Trauminseln wenig zu sehen bekommen. Was schade ist, weil hier das quirlige urbane Mosambik zusammen mit bildschönen Strandresorts regiert. Wer einen Stopover am Festland einplant, sollte die Hinweise des Auswärtigen Amts zum Thema Sicherheit und Gesundheitsvorsorge beachten.

⭐ INSELTOUR

Auf den sechs Einlanden des Bazaruto Archipels (Bazaruto, Benguerra, Magaruque, Santa Carolina, Banque und Pansy Shell Island) sind Liebhaber tropischer Inselwelten, außerirdischer Sandpakete und glasklare bis zu 30 °C warmen Wassers gut aufgehoben. In jedem Fall lohnt sich eine Inseltour per Boot.

WEITERE INFORMATIONEN

mozambiqueislands.com
Einige Spezialveranstalter führen Bush & Beach-Kombinationen aus Safari in Südafrika und Badeurlaub in Mosambik in ihren Programmen, z. B. Abendsonne Afrika, abendsonneafrika.de und mozambiqueislands.com

BOTSWANA UND SIMBABWE
Tierreiche Nationalparkparadiese

Botswana und Simbabwe profitieren von den gewaltigen Wassermassen des Sambesi, Lake Karibas und des Okavango Deltas (links), was eine ganz andere Art Safari möglich macht, dem zotteligen Löwentier aber nicht sonderlich schmeckt (unten). Feminine Energie in Simbabwes Kulturhauptstadt Bulawayo (oben).

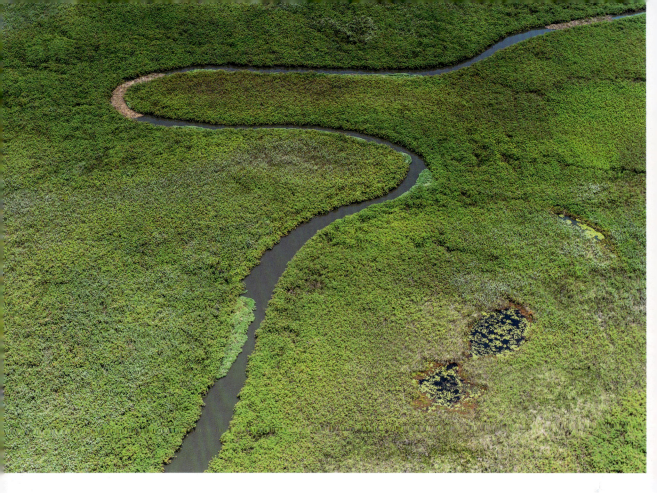

Was für ein Thrill: Im *mokoro*, dem Einbaum (rechte Seite oben), durchs Okavango-Delta zu gleiten, dessen weitgespannte Wasserflächen fruchtbare Fresswelten für Wildtiere schaffen (oben, rechte Seite unten).

DIE INSELN DER WILDTIERE – OKAVANGO-DELTA

Exotisches Paradies im aquatischen Nass

Großer Berühmtheit erfreut sich der 1700 Kilometer lange Okavango, der nicht als Fluss, sondern als Delta in unser Bewusstsein tritt: Mit einer Fläche von über 20 000 Quadratkilometern ist das Wildschutzrefugium so groß wie Hessen und wird als Tierparadies mit der dichtesten Population aller afrikanischen Dschungelbuch-Kollegen gehandelt. Wenn der Okavango es füllt, ist es am schönsten, aber nur noch mit Booten zu befahren.

Rund 30 Flugminuten sind es von der Runway in Maun bis nach Xigera in der Moremi Game Reserve. Das nach Batawana-König Moremi III. benannte Schutzgebiet ist mit 5000 Quadratkilometern Fläche zehnmal so groß wie der Bodensee und das Filetstück des Okavango-Deltas. Mit seinen Feuchtgebieten, Trockeninseln, bewaldeten Flussauen, Marschen, Lagunen und Wasserstraßen zählt Moremi zu den Top-Destinationen Botswanas.

Mit der Cessna ins Paradies

Unten ziehen glitzernde Wasserflächen vorbei, durchbrochen von Bauminseln, dann wieder halb trockene Areale, die wie gepflegte Golfplätze aussehen, aber hier und da dick durchzogen von Hufspuren sind. Schon der Anflug gerät zur Safari: Würdevoll stolzieren Giraffen dort unten, Elefantenherden durchziehen planschend das Nass, Flusspferdfamilien dümpeln als dicke Fleischklöpse im Wasser. Von den bis

BOTSWANA UND SIMBABWE

zu sechs Meter langen Nilkrokodilen lässt sich von oben nicht mal etwas erahnen. Das Wilderness-Camp Xigera, das keine Umzäunung vom Dschungelbuch trennt, steht deshalb auf Pfählen: Zwischen Phoenixpalmen, Mangosteen- und Jackalberry-Bäumen versteckt, in deren Blätterwerk akrobatische Paviane ihr Affentheater veranstalten. Die Safari-Zelte auf hölzernen Plattformen sind eigentlich Baumhäuser und durch aufgestelzte Laufstege mit der reetgedeckten Lodge verbunden. Teko:mbwe Ketlogetswe, aufgewachsen im Delta und ein erfahrener Wildlife-Experte, kennt jeden Dezimeter seiner Umgebung. In einen Affenbrotbaum hat er als kleiner Junge seinen Namen geritzt, und davon geträumt, die wilden Tiere zu beschützen.

Im Einbaum zu Hippos und Krokodilen

In einem schmalen und deshalb sehr wackeligen mokoro, dem traditionellen Einbaum aus afrikanischem Ebenholz, auf Augenhöhe mit Krokodilen und Flusspferden lautlos durch ein Gewirr von Kanälen und Wasserstraßen zu fahren, das hat was! Am nächsten Tag ist es so weit. Der ausgehöhlte afrikanische Ebenholzbaum sieht aus wie ein echtes Einbaumkanu, wird heute aber aus Kunststoff gefertigt, damit 100-jährige Marula-Riesen, Ebenholz und Sambesisches Teak noch lange weiterleben. Fiberglas hält ewig, erklärt Teko, und dass in der umsatzstarken Wildnis Botswanas Ökologie kein Fremdwort ist. Bis zu vier Meter hohe Papyrusstauden, wucherndes Schilfgras und dichtes Buschwerk prägen die Uferlandschaften, die lautlos am sich vorwärts bewegenden Einbaum vorbeiziehen. Fischadler und Reiher steigen mit klatschenden Flügelschlägen auf, ein Krokodilmonster, vorher nicht zu bemerken, gleitet wie in Zeitlupe ins Wasser. Die verwitterte Inschrift eines Brotfruchtbaums zeigt tatsächlich Tekos Namen. Wie alle botswanischen Wildlife-Guides trägt auch er keine Waffe. Schon auf der Fahrt mit dem Safari-Land-Cruiser nicht, als ein stoßzahnbewehrter Elefantenbulle zu bedrohlichen Scheinangriffen auf die immer kleiner werdende Blechbüchse von Wagen ansetzte. Auch jetzt nicht, wo sich die Statik der Stille in einem Sekundenbruchteil verkehrt: Wie der Leibhaftige taucht ein Flusspferd-Koloss aus dem aquatischen Untergrund auf, urkomisch geschmückt durch diverse Seerosengardinen, und bringt das schmale Boot beinahe zum Kentern. Wildtiere sind unberechenbar, Hippos gehören zu den gefährlichsten. Wenn sich ein Flusspferd gereizt fühlt, kann es jederzeit angreifen, ein schmales Boot ist wie Streichholz für seine Kiefer, und an Land spurten sie blitzschnell! Wenn Löwen das tun, bringen

Umzingelt von Leopard, Kudu und Hippo (unten und rechte Seite oben) – die Mapula Lodge in der Moremi Game Reserve (rechte Seite unten).

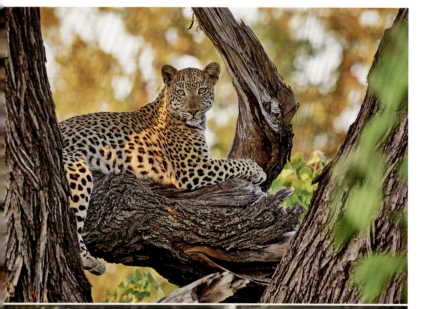

sie 50 Stundenkilometer auf die Beine und springen 12 Meter weit. Bis auf drei Meter Körperlänge wachsen die Riesenkatzen sich aus. Während Löwen – obgleich wie Leoparden Nachtjäger – auch tagsüber in ihren dösenden Rudeln leicht auszumachen sind, gilt die Beobachtung einer gefleckten Raubkatze als seltenes Glück: Die Einzelgängerin ist bei Helligkeit wie vom Erdboden verschluckt, weil sie in einer Baumkrone oder Höhle ihren Schönheitsschlaf hält. Der schnellste Jäger, der Gepard, ist vom Aussterben bedroht, weshalb Zuchtstationen versuchen, den Bestand der bis zu 100 Stundenkilometer schnellen und sehr elegant jagenden Raubkatze zu sichern. Löwen sind in der großen Wildtierdichte des Okavango-Deltas hingegen zahlreich vertreten.

Lebensader Wasser

Es ist das Wasser, das die Nahrungskette (und die Fressgeschwindigkeit der Raubtiere) beschleunigt. Dem 1430 Kilometer langen Okavango sei Dank, fließt es aus dem regenreichen Hochland Angolas in ausreichender Menge herbei, versorgt weite Savannengebiete mit See- und Flusslandschaften, bevor die letzten Tropfen in der botswanischen Kalahari versickern oder vorher verdunsten. Jahreszeiten im Okavango sind wichtig. Mit den ersten Rinnsalen beginnt der Wasserkreislauf im europäischen Frühjahr. Im Sommer ist das gefüllte Delta landschaftlich am schönsten, aber nur noch mit Booten zu befahren. Die beste Zeit für Tierbeobachtungen beginnt September/Oktober, den heißesten Monaten, wenn sich die Wildtiere gegen Ende der Trockenzeit an den noch verbliebenen Wasserlachen sammeln. Während der folgenden botswanischen Regenzeit versinkt das Delta im Morast, einige Lodges müssen dann schließen. Mitunter gerät die Logistik der abgelegenen Wildlife-Lodges aufgrund der klimatischen Bedingungen zum Albtraum: Acht-Tonnen-Trucks versorgen Xigera von Maun und Südafrika aus mit festen Gütern wie Öl, Gas, Diesel, Paraffin sowie Grundnahrungsmitteln und überlebenswichtigen Ersatzteilen. Manche der Transporte brauchen bis zu drei Tage. Wenn die hartgesottenen Wilderness-Trucker eine Panne haben oder im Schlamm versinken und nicht rechtzeitig flott werden, bevor die große Flut kommt, stecken ihre Laster monatelang fest. Was Spediteure zur Weißglut und Versicherungspolicen in astronomische Höhen treibt. Frischware fliegt ein. Jedenfalls soweit die Airstrips der Okavango-Inseln einer Cessna festen Untergrund bieten. Andernfalls kommen Boote zum Einsatz. Falls das Wasser hoch genug über der Schlammgrenze liegt. Falls nicht, geht gar nichts mehr.

TOP ★ ERLEBNISSE

★ TOP-CLASS-LODGES

Um die Super-Luxus-Absteigen Mombo Safari Camp und Little Mombo an der nordwestlichen Spitze von Chief's Island findet die beste Wildbeobachtung Botswanas statt. Auf der Erhebung einer Bauminsel kommt das Plankendeck des Kwetsani Camps wie ein Schiff aus dem Meer der Wildtiere. Mit Blick auf weite Wasserflächen und kleinere Inseln lassen sich die Raubtiere bei der Jagd beobachten. Ein animalisches Bühnenstück führt das Tubu Tree Camp mit prickelnden Walking Safaris im Programm, aber, weil Tubu privat ist, beruhigenderweise mit bewaffneten Guides. Das Nxabega Okavango Safari Camp westlich von Chief's Island bietet Nachtsafaris an, mit den besten Chancen, einen Kill durch ein jagendes Löwenrudel zu beobachten.
INFO: Traumlodges im Okavango-Delta: Mombo und Little Mombo Camp, mombo.co.uk, sowie Xigera Safari Lodge, xigera.com

★ IM EINBAUM AUF PIRSCH

Eine Safari im einfachen Mokoro, dem traditionellen Einbaum, ist ein Verkehrsmittel mit durchschlagendem Adrenalinprogramm: Lautlos und auf Augenhöhe mit Krokodilen und Flusspferden durchs Gewirr des Okavango-Deltas zu gleiten, bringt jeden Pulsschlag auf Touren.
INFO: Botswana Tourism Organisation, botswanatourism.co.bw sowie botswanatourism.de

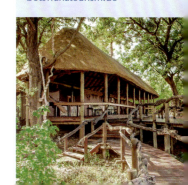

SEHNSUCHTSZIEL SAFARI
Ökonomie der Wildnis

Die Länder des Südlichen Afrika können sich über ihren Wildlife-Bestand freuen, weil der eine nicht wegzudenkende Größe in der Wirtschaftsleistung ist. Eine stattliche Anzahl Lodges und Camps sorgt in den abgelegensten Busch- und Dschungelgebieten für Safaris, Reisende kommen aus aller Welt hierher, um auf Fotopirsch zu gehen und die wilden Exoten in ihrem natürlichen Habitat zu sehen.

Als Ernest Hemingway und andere schreibende Großwildjäger auf Trophäenjagd in der tansanischen Serengeti und in kenianischen Savannen herumkurvten, wuchs weltweit die Sehnsucht nach der wilden Natur und der exotischen afrikanischen Tierwelt. Löwen, Giraffen und Elefanten waren damals Zoos vorbehalten, in denen Wildtiere hinter Gittern existierten. Der US-amerikanische Bestsellerautor schrieb sich mit seinem autobiografischen Werk *Die grünen Hügel Afrikas* sowie der Erzählung *Schnee auf dem Kilimandscharo* millionenfach in die Herzen afrikahungriger Leser. Und setzte so die tierreichen Savannen Ostafrikas weltweit in den Fokus. Dem Pulitzer- und Nobelpreisträger war es zu danken, dass afrikanische Naturschätze wie der 5895 Meter hohe Kilimandscharo jedem Schulkind als Schnee- und Eiswunder mitten im hitzebrütenden Busch bekannt wurde, lange bevor Hochglanzmagazine wie *GEO* und *National Geographic* ihr Publikum fanden. Das Verlangen nach der ursprünglichen wilden Natur und ihrer tierischen Bewohner ist den »Zivilisierten« bis heute geblieben. Nach der Verfilmung Karen Blixens *Jenseits von Afrika* (mit Meryl Streep und Robert Redford in den Hauptrollen) wurde es nur noch größer.

Nachhaltig und lautlos: im *mokoro*-Einbaum durch wildes Hippo-Terrain

Die Traumlodge als Endprodukt

Längst hat auch Afrikas Süden seine Filmszenen gefunden, die sich zwischen Zeltplanen, Klappstühlen, lodernden Lagerfeuern sowie knallenden Champagnerkorken abspielen, mit Blick auf krokodilbesetzte Seeufer und planschende Flusspferde. Nun sollten romantische Bilder dieser Art nicht darüber hinwegtäuschen, dass sich die Wildtiere zwar nicht im Zoo, aber dennoch in einem profitablen Vermarktungszustand befinden. Hunderttausende Besucher fliegen aus aller Welt ein, um auf Kameralänge an Giraffen, Zebras, Löwen und dahinziehende Gnu-Herden zu kommen. Unüberschaubar viele Fernsehserien haben geholfen, diese Sehnsucht zu befeuern, die den Safaritourismus zu einer der wichtigsten Industrien macht. Längst hat das kraftvolle Out-of-Africa-Feeling seine ökonomischen Triebe in die abgelegensten Dschungel- und Buschlandschaften der Länder nördlich des Kaps gebracht: Dort findet das Endprodukt statt, das Verweilen in einer Wildlife-Lodge.

Beneidenswert: Bush Pilots have more fun!

Heimelig: Die Savuti Lodge in der Linyanti Reserve bietet Safari-Atmosphäre vom Allerfeinsten.

Reisemultis wie Spezialveranstalter, Fluggesellschaften, gastronomische Großunternehmen sowie Transport- und Logistikfirmen – unermesslich riesig stellt sich der Markt dar, der sich um diesen Wirtschaftszweig dreht. Wobei Lodges und Camps im ökonomischen Kreislauf der Wildnis das letzte Glied sind, untrennbar verbunden mit ihren wilden Statisten, und deren Schutz.

Ökonomie versus Ökologie?

Zum ökonomischen Input gehört der Aufkauf unrentablen Farmlands samt Renaturierung, der die »alte Wildnis« wiederauferstehen lässt, und zu »neuer Wildnis« macht, ebenso wie die Aufzucht und der An- und Verkauf von Büffeln, Nashörnern und Giraffen, das Errichten und Betreiben von Lodges, und manchmal eben auch profitable Abschusslizenzen, denn Wildschutzgebiete sind kostenintensive Großbetriebe. Personal, vom Zimmermädchen bis zum diplomierten Game Ranger, will bezahlt sein, zudem stehen Dienste von Tierärzten und Hubschrauberpiloten auf der Ausgabenliste, Tiertransporte, safaritaugliche Geländefahrzeuge sowie eine aufwendig zu schaffende und zu unterhaltende Infrastruktur aus Straßen, Landepisten, Strom, Wasser und Kommunikation, ganz zu schweigen von hunderten Kilometern stabiler Schutzzäune. Auch wenn das, was dahintersteckt, rational gesteuert ist: Die Sehnsucht nach der verlangsamten Bewegung zwischen Raum und Zeit abseits einer immer hektischer rasenden Zivilisation bleibt. Wer auf Safari geht, verlässt den schnellen Takt für Momente und macht sich (vielleicht) auf die Suche nach der eigenen verlorenen Zeit.

Mit urtümlichen Vierrad-Gefährten geht es durch die Wildnis.

Sechssitzige Cessnas starten von Maun zu den Runways der Wildnis.

DIE STADT DER PROPELLER

Runway Maun

Weil das botswanische Maun die Eintrittskarten zum begehrten Okavango-Delta sowie zu den Tierparadiesen Chobe-Nationalpark, Moremi-Nationalpark, Makgadikgadi Pans und Kalahari verteilt, hat sich das stetig wachsende Provinzstädtchen zum quirligsten touristischen Zentrum Botswanas entwickelt.

Anderthalb Flugstunden sind es von Johannesburg oder Windhoek bis zu dieser kuriosen Streusiedlung Maun, mit seiner 2000 Meter langen Landebahn das Tor zum Paradies der Wildtiere. Vor dem Terminal parken dutzende Ein- und Zweimotorige. Viel Zeit zum Verschnaufen bleibt ihnen nicht, denn im Shuttle-Takt sorgen die Buschflieger für den Gästeaustausch, was den emsigen Flugbetrieb zwischen Mauns Zapfsäulen und den abgelegenen Pisten der Wildnis erklärt. Weshalb sich inmitten eines Mixes aus modernen Betonbauten, baufälligen Baracken und traditionellen Rundhütten aus Lehm Übernachtungsherbergen, Reiseagenturen, Charter-Airlines und Safari-Unternehmen, Supermärkte sowie bekannte Fast-Food-Ketten angesiedelt haben. Die meisten Reisenden werden Maun kaum zu sehen bekommen, weil sie zwar landen, aber gleich wieder abheben. Verwegene Buschpiloten starten von hier zu den Lodges auf den Inseln der Wildtiere da draußen, weshalb die staubige Siedlung im Nirgendwo Botswanas immer noch wächst. Für die meisten Safari-Touristen ist Maun der zentrale Ausgangspunkt für Reisen ins Delta, in die Kalahari oder nach Kasane am Chobe River. Auch für die Logistik auf dem Landweg ist das 70 000-Einwohner-Städtchen mit seinen Supermärkten und technischen Ausrüstern eine unverzichtbare Versorgungsbasis, von hier aus rollen vierradgetriebene Trucks auf abenteuerlichen Pisten zu den Lodges der Wildnis, und die Land Cruiser und Land Rover auf Safari bis in die Sandwüsten der Kalahari.
INFO: maun-accommodation.com

HAFEN DER HAUSBOOTE
Kasane am Chobe River

Als Verwaltungs- und Versorgungszentrum fungiert die Safari-Stadt am Chobe als Drehkreuz für Buschflieger, mobile Camping-Safaris sowie als Basis einer stattlichen Bootsflotte. Und: Die Viktoriafälle sind nur 80 Kilometer von hier!

Was Kasane als Startpunkt für Ausflüge zu den simbabwischen Victoria Falls, ins sambische Livingstone sowie zum namibischen Caprivi-Zipfel ideal positioniert. Zahlreiche Lodges, Gästehäuser und Backpacker-Herbergen haben sich aufgrund der strategisch günstigen Lage im exotischen Vierländereck Botswana, Sambia, Simbabwe und Namibia etabliert. Die Hauptattraktion sind hier aufgrund eines umfangreichen Wassersystems mit zahllosen Buchten, Sandinseln und Kanälen zwischen Chobe River und Sambesi Safaris per Boot zu erreichen, weshalb sich eine ganze Flotte schwimmender Lodges an den Ankerplätzen Kasanes versammelt. Den Vogel unter den ganz luxuriösen schießt das schwimmende Fünf-Sterne-Boutiquehotel »Zambezi Queen« mit 14 fantastischen Suiten ab, mit dem es 25 Kilometer tief in den Chobe-Nationalpark hineingeht, der eine der dichtesten Tierpopulationen des Südlichen Afrika versammelt. Aber auch kleinere und preiswertere Hausboote bieten in gleichem Maß, was eine River-Cruise auf dem Chobe bedeutet. Solche Flussfahrten mit Übernachtung präsentieren romantische Bilder vom Allerfeinsten: frühmorgendliche Fischer, die in schmalen Einbäumen die Fluten durchkreuzen, bis zu sechs Meter lange Nilkrokodile, die auf Sandbänken und vegetationsstrotzenden Flussinseln mögliche Opfer belauern, Elefantenherden und Flusspferdfamilien, die wie Bulldozer durchs kühlende Nass pflügen, und eine exotische Wasservogelwelt, die zum Sonnenuntergang ihr lautstärkstes Konzert gibt.
INFO: zqcollection.com

King of the Fleet ist zweifelsfrei die »Zambezi Queen«, das prächtigste aller Hausboote auf dem Chobe River.

TRAUMROUTEN

IM ZELTCAMP DURCH DIE WILDNIS – MOBILE SAFARI
Die beste Art, hautnah mit Wildtieren zu leben

Auf einer botswanischen Camping-Safari offenbart sich die aufregende Existenz der letzten afrikanischen Exoten hautnah am Puls der Wildnis und in jeder Sekunde. Aber nichts für »Weicheier« ist so eine Fahrt quer durchs Terrain der Wildtiere und die Erfahrung mit dem Kampf ums Überleben, die sich jedem Teilnehmer als lehrreiches Intensivprogramm für immer auf die Festplatte brennt.

Ziemlich *hardcore* sei das, grinst der Buschpilot, der seine Cessna 208 von der Runway Mauns in den klaren, stahlblauen Himmel über dem Delta zieht, in so einem winzigen Zelt, zwischen all dem Getier! Ihm reiche die abgesicherte Perspektive, sagt er, und zeigt hinunter: Nach zehn Minuten kommen erste Wasserflächen in Sicht, dann glitzert es bis zum Horizont. Büffel, Elefanten und andere Fleischklöpse wandern da unten durchs feuchtgrüne Savannenland, Flusspferde dümpeln in kühlenden Tümpeln, Giraffen verbeugen sich am köstlichen Nass.
Das Abenteuer nennt sich »Mobile Safari« und ist ein Zeltcamp, das wandert. Im wilden Busch. Mit Koch und Kellner, einer Hilfskraft und einem Chef. Ein gutes Dutzend solch verwegener Wilderness-Companies zieht mit ihren Treks durch Botswana, was bei moderaten Kosten im Vergleich zu den hochpreisigen Lodges im exklusivsten Safariland des Südlichen Afrika längst nicht nur junge Kundschaft anlockt. Wer in der untersten Kategorie einsteigt, muss selber mit anpacken: Zelte auf- und abbauen, Transportgut be- und entladen, in der Küche mithelfen, Lagerfeuer richten, Fäkaliengrube ausheben und so fort. Beteiligungen solcher Art sind beim Mobilunternehmen Letaka Safaris glücklicherweise inklusive, und die Logistik des All-inclusive-Dienstleisters funktioniert wie am Schnürchen. In circa zwei Stunden ist so ein Camp auf das Begleitfahrzeug mit Hänger verpackt, in drei steht es bereits wieder, an einem anderen Platz.

Ein Zeltcamp, das wandert
Auf dem Xakanaxa Airstrip der Moremi Game Reserve findet nach 30 Minuten Flugzeit die Übergabe statt, im Nu ist mit der Cessna die Nabelschnur zur Zivilisation verschwunden. Nkosi Sebata, ein erfahrener Wildlife-Guide, übernimmt. Anderthalb Stunden sind es bis zum Camp, schon der erste Offroad-Kilometer des klobigen Land Cruisers produziert feinstes Out-of-Africa-Feeling: Ein Zehnerrudel Löwen schläft sich im Schatten einer Akazie den nächtlichen Jagdrausch von der Seele, die blutigen Reste eines Zebras liegen verstreut herum. Wasserböcke, Eland- und Impala-Antilopen grasen friedlich gleich nebenan, sie wissen: Diese Raubkatzen sind satt, während Hyänen, Schakale und Geier gierig ihr Risiko beim Futterklau abwägen. Irgendwann kommt das mobile Heim der Gruppe für die nächsten zehn Tage in Sicht: Fünf Steilwandzelte à 7,5 Quadratmeter, so winzig, wie man sie auf jedem Campingplatz sieht, dahinter eine Sichtschutzverspannung, die Letaka »en-suite bathroom« nennt, mit Plumpsklo und Duscheimer, der an einer Astgabel hängt. Davor steht

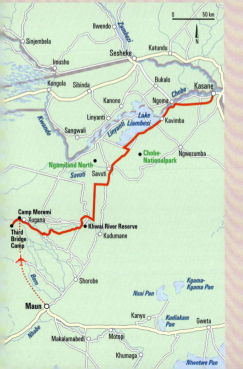

Pick-up eingeflogener Safari-Gäste in der Moremi Game Reserve

Zebras zählen durchaus zu den imposanteren Bildmotiven der Wildnis.

der »Dining Room«, das Esszelt, ein nach allen Seiten offener Gartenpavillon wie aus dem Baumarkt. Keine Umzäunung? Und wo sind eigentlich die Gewehre? Hierhin hat es sieben Teilnehmer aus den unterschiedlichsten Ecken der Welt also verschlagen: In die größte Tierdichte der afrikanischen Wildnis, sagt Nkosi, um die herum es keinen Zaun gibt. Um das Camp herum auch nicht, und: Botswana erlaubt keine bewaffneten Ranger. Die Zelte bleiben allzeit verschlossen, lautet Regel Nummer eins, und zweitens: nachts keinen Schritt vor den Reißverschluss! Wer käme schon freiwillig auf so eine Idee? Also Pinkeln in den Blecheimer, nur der letzte Punkt sitzt: Um fünf Uhr ist Wecken.

Nach Kaffee und Frühstück folgt halb sechs die Abfahrt, nach der Rückkehr ein Brunch und bis vier eine Siesta, dann erneut Aufsitzen, bis die Dunkelheit die Wildnis optisch verschluckt, und die Raubtiere ihre nächtliche Bühne betreten. Frühmorgendliches Aufwachen dieser Art ist nicht jedermanns Sache: Verschwitzt von einer zeltheißen Nacht, mit nur Katzenwäsche im Halbdunkel und müden Gestalten, die sich rings ums Feuer, das noch vom Abend nachglüht, an dampfenden Kaffeetassen festhalten.

Der frühe Vogel fängt den Wurm

Nur die Moskitos sind fit. Schon bald rollt der gleichmäßig tackernde Diesel des Land Cruisers die nachtschlappe Truppe aus dem Camp in die Düsternis der Savanne hinaus. Zum ersten zaghaften Lichterschein entfalten sich bildschöne Landschaften, und die Vogelwelt spielt verrückt: lüsterne Schreie, ein Krächzen und Kreischen, jazzige Sequenzen dazwischen, was für ein Hacken und Pochen und Flöten! Kräftiges nasales Grunzen dazwischen zeigt die gefährlichsten Wildtiere an, Flusspferde, die sich von ihren nächtlichen Weidegründen durchs dichte Gras zum Wasser zurückfressen. Und was ist mit Schlangen? Da sei noch nie etwas passiert, versichert Nkosi, die scheuen Tiere, sie flüchten. Auf den Schwanz einer Puffotter solle man aber lieber nicht treten, auch auf giftige Spinnen und Skorpione nicht. Am dritten Abend steht bei Rückkehr aus der Wildnis der überdachte Essplatz als romantisches Candlelight unter freiem Himmel, der Baumarkt-Baldachin ist verschwunden. Wer das jetzt nur anrührend findet, merkt kurz vor dem Duschen: Auch die Duscheimer samt Inhalt sind entsorgt, wodurch sich ein bevorstehender Camp-Wechsel mehr als hinreichend erklärt.

Frühmorgens läuft alles wie geschmiert: Während der Kaffee aufdampft, knicken die ersten Zelte zusammen, wer nicht flink genug ist, dem entschwindet mit der Matratze auch die Kloschüssel unter dem Hintern. Individualisten mit schwach ausgebildeter Gruppenkompatibilität sind stark gefordert: Ausbüchsen irgendwohin ist wegen freilaufender

Die rollenden Zeltcamps bieten erstaunlich viel Luxus.

TRAUMROUTEN

Kitchen-Crew bei der Arbeit am offenen Feuer

Hautnah am Stoff

Selbst eingefleischte Gruppenreisende brauchen in der Wildnis mal Einsamkeit, weshalb es wohltut, einen der gemeinsamen *game drives* frühmorgens sausen zu lassen. Das Tackern des Dieselmotors ist noch zu hören, als eine knallrote Sonnenballkugel über die Wasserflächen steigt und sich schnell in ein goldgelbes Streulicht verwandelt. Im güldenen Glanz staksen Fischreiher, Pelikane, Marabus, Kraniche und Störche durchs seichte Ufer, picken herzhaft hier und da, würgen zappelnde Fische und quakende Frösche hinunter. Zum Grunzen der Flusspferde sammelt Thatayaone, die Hilfskraft, seine Petroleumlampen ein, die er nachts vor und hinter den Zelten positioniert hat; Jona, der begnadete Koch, der sein Brot täglich frisch in einer Blechkiste vergraben in glimmender Feuerglut backt, rauscht mit dem Kleinlaster zum Wasserholen quer durch die Wildnis zur Third Bridge, wo es einen amtlichen Campingplatz mit Brunnen, Pumpe und Filter gibt; Lops, die Servicekraft, räumt das Frühstücksgeschirr ab und stapelt fein säuberlich Getränkenachschub in seine stationäre Kühlbox. Sonst herrscht paradiesische Stille, nur dann und wann unterbrochen durch abgehacktes Affengebell und eine Brise Savannenwindes, die sich wohltuende Kühle von irgendwoher holt und als natürliche Aircondition durchs Zeltlager treibt.

Raubtiere schwer möglich; die Zelte stehen im Camp dicht beieinander, zu hören ist alles; wer Rückzug braucht oder ein überdurchschnittliches Maß an Intimität, zum Beispiel beim Duschen, beim Waschen, Schlafen (und Schnarchen), wird sich manchmal ein »Ich-will-hier-raus« denken. Zur Abfahrt liegen die noch nachtwarmen Domizile samt Einrichtung (Matratze, Decken, Bettzeug, Klapptisch, Waschgelegenheit etc.) in Bündel und Pakete verpackt und nummeriert ums züngelnde Feuer. Rund zehn Stunden lang wird der Ortswechsel die fahrende Truppe im wilden Busch halten, bis in der Khwai River Reserve die frisch installierte Infrastruktur einsatzbereit ist: die Zelte der Crew, der Küchenwagen samt Anhänger, der Minus-40-Grad-Tiefkühler, die Vorräte, die Weinkisten, die Softdrink- und Bierdosenpaletten sowie das Küchenfeuer samt Backofen.

Die tiefgründige Schönheit des afrikanischen Busches, sie entfaltet sich gerade hier und jetzt. Seltener nachts. Es ist längst noch nicht fünf, sondern drei, und es weht ein grässlicher Gestank durch die hauchdünne Moskitoverspannung der Zeltseitenwand: Eine Hyäne steht praktisch direkt neben der Matratze, mit glühenden Augen im Petroleumlicht. Was für ein Geruch! Der Atem stockt, ein Schnuppern, ein Grollen und Zähnefletschen, bis sich der Aasfresser, dem der Zeltinsasse – und was für ein Glück! – wohl nicht tot genug ist, endlich davonmacht. Hyänen sind gefährliche Knochenzermalmer, und nehmen, wenn sie hungrig sind, auch lebende Ware!

Aber auch tagsüber produziert die Khwai River Reserve erregende Szenen: ein Rudel seltener Wildhunde, das seinen morgendlichen *kill*, eine Impala-Antilope, geschickt gegen angreifende Hyänen verteidigt; Löwinnen, die sich zusammen mit süßen Jungkätzchen blutbesudelt in eine gerade erlegte Giraffe einfressen; Elefantenfamilien, die im urkomischsten Galopp aus dem hitzebrütenden Busch stürzen und nicht schnell genug in die kühlenden Fluten abtauchen können; sich auf Ästen räkelnde Leoparden auf Opferschau sowie Flusspferde mit weit aufgerissenen rosigen Kiefern, die im nächsten Moment prustend und grun-

Traummotive im Busch, wenn die Sonne sich senkt

Mehrmals pro Tag auf Safari-Tour: Landcruiser bei der Arbeit

TOP ★ ERLEBNISSE

★ **MOBILE SAFARIS BOTSWANA**
Eine mobile Zelt-Safari ist die beste Möglichkeit, Wildtiere hautnah zu erleben. Zahlreiche Mobilunternehmen bieten sich an. Die Einstiegsorte sind entweder Maun oder Kasane. Maßgeschneiderte Touren mit Stopover an den nahen Viktoriafällen bietet der Spezialveranstalter Abendsonne Afrika an, dessen Mitarbeiter regelmäßig Komfort, Sicherheit, Ausstattung und die Qualität der Wildlife-Guides überprüfen.
Im gehobenen Segment:
Wilderness,
wildernessdestinations.com
andBeyond, andbeyond.com
Im mittleren Segment:
Letaka Safaris, letakasafaris.com
Penduka Safaris, pendukasafaris.com
Okavango Expeditions,
okavangoexpeditions.com
Im unteren Segment:
Bushways Safaris, bushways.com
Kalahari Skies Safaris,
kalahariskies.net
Southern Cross Safaris,
southern-cross-safaris.com
Drifters Safaris, drifters.co.za
Speziell für Behinderte:
Endeavour Safaris,
endeavour-safaris.com

WEITERE INFORMATIONEN
abendsonneafrika.de sowie
botswanatourism.co.bw

zend in den glitzernden Wassern des Khwai versinken.

Auch diesem Zauber wohnt ein Ende inne

Am sechsten Abend sind Duscheimer und Esszelt wieder verschwunden, im fahlen Morgenlicht fallen die Zelte. Zügig zieht das allradgetriebene Buschmobil den vollgeladenen Anhänger auf eine rappelige Schüttelpiste Richtung Chobe. Nur Lops eng gepackte Softdrink- und Bierdosen in der Autokühlbox genießen noch Stabilität sowie die friedliche Statik der Wildtiere da draußen, die verschreckt auseinanderbricht, wenn der Anhänger besonders laut in eine Senke kracht. Gradlinig zieht sich das Pistenband mit fetten Sandpolstern durchs heiß gebackene Land. Jonas Küchenwagen versackt trotz Vierradantrieb und kommt ohne Schaufeln, Sandboards und Abschleppen nicht mehr auf die Beine, weshalb im Schatten eines Mopanebaumes die ersten eiskalten Hansa-Pils-Dosen »Made in Botswana« geknackt werden. Nach neun Nächten fallen am Savuti Channel zum letzten Mal die Zelte, und es steigt ein wehmütiges Gefühl auf: Es ist vorbei.
Noch einen Tag zieht die Truppe weiter, Richtung Kasane, dem Ziel entgegen, wo sich die Pfadfinderidylle auflösen wird nach einer letzten gemeinsamen Fahrt, einem Bootstrip auf dem Chobe River. Dort, im Vierländereck zwischen Namibia, Botswana, Simbabwe und Sambia, produzieren Unmengen Flusspferde und bis zu sechs Meter lange Nilkrokodile die finalen Bilder – während das mobile Zuhause bereits andernorts für die nächste Gruppe installiert wird.

Nicht sprunghaft. Fahrzeuge greifen sie nicht an. Heißt es.

BOTSWANA UND SIMBABWE

 KAZA

Naturschutz für fünf Länder

Sie gilt als das spektakulärste, wenn nicht das größte, mindestens aber das ehrgeizigste Naturschutzprojekt der Welt: die Kavango-Zambezi Transfrontier Conservation Area (KAZA), die mit gewaltigen Gebietsanteilen fünf aneinandergrenzender afrikanischer Staaten einen Naturschutztraum der besonderen Art Wirklichkeit werden lässt auf einer Basis, die Mensch, Natur und Wildtiere grenzenlos vereint. Über 50 Millionen Euro stellte die deutsche Entwicklungshilfe für das multinationale Projekt bislang zur Verfügung.

Ohne Grenzen: Giraffen, Antilopen und Elefanten sollen wandern.

Schon sehr unwirklich hört sich dieser KAZA-Traum an, der große Naturschutzgebiete Angolas, Sambias, Botswanas, Simbabwes und des namibischen Nordostens zu einem der spektakulärsten Tier- und Naturschutzprojekte der Welt vereinen soll: Unfassbare 440 000 Quadratkilometer wird die Kavango-Zambezi Transfrontier Area einmal umfassen, sollte der Plan realisiert werden. Das entspräche der Fläche Deutschlands plus Österreich. Erstmals soll der Mensch mit diesem Konzept aus Schutzzonen nicht ausgesperrt bleiben, sondern bewusst integriert werden.

Biodiversität contra Zivilisation

Zwei Millionen Menschen, erklärt der botswanische KAZA-Direktor, leben im KAZA-Einzugsgebiet. Jedes Jahr werden es mehr, weshalb die Wildnis, wenn nichts passiert, samt ihrer Tiere immer mehr zurückgedrängt wird. Seit 1970 exakt um drei Fünftel. In rasantem Tempo vereinnahmt die Zivilisation ursprüngliche Flächen für Nutztiere als Zulieferer der

Fleischindustrie. Nur wenn der Mensch spürbar und nachhaltig von der Natur und den wilden Tieren profitiert, so der Experte zum KAZA-Konzept, ließe sich die Abwärtsspirale vielleicht noch stoppen.

Dorfgemeinschaftsprojekte (Community Conservancies) bilden einen der Kernpunkte des KAZA-Staatsvertrags, der Dörfer zu umsatzbeteiligten Mitaktionären macht. Deren Einnahmen aus Konzessionen, Jagdlizenzen und neu geschaffenen Arbeitsplätzen im Safaritourismus schaffen eine Existenzgrundlage für die Menschen. Selbst gewählte Gremien sollen die so erwirtschafteten Mittel für soziale Dorfprojekte verwalten und verwenden. Drei Dutzend nationale Schutzgebiete und Wildtierreservate fasst KAZA grenzübergreifend zusammen, darunter riesige Nationalparks wie Angolas Luiana, Botswanas Chobe, Simbabwes Hwange, Sambias Sioma-Ngwezi und Namibias Bwabwata im Caprivi, der als Herzstück mitten im multinationalen KAZA-Gebiet sitzt.

Nutzen für Natur, Mensch und Tier

Nur einen Steinwurf entfernt donnern die berühmten Victoriafälle in die Tiefe. 800 Vogelarten, zahllose Antilopen, Löwen, Gnus und die Hälfte des afrikanischen Elefantenbestands leben in der Kavango-Zambezi Transfrontier Conservation Area, allein 2500 Tierarten im Khaudum-Nationalpark im Nordosten Namibias. Diese einzigartige Biodiversität langfristig zu halten und gleichzeitig den Bewohnern der Region ein besseres Leben zu ermöglichen, war eines der Anliegen des deutschen Entwicklungsministers, der zur Vertragsunterzeichnung aus Berlin hierher anreiste. Natürlich haben die vielen Millionen der Kreditanstalt für Wiederaufbau (KfW), die das Projekt maßgeblich finanziert, nicht nur den einen Zweck. Das von den Deutschen angepeilte One-Stop-Visa, mit dem Touristen das KAZA-Gebiet form- und grenzenlos bereisen könnten, soll auch ein engeres politisches Miteinander der beteiligten Staaten bewirken (kavangozambezi.org).

African time

Auf dem afrikanischen Kontinent mahlen die Mühlen von Politik und Bürokratie langsam. Was sich auch am Fortgang der Planungen zum hehren Ziel der KAZA-Idee feststellen lässt. Nicht allzu viel ist seit Unterzeichnung des KAZA-Staatsvertrags vergangen, zu der der damalige deutsche Entwicklungsminister Dirk Niebel aus Berlin hierher anreiste. Immerhin ist das Bewusstsein dafür gestiegen, dass Community Projects, die in Schutzzonen die Bevölkerung mit einbeziehen, auch den frei wandernden Wildtieren zugute kommen.

TOP ★ ERLEBNISSE

★ TRAUMLODGES ZWISCHEN CHOBE UND OKAVANGO

Eine Reise durch das Herzstück des KAZA-Projekts gehört zu den beeindruckendsten Wildnisabenteuern des Südlichen Afrika, das im botswanischen Kasane auf einem stilechten Safaridampfer beginnt. Rund ein Dutzend befahren den Chobe River, eine Safari an Deck wird zum unvergesslichen Erlebnis. In dichter Ufervegetation versteckte Luxuslodges schippern ihre Gäste auf verzweigten Wasserwegen per Schnellboot zu den tierischen Exoten, die hier ein grandioses Habitat haben, vor allem Elefanten, Krokodile und Flusspferde.
INFO: Hausbootsafaris im KAZA-Territorium: zqcollection.com sowie caprivihouseboatsafaris.com

★ LAUTLOS DURCHS DREILÄNDERECK

Wie in Zeitlupe bewegen sich Eingeborene vor der Kulisse gewaltiger Schilfgrasvegetation, Hähne krähen irgendwo, Feuer lodern, hier ansässige Fischer fahren im Einbaum zum Fang. Eine Vielzahl an Wildnisdomizilen finden sich in diesem von der Welt so entrückten Gebiet zwischen Sambia, Namibia und Botswana, die alle ein gemeinsames Ziel haben: Gut zahlenden Safaigästen zu Wasser ein sehr spezielles Bühnenstück aufzuführen.
INFO: Safaricompanies mit Lodges und Camps am Kwando River: gondwana-collection.com, caprivicollection.com, africanmonarchlodges.com, wildernessdestinations.com

Können Trockenheit ab: Oryxantilopen im Kalaharisand

 BOTSWANAS MYSTISCHE SCHÖNHEIT

Sandtraum Kalahari

Mit 1,2 Millionen Quadratkilometern gilt die Kalahari-Wüste als das größte zusammenhängende Sandgebiet der Welt. Sie ist um ein Vielfaches so groß wie Großbritannien und verteilt sich auf die drei angrenzenden Länder Südafrika, Botswana und Namibia.

Mit ihren gewaltigen Sanddünen, die je nach Sonnenstand wechselnde Farbspiele vorführen, zählt sie zu den spektakulärsten Erlebnissen des Südlichen Afrika. Trotz ihrer harten Natur fühlen sich in ihr tausende Wildtiere zu Hause wie Oryxantilopen, Hyänen, Wüstenluchse und Wüstenfüchse, Streifengnus, Schakale und Löffelhunde. Sogar Geparde zeigen sich dann und wann, und mit viel Glück sieht man Kalahari-Löwen. Die San, steinzeitliche Buschmenschen, vollbrachten hier ein Überlebenswunder, was auf über 250 Vogelarten immer noch zutrifft. Die schönsten botswanischen Anteile der Kalahari finden sich im südwestlich gelegenen Kalahari Transfrontier Park und in der zentral gelegenen Central Kalahari Game Reserve. Ersterer entstand aus dem früheren Gemsbok National Park, der seit 2002 zusammen mit dem Kalahari Gemsbok National Park den neuen Park ohne Grenzen formt. Mit einer Fläche von 52 000 Quadrakilometern ist das Central Kalahari Game Reserve so groß wie Dänemark, das größte Schutzgebiet im Südlichen Afrika und das zweitgrößte der Welt. Beide Kalahari-Territorien sind Allrad-Experten sowie organisierten Touren vorbehalten. Eine blühende Halbwüste zeigt sich während der Regenzeit, die auch die südlich angrenzende Khutse Game Reserve zu einem Flora-Wunderland macht. Übernachtungen finden auf Campgrounds und in einigen Lodges statt.

INFO: botswanatourism.co.bw

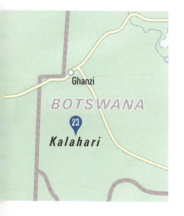

AUS EINER ANDEREN WELT
Nxai und Makgadikgadi

Der Makgadikgadi-und-Nxai-Pan-Nationalpark ist in den 1990er-Jahren aus der Salzpfannenlandschaft der Makgadikgadi Pans Game Reserve und dem angrenzenden Nxai-Pan-Nationalpark entstanden. Es zeigt sich dort nichts außer Skurrilität. Und zuweilen ein erstaunlicher Tierreichtum.

Landschaft absurd« wäre wohl die zutreffendste Bezeichnung dieses Nichts aus weißen Flächen verschieden großer und kleiner Salzpfannen, gegen die sich Namibias weltberühmte Etosha-Pfanne als Miniaturausgabe ausnimmt. Wo die Salzkruste aufhört, wogt gelbes Savannengras bis zum Horizont, Palmen-, Schirmakazien-, Mopane- und Baobab-Wälder tauchen an den Rändern als Grafiken einer fast vergessenen Welt auf. Der vegetationsarme Teil des faszinierenden Makgadikgadi-und-Nxai-Pan-Nationalparks, dessen Ursprungsteile die asphaltierte Fernstraße zwischen Maun und Nata in der Mitte trennt, strahlt eine sonderbare Eigenwilligkeit aus und bietet in seiner Lebensfeindlichkeit dennoch einer reichhaltigen exotischen Tierwelt Lebensraum. Die Bewältigung der surreal anmutenden Areale, die zusammen mit den außerhalb der Parkgrenzen liegenden Flächen so groß wie Belgien sind, bleibt Allrad-Experten mit Sandpistenausrüstung vorbehalten, ansonsten lässt sich die außerirdische Schönheit der Salzpfannenlandschaften nur als organisierte Gruppenreise sicher durchführen. Eine der mystischen Erscheinungsformen ist Kubu Island, eine Trockeninsel, auf der gigantische Baobab-Riesen, die dicker sind als ein Land Rover lang, aus der geologischen Erhebung aufragen. Bizarre Lichtstimmungen triggern euphorische Gefühle, ein Losgelöstsein im Hier und Jetzt erfasst den Besucher.
INFO: botswana.eu

Felsskulptur: Lekhubu Island in der Makgadikgadi Pan

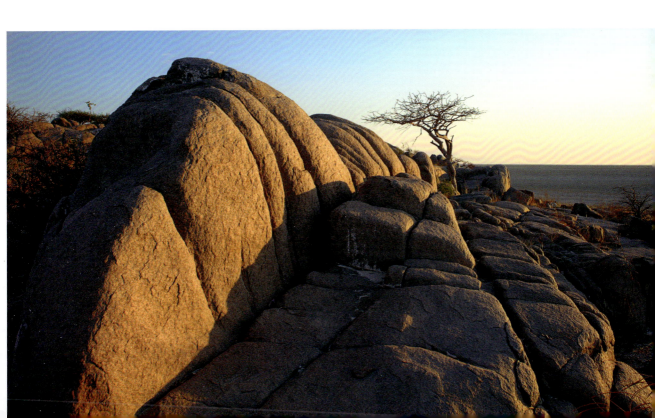

Very british: Livrierter Portier vor dem Eingang des Vic Falls Hotel (rechte Seite unten). Königlich präsentiert sich der Sambesi, der sich hier donnernd in die Tiefe stürzt (oben und rechte Seite oben).

LUXUS PUR – VICTORIAFÄLLE UND THE VIC FALLS HOTEL

Historische Perle und feiner Stil

Vor dem Anflug dreht der Pilot eine Runde im Tiefflug: Unten zeigt sich ein lang gezogener Grabenbruch in einer sonst flachen Landschaft. Weiß schäumende Kaskaden stürzen in gischtbrodelnde Schluchten, Sprühnebel schweben darüber wie Dampfwolken kochender Geysire. Victoria Bridge kommt in Sicht, Baujahr 1904, die sich mit kunstvollem Trägerwerk über die Sambesischlucht spannt, dann das legendäre Victoria Falls Hotel.

Eine Million Liter Wasser stürzen durchschnittlich pro Sekunde in die Tiefe, während der Regenzeit von März bis Juni können es zehnmal so viel sein. Der britische Naturforscher David Livingstone benannte das von ihm entdeckte Weltwunder, das heute unter UNESCO-Schutz steht, zu Ehren der Königin von England Victoria Falls. Und wie faszinierend der Gedanke, dass dort, im schwärzesten Herzen Afrikas, eine historische Fünf-Sterne-Herberge über 100 Jahre die Stellung hält, trotz aller Wirrnisse um Simbabwes trauriges politisches und wirtschaftliches Schicksal: das altehrwürdige Victoria Falls Hotel. Das Vic-Falls-Hotel zählt zu den bewegendsten Übernachtungs-Highlights des Südlichen Afrika!

Queen Mary und King George

Die Eingangshalle begrüßt ihre Gäste mit großflächigen Portraits von »Queen Mary« und »His Majesty King Georg V.«. Die VIP-Liste, erklärt der livrierte Portier, ist lang, und sowieso sei gerade *teatime* im »Vic«, und gerade deshalb auf den Terrassen kein Platz mehr zu finden. Verzückt und ein bisschen verrückt sitzen Besucher im englisch gepflegten Garten, mit Blick auf die zum Greifen nahe Victoria Falls Bridge und die tosende, dampfende Sambesischlucht unmittelbar darunter. Ab und zu hüpft ein gut zahlender Adrenalinkunde am Seil von der Bungee-Station in der Mitte der fragilen Konstruktion und schwingt dann atemberaubend über

Luxus pur – Victoriafälle und The Vic Falls Hotel

dem Inferno des brodelnden Felskessels, der sich darunter wie ein Kraterschlund öffnet. Nur einen kurzen Spaziergang über die Straße liegt der altkoloniale Bahnhof, dem Hotel gleich gegenüber. Bis vor wenigen Jahren qualmten hier noch richtige Dampflokomotiven Richtung Bulawayo und Harare vorbei, die in guten alten Zeiten die Besucher der Edelherberge aus der simbabwischen Hauptstadt direkt vor die Hotelschwelle brachten. In Laufweite befinden sich mit der Ilala Lodge und dem luxuriösen The Stanley & Livingstone zwei weitere sehr schöne Herbergen, die die Entdeckung der Viktoriafälle zu Fuß möglich machen.

Endstation Sehnsucht

Und natürlich ist auch hier, im simbabwischen Örtchen Victoria Falls, der Adrenalinmarkt in Form zahlreicher Aktivsport-Agenturen vorhanden, die wie die Kollegen auf der sambischen Seite alles verkaufen, was den Pulsschlag rund um die Fälle ordentlich puscht! Wenn zum Abschied von Victoria Falls Milliarden feiner Wasserpartikel die berühmten Regenbogen abbilden, die sich über die Felsschluchten spannen, wird klar: Hier jedenfalls war der Weg nicht das Ziel.

Was in besonderer Weise auf den Entdecker David Livingstone zutreffen mag, der von der göttlichen Landschaft, die die tosenden Wassermassen umgibt, schwärmte.

»Dr. Livingstone, I presume?«

»Dr. Livingstone, nehme ich an?«, soll der Journalist und Afrikaforscher bei der Begegnung mit dem als verschollen geltenden Livingstone als Erstes gesagt haben. Nach Livingstones Tod schleppte sein Gefolge den Leichnam tausende Kilometer quer durch Afrika, in Westminster Abbey wurde der schottische Missionar und wohl berühmteste Afrikaforscher aller Zeiten begraben.

Zu den Wundern der breitesten durchgehenden Wasserfälle der Welt und der größten auf dem afrikanischen Kontinent gelangt man am schnellsten von der namibischen Hauptstadt Windhoek aus mit Air Namibia, die in Victoria Falls landet. Etwas langsamer funktioniert das für Selbstfahrer, die im namibischen Caprivi-Streifen unterwegs sind: In Ngoma, Namibia, führt eine Brücke über den Chobe River bis ins botswanische Kasane (Achtung Stopover: Schiffs- und Hausboot-Safaris auf dem tierreichen Chobe River!) und weiter bis nach Victoria Falls in Simbabwe.

TOP ★ ERLEBNISSE

★ LIVINGSTONE ODER VICTORIA FALLS?

Auch wenn der Victoria Falls International Airport und seine Lodges, Gästehäuser und Hotels gut gebucht sind, geht es hier beschaulicher zu als im umtriebigen sambischen Livingstone gegenüber. Vic Falls liegt unmittelbar neben den viel besuchten Fällen, die meisten Attraktionen lassen sich bequem gut zu Fuß erreichen, auch befinden sich circa zwei Drittel der spektakulärsten Ansichtspunkte auf simbabwischer Seite.
INFO: Zimbabwe Travel, zimbabwetravel.de; Zimbabwe Tourism Authority, zimbabwetourism.net

★ KONKURRIERENDE SCHWESTERN

Neben dem legendären Vic Falls Hotel finden sich eine ganze Reihe nobler Herbergen wie The Kingdom of Victoria Falls, das Elephant Hill Intercontinental Resort, die altkoloniale Ilala Lodge und die exklusivste von allen, die Victoria Falls Safari Lodge, im überschaubaren simbabwischen Städtchen Victoria Falls. Tatsächlich ist die simbabwische Seite der Fälle die stillere Schönheit, während sich das sambische Livingstone aufgrund der politischen Lage in Simbabwe zu einer quirligen Urbanität entwickelt hat – mit dem entsprechenden touristischen Wirbel.
INFO: Die stilvollsten Nächte in Vic Falls: Victoria Falls Hotel, victoriafallshotel.com; Ilala Lodge, ilalalodge.com; The Stanley & Livingstone, stanleyandlivingstone.com

IM ZENTRUM DER MACHT

Simbabwes Hauptstadt Harare

Von Harare bekommen die meisten Besucher nur den Internationalen Flughafen zu Gesicht, was schade ist: Die City der Hauptstadt stellt ein erstaunliches Architekturensemble aus der alten Zeit in den Fokus der Macht.

Robert Mugabe war einmal – für Simbabwes Hauptstadt Harare bricht eine neue Ära an.

Nach über einem Jahrzehnt wirtschaftlichem und politischem Chaos lockt Simbabwe zunehmend Gäste an. Einst galt das Land als eines der reizvollsten im Südlichen Afrika und war ein Magnet für Touristen, was während der simbabwischen Turbulenzen weitgehend nur noch dem Publikumsliebling Viktoriafälle vorbehalten war.

Auf den Terrassen des vornehmen Meikles Hotel, Baujahr 1915, gerät eine Gala-Veranstaltung in Schwung. Gut betuchte Gäste belegen die Tiefgaragenplätze der Fünf-Sterne-Herberge mit Super-Karossen. Ganz oben, im 13. Stock, geht der Blick zwischen Pool und Wellnessabteilung auf den Stadtpark der architektonisch reizvollen City, während im Erdgeschoss messing- und marmorblitzende Foyer-Hallen weltläufige *ambiance* generieren.

Für die Stadtrundfahrt gibt es Regeln, erklärt der Fahrer vorab, und erteilt Anweisungen zum Fotografieren, aber »bloß jetzt nicht!«: Vor den Wagenfenstern zieht der Kolonialbau des Parlaments als filmreife Kulisse vorbei. Die Staatsmacht sei fast schon psychotisch damit, aber was, fragt er kopfschüttelnd, könnten harmlose Bildchen wie diese denen schon machen? Dann kutschiert er an der prachtvollen Parkresidenz des Ex-Diktators Robert Mugabe vorbei, und die Warnung kommt prompt: Kameras runter!

Im Stadtpark vor dem »Meikles« lümmeln Studentinnen und Studenten mit Laptops und Smartphones wie in anderen Metropolen auf dem Rasen, derweil sich ein paar Straßen weiter der Müll stapelt, weil die Müllabfuhr streikt.

INFO: zimbabwetourism.co.zw

»THE CITY OF KINGS«
Kolonialperle Bulawayo

Architektonische Krönung der simbabwischen Kulturhauptstadt Bulawayo ist der Bulawayo Club.

Die auf 1300 Metern Höhe residierende Stadt ist speziell: Schachbrettartig angelegte Alleen prägen die Kulturhauptstadt mit dem angenehmen Höhenklima und einer Fülle prächtiger Fassaden, Rasenflächen und Jacarandabäume.

Architektur, Kunst und Kultur finden sich auf Schritt und Tritt, und wenn vor dem Art Grove Café in der National Gallery, dem wohl schönsten Gebäude der Stadt, zur Lunchzeit eine Ballettprobe stattfindet, können sich Besucher dem gastfreundlichen Charme der Simbabwer kaum entziehen. Bulawayos Naturhistorisches Museum kommt nicht minder beeindruckend daher, über 75 000 Exponate präsentieren die größte Säugetiersammlung des afrikanischen Kontinents! Die mit einer Million Einwohnern zweitgrößte Metropole Simbabwes wurde 1870 vom letzten Matabele-König Lobengula (1845–1894) begründet, weshalb sie sich gern mit dem Label »The City of Kings« schmückt. Die Stadt lockt mit einer unfassbaren Pracht viktorianischer Architektur wie dem Nationalhistorischen Museum (1900), der City Hall, St. Mary's Cathedral (1903), dem Monumentalbau des Obersten Gerichts und seinem legendären Gentlemen's Club: Ein Kolonialtraum von 1935 mit glanzvollen Interieurs, prachtvollen Säulen und festiven Bankettsälen; das Fotomotiv der simbabwischen Kulturhauptstadt. Allerdings schließt der Bulawayo Club Frauen nach wie vor von der Bar aus! Für Besucher ist die Besichtigung der grandiosen Bankettsäle ein Muss. Oldtimer-Fans sollten das Eisenbahnmuseum nicht auslassen, das fantastische Dampfloks und Salonwagen der Rhodesian Railways ausstellt, und Archäologieinteressierte die Ruinen von Khami besuchen, die zum UNESCO-Weltkulturerbe zählen.

INFO: bulawayoclub.com

BOTSWANA UND SIMBABWE

28 SIMBABWES MEISTBESUCHTES TIERPARADIES – HWANGE-NATIONALPARK

Wildlife-Safari für alle Sinne

Die bildschönen Landschaften des Hwange formen ein Schutzreservat, das mit über 14 000 Quadratkilometern halb so groß wie Belgien und nach der Dichte seiner Wildtiere eines der attraktivsten im Südlichen Afrika ist. Der weltweit zu den Top-Safarizielen zählende Nationalpark listet über 100 Säugetier- und circa 400 Vogelarten auf, darunter auch die seltenen und vom Aussterben bedrohten afrikanischen Wildhunde.

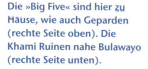

Die »Big Five« sind hier zu Hause, wie auch Geparden (rechte Seite oben). Die Khami Ruinen nahe Bulawayo (rechte Seite unten).

Die räumliche Nähe zum Publikumsmagneten Nummer eins, den Viktoriafällen, lässt Besucher zahlreich mit einmotorigen Buschfliegern auf den Pisten des Hwange einfliegen. Dass es den 1929 begründeten Nationalpark in dieser Fülle überhaupt gibt, ist den abenteuerlichen Geschichten H. G. Robins und Ted Davisons zu verdanken: der eine ein erfolgloser Rinderfarmer, der sein nutzloses Land der Regierung überließ, der andere der erste Verwalter des einstigen Jagdgebietes des Matabele-Königs Mzilikazi und dessen Sohnes Lobengula.

Die Jagd auf Elfenbein

Davison wurde schnell klar, dass aus dem je nach Jahreszeit extrem trockenen Areal ohne Wasser kein Tierparadies entstehen konnte, weshalb er über 60 Wasserlöcher bohren und kleine, künstliche Auffangbecken bauen ließ, woraufhin die Tierpopula-

tionen rasant wuchsen. Das »Hwange Lion Project« konnte trotz extensiver Wilderei während der schlimmsten Mugabe-Jahre die Zahlen des mähnigen Königs der Wildnis stabilisieren, das »Painted Dog Conservation Project« die der afrikanischen *wild dogs* verdoppeln. Das vorsorgliche Absägen der Hörner rettet Nashörnern das Leben, weshalb der simbabwische Naturschutz auch heute noch viel zu tun hat. Von umherziehenden Wilderern wird das wertvolle Keratin des Horns an gut organisierte Banden geliefert, die es hauptsächlich nach China verschieben, wo es zu profitablem Potenzpulver vermahlen wird.

Elefanten-Überschuss

Zum Problem geworden sind anwachsende Elefantenherden, die ganze Areale abfressen und Büsche und Bäume zerstören, weil sie pro Tier täglich an die 300 Kilogramm Grünzeug vertilgen, was die biologische Balance gefährlich aus dem Gleichgewicht bringt. Wer von Elefanten verwüstetes Buschland gesehen hat, wo zuvor prosperierende Flora nur noch Restmasse in großer Ödnis ist, zollt der existenziellen Frage der Überpopulation großen Respekt. Tierschützer setzen auf den Ausgleich offener Grenzen, sodass die Großohren zaunlos zwischen den Ländern des Südlichen Afrika wandern können; manche setzen auf Umsiedlung und Export in afrikanische Wildschutzgebiete, die zu wenig Elefanten haben, andere plädieren für den gezielten Abschuss.

Luxus pur: Wilderness Safaris

Nur 45 Minuten braucht die einmotorige Cessna Caravan von Victoria Falls International bis ins private Konzessionsgebiet des Safari-Multis »Wilderness«, der seine Lodges in den entlegensten Gebieten Botswanas, Sambias, Namibias, Südafrikas und Simbabwes betreibt. Während des Fluges in die südöstliche Region des Hwange zeigen sich unten Areale mit dichtem Mopanewald und Savannen wie aus dem Bilderbuch: Große Büffel- und Elefantenherden ziehen als dunkle Kolonnen durchs hohe Gras, Steppenzebras, Giraffen und zahllose Antilopen sind zwischen den weiten Schirmen einzeln stehender Akazien deutlich zu erkennen.

Mit nur acht Safarizelten ist das nach Ted Davison benannte »Davison's Camp« in einem der am dichtesten mit Wildtieren besiedelten Hwange-Areale positioniert. Das Wasserloch vor dem Luxus-Camp macht während der Trockenzeit Safari vom Bett aus möglich, was die benachbarten Schwester-Camps Little Makololo und Linkwasha Camp in gleicher Weise als eine ihrer Trumpfkarten vermarkten. Wie auch die überbordende Vogelwelt, die zahlreich Birdwatcher in den Hwange zieht: Perl- und Flughühner, Kuckucke, Nilgänse, Halsbandfrankoline und große Mengen an Staren geben sich hier als Federvieh lautstark die Ehre, vor allem aber auch eine große Artenfamilie der Geier, deren Mitglieder mit messerscharfen Schnäbeln dafür sorgen, dass von der raubtiererlegten Beute nicht das Geringste ungenutzt bleibt.

TOP ★ ERLEBNISSE

★ DIE RUINEN VON KHAMI

Mit Hilfsgeldern aus dem Ausland wurde Khami, die verlassene Hauptstadt des Torwa-Staats aus dem 16. Jahrhundert, unter Leitung internationaler Archäologen in mühevoller Kleinarbeit rekonstruiert, nur wenige Kilometer von Bulawayo entfernt. Great Zimbabwe, die bedeutendste archäologische Fundstätte des Landes, liegt knapp 300 Kilometer östlich von Bulawayo nahe der Stadt Masvingo. Die sandfarbenen steinernen Überbleibsel des einst mächtigen Reichs der Shona werden auf über 500 Jahre und älter geschätzt und waren einst Hauptstadt sowie Sitz mächtiger Könige. Nachdem der deutsche Geologe Carl Mauch 1871 die gewaltigen Granitblöcke Great Zimbabwes entdeckt hatte, wurde den Archäologen bald klar: Dieses hier musste das größte steinerne Bauwerk südlich der Sahara sein!
INFO: zimbabwetourism.net

★ BLICK VON INNEN

Der Travelguide Reisen in Zimbabwe aus dem Ilona Hupe Verlag liefert wertvolles Insiderwissen zum krisengebeutelten Simbabwe, die Österreicherin Monika Korn lebt seit vielen Jahren dort und betreibt mit *The Safari Source* eine eigene Reiseagentur.
INFO: The Safari Source, thesafarisource.com; Wilderness Lodges, wildernessdestinations.com

Löwenfutter: Riesige Herden Gnus (Wildebeest) durchstreifen Simbabwes Savannen auf der Suche nach Nahrung.

Alltägliches Schauspiel: Gruppenbild am Pool, den Großohren scheint die Show zu gefallen.

 DIE LODGE DER ELEFANTEN

African Bushcamp »Somalisa«

Eine der größten Elefantenherden der Welt wandert mit 20 000 bis 75 000 Tieren zwischen Botswana und Simbabwe; also hat auch Hwange viele Rüsselträger zu bieten. Wo sie Station machen, herrscht nicht immer ein fantastischer Wildlife-Film.

Aufgrund zahlreicher Bohrlöcher ist im größten Tierschutzareal Simbabwes die für die Umwelt zu verkraftende Elefantenpopulation auf das Dreifache gestiegen. Nicht alle migrieren zwischen Hwange, Okavango-Delta und dem Chobe-Nationalpark hin und her, und sie vermehren sich prächtig. Vor dem notwendigen *culling*, dem Dezimieren durch kontrollierten Abschuss, schrecken Tierschützer und Nationalparkbehörden zurück, weil Elefantenfamilien mit ihren putzigen Babys zu den beliebtesten und nachgefragtesten Safari-Wildtieren zählen.
Das hat auch der simbabwische Safariexperte Beks Ndlovu erkannt, und sein Bushcamp Somalisa mit dem Bau eines üppig einladenden Swimmingpools zur »Lodge der Elefanten« gemacht. Alltäglich können Somalisas Gäste das großartige Schauspiel vom Liegestuhl aus erleben, aus nur wenigen Metern Entfernung, wenn der Pool zur Bar der Elefanten und die Atmosphäre am Beckenrand zur Zerreißprobe wird: Ein halbes Dutzend Rüssel pumpen unaufhörlich das köstliche Nass in die Leiber ihrer Besitzer hinein, bis zu 200 Liter können das pro Tier sein, dann treten die nächsten Durstigen in die erste Reihe und dezimieren den Wasserstand auf zügige Weise. Dabei benehmen sich die tonnenschweren Kolosse ruhig und sehr diszipliniert, als wollten sie die menschlichen Beobachter keinesfalls stören, die da direkt vor ihnen an einem der schönsten Safarierlebnisse teilnehmen. Anrührender kann eine Begegnung mit dem Gemütlichsten der Big Five nicht sein.
INFO: africanbushcamps.com

CECIL RHODES' »WORLD'S VIEW«

Matobo-Hills-Nationalpark

Nur 35 Kilometer von der Jahrhundertwende-Architektur der Ndebele-Stadt Bulawayo entfernt ruht Staatsgründer Cecil Rhodes auf einem Felsplateau in den Matobo Mountains. Der Platz hat Magie. Zahlreich pilgern Besucher hierher.

Die »Matopos«, wie man sie gern nennt, zählen mit ihren klobigen, wetter- und windgeformten Steinklötzen und -kugeln zu den aufregendsten Skulpturlandschaften des Südlichen Afrika. Als Rhodes hier im Jahr 1896 mit Ndebele-Führern zusammentraf, nannte er seinen späteren Grabhügel »View of the World«, wegen der berauschenden Aussicht. Davon hat er jetzt nichts, aber geschätzte 200 Millionen Jahre ist die skurrile Granitlandschaft alt, die dem Namensgeber des ehemaligen Rhodesien zu einer sehr speziellen und seit 1902 von ihm zu Lebzeiten selber gewünschten Ruhestätte verhalf. Könnte der weiße Hero vergangener Zeiten sehen, in welchem Zustand sich der einstige Musterstaat Rhodesien heute befindet, er würde sich unter der steinernen Grabplatte umdrehen. Hunderte »Rock-Art«-Galerien zeugen in Felshöhlen mit unzähligen, teils sehr gut erhaltenen *bushmans paintings* vom Leben der Khoisan, die vor tausenden Jahren diesen magischen Platz mit Felszeichnungen schmückten, was der Grund dafür ist, dass es die Matopos auf die Liste des UNESCO-Weltkulturerbes geschafft haben. Zu den schönsten Herbergen in der Felsregion gehören das Amalinda Camp und das Big Cave Camp. Ersteres thront als Boutique-Lodge mit Pool und Wellness auf der Spitze eines Felshügels mit inspirierenden Ausblicken auf die Wunderwelt der Matobo Mountains, Big Cave residiert mit einer Handvoll reetgedeckter Natursteinhäuser inmitten klobiger Granitbrocken.

INFO: campamalinda.com

Der beim Volk verhasste Ursurpator Robert Mugabe ist tot. Staatsgründer Cecil Rhodes' felsiges Grabmal in den Matobo Mountains wurde zur Pilgerstätte.

Sollte die Staumauer des Karibasees (rechte Seite oben) einmal brechen, wäre eines der schillerndsten Tierparadiese Afrikas nicht für immer, aber für lange Zeit verloren.

WILDNISTRAUM AM SAMBESI – MANA-POOLS-NATIONALPARK

Nicht von dieser Welt

An den Ufern des unteren Sambesi zeigt sich der simbabwische Teil der Wildnis Besuchern am exotischsten im weit abgelegenen Mana-Pools-Nationalpark, den die braunen krokodil- und hippobesetzten Fluten durchfließen. Natürlich sind hier die »Big Five« zu Hause, dazu Unmengen an Großwildtieren sowie eine überbordende Vogelwelt.

Ein flimmernder, alter Schwarz-Weiß-Film war es, mit verwegenen Männern in schmalen Booten, auf einem Fluss ohne Bedeutung. An den Ufern trompetende Elefanten, grunzende Flusspferde und grauenerregende Krokodile, beißende Insekten, giftige Spinnen und Schlangen. Eine ähnliche Szene präsentiert sich uns jetzt, an Deck eines PS-starken Schnellbootes, das in Simbabwes Mana-Pools-Nationalpark den Sambesi flussaufwärts brummt. Nur, dass hier alles gesichert und geordnet erscheint, es gibt Nachschubwege, einen Airstrip für kleine Propellermaschinen, Funk und Internet via Satellit.

Auf Livingstones Spuren

Die eingangs geschilderte Flussfahrt fand im Jahr 1855 statt, und sicher war damals nichts. Den Männern im Expeditionsboot zeigten sich explosionsartige Wolkengebirge, mit jedem Kilometer kam ihnen ein immer rätselhafteres Grollen entgegen, bis dem britischen Naturforscher David Livingstone die Erklärung gefährlich nahe vor Augen stand: Kraftvoll zog die Strömung das Boot auf die Abbruchkante eines gewaltigen Wasserfalls zu, den Victoria Falls.

Wir lassen uns heute mit der Flussströmung treiben, Gin Tonic auf Eis in den Gläsern; die untergehende Sonne taucht den glitzernden

Wildnistraum am Sambesi – Mana-Pools-Nationalpark

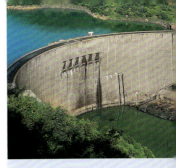

Sambesi in rötlich schimmerndes Pastell, verzweigte Wasserarme schieben sich durch dichte Vegetationsinseln, was für ein paradiesisches Bild! Beim Festmachen am Bootssteg des Wilderness Safari Camp Ruckomechi wird die Schönheit eines Chamäleons in nur einer Sekunde konterkariert, als der scharfkantige Schnabel eines Marabus zuschnappt. Nach Einbruch der Dunkelheit halten wachsame Ranger ihre Gewehre durchgeladen und griffbereit. Als Gefahr gelten hier weder Löwen noch Krokodile, riskant sind einzig kampfeslustige Hippos in der Nähe der Ufer, falls den Kolossen nach dem nächtlichen Grasen an Land der Rückzug ins rettende Wasser verstellt wird. Das heißt, wenn man ihnen auf dem Gelände der Lodge also zufällig im Weg steht.

»Survival of the fittest«

Die Bezeichnung Mana Pools kommt aus der Shona-Sprache und bedeutet vier Pools, die als Wasserbecken und stille Seitenarme neben der Hauptader des Sambesi existieren. Und einzigartig ist dieser Traum aus Bergsilhouetten, dicht wuchernder Vegetation, Galeriewäldern aus Ilala-Palmen, Baobabs, Mahagoni und Mopanen an den Flussufern und weiten Marschgebieten, die Stromschnellen durchsprudeln, sowie weiten Sandinseln, die Krokodile und Flusspferde besetzen, so allgegenwärtig und vielfältig ist hier die exotische Tierwelt, dass sich dem Beschauer rein optisch der Garten Eden bietet.

Jenseits der bildschönen Kulissen erscheint das Leben der Wildnis grausig. Was Horden von Aasgeiern am eindrücklichsten zeigen, wenn sie zum Beispiel die Reste eines Elefantenkadavers mit scharfen Schnabelhieben zerhacken. Jenseits des Darwinschen Gesetzes vom Überleben des Stärkeren, das hier vor allem Raubkatzen und bis zu sechs Meter lange Nilkrokodile in Kraft setzen, zeigt sich trotz allem die ungetrübte Lebenslust der wilden Exoten, die hier, in der UNESCO-geschützten Enklave des Mana-Pools-Nationalparks, ein einzigartiges Refugium finden! Zum Frühstück ein letzter wehmütiger Blick vom Camp auf das einzigartige Mana-Pools-Paradies der Wildtiere unten am Fluss, es scheint so, als entleerte sich die gesamte Arche Noah gerade jetzt. Beklemmende Minuten bis zum Airstrip. Wer von hier abreist, so sagt man, wird nirgends mehr ankommen! Aber was für ein Unsinn, nur drei Cessna-Flugstunden den Sambesi flussaufwärts donnern die berühmten Viktoriafälle gewaltige Felsschluchten hinab.

TOP ⭐ ERLEBNIS

⭐ AQUATISCHER RIESE

Nach 30 Minuten Flugzeit rückt ein Zivilisationswunder in den Fokus, über das die Einmotorige eine Schleife fliegt: Die gewaltige Betonmauer des Kariba-Stausees zieht unten als eines der umstrittensten Bauwerke Afrikas vorüber. Sollte der 617 Meter lange Damm einmal brechen, erzählt ein Ranger am Feuer, würde ein Tsunami durch das gesamte Sambesi-Becken fegen. Und nicht nur den riesigen Mana-Pools-Nationalpark überschwemmen, sondern auch den auf sambischer Seite gegenüberliegenden Lower-Zambezi-Nationalpark, und Elefanten, Krokodile, Flusspferde, Antilopen und Zebras in einer biblischen Flutwelle mitreißen. Womöglich bis ins benachbarte Mosambik, wo auf den viertlängsten Strom Afrikas der Indische Ozean wartet. Tatsächlich ist die Region nicht ohne seismografisches Risiko. Der Propeller zieht die kleine Maschine brummend über den 5000 Quadratkilometer riesigen Lake Kariba, im Wasser versunkene Dörfer, Straßen und Wälder, da und dort gucken Baumspitzen heraus, sowie zahllose Inseln, die früher keine waren.

WEITERE INFORMATIONEN
Wilderness, wilderness destinations.com;
African Bush Camps, africanbushcamps.com;
Deutschsprachige Info unter thesafarisource.com

Afrikanische Dschungelbuch-Szene im Mana-Pools-Nationalpark am Sambesi

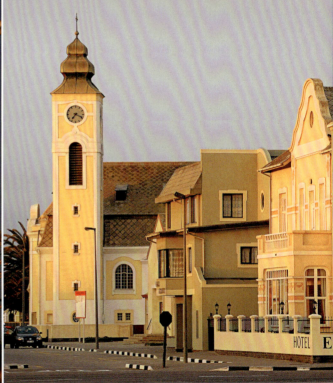

Swakopmunds deutsch-klassizistisches Flair (unten) zieht Besucher ebenso magisch an wie traditionsverhaftete Himba (oben) und der afrikanische Kokerboom *Aloe dichotoma* (links), von dem es in Keetmanshoop einen ganzen Wald gibt.

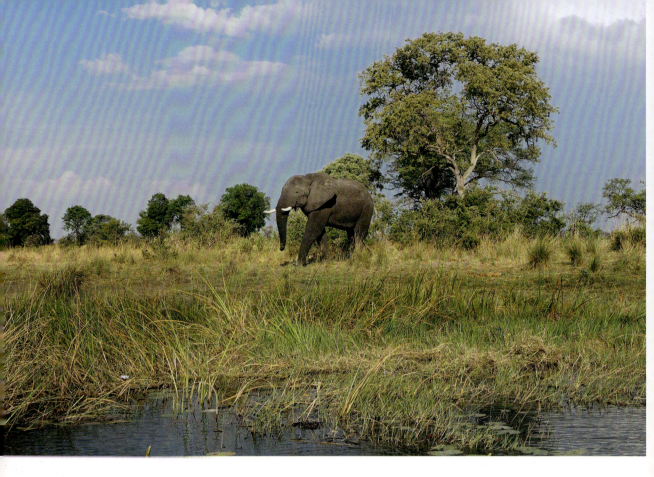

Einzelgängerischer Elefantenbulle auf der Suche nach schmackhaftem Grün (oben). Die schnellste Laufkatze, ein Gepard, balanciert auf einem Termitenhügel (rechte Seite).

32 ZWISCHEN WÜSTE UND ATLANTIK – ZUM ERSTEN MAL NAMIBIA

Am Ort, an dem nichts ist

Nirgendwo sonst im Südlichen Afrika lässt sich ein Land so sicher und bequem als Individualreisender erschließen. Hervorragend ist die Infrastruktur, freundlich und hilfsbereit sind die Menschen, weite Landschaftsträume mit wenig Verkehr und eine beruhigend friedliche Sicherheitslage machen das ehemals kaiserliche Deutsch-Südwest zu einem Paradies für Abenteuer auf eigene Faust.

Hier ist noch ganz Wildafrika«, notierte der Geologe Georg Hartmann (1865–1946) auf seiner Expedition durch Namibia um 1900, »Elefantenherden zu mehreren hundert Stück am Flusse; dazu Rhinozerosse, Flusspferde und Krokodile; Giraffen und Antilopen in der Steppe, dazu zahlreiche Löwen. In der Nacht verraten sich durch ihr Wolfsgeheul die Hyänen.« Hartmanns Stimmungsbild ist noch heute, nach über 100 Jahren, zutreffend.

Nie gesehene Schönheit

Als wäre die Zeit nicht vergangen, führt das Land mit einer Vielfalt exotischer Darsteller ein einzigartiges Bühnenstück auf: Schier unglaublich sind Namibias Kompositionen schnell wechselnder Farben, wenn der Sonnenball sinkt. Brillant der Schein funkelnder Sterne, wenn der Mond auf seine Reise über Namibias Wüsten geht. Die Horizonte sind hier mehr als unendlich. Sie spannen sich über grandiose Landschaften, die statistisch

NAMIBIA

Fröhliche Buschmann-Kids beim Posieren (oben), prächtige Herero-Frauen beim Palaver im typischen Kopfschmuck am Waterberg (unten). Namibias Waterberg ist ein lang gezogener zerklüfteter Tafelberg, dessen Landschaftsbild Wanderer magisch anzieht (rechte Seite oben). Beliebter Treffpunkt für Windhoeker: downtown Zoo Park (rechte Seite unten).

gesehen eigentlich nur Flora und Fauna beherbergen – so wenig Zivilisation erfüllt die unfassbaren Weiten. Weshalb auf so wohltuende Weise die Wildnis das Leben bestimmt: In der tierreichen Etosha-Pfanne ebenso wie im hitzebrütenden Naturwunder Fish River Canyon, der gnadenlosen Skelettküste und den unzugänglichen Gebieten des Kaokovelds, wo im Kunene River gefräßige Nilkrokodile patrouillieren. Und dazwischen, auf Namibias niedlichen urbanen Bühnen, hat der Jugendstil seinen Auftritt.

Mit einer Fläche von 824 269 Quadratkilometern ist das Land zweieinhalbmal so groß wie Deutschland, hat aber kaum mehr Einwohner als Hamburg, 2,5 pro Quadratkilometer – und ist deshalb ein praktisch menschenleeres Territorium der wilden Akteure des afrikanischen Dschungelbuches.

Eldorado für Individualisten

Im Süden grenzt es an Südafrika, im Norden an Angola, im Osten an Botswana und mit seiner nordöstlichen Ausstülpung, dem Caprivi-Zipfel, an Simbabwe und Sambia. Die Längsausdehnung zwischen dem Oranje-Fluss im Süden und dem Kunene an der Nordgrenze zu Angola misst 1280 Kilometer. Vom östlichen Teil des Caprivi bis zum Atlantik im Westen sind es ein paar hundert Kilometer mehr. Durch diese Unermesslichkeit treiben Flüsse, wenn sie denn fließen, als Leben spendende Arterien durch das heiß gebackene Land. Ein Großteil des namibischen Staatsgebietes ist Hochland. Die meisten Siedlungen befinden sich auf durchschnittlich 1400 bis 1800 Meter Höhe. Der etwas feuchtere Norden reicht gerade mal für die Viehzucht, im trockeneren Süden finden nur noch Schafe genug Futter. Im Osten flacht das Land bis auf 1000 Meter über dem Meeresspiegel ab, bevor es in die Kalahari-Wüste übergeht. Im Westen begrenzen bizarre Gebirgsketten die weiten Ebenen der Namib.

Der meiste Regen fällt zwischen Dezember und März, im namibischen Sommer, den heißesten Monaten. Dann treibt es die Städter aus Windhoek mit Vorliebe an die kühlende Brandung der Küstenenklaven Swakopmund und Walvis Bay – zur erfrischenden Seebrise. Eine klimatische Kapriole bietet dagegen der namibische Winter, den Europäer bei trockener Luft und Tagestemperaturen um die 25 Grad Celsius als herrlich sommerlich empfinden, während nachts die Temperaturen leicht auf unter null absinken können.

Auf eigene Faust

Öffentliche Verkehrsmittel zu nutzen hat auch hier seinen Reiz. Reisebuslinien verkehren zwischen den größeren Städten Namibias

sowie nach Südafrika und zu den Victoriafällen. Eine der Verbindungen führt sogar quer durch den Namib-Naukluft-Nationalpark, von Mariental bis nach Walvis Bay. Namibias Schienennetz hat eine Gesamtlänge von etwa 2500 Kilometern, die Züge der TransNamib erreichen von Windhoek aus alle größeren Städte.

Wer es nicht eilig hat, findet in der Bahn eine preisgünstige Reisemöglichkeit nach Fahrplan. Luxuszüge für Touristen sind der zwischen Windhoek und Swakopmund ratternde »Desert Express« sowie die südafrikanischen Luxuszüge »Shongololo Express« und »Rovos Rail«. Die schnellste Art, Namibias große Distanzen zu überbrücken, ist natürlich das Flugzeug. Air Namibia verbindet die größeren Städte, hunderte kleinere Airstrips sind über das ganze Land verteilt, die von Charter-Airlines bedient werden. Hartmanns »Wildafrika« lässt sich aber auch kinderleicht im eigenen Wagen durchfahren, denn mit über 42 000 Kilometern unterhält Namibia das am besten ausgebaute Straßennetz des Kontinents!

Die hervorragende Infrastruktur für Selbstfahrer beginnt mit erstklassigem Kartenmaterial, das alle Hauptrouten als Teerstraßen, Schotter- und Sandpisten nach unterschiedlicher Qualität kennzeichnet. Auch wenn in manchen Regionen wie im abgelegenen Kaokoveld geländegängige Fahrzeuge sowie Offroad-Know-how Voraussetzung sind, lassen sich die meisten namibischen Strecken mit normalen PKW bewältigen. Trotz Linksverkehr und Rechtssteuerung ist Namibia aufgrund seiner geringen Verkehrsdichte weitgehend unproblematisch: Aber natürlich besteht auch hier Anschnallpflicht, und der Gebrauch eines Handys am Steuer ist aus naheliegenden Gründen verboten. Wer mit einem Elefanten oder einem Nashorn zusammenprallt, fährt nirgends mehr hin, was auch ein Grund dafür ist, auf keinen Fall Fahrten nach Einbruch der Dunkelheit zu unternehmen. Ein Netz aus Tankstellen und Übernachtungsmöglichkeiten, Picknickplätzen sowie Wildlife-Lodges in Nationalparks und Game Reserves deckt landesweit so gut wie alle Hotspots ab.

Zwischen Etoscha-Pfanne im Norden und Fish River Canyon im Süden lassen sich die anderen Highlights so einplanen, dass große Distanzen zu moderaten Etappen zusammenschrumpfen. Und wer gern campt, kommt auf den meist sehr komfortabel ausgestatteten Campingplätzen Namibias voll auf seine Kosten, was das Land für Reisende, die auf eigene Faust unterwegs sind, zu einem kalkulierbaren Abenteuer im Südlichen Afrika macht.

TOP ★ ERLEBNISSE

★ ALOE TRAIL & CITY WALK

Den besten Ausblick über die Stadt bietet der einstündige Spaziergang auf dem Aloe Trail. Der Schotterweg hieß früher Hofmeyer Walk und ist je nach Jahreszeit von leuchtend rot blühenden Aloen gesäumt. Ausgangspunkt ist die Ecke Sinclairstraße/Uhlandstraße, von dort geht es zügig auf eine Berghöhe, die den noblen Stadtteil Klein-Windhoek von der City trennt. Schlusspunkt ist Windhoeks Zoo Park.
INFO: Namibia Tourism Board, namibia-tourism.com; Deutsch-Namibische Gesellschaft, dngev.de

★ ALTDEUTSCHES FLAIR

Neben anderen architektonischen Schönheiten stellt die ehemalige Kaiserstraße drei ganz besondere Perlen der deutschen Jahrhundertwende aus, die der Südwestafrikaner Wilhelm Sander entworfen hat: Das Erkrath-Haus (1910), gleich daneben das Gathemann-Haus (1913), das der damalige Bürgermeister von Klein-Windhoek in Auftrag gegeben hat, und das Kronprinzen-Haus, das als Hotel Kronprinz schon seit 1902 genutzt und 1920 im Auftrag des Windhoeker Kaufmanns Gathemann zum Geschäftshaus umgebaut wurde.
INFO: City of Windhoek, windhoekcc.org.na

NAMIBIA

33 NAMIBIAS METROPOLE IM HOCHLAND – WINDHOEK

Historisches Erbe und moderne Paläste

Namibias wirtschaftliches, kulturelles und politisches Zentrum liegt auf 1650 Metern Höhe und überrascht mit einem angenehm trockenen Klima zwischen 16 und 34 Grad Celsius im Sommer und 6 bis 22 Grad Celsius im Winter. Alle politischen und wirtschaftlichen Fäden sind in der Metropole übersichtlich verknüpft – ohne Windhoek geht nichts, selbst das Bier des riesigen Landes kommt aus der Hauptstadt.

Eine bessere Lage hätte der aus Südafrika eingewanderte Hottentotten-Anführer Jan Jonker Afrikaner (1820–1889) kaum finden können, als er zu Beginn der 1840er-Jahre mit seiner Siedlung »Klein Winterhoek« den Grundstein für Namibias Hauptstadt legte: Reiche Wasservorkommen und die geografische Lage waren dafür ideale Voraussetzungen. Was auch die Deutsche Schutztruppe sogleich erkannte, als sie hier zu Beginn der Kolonialzeit ihr Hauptquartier aufschlug. Als Erstes wurde 1890 die Alte Feste errichtet, heute das älteste Gebäude der Hauptstadt. Nach dem Bau der Eisenbahnlinie zwischen Swakopmund und Windhoek avancierte die schnell wachsende Kleinstadt zum Verwaltungssitz von Deutsch-Südwestafrika, was einen ordentlichen Entwicklungsschub brachte. Keine andere Ansiedlung erreichte bislang auch nur annähernd eine wirklich urbane Dimension: Windhoeks City hat heute moderne Business-Standorte aus Marmor, Spiegelglas und Edelstahl, Verkehrsknotenpunkte für Schiene, Straße und Luftverkehr sowie eine stetig wachsende Einwohnerzahl. Offiziell ist sie mit 300 000 angegeben; manche behaupten, es könnte inzwischen eine halbe Million sein. Mit Regierungs- und Parlamentssitz, der einzigen Universität des Landes sowie – nicht

Windhoek bei Nacht (unten); in der Post Mall Street, Windhoeks Fußgängerzone (rechte Seite unten), spielt sich urbanes Leben wie überall ab. Über all dem wacht die evangelisch-lutherische Christuskirche seit 1910 (rechte Seite oben).

NAMIBIA

Zwischen Post Mall Street (oben) und Zoo-Park (unten) verläuft die ehemalige Kaiserstraße (heute Windhoeks Independence Avenue) mit schmucken Architekturperlen aus der Kaiserzeit. Die Sanderburg von der Heinitzburg aus fotografiert (rechte Seite oben). Rooms with a view: Blick vom Pool der Heinitzburg über die Stadt (rechte Seite unten).

unwichtig – der einzigen Brauerei, spielt sich das wirtschaftliche, politische und kulturelle Leben ausschließlich hier ab.

Kolonialpaläste und richtige Burgen

Windhoeks architektonische Preziosen ziehen die Besucher magnetisch an. Dazu gehört der Tintenpalast (1913), entworfen von Gottlieb Radecker als Sitz der Hauptverwaltung von Deutsch-Südwestafrika. Seine kuriose Bezeichnung verdankt er dem spöttelnden Volksmund – in den Amtsstuben regierten nur Formulare und Tinte. Wobei die Hauptstädter gern anmerken, dass sich in dieser Hinsicht nur wenig geändert habe. Heute residiert dort das namibische Parlament. Nicht zu verpassende Fotostopps sind das Obergericht (1908), das Alte Magistratsgericht (1898), das Offiziershaus (1906), die Kaiserliche Realschule (1909) und das Wahrzeichen der Stadt, die 1910 als Friedenssymbol von Radecker erbaute evangelischlutherische Christuskirche. Gleich hinter dem typisch deutsch wirkenden neogotischen Kirchenbau – die kunstvollen Fenster wurden von Kaiser Wilhelm II. gespendet, die Altarbibel von Gemahlin Auguste Viktoria –, der nachts märchenhaft im Flutlicht über der Stadt steht, protzte bis 2013 das 1912 eingeweihte und heute umstrittene Reiterdenkmal, Pferd und Schutztruppenreiter aus Bronze, auf einem Granitblock: »Zum ehrenden Angedenken an die tapferen deutschen Krieger« lautete die Inschrift, »welche fuer Kaiser und Reich zur Errettung und Erhaltung dieses Landes waehrend des Herero- und Hottentotenaufstandes 1903–1907 und waehrend der Kalahariexpedition 1908 ihr Leben liessen.« Von den zahllosen Opfern unter den Hottentotten, Ovambos und Hereros war nichts zu erfahren.

Kaiser Wilhelms Prachtstraße

Zentrum des städtischen Lebens ist Windhoeks Independence Avenue. Die Hauptgeschäftsstraße war bis 1990 berühmt als »Kaiserstraße«. Sie zieht sich vom Ausspannplatz, dem ehemaligen Rastplatz für Ochsenkarren, mitten durchs Zentrum und am Zoopark vorbei bis zur historischen »Turnhalle«, die 1909 von Otto Busch als Übungssaal für den Windhoek Gymnastic Club erbaut wurde. Neben anderen architektonischen Schönheiten stellt die ehemalige wilhelminische Prachtstraße drei ganz besondere Perlen der deutschen Jahrhundertwende aus, die der Südwestafrikaner Wilhelm Sander entworfen hat: das Erkrath-Haus (1910), gleich daneben das Gathemann-Haus (1913), das der damalige Bürgermeister von Klein-Windhoek in Auftrag gegeben hat, und das Kronprinzen-

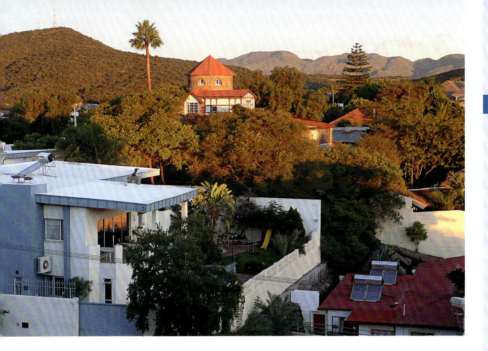

Haus. Letzteres wurde als Hotel Kronprinz schon seit 1902 genutzt und 1920 im Auftrag des Windhoeker Kaufmanns Gathemann zum Geschäftshaus umgebaut.

In der Post Street Mall breitet sich auf Klapptischen und Wolldecken das komplette afrikanische Souvenirsortiment aus: Armreife aus Elefantenhaar, handgeschnitzte Rhinozerosse, Schachteln aus alten Telefonkabeln, Holzgiraffen und Kochlöffel mit hornverzierten Stielen sowie Silberschmuck und Halsketten aller Art. Die Chancen stehen nicht schlecht, dass sich so ein schwarzafrikanischer Straßenhändler freundlich als Wilhelm, Friedrich oder Gotthold vorstellt. Ganz selbstverständlich werden hier altdeutsche Vornamen mit afrikanischen Familiennamen kombiniert, wie der von Erenfried »Tjivi« Ndjoonduezu beweist. Erenfried hat es in die englischsprachige Tageszeitung Namibian geschafft, der Windhoeker Polizist Traugott Ngambe in die Allgemeine Zeitung. Unzählige Male schon fand sich ein Matheus Shikongo in beiden Gazetten vertreten, er war lange Zeit der Oberbürgermeister der Stadt.

Die Postille der Großväter

Von den sechs Prozent weißen Namibiern englischer, burischer oder deutscher Abstammung spricht nur noch ein Drittel Deutsch. Bei zwei Millionen Einwohnern bleiben aber immer noch 40 000 potenzielle Leser der seit beinahe 100 Jahren erscheinenden Allgemeinen Zeitung. Und: ausreichend Stammgäste deutscher Restaurants, Liebhaber deutscher Back- und Wurstwaren sowie deutscher Biersorten – und genügend Jecken für den Windhoeker Karneval. Kein Scherz, »et kütt, wie et kütt«, im Ernstfall auch mitten in Afrika. Natürlich wird das Spektakel live vom Deutschen Hörfunkprogramm übertragen und ist am folgenden Tag detailliert in der Allgemeinen Zeitung nachzulesen. Die AZ, wie sich die deutschsprachige Tageszeitung in Kurzform nennt, wurde 1916 als Informationsblatt zu den Entwicklungen des Ersten Weltkriegs gegründet und unter der Bezeichnung Der Kriegsbote verlegt.

Drei Jahre später, nachdem Deutsch-Südwest unter südafrikanische Verwaltung gekommen war, erhielt das Blatt seinen heutigen Namen. Inzwischen ist die AZ auch online vertreten. Die Papierausgabe wird in den meisten deutschsprachigen Haushalten Namibias gelesen. Die deutschen Gründerväter benannten ihre Straßen nach Bismarck, Mozart und den Gebrüdern Grimm und sie erbauten Prachtstücke wie die Schwerinsburg, die Sanderburg und die Heinitzburg, die heute als Luxusherberge fungiert.

TOP ★ ERLEBNISSE

★ ROOMS WITH A VIEW

Zum stilvollsten Domizil der Stadt hat sich die Nobelherberge Heinitzburg mit ihren drei Feinschmecker-Restaurants Knight's Room, Felsenkeller und Leo's at the Castle gemausert. Wer es nicht auf die Liste der Reservierungen schafft, kann sich auf der Burgterrasse an einem traumhaften Ausblick über Windhoek erfreuen, bei klassisch europäischer oder typisch afrikanischer Cuisine. Oder bei einem erlesenen Gläschen Wein vielleicht? Dieser ist im urigen Felsenkeller der altdeutschen Burg in 15 000 Flaschen reichlich vorhanden!
INFO: Das Hotel Heinitzburg in der Heinitzburg St 22 hat nur 16 Zimmer und ist deshalb rechtzeitig zu buchen, heinitzburg.com

★ JOE'S BEERHOUSE

Wer von Bienenstich und Schwarzwälder Kirschtorte genug hat, könnte ins legendärste Lokal der Hauptstadt wechseln, in Joe's Beerhouse, wo ganze Busladungen mit Schnitzel und Kartoffelsalat sowie Gerstensaft deutscher Brauart made in Windhoek versorgt werden. Mindestens vorbeischauen, es lohnt sich!
INFO: Die illustre Kultkneipe findet sich in der Nelson Mandela Avenue 160, Windhoek, joesbeerhouse.com

In den Townships Katutura und Khomasdal wohnen die meisten Bewohner Windhoeks, hier pulsiert das afrikanische Leben (oben und rechte Seite unten). Die Okapuka Safari Lodge nördlich von Windhoek (rechte Seite oben).

WINDHOEKS AFRIKANISCHE SEELE – TOWNSHIP KATUTURA

Windhoeks »Wonderzone«

Angesichts des beschaulich wirkenden Hauptstädtchens und seiner kleinen, aber feinen Wohnquartiere wie Auasblick, Hochlandpark, Kleine Kuppe und Klein-Windhoek stellt sich Besuchern schnell die Frage, wo die angeblich 300 000 Einwohner Windhoeks zu finden sind. Die Antwort ist einfach: zum großen Teil in Katutura, einer ursprünglichen Zwangssiedlung für Nichtweiße.

Auf südafrikanische Art auch Township oder Location genannt, ist Katutura die sichtbarste Hinterlassenschaft der südafrikanischen Besatzungszeit, die von 1920 bis zur Unabhängigkeit 1990 währte – mit den Konsequenzen einer menschenverachtenden Apartheid-Politik.

Am 10. Dezember 1959 erschoss die südafrikanische Polizei 13 Schwarze, die gegen Umsiedlungsmaßnahmen protestierten. Knapp zwei Jahre später, 1961, schaffte es der Fernsehjournalist Peter Scholl-Latour, ins neu geschaffene Eingeborenen-Getto von Katutura – in der Sprache der Ovambo »der Ort, an dem wir nicht leben wollen« – hineinzukommen. Eindrucksvoll hielt er fest, was für ein Bild sich ihm bot.

Leben im Getto

»Der Weg dorthin führte an der Beethoven-Straße, der Krupp-Straße, der Daimler-Straße vorbei. Die Township war durch hohen Stacheldrahtzaun abgesperrt. Bewaffnete weiße Posten nahmen strenge Kontrollen am Eingangstor vor. Neben den ›Men's Hostels‹, wo die schwarzen Arbeiter in festungsähnlichen Junggesellenquartieren zusammengedrängt wohnten, dressierten burische Polizisten ihre Schäferhunde. Besonders schockiert war ich durch die strikte Absonderung der unter-

Windhoeks afrikanische Seele – Township Katutura

schiedlichen Ethnien innerhalb der Location. Auf den bunt gestrichenen Holzhütten waren Buchstaben gepinselt: O für Ovambo, H für Herero, N für Nama, D für Damara, K für Kavango, die zweitstärkste Gruppe aus dem Nordosten. Die Afrikaner waren fein säuberlich geschieden, weil das angeblich dem eigenen Stammesbewusstsein entsprach und weil die Herero mit ihren ehemaligen Sklaven vom Volk der Damara nicht zusammenleben wollten.« Die brutale Erschießung der Demonstranten zog damals die Gründung der namibischen Unabhängigkeitsbewegung South West African People's Organisation (SWAPO) nach sich. Bei den Protestaktionen war auch Sam Nujoma zugegen, der spätere Führer der SWAPO, der 1990 zum ersten Präsidenten des unabhängigen Namibias gewählt wurde. Das Apartheid-Relikt ist den Windhoekern geblieben.

Katutura Wonderzone

Aber viel hat sich verändert, was sich auch in der beinahe zärtlichen Verballhornung von Katutura zu Matutura – »der Ort, an dem wir gerne leben« – ausdrückt. Vor allem aber sind es vielfältige Programme von Regierung und Stadtverwaltung, die das ehemalige schwarze Elendsviertel mit verbesserter Infrastruktur, Schulen, Krankenhäusern und Sozialstationen zu einem beinahe regulären Stadtteil gemacht haben. Auch wenn diesen noch immer Welten von den anderen Wohnvierteln trennen. Mittlerweile steht Katutura bei Windhoek-Besuchen obligatorisch auf der Liste der Attraktionen. Was für manche zunächst vielleicht ein »Gschmäckle« hat, hinterlässt einen großartigen Eindruck: Im ehemaligen Zwangsgetto der Apartheid wohnt die afrikanische Seele der Stadt mit einer umwerfenden und farbenfrohen Kraft. Weshalb eine Reihe lokaler Tour-Unternehmer mit Firmenlogos wie »Face to Face« oder »Wonderzone« Reisegruppen aus aller Welt durch Katutura karrt. Highlights gibt es neben der ausgesprochenen Freundlichkeit seiner Bewohner in ausreichender Zahl. Zum Beispiel den »Soweto Market« mit seinem wuselig bunten Treiben, mit Obst- und Gemüseständen, Shops und Friseursalons, in denen sich die weibliche Katutura-Jugend fürs Wochenende stylen lässt. Hier sind vor allem jede Menge freundlicher Menschen zu finden, die mit dem Motto »Lebe den Tag« gut klarkommen. Gleich nebenan auf dem Fleischmarkt wetzt der Metzger die Messer für die Open-Air-Schlachtung. Die jeweiligen Touren-Veranstalter, die Katutura-Programme vor Ort durchführen, sind im Internet zu finden.

TOP ⭐ ERLEBNISSE

⭐ OKAPUKA SAFARI LODGE

Die vormalige Jagdfarm und Reiterlodge Okapuka ist der neueste Baustein der Gondwana-Gruppe, der 32 Kilometer nördlich von Windhoek auf an- und abreisende Gäste setzt: Wer auf Windhoeks Hosea Kutako International Airport ankommt, und nicht gleich los will oder kann, vor allem Reisende mit Kindern, ist auf Okapuka genau richtig. Reetgedeckte Domizile in einer großzügigen Parkanlage mit zwei Pools sind die Basis für Safari sofort auf 10 000 Hektar feinstem Buschland – Giraffen, Nashörner, Krokodile sowie verschiedene Spezies an Antilopen inklusive.
INFO: Townshiptouren Katutura, mwiyatours.com; Okapuka Safari Lodge, gondwana-collection.com

⭐ SICHERHEIT

In und um Windhoek herum ist Vorsicht geboten, es gelten die üblichen Regeln: Nicht nach Einbruch der Dunkelheit unterwegs sein, in Taxis nur nach Vorbestellung einsteigen, sich nicht auf die Ansprache Fremder einlassen, an Tankstellen den verschlossenen Wagen im Blick haben und keine Wertsachen auffällig herumtragen.
INFO: Für den Fall aller Fälle: Die Nummer der Touristenpolizei sowie Notfallrufnummern sollte man vorher einspeichern und dabei haben, bwana.de

Vermutlich Afrikas größte Antilope: Kudu Monument in Bronze Ecke Independence Avenue/John Meinert Street

NAMIBIA

35 DAS BESTE IN ZWEI WOCHEN – NAMIBIA FÜR SELBSTFAHRER

Mit Gondwana von Lodge zu Lodge

An den schönsten Brennpunkten hat der deutschstämmige Manfred Goldbeck unrentables Farmland aufgekauft, und mit der Gondwana Collection Namibias größtes privates Touristikunternehmen aufgebaut – mit Lodges, Camps und Campgrounds, die jeweils nur wenige Fahrstunden voneinander entfernt sind. Was ein Self-drive-Erlebnis zu einem überschaubaren Abenteuer und Namibias Highlights in zwei Wochen möglich macht.

Es ist 5 Uhr früh, nach 10 Stunden und 8000 Kilometern ist der Airbus in Windhoek gelandet. Die Zeit reicht für eine Fahrt ins hauptstädtische Township Katutura, dann folgen Tintenpalast, Christuskirche, Reiterdenkmal und Windhoeks Heinitzburg, bevor der angemietete Hilux-Land-Cruiser in südlicher Richtung abrauscht. Im Farmhouse bei Stampriet funktioniert die idyllische Lodge am Rande der Kalahari als echter Bauernhofbetrieb, wöchentlich werden von hier aus die Gondwana Canyon Lodges mit bis zu 70 Prozent aller benötigten Nahrungsmittel per Kühlfracht beliefert.

Unfassbarer Landschaftstraum

Das glatte Asphaltband der B1 bringt den Wagen zügig über Mariental und Keetmanshoop (unbedingt das »Kaiserliche Postamt« fotografieren!) ins wilde Nowhereland Südnamibias; zackige Bergketten, putzige »Koppies« und kapstädtische Tafelberge leiten auf der gut befahrbaren Piste D545 das Abenteuer Fish River Canyon ein, bis nach

Die im Sand versunkenen Villen der einstigen Diamantenmine Kolmanskop bei Lüderitz (rechte Seite oben) ziehen Besucher ebenso an wie der Fish River Canyon (unten), der sich mit Maultieren durchwandern lässt. Dünentraum im Sossusvlei (rechte Seite unten).

NAMIBIA

einer Fahrt durch außerirdische Naturbilder eine skurrile Wüstenherberge auftaucht, Gondwanas »Roadhouse«: Aus allen Ecken des riesigen Landes hat Goldbeck dutzende Oldtimer-Automobile herangeschafft, um in einer opulenten Fress- und Trinkhalle ein einzigartiges Food & Exhibition-Spektakel zu installieren – mitten in der Wüste! Ein Stück weiter, zwischen Grünau und Hunsbergen, versteckt sich das originalgetreu erhaltene Farmhaus der oberbayerischen Schanderl-Brüder aus Margarethenberg bei Altötting, das Anfang des 20. Jahrhunderts erbaut wurde und heute die Gondwana Cañon-Lodge ist.

Noch liegt der Fish River Canyon hinter dem Staubfahnen ziehenden Land Cruiser, während sich vor der Motorhaube unfassbare landschaftliche Reize entfalten – mit beeindruckenden Rocky Mountains, weiten Tälern und Hochebenen, umrahmt von flachen, spitzen, runden, grünen, rotbraunen und schwarzen Bergkuppen. Während Stunden in totaler Einsamkeit kommen einem nur drei Fahrzeuge und ein Motorrad auf der opulenten Piste entgegen, kann das Gefühl von Freiheit und Entdeckertum schöner sein? Am Ende sprengt eine wildblühende Oase mit blaugrünen Wassern und dichtem Uferbewuchs die aride Farbgebung aus Ocker und Umbra; was für ein Vogelgezwitscher, aufgeregtes Gebell herumtollender Pavianhorden schallt aus dem satten Grün des Orange River.

Von der modernen Minenstadt Rosh Pinah geht es komfortabel auf Asphalt in einem Rutsch bis nach Aus, wo sich die romantischen Ableger der Klein-Aus Vista Lodge, eine halbe Pistenstunde von der Hauptlodge entfernt, irgendwo in der Nähe der Geisterschlucht im Bergland verstecken. »Eagle's Nest« nennen sich die gelungenen Natursteindomizile mit Traumblick, deren Lage in entrückter Schönheit sich für alle Zeit ins Gedächtnis brennt.

Die Diamanten des Kaisers

150 Kilometer westlich von Aus wartet die Kulisse zahlreicher Filme im wüstenartigen Sperrgebiet mit deutschem Jugendstil: Erst die halb versunkenen herrschaftlichen Villen von Kolmanskuppe, nächstens die Lüderitzer Felsenkirche (1911) und das Goerke-Haus (1910) auf dem Diamantenhügel, die Alte Post in der Schinzstraße (1908), der Alte Bahnhof in der Bahnhofstraße (1907) sowie weitere Gründerzeitbauten in der Ringstraße, der Bismarckstraße und der Nachtigallstraße, dahinter das Glitzern des Atlantiks. Noch rund 100 Deutsch-Namibier leben in der abgelegenen Enklave an diesem Ende der Welt.

Herero-Frau im traditionellen Outfit aus dem 19. Jahrhundert: Die seltsame Haube symbolisiert die Hörner der Rinder (oben). Abbruchkante am Fish River Canyon (unten) und Strauße in der Namib-Rand-Reserve (rechte Seite oben). Alltägliches Bild auf Namibias Pisten: Four-Wheel-Gespanne der abenteuerlichen Art (rechte Seite unten).

Von Klein-Aus führt die C13 Richtung Helmeringhausen zur Panoramastrecke D707, die sich quer durch die Namtib Biosphere Reserve entlang der malerischen und beinahe 2000 Meter hohen Tirasberge zieht. Steppengras weht auf dicht überzogenen Berghügeln, knallrot leuchten Wüstendünen im Morgenlicht, dann türmen sich die gewaltigsten Sandtürme der Welt, Namibias meistfotografiertes Naturwunder, das Sossusvlei auf. Von Gondwanas Namib Desert Lodge geht die Route über den Kuiseb-Pass auf einer Piste quer durch die Namib bis nach Walvis Bay am 527 Meter hohen Vogelfederberg vorbei; schon schimmert der Atlantik, eine palmengesäumte Teerstraße verbindet Walvis mit Swakopmund. Es ist plötzlich dunkel und feucht, der rege Verkehr fährt mit Scheinwerferlicht, schlagartig ist die strahlende Sonne hinter einer Dunstglocke verschwunden, es ist kaum mehr etwas zu erkennen. Jedenfalls beinahe gar nichts von Swakopmund, das mal wieder vom typischen Nebel aus dem Gemisch eiskalter arktischer Strömungen und heißer Wüstenluftschichten verschluckt wird. Der schon so viele Schiffe zum Kentern gebracht und eine der gefährlichsten Küsten der Seefahrt zur Skelettküste gemacht hat. Zum Glück zeigen sich am nächsten Morgen unter Stahlblau das Kaiserliche Bezirksgericht (1902), das Hohenzollernhaus (1909), das Hansa-Hotel (1905), der rot-weiß geringelte Leuchtturm sowie zahlreiche andere Preziosen kolonialdeutscher Architektur.

Quer durchs Damaraland zur Etosha

Die Fahrt geht auf der alten Salzstraße an der berüchtigten »Küste des Schiffsbruchs« entlang bis zur Robbenkolonie in Cape Cross, dann quer durchs Wüstenland und am Brandberg vorbei, bis kurz vor das Andersson's Gate, eines der Eingangstore der Etosha. Nach dem Erwachen in Gondwanas Damara Mopane Lodge zeigen sich im bekanntesten Nationalpark Namibias gleich Oryxantilopen, Elefanten, Steppenzebras, Schakale und Giraffen. Am Nebrowni-Wasserloch klicken sich Kameras heiß: Auf der einen Seite der großflächigen Lake staksen drei durstige Giraffen vorsichtig am Wasserrand, auf der anderen kopuliert alle sieben Minuten in Folge ein Löwenpaar, um ganz sicher für Nachwuchs zu sorgen. Nur wenige Wildtiere trauen sich, in blitzschnellen Schlucken zu trinken.
Der Nachtflug von Windhoeks Hosea Kutako International Airport nach Frankfurt ist greifbar. Die Zeit reicht noch für Schwarzwälder Kirsch auf der Aussichtsterrasse der Heinitzburg und einen Panoramablick über die Hauptstadt, die noch verbliebenen eiskalten namibischen Hansa-Pils in der Kühlbox des Hilux müssen nun andere trinken.

TOP ⭐ ERLEBNISSE

⭐ NAMIBIA2GO

Der Gründer der Lodgekette Gondwana Collection, Manfred Goldbeck, hat mit dem Namibia2Go-Ableger ein Reisesystem für Selbstfahrer erfunden, das eine eigene Mietwagenflotte sowie Transfers vom und zum Flughafen erfasst, auf kurzen Distanzen von Lodge zu Lodge führt, die sich in den schönsten Ecken des Landes etabliert haben. Sicherheit und Betreuung für Direktbucher sind garantiert, was in Eigenleistung zu tun bleibt, ist an Windhoeks Hosea Kutako International Airport ankommen.
INFO: Gondwana Collection, gondwana-namibia.com

⭐ OFFROAD DURCH DIE KALAHARI

Über Gochas führt die C18 zum Grenzübergang in den Kgalagadi Transfrontier Park, der organisierte 4x4-Trails für maximal fünf Geländewagen mit Ranger anbietet. Die Teilnahme setzt Selbstversorgung voraus. Campingausrüstung, Wasser, Verpflegung, Brennholz und Treibstoff müssen mitgeführt werden, Kinder unter zwölf Jahren sind nicht zugelassen. Die Route des Nossob 4x4 Eco Trail verläuft mitten durch rote Sanddünenfelder zwischen Twee Riviéren und Nossob Camp, dauert vier Tage mit drei Übernachtungen auf Campingplätzen.
INFO: Kglagadi Transfrontier Park, Informationszentrum in Twee Riviéren, sanparks.org

Blick von oben auf die Wildnis und ihre Tiere: Elefantenherde beim Stöbern nach saftigem Grün (oben). Den schnellsten Zugriff auf die unendlichen Weiten des riesigen Landes bieten Buschpiloten, die auf abenteuerlichen Pisten im Nirgendwo landen, wie diese Pilotin in Wolwedans (rechte Seite unten). Restaurant Cape Town Fish Market im Weinberg Hotel in Windhoek (rechte Seite oben).

AB IN DIE WILDNIS – FLIEGEN AUF EROS

Mit Buschpiloten auf Tour

Die 2250 Meter lange Runway mit den Koordinaten 22°37'10" südlicher Breite und 17° 5' 0" östlicher Länge verzeichnet 150 bis 200 Flugbewegungen pro Tag und über 50 000 im Jahr, was den ehemaligen internationalen Flughafen von Windhoek zu einem der umtriebigsten Airports im Südlichen Afrika macht. Windhoeks Domestic Airport »Eros« vermittelt den schnellsten Kontakt zur Wildnis – und ist deshalb so aufregend.

Windhoeks Domestic Airport mit der verführerischen Bezeichnung »Eros« zeigt wartenden Passagieren gern, was gleich passiert. Dutzende Ein- und Zweipropellermaschinen stehen geparkt in Sichtweite eines putzigen Miniaturtowers auf dem Flugfeld. Eine Cessna 210 wird gerade beladen. Der Pilot checkt die Technik, die Kameras richten sich auf die anlaufenden Propeller, denn in wenigen Minuten geht es ab in die Wildnis. Über die Inlandsflughäfen Katima Mulilo, Rundu, Ondangwa, Walvis Bay, Swakopmund, Oranjemund, Lüderitz und Keetmanshoop sind die meisten der namibischen Highlights durch reguläre Flüge von der Hauptstadt aus zu erreichen. Hunderte Airstrips sind an exotischen Orten wie Sesriem, Hardap, Ais-Ais, Okaukuejo, Halali, Fort Namutoni, Mile 72, Mile 108, Terrace Bay, Palmwag, Khorixas, Sesfontein und Popa Falls verstreut. Nur 16 von ihnen gelten als lizenzierte Airfields mit Tankstelle, alle anderen sind Landepisten im Nirgendwo. Oder, je nach Lesart, im Paradies.

Für Buschpiloten Routine

Vor allem das sind die Ziele unerschrockener Buschpiloten, die ihren Passagieren Zugang zu den entlegensten Flecken der Wildnis verschaffen. Einige der reizvollsten und unbe-

Ab in die Wildnis – Fliegen auf Eros

rührtesten Naturparadiese Namibias wie der nördliche Teil des Skeleton Coast Park sind ausschließlich per Lufttransport zu erreichen oder durch beschwerliche Offroad-Fahrten, weshalb eine ganze Reihe von Airlines Charterflüge, Fly-in-Safaris und Scenic Flights anbieten wie Wings over Africa, Skeleton Coast Safaris, Atlantic Aviation und Desert Air. Aus der Vogelperspektive zeigen sich Elefantenherden in Trockenflussläufen, halb im Sand versunkene Schiffswracks, wimmelnde Robbenkolonien am Atlantik, Barackengerippe verlassener Diamantenminen, abgelegene Himba-Krale, Zebra- und Antilopenherden. Der größte Teil der verwendeten Propellermaschinen sind sechssitzige Cessnas 210. Viele der meist jungen Piloten, die mit der Commercial Pilot Licence (CPL) im Einsatz sind, fliegen die Strecken täglich und routiniert im Shuttle Service. So lassen sich schnell die erforderlichen 1500 Flugstunden erreichen, die für die höher qualifizierte Fluglizenz, die Airline Transport Pilot Licence (ATP), Voraussetzung sind. Phillip Martan aus Pretoria ist einer von ihnen. Sein Tageseinsatz ähnelt einem Busfahrplan: 8.30 Uhr Eros–Palmwag, 10.40 Uhr Palmwag–Terrace Bay, 11.15 Uhr Terrace Bay–Purros, 12.15 Uhr Purros–Palmwag (zum Auftanken), 13.30 Uhr Palmwag–Windhoek International, 16.15 Uhr Passagiertransfer von International nach Eros.

Zwischen Skeleton Coast und Wüste

Für ihn ist das Fliegen in Namibia eine besondere Herausforderung: Vier Jahreszeiten an einem Tag, sagt er, das Wetter wechsle alle 200 Kilometer. »An der Küste erwischt dich der Nebel, im Inland ein Gewitter, in der Namib vielleicht ein Sandsturm.« Er prüft den Reifendruck seiner Cessna, dann geht es ab in den Himmel über der Wüste. Bei einer Geschwindigkeit von 288 Stundenkilometern dauern 450 Flugkilometer bis nach Palmwag im Kaokoveld anderthalb Stunden. Pittoresk ziehen unten der Brandberg und der Hohenstein vorbei. Christo Roets, geboren im Caprivi, übernimmt Tage später die Strecke von Purros nach Serra Cafema an der angolanischen Grenze. Später will Christo wie die anderen natürlich die ganz großen – Turboprop, Airbus, Boeing – fliegen. Der Landeanflug auf Hartmanns Valley Airstrip am Marienflusstal gestaltet sich außerirdisch. Ein Land Rover und eine Cessna der Schoeman-Familie, die seit zweieinhalb Jahrzehnten rustikale Expeditionssafaris im Kaokoveld und an der Skeleton Coast veranstaltet, stehen eingestaubt neben der Piste.

TOP ⭐ ERLEBNISSE

⭐ EINE NACHT IM WEINBERG

Windhoeks bevorzugtes Stadtviertel Klein-Windhoek hat mit dem großzügigen Cityhotel The Weinberg so einiges an moderner Gastronomie zu bieten: ein Konferenzzentrum, Spa und Schwimmbad, diverse Aussichtsterrassen mit Blick über die Hauptstadt und vor allem die vorzügliche Gourmetstation Cape Town Fish Market, in die Besucher von auswärts wie wohnhafte Metropoliten gerne kommen – eine Tischreservierung ist deshalb zu empfehlen! Einst residierte hier eine römisch-katholische Missionsstation, deren Betreiber Brunnen bohrten und Weinstöcke setzten. Über vierzig Zimmer hat das Haus in der Jan Jonker Street 13 für einen City-Stopover zu bieten.
INFO: The Weinberg Hotel, gondwana-collection.com

⭐ FLY-IN-SAFARIS

Die weiten Entfernungen sowohl in die Wildnis als auch in fernab gelegene Provinzhauptstädte (bis Katima Molilo in der Caprivi-Provinz Zambezi sind es 1300 Kilometer) machen einen regen Flugbetrieb unerlässlich, weshalb der Betrieb von Windhoeks Domestic Airport Eros richtig brummt!
INFO: Mit Propellern unterwegs sind u. a. naturefriendsafaris.com sowie pleasureflights.com.na

NAMIBIA

37 DIE BERGWELT DER HAUPTSTADT – KHOMAS-HOCHLAND UND ERONGO

Zwischen Spitzkoppe, Hohenstein und Kaiser-Wilhelm-Berg

Die meistbefahrene Strecke Namibias bringt die Hauptstädter von Windhoek in nur drei Stunden in ihr 363 Kilometer entferntes und über alles geliebtes Seebad Swakopmund. An der Strecke liegen kuriose Kleinstädtchen aus einer anderen Zeit, die einen Stopover verdienen: Okahandja, Karibib und Usakos. Und, am Fuße des Erongogebirges, das putzige Weinstädtchen Omaruru.

An die deutsche Kolonialgeschichte in Usakos erinnert die katholische Kirche (unten). Schon rings um Windhoek ploppen Gebirgsketten auf, das ganze Land ist voller Passstraßen und Pisten. Beeindruckend ragt das Spitzkoppe-Massiv ins Azurblau des namibischen Himmels (rechte Seite oben). Die Erongo-Region ist für gute Tropfen bekannt (rechte Seite unten).

Die Lage der Metropole im Khomas-Hochland bedeutet, dass sie von Bergen umgeben ist: Drumherum ragen die Auasberge, die Eros Mountains, das Khomas-Gebirge, der Grimmrücken und die Kleeberge bis zu einer Höhe von 2500 Metern auf. Auch das Erongogebirge mit Namibias Hausberg, der Spitzkoppe, gehört dazu. Wie eine Handvoll urbaner Perlen, die nicht ohne Stolz Relikte aus dem ehemaligen Deutsch-Südwest vorzeigen.

Station der Dampfloks

Okahandja liegt nur eine knappe Fahrstunde nördlich von Windhoek an der verkehrsreichen Route B1/B2 Richtung Spitzkoppe, Erongogebirge und Swakopmund. Ganz klar, dass das lebendige 11000-Einwohner-Städtchen an seinen Stadteingängen mit zwei großen Kunsthandwerkermärkten viel durchfahrende Kundschaft anlockt. Mit etwas Muße lassen sich das deutsche Fort und die Friedenskirche aus dem Jahr 1876 besichtigen, schließlich

geht die Stadt auf eine Niederlassung der Rheinischen Mission zurück. Später entwickelte sich Okahandja zu einer lebhaften Eisenbahner-Siedlung, die 1906 beim Streckenbau der Linie Swakopmund–Tsumeb entstand, weshalb die in Kassel gebaute Lokomotive Nr. 41 der Firma Henschel der fotogenste Grund für einen Zwischenstopp ist.

Mitte Juni bis Ende August gehört Okahandja den Herero, die dann mit prächtigen Umzügen durch die Straßen ziehen, um ihrer bedeutendsten Führer Jan Jonker Afrikaner und Maherero zu gedenken, denn die Helden ihrer Stammesgeschichte liegen auf dem hiesigen Friedhof begraben. Höhepunkt der Feierlichkeiten ist der »Maherero Day« jeweils im August.

Gold und Marmor

Das 7000-Einwohner-Städtchen Karibib wurde als Bahnstation an der Strecke Swakopmund–Windhoek gegründet und kann einige architektonische Preziosen vorzeigen. Allerdings bestimmen heute Marmorbrüche, in denen seit 1904 hochwertiger Karibib-Marmor abgebaut und in alle Welt exportiert wird, das Wirtschaftsleben der Stadt. Das Marmorwerk befindet sich im ehemaligen Proviantraum der Deutschen Schutztruppe und kann nach Voranmeldung besichtigt werden. Seit 1990 wird in Karibib sogar Gold geschürft, im Tagebau. Am besten lassen sich Besucher im Henckert Tourist Centre in der Main Street beraten, bevor sie sich auf die koloniale Fototour begeben. Zu den Bauten von damals gehören die Christuskirche, das 1900 erbaute Roesemann-Haus und ein schöner Bahnhof der Jahrhundertwende. Auch das Stadthotel Erongoblick, einst ein Internat und mitten im Stadtzentrum gelegen, ist zum Ablichten geeignet. Für Wanderer und Bergkletterer dient Karibib als Ausgangspunkt für Expeditionen in die nahen Erongo Mountains.

Henschel & Sohn, Kassel

Vor dem altkolonialen Bahnhof der 20 000-Einwohner-Stadt Usakos erinnert die Lok Nr. 40 von Henschel & Sohn, Kassel, 1912, an die wilden Zeiten der Erschließung. Wie auch der alte Wasserturm, der für die reibungslose Weiterfahrt der Züge zuständig war, das Gebäude der Stadtverwaltung in der Kaiser-Wilhelm-Straße (1908) sowie die katholische Kirche (1905). In der Ferne ragt der Hohenstein (2319 m) aus den Erongobergen heraus. Unweit des Städtchens liegt das Trekkopje Battlefield, wo 1915 eine der wichtigsten Schlachten zwischen deutschen und südafrikanischen Truppen stattfand. Auf der Weiterfahrt nach Westen kommt das Spitzkoppe-Massiv in Sicht, das Matterhorn Namibias. Die Große Spitzkoppe ragt imposante 800 Meter aus dem Plateau auf, wurde 1949 erstmals bestiegen und ist noch heute eine Herausforderung für Felskletterer.

TOP ⭐ ERLEBNISSE

⭐ GROSS BARMEN

Kurz vor Okahandja liegt die ehemalige Missionsstation Gross Barmen, die 1884 entstand, um den hier siedelnden Herero das christliche Seelenheil zu vermitteln. Vor allem an Wochenenden kommen die Großstädter gern zu dieser Wellnessoase, um das schwefelig riechende Heilwasser aus den Quellen von Gross Barmen zu genießen. Das 65 Grad heiße Thermalwasser wird auf 41 Grad abgekühlt und in ein Innenbecken geleitet; für weniger Hartgesottene gibt es ein Außenbecken mit 29 Grad.
INFO: Gross Barmen Resort, Übernachtung in Chalets, Buchung über Namibia Wildlife Resorts, nwr.com.na

⭐ WEINBAU AM ERONGO

Die Geschichte des verschlafenen Provinzfleckens Omaruru beginnt damit, dass der Missionar Gottlieb Viehe 1869 ein Missionshaus sowie eine Kirche erbaute als Grundstein der Rheinischen Mission. Heute gedeihen im trocken-warmen Klima auf 1214 Metern über dem Meeresspiegel Traubensorten wie Cabernet Sauvignon und Ruby Cabernet prächtig, der Grundwasserspiegel ist ausreichend hoch. Weingüter wie die Kristall Kellerei von Michael Weder bieten Weinproben an.
INFO: Kristall Kellerei, kristallkellerei.com; Erongo Mountain Winery, erongomountainwinery.com

Zahllose Tafelbergblöcke ragen aus dem Gebirgssockel des Waterbergs, die mit ihren zersägten und karstigen Sandsteinrändern zu Sonnenauf- und -untergang außerirdisch schöne Bilder produzieren (oben). Die Waterberg Valley Lodge (rechte Seite unten) dient nicht nur Hikern als luxuriöses Pausendomizil, auch Biker (rechte Seite oben) finden hier ein lohnendes Ziel.

NAMIBIAS NATURWUNDER – WATERBERG

Tafelbergmassiv: Tier- und Vegetationsparadies

Auf der Strecke von Windhoek zur Etosha-Salzpfanne ist ein Abstecher in den Waterberg Plateau Park eine Option, vor allem für Wanderer, die den Waterberg Trail auf dem mächtigen Waterbergmassiv im Visier haben. Das Massiv erhebt sich bis auf über 200 Meter aus einer Hochebene, wobei sich die »Beletage«-Plattform auf rund 50 Kilometern Länge und bis zu 20 Kilometern Breite hinzieht.

Die Waterberg-Region, wegen ihres Wasserreichtums schon in vorkolonialen Zeiten Siedlungsgebiet der Herero, war der Schauplatz der deutschen Massaker im August 1904. Seit uralten Zeiten kennt die Region siedelnde Menschen. Forschungsreisende berichteten bereits Mitte des 19. Jahrhunderts von Buschmännern auf der Jagd. Viehzüchtende Herero hatten zu ihren besten Zeiten zehntausende Rinder auf grünenden Weiden am Waterberg. Wo es heidnische Urvölker gab, ließ die Gründung christlicher Missionsstationen nicht lange auf sich warten, sodass schon bald nach der Entdeckung der Waterberg-Region die Rheinische Mission anrückte. Und wo es Missionsstationen gab, waren »Schutztruppen« meist nicht weit, weshalb gegen Ende des 19. Jahrhunderts die deutsch-koloniale Polizei hier einen Posten bezog.

Lothar von Trothas Erbe

Einmal im Jahr, am ersten Sonntag nach dem 11. August, findet auf dem Soldatenfriedhof des Waterbergs eine gemeinsame Feier von Deutsch-Namibiern und Vertretern der Herero statt, um der Gefallenen beider Seiten zu gedenken, was eine schöne Geste ist: 70 000 Herero-Toten stehen nur 750 deutsche Gefallene gegenüber.

Das Sandsteinplateau ist 200 Millionen Jahre alt und nimmt durch seine porösen Schichten viel Wasser auf, das langsam versickert und von lehmartigen Gesteinsschichten aufge-

Namibias Naturwunder – Waterberg

fangen wird. Das Sickerwasser tritt in Form zahlreicher Quellen aus den Berghängen heraus und verhilft einem schmalen Vegetationsgürtel zu dichtem Grün. Dieses bildet einen seltsamen, starken Kontrast zum felsigkahlen Bergrücken, der im frühen und späten Abendlicht rotfarben erstrahlt wie Australiens Ayers Rock. Als »Regenmacher« ist er nonstop im Einsatz, weil der aus der weiten Fläche herausragende Bergklotz vorbeiziehende Regenwolken regelrecht »aufspießt« und zum Abregnen bringt. Am besten lässt sich die berauschende Natur der Waterberg-Region auf dem Waterberg Wilderness Trail erschließen: Die geführten Wanderungen finden unter Leitung eines Park-Rangers statt.

Tierparadies mit Aussicht

Seit 1972 steht der Waterberg unter Naturschutz. Der größte Teil ist als Waterberg Plateau Park Nationalpark, streng geschützt und sich selbst überlassen. Die private Waterberg Wilderness ist für Besucher frei zugänglich. Die Geschichte des Waterbergs erzählt auch von Wildtieren, die aus angrenzenden Ländern wie Botswana und Südafrika hierher umgesiedelt wurden, um den ursprünglichen Wildbestand wiederherzustellen. Die aufwendigen und kostenintensiven Aktionen haben sich gelohnt: Neben seltenen Antilopenarten und Giraffen leben hier inzwischen wieder Breitmaul- und Spitzmaulnashörner; insgesamt gibt es über 90 Säugetierarten am Waterberg, besser gesagt auf dem Waterberg, denn sie leben auf der Plattform, die ausreichend Raum bietet. Herunter können sie nicht, aber Raubtiere wie Leoparden, Löwen und Geparde schaffen es spielend hinauf ...

Hobby-Ornithologen bekommen reichlich Exotik vor die Ferngläser: Über 200 Vogelarten sind im Waterberg-Gebiet heimisch.

Waterberg Wilderness Nature Reserve

Neben dem staatlichen »Restcamp« im Nationalpark hat sich auf dem Areal der ehemaligen Otjosongombe-Farm die Waterberg Wilderness Private Nature Reserve Lodge von Caroline und Joachim Rust etabliert. Die Lodge versteckt sich zwischen Bambusstauden, Avocado- und Papayabäumen und bietet einen Traumblick in die weite Waterberg-Landschaft. In der nahe gelegenen Waterberg Plateau Lodge lässt sich das Panorama-Erlebnis noch übertreffen: Zu ihren Füßen breitet sich die endlos scheinende Omaheke-Wüste aus, die einstmals für viele Herero den Tod bedeutete.

TOP ⭐ ERLEBNISSE

⭐ NAMIBIA FÜR BIKER

Eine Herausforderung für Motorradfans ist Namibia in jedem Fall: Gute Straßenverhältnisse auf den langen Strecken, tolle Passfahrten und abenteuerliche Pisten lassen jedes Bikerherz höher schlagen. Offroad-Abenteuer per Bike werden immer beliebter. Wer vor Ort möglichst schnell auf eine geeignete Maschine mit der entsprechenden Ausrüstung will, kann bei deutschen Veranstaltern fündig werden, die mit namibischen Veranstaltern zusammenarbeiten.
INFO: Namibia Forum zu Veranstaltern und Gruppenreisen, namibia-forum.ch

⭐ ELDORADO FÜR HIKER

Die Gipfel der Grootkarasberge bei Grünau bilden mit dem Schroffenstein (2202 m), dem Kranzberg (1867 m) und dem Gräberberg (1942 m) durchaus eine Herausforderung. Auch die NamibRand Reserve und der Namib Naukluft Park zeigen Größe: Um Wolwedans ragen Zweitausender auf, das Naukluftgebirge geht noch ein wenig darüber. Erhebungen wie der Gamsberg (2347 m), der Hohenstein im Erongo-Gebirge (2319 m) oder die Fahlen Kuppen (1723 m) erinnern mit ihren Namen an deutsche Zeiten. Windhoek bietet die Auas-Berge (2479 m), den Großherzog-Friedrich-Berg (2339 m) und den Kaiser-Wilhelm-Berg (1997 m).
INFO: Waterberg Plateau Lodge, waterberg-wilderness.com; Waterberg Plateau National Park mit zahlreichen Tracks und Trails, nrw.com.na

THEMA

VOM GLÜCK, IN NAMIBIA ZU LEBEN
Wer einmal hier ist, geht nicht mehr weg

Was Einheimische über das besondere Glück, in Namibia zu leben, fühlen und denken, bezeugt vor allem eine große Liebe zu diesem bildschönen, ruhigen und menschenleeren Land – ungeachtet der Hautfarbe, der Herkunft und sozialen Standards der Befragten.

Christine Wulff-Swiegers, geb. in Uetersen (Schleswig-Holstein), verh. mit Piet Swiegers, in Klein-Aus Vista: »Dieses Freiheitsgefühl! Keine Menschen und viel Natur mit einer Lebensqualität, die ich in Deutschland nicht haben kann. Die Menschen sind relaxt, freundlich und zufrieden. Und dann die Pferde, die ich so liebe!« Seit 2012 betreut die Norddeutsche die Namibia Wildhorse Foundation.

Christine Wulff-Swiegers und Piet Swiegers

Marion Schelkle, geb. in Lüderitz, betreibt zusammen mit ihrer Angestellten Liz Swoboda, geb. in Südafrika, die Firma Lüderitz Safaris & Tours, die zugleich seit vielen Jahren als Touristeninformation im Einsatz ist. Beide Damen zählen zum Urgestein unter den 40 deutschstämmigen Einwohnern im wüstenumzingelten Lüderitzbucht: »Das ist schon sehr speziell, hier, am Ende der Welt, zu leben«,

Marion Schelkle und Liz Swoboda

erklärt Frau Schelkle, »aber durchaus im positiven Sinn: Es gibt nur wenig Menschen, die wenigen sind sehr nett, man kennt keine Hektik, alles ist sauber und adrett. Und: Es hat doch was, stundenlang durch diese gottbegnadete Natur an einsamen Stränden und Buchten entlangzulaufen, immer den Atlantik vor Augen.«

Heinrich Joseph Tiboth, geb. in Mariental, vom Stamm der Baster, wohnhaft in Khomasdal, Windhoeks Township für Farbige, arbeitet seit Abschluss seines Studiums am Arandis College bei Swakopmund (Mining & Technology) in der NamibRand Reserve: »Angesichts der Weltlage ist es für mich

Heinrich Joseph Tiboth

ein Glück, hier ohne Diskriminierung und im Frieden mit so vielen verschiedenen Kulturen zu leben und beruflich eine gute Zukunft zu haben.«

Serolda Gorabes, geb. in Otjiwarongo, vom Stamm der Damara/Nama, arbeitet in der !!khoba-Boutique in Swakopmund: »Namibia ist der sicherste Ort in Afrika! Die vielen verschiedenen kultu-

Serolda Gorabes

rellen Gruppierungen kommen supergut miteinander aus, alles ist so sauber und die Schulen sind gebührenfrei.«

Godfriedine Katjangua Rukoro

Godfriedine Katjangua Rukoro, geb. in Okakarara am Waterberg, der Großvater war ein Hans Keller. Verheiratet ist die Kellnerin der Waterberg Plateau Lodge mit Karl Rukoro: »Diese unendliche Natur ist schön, unberührt und weit, was eben auch die Seele und das Herz wunderbar weit und frei macht. Ich möchte nirgendwo sonst leben!«

Kalaputse F. Mwandingi, geb. in Omuthiya im Ovamboland, arbeitet als Barmann am Tresen der Down Corruption Bar, der originalgetreu nachgebauten Township-Kneipe im Etosha Safari Camp: »Namibia ist demokratisch und frei und wir leben mit unseren vielfältigen Kulturen in Frieden. Wichtig ist für mich vor allem die innere Freiheit, die wir haben, wenn wir annehmen, was Gott uns gibt.«

Kalaputse F. Mwandingi

Anna Penomalwa, geb. in Oshakati im Ovamboland, lebt und arbeitet seit

Anna Penomalwa

zwei Jahren in der Canyon Lodge am Fish River Canyon: »Ich bin stolz darauf, was Gott hier geschaffen hat! Die Menschen sind so nett und freundlich, wir helfen uns gegenseitig. Und dann diese traumhafte, unberührte Natur – das ist es, was unsere Seele wärmt und unser Herz für dieses Land schlagen lässt.«

Gaby Voigt

Gaby Voigt, geb. Krieger aus der Wetterau/Hessen, verheiratet mit Stephan Voigt, seit 16 Jahren organisiert sie den Gästebetrieb auf der historischen Voigtland-Gästefarm: »Jeden Tag aufs Neue bedeutet Namibia für mich Lebensqualität! Das Klima, die Sonne, die netten Menschen, die Weite!« Was fehlt? Nichts. Nicht mal Montessori für erziehungsbewusste Eltern im benachbarten Windhoek sowie in drei weiteren namibischen Städten.

AbramTsa-ke Tsumib, geb. bei Fort Namutoni, Etosha-Pfanne, vom Stamm der Hai-//Khum, hat deutsche Vorfahren und arbeitet seit 13 Jahren als Field Guide im Onguma-Reservat: »Es ist ein so friedliches Land und ein so besonderer Platz: Ich bin in der Etosha-Region mit wilden Tieren aufgewachsen und eben kein Stadtmensch. Stadtleben stresst mich sofort, weshalb die

AbramTsa-ke Tsumib

Weite der namibischen Natur und die beruhigende Leere das Allerbeste für mich sind.«

Kaarina Shuuya, geb. in Elim bei Oshakati, Ovamboland, arbeitet im Swakopmund Guesthouse, wo sie ein Praktikum im Bereich Hospitality & Tourism absolvierte und eine feste Stelle bekommen hat: »Ich bin stolz auf unser Land und was ich bis jetzt er-

Kaarina Shuuya

reicht habe – vor allem Selbstbewusstsein und die Zuversicht, dass man in Namibia alles schaffen kann!« Und: Swakops altkoloniale Architektur aus vergangenen Zeiten ist für sie einfach der Hit!

Die Hauptstraße von Tsumeb ist stets belebt (oben). Ein Prachtexemplar ist der Hoba Meteorit (rechte Seite unten). Damit er das bleibt, steht er unter staatlichem Schutz. Im Seidarap Guesthouse spricht man Deutsch (rechte Seite oben).

LEBENSQUELLEN DER WÜSTE – TSUMEB UND GROOTFONTEIN

An der Grenze zum Nichts

Für Reisende sind sie Durchgangsstationen zum Etosha-Nationalpark, die Minenstadt Tsumeb und das historische Städtchen Grootfontein. Geschichtlich haben beide einiges zu bieten: Hier nahm das schreckliche Schicksal der Herero im Kampf gegen die Deutsche Schutztruppe seinen Anfang, 1848 wurde der wasserreiche Ort an der »großen Quelle« durch den Bau eines deutschen Forts zur Garnisonsstadt.

Im Frühling zeigen Jacarandabäume ihre violette Blütenpracht, dazu Tulpenbäume, Bougainvilleen und Flamboyants. Unter den Sehenswürdigkeiten des kleinen 10 000-Einwohner-Städtchens Grootfontein steht das alte Fort der Deutschen Schutztruppe an erster Stelle. Die im Jahr 1896 errichtete Militärstation, die im Verlauf der Kolonialzeit mehrfach erweitert wurde, diente nach Abzug der Deutschen als Gerichtsgebäude und Internatsschule und wurde 1983 als Heimatmuseum mit einer Ausstellung der Werke Georg Hartmanns eröffnet. Der Geologe hatte bei der Erschließung Deutsch-Südwestafrikas eine bedeutende Rolle gespielt. Zu sehen sind zahlreiche Exponate aus dem Bereich des häuslichen Lebens, eine Mineraliensammlung und Schmiedeprodukte aus alter Zeit – und natürlich eine Ausstellung über die Deutsche Schutztruppe. Wer es auf die Zinnen der unter Denkmalschutz stehenden Wehrfestung geschafft hat, wird einen grandiosen Blick auf Grootfontein und Umgebung genießen. Auf dem alten Friedhof an der Straße nach Rundu sind geschichtsträchtige Gräber zu besichtigen, vor allem jene der Gefallenen der Deutschen Schutztruppe, die hier um 1900 gegen die südafrikanischen Streitkräfte kämpften. Mit Banken, Gästehäusern, Hotels und Supermärkten dient Grootfontein vor allem Durchreisenden auf dem Weg zum Caprivi als Zwischenstation.

Lebensquellen der Wüste – Tsumeb und Grootfontein

Tsumeb, die Minenstadt

Rund 430 Kilometer sind es auf der B 1 von Windhoek bis Tsumeb, das sich auch fahrplanmäßig mit Zügen der TransNamib und mit Linienbussen erreichen lässt. Von dort bis zum östlichen Parkeingang des Etosha-Nationalparks, dem Lindequist Gate, bleibt dann nur noch eine Fahrstunde. Die 16 000 Einwohner zählende Minenstadt gilt nicht nur deshalb als idealer Ausgangspunkt für Ausflüge in den Etosha-Nationalpark: Über 200 verschiedene, hier vorkommende Mineralien haben die Stadt einst wohlhabend werden lassen; das Wasserreservoir aus dem Bergbau verhilft ihr zu einer überreichen Flora. Die Gartenstadt mit den üppigen Grünflächen liegt auf 1310 Metern Höhe inmitten eines fruchtbaren Acker- und Gemüseanbaugebietes. Sie lebt aber hauptsächlich von dem, was aus tieferen Lagen ans Tageslicht kommt, nämlich vom Kupfer.

Schon Ende 1900 betrieb die deutsch-englische Otavi-Minen-und-Eisenbahn-Gesellschaft die planmäßige Erschließung der Erzvorkommen, die per Ochsenkarren nach Swakopmund und von dort mit der Woermann-Schifffahrtslinie nach Hamburg verbracht wurden. Weshalb schon wenige Jahre später eine Eisenbahnlinie von Tsumeb nach Swakopmund fertiggestellt war, was Abbau und Abtransport im großen Stil ermöglichte. Zwangsarbeit und brutale Landenteignungen führten zu Spannungen und wachsendem Widerstand der Herero gegen die Besatzer. Weil der bisherige Befehlshaber der Deutschen, Major Leutwein, nicht hart genug durchgegriffen hatte, wurde er durch Generalleutnant Lothar von Trotha (1848–1920) abgelöst, der als eiskalter Stratege galt, was zu einem blutigen Vernichtungsfeldzug gegen das gesamte Volk der Herero führte. Sehenswert sind die katholische Barbarakirche (1913), die von Rudolf Mann erbaut und der Schutzpatronin der Bergleute geweiht wurde, das Minenbüro (1907) in der First Street und die Direktorenresidenz (1912) in der Hospital Street. Besuchenswert ist außerdem Tsumebs Museum, das dem Engagement der Farmersfrau Ilse Schatz zu verdanken ist.

Hoba-Meteorit

Der touristische Glücksfall, der 1920 von Jacobus Brits entdeckt wurde, ist drei Meter lang, einen Meter breit und wiegt über 50 Tonnen. Vor etwa 80 000 Jahren schlug der zu über 80 Prozent aus Eisen bestehende Gesteinsbrocken zwischen Tsumeb und Grootfontein ein.

TOP ★ ERLEBNISSE

★ RÜCKWÄRTS MACHT SINN: SEIDARAP

Sylvia und Stephan erzählen eine vollkommen verrückte Geschichte über die Großeltern Kronsbein, speziell den Opa, der mit dem Motorrad über die Pisten bretterte, nicht immer folgenlos, weshalb er ein Holzbein hatte und wahrscheinlich deshalb seine Farm Seidarap (verkehrt gelesen Paradies) nannte. In Opas Garten gedeihen Avocados, Jackfruit, Pineapple-Guave, Custard-Apple und Mangos immer noch prächtig, heute ist das große Haus samt Garten ein Gästehaus.
INFO: Seidarap Guesthouse, seidarap.com; Minen Hotel Tsumeb, minen-hotel.com

★ MIT DEM RAD DA

Selbstfahrer- und geführte Tages- sowie mehrtägige Touren bietet Mountain Bike Namibia in verschiedenen Landesteilen an. Auf einer 18-tägigen Tour, die auch zur Etosha führt, können sich konditionsstarke Biker beweisen. Die Klein-Aus Vista-Lodge hält im Sperrgebiet Rand Park 60 kilometer markierte Mountainbike Trails vor. Das Oldtimer-Wrack der Diamantenschmuggler in der Geisterschlucht, ein 1934er Hudson Terraplane, ist ein lohnendes Ziel!
INFO: Mountain Bike Namibia bietet organisierte Touren an, mountainbikenamibia.com; Klein-Aus Vista, klein-aus-vista.com

NAMIBIA

DAS PARADIES DER WILDTIERE – ETOSHA-NATIONALPARK

Das Paradies der Wildtiere

Das Motto in der Etosha heißt »warten«: an einem der zahlreichen Wasserlöcher, die während der Trockenzeit auf Wildtiere wie Magneten wirken. Am wichtigsten Lebensquell der Wildtiere läuft das Etosha-Bühnenstück ganz automatisch ab, auch wenn dort tausend Gefahren lauern, wobei mobile Camper die besten Logenplätze schon einnehmen, wenn der Sonnenvorhang sich hebt.

Unten zieht bis zum Horizont trockenes Farmland vorbei. 20 Hektar braucht ein Rind in dürrer Vegetation, erklärt der Pilot. Folgerichtig umfassen Farmen mit Namen wie Hildesheim, Brandenburg oder Friesland unglaublich große Gebiete – und eine viel diskutierte Landreform sowie der Irrwitz von Politik unter Druck rückt in den Fokus. Knapp über 200 Flugkilometer sind es von Windhoek bis zum Etosha National Park. Nach anderthalb Stunden folgt ein Tankstopp in Tsumeb. Nach weiteren 20 Minuten dreht die Nase der Cessna auf eine winzige Piste am Rande der Etosha, Namibias einzigartigem Tierreservat, das mit 22 270 Quadratkilometern halb so groß ist wie die Schweiz. Der »Ort des trockenen Wassers«, wie die Salzpfanne von den Ovambo genannt wird, lässt sich mit Botswanas Okavango-Delta und Südafrikas Kruger-Park in einem Atemzug nennen. Die Luxuslodge »Onguma« bietet von ihren Safari-Chalets den Blick auf ein großzügiges Wasserloch, das unzählige Wildtiere besuchen.

Ongumas Poesie

Das Onguma Tented Camp an der Parkgrenze produziert ein Karen-Blixen-Ambiente. Mit dem Champagnerglas in der Hand lässt sich vom Pool aus die Tränke von

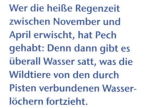

Wer die heiße Regenzeit zwischen November und April erwischt, hat Pech gehabt: Denn dann gibt es überall Wasser satt, was die Wildtiere von den durch Pisten verbundenen Wasserlöchern fortzieht.

NAMIBIA

Vom malerischen Fort Namutoni aus (oben) ist man gleich bei den wilden Tieren. Die Luxuslodge Onguma (unten) bietet nicht nur ein Wasserloch für Wildtiere, was eine Etosha-Safari praktisch von der Terrasse aus möglich macht mit direktem Blick auf Giraffen, Elefanten und Löwen sowie Oryxantilopen (rechte Seite oben). Der Parkeingang Okaukuejo (rechte Seite unten).

Zebras, Kudus und Schakalen beobachten, von schlanken Palmen umstanden. In der Sprache der Hereros bedeutet Onguma »der Ort, den niemand verlassen will«: »Hör auf die Worte des Windes, auf die Stimmen, die dir erzählen, wie Sand und Sonne verschmelzen«, wirbt Onguma in sanfter Poesie. Am nächsten Morgen wird der Pilot zum *game driver*. Er lenkt den offenen Geländewagen zu einem schilfbestandenen Wasserteich und stellt den Motor ab. Namibia-Safari, erklärt der fliegende Wildlife-Experte den schnellen Stillstand, bedeute nichts anderes als warten. Am nächstbesten Wasserloch. Nach kurzer Zeit schon tanzen kämpferische Gnu-Bullen um eine Kuh, Giraffen verrenken die Hälse, scheu treten Oryxantilopen ans kostbare Nass, das gleichzeitig von Springböcken, nervös hin- und herlaufenden Perlhühnern, Schakalen und Zebras besucht wird. Hyänen stören kurzfristig die »friedvolle« Szene, dabei zeigen über 50 aufflatternde Weißrückengeier beachtliche Flügelspannweiten.

Historisch: Fort Namutoni

Auf der Rückfahrt ins Camp tauchen Burgzinnen wie Gipskitsch aus der Savanne auf: »Namutoni«, das ehemalige reichsdeutsche Fort der kaiserlichen Schutztruppe, ist heute eine von drei staatlichen Lodges im Etosha National Park. Eine Gedenktafel an den frisch geweißten Mauern der historischen Wehrburg erinnert: »Am 28. Januar 1904 ueberfielen 500 Ovambo die Station Namutoni. Sieben tapfere deutsche Reiter schlugen den Angriff siegr. ab. Ehre ihren Namen.« Einige hundert Ovambo hatten den Vorposten der deutschen Kavallerie überraschend angegriffen, nachdem die Hauptbesatzung abgezogen war und nur noch ein Notposten Wache schob. Der konnte die erste Attacke der Ovambo-Krieger zwar abwehren, doch zogen es die Soldaten des Kaisers vor, sich im Schutz der Dunkelheit davonzumachen. Am Folgetag ließ Ovambo-König Nehala die deutsche Wüstenfestung komplett zerstören. Zwangsarbeiter mussten das Fort, das seit 1950 unter Denkmalsschutz steht und heute eine der schönsten staatlichen Lodges im Südlichen Afrika ist, originalgetreu wieder aufbauen. Ilse Steinhoff (Deutsche Heimat Afrika, 1939) besuchte das bereits verfallende Fort, das sie als letzte Polizei- und Grenzstation auf der Überlandstraße nach Angola und Ovamboland beschreibt, wo sämtliche Eingeborenen, die nach Südwest einreisten, ihre Waffen abgeben mussten: »Tausende von wilden Tieren, Zebras, Gnus, Springböcke, Löwen und Giraffen äsen dort im paradiesischen Frieden an der großen Salzlecke, die fast 150 Kilometer breit, sich an der Nord-

TOP ⭐ ERLEBNISSE

⭐ NATIONALDENKMAL FORT NAMUTONI

Das staatliche Camp der Namibia Wildlife Resorts Namutoni ist Nationaldenkmal, beherbergt ein Museum und bietet Unterkünfte vom einfachen Zeltplatz bis zur Luxussuite. Allabendlich versammeln sich Besucher zum spektakulären Sonnenuntergang auf den Burgmauern. Der grandiose Ausblick wird manchen Gedanken auf den 28. Januar 1904 und die Schlacht von Namutoni lenken, wenn der Hornist zum Einholen der namibischen Flagge bläst und die Sonne glutrot über der Etosha versinkt.
INFO: Die drei Etosha Rest-Camps Namutoni, Halali und Okaukuejo sind über Namibia Wildlife Resorts zu buchen, nwr.com.na

⭐ ETOSHA FÜR SELBSTFAHRER

Normale Pkws reichen für die meisten Pisten aus. Alle drei staatlichen Camps der Namibia Wildlife Resorts haben Tankstelle, Infostand und Lebensmittelladen. Zwischen Sonnenuntergang und Sonnenaufgang sind Fahrten im Nationalpark der Etosha untersagt, man sollte die Ankunft genau planen – und innerhalb der Parkgrenzen nicht aussteigen: Wildtiere sind überall!
INFO: Nahe an der Parkgrenze liegen die exklusiven Lodges Onguma, ongumanamibia.com, Ongava, ongava.com, sowie Gondwanas Etosha Safari Camp, gondwana-collection.com

grenze von Südwest erstreckt, unerschöpfliche Quelle für Büchse und Kamera.«

Walt Disneys Dschungelbuch

Die Nacht in Onguma wird unruhig – was für ein Löwengebrüll. Der »Ort des trockenen Wassers« fängt die Abflüsse des Okavango im Osten und des Ekuma und Oshigambo im Norden als Tränkwasser auf. Wenn es denn welches gibt. Meist ist die 5000 Quadratkilometer große Salzpfanne komplett ausgetrocknet und nur an wenigen Tagen im Jahr eine mit Wasser gefüllte Lagune. Vor allem dann, wenn nach heftigen Regenfällen der Oshigambo River im Norden oder der Ovambo River im Osten Hochwasser führen, verwandelt sich die salzige Ödnis in ein Nahrungsparadies für Flamingos und Pelikane. Die schmalen Vegetationsstreifen am Rande der Etosha – Gras- und Dornsavannen hauptsächlich sowie Buschland und Trockenwald – bilden den Lebensraum einer vielfältigen Tierwelt, die sich aus 340 Vogelarten, 114 Säugetier- und 16 Reptilien- und Amphibienarten zusammensetzt.

Schon 1907 hatte der erste deutsche Zivilgouverneur Friedrich von Lindequist dieses einzigartige Naturphänomen als Heimat von Löwen, hunderttausenden Flamingos, Elefanten und Spitzmaulnashörnern zum Schutzgebiet erklärt. Seine Sorge um die Dezimierung bestimmter Tierarten war es, die ihn die Etosha-Pfanne samt angrenzender Gebiete zu einem knapp 99 526 Quadratkilometer großen Reservat erklären ließ. Seit 1970 besteht der Etosha National Park in seiner jetzigen Ausdehnung – nur noch gut ein Fünftel der Fläche von Lindequists.

Safari am Wasserloch

Einer letzten Tierzählung zufolge leben zurzeit etwa 300 Löwen im Etosha National Park, 8000 Oryx, 700 schwarze und wenige hundert weiße Nashörner, 2500 Giraffen, 4000 Gnus, 6000 Zebras, 2000 Elefanten und um die 20 000 Springböcke, die sich dank artesischer Brunnen und von Grundwasser gespeisten oder vom Menschen angelegten Tränken prächtig vermehren. Zwischen November und April herrscht Regenzeit, dann sind die Wildtiere nicht unbedingt auf die Tränken angewiesen. Deshalb ist die beste Reisezeit für die Etosha die Trockenzeit zwischen Mai und Oktober. Das durch Elektrozäune gesicherte Areal machen 700 Kilometer gut befahrbare Pisten leicht zugänglich. Durchschnittlich 200 000 Besucher kommen pro Jahr. Die Pisten verbinden etwa hundert Wasserlöcher mit exotischen Namen wie »Olifantsbad«, »Gemsbokvlake« oder »Halali«.

Dramatische Berg- und Felslandschaften bestimmen ein Wunderland im Nordwesten Namibias (oben und rechte Seite unten), durch das mit Glück seltene, aber sehr fotogene Wüstenelefanten in großen Herden ziehen (rechte Seite oben).

»THE PLACE OF GOD« – DAMARALAND

Landschaft mit bizarren Skulpturen

Frappierender könnte der Kontrast nicht ausfallen: zwischen den flachen, buschbestandenen und beinahe lieblichen Landschaften der weiten Savanne, durch deren Gräser der Wind streicht, und den unfassbaren Felsmonolithen und Felsplateaus, die sich im Damaraland mittendrin auftürmen – faszinierend in Formen und Farben –, in denen nicht nur Schlangen und Skorpione, sondern auch die Buschleute zu Hause sind.

Wer als Selbstfahrer unterwegs ist und noch weiter in die nördlichen Landesteile Namibias will, muss sich am Standort Etosha entscheiden. Ein Blick auf die Karte zeigt: Von hier aus geht es rechts über Grootfontein in Richtung Caprivi-Zipfel, links durch das Kaokoland bis zur Skelettküste und nach oben ins Terrain des »O« – ins fluss- und seenreiche Ovamboland. Dort versammeln die Verwaltungsbezirke Oshikoto, Ohangwena, Oshana und Omusati Provinzstädte und Ortschaften wie Ongwediva, Ondangwa, Onaanda, Okalongo, Ongulumbashe, Onamandongo und Ongadjera sowie ein Dutzend weiterer Zungenbrecher mit dem gleichen Anfangsvokal. Auch die Hauptstadt der Ovambo, Oshakati, trägt zur phonetischen wie geografischen Verwirrung bei.

Abschied vom Aquarell

Am nächsten Morgen brummt die Cessna noch eine Weile über die endlosen Weiß- und Pastelltöne der Etosha-Pfanne – in der Tat erschließt sich die volle Schönheit dieses Naturwunders dem Betrachter erst aus der Luft: So wie quellende Wolken am Himmel durch den Pinsel des Windes zum Kunstwerk werden, zeichnen unten Sand, Wasser und blauweißliche Salzlaken ein überdimensionales Aquarell, zusammen mit Braun- und Ockertönen und zartem Grün an den Ufern. Kurz darauf kommen dem heiße

»The Place of God« – Damaraland

Luft rührenden Propeller Canyons, Trockenflüsse, getürmte Steinklötze und starre Felssäulen entgegen, es sind die wild zersägten Gebirgszüge des Damaralands. Mehr als 500 Straßenkilometer sind es von der östlichen Etosha über Khorixas bis Damara, über Luftlinie nur halb so lang. Im Tiefflug brummt die Einmotorige über einen schmalen Savannen-Airstrip, um eine dort grasende Herde Hartmannzebras zu verschrecken, und setzt erst beim zweiten Landeanflug auf.

M'wanes felsige Kunstwerke

Das klobige Unimog-Fahrzeug, das Trockenbettflüsse auch dann durchquert, wenn sich nach Regenfällen rauschende Fluten darin sammeln, mahlt sich mit dicken Ballonreifen durch den trockenen Sand. Wüstenelefanten ziehen friedlich an baumbestandenen Uferrändern entlang, eines der selten gewordenen Spitzmaulnashörner stampft schnaubend davon. Eine rötliche Staubpiste schlängelt sich durch bizarre Steintürme aufwärts. Und dann wird aus Landschaft Skulptur: Perfekt rund geschliffene Basaltkugeln, meterdick, warten auf Vorsprüngen, als würden sie in nächster Sekunde losrollen. Manche der Riesenmurmeln klaffen auseinander wie Spaltholz, von Götterhand in zwei gleich große Hälften geschlagen. Auf der Spitze dieses Felstraumas versteckt sich das Mowani Mountain Camp zwischen Steinquadern, Säulen und Kugeln: Haupthäuser mit Domkuppeln aus Reetgras, vereinzelt Luxuszelte, die auf Stelzenplattformen wie Adlernester über der Tiefebene schwingen. Wer gegen fünf Uhr den Programmpunkt »Sundowner« auslässt, verpasst auf einem Felsplateau hoch über den Dächern der Lodge die große Attraktion: eine 360-Grad-Vorführung des pastellfarbenen und später glutrot werdenden Bergpanoramas von entrückender Schönheit. Nicht ohne Grund heißt Mowani oder M'wane auf Damara »Platz Gottes«. Der Barkeeper bringt die Eiswürfel zum Gin Tonic zu langsam ins Glas, jede Sekunde hier oben zählt wie eine Stunde.

Abends in der Boma, am Feuer, kursieren die Geschichten: »Du stehst mit dem Gewehr im Anschlag und siehst einen mähnigen Löwen mit Riesensprüngen auf dich zurasen. Du weißt, bei drei Metern Abstand musst du abdrücken, um dich zu retten. Und du hast die Hoffnung im Hirn, dass er sich im letzten Moment doch noch anders besinnt.« Am nächsten Tag stehen die legendären Felsgravuren von Twyfelfontein, der »Versteinerte Wald«, die »Orgelpfeifen« und der »Verbrannte Berg«, die allesamt nahe Mowani liegen, auf dem Programm.

TOP ⭐ ERLEBNISSE

⭐ WÜSTENELEFANTEN-SAFARI

In Herden zwischen sechs und 200 Tieren ziehen die Dickhäuter durch Trockenbettflüsse und die weiten ariden Landstriche des Damaralands. Sie können lange Strecken ohne Wasser wandern, im Sandboden verstecktes Nass graben sie mit ihren Rüsseln aus, leben in Gemeinschaften und werden wie ihre Kollegen im Busch bis zu vier Meter groß und bis zu sechs Tonnen schwer.
INFO: Damara Mopane Lodge, gondwana-collection.com; Exkursionen durch das Damaraland, namibia-tracks-and-trails.com

⭐ HOFFENTLICH STANDHAFT

Schon von weitem zeigt sich der Vingerklip, eine riesige natürliche Felssäule, die wie ein erhobener Finger in den Himmel ragt. Vor Millionen Jahren zerrieben die wilden Fluten des heute trockenen Ugab River ein Kalksteinplateau. Nur wenig blieb davon übrig, aber das hat es in sich: Infolge der Erosion ragt eine singuläre Felsnadel 35 Meter hoch auf. Der Umfang des senkrecht stehenden Teils beträgt 44 Meter. Wer von der nahen Felsplattform der Vingerklip Lodge die Wild-West-Kulisse ringsum genießt, begreift, warum dieses afrikanische Felsmonument Arizona von Namibia heißt.
INFO: Vingerklip Lodge, vingerklip.com.na; Mowani Mountain Camp, mowani.com

NAMIBIA

 NAMIBIAS BERGWELTEN – BRANDBERG, SPITZKOPPE & CO.

Paradiese für Schlangen und Hiker

Auf den ersten Blick erscheinen Namibias Bergwelten als brütend heiße, abweisende, ausgebrannte Geröllwüsten, die bis zu 2500 Meter hoch in den sengenden Sonnenhimmel ragen. Wer sich einlassen kann, wird einzigartige Outdoor-Paradiese entdecken, die nicht nur Wanderer und Bergsteiger begeistern.

Die bergigen Landschaften Namibias wie hier am Spreetshoogte-Gamsberg-Pass (unten) sind nicht das bevorzugte Terrain der »Big Five«, dafür das einer reichhaltigen Vogelwelt, farbschillernder Echsen (rechte Seite oben) – und: Schlangen! Savannen und Dornbuschgebiete sind sein Habitat: Rüppellpapagei (rechte Seite unten).

Wer in einer Cessna in flirrender Hitze das Brandberg-Massiv im Damaraland überfliegt, möchte sich auf keinen Fall in der brutzelnden Steinhölle dort unten wiederfinden. Wer sich auf einer Trekkingtour ebendort aufhält, auf einem Felsvorsprung in luftiger Höhe vielleicht sein Nachtlager aufschlägt, wird das gewaltige Sonnenuntergangsspektakel des hitzeverbackenen Wüstenriesen im Kopf behalten für den Rest seiner Zeit. Und er wird noch Jahre später die Abendkühle verspüren beim Gedanken ans berauschende Brandberg-Feuerwerk, das die Himmelsweite nach Sonnenuntergang choreografisch perfekt in Noldes Farbenwelt taucht, während die Nacht sich senkt.

Namibias »Königsstein«

Auch das ist der Stoff, aus dem namibische Träume sind, welche die Fantasie der Heimfliegenden mit Sehnsucht erfüllen und hunderttausende wiederkommen lassen: zu außerordentlichen Naturräumen mit unermesslichen Weiten, aus denen sich gezackte Felsgebirge erheben, aus der Ebene steigende Formationen, platte Tafelberge inmitten rund geschliffener Hügellandschaften. Wenn nach einer halben Stunde sich in der Endlosigkeit von Ocker und Umbra die Silhouette des Brandberg-Massivs zeigt mit Namibias höchster Erhebung, dem 2573 Meter hohen Königsstein, dann wird in der abendglühenden Sonne deutlich, warum

TOP ⭐ ERLEBNISSE

⭐ NATIONALPARKS UND RESERVATE

Es gibt rund 20 staatlich geschützte Gebiete wie Nationalparks, Meeresschutzzonen, Wildparks und Reservate. Obwohl die namibische Verfassung vorschreibt, dass der Staat Ökosysteme und Artenvielfalt als Erbe der Menschheit zu bewahren hat, ist der Auftrag im Wechselspiel der Interessen nicht immer leicht zu erfüllen: Allein Fischerei, Diamantenproduktion, Bodenschätze und Landwirtschaft erbringen einen Großteil des Bruttosozialprodukts. Trotzdem ließen sich Schutzgebiete auf 15 Prozent der Gesamtfläche des Landes ausweiten, was 123 640 Quadratkilometern oder einem Drittel der Fläche Deutschlands entspricht. Namibias National Parks sind das erste Ziel aller Gäste.
INFO: Namibia Tourism, namibia-tourism.com; Namibia Wildlife Resorts, nwr.com

⭐ ABENTEUER BERGWÜSTE

Die Brandberg White Lady Lodge führt Exkursionen im Brandberggebiet durch sowie *Desert Elephant Drives*. Wandertracks gibt es hier sowie auch um die nahe Vingerklip. Aber Achtung: Wenn es heiß wird im namibischen Sommer, brutzelt die Sonne erbarmungslos.
INFO: Übernachten: Brandberg White Lady Lodge, brandbergwllodge.com; Trekking: hauser-exkursionen.de; Rundreisen: diamir.de

er zu den großen namibischen Naturwundern zählt und ihn die Herero den »Berg der Götter« nannten.

In seinem felsigen Territorium fühlen sich Springböcke, Bergzebras, Oryxantilopen und Strauße wohl, auch Leoparden und Nashörner, und natürlich Schlangen, darunter die Schwarze Mamba. Selbst Löwen verirren sich dann und wann in die Brandberg-Region. Rund 50 000 San-Kunstwerke finden sich hier als Felsmalereien und Gravuren, deren bekanntestes, »The White Lady«, der Deutsche Reinhard Maack 1917 im Brandberg-Massiv entdeckte.

Hartmanns-, Huns- und Zebraberge

Eine ganze Reihe von Erhebungen wie der Gamsberg (2347 m), der Hohenstein (2319 m) oder die Fahlen Kuppen (1723 m) erinnern mit ihren Namen an deutsche Zeiten. Der Gamsberg lässt sich über den Gamsbergpass fast bis auf Gipfelhöhe motorisiert erreichen, was den Panoramablick auf die Namib tief unten auf bequemste Weise ermöglicht. Der Hohenstein westlich des Städtchens Karibib, die höchste Erhebung der Erongo Mountains, versammelt um sich herum ebenfalls zahlreiche Felsmalereien, unter anderem das berühmt gewordene Abbild eines weißen Elefanten. Große Anziehungskraft hat Namibias Spitzkoppe (1728 m), die 1946 erstmals bestiegen wurde und ihrer markanten Form wegen auch als das »Matterhorn Afrikas« bezeichnet wird. Der bei Bergsteigern und Bergwanderern beliebte Inselberg aus Granit ist mit fantastischen Felsformationen und wunderschön zu laufenden Tracks ein Eldorado!

Beeindruckende Berglandschaften bietet Namibia im Überfluss. Die Hunsberge am Fish River Canyon erreichen 1398 Meter, der Hochstein daneben immerhin noch 996 Meter. Die Gipfel der Groot Karasberge bei Grünau bilden mit dem Schroffenstein (2202 m), dem Kranzberg (1867 m) und dem Gräberberg (1942 m) durchaus eine Herausforderung. Auch das NamibRand-Naturreservat und der Namib-Naukluft-Nationalpark zeigen Größe: Um Wolwedans ragen Zweitausender auf, die Naukluftberge gehen noch ein wenig darüber. Und dann gibt es noch jene, welche die Hauptstadt Windhoek umstehen, wie die Auasberge (2479 m), der Großherzog-Friedrich-Berg (2336 m) und die mäßige Huldigung Kaiser Wilhelms, dem man mit dem Kaiser-Wilhelm-Berg nur 1997 Meter gönnte.

Die Regenzeit Namibias findet im heißen Hochsommer zwischen November und April statt, heftige Gewitter entladen dann die Atmosphäre.

Welterbe-Felsblock im späten Sonnenlicht (oben). Fantastische Gravuren früher Buschmenschen, der San, zeugen von einer jahrmillionenalten Welt (rechte Seite unten). Herero-Frau beim Schneidern (rechte Seite oben).

FELSIGES UNESCO-WELTKULTURERBE – NAMIBISCHE »ROCK-ART«

Twyfelfonteins Open-Air-Galerie

Mehr als 2500 Gravuren und Felsmalereien schmücken die beeindruckend schöne Open-Air-Galerie etwa 90 Kilometer westlich von Khoriaxas. Manche der Kunstwerke werden auf ein Alter von 5000 Jahren geschätzt, andere archäologische Fundstätten lassen vermuten, dass hier schon vor 10 000 Jahren Frühmenschen mit Steinäxten auf Großwildjagd gingen, was Namibias Geschichte durchaus einen weiten Horizont verschafft.

Schon die Anreise durch weite Ebenen, auf denen sich sanft im Wind hoch gewachsenes Savannengras wiegt, bunt durchpunktet von Wildblumen, ist besonders: Ringsum türmen sich aus dem Flachland riesige Brocken abrupt in den Himmel – als kugelrunde Granitbälle, zackige Bergketten oder in Form kleiner Tafelberge. Hier und dort vervollständigen hoch gewachsene Akazien, deren ausladende Kronen Wildtieren in der Mittagshitze wohltuenden Schatten spenden, das malerische Bild, das eine Herde Wüstenelefanten durchzieht.

Schatzkiste Open-Air-Galerie

Das Naturreservat Twyfelfontein hütet eine ethnologische Schatzkiste, weshalb der Aufstieg in den Felspark nur in Begleitung eines einheimischen Damara-Führers erfolgen darf. Rundpfade führen durch beeindruckende Formationen riesiger Steinplatten, die wie beiläufig auf ein paar tragende Felsquader geworfen sind, überdimensionale Bilder zeigen sich auf steinernen Flächen. Eine besondere Energie ist in der felsigen Monumentalanlage zu verspüren, die den Besucher schnell erfasst. Was war der Sinn, der die merkwürdigen geometrischen Formen für die

Felsiges UNESCO-Weltkulturerbe – Namibische »Rock-Art«

Ewigkeit auf die riesigen Felsplatten brachte? Wer hat sie geschaffen? Man könnte ihn sich bei der Arbeit vorstellen, den tanzenden Schamanen, versunken in Trance, und seine Gehilfen der Spiritualität.

Manche der feingliedrigen Darstellungen werden auf ein Alter von 6000 Jahren geschätzt, andere spekulieren auf einige hunderttausend. Weitgehend einig sind sich die Fachleute darin, dass es sich um die Kunstwerke steinzeitlicher San handelt, die Twyfelfontein, zu Deutsch: die Quelle, die nur unregelmäßig fließt, an diesem magischen Punkt inmitten der Geröllwüste hielt. Vermutlich wurden sie in früheren Zeiten reichlicher mit kostbarem Nass versorgt, so zahlreich zeigen sich ihre Petroglyphen, die mit harten Quarzsteinen einige Millimeter tief in weiche Sandsteinplatten geritzt wurden: Giraffen, Oryxantilopen, Springböcke, Strauße, Zebras, Nashörner und Löwen. *Us ais* nannten die Damara das Felswunder, was so viel bedeutet wie: Platz zwischen gestapelten Steinen.

Musik aus Basalt

Einen Steinwurf entfernt warten die »Orgelpfeifen«, der »Verbrannte Berg« und der »Versteinerte Wald«. Die Orgelpfeifen bestehen aus circa fünf Meter hohen Basaltsäulen, die an einer Böschung stehen und durch Anordnung unterschiedlicher Größen tatsächlich aussehen wie die Pfeifen einer Orgel. Vollbracht hat das Werk vor rund 150 Millionen Jahren flüssige Lava, die in eine Gesteinsformation aus Schiefer eindrang und erkaltete. Der »Verbrannte Berg« erhebt sich rund 200 Meter aus der hitzeflirrenden Ebene und macht mit seinen Lava- und Schiefergeröllmassen seinem Namen alle Ehre.

Im Anschluss an den Schutt- und Ascheberg folgt eines der Highlights der Region, das Nationaldenkmal »Versteinerter Wald«. Ganz sicher findet sich auf dem 60 Hektar großen Gelände kein wirklicher Wald aus versteinerten Bäumen, aber eine ordentliche Menge an liegenden Baumstämmen ist vorhanden: insgesamt 50 fossile Riesen mit deutlich erkennbaren Jahresringen, die vor etwa 250 bis 300 Millionen Jahren einen Wald bildeten. Manche messen 30 Meter in der Länge und bis zu 6 Meter im Umfang! Stellt man sie sich senkrecht mit einer ausladenden Krone vor, hätte der Betrachter recht stattliche Exemplare vor Augen. Entstanden sind die seltsamen Steinzeugen durch langsames Eindringen von Kieselsäure in ihre Zellen, wodurch die Holzstruktur über Millionen von Jahren durch Silizium ersetzt wurde, sodass sich nun Kieselstein in der Erscheinungsform eines Baumstammes bewundern lässt.

TOP ★ ERLEBNISSE

★ STOPOVER IM TOWNSHIP

Eine Szene aus Khorixas: Eine Hererofrau lässt sich beim Zuschneiden eines Stoffs fotografieren. Auf dem Feuer brutzelt Gemüse und Fleisch. Adrett gekleidete junge Mädchen und Frauen mit Topfhüten auf den Häuptern schlendern mit Bibeln unterm Arm zur Sonntagsmesse in die Kirche. Eine Damara-Seniorin kommt mit drei recycelten Papieralben, sie heißt Theresie D. Haarkuria und hat sie selbst gemacht, wunderschön aus Elefanten-Dung und Gras mit Federn von Perlhühnern verziert.
INFO: Die Wüstenherbergen liegen nur wenige Kilometer vom UNESCO-Weltkulturerbe entfernt: Twyfelfontein Country Lodge, twyfelfontein.com.na; Camp Kipwe, kipwe.com

★ THE LIVING MUSEUM OF THE DAMARA

Zwischen der Twyfelfontein Country Lodge und dem Mowani Mountain Camp liegt an der Straßenkreuzung D2612/D3214 hinter einer engen Felsspalte das Living Museum. Der Nachbau eines traditionellen Damara-Dorfs westlich von Khorixas, in dem eine Damara-Familie das ursprüngliche Leben ihrer Volksgruppe darstellt, bietet eine Menge Damara-Kultur, inklusive Tanzvorführungen, Feuer machen, Körbe flechten und so weiter.
INFO: The Living Culture Foundation Namibia, lcfn.info

»Außerirdische« Landschaften (unten) zeigen sich Besuchern im äußersten Nordwestzipfel des riesigen Landes (oben). Himba-Kral (rechte Seite oben) und Himba-Kids in der Schule (rechte Seite unten).

EXPEDITIONEN INS NIEMANDSLAND – DAS WILDE KAOKOVELD

Ich bin dann mal weg!

Liebhaber skurriler Küstenstrecken, die es von Swakopmund bis zum Cape Cross geschafft haben, werden von hier aus gleich weiter nach Norden fahren, um noch eine Weile die unwirkliche Szenerie dieser Route zu genießen, bevor es in die massive Welt des hoch gelegenen Kaokovelds geht. Dort wartet ein maßgeschneidertes Terrain für Allradfahrzeuge auf erfahrene Lenker.

Am rechten Wagenfenster präsentieren sich die aufsteigenden Sandberge des Wüstengürtels, am linken stahlblaue Aussichten auf den Atlantischen Ozean – sofern nicht beide Ausblicke durch die berüchtigten Nebelschwaden der namibischen Küste verstellt sind. Sonst gibt es hier nichts außer Robben, flatternden Seevögeln und – mit viel Glück – der Schwanzflosse eines in die Tiefe hinabrauschenden Wals. In Torra Bay wird sich der sinnliche *coastal ride* auf der C 39 in einen fordernden *mountain drive* verwandeln, der hinauf ins Kaokoland führt. Ein wildes Gebirgsland verbreitet sich jenseits des Wüstengürtels, der die atlantische Küste mit hitzebrütenden Sandbergen und Geröllebenen im Würgegriff hält. Das Kaokoveld – nach moderner Lesart die Provinz Kunene – ist synonym für eines der aufregendsten Wildnisgebiete im ganzen Land. Der Aufstieg führt über Palmwag und Warmquelle nach Sesfontein, wo die deutsche Kolonialregierung 1896 einen Militärposten errichtete.

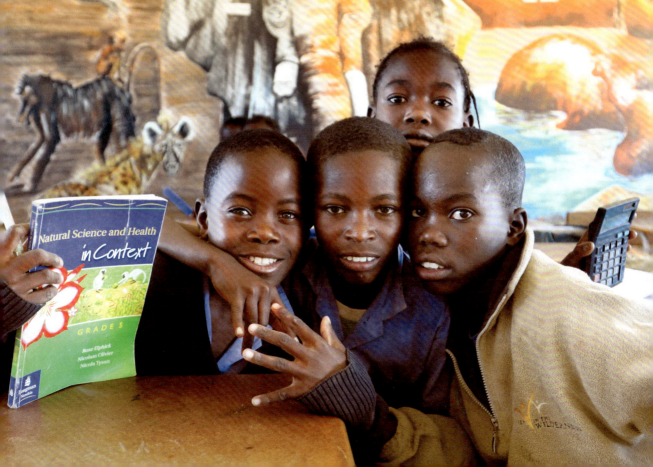

NAMIBIA

Durch Rhino Country

Die Umgebung von Palmwag erfreut sich eines großartigen Tierreichtums. Der hat nicht nur die luxuriöse Palmwag Lodge hervorgebracht, sondern unterhalb der Grootberg Mountains auch die Öko-Herberge Etendeka Mountain Camp. Von Sesfontein aus sind es auf der gut befahrbaren Schotterstraße bis nach Opuwo im zentralen Kaokoland noch 123 Kilometer, die manche zu den schönsten Abschnitten im ganzen Land zählen. Auf dem Weg dorthin wechselt alle hundert Meter die Farbe des Bodens – mal erscheint die Piste in Rot, dann wieder in Schwarz, Orange, Dunkelgrau oder Braun. Gesteinsschichten aus Granit, Quarz, Sandstein, Dolomit und Schiefer liefern die Zutaten. Die Strecke verläuft in ständigem Auf und Ab durch Hügel und sanfte Täler, es geht durch die Giraffenberge mit bizarren Felsformationen, vulkanartigen Kegeln und Tafelbergen auf beiden Seiten. Kunene, das Hauptstädtchen der Provinz, die einzige größere Ansiedlung weit und breit, zeigt ein Gemisch aus Himba-Hütten und schmucklosen Betonbauten. Noch immer tauchen im Straßenbild halb nackte Himba sowie stolze Herero in wilhelminischer Tracht auf. Jenseits der Stadtgrenzen geht die urbane Ansammlung schnell wieder in Wildnis über.

Ein leeres Land

Die halbnomadischen Viehzüchter leben wie eh und je in einer extrem trockenen Region, die mit 50 000 Quadratkilometern größer ist als die Niederlande. Immer noch weitab vom Rest der Welt zwischen Skeleton Coast, Etosha und der angolanischen Grenze gelegen, konnten sich die Himba und Herero hier ihre kulturelle Eigenständigkeit weitgehend bewahren. In letzter Zeit wird das abgelegene Kaokogebiet allerdings für Besucher immer attraktiver. Über den Nervenkitzel abenteuerlicher Geländefahrten und die Freude am lokalen Wildlife hinaus ist diese letzte nahezu unerschlossene Region eine der schönsten Landschaften Namibias – mit violett und grünlich schimmernden Granitbergen, tief eingeschnittenen Trockenflussbetten und einzigartiger Wüstenvegetation. Wüstenelefanten, Spitzmaulnashörner, Oryxantilopen, Bergzebras, Giraffen und Kudus haben zwischen den Tönnesenbergen, den Giraffenbergen und den Schwarzen und Fahlen Kuppen ihr malerisches Revier.
An der Westgrenze des Ambolandes fällt der Kunene tosend über den Rand der südafrikanischen Tafel. Auch das ist der Stoff, aus dem namibische Träume sind – der hunderttausende Namibia-Besucher immer wieder zurückbringt.

Ohne Vierradantrieb geht im Kaokoveld beinahe gar nichts (oben), was auch die beiden Reiter auf dem Esel betrifft (unten). Herero-Mutter mit Kind und traditioneller Hörner-Kappe (rechte Seite oben). Rhinos in freier Wildbahn zu begegnen, das hat was (rechte Seite unten)!

TOP ERLEBNISSE

★ PALMWAG: DREI TONNEN MASSE

Die malerische Oase Palmwag bietet zwischen Uniab River und Grootberg Mountains ein Paradies für Tierliebhaber einer speziellen Spezies an: die durch Wilderei bedrohten Spitzmaulnashörner. Das Schutzgebiet liegt auf dem Weg ins Kaokoveld inmitten weiter Ebenen, aus denen klobige Steinquader und glutrote Hügel ragen, wenn der Sonnenball sinkt. Dann schaffen es Wüstenelefanten, Spitzmaulnashörner, Giraffen und Oryxantilopen vor die Kameralinsen.
INFO: Expeditionen unter sachkundiger Leitung im Kaokoveld, namibia-tracks-and-trails.com

★ RHINO-COUNTRY

Vom Pool aus lassen sich Elefanten und Spitzmaulnashörner beobachten, wenn sie am nahen Wasserloch ihre Ration holen. Da sich in Palmwag fast alles um die weltweit größte frei lebende Spitzmaulnashorn-Population dreht und das Besucherinteresse groß ist, wurde zusätzlich zur Hauptlodge ein mobiles Desert Rhino Camp konzipiert, das sich den verändernden Standorten der Nashörner anpasst und seinen Gästen die größtmögliche Nähe zu den Tieren ermöglicht. Im Mittelpunkt steht hier das Rhino Tracking, bei dem es zu Fuß und deshalb in Begleitung eines erfahrenen Fährtenlesers, des Trackers, auf Spurensuche geht.
INFO: Palmwag Lodge, gondwana-collection.com

Wer nicht geländeerfahren ist, sollte nur bis Opuwo fahren und sich lieber einer der gut ausgerüsteten Kaokoland-Expeditionen anvertrauen, um die berauschenden Naturbilder sorgenfrei genießen zu können. Oder besser noch auf eine Fly-in-Safari gehen, welche die landschaftlichen Höhepunkte aus der Vogelperspektive sichtbar macht. Individualreisenden wird geraten, im Konvoi zu fahren, also mit mindestens zwei Fahrzeugen, und gutes Karten- und Infomaterial, ausreichend Wasser-, Nahrungsmittel- und Treibstoffvorräte mitzuführen. Hindernisse, die sich im Kaokoveld auftun, sind unberechenbar. Wer sich als Unbedarfter beispielsweise dem Van-Zyl's Pass nähert, möchte beim Anblick der Strecke am liebsten sofort wieder umkehren. In der Regel fordert die dürftige Infrastruktur mit ihren teilweise sehr schwierigen Verkehrswegen, die fast ausschließlich aus Sand- und Schotterpisten bestehen, geübte Offroad-Enthusiasten erst richtig heraus, gerade wenn nur noch GPS als Navigationshilfe zählt.

Den Menschen begegnen

Wer in der Einsamkeit nicht nur beeindruckende Landschaften sehen, sondern auch die Menschen, die darin leben, kennenlernen möchte, dem hilft die Community Based Tourism Assistance (NACOBTA) auf sehr spezielle Weise. Die nichtstaatliche Organisation hilft sozialen Kleingruppen, auf der Basis ökologisch-nachhaltiger Bewirtschaftung natürlicher Ressourcen am Tourismus teilzuhaben. Die NACOBTA fungiert dabei als Bindeglied zwischen interessierten Dorfgemeinschaften und dem staatlichen Managementprogramm für den Schutz und die Erhaltung der Naturschätze und wird gefördert durch WWF, USAID sowie Joint Ventures mit etablierten Lodges. Gleichzeitig nimmt die Organisation für alle ihr angeschlossenen Camps zentral Buchungen entgegen. Inzwischen unterhalten zahlreiche solcher Communities an landschaftlich reizvollen Stellen Campsites, wo den Reisenden neben der Übernachtung auch Kontakt zur einheimischen Bevölkerung vermittelt wird. Zum Beispiel im Camp Okarohombo: Dort betreiben lokale Himba aus der angestammten Dorfgemeinschaft am Kunene River zwischen den Hartmann- und den Zebrabergen einen Zeltplatz mit Grillstelle, Wasseranschluss, Duschen und WC: »There is a paradise at the end of the world, that has a name: Marienfluss Valley« – mit diesen Worten bewerben sie ihr ungewöhnliches Projekt und beschönigen dabei nichts (nacobta.com.na).

THEMA

LETZTE KRIEGER DER WILDNIS
Ein kostbarer ethnologischer Schatz

Bis gegen Ende des 19. Jahrhunderts waren die Stammesvölker noch weitgehend unabhängig, dafür gab es immer wieder kriegerische Auseinandersetzungen untereinander. Erst mit dem Vorrücken der Europäer begann ein gemeinsames Schicksal. Möglicherweise hätten sie den Verlauf der Geschichte zu ihren Gunsten beeinflussen können, wenn sie es vermocht hätten, vereint aufzutreten.
Aber den Verlockungen der westlichen Zivilisation und der modernen Waffentechnik waren die Bewohner der namibischen Weiten leichte Beute.

Außerdem war die Strategie der Europäer nach dem Grundsatz »Teile und herrsche« erfolgreich. Die weißen Kolonialisten konnten sich über erbitterte Kämpfe zwischen Nama und Herero nur freuen, vortrefflich ließen sich die rivalisierenden Gruppen gegeneinander ausspielen und mit beiden profitabel Geschäfte machen. Während die Herero zunächst mit den Deutschen paktierten, überfielen die Nama unter ihrem legendären Führer Hendrik Witbooi erst ihre Herero-Brüder und dann die Deutsche Schutztruppe – und erlitten dabei eine verheerende Niederlage.

San, Himba und andere Ethnien
Den Herero erging es im Verlauf der Entwicklungen trotz ihres Wohlverhaltens kaum besser: Sie wurden durch Rinderpest, Malaria, Typhus und Heuschreckenplagen dezimiert, während die deutsche Kolonie erstarkte. Schließlich lehnten sich die Herero-Krieger unter ihrem Häuptling Samuel Maherero in einem Verzweiflungsakt gegen die Kolonialmacht auf, die sie als Zwangsarbeiter beim Eisenbahn- und Bergbau missbrauchte, schlecht behandelte und ihnen ihre Frauen nahm. Ein schlimmes Schlachten begann, das Generalleutnant von Trotha

Junge Himba-Frau posiert vor ihrer Lehmhütte nahe Purros für Touristen.

Dieser Himba-Kral im Purros-Tal wartet auf spendierfreudige Besucher, die auf dem nahen Airstrip aus Flugzeugen klettern.

im Frühjahr 1904 mit einem gezielten Massaker an den unterlegenen Herero beendete. Weitgehend unberührt von den Wirren der Kolonialzeit blieben die im Norden siedelnden Ovambo, die so kriegerisch waren, dass sich die Kolonialen nicht mit ihnen anlegen wollten. Auch die im nördlichen Kaokoveld lebenden Himba-Stämme blieben nahezu unbehelligt. Die Ockermenschen, die ihre Haut mit einem Gemisch aus eisenoxidhaltiger Erde und Ziegenbutter vor der brennenden Sonne schützen, führen bis heute in abgelegenen Bergregionen eine steinzeitliche Existenz in lehm- und dungverputzten Rundhütten.

Tabus und böse Geister

24 Stunden am Tag brennt dort das heilige Feuer *Okuruwo*, damit im *Makera*-Ritual der Sippenführer oder Headman die Vorfahren darum bitten kann, die Milch seiner Kühe vor bösem Tabu zu bewahren. Als Halbnomaden, die von Schafen, Ziegen und Kühen leben, ziehen die Männer mit ihrem geheiligten Vieh durch das trockene Land, während Frauen und Kinder im Kral verbleiben. Möglicherweise ist

es nur noch eine Frage der Zeit, wie lange sich die Himba als letzte Krieger der Wildnis den Verlockungen der modernen Welt entziehen können. Schon jetzt präsentieren hübsche Himba-Mädchen ihre Nacktheit immer häufiger anrückenden Kameralinsen – gegen Entlohnung. Und dort, wo

Statt in der Schule immer mit dabei: Himba-Kids.

Kontakt zur anderen Welt besteht, in der Nähe von Siedlungen und Lodges, werden längst Souvenirs zum Verkauf dargeboten. Auch gehen immer mehr Himba-Kinder im Rahmen staatlicher und privater Förderprogramme zur Schule, was die kulturelle Eigenständigkeit der Himba weiter bedroht.

NAMIBIA

LANDEBAHN IM NIRGENDWO – DAS FLUSSTAL VON PURROS

Wüstenelefanten und die Krale der Himba

Nach Purros, das östlich der Grenze des Skeleton Coast Parks liegt, führt eine staubige Sand- und Schotterpiste, die in Sesfontein ihren abenteuerlichen Anfang nimmt. Ohne Vierradantrieb ist sie nicht zu bewältigen, weshalb sich der Verkehr in Grenzen hält. Schon lange bevor ein Fahrzeug ins Blickfeld kommt, wird es durch aufgewirbelte Staubfahnen verraten.

Die größte Attraktion von Purros sind seine urwüchsigen Landschaften ringsum – und die archaischen Krale (unten) der hier ansässigen Himba-Familien. Eine Landung auf dem Airstrip von Purros bleibt für ewig im Hirn (rechte Seite oben). Himba-Mädchen im traditionellen Outfit (rechte Seite unten).

Schon der Anflug gerät zum Bildertraum. Unwirklich die Szenen, während die Cessna im Tiefflug durch den Canyon des Hoarusib River kurvt – wie sich das grün gesäumte Flussbett durchs aride Felsland windet, an den letzten verbliebenen Wasserlachen Wüstenelefanten, Spitzmaulnashörner, Giraffen und Löwen. Auf einer von Bergketten gesäumten Sandebene, die ein schlapper roter Windsack als Airstrip von Purros kennzeichnet, kommt die Cessna zwischen Palmenhainen und Himba-Siedlungen zum Stehen. Von der Landepiste aus sichtbar, thronen auf einem Bergrücken über dem Purros-Tal die neun eigenwillig gestylten kubischen Wohnwürfel der Okahirongo Elephant Lodge. »Rooms with a view« – also Zimmer mit unvergleichlichen Ausblicken auf die skurrilen Landschaften ringsum – bieten die ocker-, honig- und sandfarben gehaltenen Wohnwürfel des noblen Camps, das per Fly-in oder eben vom hundert Kilometer entfernten Sesfontein aus auf der Piste der D3707 in zwei bis drei Stunden zu erreichen ist.

Prima Klima für Land Rover und Land Cruiser

Allerdings geht auf der rustikalen Sand- und Schotterpiste ab Sesfontein ohne Vierradantrieb und gute Bodenfreiheit nichts mehr. Der Blick der Gäste richtet sich hauptsächlich auf

TOP ⭐ ERLEBNISSE

⭐ NACHHALTIG: ETENDEKA MOUNTAIN CAMP

Anderthalb Offroad-Fahrstunden von der Palmwag Lodge entfernt hat sich Dennis Liebenberg an den Grootberg Mountains einen Safari-Traum verwirklicht. Sein Etendeka Mountain Camp reklamiert Luxusstatus und ist gleichwohl als ökologisches Nischenprodukt konzipiert. In geschmackvoll eingerichteten Zeltunterkünften gibt es zivilisatorische Annehmlichkeiten wie Eimerdusche, heißes Wasser über eine Solaranlage sowie ein WC. Das 400 Quadratkilometer große private Konzessionsgebiet wird in Zusammenarbeit mit der hier ansässigen Damara-Gemeinde betrieben.
INFO: etendeka-namibia.com

⭐ KUBISCH – OKAHIRONGO ELEPHANT LODGE

Das Luxuscamp liegt auf einer Hügelkuppe, besticht durch kubische Architektur und geschmackvolles Design, und bietet Walks, Game Drives sowie Scenic Drives mit Besuchen von Himba-Communities.
INFO: okahirongolodge.com

die seltenen Wüstenelefanten, die es in der Umgebung von Purros zahlreich gibt, sowie auf die Himba, die hier in unmittelbarer Nähe der Lodge in ihren Kralen leben. Manche der »Ockermenschen« ziehen ihre traditionelle Lebensweise der modernen Welt, die immer näher an sie heranrückt, ganz bewusst vor. Andere schicken ihre Kinder in die Schule nach Purros, um ihnen die Chancen in einem sich rasant entwickelnden Namibia nicht zu verbauen. In einem der Krale führt eine barbusige Himba, vor einem heißgebackenen Lehmhäuschen sitzend, Besuchern vor, wie sich Himba-Frauen ihren Körper mit Ockerfarbe einschmieren, und posiert geübt für die obligatorischen Fotos. Die sich im Anschluss in klingende Münze verwandeln, wenn selbst gebastelte Souvenirs in der Nachbarhütte zum Verkauf gebracht werden.

Übernachten bei Himba-Kriegern

Das kuriose Purros ist aus den Ansiedlungen der Himba entstanden. Zwei Kilometer nordöstlich der Ortschaft befindet sich ein Projekt der Namibia Community Based Tourism Association (NACOBTA). Wer dorthin will, muss einer einzelnen Fahrspur folgen, die mit Glück ausgeschildert ist, oder nachfragen, wenn sich überhaupt ein Mensch zeigt an diesem Ende der Welt. Falls der Wagen nicht im tiefen Sand stecken bleibt, landet er unter den ausladenden Kronen schattenspendender Bäume auf einem idyllischen Campingplatz, der vier großzügige Zeltparzellen mit Grillplatz, fließendem Wasser, Dusche und Wassertoilette bietet. Es gibt sogar eine Bar mit gekühlten Getränken, was im trocken-heißen Ambiente auf einem Zeltplatz in Purros der wahre Luxus ist. Freundliche Himba-Guides stehen bereit, um auf Nature Walks und bei Kral-Besuchen ihre Heimat zu erklären. Wüstenelefanten können mitten in Purros jederzeit auftauchen, ebenso im Zeltcamp. An Wildtieren zeigen sich im nahen Canyon des Hoarusib River Wüstenelefanten, Nashörner, Giraffen, Kudus, Zebras, Strauße und manchmal auch Löwen. Nur 65 Kilometer entfernt von hier brandet der Atlantik an die wilde Skelettküste, deren Geheimnissen sich hier niemand entziehen kann, weshalb auch vom Purros-Airstrip Sightseeing-Flüge zur Skeleton Coast starten. Da kann es passieren, dass der Pilot, der seine Wracks genau kennt, nicht nur von historischen Unglücksfällen zu berichten weiß. Auch moderne Schiffe mit Stahlrümpfen nebst Funk und Radar versinken vor Namibia immer wieder, selbst Flugzeuge trifft der Fluch dieser magischen Küste: Am 13. September 1997 stieß hier eine Transportmaschine der Bundeswehr mit einem amerikanischen Airlifter zusammen. Beide Flugzeuge stürzten vor der Skelettküste ins Meer.

Mystische Landschaften zwischen Hartmanns- und Zebrabergen (oben und rechte Seite unten). Wie ein saftiger Grünstreifen zieht sich hier der krokodilreiche Kunene-Fluss als Grenze zwischen Namibia und Angola durchs aride Land (rechte Seite oben).

URSPRÜNGLICHKEIT UND MENSCHENLEERE – BEI DEN HIMBA AM KUNENE RIVER

Serra Cafema, oder das Ende der Welt

An Ursprünglichkeit und Menschenleere lässt sich die abgelegene und völlig wilde Gebirgsregion am Kunene River kaum überbieten. »An diesem Rande, der hier den Namen Kaokofeld führt«, schrieb Georg Hartmann begeistert von der überschwenglichen Natur in sein Kunene-Tagebuch, »beginnen die Flüsse netzartig hunderte von Rinnen und Tälern einzusägen.«

Als der Geologe, der im Jahr 1900 im Auftrag der deutschen Kolonialregierung unterwegs war, den angolanisch-namibischen Grenzfluss erreichte, notierte er, dass der Kunene immerfort Wasser habe und sich selbst durch die Küstenwüste als ein breiter Silberstreifen mit frisch-grünen Schilfflächen zu beiden Seiten hindurchziehe. Hier also fand sein beeindruckendes »Wildafrika« statt! Mit undurchdringlichen Dornbuschsteppen, Felsgebirgen, Tafelbergen und Sandbergen ringsum und mit einem Reichtum an exotischen Wildtieren, die sich hier in der namibisch-angolanischen Grenzregion ebenso wie die stolzen Himba ihr ungestörtes Refugium erhalten konnten. Viel hat sich nicht geändert seither.

Zu Besuch bei den Ockermenschen

Weitgehend unberührt von den Wirren der Kolonialzeit blieben die hier lebenden Himba-

NAMIBIA

Stämme, die teilweise bis heute in ihren abgelegenen Bergregionen eine steinzeitliche Existenz führen. Die Ockermenschen, die ihre Haut mit einem Gemisch aus eisenoxidhaltiger Erde und Ziegenbutter vor der brennenden Sonne schützen, leben in mit Lehm und Dung verputzten Rundhütten. Dort brennt noch immer 24 Stunden am Tag das Heilige Feuer Okuruwo, an dem das Makera-Ritual zelebriert wird, wenn der Sippenführer, der Headman, seine Vorfahren darum bittet, die Milch der Kühe von bösen Tabus freizusprechen. Erst dann können sie gefahrlos davon trinken. »Ihr müsst unbedingt darauf achten«, erklärt Richard, unser Guide, »den Headman zuallererst zu begrüßen. Seine Hütte ist immer die, deren Eingang genau dem Einlass des Krals gegenüberliegt.« Als Halbnomaden, die von Schafen, Ziegen und Kühen leben, ziehen die Männer mit ihrem geheiligten Vieh umher, graben Löcher in sandige Flussbetten, um an das Grundwasser zu kommen, während ihre Frauen, die kunstvoll gefertigten Kupfer- und Lederschmuck tragen, mit den Kindern im Kral bleiben. Fraglich ist, wie lange sich die Himba den Verlockungen der modernen Welt noch entziehen können. Schon jetzt präsentieren hübsche Himba-Mädchen ihre Nacktheit immer häufiger anrückenden Kameralinsen – gegen Entlohnung. Und dort, wo Kontakt zur Außenwelt besteht, in der Nähe von Siedlungen und Lodges, werden längst Souvenirs zum Verkauf angeboten. Die meisten Kinder werden im Rahmen staatlicher und privater Förderprogramme zur Schule geschickt.

Hartmanns Afrika

Georg Hartmann, im Jahr 1865 in Dresden geboren und mit Anna Woermann, der Tochter des Schiffsreeders Adolph Woermann aus Hamburg, verheiratet, gab nicht nur dem bedrohten Hartmannzebra seinen Namen, sondern auch einer malerischen Bergkette, den Hartmannbergen, und dem Hartmannstal. Ebendort, zwischen den Hartmann- und den Zebrabergen, lockt am krokodilverseuchten Kunene eines der letzten Abenteuer, das Afrika zu bieten hat! Der Anflug auf Hartmanns Valley Airstrip wird zu einem Hollywood-Breitwand-Spektakel mit verlockenden Einblicken ins bezaubernde Marienflusstal. Zugestaubt parken am Rand der Landepiste ein Geländewagen und eine Cessna. Sie gehören der alteingesessenen Schoemans-Familie, die maßgeschneiderte Safari-Expeditionen in diesem Landschaftsinferno veranstaltet. Noch eine Stunde im Land Rover durch obskure Welten aus wüstenhaften Hochebenen, weiten Tälern und wild gezackten Felskämmen, die aus gewaltigen

Himba-Frau an ihrem Kral am Kunene River (unten). Auf Beute wartende Echse am Kunene (rechte Seite oben). Inmitten wuchernder Vegetation versteckt sich die Serra Cafema Lodge (rechte Seite unten).

Sandpaketen herausragen. Auf der angolanischen Seite erheben sich bis zu einer Höhe von 2000 Metern die Cafema Mountains. Während der Allradantrieb den Geländewagen vorsichtig einen steilen Sandabhang hinunterbugsiert, beginnt die Zufahrt zum Wundertal: Tief unten schlängelt sich der Kunene dunkelgrün durch Ocker und Umbra, aus den Papyruswäldern längs der Flussufer ragen reetgelb die Giebel der Luxuslodge Serra Cafema heraus. Acht großzügige Pfahlbauten mit jeweils 100 Quadratmetern Wohnfläche und geschmackvoll-afrikanischem Interieur sind zwischen Sanddünen und Ufervegetation versteckt und produzieren ein filmreifes Ambiente. Bergtouren, Bootsfahrten und Besuche in umliegenden Himba-Krals schenken unvergessliche Eindrücke.

Land der Krokodile

Bei sternenklarer Nacht, wenn die Stille der archaischen Fluss- und Bergszenerie zum Erlebnisfeld der Sinne wird, hin und wieder unterbrochen vom Klatschen zuschnappender Krokodile, trägt der Wildtier-Experte Richard Jantjies seinen Besuchern gern Geschichten aus dieser anderen Welt vor. Zum Beispiel, wie hier vor Kurzem zwei junge Himba durchs seichte Wasser zur anderen Flussseite aufbrachen. Doch nur einer kam drüben an. Nilkrokodile werden bis zu sechs Meter lang, weshalb die Lodge, die mit der ansässigen Himba-Marienfluss-Community eng kooperiert, jederzeit Fährdienste anbietet. Aber Himba sind traditionsbewusst. Sie fahren nicht Motorboot.

Berta Tjiundiro lacht herzlich, wenn man sie Tizee ruft. Das hübsche Himba-Mädchen ist gerade 21 Jahre alt, gehört zur Marienfluss-Community und absolviert in der Serra Cafema Lodge eine Ausbildung zur Köchin. Sie kann weder schreiben noch lesen, behält aber jede zubereitete Rezeptur fotografisch im Kopf. Tizee ist glücklich. Sie sagt, ihr Sprung in diese neue Welt sei vor allem gut für die Zukunft ihrer Kinder. Am Tag darauf sieht man vom Boot aus ein Rinderkalb, das von der steilen Flussböschung gerutscht ist und bis zum Bauch im Ufermorast steckt. Es ist klar, was gleich passiert. Grausam sei das, merkt jemand im Boot an. Nicht für die Crocs, sagt der Bootsführer. So ist die Wildnis.

Wenn es Zeit wird, stehen viele »Serra-Cafema«-Gäste mit traurigen Augen neben ihrem Reisegepäck. Im Bewusstsein, einen jener ganz besonderen Orte zu verlassen. Nichts als Erinnerung wird dem Besucher bleiben.

TOP ⭐ ERLEBNISSE

⭐ SERRA CAFEMA

Mit viel Pioniergeist baute Jockel Gruettemeyer das Camp Serra Cafema als Basis für seine Overland-Exkursionen im Kaokoland. Die einzigartige Lage ist so beeindruckend, dass es die südafrikanische Lodge Company Wilderness in sein Portfolio übernahm. Das Camp wird in Zusammenarbeit mit der lokalen Bevölkerung betrieben, ist eine Flugdestination und für den Selbstfahrer nicht zugänglich, und wird hoffentlich eine isolierte Destination bleiben: Ein Geheimtipp für jene, die sich das Naturparadies exklusiv leisten können.
INFO: Serra Cafema, wildernessdestinations.com; Jockel Gruettemeyers Namibia Tracks and Trails, namibia-tracks-and-trails.com

⭐ EPUPA UND RUACANA FALLS

Sesfontein und Opuwo sind die Stationen unerschrockener Pistenfahrer auf dem Weg ins Kunene-Grenzgebiet zu Angola, wo mit den Epupa- und den Ruacana-Fällen nicht nur eindrucksvolle Wasserspiele warten. Hier, am absoluten Nordende des Kaokovelds, präsentiert der Kunene seine üppig grünenden Ufer in ockerfarbener Landschaft, und mit rauschenden Stromschnellen, die vierzig Meter tief in eine Schlucht abstürzen.
INFO: Epupa Camp, epupa.com.na; Kunene River Lodge, kuneneriverlodge.com

NAMIBIA

47 AM EISKALTEN ATLANTIK – DIE SKELETTKÜSTE
Friedhof versunkener Schiffe

Starke Strömungen, heftiger Seegang und tückische Untiefen setzen Schiffen ebenso zu wie dichte Nebelbänke, die hier regelmäßig wie weiße Leichentücher über Wasser und Land liegen. Immer noch fordert die unberechenbare Küste Opfer – trotz modernster Ausstattung mit Funk, Radar und Internet. Und stählerner Schiffsrümpfe.

Undurchdringlich und abgeriegelt ist das riesige Naturschutzgebiet des Skeleton Coast Parks (rechte Seite). Nur lizensierte Expeditionsunternehmer mit entsprechender Ausrüstung dürfen dort Fahrten durchführen (unten).

Wer an der Skelettküste auf einem schmalen Strandstreifen unterwegs ist, zur Rechten die sandigen Berge der Namib, zur Linken den tosenden Ozean, mag sich so lange sicher fühlen, bis plötzlich aufkommender Wind die Brandung mehr und mehr auf das Pistenband drückt. Bis es unter Wasser verschwindet. »Höllensand« nannten die portugiesischen Seefahrer ehrfurchtsvoll diesen 100 Kilometer breiten Strandstreifen, der sich zwischen der angolanischen und der südafrikanischen Grenze hinter der 1500 Kilometer langen Küste hinzieht und eine der fremdartigsten Zonen des Südlichen Afrika darstellt.

Eiskalter Atlantik – brutzelnde Wüste

Unberechenbar ist Namibias Nebel. Verursacht werden die gefährlichen Schwaden durch den antarktischen Benguelastrom, der auf die heiße Wüstenküste der Namib trifft. Die ist als spektakulärster Schiffsfriedhof der Welt bekannt und heißt deshalb Skeleton Coast. Mit hunderten von Schiffsuntergängen verhalf sie zahlreichen Seeleuten zum allerletzten Landgang, denn wer sich nach einem Schiffbruch vor dem Ertrinken zu retten versuchte und es trotz eisigen Wassers und tosender Brandung ans wärmende Land schaffte, den erwartete dort der Durst- und Hitzetod. In der Sandwüste, die sich nahtlos an die Skelettküste anschließt, gab es keine Überlebenschance.

Spektakulärster Schiffsfriedhof der Welt

Am Beispiel der »Orion«, eines Ostindienfahrers mit vier Masten, 24 Kanonen und einer Ladung im Wert von drei Millionen Gulden

NAMIBIA

Leben und Tod liegen dicht beieinander: Der wunderschön blühende Kaktus (oben) wächst nicht weit vom Wrack der »Shaunee« entfernt, die erst 1976 bei Walvis Bay strandete (unten). Der Sand zieht sich in dicken Paketen vom Atlantik bis weit ins Inland hinein (rechte Seite oben). Stolzer Buschpilot vor seiner Cessna (rechte Seite unten).

an Bord, beschreibt der Autor Hans-Otto Meissner 1979 in seinem Buch Traumland Südwest das grausame Schicksal gestrandeter Seeleute: »Die Schiffbrüchigen teilten sich in feindliche Gruppen, von denen jede versuchte, auf eigene Faust zu überleben. In verschiedene Richtungen zogen sie davon, alle in der verzweifelten Hoffnung, dass sie ein Wunder Gottes zu Menschen oder wenigstens zu Wasser führte. Keinem ist es gelungen, alle sind verhungert und verdurstet. Vermutlich hat mancher, der nichts mehr zu trinken hatte, seinen Kameraden totgeschlagen, der noch ein paar Tropfen bei sich hatte.« Von der sengenden Sonne verblichene Knochen der verdursteten Seeleute blieben aufgrund des trockenen Klimas lange Zeit erhalten, ebenso die Gerippe der gestrandeten Schiffe. Die Skeleton Coast habe mehr Opfer gekostet als jede andere Küste der Welt, so Meissner. Als der Autor vor über 35 Jahren die Wracks aufsuchte, machte die Skelettküste ihrem Namen noch alle Ehre: »Sechzig bis siebzig Meilen weit«, schrieb er damals, »ist noch heute der Strand von den zerschlagenen Resten der Segelschiffe bedeckt. Im Sand und zwischen dem Geröll liegen gebleichte Knochen und Menschenschädel.« Eine der spektakulärsten Rettungsaktionen fand statt, als der britische Frachter »Dunedin Star« 1942 auf Grund lief. Erstmals in der Geschichte der Skeleton Shipwrecks war durch moderne Informationstechnik Hilfe überhaupt möglich.

Das Grabmal der Knochenküste

Trotz Einsatzes von Lastwagen, Flugzeugen und vier Großschiffen dauerte die Bergung der hundert Passagiere unter schwierigsten Bedingungen wochenlang. Dabei wurde der Havarieschlepper »Sir Charles Elliot« selbst zum Wrack, ein Zwölf-Tonnen-Bomber der Bauart »Ventura« stürzte beim Hilfseinsatz ab, zwei Matrosen verloren ihr Leben. Einer von ihnen war Matthias Koraseb, der vom Nationalmuseum nachträglich ein solides Steingrab zum ewigen Gedenken erhielt, eine Erinnerungstafel aus glänzendem Messing inklusive. Von Sand und Knochen umweht liegt er in Reichweite der Gischt, stellvertretend für all jene, die es nicht schafften. Vor Rocky Point ragen bei Ebbe die Reste der »Elliot« noch aus dem Atlantik. Neben voluminösen Walknochen finden sich verstreut im Sand Motorteile der »Ventura«.
Allerdings ist von den meisten Schiffswracks nicht mehr viel übrig, denn Wind, Sturm, Hitze und Fluten haben die meisten inzwischen beseitigt. Bis auf wenige Ausnahmen gehören die fotogenen »Skelette« der Vergangenheit an. Wie auch die existenzialis-

tischen Szenen, wenn wieder einmal ein Frachter auf Grund gelaufen und in der Brandung wie ein Spielzeug zerbrochen war, was Meissner so authentisch in die Gegenwart transportierte: »Noch besaß man Vorräte an Bord, Trinkwasser und Lebensmittel für sechs bis sieben Wochen. Alles wurde an Land geschafft, und zwischen den Dünen entstanden ein paar Hütten aus Decksplanken. Der Kapitän schickte eine Expedition nach der anderen aus. Doch alle kehrten ohne Ergebnis zurück. Stürme zerschlugen das gestrandete Schiff. An Land löste sich allmählich die Ordnung auf. Man stritt sich um jeden Becher Wasser und stahl sich gegenseitig die Rationen.«

Recreation Area und National Park

Heute wird nur noch das Territorium nördlich von Walvis Bay als Skelettküste bezeichnet, die in drei Abschnitte geteilt ist: in die südlich gelegene National West Coast Recreation Area zwischen Walvis Bay und Meile 108 bei Durissa Bay, wo es für Touristen wie für Einheimische jede Menge Fahr-, Sand- und Küstenspaß gibt, und den sich anschließenden Skeleton Coast Park, der als Nationalpark für Besucher nur zwischen seiner Südgrenze am Ugab River und dem Huanib River auf der Höhe von Möwe Bay zugänglich ist.

Bis dorthin sind es von Swakopmund 460 Kilometer und dann fast noch einmal so viele bis ans namibische Ende der Welt, wo sich der Kunene River an der angolanischen Grenze in den Atlantik ergießt. Ein großer Teil der weiten Küstenlandschaften des Nationalparks, der mit 16 400 Quadratkilometern Fläche größer als Schleswig-Holstein ist, steht Besuchern nicht zur Verfügung. Dieses »verbotene« Areal ist privates Konzessionsgebiet und lässt sich deshalb ausschließlich aus der Vogelperspektive besichtigen. Oder auf einer Skeleton-Coast-Safari – als zahlender Gast einer Luxuslodge.

Wer als Selbstfahrer in der West Coast Recreation Area unterwegs ist, sollte sich vorher eine kostenfreie Zulassung für Offroad-Fahrten an den Stränden und in den Dünen zwischen Walvis Bay und Swakopmund besorgen, die bei Dare Devil Adventures in Langstrand und Desert Explorers in Swakopmund erhältlich ist. Der Aufwand lohnt sich für den 200 mal 25 Kilometer breiten Küstenstreifen aus purem Sand. Selbst Inselliebhaber kommen an der Skelettküste auf ihre Kosten: 2009 ist mit der Namibian Islands Marine Protected Area eine neue Schutzzone auf 400 Kilometern Länge an der Skeleton Coast nördlich und südlich von Lüderitz entstanden, die zehn Inseln umfasst.

TOP ⭐ ERLEBNISSE

⭐ SELF-DRIVE BIS TERRACE BAY

Die Skelettküste teilt sich in drei Abschnitte: Den zwischen Walvis Bay und Meile 108 bei Durissa Bay frei zugänglichen Dorob National Park, wo es jede Menge Fahr-, Sand- und Küstenspaß gibt, sowie den öffentlichen Teil des sich anschließenden Skeleton Coast National Park zwischen Ugab River und Hoanib River auf der Höhe von Möwe Bay, der nur mit kostenpflichtigen Permits sowie Übernachtungsbuchung für Terrace Bay/Torra Bay zu befahren ist. Und schließlich liegt jenseits davon ein privates Konzessionsgebiet, das sich bis zur angolanischen Grenze erstreckt und nur wenigen Veranstaltern von Fly-in-Safaris vorbehalten ist. Hier liegt das exklusive Hoanib Skeleton Coast Camp von Wilderness Safaris. Permits für Terrace Bay/Torra Bay gibt es bei Namibia Wildlife Resorts in Swakopmund und an den Zufahrten des Parks Ugabmund und Springbockwater.
INFO: Namibia Wildlife Resorts, nwr.com.na;
Hoanib Skeleton Coast Camp, wildernessdestinations.com

⭐ FLY-IN

Eagle Eye Aviation sowie einige andere Fly-in-Unternehmen bieten von Swakopmund aus Sightseeing-Flüge über die Skelettküste an, inklusive über die weiten Dünenwelten der Namib und zu verbliebenen Schiffswracks, die vor der Küste aus dem Wasser ragen.
INFO: Eagle Eye Aviation, eagleeyeaviation.com.na

Nicht nur tausende Felsbilder finden sich in Twyfelfontein, sondern auch bizarre Sandsteinformationen wie diese.

TRAUMROUTEN

48 LEGENDÄR: DER PIONIER DER WILDNIS – SCHOEMANS SAFARIS

Abenteuer im Abseits

Zahllose Geschichten und Anekdoten rankten sich schon zu Lebzeiten um den Skelettküsten-Pionier Louw Schoeman. Sein Wirken begann, als er sich unsterblich in das von Menschenhand beinahe unberührte Territorium am Atlantik verliebte und eine bedeutende Rolle bei der Entstehung des Skeleton National Park spielte. Inzwischen hat der Name Schoeman im namibischen Reisesektor Kultstatus erlangt.

Es könnte die Biografie eines Saulus sein, der in den 1960er-Jahren in Begleitung knallharter Business-Wölfe in winzigen Einmotorigen die Skeleton Coast abflog, um nach wertvollen Mineralien zu suchen. Als Anwalt sollte er seine Klienten im Schürf- und Abbaurecht beraten und im Bedarfsfall juristische Fragen klären. Bald schon setzte sich Schoeman nachdrücklich für die Erschließung und Nutzung der Bodenschätze ein und damit für die generelle Entwicklung des desolaten Areals. Sogar der Bau eines Hafens in Möwe Bay stand auf der Agenda. Schon bald besetzte der Business-Visionär einen Direktorenposten bei der Westies Minerals Company und gründete die Entwicklungsgesellschaft Sarusas Development Corporation.

Wandel zum Naturschützer

Dann erfolgte die Wandlung zum Paulus: Während seiner geschäftlichen Fly-in-Safaris erkannte Schoeman, um was für eine wunderbare Ressource es sich bei dem, was er da sah, tatsächlich handelte. Immer stärker entflammten Herz und Seele für die herbe und ganz eigenartige Schönheit der sandigen und felsigen Küstenlandschaft. Immer häufiger flog er nun mit Freunden und Bekannten für ein paar Tage zum Relaxen an die Skelettküste, bis die Idee eines riesigen Schutzgebiets geboren war, das 1971 nach langem Kampf als Skeleton Coast Park auf die namibische Landkarte kam. Als Schoeman im Jahr 1977 die Konzession erhielt, als Einziger ein Areal im nördlichen Teil des Nationalparks touristisch nutzen zu dürfen, war das Familienunternehmen Skeleton Coast Safaris schnell gegründet.

Schoemans Frau Amy beschreibt ihn als Entdecker mit Pioniergeist, der seinen Gästen nicht nur eine tolle Tour bieten, sondern auch in der Vermittlung des Naturschutzgedankens anspruchsvolle Maßstäbe setzen wollte. 1987 rief Louw Schoeman die Namibia Nature Foundation ins Leben. Das Wissen um die Geologie der Region, um Flora und Fauna, um die besonderen

Unfassbar sind die Einsamkeit und die Weite des Strands am Atlantik: Skelettküsten-Spaß im tiefen Sand

Cessna über dem Marienflusstal im Anflug auf den Kunene River

klimatischen Gegebenheiten und die ökologischen Aspekte seiner geliebten Skelettküste waren ihm Herzensangelegenheiten, die er seiner gut zahlenden Kundschaft vermitteln wollte. Zahllose Anekdoten sind über den engagierten und überall im Lande bekannten Mann alter Schule im Umlauf. Zum Beispiel, dass er nie ohne Kehrbesen auf seine Safaris ging, um vor dem Abflug mit seiner Cessna oder der Abreise im Landrover die Fuß- und Reifenspuren der Zivilisation noch schnell verwischen zu können. Oder dass er die Zigarettenkippen seiner Safari-Gäste stets eigenhändig aufsammelte, um sie in Windhoek zu entsorgen.

Als Schoeman im Jahr 1993 seine Konzession an einen deutschen Reiseveranstalter verlor, grämte ihn der Verlust vielleicht zu sehr – er starb bald darauf an Herzversagen. Heute verwalten die Schoeman-Söhne André, Léon, Henk und Bertus als Piloten und Ranger sein Erbe. Schoemans Skeleton Coast Safaris, die per Cessna und Land Rover in die abgelegensten Ecken des Kaokovelds und der frei zugänglichen Areale der Skelettküste führen, begeistern immer noch eine zahlungskräftige Kundschaft. Auch wenn nicht der Luxus, sondern Wanderungen durch die Wildnis und Übernachtungen in mobilen Zeltcamps beim Skelettküstenabenteuer à la Schoeman im Vordergrund stehen. Natürlich schon auch ein wenig eiskalter Champagner, solange die Kühlbox mitmacht.

Was man unter dem speziellen Schoeman-Konzept zu verstehen hat, beschreibt treffsicher ein älteres Ehepaar aus London, das nach einer Schoeman-Safari in der Luxus-Lodge Serra Cafema zu Protokoll gab: »Es war sehr einfach. Aber gleichzeitig unschlagbar fantastisch!« Am Ende der Welt zu sein, an einem prasselnden Lagerfeuer unter funkelndem Sternenhimmel zu sitzen und die Schönheit dieser einzigartigen Wildnis für sich ganz allein zu genießen. »Best experience in our lifetime!« Empfohlener Lesestoff hierbei: Amy Schoemann.

TOP ★ ERLEBNISSE

★ AMY SCHOEMANS SKELETON COAST

Ein aufregendes Stück Biografie hat die Ehefrau Louw Schoemans seit der Gründung von Skeleton Coast Safaris erlebt, auch die Entstehung des Skeleton Coast Parks. Auf Notizzetteln notierte Amy Schoeman in Skeleton Coast, was eines Tages für die Geschichte der Schutzzone Skelettküste wichtig sein würde. Von Bartolomeu Diaz über Georg Hartmann bis Hans-Otto Meissner – der an der Skelettküste eine Bruchlandung hinlegte – ist so mancher Haudegen vertreten. Schoemans Skeleton Coast Safaris bieten für jeden Geschmack unterschiedliche Exkursionen an.
INFO: Skeleton Coast Safaris, skeletoncoastsafaris.com

★ 4X4 DURCHS NIEMANDSLAND

Tag 1 führt den Konvoi der Geländewagen von Swakop aus an der Skelettküste entlang via Terrace Bay bis ins 450 Kilometer entfernte Möwe Bay. An Tag 2 geht es durchs Flussbett des Hoarusib River zum Grabmal von Matthias Koraseb neben den Wrackresten der Sir Charles Elliot am Khumib River. Ab Cape Fria zieht die Expedition bis zur Mündung des Kunene River sowie am nächsten Reisetag durch gewaltige Sanddünengebiete bis ins Hartmanns Valley.
INFO: Omalweendo Safaris Windhoek, omalweendo.com

NAMIBIA

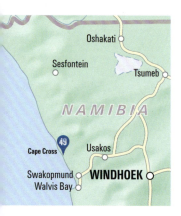

49 NICHTS FÜR ÄSTHETEN DER DÜFTE – CAPE CROSS
Seehundparadies

Wer Swakopmunds kuriose Jugendstilidylle am Rande der Namib-Wüste ausgiebig erkundet hat, kann getrost zu einer Tour auf eigene Faust entlang der wilden Skelettküste aufbrechen. Über die Salzstraße führt die erste Etappe via Wlotzkasbaken nach Henties Bay und dann weiter bis zur Seehundkolonie am Cape Cross.

Als Hans-Otto Meissner vor rund 40 Jahren auf der alten Salzpiste von Swakopmund 130 Kilometer Richtung Norden bis ans Cape Cross wollte, war seine erste Etappe eine Strandsiedlung namens Wlotzkasbaken. Der merkwürdige Name, fand er heraus, ging auf den Tschechen Wlotzka zurück, der einst in einer Hütte aus Treibholz gehaust und angeschwemmtes Strandgut aufgesammelt hatte, das er dann mit einem Hundekarren nach Swakopmund brachte und dort zum Verkauf anbot.

Wlotzkasbaken zählte damals »hundert Strandhäuser, aber nur einen Bewohner. Alle übrigen Wlotzkasbakener kommen nur zum Wochenende oder zur Ferienzeit. Dann allerdings bevölkern bis zu einem halben tausend Menschen den Ort und Strand. Es gab dort keinen elektrischen Strom, keine Post, kein Telefon, auch kein Kino, Café oder Restaurant, ja nicht einmal Trinkwasser.« Viel hat sich bis heute nicht verändert in dem skurrilen Ferienort. Abgesehen von der verbesserten Küstenstraße, welche die paradiesische Enklave zwischen dem stahlblauen Atlantik und den riesigen Sandbergen schneller zugänglich macht.

Zu den Pelzrobben an Cape Cross

Das etwa 35 Kilometer entfernte Henties Bay war auch damals schon ein beliebter Badeort, der »richtige Fahrwege, elektrisch heraufgepumptes Süßwasser und sogar ein kleines Esslokal« vorweisen konnte. Aufgrund seiner schönen Lage mit weitem Blick auf den Atlantik sowie einer guten Wasserversorgung

Seebären fühlen sich am Cape Cross in ihrem Element, ihre Brutkolonie riecht man allerdings schon meilenweit (unten). Auch Angler versuchen ihr Glück an der Skeleton Coast, Fisch gibt es im eiskalten Atlantik reichlich (rechte Seite oben). Ideal für Sternegucker: Nachts ist der Himmel über Namibia glasklar (rechte Seite unten).

hat sich aus den anfänglichen Strandhütten mittlerweile eine idyllische Küstenstadt mit 3000 Einwohnern nebst Golfplatz entwickelt – mit ähnlichen Problemen wie die Nordseeinsel Sylt: Die Randlage von Henties Bay an der Spitze eines riesigen Dünenpakets, an dem der Wind und die Brandung des Atlantiks knabbern, ist von Erosion – und dem Absturz der dem Abgrund nächstgelegenen Gebäude – bedroht. Einheimische lieben Henties Bay als Anglerparadies, denn Fisch – vor allem Steinbrasse, Barbe und Kabeljau – bedeutet hier alles. Fremde aber kommen vor allem auf dem Weg ins nahe gelegene Cape Cross vorbei, wo der portugiesische Seefahrer Diogo Cão 1486 als erster Europäer namibischen Boden betrat und ein Steinkreuz errichtete. Zu besichtigen ist allerdings nur eine Replik. Garantiert echt sind die Südafrikanischen Seebären – auch als Kap-Pelzrobben bezeichnet – der Cape Cross Seal Reserve, der größten Kolonie Namibias. Nasenklammern sollten jetzt griffbereit liegen, weil der Gestank von 100 000 bis 200 000 Robben selbst abgebrühten Geruchsorganen zusetzen kann. Etwa 30 dieser für Seebären so attraktiven Brutplätze verteilen sich an der gesamten namibischen Küste, zwei weitere, besonders große befinden sich in Wolf Bay und in Atlas Bay bei Lüderitz. »Seit urdenklichen Zeiten leben die Robben am Strand und auf den flachen Klippen der Küste bei Cape Cross«, so Meissner bei seinem Besuch 1970, »ihre Zahl beläuft sich ungefähr auf 50 000. Bis zum Beginn unseres Jahrhunderts wurden die Robben auf grausame Weise verfolgt und fast völlig ausgerottet. Dann endlich griffen die Regierungen ein und stellten den Rest der Pelzrobben unter Naturschutz. Seitdem haben sich ihre Bestände derart stark vermehrt, dass es nun wieder erlaubt ist, eine begrenzte Zahl zu erschlagen, um ihnen das wertvolle Fell über die Ohren zu ziehen.«

Gier nach Fisch

Am fischreichen Cape Cross haben sich die Seebären inzwischen so zahlreich versammelt, dass zuletzt während der Paarungszeit zwischen November und Dezember an die 250 000 Tiere gezählt wurden. Dann sind die Bullen aktiv, die ein paar Wochen bleiben und einen weiblichen Robben-Harem von bis zu 25 Tieren befruchten. Diese Schwerstarbeit reduziert die vorher angefressenen Fettreserven um etwa die Hälfte auf circa 180 Kilogramm Körpergewicht. Robben vertilgen große Mengen Fisch, allein in Namibia mit fast zwei Millionen Tonnen das Dreifache dessen, was die Fischereiflotte an Fang anlandet.

TOP ⭐ ERLEBNISSE

⭐ REISE INS LICHT DER STERNE

Namibia kennt kaum Licht- und Luftverschmutzung, weshalb seine weiten Ebenen mit ihrem meist wolkenlosen Nachthimmel ein selten gewordenes Paradies für Sternengucker sind. Mit modernstem technischen Equipment ausgestattete Sternwarten bieten Profis wie Hobby-Astronomen einen glasklaren Blick in den Kosmos. Sogar Gästefarmen stellen Teleskope und Sternwarten zur Verfügung einige Reiseveranstalter nehmen solche Bausteine bereits in ihre Programme auf.
INFO: Übernachten: Cape Cross Lodge, capecross.org, Desert Rendezvous Guesthouse in Henties Bay, desertrendezvous.co.za, in Swakopmund, swakopmundguesthouse.com

⭐ BIG FIVE – LITTLE FIVE

Zu den hässlichen Fünf (Ugly Five) zählt die Familie der aasfressenden Geier sowie die abscheuliche Hyäne und der Pavian mit seinem roten Hintern, zu den Forgotten Five das seltene Schuppentier sowie die vom Aussterben bedrohten Wildhunde, und zu den Little Five der Namibgecko, die Zwergpuffotter und die Afrikanische Radspinne.
INFO: Living Desert Adventures, livingdesertnamibia.com

»Swakop«, wie Einheimische ihre hübsche *seaside town* liebevoll nennen, versetzt Besucher in eine andere Zeit. Das charmante Städtchen zwischen Sandwüste und eiskaltem Atlantik ist eine bezaubernde Mischung aus Nordseebad und Kolonialarchitektur (oben). Woermannhaus von Friedrich Höft (1905; rechte Seite oben) Swakopmund Beach Front (rechte Seite unten).

VON DER NAMIB GEKÜSST – JUGENDSTILPERLE SWAKOPMUND

Deutsche Architektur schreibt Geschichte

Seit Major Curt von François mit seiner Deutschen Schutztruppe hier anlandete, um einen Hafen zu bauen, der dem britischen Walvis Bay kaiserlich-koloniale Konkurrenz machen sollte, hat die Stadt ihren deutschen Charakter behalten. Allgegenwärtig ist das Erbe der Wilhelminischen Epoche, die dem begehrten Seebad, auch kurz »Swakop« genannt, sein historisches Stadtbild verschaffte.

Immer noch da sind die Bismarckstraße, die Bergstraße, die Bäckerstraße und die Nordstrandstraße. Und natürlich das Hansa-Hotel, Baujahr 1905. Die traditionsreichste Herberge Swakops hat laut Gästebuch neben vielen anderen Besucher wie Aristoteles Onassis, Gunther Sachs, Manfred Krug, Götz George und Oliver Reed gesehen. Innendrin scheint die Zeit stehen geblieben zu sein. Nostalgische Gefühle verursachen auch eine Reihe weiterer Unterkünfte wie das Hotel Europa Hof (bayrisch), Hotel Adler (modern mit Hallenschwimmbad, Fitnessbereich, Sauna) und die Prinzessin-Rupprecht-Residenz (Pension im ehemaligen kaiserlichen Kolonial-Lazarett). Geradezu bombastisch ist die Architektur des Alten Bahnhofs (1901), in dem heute das Swakopmund Hotel & Entertainment Centre residiert, mit Pool zwischen klassischen Säulengängen und einer Roman-Herzog-Suite. Ebenso fotogen ist das Kaiserliche Bezirksgericht (1902), jetzt Sommersitz des Präsidenten.

Lebendiges Freilichtmuseum

Die Liste architektonischer Preziosen aus der kolonialen Ära ist endlos. Dazu gehören die »Adler-Apotheke und Drogerie, Emil Kiewitt«,

NAMIBIA

Natürlich zählen der Alte Bahnhof (rechte Seite unten) sowie Swakops Leuchtturm aus dem Jahr 1902 (unten) zum historischen Stadtbild. Der Hit für Gourmets ist das Jetty-Restaurant auf Swakops Mole aus dem Jahr 1905 (rechte Seite oben) und der Fisch-Gourmettempel The Tug vor der Mole.

wie das Firmenschild neben der stilvollen Eingangstür mit Butzenscheibenglas anzeigt, die evangelisch-lutherische Kirche (1906) in der Poststraße, das Franziskaner-Krankenhaus (1907), das Gebäude der ehemaligen Deutschen Schule (1912), das Amtsgericht (1906, heute Sitz der Stadtverwaltung), die Alte Post (1907), das Hohenzollernhaus (1909) sowie gleich gegenüber der »Prima Schlachterei« das Alte Gefängnis (1907), das noch immer als Vollzugsanstalt dient. Mag der Afrika-Kenner Peter Scholl-Latour über die Relikte der deutschen Ära in Südwest auch befinden, dass ihm »die künstliche Verpflanzung einer reichlich spießigen Nordsee-Atmosphäre an den Süd-Atlantik – ein bisschen Norderney, ein bisschen Sylt – als ein schwarz-weiß-rotes Disneyland vorgekommen« sei: Ganz sicher ist Swakopmund das südlichste »Nordseebad« der Welt und hat eine bezaubernde Atmosphäre. Wind- und gischtumtost spaziert es sich auf seiner Promenade, und wer sich auf der Mole umdreht, blickt zurück auf Swakopmunds Wahrzeichen: den 21 Meter hohen, rot-weiß gekringelten Leuchtturm, der dem Ferienort am Rand der Namib-Wüste seine nördliche Anmutung verleiht. Besonders dann, wenn der kalte Atlantik seine feuchtkühlen Nebelschwaden über die heiße Sandküste schickt und das Städtchen komplett im Dunst versinkt. Die Strände sind endlos an dieser Küste. Nördlich von Swakopmund ziehen sie sich bis zur angolanischen Grenze hinauf, aber die Strandfreuden bleiben meist auf das Sonnenbaden beschränkt. Selbst an den heißesten Sommertagen steigt die Wassertemperatur auf nicht mehr als 15 Grad Celsius. Weniger empfindlich geben sich Pelikane, Flamingos, Kormorane, Enten und Möwen. Und Robben, die sich vor hungrigen Wüsten-Schakalen in Acht nehmen müssen.

Deutsch-Südwester

Einer der alteingesessenen Südwester ist Wolfgang Epler, geboren 1930 in Windhoek, aber schon lange in Swakopmund wohnhaft. Seine Farm hat der gelernte Landwirt vor vielen Jahren verkauft. Als offizieller Fremdenführer bessert der rüstige Rentner sein Einkommen auf und führt auf seinen Touren nicht ohne Stolz seine Heimat vor. Am Swakopmunder Leuchtturm vorbei geht die Rundfahrt über die Hafenstraße zunächst ins Strandviertel Vineta. The Seagull und Sea Breeze sind nur zwei von zahlreichen Pensionen in ansprechendem Boutique-Design. Die Atlantiklage ist so schön, dass sich die feinen Residenzen immer weiter Richtung Norden vorschieben und längst neue Stadtteile entstanden sind namens Vogelstrand, Waterfront

TOP ⭐ ERLEBNISSE

⭐ SWAKOPS ALTER BAHNHOF

Am 20. Oktober 1900 wurde der Vertrag zum Bau des Alten Bahnhofs von der Kaiserlichen Eisenbahnverwaltung unterschrieben und schon im Oktober konnte das Gebäude, das heute zu den schönsten aus der deutschen Ära zählt, in Betrieb genommen werden. Wer mit dem Zug reiste, konnte sein Gepäck durch die Troosche Maultierbahn abholen und zum Bahnsteig transportieren lassen. 1972 wurde der Alte Bahnhof Nationaldenkmal, sorgsam renoviert und 1994 vom damaligen Präsidenten Namibias, Sam Nujoma, als Swakopmund Hotel & Entertainment Centre eröffnet. Der Alte Bahnhof ist die mit Abstand eleganteste und stilvollste Herberge der Stadt.
INFO: Swakopmund Hotel & Entertainment Centre, legacyhotels.co.za

⭐ TOWNSHIP MONDESA

Bei all dem schönen Jugendstil könnte man beinahe vergessen, dass viele Swakops einheimischer Einwohner gar nicht darin wohnen: Stimmt, die meisten leben im Mondesa-Township, der sogenannten »location«. Eine Townshiptour lohnt sich. Wer 3 Stunden Zeit mitbringt, besucht den Markt, Schule und Kindergarten, Künstlerprojekte sowie ein authentisches Township-Zuhause.
INFO: Swakopmund Tourism, swakopinfo.com und swkmun.com.na

und Ocean View. Von den rund 25 000 Einwohnern, sagt Herr Epler, wohnt nur die Hälfte hier, weil die meisten Arbeitsplätze anderswo sind. Im wirtschaftlich umtriebigen Walvis Bay beispielsweise oder in der etwa 60 Kilometer entfernten Rössing-Uranmine, dem größten Urantagebau der Welt mit über 2000 Beschäftigten.

»Hansa« vom Fass im »Lighthouse«

Jedenfalls schlägt Swakops Herz noch ganz schön deutsch: Gabriele Reutter bietet Kosmetik an, Ludwig Schröder Versicherungen und Immobilien, Optiker Rohloff Sehtests und Brillen, zum Frühschoppen im Woermannhaus gibt's Bockwurst und Brötchen, und der Männergesangverein gibt eine musikalische Einlage im Haus der Jugend. Bis 2005 produzierte Swakopmunds Hansa-Brauerei streng nach Deutschem Reinheitsgebot, worauf man hier mächtig stolz war. Aus Rentabilitätsgründen wurde die Produktion stillgelegt und die historische Einrichtung nebst kupfernem Braukessel ins Braustübchen Raith's Museumscafé gebracht. Gleich um die Ecke wirbt das Swakopmund Museum mit dem Slogan »Bauet am Erbe«, der nicht nur auf politische, sondern auch auf knallharte marktwirtschaftliche Realitäten trifft. Ein Glück, dass es trotzdem noch Hansa-Bier in Swakopmund gibt, auch wenn das jetzt aus Windhoek durch die Wüste herangeschafft werden muss. In jedem Fall sollte die Zeit reichen für frischen Kabeljau und ein zünftiges »Hansa« vom Fass im Restaurant Lighthouse an der Ludwig-Koch-Straße mit Blick auf Strandpromenade, Mole und Hafenbecken, in dem sich Delfine und Robben tummeln. Oder für einen Besuch im Café Anton, wo tatsächlich Linzertorte, Apfelstrudel und Gugelhupf angeboten werden. Wer es deftiger mag, geht Zur Weinmaus gleich nebenan, das mit Kassler, Griebenschmalzbrot und Schweinebraten das Kontrastprogramm bietet.

Swakops jecke Saison

Und natürlich, wen wundert's, feiert Swakopmund jedes Jahr kräftig und laut seinen Karneval! Der beginnt schon Anfang des Jahres mit der Wahl des Faschingsprinzen und seiner Prinzessin. Erst im August, wenn der Benguelastrom seine Nebelschwaden besonders gern über die Stadt schickt, geht es los mit den Straßenumzügen in der jecken Atlantikgemeinde am Ende der Welt. »Der Zuch kütt« gilt also auch hier, wenn die bunten Wagen durch die Straßen ziehen. Swakops karnevalistischer Höhepunkt ist jedoch der Maskenball, auf dem das Hansa-Pils nonstop aus dem Zapfhahn schießt.

THEMA

ATLANTISCH GOLFEN
Einputten wird hier großgeschrieben

Nur wenige Kilometer sind es von der Stadtmitte bis zum Rossmund Golf Club, wo es sich mitten im Sandmeer hervorragend einputten lässt. Die luxuriöse Oase, die nicht ohne Stolz zu den wenigen Wüstengolfplätzen weltweit zählt, bietet herrliche Fairways und Greens. Das Rossmund-Wunder breitet sich zwischen hunderten Dattelpalmen aus und gilt mit seinen 18 Löchern (6068 m – Par 72) als einer der schönsten Plätze im Südlichen Afrika.

Nach sieben Kilometern, an denen die Namib schon nagt, der Atlantik aber noch zu riechen ist, kommen eine Reihe eleganter Wohnhäuser, ein Schwimmbad und ein modernes Clubhaus in Sicht: der Rossmund Golf Club. Rund 30 Fahrzeuge sind auf den großzügigen Parkplätzen abgestellt, die Atmosphäre ist locker, ein paar Kids in Markenoutfit haben Spaß auf dem clubeigenen Spielplatz. Jenseits der Gebäude schimmert es grün.

Rössing macht's möglich

80 Kilometer landeinwärts wurde das Geld für die extrem teure Anlage verdient, die 1979 zunächst mit neun Löchern gebaut wurde: in der Rössing-Uranmine. Da die weltweite Nachfrage nach dem Rohstoff damals gut ausgebildete Fachkräfte zur Mangelware werden ließ, sollte ein Golf Course eine Art Lockmittel sein, was funktionierte, weshalb Rössing zehn Jahre später auf 18 Löcher erweiterte.

Henties Bay Golf Course liegt direkt am Atlantik, der Abschlag funktioniert mit Meerblick!

Einer der größten und berühmtesten Wüstengolfplätze: Der Rossmund Golf Course Swakopmund.

Die Begrünung der Greens erfolgt teils umweltfreundlich durch geklärte Abwässer der Stadt. Das schafft eine üppige Vegetation, die nicht nur den Golfern gefällt, sondern auch Springböcken, die zu hunderten äsend über das Spielfeld ziehen. Da kann ein harmloser Abschlag schon mal zum Abschuss werden, was Golf-Koryphäen wie Dale Hayes, Gary Parker und andere, die hier im Gästebuch stehen, nicht irritiert. Rossmund zählt mit seinen von bildschönen Dattelpalmen bestandenen Fairways zu den schönsten Plätzen im Südlichen Afrika – und zu den kuriosesten der Welt.

Abschlag in der Wüste

Inzwischen ist ein attraktives Desert Golf Village in einer gefälligen mediterranen Architektur dazugekommen. Die eigentlich als Ferienhäuser für Golfer gedachten Villen haben nicht wenige Swakopmunder zu festen Wohnsitzen gemacht, da es sich in der modernen und stadtnahen Wüstenenklave nicht nur prächtig residieren lässt, sondern die Benutzung des Golfplatzes für Eigenheimbesitzer kostenfrei ist. Golfern, die als Gäste von auswärts anreisen, steht die Rossmund Lodge mit Schwimmbad und stylishen Chalets mit Blick auf Golfplatz und Wüste zur Verfügung sowie Restaurant, Boutique für Golfausstattung und Konferenzräume.

Quadbiken gleich nebenan

Wer es nach dem Abschlag deftiger braucht, braust mit dem Quadbike durch die Wüste. Beim sportlichen Freizeitspaß geht es wie beim 4x4-Pistenfahren mit Allradantrieb durch den Sand. Davon profitiert Mario Prinsloo mit seiner Firma Duneworx Swakopmund, die Quadbikes verkauft und vermietet, in einer Umgebung, die dafür ideale Bedingungen bietet, weshalb sich der Quadbike-Spezialist, dessen Großmutter vor langer Zeit aus Hamburg nach Südwest kam, in der Swakopmunder Leutweinestraße 6 vor fahrspaßsüchtiger Kundschaft kaum retten kann. Privat benutzt Mario eine Yamaha YFZ 450cc, 45 PS, die auf 121 Stundenkilometer und 60000 Namibia-Dollar kommt (ca. 17000 Euro). Touristischen Fun-Ausflüglern verleiht er aber lieber eine handzahme 125er Grizzly-Automatik, die immerhin 85 Sachen schafft. Unternehmen, die im Reisesektor tätig sind, ordern schon mal 30 Quadbikes auf einen Schlag, um Kunden auf mehrstündigen Offroad-Spezialtouren in die Wüste zu schicken.

NAMIBIA

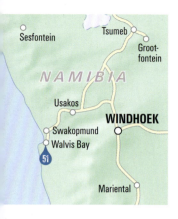

51 DIE BUCHT DER WALE – WALVIS BAY
Namibias Tor zu den Weltmeeren

Als der portugiesische Seefahrer Bartolomeu Diaz auf der Suche nach einem sicheren Ankerplatz vor der südwestafrikanischen Küste kreuzte und im Dezember 1487 hier einlief, gab er der Ankerbucht den Namen Golfo de Santa Maria da Conceição. Doch die riesigen Meeressäuger, die diesen Abschnitt der Atlantikküste in großen Stückzahlen aufsuchten, verhalfen der Hafenstadt am Rande der Namib letztlich zur dauerhaften Bezeichnung Walvis Bay.

Walvis Bay ist nicht nur für Wale, Delfine und Flamingos (unten und rechte Seite unten) attraktiv. Der umtriebige Überseehafen mit gut gebuchtem Container-Terminal (rechte Seite oben) bringt neben Tourismus und Salzgewinnung beträchtlichen Wohlstand in die Stadt.

Ein paar hundert Jahre nach Diaz entdeckten die Holländer und wenig später die Briten Walvis Bay, den strategisch bedeutsamen Hafen, bis heute der einzige Naturhafen an der nahezu 1500 Kilometer langen Küstenlinie Namibias. Strategisch bedeutsam deshalb, weil sich hier die Schifffahrt von Europa ums Kap der Guten Hoffnung nach Indien kontrollieren und – sofern es sich um eigene Transporte handelte – auch versorgen ließ. 1910 wurde die Stadt Teil der Südafrikanischen Union.

Zu kolonialen Zeiten mussten die Kaiserdeutschen neidvoll erkennen, dass ihre englischen Kollegen mit ihrem Standort den besseren Part erwischt hatten. Verzweifelt versuchte die Deutsche Schutztruppe eine ebenbürtige Anlaufstelle für ihre Schiffe aus Hamburg zu finden. Was dabei herauskam, war eine endlos lange Landungsmole im deutschen Swakopmund, an der ein Landgang bei tosender See einem Abenteuer gleichkam. Deutsche Schiffe liefen viel lieber Walvis Bay an, weil sie dort Fracht und Passagiere sicher absetzen konnten.

»Am 25. Tage nach der Abfahrt aus Hamburg«, beschreibt Walther Wülfing in »Dich ruft Südwest« die Anreise seiner Protagonisten, »steuerte die ›Njassa‹ den Hafen von Walfischbucht an. Dicker Nebel hinderte die Orientierung. Schließlich tauchte der Schlepper der Linie auf, der den Dampfer in das Hafenbecken hineinbugsierte. Als die vor der Küste liegende Nebelbank passiert war, lag die Walfischbucht in hellem Sonnenschein da. Nach dreiviertelstündiger Fahrt, immer an den trostlosen Dünen entlang, waren sie in Swakopmund.«

Walvis: modern und weltoffen

Die Deutschen waren längst fort, als Walvis Bay immer noch britisch war; erst 1994, vier Jahre nach der Unabhängigkeit, gab die Mandatsmacht Südafrika den Besitz an Namibia zurück. Heute legen in der zweitgrößten und wirtschaftlich umtriebigsten Stadt Namibias mit 50 000 Einwohnern gestandene Tanker und Containerfrachter an, insgesamt circa 3000 Schiffe pro Jahr. Der Container-Terminal kann sogar bis zu 4000 Container verschieben. Darüber hinaus bieten Fisch- und Meersalzverarbeitung neben dem Tourismus begehrte Jobs am Rande der Wüste. Derzeit produziert Walvis Bay beinahe den gesamten Salzbedarf Südafrikas. Von hier aus werden namibische Mineralien wie Kupfer, Blei und Uran exportiert und ein Großteil der Importgeschäfte abgewickelt. Vor der Küste liegen große künstliche Inseln, sogenannte Guano-Plattformen, die Seevögeln als Rast-, Kot- und Nistplatz dienen, sodass jährlich circa 1000 Tonnen Guano anfallen, die von der namibischen Düngemittelindustrie verarbeitet werden.

Wirklich hübsch ist es nicht, das umtriebige Städtchen, aber erlebenswert: Drum herum, in seinen weiten Naturschutzgebieten, findet jede Menge Wasser- und Adrenalinsport statt, und seine weitläufigen Lagunen punkten mit einer beeindruckenden Vogelwelt. Zuweilen pausieren hier über 200 000 Zugvögel auf einen Schlag! Allein die hier ansässigen Flamingos kommen auf geschätzte 50 000. Und am Pelican Point führen zahlreiche Pelikane ihre Zielsicherheit vor, wenn sie über der Wasserfläche flatternd tief unter sich Beute entdeckt haben und dann mit zusammengefalteten Flügeln abrupt herabstürzen. Nicht weit von diesem Spektakel kann man mit »Dune 7« den höchsten und am häufigsten besuchten Sandberg von Walvis Bay besteigen – mit dem allerbesten Ausblick auf das illustre Küstenstädtchen. Aus der deutschen Ära ist die Missionskirche von 1880 geblieben, die in vorgefertigten Einzelteilen aus Hamburg kam und am Hafen aufgebaut wurde.

TOP ⭐ ERLEBNISSE

⭐ WHALE-WATCHING

Walvisbaai wurde schon 1726 von Fangbooten der Dutch West Indian Company angelaufen. Seit Ende des 18. Jahrhunderts zogen Walfangflotten die Riesen massenhaft aus dem Wasser. Ihr Tran diente zur Herstellung von Brennstoff für Lampen sowie als Grundstoff für Seife, Linoleum und Arzneimittel und ihre Barten zur Herstellung von Korsettstäben. Mit Glück sind vor Walvisbay Wale zu beobachten, allerdings sind die Chancen auf Sichtung von Robben, Delfinen, Flamingos und Pelikanen wesentlich größer.
INFO: Catamaran Charters, namibiancharters.com; Mola Mola Dolphin Cruise, mola-namibia.com; Walvis Bay Tourism, walvisbaycc.org.na

⭐ OFFROAD ON THE BEACH

Wer als Selbstfahrer in der West Coast Recreation Area unterwegs ist, sollte sich vorher eine kostenfreie Zulassung für Offroadfahrten an den Stränden und in den Dünen zwischen Walvis Bay und Swakopmund besorgen, die bei Dare Devil Adventures und Desert Explorers in Swakopmund erhältlich ist. Der Aufwand lohnt sich für den 200 mal 25 Kilometer breiten Küstenstreifen aus purem Sand, der zur Skelettküste gehört, aber frei zugänglich und an ausgewiesenen Stellen befahrbar ist.
INFO: Dare Devil Adventures, daredeviladventures.com; Desert Explorers, namibiadesertexplorers.com

Das weiche Formenspiel der Namib fasziniert durch immer neue Entwürfe. Nicht nur die höchsten, sondern auch die schönsten Sanddünen der Welt produzieren ein unverwechselbares Design im Namib Naukluft National Park, der mit heiß gebackenen Sandpaketen auf einen eiskalten Atlantik trifft.

NICHTS AUßER SAND! – NAMIB-NAUKLUFT-NATIONALPARK

Die große Sandwüste

Die Namib ist mit 20 Millionen Jahren sowohl die älteste als auch die trockenste Wüste der Welt. Ihr sandiges Terrain regiert die optische Schönheit mit dem darwinistischen Imperativ, was bedeutet: Wer sich nicht anpasst, ist schon im nächsten Moment tot.

In der »Swakopmunder Buchhandlung«, die es schon seit 1900 gibt, finden Reisende nicht nur die *Brigitte*, den *Spiegel*, die *Sport Bild* oder den *Großen Ravensburger Weltatlas*. Viel verlockender sind hier Publikationen wie *Die ältesten Reiseberichte über Namibia* von Prof. Dr. E. Moritz, *Aus alten Tagen in Südwest* von Pastor Walter Moritz oder *Elf Jahre Gouverneur in Deutsch-Südwestafrika* von Theodor Leutwein, Generalmajor und Gouverneur a. D. Derzeitiger Verkaufsschlager sei *Wenn es Krieg gibt, gehen wir in die Wüste*, erklärt Anton G. von Wietersheim, der heute das Geschäft führt. Der dokumentarische Roman erzählt das abenteuerliche Schicksal zweier Deutscher, die in Namibia vom Zweiten Weltkrieg überrascht wurden und sich in der Namib-Wüste vor der drohenden Internierung versteckten – und offenbar überlebten.

Sand, nichts als Sand!

Auf dem Flug ins Herz der Namib zieht Walvis Bay unten vorbei, das nur 30 Kilometer von Swakopmund entfernt liegt. Südlich der Stadt

NAMIBIA

Oryx (oben) und Strauß (unten) zählen zu den sehr speziellen Überlebenskünstlern der Namib. Eine Dünenwanderung in Sossusvleis Dead Vlei (rechte Seite oben) ist so abenteuerlich wie eine Selbstfahrer-Tour quer durchs Wüstenland (rechte Seite unten).

brechen »The Falling Dunes«, riesige Sandfelder, steil zum Atlantik ab. Dann taucht das Wrack des Fischtrawlers »Shaunee« auf, den die Brandung tief in den Sand getrieben hat. Im Tiefflug geht es anschließend über die »Edward Bohlen« hinweg, einen Frachter, der 1909 mit Whisky und Trinkwasser beladen von Walvis Bay nach Lüderitz unterwegs war und bei Nebel auf eine Sandbank lief. Weiter im Inland zeigen sich unten Reste von Diamanten-Camps, Häuser und Hütten, halb verschüttet. Verloren steht ein Ochsenkarren, als wäre er gestern noch gefahren, dort im Sand. Was für eine Wüste: Sie erstreckt sich zwischen Angola und Südafrika über zwölf Breitengrade hinweg auf einer Länge von 1500 Kilometern. Mit unendlich weiten, in erdigen Farbtönen leuchtenden Dünenfeldern, deren Sandgipfel mit über 300 Metern zu den höchsten der Welt zählen. Mit Trockenflussläufen, die jahrelang schlafen, aber bei starken Regenfällen zu reißenden Strömen anschwellen. Mit bizarren Felsformationen, mit Sand gefüllten Tälern, Trockenseen und Salzpfannen. Dabei führt auch hier der kalte südatlantische Benguelastrom den Zauberstab, weil er feucht kühle Nebelschwaden über den Sand schickt und so ein komplexes Ökosystem unterhält: Im Wasser bieten die stickstoffhaltigen Fluten einer Fülle von Meerestieren reichlich Plankton, die auf der Speisekarte der Fische stehen und den Seevögeln als Nahrung dienen. Auf die wiederum spekuliert der Wüstenschakal, der sich vor der Zwergpuffotter und noch giftigeren und größeren Verwandten, die in der Namib einen idealen Lebensraum haben, in Acht nehmen muss. Auf diese Weise versorgt der feuchte Nebel auch Springböcke, Zebras, Oryxantilopen, Tüpfelhyänen, Leoparde, Strauße und Paviane. Welch ausgefuchste Überlebensstrategien es hier gibt, zeigt der Tok-Tokkie-Käfer *(Onymacris)* anschaulich: Nachts, wenn die Nebelschwaden heranziehen, steht er mit hoch gerecktem Hinterleib da, sodass die vorbeiziehende Feuchtigkeit an seinem Körper zu Wasser kondensiert und tröpfchenweise an ihm entlang und ihm direkt in die Mundöffnung läuft. Ganze Armeen dieser kuriosen Nebeltrinkerkäfer sind in der merkwürdig schrägen Haltung auf den Dünenkämmen zum Durstlöschen angetreten. Bis zu 40 Prozent ihres Körpergewichts können sie an Feuchtigkeit speichern.

Dünenspektakel Sossusvlei

Bereits 1907 erkannte die deutsche Verwaltung die Einzigartigkeit der Namib-Region und stellte die Wüste östlich von Swakopmund und Walvis Bay unter Naturschutz. Später kamen weitere Schutzzonen hinzu

durch aufgekaufte Farmgebiete oder dem Naturschutz abgetretene Territorien der Diamantensperrgebiete. Heute ist der Namib Naukluft National Park mit rund 50 000 Quadratkilometern Fläche das größte Wildschutzgebiet Afrikas und das viertgrößte der Welt, in das die Schweiz und 16-mal der Bodensee hineinpassen würden. Das touristische Herz der Namib heißt Sossusvlei – mit seinen bis zu 388 Meter hohen Dünengipfeln ist es Namibias beliebtestes Ausflugsziel. Noch rund 70 Kilometer führt die Straße vom Parktor in Sesriem – wo es nicht viel mehr als das Nationalparkbüro, einen kleinen Laden, einen Campingplatz und die Sossusvlei Lodge gibt – zum Trockensee des Tsauchab River und des Aub River. Genug Zeit für Pkw-Reisende, sich der sandigen Märchenwelt langsam zu nähern und dabei die zunehmende Landschaftsdramatik zu spüren.

Wobei die letzte Etappe die Spreu vom Weizen trennt: Nur mit Vierradantrieb ausgestattete Offroad-Fahrzeuge rollen die verbliebenen fünf Kilometer bis zu den Dünentürmen Big Daddy und Big Mama – auch Aircondition ist hier nicht als nachteilig bekannt! –, während gewöhnliche Autos auf einem immerhin nicht sehr gewöhnlichen Parkplatz stehen bleiben. Von dort machen sich Unerschrockene zu Fuß auf den Weg – die Mehrheit nutzt einen Shuttle-Taxi-Service. Während der Fahrt auf der tief versandeten Piste zeigen sich zu beiden Seiten des Dünenkorridors gewaltige Dünengebilde in windmodellierten Mustern, die sich täglich aufs Neue erfinden. Dann ragen sie auf, die ganz Großen des Sossusvlei, an der Endstation mitten im Sandmeer, dem Dead Vlei. Wo sich alle wieder vereinen: die schweißgetränkten Individualisten, die es zu Fuß schaffen wollten, die Four-Wheel-Begünstigten und die Shuttle-Passagiere – inmitten einer einzigartigen Sandlandschaft, deren Foto auf keiner Reisebroschüre Namibias fehlen darf.

Highlight für Wanderer

Jenseits des legendären Tankstopp Solitaire führt die C 14 auf der letzten Etappe an den 1965 Meter hohen Naukluftbergen vorbei bis nach Sesriem, dem Tor zum Naukluft National Park samt Sossusvlei. Die Naukluftberge sind für Hiker- und Naturfreunde ein Traum: Auf dem Waterkloof-Wanderweg (20 km), dem Oliven-Wanderweg (10 km) und dem Naukluft-Wanderweg (120 km) lässt sich eine der schönsten Gebirgslandschaften Namibias auf zum Teil mehrtägigen Tracks mit Übernachtungen in Hütten erschließen.

TOP ERLEBNISSE

★ NAMIB FÜR ANFÄNGER

Wer nicht selbst durch die Wüste fahren will, kann den Desert Express von Windhoek nach Swakopmund nehmen, oder den Bus, der zwischen Walvis Bay und Mariental auf einer Strecke verkehrt, die mitten durch den Namib Naukluft National Park führt. Ein Top-Erlebnis ist ein Rundflug über das Dünenmeer der Namib und entlang der Skelettküsten-Areale, was die spannendste und vor allem schnellste Art der Wüsten-Annäherung ist.
INFO: Wandern, Safari mit Pferden, Offroad sowie Camping bei Naukluft Experience, naukluft-experience.com

★ SELF-DRIVE QUER DURCH DIE WÜSTE

Die Route führt von Sesriem über den Kuiseb Pass zur 150 Kilometer langen Pistenstrecke C14 quer durch die Namib bis nach Walvis Bay und ist die einzige Strecke quer durch den Nationalpark, die ohne Permit funktioniert. Wer ausreichend Zeit hat, entscheidet sich für eine Schleife über die Pässe Spreetshoogte und Gamsberg und erlebt ein Fahrpanorama erster Güte, das sich am Kuiseb Pass fortsetzt. Konzentration ist angesagt, wenn der Wagen auf wabbeligem Untergrund am 527 Meter hohen Vogelfederberg vorbeirauscht und sich am Horizont das silbrige Glitzern des Atlantiks zeigt.
INFO: BüllsPort Naukluft Guest Farm, buellsport-naukluft.com

NAMIBIA

53 VIER AUF EINEN SCHLAG – GONDWANA DESERT COLLECTION

Renaturierte Schätze der Wildnis

Ins Sanddünenmeer des Sossusvlei, in die fast 2000 Meter hohen Naukluftberge, in die NamibRand Reserve, in die Karoo oder doch lieber in die Kalahari? Die Gondwana-Four-Deserts-Tour schafft in neun Tagen vier Wüsten und verschafft ihren Teilnehmern die eindrucksvollsten und vielfältigsten Sand- und Dünenlandschaften, die Namibia zu bieten hat.

Die Gondwana Desert Collection besteht aus vier privaten Naturparks im Süden Namibias: dem Gondwana-Kalahari-Park im Kalahari-Gebiet nordöstlich von Mariental mit der Farmhouse Lodge, dem Gondwana-Canyon-Park am Fish River Canyon mit der Canyon Lodge, dem Gondwana-Sperrgebiet-Rand-Park westlich von Aus mit der Klein-Aus Vista Lodge und dem Gondwana-Namib-Park mit der Namib Desert Lodge nördlich von Sesriem. Alle vier Naturparks bieten Aktivitäten wie Wandern oder *nature drives* an sowie Unterkünfte unterschiedlicher Kategorien.

Gondwana-Kalahari-Park

Von Windhoek aus geht es zunächst Richtung Süden in die Ausläufer der Kalahari. Immergrüne Akazien und Kameldornbäume sowie das Gelb der Steppe bieten fotogene Kontraste zum roten Sand der Kalahari-Dünen. Wenn die Sonne langsam hinter den Sandbergen der Wüste versackt, schwirren die putzigen Webervögel wie verrückt um ihre klobigen Nester, die im Gegenlicht wie dunkle, undefinierbare Säcke von ihren Wirtsbäumen hängen. Eiseskälte breitet sich schnell aus. »The Song of the Kalahari« heißt der beinahe

Farbspektakel zwischen den Sanddünen des Sossusvlei (unten). Eine traumhafte Umgebung haben sich die Canyon Lodge (rechte Seite unten) sowie die prächtigen Köcherbäume im Gondwana Canyon Park ausgesucht (rechte Seite oben).

außerirdische Abgesang, der sich in allen Rotfarben allabendlich wiederholt.

Gondwana-Canyon-Park

Vom namibischen Teil der Kalahari geht es weiter zum Gondwana-Canyon-Park: Imposante Köcherbäume stechen hier und da aus spärlich bewachsenen Ebenen hervor, aus denen mächtige Plateauberge und vereinzelte Granit- und Doleritkuppen aufragen. Vor rund zehn Jahren kämpften hier noch Farmen um ihre Existenz. Bis der Deutsch-Namibier Manfred Goldbeck 1995 zusammen mit Freunden begann, an den Rändern des Fish-River-Canyon-Nationalparks riesige Farmgebiete aufzukaufen, Zäune abzubauen und den Wildbestand durch Zukäufe aufzustocken. Am Ende stand die Gründung des Gondwana-Canyon-Park. Heute leben hier wieder viele hundert der seltenen Bergzebras, Oryxantilopen, Kudus und tausende Springböcke. Sowohl das private Canyongebiet Gondwanas wie auch das des staatlichen Nationalparks gleich nebenan offenbaren eine grandiose Landschaft, die von den tief eingesägten Schluchten eines riesigen Felsdramas geprägt ist.

Gondwana-Sperrgebiet-Rand-Park

Auf der Gondwana-Four-Deserts-Tour geht die Reise jetzt weiter nach Westen in die Sukkulenten-Karoo, eines der artenreichsten Wüstensysteme der Welt: Ein bisschen Regen – und aus dem Wüstenboden sprießt wie von Zauberhand ein Blütenteppich in tausend Farben! An die 2000 Sukkulenten-Arten bringt diese erstaunliche Wüstenflora hervor, während die Fauna nur auf rund 100 Wirbeltierarten kommt. Zu diesen gehört der Schakal, der in der trostlosen Wüste auf die Kraftlosigkeit seiner tierischen Kollegen spekuliert. Der Gondwana-Sperrgebiet-Rand-Park ist der ideale Ausgangspunkt für den Besuch der Wildpferde von Garub, von Lüderitzbucht und vor allem auch der Geisterstadt Kolmanskuppe.

Gondwana-Namib-Park

Die Vierte der Wüstenperlen ist die älteste Wüste der Welt, die Namib. Eine der größten Attraktionen dieses unermesslich riesigen Sandareals ist das Sossusvlei mit den weltweit höchsten Dünen! Um das Dünenspektakel in seiner schönsten Erscheinungsform zu erleben, sollte die Anfahrt von Sesriem aus frühmorgens erfolgen, um das ständig wechselnde Farbenspiel durch die aufsteigende Sonne mit seinen scharfen Kontrasten zu genießen. Großartige Sterndünen zeigen sich dann mit exakt gezogenen Schattenbereichen im stündlich wechselnden Farbkaleidoskop, und, soweit das Auge reicht, bauen sich bis zu 300 Meter hohe Dünen mit ihren vom Wind glatt modellierten Sandflächen neben- und hintereinander auf und präsentieren ihre einzigartig majestätischen Gipfel.

TOP ★ ERLEBNISSE

★ DER HIMMEL AUF ERDEN

Die Namib-Wüste ist galaktisch für Astrofans: Die Naukluftregion hat meist wolkenlose Nachthimmel und bietet einen glasklaren Blick in den Kosmos. Einige Gästefarmen haben sich spezialisiert und stellen Teleskope oder Mini-Sternwarten zur Verfügung, hier dreht sich alles um Galaxien, Gasnebel und Sternhaufen. Garantiert werden Sternegucker in den der Küste abgewandten Wüstengebieten fündig.
INFO: Reiseveranstalter mit Sternenbeobachtungsbausteinen, astronomische-reisen.de; Astro-Farmen: astro-namibia.com, tivoli-astrofarm.de, hakos-astrofarm.com

★ TOP FÜR SELBSTFAHRER

Seit seiner Unabhängigkeit 1990 kann sich Namibia als Senkrechtstarter in Sachen Wildlife-Tourismus freuen – und über eine stetig wachsende Zahl herrlicher Lodges und Camps. Jene, denen Atmosphärisches besonders gut gelungen ist, werden Namibiareisenden für immer im Kopf bleiben. Die Wüstencamps und Lodges der Gonwdana-Parks liegen nicht weit voneinander, und sind für Selbstfahrer problemlos zu erreichen. Wer die totale Einsamkeit will, versucht es mit Self-drive im Camper.
INFO: Gondwana Collection, gondwana-collection.com

Einsame Oryx-Antilope, die in der brutzelnden Namib nach verwertbarer Vegetation sucht.

Nach dem Ballon-Spektakel (oben und rechte Seite unten) gibt es das obligatorische Champagnerfrühstück, bevor sich die Passagiere in der jeweilige Lodge ans Büfett machen. Sossusvlei Wilderness Camp (rechte Seite oben)

IM BALLON ÜBER DER WÜSTE – SANDWUNDER SOSSUSVLEI

Heißluft von unten

Mit bis zu 388 Meter hohen Riesendünen ist das Sossusvlei Namibias beliebtestes Ausflugsziel. Wer die spektakuläre Strecke vom Parkeingang bis zu Big Daddy und zu Big Mama im Dead Vlei am frühen Morgen in Angriff nimmt, wird durch zarte Pastellbilder der riesigen Sandgebilde reich belohnt. Ohne jede Alternative ist trotzdem die Perspektive von oben!

Wer die Grafik der sandigen Wunderwerke aus der himmlischen Distanz betrachten darf, wird dieses Erlebnis als unvergesslich abspeichern. Allerdings ist die einstündige Ballonfahrt keine preiswerte Veranstaltung, jedoch ein kompaktes und intensives Abenteuer, wenn unten zackige Gebirgsketten vorüberziehen und dann ein Ozean aus Sanddünen auftaucht.

Als ganz persönlicher Traum fängt so etwas an, erzählt der Firmeninhaber Eric Hesemans, den der Belgier aus Zaire in erster Linie für sich selbst verwirklichen wollte. Seit beinahe zwei Jahrzehnten ist sein Unternehmen Namib Sky Balloon Safaris im Sossusvlei professionell im Einsatz. Sechs Luftgefährte, die mit je 80 000 bis 100 000 Euro zu Buche schlagen, gehören zur Ausstattung, dazu kommen 15 Geländefahrzeuge und 25 Angestellte. Das hat seinen Preis. Nicht zu vergessen sind dabei die hohen Versicherungskosten und teuren Sicherheitsstandards sowie pro Fahrt bis zu 15 Kilogramm Propangas, das aus Windhoek herangeschafft werden muss, damit sich die notwendigen 6500 Kubikmeter Heißluft im 1200 Quadratmeter großen Hyperlast-Polyestersegel zu einem tragfähigen Ballon aufbauen können.

Nur für »frühe Vögel«

Frühaufsteher sollte man sein, denn je kühler die Luft, desto besser die Thermik, umso leichter steigt der Heißluftballon in den

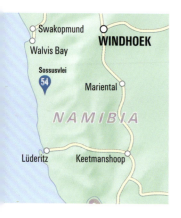

Im Ballon über der Wüste – Sandwunder Sossusvlei

Himmel über der Wüste. Wenn die ersten Sonnenstrahlen die Spitzen der umliegenden Bergketten in magisches Licht tauchen und der Horizont zu glühen beginnt, also um sechs Uhr früh, ist es trotz Tagestemperaturen von bis zu 40 Grad Celsius noch bitterkalt. Beim Kommando »Leinen los!« verliert das monströse Luftgefährt die Bodenhaftung und steigt auf. Astrid Gehrhardt, Fluglehrerin und Weltrekordlerin im Ballonfahren der Ballonsport-Gruppe Stuttgart, ist heute die Pilotin. Auf 450 Meter Flughöhe explodiert der Sonnenball, während die Welt tief unten zur Miniatur zusammenschrumpft. Nur hin und wieder wird die Stille beim Dahinschweben vom brüllenden Fauchen des Gasbrenners durchbrochen, wobei die Passagiere im Lastkorb auf prickelnde Weise verspüren, dass sie nicht wirklich viel Materie von dem da unten trennt. Auf 1000 Metern Höhe, der maximalen Steighöhe, erweitert sich der Horizont zur Unendlichkeit. Düne Nr. 1 präsentiert sich in rötlicher Pracht, dann rückt Nr. 45 ins Blickfeld, die meistfotografierte und am meisten bestiegene, weil sie die einzige ist, an die man ganz mit dem Wagen heranfahren kann. Bei 30 Stundenkilometern schwebt der Ballon über das Dünenmeer – mit 360-Grad-Ausblicken. Zu dieser Zeit sind die Selbstfahrer auf der 70 Kilometer langen Strecke vom Parktor in Sesriem, das erst bei Sonnenaufgang öffnet, gerade unterwegs zum Sandspektakel, wir schweben bereits oben drüber: acht Passagiere im Korb, Pilotin inklusive, und sehen die anrückende Blechkarawane in der Tiefe.

Aufregend, bis die Korken knallen

Die Pilotin erklärt Luftverhältnisse und Gesamtwetterlage: Alles viel stabiler als in Europa, sagt sie, nur der berüchtigte Küstennebel und der Wind, der alles bestimmt, lassen rund 30 Fahrtage im Jahr ausfallen. Dreht der auf eine ungünstige Richtung, muss der Ballon sofort wieder herunter. Für jedweden Flugverkehr gilt striktes Landeverbot in den Dünen des Sossusvlei National Park, und prompt folgt die Geschichte einer unglücklichen Landung mitten im Tsauchab River. Heute soll der Touchdown punktgenau auf dem Trailer des Namib-Sky-Geländewagens erfolgen. Tatsächlich geht der Korb nach einer Stunde Traumfahrt über der sandigen Weite zielsicher auf dem Anhänger nieder, der neben dem obligatorischen Frühstücksbüfett parkt. So will es der Brauch nach einer aufregenden Ballonfahrt: Minuten später knallen die Champagnerkorken in den Himmel der Wüste.

TOP ★ ERLEBNISSE

★ TRAUMLODGES IM SAND

Das Sossusvlei gehört zu den meistbesuchten Attraktionen Namibias, sodass sich inzwischen über 20 Wüstenherbergen um das Dünenspektakel etabliert haben. Wer Ballonfliegen will, muss früh aufstehen und sollte nicht weit fahren müssen. Am besten funktioniert das in den beiden Wilderness-Lodges mit eigener Einfahrt zum Dünengebiet des Nationalparks: Little Kulala und Kulala Desert Lodge.
INFO: Little Kulala und Kulala Desert Lodge, wildernessdestinations.com

★ LEGENDÄR: SOLITAIRE

Die winzige Siedlung Solitaire an der Straßengabelung der C19/C24, die das Namib-Areal über die Pässe von Windhoek aus oder nach Walvis Bay Richtung Atlantik anbindet, ist ein beliebter Angelpunkt für streckenmüde Lenker: Berühmt für köstlichen Kuchen eigener Herstellung ist die kleine Bäckerei mit angeschlossenem Café, das sich inzwischen zu einem modernen Rast-Stopp gemausert hat. Die Tankstelle mit Reifenwechselservice ist in der Wüste überlebenswichtig, woran zahlreiche Oldtimer-Wracks auf dem Gelände erinnern.
INFO: Namib Sky Balloon Safaris, namibsky.com; Solitaire, solitairenamibia.com

NAMIBIA

WO DER WOLF TANZT – NAMIBRAND NATURE RESERVE

Wüsteneldorado exklusiv

An den östlichen Namib-Naukluft-Nationalpark grenzend, hat der deutschstämmige Südwestafrikaner Albi Brückner durch Aufkäufe unrentablen Farmlandes die NamibRand Private Reserve zusammengestückelt – in einem der landschaftlich reizvollsten Gebiete der Namib-Region. Wer auf dem Wolwedans Airstrip landet, wird von prachtvollen Oryxantilopen begrüßt.

Die Chalets der exklusiven Wolwedans Dunes Lodge in der NamibRand Nature Reserve (rechte Seite oben) machen die private Safari von der Terrasse aus möglich: Große Herden von Spießböcken (unten), Kudus, Zebras, Straußen sowie Leoparden und afrikanische Wildkatzen gehören hier ebenso zum Tierbestand wie Hyänen und Schakale. Sun-Set in der NamibRand (rechte Seite unten).

Brückners privates Naturschutzgebiet erstreckt sich über 120 Kilometer von Nord nach Süd und lockt mit einer vielfältigen Tierwelt: Rund 3000 Oryxantilopen, 1000 Springböcke, etwa 50 Zebras und gut 500 Strauße hat die letzte Zählung ergeben, dazu zahlreiche andere Tierarten. Zum Herzstück der Brückner-Stiftung gehört die Lodge Wolwedans, ein hölzernes Wunderwerk rustikaler kubischer Bauten, durch Laufstege auf Stelzen miteinander verbunden, fachgerecht von versierten Zimmerleuten aus Ostdeutschland in 240 Meter hohe Dünen gesetzt.

Wolwedans Dune Camp

»Thank you for a wonderful stay. Everyone and everything has been amazing. We hope to be back soon«, schrieb Angelina Jolie ins opulente Gästebuch des Wolwedans Dune Camp. Und die Adoptivkinder Maddox und Zahara haben ihre Namen daruntergesetzt. Die in Namibia geborene Tochter Shiloh Nouvel Jolie-Pitt steht nicht mit drin, denn die Kleine kam erst nach dem Wolwedans-Aufenthalt in Langstrand zwischen Swakopmund und Walvis Bay zur Welt.

Ganz sicher haben inzwischen viele weitere Prominente den besonderen Luxus genossen, dass der Lodge weitgehend die Wände fehlen, was eine Safari vom Hotel aus möglich macht – mit Blick vom Kopfkissen auf Antilopen- und Zebraherden vor rot schimmernden Wüstendünen und bildschönen Gebirgsketten. 1600 Kilometer Zäune mussten beseitigt und 120 Kilometer Straßen stillgelegt werden, um Albi Brückners Lebenswerk auf 180 000 Hektar renaturierter Wildnis – dreimal so groß wie der Bodensee – zu schaffen. 1984 wurde die erste von 13 Farmen gekauft. Dann die nächste, wenn wieder einmal einem Farmer das Wasser in der Wüste bis zum Hals stand und das wirtschaftliche Ende nahte, weil sich dem trocken-staubigen Sandboden der Namib-Region bei viel zu geringen Niederschlägen kaum Erträge abringen ließen.

Renaturierte Wildnis

Karakulfarmen waren die meisten, also Schaffarmen, die ihren Gewinn daraus zogen, den Lämmern am Tag ihrer Geburt das Fell über die Ohren zu ziehen, um daraus Pelze zu machen. Dann brachten Anti-Pelz-Kampagnen in Europa und eine lange Dürrezeit den Markt weitgehend zum Erliegen. Inzwischen ist das Brückner-Naturreservat in eine Stiftung übergegangen, die mehr als 140 Menschen beschäftigt, wobei eine nicht unwesentliche Einnahmequelle der Lodge-Betrieb ist. Den hat der betagte Senior längst an seinen Sohn Stephan übergeben, der die vier Wüstenherbergen der Wolwedans Collection von Windhoek aus lenkt. Ein besonderes Thema ist dabei die Infrastruktur hinter den Kulissen: Die Energieversorgung läuft über Solaranlagen, Wasser wird 140 Meter tief aus der Erde gepumpt, Brauchwasser im Schilfbett biologisch gefiltert und wieder genutzt. Die Betriebskosten sind hier höher als in vergleichbaren Betrieben. Der Unterhalt von Straßen und Pisten, Airstrips und Flugzeugen verschlingt ebenso Unsummen wie der alltägliche Güter-, Angestellten- und Gästetransport. Nicht ohne Stolz erklärt der Junior, dass Wolwedans ausschließlich mit einheimischen Kräften auskommt. Wenn zum abendlichen Dinner Nama-Köche ihr mehrgängiges Menü in ihrer Klick-Laut-Muttersprache annoncieren und dazu die untergehende Sonne über den herrlichen Sterndünen der NamibRand eine Farborgie aus Rot- und Goldtönen produziert, reicht die älteste Wüste der Welt atmosphärisch bis an den Tellerrand. Jedenfalls heute, denn der Hauptgang wird, sagen die Nama-Klicks des Oberkellners, ein Kudu-Steak sein.

TOP ⭐ ERLEBNISSE

⭐ HENNO-MARTIN-HÖHLE

»Wenn es Krieg gibt, gehen wir in die Wüste«, so erzählt der dokumentarische Roman das abenteuerliche Schicksal zweier frischgebackener Geologen, Henno Martin und Hermann Korn, die sich 1935 von Nazideutschland auf den Weg machten, um im Naukluftgebirge Forschungen zu betreiben. 1940 holte sie der Zweite Weltkrieg ein, sie versteckten sich vor der drohenden Internierung zwei Jahre lang im Kuiseb Canyon, wo sie wie die Buschleute als Jäger, Fallensteller und Sammler ums nackte Überleben kämpfen.
INFO: Namibiana Buchdepot, namibiana.de

⭐ DARK SKY RESERVAT

Wenn es Nacht wird in der NamibRand-Reserve und der Wolf tanzt, dann funkeln der Südliche Fisch und die Silberdollar-Galaxie für Sternegucker: Abermilliarden glitzern da oben, nicht nur die Milchstraße strahlt: geringe Lichtverschmutzung, Luftfeuchtigkeit und Bewölkung machen das Areal in beinahe 300 Nächten im Jahr zu einem von elf ausgezeichneten internationalen Dark-Sky-Reservaten, was für Astronomiefans den Himmel auf Erden bedeutet.
INFO: NamibRand Nature Reserve und Wolwedans, namibrand.org, wolwedans.com, darksky.org

THEMA

ZAUBER DER NAMIB
Desert Whisper

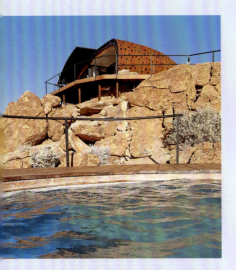

Frisch gelandetes Ufo – Desert Whisper

Wer einmal da war, kommt von ihr nicht mehr los. Derart wirkungsstark sind die Formen der Namib, weshalb sich bildschöne Wüstendomizile zwischen Atlantik und dem westlichen Rand der Kalahari in ihr verstecken: sehr stylish das Little Kulala, in marokkanischer Wüstenschlossarchitektur das Le Mirage, als Out-of-Africa-Traum die Wolwedans Desert Lodge, filmreif das Eagles Nest in der Steinwüste von Aus, am Ende der Welt.
Wir entscheiden uns für ein Domizil, das auf der Webseite aussieht wie ein frisch gelandetes Ufo: das Desert Whisper – rundliche Formen, außen rostiges Metall, diverse Terrassen samt Pooldeck sowie großflächige Glasfronten für den Ausblick. Es »parkt« auf einem Felsplateau, ringsum nichts außer absurder Landschaft. Steil geht es hinauf. Der eigene 4x4 Ford Ranger darf die schmale Geröllpiste nicht fahren, Gäste werden gebracht. Drinnen viel Design, Schlafzimmer und Lounge teilt eine opulente gläserne Dusche, die luxuriöse Bettstatt steht wie vor eine Kinoleinwand gestellt, mit grandiosem Blick auf die Wüste tief unten. Schnell beginnt der Gast sein rostiges Domizil zu lieben. Kurze Einweisung vom Guide: Kühlschrank und Gefrierfach sind zum Bersten gefüllt, Container für Lunch, Dinner und Frühstück stehen bereit, der Bestand an Getränken (Champagner, Biere verschiedener Sorten, edle Weine in Weiß und Rot, das Beste an Spirituosen) ist beeindruckend, auf einer der Terrassen wartet ein Edelstahlgrill auf den Braai, die namibische Art des Grillens. »Oder wollt ihr lieber einen Privatkoch?«, das fragt der Fahrer noch, bevor er in seinem Landcruiser verschwindet. Im Leben nicht! Das gehört uns jetzt ganz allein. Für den Abend, für die Nacht. Und den Morgen. »Schließt die Glastüren zu jeder Zeit!«, ist das Letzte, was wir hören, es gebe hier Leoparden.

Luxus, Einsamkeit und Sternenhimmel

Der Luxus, das ist die Alleinlage, in wohliger Einsamkeit, mit Stille absolut. Und dieser Blick: Als sich die Sonne zur Wüste senkt, färbt die sich rosarot. Wir sitzen in Korbsesseln, die hängen und schaukeln, die Eiswürfel zweier Gin Tonics klirren im Glas. Zuckelnd bewegen sich Oryxantilopen auf der Suche nach spärlichem Grünzeug dort unten. Was wir im Nachtschlaf hören, ist das Geheul von Schakalen und Hyänen. Doch nicht auch Löwengebrüll? Frühmorgens zeigt sich ein biblisches Bild: Dunstiger Nebel steht über der Fläche, dunkel ragen die Felskuppen umliegender Gebirgskämme heraus, schwarze, kleine Punkte, die nicht statisch sind, zeigen die Bühne der Wildtiere an. Hunderte ziehen durch diese außerirdische Momentaufnahme. Pünktlich um zehn Uhr kommt der Transport, der die Desert-Whisper-Gäste aus diesem Märchen einer Wüstennacht wieder hinauskatapultiert.
Solcherlei Zauber hat natürlich einen Preis. Moderater schafft es das Dune Star Camp, das 30 Minuten von hier rittlings auf dem Kamm einer riesigen Düne sitzt. Schon die Anfahrt wird zum Nature Drive vom Allerfeinsten.

Dune Star Camp und Rooms With A View: Einfach grandios – mit ausfahrbaren Betten.

202

Pool-Deck über der Wüste, Wasser gibt es underground genug.

In der Ferne zeigen sich Felsgebirge und versteinerte Dünen, Akazienbäume ziehen sich als sattgrüne Perlenschnur dahin, die das nur deshalb können, weil ihre Wurzeln bis zu 60 Metern tief zu unterirdischen Wasseradern reichen. Unnachgiebig mahlt sich der 4x4 über Sandwellen, Geröll und felsige Platten, bis er an einer Stelle stoppt. Staunendes Raunen beim Blick nach oben: Auf einem der Sandberge zeigen sich Miniaturen, Hauptgebäude mit Küche, Bar und Restaurant, rings umlaufende Terrassen sowie neun weit auseinander stehende Häuschen mit auskragenden Plattformen auf Stelzen. Oben bleibt dem Beschauer erst recht die Spucke weg: Ein 360-Grad-Blick geht aufs Ganze, den Horizont rahmen zackige Bergketten, vereinzelt durchbrechen dunkelschattige Koppies, kleinere Hügelberge, die sandfarbene Savanne, hier und da größere Brocken, im Sand Felsklötze wie hingeschmissen. Der Luxus hier, das sind Betten auf Rädern, die für die Nacht auf hölzerne Außendecks gerollt werden, was die Bezeichnung »Dune Star« erklärt: Kaum irgendwo ist ein Firmament so klar und reich an funkelnden Sternen wie das über der Namib, Hobby-Astronomen und begeisterte Sternegucker sind hier an ihrem Platz.

Namib desert drive
Rechtzeitig einchecken heißt hier, noch auf den abendlichen Sunset-Drive und auf versteinerte Dünen zu kommen: Im offenen Geländefahrzeug geht es an Steilwänden vorbei, an turmmähnlichen Felsrundungen, und weiter hoch hinauf, nur mühsam mahlt sich der Allradantrieb durch den Sand. Von oben dann ein fantastischer Blick auf endlose Weite, auf Gebirgsketten, versteinerte Dünen und rätselhafte Feenkreise sowie in der Ebene tief unten die Namib Desert Lodge mit türkisfarbenen Pools im wogenden Grün einer Oase. Dann geht es der untergehenden Sonne entgegen und noch höher auf eine rotfarbene Sanddüne hinauf, die als Solitär über allen anderen thront: der ideale Spot für einen klassischen Sundowner!

Desert Whisper: Terrasse mit Weitblick über die Namib

Blick vom Diamantenhügel auf die Stadt und über die Lüderitzbucht (oben). Der Weg der einsamen Strommasten (rechte Seite unten) führt durch die Wüste bis ans scheinbare Ende der Welt. Seefahrendes Mahnmal an der Skelettküste (rechte Seite oben).

WO EINMAL ALLES BEGANN – LÜDERITZBUCHT

Die Bucht der Diamantenbarone

Mit dem zweifelhaften Kauf trostloser Sandgebiete vom Stamm der Nama rings um die Lüderitzbucht läutete der Bremer Kaufmann Alfred Lüderitz die deutsche Kolonialzeit in Südwest ein. Im Jahr 1904 wurde Lüderitz zum kaiserlichen Truppenstützpunkt und in der Folge zu einem profitablen Handelsplatz. Wenige Jahre später machte die Entdeckung von Diamanten das Städtchen über Nacht zur Boomtown am Ende der Welt.

Wer über Bergketten, Ebenen und Dünenlandschaften von Windhoek aus einfliegt und nach einer Stunde am Horizont das Blau der Küste erkennt, hat es zu einem der skurrilsten Flecken der Erde geschafft. Umgeben von dicken Sandpaketen liegt Deutsch-Südwest hier im wahrsten Sinn des Wortes begraben. Die nächste Stadt, Keetmanshoop, ist etwa 350 Kilometer entfernt, die einzige Verbindungsstraße über die Ortschaft mit der sinnfälligen Bezeichnung »Aus« muss dauerhaft von Treibsand befreit werden; an die wild zerklüfteten Küstenstreifen aus Schiefer und Granit schwappt der Atlantik. Der Sand der Namib machte schon den frühen Siedlern zu schaffen, vor allem verwehte er die Bahngleise, die die einzige Verbindung ins Inland waren. Wanderdünen machten auch vor Häusern nicht halt, selbst Schutzmauern nutzten nichts.

Am Ende der Welt

Trotz der unerbittlichen Natur leben in Lüderitz 26 000 Einwohner. Von den acht Prozent Bewohnern weißer Hautfarbe sind noch etwa 100 deutschstämmig. Marion Schelkle ist eine von den wenigen, die hier ausharren. Die meisten zögen fort von diesem Erdenzipfel, weil sie hier keine Zukunft mehr sähen, erzählt sie nicht ohne Bedauern in der Stimme. Um gleich darauf voller Stolz die schmucken Jungendstilbauten in der Bergstraße, der Kirchstraße und der Hohen Straße vorzuführen, die Turnhalle des Männerturnvereins Lüderitzbucht, den Lesesaal und Kapps Konzert- und Ballsaal, Baujahr 1907. Die architektonischen Vorbilder standen an der vornehmen Hamburger Elbchaussee, die gar nicht so weit weg lag, denn Lüderitz

Wo einmal alles begann – Lüderitzbucht

war mit Hamburg durch die fahrplanmäßig verkehrende Woermann-Schifffahrtslinie verbunden.

Diamantenbarone und Gründerzeitvillen

Mit seinem Fundus an deutscher Kolonialarchitektur kann Lüderitz auftrumpfen: Die liebevoll restaurierten Häuser mit Holzgiebeln, bleiverglasten Bogenfenstern, geschreinerten Holzveranden und stilvollen Treppenaufgängen sind ein Blickfang. Die 1911 erbaute evangelisch-lutherische Felsenkirche auf dem »Diamantenhügel«, auf dem sich die beeindruckendsten Villen versammeln, ist das Wahrzeichen von Lüderitz. Architekt Walter Bause konnte auf private Spenden aus Deutschland zurückgreifen, unter den Geldgebern war Kaiser Wilhelm II., der die bleiverglasten Chorfenster über dem Altar beisteuerte, während seine Gattin die Altarbibel stiftete. Die Alte Post in der Schinzstraße wurde 1908 vom Eisenbahnkommissar Oswald Reinhardt entworfen, der Alte Bahnhof Ecke Bismarck-/Bahnhofstraße 1907 zusammen mit der Bahnlinie fertiggestellt. In der Bergstraße 13 ist Haus Grünewald zu bewundern, das der erste Bürgermeister von Lüderitz, Emil Kreplin, bezog. Mit am prachtvollsten ist das Goerke-Haus, 1910 von Architekt Otto Ertl an den Hang des Diamantberges gesetzt. Das Domizil von Leutnant Goerke, der 1904 mit der Deutschen Schutztruppe erst nach Swakopmund und später nach Lüderitzbucht kam, galt schon damals als eines der Vorzeigestücke deutscher Südwest-Architektur. Was sicher auch darauf zurückzuführen war, dass der clevere Leutnant ins Diamantengeschäft umstieg, als die ersten Funde den Geldrausch einleiteten. Goerke führte schließlich die Bücher von sechs Minen – die 20 000 Reichsmark für seine Villa, heute ein Museum, ließen sich da problemlos aufbringen. Eine Besichtigung der Jugendstil-Perle zählt zu den Highlights.

Das Edelstein-Eldorado von heute

Diamanten sind immer noch da und erwirtschaften einen nicht unbeträchtlichen Anteil des Staatshaushalts. Namibias Edelsteinproduktion steht weltweit an fünfter Stelle; die größte Minengesellschaft des Landes, die Namdeb Diamond Corporation mit Basis in Oranjemund, beschäftigt über 3000 Menschen. Die »verbotene Stadt« an der diamantenschweren Mündung des Oranje River fand sich bislang in keiner Entfernungstabelle, und ein Selbstversuch war schwierig: Der Hauptsitz der Namdeb, die zu gleichen Teilen der De-Beers-Gruppe und dem namibischen Staat gehört, galt noch bis vor Kurzem als streng kontrolliertes Sperrgebiet und konnte nur mit Genehmigung unter strikten Sicherheitsvorkehrungen besucht werden. Heute ist Oranjemund für Touristen offen.

TOP ★ ERLEBNISSE

★ ANS ENDE DER WELT

Eine Rundfahrt um die Lüderitz-Halbinsel führt in die Sturmvogelbucht, wo die verrottenden Überreste einer norwegischen Walfangstation zu sehen sind, zum alten Leuchtturm, der seit 1910 vorbeifahrende Schiffe auf Distanz hält, sowie zum Diaz-Kreuz, das der portugiesische Seefahrer Bartholomeu Diaz nach der Umsegelung des Kaps der Guten Hoffnung 1488 errichtet hat. Brillenpinguine und Flamingos lassen sich auf Halifax Island und in der Großen Bucht beobachten.
INFO: Lüderitz Tourism, luderitz-tc.com; Koloniales B&B Kratzplatz, facebook.com/Kratzplatz; Lüderitz Nest Hotel, nesthotel.com

★ SPERRGEBIET

Die ehemaligen Sperrgebiete 1 und 2 erstrecken sich nördlich (heute Teil des Namib-Naukluft-Nationalparks) und südlich (heute der Tsau/Khaeb-Sperrgebiet-Nationalpark) von Lüderitz. Immer noch benötigen Expeditionen Spezialpermits, um die sagenumwobenen Territorien der einstigen Diamantenära mit ihren Geisterstädtchen, im Sand versunkenen Schiffswracks und historischen Relikten wie Autowracks und Ochsengespannen zu besichtigen.
INFO: Touren ins Sperrgebiet: coastways.com.na, desertmagictours.com.na, facesofthenamib.com, omalweendo.com

NAMIBIA

57 IM SAND FUNKELNDER STEINE – KOLMANSKOP UND DAS SPERRGEBIET

Filmkulisse im Sand

Heute gehört die Geschichte der Diamanten neben den Baudenkmälern zu den touristischen Juwelen von Lüderitz. Nichts könnte die Vergangenheit der Stadt besser erzählen als ein Besuch des nahe gelegenen Kolmanskop, jener grotesken »Jugendstilfabrik« in der Wüste – sowie eine Reise ins »Sperrgebiet«.

Der Ort, an dem mit den ersten Diamantenfunden einmal alles begann: Die Geisterstadt Kolmanskop (unten) begeistert heute als Freilichtmuseum ebenso wie das 55 Meter hohe Naturschauspiel Bogenfels (rechte Seite) im Diamantensperrgebiet, wo die glitzernden Steine damals einfach so im Sand lagen.

Lüderitz-Touren entlang der »verbotenen Küste« führen zum Naturdenkmal Bogenfels, zur Diamanten-Geisterstadt Pomona und ins Märchental. Dort begann alles, als der schwarze Bahnarbeiter Zacharias Lewala im April 1908 an den Gleisen nahe dem Bahnposten Grasplatz auf einen merkwürdigen Stein stieß, den er sogleich seinem Vorgesetzten, dem deutschen Oberbahnmeister August Stauch, vorzeigte, der ihn sofort untersuchen ließ. Nachdem ein Geologe festgestellt hatte, dass es sich um einen Diamanten handelte, besorgte sich Bahner Stauch bei der Deutschen Kolonialen Gesellschaft flugs eine Konzession und gründete die Deutsche Diamanten Gesellschaft. Scharenweise strömten Glücksritter aus allen Teilen der Welt an die glücksverheißende Bucht, deren dürftige Hafensiedlung sich zu einem quirligen Eldorado wandelte. Natürlich wollte sich die deutsche Kolonialregierung den im Sand liegenden Reichtum nicht entgehen lassen. In Windeseile wurde zwischen dem 26. südlichen Breitengrad und dem Oranje-Fluss an der Grenze zu Südafrika sowie 100 Kilometer landeinwärts eine »verbotene Zone«

NAMIBIA

Die Relikte aus der deutsch-kolonialen Ära dienen heute zahlreichen Filmproduktionen als glanzvolle Requisiten und sichern Lüderitz und Kolmanskuppe die Existenz am Rande des erbarmungslosen Nichts. Museumsstücke in Kolmanskop (oben). Viele der Jugendstil-Villen aus der deutschen Ära versinken im Sand (unten und rechte Seite oben). Suzy's letzte Ruhestatt im Sand (rechte Seite unten).

eingerichtet, das Diamantensperrgebiet. Der Minenbetrieb begann nun im großen Stil: 1909 in Idatal/Stauchslager, Kolmanskuppe, Charlottental und Bogenfels, 1911 in der Elisabethbucht und 1912 in Pomona. Die Minen der Deutschen Diamanten Gesellschaft, der Kolonialen Bergbau Gesellschaft, der Vereinigten Diamantminen Aktien Gesellschaft, der Diamanten Pacht Gesellschaft und der Bahnfelder Diamanten Gesellschaft brachten unvorstellbare Gewinne.

Wie im Märchen

Wenn das Bargeld knapp wurde, bezahlte man die Barmädchen in Kapps Hotel in Diamanten. Die gab es ja reichlich. Anfangs lagen sie noch einfach im Kies herum, sodass die Männer nur auf den Knien herumrutschen mussten, um die glitzernden Steinchen mittels Pinzette aufzupicken. Bereits ein Jahr nach dem ersten Fund durch Lewala war das gesamte Diamantengeschäft unter behördlicher Kontrolle. Der Diamantenkönig Stauch zog mit einem gewissen Dr. Scheibe, der an einer deutschen Bergakademie lehrte, südlich von Lüderitz an der Küste entlang, um nach weiteren Schätzen zu suchen. Ein kleines Tal jenseits des Dünengürtels nannte er nach seiner Frau »Idatal«. Die Abenteuer Stauchs sind im Buch *Diamanten in der Wüste* nachzulesen. Amüsant beschreibt die Autorin Olga Levinson, wie die zwei Diamantensucher operettenhaft ins Glück schlittern: »Währenddem Stauch sich daran machte, ihre genaue Position an der Küste auf eine Karte einzutragen, begann Scheibe, die umliegende Wüste nach Diamanten zu erforschen, ohne dass er irgendetwas von Belang gefunden hätte. Als Stauch am späten Nachmittag zurückkehrte, traf er Jacob, einen Herero-Arbeiter, der sich auf die Suche nach Holz für ein Lagerfeuer machte. Im Spaß sagte Stauch zu Jacob, dass er nicht Holz suchen solle, sondern eher Diamanten. Jacob kniete sich prompt in den Wüstensand und las händevoll Diamanten auf! Stauch kniete sich neben Jacob, um Diamanten aufzulesen, die buchstäblich über den Boden verstreut lagen. Bei der Ansicht war Scheibe vollkommen überwältigt und rief ständig aus: Ein Märchen! Ein Märchen! Er erinnerte sich später daran, dass die Diamanten wie Pflaumen unter einem Pflaumenbaum lagen. Die Stelle wurde danach unter dem Namen Märchental bekannt. Es war die reichste Ablagerung von Diamanten, die je gefunden wurde.« In 20 Monaten förderte man eine Million Karat. Einer Beschreibung zufolge war das Märchental mit Diamanten bestückt wie der Schaukasten eines Juweliers.

TOP ⭐ ERLEBNISSE

⭐ OFFROADTOUR DURCHS SPERRGEBIET NO. 2

Zwischen Walvis Bay und Lüderitz liegen 600 Kilometer Wüstenstrecke auf dem Gebiet des ehemaligen Sperrgebiets No. 2, das ein Jahrhundert lang für niemanden zugänglich war. Unglaubliche Dünengebiete sind auf der Route zu durchqueren, Teilstrecken führen an der Atlantikküste entlang. Halb verschüttete Ochsenwagen finden sich im Sand sowie die »Suzy«, das Wrack eines stecken gebliebenen Fords, Baujahr 1942.
INFO: Zwei lizenzierte Tourunternehmen dürfen das Offroad-Abenteuer »Sperrgebiet No. 2« durchführen: facesofthenamib.com, coastways.com.na

⭐ DIAMANTENSTADT ORANJEMUND

Seit 2017 ist der Zugang zur 1936 gegründeten »geheimen Stadt« Oranjemund offiziell, die Zufahrten sind frei, bisher brauchten Besucher eine amtliche Genehmigung des Diamantenkonzerns Namdeb Diamond Corporation Limited im streng kontrollierten Sperrgebiet. Jetzt stehen Sandboarden und Wassersportaktivitäten auf dem Oranje River auf dem touristischen Programm. Eine neue Teerstraße biegt von der C13 südlich von Rosh Pinah ab und führt 90 Kilometer quer durch die Wüste am Oranje River entlang bis in die verbotene Diamantenstadt.
INFO: Kolmanskop, kolmanskop.de; Oranjemund, oranjemund-tc.com und omd2030.com

Vom Winde verweht

Nicht weit von Lüderitzbucht taucht auf der Grenze zum Diamanten-Sperrgebiet Kolmanskop aus dem Sand auf, eine Geisterstadt, die ihren Namen dem Afrikaaner Jani Kolman verdankt, dessen Ochsenkarren hier einst im Sand stecken blieb. Heute halb verschüttet, war Kolmanskuppe zu Kaisers Zeiten ein deutscher Minengroßbetrieb mit rund 1000 Beschäftigten – manche Quellen berichten gar von bis zu 5000 –, mit Kegelbahn, Turnhalle, Casino, Ballsaal und klassizistischen Prachtvillen. Während die dunkelhäutige Mehrheit der Arbeitskräfte außerhalb des Minengeländes in Baracken im Sand wohnte, konnten sich zwischen 200 und 300 Europäer auf Kolmanskuppe beinahe jeden Luxus leisten; es gab sogar eine Eisfabrik – mitten in der Wüste! Außerdem Bäckerei und Schlachterei, ab 1910 Strom aus dem eigenen Elektrizitätswerk, eine Schule und ein Krankenhaus, dem der größte Röntgenapparat der südlichen Hemisphäre zur Verfügung stand. Der sollte allerdings zunächst der Minengesellschaft dienen, denn nur per Röntgenbild ließen sich verschluckte Diamanten sicher nachweisen – und wieder herbeischaffen. Diamanten-Klau wurde zu einem ernsten Problem für die Minengesellschaften: Teilweise mussten Arbeiter, so ist überliefert, sogar Knebel tragen, um zu verhindern, dass sie Diamanten verschluckten! Auch soll es speziell konstruierte Toiletten gegeben haben, um die Rückgewinnung der wertvollen Steine bewerkstelligen zu können.

Turnhalle und Kegelbahn

Für Entspannung in der Freizeit sorgten Gymnastikgruppe, Turnverein, Bibliothek, Bowlingbahn und Theater. Im Hauptgebäude von Kolmanskuppe stellt das Kolmanskop-Museum neben dem prachtvollen Interieur und kuriosen Relikten aus der Vergangenheit auch Dokumente aus wie die Kopie eines Angestelltenvertrags mit der Consolidated Diamond Mines of Southwest-Africa, Lüderitzbucht 1923, oder eine Ausgabe der Lüderitzbuchter Zeitung aus dem Jahr 1931 mit Beiträgen über die »Jagd auf Diamantenschürfer im Sperrgebiet«, »Diamantendiebstahl« oder den »Diamanten-Welthandel«. Längst ist Kolmanskop mit seinen historischen Bauten, die langsam die Wüste verschluckt, zu einem gefragten Drehort für Filmproduktionen geworden.

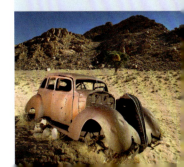

NAMIBIA

 ## ABENTEUER FÜR WANDERER – FISH-RIVER-CANYON-NATIONALPARK

Hiker's Paradise

Der Fish River Canyon National Park im äußersten Süden des Landes gehört zu den »süßesten Versuchungen« für Wanderer – aber auch zu den heißesten, weshalb seine berauschenden Wandertracks während der glühendsten Monate des Jahres geschlossen bleiben. Der Felsbackofen des Canyons kennt kein Erbarmen, wenn es um extreme Temperaturen geht.

Der mit 650 Kilometern längste Fluss Namibias, der Fish River, hat sich über Jahrmillionen kräftig durch waagerecht lagernde Gesteinsschichten gefressen, was den Fish River Canyon mit über 500 Metern Tiefe und 161 Kilometern Länge zum zweitgrößten der Welt nach dem Grand Canyon macht: Das Erosionstal der gewaltigen Dimensionen zählt zu den besonderen Attraktionen im gesamten Südlichen Afrika. Angesichts der geringen Wassermengen muss es wohl feuchtere Zeiten als heute gegeben haben, die den Fluss zu einer so effektiven Gesteinssäge auf dem Streckenabschnitt zwischen Hochland und Ebene werden ließen. Wenn auch andere Interpretationen behaupten, der Canyon sei durch tektonische Verwerfungen entstanden, hat das Urvolk der San die plausibelste Erklärung parat: Ein riesiger Drache habe sich auf der Flucht durch die Felsen gedrückt und so die Fish-River-Schlucht hervorgebracht. Auf jeden Fall gehört diese Schlucht heute zu den Highlights von Namibia.

Berauschende Tiefblicke

Nur nach starken Regenfällen führt der Fluss nennenswert Wasser, das während der Trockenperioden zu kleineren Tümpeln zusammenschrumpft. Dann ist der Tisch für Fischreiher, Eisvögel und zahlreiche andere

Wanderer erwartet im hitzebrütenden Canyon eine große Herausforderung. »Nur Schauen« von den diversen Aussichtspunkten mit Panoramablick ist auch nicht schlecht (unten). Vollmond am Fish River Canyon (rechte Seite oben). Alter Mercedes Benz im Canyon Roadhouse (rechte Seite unten).

Wasservögel reichlich gedeckt. Erst zu Beginn der regulären Regenzeit zwischen März und April entwickelt sich ein normales Flussleben, an dem sich auch Kudus, Bergzebras, Springböcke, Oryxantilopen, Paviane und Klippspringer erfreuen. Der Hauptzugang zum Fish River Canyon National Park ist über Seeheim zu erreichen. Bei Hobas, dem Höllentor, werden all jene erwartet, die sich eine mehrtägige Wanderung durch die Schluchten zumuten wollen. Die Saison liegt zwischen 1. Mai und 30. September, also im namibischen Winter. Doch selbst dann steigen die Tagestemperturen häufig auf über 40 Grad Celsius!

Klipspringer Trail

Für eine Wanderung durch den Canyon – vom nördlichen Einstieg am Hiker's Viewpoint bis ins südliche Ais-Ais sind es über 80 Kilometer – muss eine Genehmigung bei Namibia Wildlife Resorts eingeholt werden. Individuelle Tageswanderungen sind aus Sicherheitsgründen nicht möglich, auch bleibt der Canyon im namibischen Sommer wegen zu großer Hitze geschlossen. Einen kürzeren und bequemeren Canyon Hike bietet die Gondwana Collection mit dem selbstgeführten 32 Kilometer langen Canyon Klipspringer Trail an. Das Gepäck wird von einer Übernachtungshütte zur nächsten transportiert.

Zweifler, Fußfaule und meditativ veranlagte Landschaftsästheten dürfen sich über eine 25 Kilometer lange Panoramastraße am Ostrand des Canyons freuen, die ohne physische Höchstleistungen berauschende Ausblicke in die grandiosen Tiefen ermöglicht. Nur zehn Kilometer südlich von Hobas liegen die Aussichtspunkte Hiker's Viewpoint und Main Viewpoint mit dem am häufigsten fotografierten Blick auf den Canyon und auf Hell's Corner, die Teufelsecke. Für jene, die sich auf den 86 Kilometer langen Fish River Canyon Hiking Trail machen, wird es am Hiker's Viewpoint ernst.

Thermalbad Ais-Ais

Die Strecke folgt dem Flussbett, das sich in endlosen Schleifen Richtung Süden windet, bis nach Ais-Ais, wo Wanderer nach Tagen in felsiger Ödnis eine grünende Oase mit herrlichen Schwimmbecken erwartet. Richtig genießen lässt sich der Badeort in der kühleren Jahreszeit, denn Ais-Ais bedeutet in der Nama-Sprache »brennendes Wasser« oder auch »der Platz, der sehr heiß ist«. Damit ist das etwa 60 Grad heiße Wasser gemeint, das Ais-Ais zu einem beliebten Thermalbad macht. Es enthält Chlorid, Fluorid und Schwefel und verspricht vor allem bei rheumatischen Leiden Linderung. Ais-Ais gehört zu den südlichsten Punkten Namibias, hier mündet der Fischfluss in den Oranje.

TOP ⭐ ERLEBNISSE

⭐ OBERBAYERN AM CANYON

Zwischen Grünau und Hunsbergen am westlichen Rand der Kalahari versteckt sich die Canyon Lodge, umgeben von gewaltigen Brocken aus Fels und Granit. Das originalgetreu erhaltene Farmhaus des ehemaligen Schanderl-Gehöfts erzählt eine aufregende Geschichte: Wie seine Erbauer, die Gebrüder Johannes, Alfons und Stephan Schanderl, einst aus Margarethenberg bei Altötting auszogen, um in der afrikanischen Fremde ihr Glück zu versuchen.
INFO: Gondwana Canyon Lodge, gondwana-collection.com

⭐ CANYON ROADHOUSE

In einer riesigen Halle hat der Begründer der Gondwana Collection, Manfred Goldbeck, als begeisterter Sammler dutzende Oldtimer-Automobile aus allen Ecken des Landes heranschaffen lassen, um in einer opulenten Fress- und Trinkhalle ein einzigartiges Food & Exhibition-Spektakel zu installieren – mitten in der Wüste! Fans alter Automobile werden die längste Bar am Canyon niemals vergessen. Die Halle bietet eine Art interaktives Automuseum, mit Sitzecken zwischen chromblitzenden Chevys und VW-Bullies. Die namibische Zeitreise in die Geschichte des Automobils unterfüttern zahllose historische Kfz-Relikte sowie Autokennzeichen aus aller Welt!
INFO: Canyon Roadhouse (mit Tankstelle), gondwana-collection.com

Lange Trockenperioden und eine ungehindert wachsende Population von Hyänen setzen dem Bestand der Wildpferde von Garub zu (oben). Im Kaiserlichen Postamt von Keetmanshoop ist heute das Touristenbüro untergebracht (rechte Seite unten). Sehenswert: Die Köcherbäume in Keetmanshoop (rechte Seite oben).

WILDPFERDE UND WÜSTENSCHLOSS – KEETMANSHOOP

Die Stadt des Köcherbaumwaldes

Der Vorsitzende der Rheinischen Missionsgesellschaft, Johann Keetman, war es, der hier 1866 eine Station errichtete, weshalb das abgelegene 20 000-Einwohnerstädtchen Keetmanshoop hübsche Relikte deutscher Vergangenheit vorzeigen kann: das Kaiserliche Postamt, 1910 vom Architekten Gottlieb Radecker erbaut, oder die 1895 aus Bruchsteinen errichtete evangelisch-lutherische Missionskirche in der Kaiserstraße.

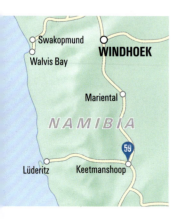

Keetmanshoops Tankstellen lassen auf einen wichtigen Verkehrsknotenpunkt schließen – von hier aus bewegen sich Busse in alle Richtungen, sogar bis nach Johannesburg und Kapstadt, sowie Züge, die Windhoek per Nachtexpress anbinden. Wer dorthin aber so schnell nicht will, geht von hier aus zunächst auf Abenteuertour – in geländegängigen Fahrzeugen durch die westlichen Ausläufer der Kalahari-Wüste, die sich an Namibias Ostgrenze weit in die Nachbarländer Botswana und Südafrika hinein erstreckt.

Historisch: Bethanien

Eine Reise von Keetmanshoop über Helmeringhausen Richtung Maltahöhe endet vor dem Schloss in der Wüste. Zunächst aber Bethanien. Der geschichtsträchtige Ort wurde als Missionsstation von einem Johann Heinrich Schmelen (1776–1848) gegründet und ist eine der ältesten Siedlungen des Landes. Knapp 2000 Einwohner teilen sich eine Tankstelle, eine Handvoll Geschäfte, ein Hotel und zwei Kirchen. Neben der evangelisch-lutherischen Kirche ist das Schmelen-Haus zu besichtigen, das angeblich erste von Europä-

Wildpferde und Wüstenschloss – Keetmanshoop

ern erbaute Steinhaus Namibias, ein Zeugnis der Missionsgeschichte wie auch der kleine Friedhof nebenan. Bethanien ist zugleich der Ort, an dem der Beginn der deutschen Kolonialzeit handschriftlich besiegelt wurde: zwischen dem Nama-Häuptling Joseph Fredericks, der das Küstenareal bis zu fünf Meilen um die Lüderitzbucht 1884 an den Beauftragten des Bremer Kaufmanns Lüderitz, Heinrich Vogelsang, für 200 Gewehre und 100 Pfund Sterling – damals 10 000 Reichsmark – verkaufte. Allerdings war der Deal eine schmähliche Trickserei, denn Lüderitz berief sich später auf ein Gebiet nach dem Maß der deutschen Meile und nicht wie üblich der englischen. Was den Nama ein weit größeres Territorium abpresste als vereinbart, nämlich beinahe ihr gesamtes Siedlungsgebiet im Lüderitzer Raum.

Schlossherr: Baron Hansheinrich von Wolf

Auf der Weiterfahrt taucht einer der merkwürdigsten deutschen Kolonialbauten aus dem Wüstensand auf: Schloss Duwisib, der 1909 steingewordene Traum des preußischen Artillerie-Offiziers Baron Hansheinrich von Wolf (1873–1916). Von Wolf verpflichtete eigens den Architekten Wilhelm Sander, der in Windhoek schon die Prachtstücke Schwerinsburg, Heinitzburg und Sanderburg errichtet hatte, und wünschte sich einen mittelalterlichen Rittersaal mit allem Drum und Dran samt Zinnen und Türmen.

Fachleute aus Europa reisten an, um das 250 000 Goldmark schwere Monstrum nach historischen Vorlagen in die Wüste zu setzen. 20 schwer beladene Ochsenkarren schafften Material über 300 Kilometer aus Lüderitz heran. Zusätzlich erwarben der Baron und seine reiche amerikanische Ehefrau Jayta umliegende Farmen und begannen auf dem schließlich 50 000 Hektar großen Duwisib-Anwesen mit der Pferdezucht. Viel hatte der ehemalige Schutztruppen-Offizier allerdings nicht von seinem Traum. Während einer Seereise nach Europa, wo er Zuchtpferde zukaufen wollte, geriet von Wolf in die Wirren des Ersten Weltkriegs und fiel 1916 in den Schützengräben Frankreichs. Da seine Frau nicht nach Duwisib zurückkehrte, verfiel das Schloss, ging 1979 in Staatsbesitz über und dient heute als illustres Museum. Die Pferde wurden freigelassen und ziehen als Wüstenpferde von Garub jedes Jahr viele Besucher an.

TOP ⭐ ERLEBNISSE

⭐ NATIONALMONUMENT KÖCHERBAUMWALD

Zum Touristenmagneten wurde Keetmanshoop durch seine Köcherbäume (Aloe dichotoma), die so heißen, weil die Buschmänner ihre Äste aushöhlten, um sie als Pfeilköcher zu nutzen. Der Kokerboom, wie er auf Afrikaans heißt, ist eine Baumaloe mit unverwechselbarer Krone und hat einen wuchtigen Stamm von bis zu acht Metern Höhe, der eine Menge Wasser für trockenere Zeiten speichern kann. Ein ganzer Wald von Köcherbäumen steht unweit von Keetmanshoop unter Naturschutz, ihr Bestand wird auf 200 bis 300 Jahre geschätzt.
INFO: Gessert Guesthouse Keetmanshoop, keetmanshoop-info.co.za; Seeheim Hotel, seeheimhotel.com

⭐ KLEIN-AUS VISTA

Pete und Christine Swiegers kümmern sich um ihre Wüstenlodge Desert Horse Inn mit den Ablegern Eagle's Nest, Geisterschlucht und Campsite im Sperrgebiet Rand Park – vor allem aber um die Wildpferde der Namib, inklusive Fütterung, wenn die Trockenheit der Namib für die Rösser zu wenig hergibt. Klein-Aus Vista bietet Mountainbiken in den Aus-Bergen an, auf Trails zwischen 16 und 60 Kilometern Länge sowie Wandern durch die Sukkulenten Karoo auf eigene Faust auf dem Schanzen Trail (5 km), dem Geistertrail (12,7 km) sowie dem Eagle Trail (20 km).
INFO: Klein-Aus Vista, klein-aus-vista.com

Gefundenes Fressen für Elefanten: Wasser zum Suhlen und Trinken, Bäume und Büsche mit grünendem Blattwerk und nur wenig Konkurrenz.

NAMIBIA

NAMIBIAS TROPISCHE HOTLINE – DER CAPRIVI-STREIFEN

Kaiser Wilhelms geografischer Appendix

Zwischen dem Kernland Namibias und der Provinz Caprivi in der nordöstlichsten Landesecke liegen nicht nur hunderte Kilometer, sondern auch feuchtwarme und wasserreiche Welten. Aus diesem Grund hat das flache und grüne Caprivi-Territorium faszinierende Tierparadiese aufzuweisen, die dem benachbarten Okavango-Delta in Botswana in nichts nachstehen.

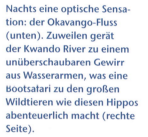

Nachts eine optische Sensation: der Okavango-Fluss (unten). Zuweilen gerät der Kwando River zu einem unüberschaubaren Gewirr aus Wasserarmen, was eine Bootsafari zu den großen Wildtieren wie diesen Hippos abenteuerlich macht (rechte Seite).

Die vegetationsstrotzende Caprivi-Wildnis ist Georg Leo Graf von Caprivi de Caprera de Montecuccoli zu verdanken, der im Auftrag von Kaiser Wilhelm II. einen 460 Kilometer langen und zwischen 30 und 90 Kilometer breiten Korridor von den Briten erhandelte. Das Kuriosum aus dem Helgoland-Sansibar-Vertrag vom 1. Juli 1890 verpasste dem ehemaligen Deutsch-Südwest kartografisch einen überdimensionalen Blinddarm, der es mit Deutsch-Ostafrika, dem heutigen Tansania, verbinden sollte. »Insgeheim«, schreibt der Afrika-Experte Peter Scholl-Latour zu dieser geopolitischen Konstruktion, »hegte Kaiser Wilhelm II. zu jener Zeit wohl die grandiose Utopie einer Ausweitung Deutsch-Zentral-Afrikas unter Einschluss des Kongos König Leopolds II. sowie weiter Teile der portugiesischen Besitzungen Angola und Mosambik, die er mit Eduard VII. von England aufteilen wollte. So ist denn der Caprivi-Zipfel als heuti-

NAMIBIA

ger Besitz der Republik Namibia erhalten geblieben. Wie ein Symbol überheblicher Imperial-Politik, wie ein mahnend ausgestreckter Finger ragt er nach Osten und richtet sich auf das Herz Afrikas.«

Freie Fahrt zu den Victoriafällen

Immerhin verschafft der kaiserlich-ambitionierte Kolonialstreifen mit Grenzen zu Angola, Botswana, Sambia und Simbabwe den Namibiern heute freie Fahrt bis zu den Victoriafällen. Optisch tritt das 11534 Quadratkilometer große Territorium auf namibischen Landkarten kaum in Erscheinung, weil der kuriose Appendix aufgrund seiner länglich-schmalen Gestalt im Verhältnis zum Kernland auf keine Landkarte passt. Bequemer als früher lässt sich die Strecke auf dem seit 1998 durchgehend geteerten Trans-Caprivi-Highway erfahren, auch wenn die mehrheitlich flachen Landschaften der Eintönigkeit Raum geben. Der Caprivi fällt in die tropische Klimazone, bei hohen Temperaturen ist es häufig schwülwarm. Die heißeste Zeit liegt zwischen September und November mit Temperaturen bis 35 Grad Celsius. Während der Regenzeit zwischen Dezember und März ist mit hohen Niederschlägen zu rechnen, was den Caprivi zur wasserreichsten Region des gesamten Landes macht und – wie Spötter gern anmerken – zu Namibias einzigem Grünstreifen. Auf jeden Fall ist hier »die Stimme Afrikas« beheimatet, der Schreiseeadler.

Tropische Zone

Aus dem Hochland Angolas kommend, wälzen sich die Fluten des Okavango (Kavango), des Kwando (der streckenweise auch Linyanti und Chobe River heißt) sowie des mächtigen Sambesi durch den für namibische Verhältnisse sehr feuchten Streifen, was nicht nur Malariamücken begünstigt – weshalb eine Malaria-Prophylaxe für den Caprivi zu empfehlen ist –, sondern auch Wildtiere vom »Allerfeinsten« anlockt. Da es zwischen den einzelnen Schutzgebieten der Region keine Einzäunungen gibt, können die Tiere ungehindert auf Wanderschaft gehen, was für Caprivi wundersam profitabel ist:
Südlich seiner Grenze, auf botswanischer Seite, breiten sich mit dem Okavango-Delta und dem Chobe National Park zwei der wildreichsten Gebiete unseres Planeten aus. Im westlichen Teil befindet sich rund zweieinhalb Fahrstunden östlich von Rundu eines der landschaftlichen Highlights des Caprivi, die Popa Falls, wobei es sich nicht um spektakulär abstürzende Wassermassen handelt, sondern »nur« um Stromschnellen an einer Stelle, wo der Okavango ein mehrere Meter hohes Fels-

Mit Büffeln (oben) ist nicht zu spaßen: Die aggressiven Fleischkolosse können selbst Löwen auf Bäume treiben! Flusspferde und Krokodile machen eine Fahrt im *mokoro*, dem traditionellen Einbaum, zu einer riskanten Angelegenheit (unten und rechte Seite oben). Die Popa Falls am Kavango River (rechte Seite unten).

TOP ★ ERLEBNISSE

★ RUNDU UND OKAVANGO

Für Trans-Caprivi-Reisende macht die Versorgungs- und Provinzhauptstadt Sinn zum Auffüllen der Vorräte, weshalb Supermärkte, Tankstellen und Übernachtungsherbergen zahlreich vorhanden sind. Reichlich fließt hier das Wasser: Über hunderte Kilometer lang ist der Okavango-Grenzfluss zwischen Angola und Namibia, in Rundu lässt die drittlängste Lebensader Afrikas noch einmal die Muskeln spielen, bevor sie im botswanischen Delta verschwindet.
INFO: Hakusembe River Lodge, gondwana-collection.com; The Living Museum der Mbunza, lcfn.info/de/mbunza

★ POPA FALLS

Rauschende Stromschnellen sind zu besichtigen, wo der Okavango ein mehrere Meter hohes Felsriff durchbricht, das im Popa Game Park liegende Camp dient Ornithologen als Basis. Jenseits des Wasserspektakels findet mit dem Eintritt ins Schutzgebiet Mahango Game Reserve der Caprivi als namibische Variante des Okavango-Deltas statt. Wer abseits des geteerten und gut befahrbaren Caprivi-Highway in diese Wildnis vordringen will, sollte das nur mit Offroad-Ausrüstung und Expeditionserfahrung tun.
INFO: Staatliches Restcamp Popa Falls Resort, nwr.com.na

riff durchbricht. Der hier liegende Campingplatz kann als einer der schönsten des Caprivi bezeichnet werden.

Namibias Okavango-Delta

Nach den Popa Falls folgen mit den Schutzgebieten Mahango Game Reserve, Mudumu und Mamili National Park sowie dem Caprivi Game Park die Perlen des Caprivi. Ihre Feuchtgebiete beherbergen Flusspferde und Krokodile, hunderte von Vogelarten und natürlich die »Big Five«. Im Gegensatz zu den ariden Landesteilen Namibias explodiert hier die Flora: Wasser und Weidegründe existieren im Überfluss, imposante Papyrusstauden und bildschöne Galeriewälder säumen malerische Flussufer. Mitten in der Wildnis verstecken sich Dschungelherbergen als luxuriöse Beobachtungsposten an den Ufern des Kwando River, der im Westen den wasserreichen Mudumo National Park begrenzt und sich nicht weit von den großen Brüdern Sambesi und Okavango seinen Weg durch exotische Feuchtgebiete bahnt. Die winzigen und kaum auszumachenden Inseln der Zivilisation sind behutsam in die Natur eingepasst. Wasservögel, Krokodile und Großwild tummeln sich in unmittelbarer Nähe. Tagsüber macht ein unüberschaubares Gewirr von Wasserarmen die Tierbeobachtung per Boot zum Standardprogramm.

Die Beobachtung zu Wasser gibt den zusätzlichen Kick, sich auf gleicher Augenhöhe mit den Wildtieren zu bewegen, was besonders spannend wird, wenn sich die Boote dicht an argwöhnisch blickenden Flusspferdfamilien vorbeischieben und nahe sechs Meter langen, an den Uferböschungen reglos verharrenden Krokodilen auf Fotoposition gehen.
Das Versorgungs- und Provinzhauptstädtchen Katima Mulilo am Zambezi River empfängt Reisende am Ende der Strecke mit Einrichtungen wie Flugplatz, Krankenhaus, Banken, Post und Supermärkten sowie schönen Lodges an den Ufern des Flusses, dem längsten und vielleicht aufregendsten im Südlichen Afrika. Wer von hier weiter zu den Victoriafällen möchte, überquert in Ngoma (Caprivi) die Brücke über den Chobe River, fährt bis nach Kasane (Botswana) und von dort weiter nach Victoria Falls (Simbabwe). Die Stadt Livingstone (140 000 Einwohner) ist von Katima Mulilo aus über den Grenzübergang Wenela zu erreichen.

THEMA

EXOTISCH
Namibias Flora und Fauna

Aufgrund seiner landschaftlichen Vielfalt und der verschiedenen Klimazonen erstreckt sich Namibia über ein gutes Dutzend Vegetationszonen, die von Wüste und Halbwüste über Dornbuschsavanne bis hin zu tropischen Bereichen im Caprivi-Winkel und an der angolanischen Grenze reichen. Pflanzen, die in der beinharten Natur überleben, haben sich etwas einfallen lassen, was im gleichen Maße auf die Tierwelt zutrifft.

Eine der exotischsten Pflanzen ist die *Welwitschia mirabilis*, eine flach am Boden wachsende Holzpflanze, die ausschließlich in der Namib-Wüste vorkommt und sich für ihre Blüte ausgerechnet den Ort aussucht, an dem außer Sand nichts ist. Auf diese Weise wird sie gut 2000 Jahre alt. Von 120 namibischen Baumarten ist der Kameldornbaum mit seiner Schatten spendenden Krone zusammen mit der Schirmakazie und dem Annabaum am fotogensten. Ausgenommen natürlich der exotische Köcherbaum, der als Aloeart eigentlich kein Baum ist, auch wenn er mit seinem wuchtigen Stamm bis zu acht Meter hoch wird und eine unverwechselbar schöne Krone ausbildet. Ein ganzer Wald davon steht unweit von Keetmanshoop unter Naturschutz. Im Norden bestimmen Marula, Riesenfeige, Baobab und Makalani-Palmen das Landschaftsbild.

Oryx, Tok-Tokkie und Welwitschia

Nahezu 200 endemische Pflanzenarten kommen auf dem Territorium Namibias vor, der größte Teil Sukkulenten sowie Aloen und Flechten, darunter der lebende Stein Lithops, eine sukkulente Wüstenpflanze. Zu warnen ist vor giftigen Sukkulenten, deren milchiger Saft schmerzhaft und sogar tödlich sein kann. Während des morgendlichen Nature Drive erklärt der Ranger die Intelligenz der Akazie: Ihre Wurzeln sind dreimal länger als sie hoch ist und reichen bis zu 40 Meter tief bis ins Grundwasser. So trägt sie das ganze Jahr über ein grünendes Blätterkleid zur Freude zahlreicher Tiere, die sich von ihr ernähren. Wenn das Abknabbern ihrer Blättchen überhandnimmt, sendet sie ein toxisches Düftchen aus in Windrichtung zur nächsten Akazie, die daraufhin den Geschmack ihrer Blätter verändert und sie bitter schmecken lässt, sodass kein Tier mehr einen Appetit verspürt. Ein Gigant unter den Bäumen Namibias ist der Affenbrotbaum oder Baobab, der 100 Jahre alt werden kann und nicht selten Höhen über 25 Meter erreicht. Mächtig stehen die Riesen mit Stammumfängen bis zu 20 Metern in den Buschsavannen des Nordens und liefern nicht nur beeindruckende Bilder: Mit ihren beerenartigen Früchten versorgen sie Mensch und Tier mit wichtigen Vitaminen und Mineralstoffen – beinahe alles ist von ihnen zu verwenden: Rinde, Wurzeln, Holz, Blätter und Früchte zum Essen, zur Seilproduktion, zum Decken der Dächer oder zur Herstellung von Seife. Der hohle Stamm dient als Schafstall, Kiosk, Speicher oder gar als Wohnung. Imposant ist auch der Marulabaum,

Der Afrikanische Affenbrotbaum (Baobab) erreicht Stammdurchmesser von 10 Metern.

Die endemische Welwitschia wird mehrere Hundert Jahre alt, manche Exemplare sogar 1000 Jahre.

den Affen und Elefanten heiß lieben: Seine reifen Früchte fallen herunter und vergären in der Hitze, was der Tierwelt eine hochprozentige Art Obstler verschafft, wobei wir beim Thema »lässt sich was einfallen« sind – man hat Großohren und Paviane schon torkeln sehen.

Bühne der Wilden Exoten

Zahlreich sind die afrikanischen Exoten im namibischen Paradies der Wildtiere vertreten: Giraffen und Geparde, Wüstenluchse und die seltenen Wildhunde, die strategisch jagen wie kein anderes Raubtier, dazu Tüpfelhyänen, Schakale, Stachel- und Warzenschweine, Paviane, Honigdachse, Erdferkel und gemütlich wirkende Flusspferde, die allerdings zu den unberechenbarsten und gefährlichsten Angreifern zählen: Wer ihnen zu Wasser zu nahe ins Revier gerät oder den Rückweg vom Land ins rettende Wasser versperrt, dem ist nicht mehr zu helfen. Allgegenwärtig, aber friedlich sind die grazilen Exemplare von rund dreißig Antilopenarten, darunter die prächtig gehörnte Oryx (Gemsbok) und die Rappenantilope (Sable). Mit Glück zeigen sich sehr seltene und teils endemische Tierarten, die ausschließlich die spezifische Umwelt Namibias begünstigt wie das Hartmann-Bergzebra, von dem es gerade noch 13 000 gibt. Benannt ist es wie auch die Hartmannsberge nach Georg Hartmann, einem deutschen Naturforscher und Geologen. Unter den nur noch spärlich vorkommenden Tieren ist auch die vom Aussterben bedrohte Damara-Seeschwalbe sowie die Sandechse, die problemlos im Wüstensand taucht und schwimmt.

Achtung: Snake Country

Man ahnt es schon: Die namibischen Rangern und Fährtenlesern am häufigsten gestellte Frage zielt bei all dem heiß gebackenen Sand und Felsgestein auf die Existenz von Schlangen ab, die hier besonders exotisch – und giftig – sind, ganz klar ist Namibia Snake Country. Man glaubt es kaum, aber die meisten Einheimischen haben noch nie eine Giftschlange gesehen.

Wer es in der Kategorie Reptilien etwas kräftiger mag: In den Flüssen des Nordens tummeln sich zahlreiche, bis zu sechs Meter lange Nilkrokodile. Fernglas- und teleobjektivbewehrte Ornithologen gehen nicht nur wegen Sekretären, Flamingos, Pinguinen, Riesentrappen, Adlern, Geiern, Marabus sowie bunt schillernden Enten- und Gänsearten auf die Pirsch. Von 887 geschützten Vogelarten des Südlichen Afrika stehen allein zwei Drittel auf der namibischen Liste, elf Arten gelten als endemisch. Manche sind prominent: Der afrikanische Fischadler hat es ins namibische Wappen geschafft, der emsige Webervogel, der seine klumpigen Hängenester baut, in denen hunderte von Vogelfamilien leben, ganz sicher in jeden Namibia-Bildband. Aber Achtung: Nichts steht von der Schwarzen Mamba im Bildtext, die gern in die Nester kriecht, um an die Vogeleier zu kommen, Wildlife Ranger wissen das. Weil die hochgiftige Schlange auf darunter stehende und die ein- und ausfliegenden Vögel fotografierende Touristen keine Rücksicht nimmt: Wer Pech hat, dem fällt sie aus dem Nest und um den Hals.

Die Zwergpuffotter oder auch Namibviper wird maximal 30 cm lang.

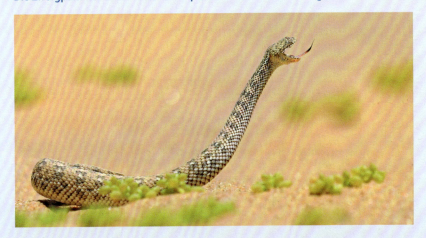

Start einer Bootsafari an der Anlegestelle der Kazile Island Lodge (oben). Zahlreich bevölkern Flusspferdfamilien den Kwando River (rechte Seite unten). Eine der fest installierten Zeltplattformen in Kazile (rechte Seite oben).

FLUSSINSELN IM KWANDO RIVER

Lodges als luxuriöse Beobachtungsposten

Im aquatischen Labyrinth des Bwabwata-Nationalparks verstecken sich luxuriöse Beobachtungsposten im dichten Uferbewuchs des Kwando River. Lodges und Camps kooperieren mit ansässigen Dorfgemeinschaften auf Basis eines nachhaltig konzipierten Tourismus, der Stammesangehörige am Gewinn beteiligt sowie Arbeits- und Ausbildungsplätze schafft. Und auch der Naturschutz profitiert.

Schon seit Jahrzehnten, erzählte der namibische inzwischen verstorbene Wildlife-Experte Dusty Rodgers staunenden Besuchern gerne, sei ihm das riesige Potenzial des Caprivi bewusst gewesen. Bis zur Unabhängigkeit 1990 war der abgelegene Streifen im Nordosten des Landes militärische Sperrzone der südafrikanischen Armee, und für die Allgemeinheit nicht zugänglich. Erst als der Sperrgebietsstatus aufgehoben wurde, traten die von der Welt vergessenen und weitgehend unberührten Naturparadiese an die Öffentlichkeit. Rodgers einigte sich mit der Dorfgemeinschaft der Mashi auf ein Joint-Venture-Unternehmen mit geregelten Rechten und Pflichten, und errichtete im wasserreichen Buschland des Kwando eines der ersten Wildnis-Domizile, die Susuwe Island Lodge.

Captain Caprivis Vermächtnis

Der Traum, auf einer Flussinsel inmitten der Wildnis zu sein, wurde Wirklichkeit. Schon zu Lebzeiten war der Caprivi-Spezialist Legende. Bis heute ist sein Nickname »Captain Caprivi« in aller Munde. Der Pionier abgelegener Buschdomizile brachte noch zwei weitere auf die Pfähle: Kazile Island Lodge und Nambwa Tented Lodge, die zehn Bootsminuten voneinander entfernt am Kwando River stehen. Das Boot durchpflügt braune Fluten, umschifft prustende Hippos und lauernde Krokodile, bis im meterhohen Schilf- und Papyrusbewuchs eine Anlegestelle auftaucht. Unter ausladenden Mangosteen- und Akazienbaumkronen erhebt sich darüber ein voluminöses Holzdeck auf Holzpfeilern über dem Ufer. Oben residieren Bar und Restaurant mit lauschigen Sitzecken und Ausblick auf den mäandernden Flusslauf und die Tiere der Wildnis. Unüberschaubar ist hier das Gewirr vegetationsstrotzender Wasserarme, die von der Hauptader des Kwando abzweigen, was eine Bootsafari zu einem prickelnden Erlebnis macht. Speziell dann, wenn

Flussinseln im Kwando River

argwöhnische Flusspferde auftauchen, grunzend das Maul aufreißen, demonstrativ ihre scharfen Hauer zeigen, bevor sie schnaubend wieder abtauchen. Die Fleischklopse sind unberechenbar und zählen zu den aggressivsten Wildtieren Afrikas.

Beim Stamm der Mashi

Seit Rogers Ableben führt Ehefrau Tinolla die Geschäfte. Chief Mayuni, das Stammesoberhaupt der Mashi, wollte unbedingt, dass sie die Kooperation mit den Mashi fortsetzt, wenngleich das dem patriarchalischen Selbstverständnis eines Häuptlings nicht unbedingt entsprach. »Ziemlich ungewöhnlich«, erklärt Tinolla die moderne Sichtweise des Chiefs zur neuen Frauenpower. Inzwischen ist auch ihre Mutter aus dem über tausend Kilometer entfernten Windhoek hierher in die Wildnis gezogen, um sich um das Sijwa-Project zu kümmern, eine Art Upcycle-Manufaktur, die hier mitten im Busch aus Altem Neues produziert. Aus recycelbaren Resten und Abfällen werden Schmuck, Kleider, Baumaterialien und Souvenirs hergestellt und an Besucher und Gäste der Lodges verkauft, auch in der benachbarten Namushasha River Lodge. Zusätzliche Arbeitsplätze sind so entstanden. Auch gibt es einen Nutzgarten sowie Gewächshäuser. Salat, Gemüse und Kräuter kommen von hier frisch auf die Teller.

Rogers ließ seine Nambwa Tented Lodge in einem Affenbrotbaumwald hoch oben als Tree Lodge auf langen Pfählen errichten. Große Wildtiere wie Elefanten sollten ohne Behinderung unten durchkönnen, was alltäglich genau so passiert. Durchaus grunzt da nachts unter dem Doppelbett schon mal ein Hippo. Vom Frühstückstisch geht der Blick über weit gespanntes Savannenland, Elefanten ziehen an den Ufern des Kwando entlang, Flusspferde trampeln satt gefressen ins kühlende Wasser zurück. Irgendwann heißt es Abschied nehmen. Der offene Landcruiser wühlt sich durch dichten Bewuchs bis zur Horseshoe Lagoon, ein hufeisenförmiges Seengebiet, das vom Kwando gespeist wird. Hunderte Elefanten, Büffel und Antilopen kommen hierher, wenn Wasser anderswo knapp wird, auch Raubtiere. Bei Erreichen der Außengrenze des Bwabwata-Nationalparks muss der Landcruiser auf den Parkplatz, es geht nur noch per Boot weiter. Undurchschaubar ist das Gewirr der Wasserkanäle, hochgewachsene Papyrusstauden wuchern jeden Anhaltspunkt zu. Wer sich nicht auskennt, findet nur schwer wieder heraus. Anderthalb Stunden dauert der Transfer von Nambwa zur Namushasha River Lodge, der zu einem erfolgreichen Game Drive wird: Giraffen, Zebras, Warzenschweine, Krokodile und große Flusspferdfamilien stehen auf der Liste der gesichteten Exoten.

TOP ★ ERLEBNISSE

★ NAMUSHASHA RIVER VILLA

Ein sehr spezielles Erlebnis ist eine Nacht an Bord der River Villa, die in Gestalt eines Hausboots 15 Bootsminuten von der Lodge entfernt zwischen wild verwucherten Flussarmen des Kwando verankert ist. Es gibt Air Condition, Bad und WC, Schlaf- und Wohnzimmer, einen gut gefüllten Kühlschrank – dann schnurrt das Boot des Skippers davon, und man ist allein in der wasserreichen Wildnis. Zwischen Gruseln (Krokodile und Hippos) und rauschhafter Begeisterung (funkelnder Sternenhimmel, unwirkliche Umgebung, das plätschernde Schwappen des Kwando an der Bordwand) rangiert die Gefühlswelt, bis der pastellfarbene Morgen das Flussabenteuer mit einem Champagnerfrühstück an Deck enden lässt.
INFO: Namushasha River Lodge und Namushasha River Villa, gondwana-collection.com

★ KAZILE ISLAND

Die Kazile Island Lodge hat nur dreizehn Zelte, und garantiert ein Safari-Erlebnis erster Güte! Der luxuriöse Beobachtungsposten im Bwabwata-Nationalpark versteckt sich im dichten Uferbewuchs des Kwando River, der sich hier seinen Weg durch üppige Feuchtgebiete bahnt. Von der Lodge aus lässt sich der Fluss gut überblicken, Wildlife-Beobachtung funktioniert nur per Boot oder gleich vom grandiosen Holzdeck der Lodge: vollkommen statisch, im Sitzen.
INFO: Kazile Island Lodge und Nambwa Tented Lodge, africanmonarchlodges.com

NAMIBIA

MÄCHTIGER SAMBESI
Im exotischen Vierländereck

Dort, wo sich Namibia, Botswana, Sambia und Simbabwe treffen, fließt der mächtige Sambesi (2574 km) mit dem Chobe River (1500 km) zusammen. Tosend stürzen die vereinigten Wassermassen erst über die Viktoriafälle, pressen sich dann durch die Turbinen der Staumauer von Lake Kariba, füllen noch den Corabassa-Stausee in Mosambik, bevor es zum Indischen Ozean geht. Die gewaltige Wasserader bestimmt den Lebenstakt der Wildtiere.

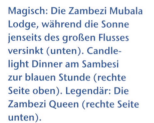

Magisch: Die Zambezi Mubala Lodge, während die Sonne jenseits des großen Flusses versinkt (unten). Candlelight Dinner am Sambesi zur blauen Stunde (rechte Seite oben). Legendär: Die Zambezi Queen (rechte Seite unten).

Katima Mulilo, das Hauptstädtchen der namibischen Provinz Zambezi, wie auch das botswanische Kasane, sind Ausgangspunkte für Safaris: Zum Okavango-Delta, den sambisch-simbabwischen Viktoriafällen oder per Boot einmal rund um die tierreiche Flussinsel Impalila Island, die von den beiden Wasserriesen umspült wird. Nicht grundlos besetzen im Vierländereck eine ganze Reihe Lodges und Camps die Ufer von Chobe und Sambesi. Das Ende der exotischen Perlenschnur bildet Sidudu Island auf namibischer Seite, das mit seinem reichhaltigen Wildbestand schwimmende Hotels wie die legendäre Zambezi Queen sowie ganze Flotten von Hausbooten magisch anzieht.

Wenn die große Flut kommt

80 Minuten Flug sind es von Windhoek bis zum Katima Mulilo Airport, und zur Zambezi Mubala Lodge nochmal 42 Kilometer. Am Zambezi Mubala Camp, der Landbasis, geht der Wagen auf den Parkplatz. Eine Viertelstunde braucht das Boot flussabwärts bis zur Lodge in der Wildnis, Straßenverbindung gibt es nur bei niedrigem Wasserstand. Moderne klimatisierte Chalets säumen die Bootsanlegestelle zu beiden Seiten. Von drinnen geben Panoramascheiben einen phänomenalen Blick frei auf die sich wälzenden Wassermassen des Sambesi. Was für ein Strom! 450 Vogel-Spezies bevölkern die exotische Natur da draußen,

darunter Seeadler, Eisvögel, Störche, Pelikane und Geier aller Art. Bei Niedrigwasser zeigen sich unzählige Krokodile, auch Schwarze Mambas und Speikobras gibt es hier zuhauf. »Die machen ja nichts«, erklärt ein Nature Guide grinsend, »die fressen nur Frösche!« Die besten Monate liegen zwischen Mai und Oktober, wenn es Winter und etwas kühler ist und keine Moskitos fliegen. Kommt zum Ende des Jahres die große Regenzeit, schwillt der Sambesi zu einem unüberschaubaren Schwemmgebiet an. Einheimische, zumeist Fischer, die entlang seiner Ufer siedeln, müssen dann in höhere Lagen. Im Normalzustand ist der viertlängste Fluss Afrikas bis zu 700 Meter breit, zur Flutzeit teils mehrere Kilometer. Mit zehn Kilometern pro Stunde geht die Hauptströmung ordentlich ab.

Wenn zum Sunset der rote Ball über dem Stromkoloss versinkt, präsentiert sich eines der letzten von der Welt entrückten Flussparadiese. Üppige Seerosenfelder umwachsen Flussinseln und verzweigte Nebenarme mit rosa, weiß und blau blühenden Wasserlilien, glitzernde Flächen reichen bis zum Horizont. Im August und September wimmele es hier nur so von Booten, erklärt der Guide, dann finde hier, auf dem Sambesi, die Classic Tiger Angling Competition statt. Hunderte rollen dann auf Trailern aus dem Südlichen Afrika an, um beim großen Fishing-Event dabei zu sein.

Chobe-River-Nationalpark

Eine Stunde ist es bis zum Chobe River Camp am Chobe-Fluss, der Namibia von Botswana trennt. Auf der anderen Seite aufgefächerter Wasserarme, die beinahe schon Seengebiete sind, reicht der botswanische Chobe-Nationalpark, einer der tierreichsten des Südlichen Afrika, bis ans Ufer heran. Das Boot schnurrt durch ein Gewirr von Kanälen und Flussinseln, Sandbänken und zugewachsenen Buchten. Elefantenherden trampeln eine Steilküste herunter, wälzen sich suhlend im Uferschlamm. Bis zu fünf Meter lange Krokodile warten, Maul offen, und ohne Regung, Hippos führen aggressives Theater auf, Giraffen stolzieren, Affenhorden toben kreischend am Strand. Beim Sound des Außenborders ergreifen Zebras, Wasserböcke und Antilopen staubwirbelnd die Flucht. Wer noch mehr Safari will, kann von hier aus eine solche zum Chobe-Nationalpark auf der anderen Seite des Chobe buchen, was an der Ngoma Bridge einen Grenzübertritt nach Botswana nötig macht. Die Wildtiere dort sind die gleichen. Tipp: Auf Tagestour nach Victoria Falls geht die Fahrt ohnehin rund fünfzig Kilometer quer durch den Nationalpark, was an sich schon die beste Safari ist.

TOP ⭐ ERLEBNISSE

⭐ ZAMBEZI QUEEN

Ziemlich aufregend ist das Safari-Abenteuer an Bord eines der vielen River-Hausboote, zum Beispiel auf der legendären Zambezi Queen. Das 42 Meter lange Flusskreuzfahrtschiff funktioniert als luxuriöses Boutique-Hotel mitten in der Wildnis: Vom Balkon einer der 14 Suiten wilde Exoten von der Wasserseite zu beobachten, ist schon ein tolles Erlebnis! Erst recht, frühmorgens aus der Koje zu klettern, um mit einem dampfenden Kaffee an der Reling zu stehen, derweil die afrikanische Tierwelt beinahe greifbar an der Bordwand vorbeizieht.
INFO: Zambezi Queen Collection, Kasika Island, Namibia, zqcollection.com

⭐ SCHUCKMANNSBURG

Selbst im allerletzten Zipfel des Caprivi ist Deutsch-Südwestafrika nicht weit: Nur einen Steinwurf von der Zambezi Mubala Lodge entfernt liegt Schuckmannsburg, das nach Gouverneur und Legationsrat Bruno von Schuckmann benannt wurde, und ab 1908 Kaiserliche Residentur war. Im Archiv bietet die in Luhonono umbenannte Ortschaft ein Zeugnis lebendiger Geschichte. Allerdings ist physisch nur noch ein einziges Backsteinhäuschen aus historischer Zeit übrig.
INFO: »Schucki« nennen viele Bewohner Luhononos ihr Schuckmannsburg liebevoll heute noch. Wikipedia hat unter Luhonono viel Historie zusammengetragen, unter Weblink »Golf Dornseif« wird es spannend!

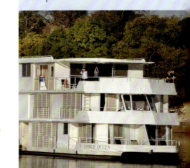

TRAUMROUTEN

VICFALLS ADVENTURE

Daytrip zu den Viktoriafällen

Vierländereck, das bedeutet Grenzen, Stempel und Formulare, d. h. nicht immer einfache bzw. zeitsparende Ein- und Ausreiseverfahren. Wie genau eine Tagesfahrt zu den berühmten Viktoriafällen funktioniert, haben wir mit dem lokalen Tourenanbieter Caprivi Adventures mit Sitz in Katima Mulilo ausprobiert: Einmal hin und zurück nach Victoria Falls auf der simbabwischen Seite des hundert Meter tiefen Grabenbruchs, weil der Ausblick von dort der viel bessere ist.

Vom Chobe River Camp, der nächstliegenden Lodge zur Ngoma Bridge, ist es nicht weit bis zur ersten Grenzstation. Nach Erledigung der Ausreiseformalitäten bei Namibia Immigration geht es über die Brücke zur botswanischen Einreise auf der anderen Seite des Chobe, und dann gleich nochmals vor einen Schlagbaum, an dem ein Kontrollposten der Nationalparkbehörde den Eintritt in den Park registriert. Auf den nun folgenden 50 Kilometern führt die Straße mitten durch den Chobe-Nationalpark, der einer der größten und wildreichsten Botswanas ist. Den nächsten Road Block veranstalten rund hundert afrikanische Büffel, die gemächlich das Asphaltband der A33 überqueren, mutig schiebt sich unser Fahrer Stück für Stück durch die Herde.

Game Drive im Chobe

Irgendwo erfolgt eine botswanische Polizeikontrolle, wenig später ein Checkpoint der Chobe Park Control zur Erfassung der Ausreise aus dem Park. Nach dem Örtchen Kasungula (Hotels, Tankstelle, Supermarkt) wartet der schwierigste Part: die Einreise nach Simbabwe. Hinter den Passfensterchen stapeln sich Berge gestempelter Dokumente, die aufs Abheften warten. Tagestouristen, die ihre Visa-Formulare ausgefüllt haben, werden von einem zum anderen Passschalter verschoben, wobei es drinnen in Zeitlupe geht, wenn es überhaupt irgendwie vorwärtsgeht. Nach vierzig Minuten sind unsere Pässe endlich mit Tagesvisa (30 US-Dollar pro Person) versehen. Die doppelte Zeitspanne könne es je nach Andrang leicht werden, erklärt einer der Guides grinsend, er hat das Prozedere jeden Tag. Mit dem eigenen Pkw (250 US-Dollar extra für den Wagen) sei das ohnehin nicht zu empfehlen, spontane Polizei- und Fahrzeugkontrollen sind jederzeit möglich. Für die Gesamtstrecke Ngoma Bridge–Viktoriafälle gibt das Navi knapp zwei Stunden an, drei sind bereits verbraucht, eine dauert es

Die Regenzeit bringt die Wassermassen des Sambesi zu einem solchen Absturz.

Büffel beobachten den Verkehr auf der A 13 im Chobe Nationalpark.

noch bis zum simbabwischen Städtchen Victoria Falls.

Rauch macht Getöse

Vermutlich war die Anreise des britischen Naturforschers Dr. David Livingstone auch ohne Grenzkontrollen, Navigationsgerät und anderen kartografischen Hilfsmitteln um einiges abenteuerlicher als unsere, als sein Expeditionsboot 1855 den Sambesi flussabwärts trieb. »Mosi-o-tunya« sagen die hier ansässigen Makolo zum aufsteigenden Sprühnebel und das Rauschen der Fälle, »Rauch macht Getöse«. Das ist schon vor dem Gate des Nationalparks zu hören. 50 US-Dollar Eintrittsgebühr trennen den Besucher noch von dem grandiosen Ereignis. Im Park führt ein Rundweg zu 16 Aussichtspunkten, die gut besucht sind. Einer der letzten dieser View Points ist Victoria Bridge. Seit 1905 überspannt das in London gefertigte eiserne Wunderwerk auf 128 Metern Höhe spektakulär die Sambesi-Schlucht.
Der Blick von der Bungee-Station, die mittig auf der Brücke sitzt, ist sensationell. Quer über die Schlucht spannen sich Drahtseile, Flying-Fox-Gleiter rasen zwischen Sambia und Simbabwe darüber hinweg. Hier einen Bungee Jump miterleben und ablichten zu können, wäre geradezu ultimativ. Den bequemsten Blick auf die Wunder-Bridge bietet der Garten des Victoria Falls Hotel. Von der Café-Terrasse aus lässt sie sich in voller Pracht bewundern. Vielleicht zu einem traditionellen High Tea? Die nachmittägliche Zeremonie ist immer noch very british. Drinnen schmücken goldgerahmte Ölbildnisse von Queen Mary und His Majesty King Georg V. die Eingangshalle. Wie es scheint, haben die wertvollen Interieurs des legendären Vic alle politischen und wirtschaftlichen Wirren Simbabwes gut überstanden. Wie eh und je steigen im Garten weißliche Dampfnebelwolken aus der Schlucht auf, hin und wieder zockeln Schwerlaster und Güterzüge über die Brücke, im vorsichtigen Einbahnverkehr. Die Rückreise funktioniert überraschend zügig mit nur zwei Stunden, am Ende sind zweieinhalb Seiten im Pass verstempelt.

Adrenalinsport: Flying-Fox über der Sambesi-Schlucht

TOP ⭐ ERLEBNISSE

⭐ ÜBER NACHT IN VICFALLS

Eine Tagestour ist mit circa 200 Euro pro Person inklusive aller Kosten und Lunch (im Victoria Falls Safari Hotel) zu veranschlagen. Über Nacht funktioniert allerdings auch: Die bildschöne Hotelanlage liegt etwas außerhalb und bietet neben Safari-Touren täglich gegen 13 Uhr eine außergewöhnliche Attraktion: Essensreste aus der Küche dienen zur Geierfütterung, die riesigen Aasfresser warten schon lange vor der Zeit, bis die Balgerei um die besten Brocken beginnt. Wildlife Guides erklären den Zuschauern die unterschiedlichen Spezies. Die für die Biodiversität wichtigen Restevertilger zählen zu den gefährdeten Wildtieren im Südlichen Afrika.
INFO: Caprivi Adventures in Katima Mulilo organisiert Transfers, Touren aller Art sowie auch die Ausstattung von Camping-Touren, capriviadventures.com; Victoria Falls Safari Lodge, victoria-falls-safari-lodge.com

⭐ STOPOVER MIT FLAIR

Wer es altkolonial mag, ist in der Ilala Lodge gut aufgehoben: Das geschichtsträchtige Hotel liegt stattmittig und nahe am Victoria-Falls-Nationalpark, sorgsam ausgewählte Interieurs mit Bildergalerie und Mobiliar erzeugen ein feines Safari-Ambiente. Zu Fuß lässt sich der Garten von Vic Falls Hotel samt Victoria Bridge leicht erreichen, wie auch der alte Bahnhof, wo es manchmal historische Dampfloks zu bestaunen gibt.
INFO: Ilala Lodge, downtown Victoria Falls, mit Pool, schöner Garten, ilalalodge.com

SÜDAFRIKA, LESOTHO, SWASILAND (ESWATINI)

Rings ums Kap der Guten Hoffnung

Der Traum vom schönsten Ende der Welt: Kapstadts umtriebigster Küstenvorort Camps Bay mit imposanter Bergkette Twelve Apostles und dem Twelve Apostles Hotel (links), endlose Rebstöcke in den nördlichen Winelands (oben), Badespaß in der Walker Bay (unten).

Für exotische Kunstgegenstände ist der »African Art Shop« in Kapstadt eine nachgefragte Adresse (oben). Kapstadts noble Küstenvororte bei Nacht (rechte Seite oben) spiegeln ebenso Südafrikas Schönheit wie die historischen Weingüter am Kap wider (rechte Seite unten).

ABENTEUER AUF EIGENE FAUST – DIE SÜDSPITZE DES KONTINENTS

Hippster Zipfel Afrikas

Das »Traumland am Kap« ist keinesfalls nur für organisierte Gruppenreisen reserviert: Ein günstiges Preis-Leistungs-Verhältnis bietet ein unermessliches Spektrum an Erlebnis und Abenteuer, sei es als Selbstfahrer mit dem Mietwagen, als Backpacker, Zug- und Busreisender oder Camper. Speziell in der Nebensaison, im südafrikanischen Herbst und Winter und außerhalb der Schulferien ist das Reisewunderland preiswert zu haben.

Während der Airbus zum Landeanflug unter die Wolkendecke sinkt, taucht schemenhaft auf, was als das schönste Ende der Welt gilt. Nur zu sehen ist manchmal davon wenig. Windböen schütteln die Maschine, Regen peitscht über das Rollfeld. Bei solchem Wetter bleibt die Drahtseilbahn zum Tafelberg, dem Wahrzeichen Kapstadts, außer Betrieb. In Camps Bay, einem noblen Küstenvorort, verschwimmt alles, was ein Panorama sein könnte: Draußen stampfen 15-Meter-Wellen, weiß schäumend klatscht Gischt gegen die Aussichtsscheiben des Bay Hotels, wobei außer diesen wütenden Wellenbergen von der herrlichen Bucht nichts sonst zu erkennen ist. Das also ist Südafrika? Auch.

Eldorado für Individualisten

Aber zur gleichen Zeit sind die sportiven Bewohner Durbans mit ihren Surfbrettern unterwegs, zu den feinen, palmenbestandenen Stränden am Indischen Ozean, der immer warm ist und ein lockeres tropisches Lebensgefühl vermittelt. Vielleicht setzt unweit von Johannesburg, Südafrikas »City

SÜDAFRIKA, LESOTHO, SWASILAND (ESWATINI)

Südafrika ist auch ein Land der Reben (oben). Eine Bahnfahrt mit dem Luxuszug Rovos Rail produziert traumhafte Perspektiven (unten). Ein seltenes Mitglied der »Big Five« – und das exotischste: der Leopard (rechte Seite oben). Sightseeing Cape Town im Doppeldecker-Bus (rechte Seite unten).

of Gold«, gerade eine Löwin zum Sprung an, während an der bildschönen Garden Route, in Port Elizabeth, ein brandneuer Volkswagen vom Band läuft. Und ganz sicher mühen sich zur selben Stunde Abenteurer in Allradfahrzeugen durch die wüstenhafte, dramatische Felslandschaft des Richtersveld, bei brutzelnden 50 Grad Celsius. Südafrika ist bunt und vielschichtig, mit modernen, quirligen Metropolen, traditionsverbundenen Menschen, Landschaften von überwältigender Schönheit, mit saftigen Obstplantagen neben hitzeflirrenden Wüsten und herrlichen Weingärten. Endlose Sandstrände, zahllose Lagunen und pittoreske Buchten fehlen nicht.

In stetig steigender Zahl ziehen Südafrikas unerschöpfliche Paradieslandschaften Besucher aus aller Welt an, was den Tourismussektor zu einem der stärksten Märkte des Landes macht – unterstützt vom Charme seiner Bewohner sowie den vierbeinigen »Kollegen« des südafrikanischen Dschungelbuches. Für sie wurden zerstückelte Farmgebiete renaturiert und bestehende Nationalparks mit jenen der Nachbarländer vereint. Allein der Kruger-Park, der als Staatsunternehmen für Individualreisende das breiteste Spektrum an preiswerten Wildnisabenteuern bietet, zählt 12 000 Elefanten, tausende Büffel, Löwen und Leoparden und 5000 Breitmaulnashörner. In allen 21 Nationalparks zusammen (dazu kommen noch etwa 600 Schutzgebiete) grasen rund 100 000 Impala-Antilopen als Löwen- und Leopardenfutter, vor den Küsten kreuzen Blauwale, die bis zu 33 Meter lang werden, 850 Vogelarten gehen hier in die Luft, 100 Schlangenarten und Krokodile sind auf Beutefang. Unüberschaubar bleiben die Mengen an Zebras, Giraffen, Gnus, Flusspferden und den anderen Säugetieren; es gibt über 200 Arten. Auch deshalb ist Südafrika eines der gefragtesten Reiseziele der Welt, was jährlich um die zehn Millionen Besucher, davon über eine Viertelmillion Deutsche, ins exotische Paradies einfliegen lässt.

Auf eigene Faust unterwegs

Die beste Möglichkeit, Kontakt zu Einheimischen zu knüpfen, sind Fahrten mit dem Bus. Besonders zu empfehlen ist die 1995 gegründete »Baz-Bus«-Company, die ein intelligentes Hop-on-Hop-off System auf der Route zwischen Kapstadt und Johannesburg/Pretoria installiert hat, das mit vielen Stopps mehr als 180 Backpacker-Hostels in über 40 Städten ansteuert. Zusätzlich sind Tagesausflüge, Wildlife-Touren oder mehrtägige Touren z. B. im Krüger-Nationalpark dazubuchbar. Auch moderne Fernreisebusse bieten sich an wie Translux, Greyhound und Intercape, die größere Städte im ganzen

Land verbinden. Preiswerte Tickets und zeitlich begrenzte Pauschalpässe machen diese Art des Reisens erschwinglich. Nahezu alle Rucksackhotels sind in den Travel-Ratgebern »Coast to Coast« und »Alternative Route« gelistet, inklusive Preise, Sonderaktionen und Extraleistungen wie Abholservice von der Bazbus-Haltestelle. Ausstattung und Lage sind oft genial zentral, und ein Bett im Mehrbettzimmer schon für wenige Euro zu haben. Die unabhängigste Variante ist der Mietwagen in Kombination mit einem dichten Netz an geschmackvollen Gästehäusern und Pensionen. Südafrikas Infrastruktur ist hervorragend, selbst ungeteerte Straßen sind in der Regel gut befahrbar, es herrscht Linksverkehr, viele Tankstellen unterhalten einen 24-Stunden-Service, nicht alle nehmen Kreditkarten! Auch hier gelten die Straßenverkehrsordnung und Geschwindigkeitsbegrenzungen auf Schnellstraßen mit 120 km/h, auf Landstraßen mit 100 km/h und in städtischen Gebieten mit 60 km/h, Übertretungen können sehr teuer werden. Was auch hinsichtlich Gurtpflicht, Alkohol sowie mobilem Telefonieren gilt. An den Flughäfen sind die großen internationalen Autovermieter vertreten wie auch eine Reihe südafrikanischer Vermieter, am günstigsten sind Buchungen von Deutschland aus.

Mit dem Camper oder im Zelt?

Freunde des Campens kommen in Südafrika auf ihre Kosten. Zum einen ist das Klima ganzjährig mild und perfekt zum Outdoor-Übernachten, zum anderen wartet Südafrika mit über 700 Campingplätzen auf, die oft in traumhaften Lagen direkt am Strand und in Nature Reserves bzw. Nationalparks liegen. Diese bieten überraschend guten Komfort, was ganz sicher dem Outdoor-Lifestyle der Südafrikaner geschuldet ist, für die sich ein Leben ohne *Braai* (Grillen) und Sundowner unter freiem Sternenhimmel kaum vorstellen lässt. Schon ab sieben Euro pro Stellplatz geht es los, Zelt und Ausrüstung kann man in jeder größeren südafrikanischen Stadt kaufen. Wer lieber mieten möchte, bekommt über »Drive and Camp« alles, was das Outdoor-Herz begehrt, über »Britz« und »Camper Hire« auch Wohnwagen; der größte Vermieter von Campingfahrzeugen, »KEA Campers«, ist auch in deutschen Reisebüros buchbar. Die »Big Five« und all die anderen wilden Exoten gibt es in der preiswertesten Variante in den staatlichen Nationalparks wie zum Beispiel dem Kruger-Park, die für Selbstversorger in Safarizelten mit Küche für eine im Vergleich zu privaten Wildnis-Lodges und Camps geringe Übernachtungsgebühr zu haben sind.

TOP ★ ERLEBNISSE

★ SIGHTSEEING CAPE TOWN

Die roten Doppeldecker-Busse der Bus-Company CitySightseeing sind ein Funfaktor und allgegenwärtig im Straßenbild. Wer nicht individuell los will, bucht eine Rundfahrt, weil das die schnellste und informativste Art ist, sich einen Überblick zu verschaffen. Wie funktioniert's? Offices gibt es an der V&A Waterfront sowie Downtown, 81 Longstreet. Bei allen Haltepunkten kann man aussteigen und den nächsten Doppeldecker nehmen oder an sich überschneidenden Tourhaltepunkten auf eine andere Tour wechseln. Das alles gibt es in 15 Sprachen sowie mit einem Spezialkanal »Just for Kids«.
INFO: Cape Town Tourism, capetown.travel

★ THE SILO WATERFRONT

Kunst, Stil und Ambiente kennzeichnen Kapstadts neues Fünf-Sterne-Flaggschiff The Silo Hotel. Ziemlich umwerfend ist die Gestaltung des Londoner Stararchitekten Thomas Heatherwyk, der den historischen Getreidespeicher aus dem Jahr 1924 zu einer nachgefragten urbanen Ikone gestylt hat. Riesige Glasfronten in den kubischen 28 Suiten (Deckenhöhe: 6 Meter!) geben den Blick frei auf Hafenbecken und Piers, grandios ist die Penthouse-Etage mit Pool, Restaurant und Bar und einer 360-Grad-Aussicht auf City, Lions Head, Signal Hill und den Tafelberg.
INFO: The Silo, theroyalportfolio.com/the-silo

SÜDAFRIKA, LESOTHO, SWASILAND (ESWATINI)

65 AM ENDE DER WELT – KAPSTADT

Cape Town und ein Lifestyle vom Feinsten

Auf der Liste der Schönsten befindet sich Kapstadt nicht ohne Grund ziemlich weit oben: Umwerfend wirkt die Kap-Metropole nachts, wenn sich der Tafelberg hoch über dem urbanen Lichtermeer flutlichtbestrahlt aus dem Dunkel erhebt. Tagsüber ist vor allem die Zeit das Problem: Wer hier nur einen kurzen Stopover eingeplant hat, wird Cape Towns Kunst der Verführung schon bald herzhaft verfluchen.

Cape Town Waterfront zieht scharenweise Touristen an (unten). Die Aussicht vom Tafelberg auf Kapstadt ist einfach imposant (rechte Seite oben). Ein Blick auf die Bucht zeigt: Clifton ist sicher nicht die schlechteste Adresse Metropolitan Cape Towns (rechte Seite unten).

Sie muss schon ziemlich genusssüchtig sein, diese hippe und zugleich coole City of Cape Town, die so *vibrant*, chic und modern und zugleich architektonisch so historisch und sehr edel daherkommt. Um sich die Dimension des sehr besonderen Lebensgefühls der Capetonians von außen überhaupt vorstellen zu können, braucht es drei Beispiele aus Sport und Musik: Beinahe zwei ganze Tage sind jedes Jahr Teile der Kap Halbinsel und der Innenstadt für den Verkehr komplett gesperrt, weil zum x-ten Mal wieder das Cape Town Cycle Race »Argus« mit zehntausenden Teilnehmern aus aller Welt stattfindet, rund 600 fliegen mit ihren Bikes extra aus Deutschland dazu ein. Schon seit 1970 findet Kapstadts Two Oceans Marathon statt, der einer der berühmtesten Läufe der Welt ist und als einer der bedeutendsten Sportevents Südafrikas tausende auf die Beine bringt. Und natürlich reisen zum Cape Town Jazz Festival begeisterte Musikfans aus allen Winkeln der Welt an, um 48 Stunden lang nonstop ihr Musikgenre zu feiern.

»Cape Town Vibrations«

Wer in Kapstadts »City Bowl« einfährt und einen Parkplatz ergattert hat, in der Long Street zum Beispiel, merkt gleich nach dem Aussteigen: Hier will ich so schnell nicht mehr weg! Weil im nächsten Moment klar wird, relaxte Capetonians haben ihre Schöne ja jeden Tag, was schnell einen Neidfaktor aufkommen lässt, vor allem bei denen, die

SÜDAFRIKA, LESOTHO, SWASILAND (ESWATINI)

Ein Straßenmusiker spielt den Cape Town Blues in Company's Garden (oben). Ein Bilderrahmen fürs Erinnerungsfoto mit Tafelberg an der Waterfront (unten). Sportiv geht es mit Automobilen in Camps Bay vor der Bergkette der Zwölf Apostel zu (rechte Seite oben). The Twelve Apostles Hotel & Spa zwischen Camps Bay und Hout Bay (rechte Seite unten).

auf roten Londoner Doppeldecker-Bussen versuchen, die Schöne im Schnelldurchlauf zu genießen.

Am besten macht man sich individuell auf den Weg, Kunst, Kultur und buntes Leben brummen an jeder Ecke, für historisch Interessierte stehen ein Dutzend Museen auf der Liste, darunter das South African Museum, das Bertram House, das Jewish Museum, die South African National Gallery sowie das Cultural History Museum. Adderley Street, die Haupteinkaufsstraße, sowie Kapstadts Long Street mit ihren viktorianischen Gebäuden, in denen sich eine Welt aus Antiquariaten, Szenekneipen, Musik- und Coffeeshops ausbreitet, dürfen bei einem Stadtrundgang genauso wenig fehlen wie das farbenprächtige Bo-Kaap gleich nebenan. Das Malaienviertel am Fuße des Signal Hill ist mit seinen bunten Häusern einer der fotogensten Stops. Die besondere Atmosphäre Kapstadts lässt sich auch in seiner Fußgängerzone St. George's Mall aufspüren, lebhaft geht es auf dem Green Market Square zu, ringsum zeigen sich fantastische Art-déco-Fassaden, längst hat sich die City nach dem Ende der Apartheid und ihrem Niedergang regeneriert und bietet Besuchern internationales Flair und feine Stadtviertel an.

Am tollsten geht es *downtown* in der ersten Januarhälfte zu, wenn der Cape Minstrels Carnival (auch Coon Carnival genannt) farbenfroh durch die Straßen zieht. Als beste Sightseeing-Pause ist Kapstadts feiner Stadtpark The Company's Gardens zu empfehlen, den Stadtgründer Jan van Riebeeck einst als Plantage für Gemüse und Obst anlegen ließ. Zur Fotopflicht gehören das Old Town House (1755), das Präsidentenpalais De Tuynhys (1680) sowie die Houses of Parliament (1885), sehenswert ist auch das legendäre Mount Nelson Hotel (1743), wo die Terrassen zur traditionellen *tea time* lange im Voraus gebucht sind.

Cape Towns »City Bowl«

Vom Table Mountain aus betrachtet liegt Kapstadts »City Bowl«, das innerstädtische Zentrum, wie eine Schale zwischen Signal Hill, Lion's Head und dem Tafelberg im weit gespannten Häusermeer der Metropole. Auch wenn 1798 eine Feuersbrunst den größten Teil der alten Hafenstadt niedergewalzt hat, wird die städtebauliche Perle wegen ihres historischen Erbes, ihrer Lage und der traumhaften Umgebung mit Sydney, Rio de Janeiro und San Francisco in einem Atemzug genannt. Nicht verbrannt ist Kapstadts ältestes Gebäude, die Festung Castle of Good Hope (1666–1679), die einst Sitz des Gouverneurs sowie Militärstützpunkt war.

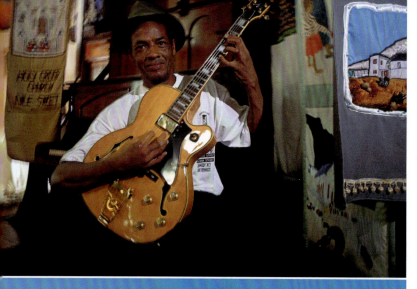

Heute dokumentieren hier Ausstellungen Kapstadts Vergangenheit: die William Fehr Collection (Möbel, Gemälde, Porzellan, 17.–19. Jh.), das Military Museum (alte Waffen und Uniformen) und die Good Hope Gallery (zeitgenössische südafrikanische Kunst). Auch residiert hier das Armeekommando der westlichen Kapprovinz, deren Wachablösung täglich zu sehen ist. Vor der imposanten Kulisse des Tafelberges ragt Kapstadts City Hall auf, ein Mix aus Kolonialarchitektur und italienischer Renaissance (1905).

Über allem: der Tafelberg

Auf der Grand Parade, ihrem Vorplatz, wurde Nelson Mandela nach seiner Freilassung begeistert von der Bevölkerung empfangen. Eine Parallelstraße weiter steht die Groote Kerk, das älteste erhaltene Gotteshaus des Landes; ihre Rokokokanzel schnitzte 1766 der deutsche Bildhauer Anton Anreith (1754–1822). Beim nächsten Kirchturm werden historische Bischofsgräber und prachtvolle Altäre von der südafrikanischen Neuzeit überholt: In der St. George's Cathedral trat Friedensnobelpreisträger Desmond Tutu mutig gegen Rassismus und Apartheid ein, als das noch sehr gefährlich war.
Bei stahlblauem Wetter steht der Tafelberg auf der Liste der *must-dos* ganz oben, allerdings: Wenn der berüchtigte »Cape Doctor« weht, die strenge Brise aus Südost, wird es nichts mit den grandiosen Aussichten auf das schönste Ende der Welt, weil der kräftige Southeaster den Smog aus der Stadt Richtung Berge bläst. Was der Brise ihren therapeutischen Spitznamen und dem Tafelberg eine Wolkentischdecke verpasst, die jeden Ausblick verhüllt. Hinauf lässt es sich auf zahlreichen Routen wandern, oder schnell und bequem mit der Drahtseilbahn schweben. Die 1929 installierte Kabinenbahn dreht beim Auf und Ab ihre Made-in-Switzerland-Gondeln zur 360-Grad-Perspektive und schafft in sieben Minuten bis zu 70 Personen auf einen Schlag. *Hoeri 'kwaggo* nannten die Khoi, die Ureinwohner des Kaps, ihren Meeresberg – diesen mächtigen, abgeflachten, 6000 Hektar großen und 1087 Meter hohen Sandsteinfelsen, Kapstadts Wahrzeichen. Bei klarer Sicht ist das Panorama sensationell: Weit gespannte Wasserflächen liegen wie glitzernde Spiegel um das Häusermeer der Metropole, im Blau des Atlantiks zeigt sich in der Ferne die Gefängnisinsel Nelson Mandelas, Robben Island.
Eine eigene Dimension hat die Victoria & Alfred Waterfront: Der quirlige Publikumsmagnet rund um die beiden Hafenbecken ist Kapstadts größtes Shopping- und Vergnügungsviertel.

TOP ⭐ ERLEBNISSE

⭐ DADDY COOL

Luxus-Campen mitten in Cape Town? Der älteste funktionierende Fahrstuhl (1895) führt zur Dachplattform des Grand Daddy Hotel. Im einzigen Roof Top Trailer Park der Welt parken sieben aluminiumglänzende Airstream-Camper, die in den USA gekauft, per Schiffsfracht nach Kapstadt transportiert und dann mit schwerem Krangerät auf die Dachplattform gehievt wurden. Wer vor Aufregung nicht schlafen kann, sitzt bis früh in der Sky Bar mit Blick auf Cape Towns aufregende Skyline.
INFO: Grand Daddy, Long Street im Zentrum, granddaddy.co.za

⭐ TWELVE APOSTLES

Fünf-Sterne-Kaliber hat die vielfach ausgezeichnete Seaside-Herberge The Twelve Apostles an der Uferstraße zwischen Camps Bay und Hout Bay direkt am Atlantik. Zum Shoppen zur Victoria & Alfred Waterfront geht ein bequemer Shuttle, vom Pool aus zeigt sich die zackige Felskulisse des Zwölf-Apostel-Gebirges, die tollsten Bars sind in Camps Bay gleich um die Ecke und das hippe Dunes Beach Restaurant wartet am Sandstrand von Hout Bay mit frischem Fassbier auf.
INFO: Twelve Apostles in Camps Bay, 12apostleshotel.com; Dunes Beach Restaurant, dunesrestaurant.co.za

Wie aus dem Reiseprospekt: Typische Strandhäuschen kennzeichnen die False Bay als idealen Badeplatz, das Wasser ist hier viel wärmer als direkt vor Kapstadt.

TRAUMROUTEN

TRAUM EINER KÜSTENSTRASSE – CHAPMAN'S PEAK DRIVE

Cape Point und Table Mountain Nationalpark

Niemand hätte eine Trasse für möglich gehalten, als die Straßenbauer 1915 mit den Arbeiten an der elf Kilometer langen Strecke zwischen Hout Bay und Noordhoek begannen. Nach sieben Jahren war das Wunderwerk fertig und wurde zu einer der spektakulärsten Panoramarouten ganz Afrikas, die um die Jahrtausendwende durch Felslawinen und Erdrutsche ihr vorläufiges Ende fand. Erst nach umfangreichen Baumaßnahmen war der Chapman's Peak Drive wieder befahrbar.

The Atlantic Seaboard, wie die Capetonians ihre Riviera nennen, beginnt an der Victoria & Alfred Waterfront und zieht sich von hier über Mouille Point, Three Anchor Bay, Sea Point, Bantry Bay, Clifton, Camps Bay bis nach Llandudno und Hout Bay. Wobei Camps Bay und Clifton zweifelsfrei zu den besten (und teuersten) Adressen Kapstadts zählen. Am Boulevard von Camps Bay parken schwere Harley-Davidson-Maschinen neben feinen, offenen Oldtimer-Sportwagen vor noch feineren Cafés, Bars und Restaurants. Hier beginnt Kapstadts Palm Beach oder, wenn man so will, seine Copacabana. Dahinter steigen als beeindruckende Kulisse die Twelve Apostles und der Tafelberg auf.

Hier leben die Betuchten

Als Nächstes wird das Millionärsparadies Llandudno zum gefragten Kamerastopp: So wohnen sie also, die Schönen und die Reichen, wird es jedem durch den Kopf gehen, der sein Objektiv auf die luxuriosen Anwesen oberhalb von Llandudnos Superstrand fokussiert. Am Hout Bay Neck geht es an den fast 800 Meter hohen Felsklippen Judas Peak und Little Lion's Head vorbei ins Zentrum der Langustenfischerflotte, Hout Bay. Das mit seinen bunten Booten eine Atmosphäre wie Tromsø im norwegischen Sommer verbreitet: Im Halbkreis umragen pittoreske Bergspitzen die tiefblaue Atlantikbucht, farbenfroh leuchten die Trawler der Fangflotte sowie zahlreiche kleinere Fischerboote in der Sonne, Robben tummeln sich im Hafenbecken, Möwen durchkreuzen die friedliche Szene, die so schön ist wie Postkartenkitsch, aber Realität. Klar, dass hier während der Hochsaison

Eine der grandiosen Ingenieursleistungen ist die Trasse durchs Küstengebirge, Chapmans Peak Drive.

Noordhoek Beach – die bekannte Kurve mit dem tollen Ausblick

kaum ein Parkplatz zu ergattern ist und die pittoreske Idylle von Besuchern geradezu überrannt wird. Nirgendwo sonst, heißt es, sei der Fisch besser als in Hout Bays Mariner's Wharf. Wie wäre es also mit fangfrischen Austern, Muscheln, Langusten, Tintenfisch oder Hummer am Fischimbiss auf die Schnelle?

Kurvenwunder

Weitere Preziosen warten gleich um die Ecke. Denn hier beginnt der Chapman's Peak Drive, der Hout Bay mit den Strandorten Noordhoek und Kommetjie verbindet. Mit sensationellen Ausblicken: Hunderte Meter fallen steile Klippen von der kurvigen Serpentinenstraße schroff ab ins Meer, was den Lenkern hinter dem Steuer eiserne Disziplin abverlangt, während die Mitfahrer unbesorgt in ein traumhaftes Küstenparadies blicken. Einer der markantesten Haltepunkte ist Chapman's Point mit spektakulärer Sicht auf die menschenleere Chapman's Bay.

Bei einer Gesamtlänge der südafrikanischen Küste von 3600 Kilometern sind Strände auch in der Nähe der Kap-Metropole keine Mangelware. Der Long Beach im ländlichen Noordhoek macht mit acht Kilometern seinem Namen alle Ehre. Das gemütliche Kommetjie wartet mit seinem 33 Meter hohen Leuchtturm Slangkop (1919) auf, das abseits von jeglichem Trubel gelegene Scarborough bietet Ruhe suchenden Strandspaziergängern das geeignete Ambiente. White Sands und Misty Cliffs heißen hier Strände, die bei hohen Windgeschwindigkeiten im Winter vor allem Surfer anlocken sowie ganzjährig Reiter, die auf den weiten Sandflächen ihr Eldorado finden.

Die False Bay an der Ostseite

Badefreunde sind auf jeden Fall auf der anderen Seite der Kap-Halbinsel auf der richtigen: in der False Bay, wo nicht der kalte, antarktische Benguela-Strom die Wassertemperaturen bestimmt, sondern der Indische Ozean, dessen wärmere Schichten die Passatwinde in die Bucht hineintreiben. Der kuriose Name geht auf Fehlnavigationen der frühen Seefahrer zurück, die nach ihren beschwerlichen Rückfahrten aus Indien dachten, dies sei nun endlich die Tafelbucht. Aber da hatten sie sich zu früh gefreut und ankerten irrtümlich am falschen Platz.

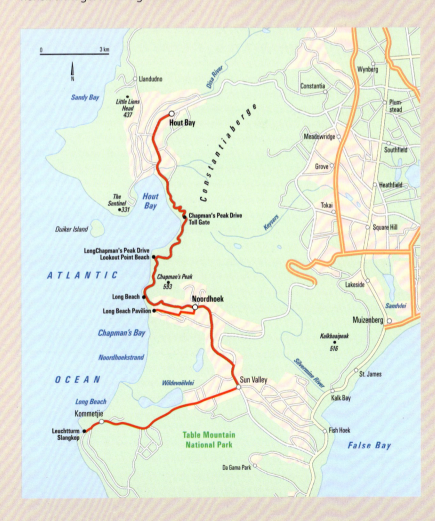

TRAUMROUTEN

Einer der umtriebigsten Orte der »falschen Bucht« ist das 10 000 Einwohner zählende Seefahrerstädtchen Simon's Town. Benannt nach dem ersten Kap-Gouverneur Simon van der Stel (1639–1712), bietet das historische Bilderbuchstädtchen ein hübsches viktorianisches Ambiente. Im Hafenbecken ankern Kriegsschiffe der südafrikanischen Marine einträchtig neben luxuriösen Segeljachten – in Sichtweite des nicht selten sturmumtosten Leuchtturmes Roman Rock, der seit 1861 an der False Bay vorbeifahrenden Schiffen den Weg weist.

Ganz in der Nähe, am Boulder's Beach, bilden tausende Brillenpinguine eine lautstarke und gut riechbare Kolonie. Nicht weit von Simon's Town wartet mit Kalk Bay ein pittoresker Fischereihafen auf Besucher, die mittags, wenn die Boote der Fangflotte zurückkehren, frischen Fisch gleich von der Mole weg kaufen können. Die Fischmarktatmosphäre hat eine verlockende Gastronomie hervorgebracht sowie im Gefolge kunterbunte Antiquitäten- und Trödelläden, Boutiquen mit Kunsthandwerk oder Schmuck aller Art, dazu eine lebhafte Künstlerszene, was immer mehr Durchreisende anzieht. Und so scheint es nur eine Frage der Zeit, bis sich das bislang eher bodenständige Kalk Bay auf der Liste der Szenetreffs dieser Region wiederfindet.

Von hier aus führen Bootsausflüge nach Seal Island, wo eine Seehundkolonie geruchsempfindliche Nasen erschreckt. Muizenberg Beach, der letzte Stopp auf der Traumstraße rund um die Halbinsel, ist neben Buffelsbaai, Boulders, Fish Hoek und Seaforth das beliebteste Strandbad für Schwimmer und Surfer an der False Bay, und das schon seit dem 19. Jahrhundert. Aus diesem Grund finden sich hier auch – wie im benachbarten Badeort St. James – die farbenfrohen Badehäuschen, die in keiner Werbebroschüre Südafrikas fehlen.

Hübsche viktorianische Seaside Towns säumen die False Bay.

Muizenberg Beach

Berühmte Persönlichkeiten wie der erste Premier der Kap-Kolonie, Cecil Rhodes, *Dschungelbuch*-Autor Rudyard Kipling und die Erfinderin des Kriminalromans, Agatha Christie, sind hier schon in Sichtweite der katholischen St. James Church (1858) ins Wasser gestiegen, mit Blick auf feine Fassaden viktorianischer Architektur. Wer der Grandeur von damals nachspüren möchte, sollte den Besuch der Lindbergh Arts Foundation, des Natale Labia Museums, des kapholländischen Het Post Huijs aus dem Jahr 1673 und natürlich des Rhodes Cottage am Ortsrand von Muizenberg, in dem der legendäre Staatsmann und spätere Begründer Rhodesiens am 26. März 1902 starb, keinesfalls auslassen.

Noordhoek Beach zieht Kite- und Windsurfer ebenso magisch an wie Reiter.

Bunt wie ein Regenbogen: Die berühmten Strandhäuschen an der False Bay (oben)
Sunset an der False Bay (unten)

TOP ★ ERLEBNISSE

★ ATLANTIC SEABOARD
The Atlantic Seaboard, wie die Capetonians ihre Riviera nennen, beginnt an der Victoria & Alfred Waterfront und zieht sich über Mouille Point, Green Point Lighthouse und Sea Point die Promenadenstrecke morgendlicher City-Jogger entlang bis zu den feinen Küstenvorstädten Clifton, Camps Bay, Llandudno und Hout Bay. Die teuersten Adressen der Kap-Metropole halten die besten Wohnlagen mit Seeblick besetzt, hier steht der Besucher staunend mit Blick auf den Atlantik.
INFO: Cape Town Tourism, capetown.travel; Übernachten am Chapman's Peak Drive: Tintswalo Atlantic, tintswalo.com

★ CAPE TOWNS PARTYBUS
Wem normales Feiern zu immobil und zu wenig multitasking ist, bestellt sich bei Piggys Promotions den Partybus. Der kurvt wackelnd im Rhythmus und voll im Disco-Sound um kapstädtische Kurven auf verschiedenen Routen, zum Beispiel auf der Peninsulatour zwischen V & A Waterfront, Seapoint, Clifton, Camps Bay, Hout Bay und Constantia.
INFO: Piggys Promotion, piggyspartybus.co.za; Nordhoek Beach, die Creme aller Strände, nordhoekbeach.co.za

★ ROBBEN ISLAND
Das Mahnmal gegen die Apartheid steht seit 1999 auf der UNESCO-Liste des Weltkulturerbe – wie auch die Zelle Nelson Mandelas, der als erster Schwarzafrikaner ins Präsidentenamt Südafrikas gewählt wurde. 45 Minuten dauert die Überfahrt.
INFO: robben-island.org.za

Der Platz hat Magie: Wer es bis zum Kap der Guten Hoffnung geschafft hat, der kann andere geografische Extreme wie das Nordkap oder Kap Hoorn getrost vergessen. So berauschend wie hier, mit Blick auf den Leuchtturm, und am »Cape of Good Hope«-Beweisschild, wird es nirgendwo mehr sein.

DIE SCHÖNSTE LÜGE DER WELT – CAPE POINT
Der südlichste Punkt Afrikas?

An einem stahlblauen Tag ist der Besuch des Cape Point ein besonderes Ereignis: 7000 Kilometer jenseits des Atlantiks liegt Südamerika, 10 000 Kilometer in die andere Richtung, im Pazifik, Australien und 5000 Kilometer geradeaus die Antarktis. Vom Kap-Felsen auf die größte zusammenhängende Wassermasse der Welt zu blicken, hier, wo die Ozeane sich treffen, das ruft schon ergreifende Gefühle hervor.

Mit etwas Glück begeistert herrliches Fotolicht hunderte Besucher aus aller Welt, die frühmorgens schon mit der Seilbahn zur Aussichtsplattform und zum Leuchtturm hinauffahren. Am Kap der Guten Hoffnung stellen sich Kleingruppen mit perlenden Champagnergläsern vor der Texttafel »Kaap die Goeie Hoop/Cape of Good Hope« zum Erinnerungsbild auf. Möglicherweise ist es inzwischen das meistfotografierte Schild der Welt, neben dem berühmten Pendant am Nordkap von Nordnorwegen.

Touristenmagnet mit Wachstumspotenzial

Ganz sicher sei das bald so, hatte Jo, ein indischstämmiger Busfahrer, bei einem Besuch kurz nach dem Fall der Apartheid behauptet. Jedenfalls, sagte er damals, wenn Mandela es schaffe, die hochgesteckten Erwartungen von 40 Millionen schwarzen Südafrikanern zu erfüllen, dann würden unzählige Fotolinsen nach Südafrika einfliegen und ebenso viele Weinflaschen wieder hinaus. Heute ist die Acht-Millionen-Marke statistische Realität und

Die schönste Lüge der Welt – Cape Point

der Reisesektor eine tragende Säule der südafrikanischen Wirtschaft. Allein aus Deutschland besuchen jährlich über 250000 das Traumland am Kap. Tendenz steigend. Auch die Weinflaschen haben sich längst einen Platz in den Regalen der Welt verschafft, und die Winzer erwirtschaften Rekordzahlen. Tendenz weiter steigend.

Hoffnungsschimmer für Seefahrer

Aber wen könnte das wirklich interessieren von denen, die hier hoch oben auf dem Felsen des Cape of Good Hope Nature Reserve aufgeregt auf die endlose Weite der beiden Ozeane blicken? In dem Bewusstsein, an der äußersten Südspitze des afrikanischen Kontinents zu stehen. Oder stimmt das so etwa nicht? Was, wenn sich bei all den bewegenden Gefühlen hier oben alles als geografische Täuschung entpuppte – so, wie es auch bei der False Bay gleich nebenan der Fall war? Tatsächlich: Erst 140 Kilometer südöstlich von hier, am Cape Agulhas, dem »echten« Kap, treffen der Atlantische und der Indische Ozean aufeinander. Genau hier liegt er geografisch korrekt, der »Southernmost Point of Africa«. Und nicht, wie die meisten glauben, am Kap der Guten Hoffnung. Das übrigens deshalb so heißt, weil es oft vernebelt und seiner Strömungen wegen gefährlich war und obendrein für die alten Seefahrer der Wendepunkt vor der hoffentlich glücklichen Heimreise. Jedenfalls war der alte Cape-Point-Leuchtturm mit seinen 2000 Kerzen für die Schiffe da draußen ein Segen: Auf dem 249 Meter hohen Cape Point Peak leuchteten sie zwischen 1860 und 1919 bis zu 70 Kilometer weit hinaus auf die See. Erst nachdem 1911 der portugiesische Dampfer »Lusitania« am Kap zerschellt war, reichte der bloße Kerzenschein nicht mehr. Seit 1939 steht ein großer Teil der Kap-Halbinsel wegen seiner einzigartigen typischen Fynbos-Vegetation mit Orchideen, Proteen und dutzenden Arten von Erika unter Naturschutz. Auch die Fauna hat einiges zu bieten: Neben 250 Vogelarten sind hier Antilopen, Zebras, Echsen, Strauße und diverse Bockarten zu Hause, ebenso wie die giftige Puffotter und die Kobra. Allerdings werden eher die hier ansässigen Paviane zum Problem, die arglosen Touristen ihre unerwünschte Aufwartung machen und Sonnenbrillen, Handtaschen oder Autoschlüssel entwenden. Wer im Wagen bleibt und die Fenster geschlossen hält, ist auf jeden Fall auf der sicheren Seite.

TOP ★ ERLEBNISSE

★ SOUTHERNMOST POINT

Der Frühling ist die beste Reisezeit am Kap, denn dann sind zahlreiche Wale unterwegs und von Land aus gut zu beobachten. Warme Kleidung sowie Sonnenschutz sind wichtig, weil hier das Wetter launisch sein kann. Treppen führen vom Parkplatz hinauf zum Cape Point Old Lighthouse, bequemer geht es mit der Seilbahn. Vom Besucherzentrum Buffelsfontein (Rangerstation, Restaurant, Souvenirboutiquen und Aussichtsterrassen) führt ein Weg zum eigentlichen Kap der Guten Hoffnung hinunter, wo am weltberühmten Schild die Beweisfotos erfolgen.
INFO: Cape Point Route, capepointroute.co.za

★ WALK ON THE WILD SIDE

Zahlreiche gut beschilderte Wanderwege führen durch die Cape of Good Hope Reserve. Wie zum Beispiel der Cape of Good Hope Hiking Trail, der mehrtägig über eine atemberaubende Strecke von 40 Kilometern geht, oder der Shipwreck Trail sowie zahlreiche Kurzwanderwege.
INFO: Cape of Good Hope Nature Reserve, capepoint.co.za; South African National Parks, sanparks.org

★ TWO OCEANS HIKE

Im Cape Agulhas Nationalpark gehört der Two Oceans Hiking Trail mit seinem einzigartigen Paradies des Cape Floral Kingdom zu den großen Attraktionen.
INFO: South African National Parks, sanparks.org

Der Traum für Viele: Einmal am Kap der Guten Hoffnung stehen und vom New Cape Point Lighthouse auf die Weite des Atlantiks sehen!

SÜDAFRIKA, LESOTHO, SWASILAND (ESWATINI)

VERKOSTUNG OHNE ENDE – DAS KAP DER GUTEN WEINE

Edle Tropfen an der Weinroute

Am Fuße der Hottentotsholland-Berge, wo die Rebstöcke sauber in Reih und Glied gesteckt sind, so weit das Auge reicht, liegt die »klassische« Weinroute; hier tauchen Südafrika-Besucher in die Welt der Trauben ein. Mehr als ein Dutzend solcher »Wine Routes« haben sich inzwischen etabliert, und es ließe sich alternativ sogar auf einer »Brandy Route« rund ums Kap wandern!

Im späten Sonnenschein leuchten kap-holländische Gutshäuser zwischen den Weinbergen, in friesischem Stil, mit Sprossenfenstern, Reetdächern, rustikalen Holzbalkendecken. Leicht könnte derlei Romantik darüber hinwegtäuschen, dass der Weinanbau in Südafrika ein nach modernsten Gesichtspunkten geführter Markt ist, der mit hochwertigen Produkten stark im internationalen Wettbewerb steht. Die Anbaugebiete teilen sich in zwei Hauptregionen: das vom Atlantik beeinflusste Küstengebiet und das durch Bergketten von der Küste getrennte Inland. Auf über 110 000 Hektar Rebstockfläche werden von Kleinbauern, Kooperativen und Großweingütern rund 3000 verschiedene Weine produziert, wobei die Lese hier Anfang Januar beginnt. Der Ernteertrag liegt mit über zehn Millionen Hektolitern so hoch wie der deutsche, mit Rebsorten wie Sauvignon Blanc, Chenin Blanc, Chardonnay, Colombar und Cabernet Sauvignon. Der Riesling, deutschen Weintrinkern gut bekannt, geht hier mit einem mageren Prozent ins Gesamtergebnis ein.

Nederburg im Paarltal

Dabei ist der deutsche Einfluss auf den Weinbau am Kap nicht unerheblich für die heutigen Spitzenweine »made in South Africa«. Pauline vom Weingut Nederburg schließt die

Eine fröhliche Weinlese findet auf »Constantia« (unten) statt. Bilder wie aus glücklichen Träumen: Das Weingut »Vergelegen Estate« in Somerset West (rechte Seite) mit stilvollem Ambiente und kostbaren Interieurs lenkt den Blick wohltuend in die Vergangenheit, was jeden der edlen Tropfen zu einer noch viel tieferen Reife bringt.

SÜDAFRIKA, LESOTHO, SWASILAND (ESWATINI)

Augen und lässt genüsslich einen Schluck heimischen Gewürztraminer über den Gaumen rollen. Dann steigt die professionelle Verkosterin erst einmal in die Geschichte ein: 200 Jahre gibt es das Weingut Nederburg, erfährt der Besucher, und dass es um 1940 ein Johann Georg Graue war, der die idealen Bedingungen für den Weinbau am Kap erkannte – trockene Böden, kühle Winter, reichlich Sonne, genug Regen, kurzum, ein hervorragendes mediterranes Klima. Graue brachte Technik und Wissen aus Deutschland mit und schickte später Sohn Arnold in die Heimat zurück, um ihn an der Weinbaufachschule in Geisenheim am Rhein ausbilden zu lassen. Im Rückreisegepäck hatte der Junior ein wissenschaftlich aufgebautes Rebveredlungs- und Pflanzmaterialprogramm sowie – mit der aus dem Rheingau stammenden Gärführung unter niedrigen Temperaturen – eine neue Kellertechnik. Bald schon hagelte es Goldmedaillen und erste Preise. Bedingt durch den Apartheidsboykott konnten südafrikanische Winzer lange nicht zeigen, was in ihnen beziehungsweise in ihren Flaschen steckte. Heute haben sie trotz langer Frachtwege längst die internationalen Märkte erobert. Als Preisfaktoren zählen der günstige Wechselkurs, die Lohnsituation im Lande sowie das ausgezeichnete und verlässliche Klima. In langen Reihen sind im Weingut Nederburg neben modernsten Kelter- und Tankanlagen prächtige Eichenfässer aufgestellt, made in Germany. Nach der Kellerführung schweift der Blick über das fruchtbare Paarltal, das wie gemalt vor den Drakenstein-Bergen im milden Sonnenlicht liegt. Eigentlich ist der Wein Jan van Riebeeck zu verdanken. Nachdem der 1652 in der Table Bay sein Basislager aufgeschlagen hatte, nervte er seine Vorgesetzten bei der East India Company, ihm doch bitte bald Weinstöcke aus Spanien, Frankreich und Deutschland zu schicken. Sieben Jahre später war in seinem Tagebuch zu lesen: »Heute, Gott sei's gelobt, wurde zum ersten Mal aus Trauben vom Kap Wein gepresst!« Über die Qualität des Getränks vermerkte er allerdings nichts. Nach ausgiebiger Weinprobe steht jedenfalls fest: Favorit für heute war der Nederburg Noble Late Harvest, eine edle Spätlese.

Das wunderschöne Weingut »Boschendal Wine Estate« (unten) sowie Kurioses im Trödelladen »Oom Samie se Winkel« in Stellenbosch's Dorpstraat (rechte Seite oben) laden zum Träumen ein. Betörender Luxus: La Residence im Weinbaugebiet Franschhoek (rechte Seite unten).

Stellenbosch – Weine nach alter Tradition

Simon van der Stel entdeckte wenig später ein kleines Seitental unweit von Kapstadt, dessen Weinbaubedingungen noch besser erschienen als die Cape Towns. Stellenbosch, die zweitälteste Stadt Südafrikas, gilt heute mit über 60 Weingütern als die Hauptstadt des Weines und eröffnete schon 1971 die erste Wynroete nach dem Vorbild der deutschen Weinstraßen

und der französischen Route du Vin. Zwischen Dorp Street und Braak, dem Marktplatz des putzigen Universitätsstädtchens (75 000 Einwohner), begegnet man kapholländischer und viktorianischer Architektur auf Schritt und Tritt: Rhenisch Church, Burgerhuis, St. Mary on the Braak, Pfarrhaus der Rheinischen Mission, Leipoldt House, Moederkerk – allesamt herrlichste Fotomotive. Nicht verpassen sollte man die Trödelboutique »Oom Samie se Winkel« in der Dorpstraat, das Burgerhuis und das Stellenbosch Village Museum, dessen Häuser interessante Interieurs aus den Zeiten der East India Company ausstellen. Über 200 Weinsorten lassen sich in und um Stellenbosch in den Kellern probieren, wobei die beiden nahe gelegenen historischen Weinstädtchen Paarl und Franschhoek kräftig mitreden: Cabernet Sauvignons und Shiraz-Weine aus Paarl sind Weltklasse!

Deutsche Winzerleidenschaft auf Gut Oude Wellington

Nur einen Katzensprung entfernt, vor den gezackten Gipfeln der Hawequa Mountains, liegt malerisch das Weinstädtchen Wellington. Dort pflegt ausgerechnet ein deutscher Zahnarzt Rheingauer Weinbautradition, seit er das Bohrbesteck aus der Hand legte. Praxis, Haus und Hof ließen sich gegen eine der ältesten kapholländischen Farmen, Baujahr 1795, eintauschen. Wobei, wie der moderne Aussteiger anfügt, die historische Perle in einem erbärmlichen Zustand war und von Grund auf saniert werden musste. Als Relikt aus der alten Welt prangt im Kaminzimmer noch das Praxisschild von daheim: »Dr. med. dent.«. Weinmachen sei der Zahnmedizin gar nicht so unähnlich, erklärt der Neu-Winzer von Gut Oude Wellington, was man brauche, sei vor allem ein sachkundiges Händchen. Auf elf Hektar Land stehen heute Rebstöcke, im Weinkeller arbeitet neben einer Weißweinpresse der Firma Görtz-Landmaschinen modernste Technik. Und natürlich lagern dort auch edle Tropfen in 70 Eichenfässern, die aus Frankreich für den Barrique-Ansatz herangeschafft wurden.

Seit geraumer Zeit betreibt der Doc sogar eine kupferblitzende Destillieranlage zur Herstellung von Brandy, der noch viel schneller verkauft ist als der Wein. Wer es nach einer Wein- oder Brandyprobe und dem Besuch des Gutshofrestaurants nicht mehr nach Hause schafft, bleibt besser über Nacht: Hübsche Pensionszimmer laden hier zum Tiefschlaf ein. Wo es gute Tropfen gibt, sind auch Sterneköche nicht weit: Der Gourmet-Tempel *Catharina's Restaurant*, der zum über 300 Jahre alten, eleganten Steenberg-Hotel im Constantia Valley gehört, wurde gerade mit fünf Sternen ausgezeichnet.

TOP ⭐ ERLEBNISSE

⭐ HISTORISCH: WEINGÜTER

Zu den besten Weingütern zählt – neben Gouverneur Simon van der Stels historischem Weingut Groot Constantia – Stellenzicht Vinyards, die 1692 an den Hängen des Helderbergs bei Stellenbosch entstanden. Mit dem Anbau von Chenin Blanc, Cabernet Sauvignon, Shiraz und Chardonnay findet sich aber nicht nur in der Region Stellenbosch qualitätsstarke Weinbautradition.
INFO: Die bekanntesten Anbaugebiete unter stellenboschtourism.co.za, franschhoek.org.za, paarl-wellington.co.za und kapwein.com

⭐ LA RESIDENCE

Auf 30 000 Quadratmetern residiert oberhalb Franschhoek ein Vegetationswunder aus blühenden Gärten, Rebstockhängen und Olivenhainen mit Blick auf umstehende Bergketten. Wer erstmal hier gelandet ist, will so schnell nicht mehr weg! Die Auszeichnungen für gelungene Gastronomie und Hotellerie (»Afrikas Top-Hotel«, Condé Nast Traveller, »Südafrikas bestes Luxushotel«, Luxury Lifestyle Awards) nehmen kein Ende. Wer es sich leisten kann, bleibt wenigstens eine Nacht und rührt sich genusssüchtig nicht von der Stelle.
INFO: La Residence, theroyalportfolio.com/la-residence

Auch Eselskarren wie in Amalienstein gibt es noch (oben). Einsamer Sonnenuntergang am Karoo Nature Reserve (rechte Seite).

EINE WÜSTE WELT FÜR SICH – KAROO

Die kleine Zackige und die große Weite

Von Kapstadt aus wurde das Inland Südafrikas besiedelt. Zunächst aber beschränkten sich die Vorposten der Europäer auf die Küsten, weil diese auf dem Seeweg leicht zu erreichen waren. Doch bald schon lockten die zerklüfteten Gebirgszüge der Kleinen Karoo und die geheimnisvollen Hochebenen der Großen Karoo, die sich bis zu den Horizonten ausbreiten. Mühselig quälten sich Ochsenwagen und Maultierkarren durchs unwegsame Bergland, das überraschend liebliche, fruchtbare Täler preisgab.

Auf dem Weg von Kapstadt in die Kleine Karoo liegt Swellendam, Südafrikas drittälteste Stadt. Umringt von den Langeberg Mountains wartet das städtebauliche Schmuckstück aus dem Jahr 1743 mit liebevoll restaurierten kapholländischen und viktorianischen Häusern auf sowie mit einem der interessantesten Museumskomplexe des Landes, der Drostdy in der Swellengrabel Street. Dieser ehemalige Verwaltungssitz der Kap-Regierung spiegelt mit seiner Ausstattung den Lebensstil des 18. und 19. Jahrhunderts wider.

In der Hitze der Kleinen Karoo

Hinter Swellendam biegt die Straße kurz vor Heidelberg links ab und führt über den Tradouws-Pass zur Route 62, die eine der landschaftlich schönsten Straßen der Kapregion ist. Sie schlängelt sich pittoresk durch die fruchtbaren Täler der Kleinen Karoo, vorbei an mächtigen Felsmassiven, deren Gipfel im Winter schneebedeckt sind, bis nach Ladismith, einem beliebten Wandergebiet am Fuß des Towerkop, und weiter bis zu den ehemaligen Missionsstationen Zoar und Amalienstein. Von Calitzdorp, der Hoch-

SÜDAFRIKA, LESOTHO, SWASILAND (ESWATINI)

Die kargen, ariden Landschaften der Karoo transportieren einen sehr eigenen Charme (oben). Das weit verzweigte Höhlenlabyrinth der Cango Caves nahe Oudtshoorn zeigt beeindruckende Stalaktiten und Stalagmiten (unten). Brutkasten für Straußeneier auf einer Straußenfarm (rechte Seite oben). Prima Klima für Strauße in der Karoo (rechte Seite unten).

burg des Portweins, ist es nur noch einen Katzensprung bis nach Oudtshoorn. Da in der wüstenähnlichen Landschaft der Kleinen Karoo nur selten der Wind weht, empfindet man die Temperaturen meist als besonders hoch. Trotz des heißen Klimas werden durch geschickte Bewässerung Tabak, sogar Obst und Gemüse, Wein und Getreide angebaut.

Ein komischer Vogel

Besonders wohl fühlt sich hier *Struthio camelus*, der Afrikanische Strauß. Dieser sonderbare Vogel fliegt zwar nicht, erreicht aber mit bis zu vier Meter langen Schritten bis zu 50 Stundenkilometer und gehört zu den größten Vögeln der Erde. Die ausgewachsenen Männchen (2,5 m!) überragen die Weibchen um mehr als einen halben Meter und Beinchen, ebenso lang und dünn wie ihr nackter Hals, tragen bis zu 150 Kilogramm Körpergewicht. Er hat weder Kropf noch Zähne und schluckt daher feste Dinge wie Steine, um so die Nahrung im Magen zu zerkleinern. Die Füße der Laufvögel bestehen nur aus zwei Zehen, die allerdings kräftige Krallen tragen und die bei Gefahr zu gefährlichen Killerwerkzeugen werden. Vor allem die schwarz-weiß gefiederten Männchen sind nicht zu unterschätzen – sogar Elefanten und Löwen sollen vor ihnen zurückweichen. Übrigens kommt er, wenn nötig, gänzlich ohne Wasser aus, weil ihm die Flüssigkeit von kleinen Beutetieren, Früchten und wasserhaltigen Sukkulenten vollkommen ausreicht. Nur zehn Prozent aller Strauße genießen in Südafrika die Wildnis. Die Mehrheit der rund 600 000 Riesenvögel lebt in Aufzucht und beliefert die Schlachthöfe mit Nachschub. Das hat seit 1838 eine Geschichte: Zu Beginn des 19. und 20. Jahrhunderts waren vor allem Federboas als Modeaccessoires gefragt, und Straußenfedern wurden in den fernen Erdteilen zu begehrten Objekten. Dokumentiert ist, dass Südafrika damals pro Jahr eine halbe Million Kilogramm Federn exportierte! Die sogenannten Straußenbarone der Kleinen Karoo wurden durch die Federn steinreich. Ihr Wohlstand lässt sich heute noch in Oudtshoorn, der »Hauptstadt der Strauße«, bestaunen in Form prunkvoller Villen, der sogenannten »Feder-Paläste«. Heute dienen die Zuchtvögel auf den rund 200 Straußenfarmen der Region hauptsächlich der Fleischproduktion. Alljährlich Anfang April findet in Oudtshoorn das Klein-Karoo-Kunstfestival statt, zu dem über 100 000 Besucher unterwegs sind.

Nördlich von Oudtshoorn liegen die Cango Caves, die sich in Jahrmillionen zu einem imposanten Tropfsteinhöhlensystem entwickelt haben. Früher wurden sie von den San

und Khoikhoi, den eigentlichen Ureinwohnern Südafrikas, als Unterschlupf genutzt. Werkzeugfunde und Höhlenmalereien belegen, dass die Höhlen vor circa 10 000 Jahren von Menschen bewohnt waren. Das unterirdische Labyrinth, das weitverzweigt bis unter die Swartberge reicht, ist gigantisch: Nur zwei Kilometer Länge können besichtigt werden, allein in diesem Teil ist die größte Höhle 107 Meter lang, 54 Meter breit und 16 Meter hoch. Ein Teil des Höhlensystems bleibt für Besucher geschlossen, um wertvolle Formationen zu schützen.

Idylle in den Bergen

Jenseits des Swartberg-Passes liegt Prince Albert. Das kleine Bergstädtchen, das schon zur Großen Karoo gehört, stellt ein besonderes Kleinod dar. Umgeben von bizarren Bergen, deren Gipfel 2000 Meter erreichen, gedeihen Oliven und Obst, außerdem leben hier Merinoschafe. Benannt nach dem Prinzgemahl Queen Victorias, liegt der Ort 650 Meter über dem Meeresspiegel, ist mit seinen viktorianischen Fassaden beinahe ein lebendiges Museum und als Quartier bei Wanderern beliebt. Vor allem im Frühling, wenn die Obstbäume blühen und das Land von Wildblumen bedeckt ist, sowie im südafrikanischen Herbst zum Olivenfest. Im Sommer, im Dezember, wenn es in der Karoo heiß und trocken ist, hält Prince Albert seine Sommerruhe.

Ein Nationalpark treibt's bunt

Die beeindruckendsten Bilder hält der Karoo National Park nordwestlich von Beaufort West bereit: Vegetation sprießt nur spärlich in diesem steinwüstenähnlichen Gebiet, Temperaturunterschiede und geringe Niederschläge haben einzigartige Landschaften zustande gebracht, aus deren Leere sich kleine Tafelbergbrüder, die typischen »Koppies«, erheben. Das Beste findet nachts statt, wenn es eiskalt wird in der Großen Karoo und der Sternenhimmel so klar ist wie am Südpol. Dann versammeln sich Sterngucker aus aller Welt nahe Sutherland, im South African Astronomical Observatory. Ähnlich wie im Namaqualand an der Nordwestküste Südafrikas explodiert bei Regen die ausgedörrte Erdkrume der Karoo: All die vielen Samen der Sukkulenten-Flora, die die Trockenheit überdauert haben, beginnen dann blitzschnell zu keimen, und ein bunter Blütenteppich überzieht für ein paar Tage das Land. Den luxuriösen, aber kurzzeitigen Überfluss ihrer Wüstenflora wissen Bergzebras, Kudus, Elenantilopen und Spring- und Spießböcke zu schätzen sowie der selten gewordene Kaffernadler.

TOP ★ ERLEBNISSE

★ DIE STADT DER FEDERBARONE

Sie sind schon verrückt, Oudtshoorns Straußen-Showfarmen, die sich zum großen Teil aus touristischen Einnahmen finanzieren. Dementsprechend wird den Besuchern auch allerhand Kurioses und Unterhaltsames geboten: Straußenrennen, öffentliche Fütterungen. Sogar reiten darf man auf den seltsamen Vögeln, die nicht fliegen, aber ziemlich schnell rennen.
INFO: Oudtshoorn & De Rust Tourism, oudtshoorn.com; Straußenfarmen: highgate.co.za, safariostrich.co.za; Cango, cangoostrich.co.za

★ »ROUTE 62«

Südafrikas bester Roadtrip mit dem Nimbus des US-amerikanischen Streckenwunders, das die Rolling Stones mit ihrem Song Route 66 weltweit berühmt machten, führt mitten ins Herz der Kleinen Karoo, einer ziemlich bizarren und bergigen Wüstenwelt jenseits von Kapstadt, und bis zur Straußenstadt Oudtshoorn. Geschickt vermarktet mäandert die südafrikanische Variante als landschaftlich reizvolle Panoramastrecke durch ein sehr entspanntes und vor allem bildschönes Hinterland und ist nicht nur für Biker schwerer Maschinen interessant.
INFO: Startpunkt der Route 62 ist Montagu, montagu-ashton.info

SÜDAFRIKA, LESOTHO, SWASILAND (ESWATINI)

 ## VON WALEN, ROBBEN UND PINGUINEN – HERMANUS UND WALKER BAY

Auf der Cape Whale Route unterwegs

Die Autobahn von Kapstadt in östlicher Richtung ist eine der schönsten der Welt – um im Stau zu stehen. Der ist freitags sicher, denn dann machen sich die Capetonians entlang ihrer vielzackigen Bergketten auf in die Wochenendkolonien an den zahlreichen verträumten Buchten zwischen Hermanus, Gansbaai, Cape Agulhas und dem De-Hoop-Naturreservat.

Das noble Strandstädtchen Hermanus, das schon beim Blick auf die Immobilienpreise herausragend ist, beherbergt nicht nur ein Walbeobachtungszentrum, sondern beschäftigt den kuriosesten Walausrufer der Welt. Der eilt durch die Straßen und bläst laut ins Horn, um die Ankunft der Wale zu verkünden. Wenn im Marine Hotel von Hermanus, der vermutlich teuersten Wal-Herberge Südafrikas, das Hornsignal zu hören ist, reicht schon ein Blick aus dem Fenster, um die riesigen Tiere zu entdecken.
In der Walker Bay zwischen Hermanus und dem Küstenstädtchen De Kelders tummeln sich an guten Tagen bis zu 50 oder 60 der riesigen Säuger, die zwischen Juni und September aus den eiskalten Antarktisgewässern in die warmen, geschützten Buchten der Südküste Afrikas ziehen, um sich zu paaren und ihre Jungen zur Welt zu bringen.

Die Wale kommen!

Wenn die 60 Tonnen schweren und 18 Meter langen Glattwale spektakulär aus dem Wasser schießen, um dann mit gewaltigem Getöse auf der Wasseroberfläche aufzuschlagen, werden die Walbeobachter an Land jedes Mal in hellste Aufregung versetzt.
Die Southern Right Whales (Südkaper) vor Südafrikas Küsten sind inzwischen so populär, dass manche Wildlife-Experten aus den klassischen fünf Trophäentieren der Groß-

Hermanus heißt: bildschöne Buchten, brandungsumtoste Küste – und Wale (unten). Dyer Island und Geyser Island bevölkern Scharen von Pinguinen (rechte Seite oben). Top Lage: Birkenhead House in Hermanus (rechte Seite unten).

wildjäger – »The Big Five« (Löwe, Büffel, Elefant, Leopard und Nashorn) – am liebsten »The Big Six« machen würden. Immerhin waren die Riesen wie ihre Kollegen in der Savanne, die Nashörner, beinahe schon ausgerottet. Walfangflotten hatten die Bewohner der Weltmeere Ende des 18. Jahrhunderts massenhaft aus den Ozeanen gezogen. Ihr Tran diente zur Herstellung von Brennstoff für Lampen sowie als Grundstoff für Seife, Linoleum und Arzneimittel, ihre Barten zur Herstellung von Korsettstangen. Die Populationen erholten sich erst, seit die Wale ab 1935 zunehmend geschützt und ihr Fang 1976 in Südafrika endgültig verboten wurde.

Cape Whale Route

Auf der Cape Whale Route entlang der Küste lassen sich die größten Säugetiere der Erde (Blauwale bringen 200 Tonnen auf die Waage) an vielen Orten zwischen Strandfontein und Knysna von Land aus sehr gut beobachten, aber auch auf den Küstenwanderwegen zwischen Gansbaai und dem Panoramaörtchen De Kelders unterhalb der Grootbos Nature Reserve. Und natürlich auf dem sandigen Traum-Beach der Walker Bay, der Bucht der Wale, die sich auf endlosen Kilometern am Fuß der Swartkrans-Berge streckt.

Wer näher ran will an die Riesensäuger, und an spielende Delfine, Robben und Pinguine, der geht aufs Boot. Vor allem, wenn man weiß, dass jenseits der weitläufigen Walker-Bucht, auf den vorgelagerten Felseilanden Dyer Island und Geyser Island, Scharen von Pinguinen spektakuläre Kopfsprünge in tosender Brandung vorführen, 55 000 Robben ihre Spielchen im Wasser treiben und plötzlich auffliegende Kormorane so zahlreich sind, dass ihr Geflatter zuweilen den Himmel verdunkelt, während an den Whale-Watch-Booten auftauchende Wale auf Tuchfühlung mit den Touristen gehen.

»Shark watching« im Käfig

Wem die friedlichen Meeressäuger zu langweilig sind, der kann in die Welt der Weißen Haie abtauchen. Den Inselkanal zwischen Dyer und Geyser Island durchpflügen tonnenschwere, bis zu sechs Meter lange Weiße Haie, deren Faszination groß genug ist, dass in den nahen Küstenortschaften Gansbaai und Kleinbaai acht Unternehmen allein mit *shark watching* beschäftigt sind. Mit »Life-Changing Experience« werben die einen, mit »Jaws of Life« die anderen: Das Abtauchen im Käfig ist ein verlockender Nervenkitzel. Aber auch wer lieber »oben« bleibt, wird ein ergreifendes Erlebnis haben.

TOP ★ ERLEBNISSE

★ BIRKENHEAD HOUSE

Ziemlich atemberaubend ist, was sich nach der Anfahrt durch Hermanus' Strandsiedlungen hinter einer relativ bescheidenen Landhauskulisse verbirgt: ein Boutique-Hotel im legeren Classic Beach House-Architekturstil, mit Innenhöfen, Säulengängen, opulenten Hallen, plätschernden Wasserbecken. Und dann erst das Hinaustreten auf eine Poolterrasse mit berauschender Aussicht: Wer sich hier, direkt über der Brandung, vom Fleck bewegt, ist selber schuld! Die wenigen Suiten beherbergen eine reduzierte Gästezahl, mit unverhohlenem Stolz erweckt das luxuriöse und doch atmosphärisch lockere Küstendomizil sogleich das Gefühl, so schnell nicht mehr fort zu wollen.
INFO: Birkenhead House Hermanus, theroyalportfolio.com/birkenhead-house

★ SHARK- UND WHALE-WATCHING

Shark-Watching lockt in der Walker Bay jeden, weshalb sich in Kleinbaai bei Gansbaai ein reges Geschäft damit entwickelt hat. Zum Thema bietet Hermanus sein Whale House & Old Harbour Museum an, Dyer Island Cruises verspricht Whale- und Delfin-Watching auf Bootstrips nach Dyer Island.
INFO: Dyer Island Cruises, whalewatchsa.com; Harbour Museum Hermanus, old-harbour-museum.co.za, hermanus-tourism.co.za

Endlose Kilometer Strand an der Walker Bay (oben). Grootbos Forest Lodge mit Blick auf die Walker Bay (rechte Seite oben). Naturparadies erster Güte: Das Grootbos-Reservat der Familie Lutzeyer (rechte Seite unten).

FYNBOS, GROOTBOS UND ERIKA – GROOTBOS NATURE RESERVE

Pflanzenparadies an der Bucht der Wale

Zwischen Hermanus und dem Fischerörtchen Gansbaai ist oberhalb der Walker Bay mit dem Naturreservat Grootbos in den sanften Hügeln der Swartkrans-Berge eine Beobachtungsstation der ganz anderen Art entstanden. Hier handelt die Geschichte nicht von Haien, Robben, Pinguinen und Walen, sondern von Fynbos und Milkwood, von Asche, Ameisen und von Erika.

Weshalb im Biosphären-Reservat Grootbos ausschließlich über Flora *en miniature* gefachsimpelt wird. Von den Glasfronten der Übernachtungsdomizile Garden- und Forest Lodge geht der Blick über riesige Sanddünengebiete, in denen hartnäckig der Strandhafer kämpft, auf rollende Wellenberge, die sich an feinsandigen Stränden kleinlaufen. Und soweit das Auge reicht, blüht eine wildromantische Heidevegetation, die typisch ist für das Kap mit seinen vielen endemischen Pflanzen. Studierte Botaniker weihen Neuankömmlinge erst einmal in die Welt der kleinblättrigen Ministräucher, des Fynbos, ein, *Leucospermum* (Nadelkissenblume) und *Protea obtusifolia* sind hier feste Größen. Natürlich wachsen hier auch größere Büsche *(Grootbos)* und sogar richtige Bäume, die bis zu 1000 Jahre alten Milkwood Trees. Die seltene Spezies *Sideroxylon inerme* hat sich im Schutzgebiet von Grootbos zum größten Milkwood-Wald Afrikas versammelt.

Feuergefährliche Fortpflanzung

Aufgrund von Mikroklimata kann die Flora in der nächsten Bucht schon ganz anders aussehen. Von weltweit 860 Arten Erika finden sich allein 730 im Blumen-Eldorado am Kap. Phänomenal ist, dass es mit der Fynbos-Vegetation erst richtig losgeht, wenn es brennt. Denn erst nach einem Feuer öffnen sich die Samen der Pflanzen im Erdreich und

SÜDAFRIKA, LESOTHO, SWASILAND (ESWATINI)

Doro und Michael Lutzeyer (oben) bieten Besuchern einen eigenen Reitstall an (rechte Seite oben). Die Königsprotea – *Protea cynaroides* – ist Nationalblume Südafrikas (unten). Top Whale Watching Spot Hermanus: Walbeobachtung funktioniert hier von Land aus (rechte Seite unten).

treiben dann einen noch dichteren, wilderen Bewuchs hervor – ein Evolutionsbeispiel aus Gebieten, in denen sonst die Vegetation nach Buschfeuern aussterben würde.

Wie raffiniert das Reproduktionssystem funktioniert, macht ein Botaniker von der Universität Kapstadt am Beispiel der Protea, Südafrikas Nationalblume, deutlich: Protea-Samen, die zu Boden fallen, werden von Ameisen in ihre unterirdischen Nester verschleppt, aber nur die feine äußere Hülle wird von den Tierchen verspeist. Die in den Ameisenbauten vor Vögeln und Mäusen sicheren Samenkerne warten jetzt auf Feuer, Asche und Regen: Erst chemische Stoffe in der Asche, vom Regen an die Pflanzensamen gespült, stimulieren ihr Wachstum – ohne Feuer geht nichts! Immer wieder versucht man deshalb, das Naturreservat kontrolliert abzufackeln, doch häufig macht eine starke Seebrise das Vorhaben zunichte und die einsatzbereite Feuerwehr muss wieder abrücken.

Geschichte der Wunder

Ganz harmlos fing die Grootbos-Geschichte 1994 mit einem kleinen Feriengrundstück an, bis aufgrund der außerordentlichen Vegetation die Idee eines Naturreservats geboren war. Pflanzenmäßig habe er bis dahin gerade mal einen Blumenstrauß identifizieren können, gibt Michael Lutzeyer, der zusammen mit Bruder Tertius und den beiden Ehefrauen Dorothee und Gabi das Naturreservat Grootbos aufgebaut hat, gern zu. Studierte Botaniker hatten gut zu tun, um auf dem durch den schrittweisen Ankauf von sieben Farmgebieten inzwischen auf 2500 Hektar angewachsenen Terrain die zum Teil endemische und bedrohte Pflanzenwelt zu katalogisieren. Aus aller Welt stellten sich hier schon Experten in Sachen Kap-Flora ein sowie, im Gefolge, Fototeams und Fernsehcrews. Mehrfach diente Grootbos als Drehort für die Fernsehshow »Sing meinen Song – Das Tauschkonzert«, zuhauf stehen bekannte Namen im Gästebuch, aber die VIPs aus Showbiz, Politik und Wirtschaft will hier niemand verraten.

Inmitten dieses Fynbos-Paradieses haben sich mit der Garden Lodge (gemütlich-friesisches Reetdach-Ambiente) und der Forest Lodge (moderne, offene Naturstein- und Glasarchitektur im Grootbos-Wald) zwei Luxusdomizile in Traumlage etabliert, die rund 200 Angestellten Arbeit und Ausbildung bieten – und 270 Honigvölkern mit einer Sammelwut von 1,5 Tonnen Honig pro Jahr einen dankbaren Absatzmarkt. Das Brot wird selbst gebacken, der Gemüseanbau von der eigenen Gärtnerschule »Green Futures« ökologisch betrieben, 150 frei laufende Hennen sorgen für biologi-

sche Frühstückszutaten sowie zwei Dutzend Pferde (darunter vier Ponys für Kinder) für Reiter- und rund 4500 im gemauerten Keller lagernde Weinflaschen für Gaumenfreuden. Und was lässt sich hier tun, außer schauen? Exkursionen zu Pferd stehen für Gäste auf dem Programm, *nature game drives* durch das Grootbos-Schutzgebiet, Wanderungen auf dem Protea Hiking Trail sowie den weitläufigen Fels- und Strandarealen der Walker Bay. Auch Ausflüge zu Dörfern der Einheimischen und Besuche von Sportveranstaltungen und Festen, die von der Grootbos Foundation organisiert werden, wobei das absolute Highlight auch hier die Walbeobachtung ist.

Der Erfolg des »meistdokumentierten Reservats in Afrika«, so der Grootbos-Erfinder Michael Lutzeyer, gehe aber nicht nur auf die besondere Pflanzenwelt und den Luxus der beiden Grootbos-Herbergen zurück, sondern auf die atmosphärische Lage mit Blick auf die weit gespannten Sanddünen der Walker Bay und die weiß schäumenden anrollenden Brecher der Brandung, was zahlreiche Einträge im Gästebuch der Lodges beweisen: Wer einmal hier gelandet ist, will so schnell nicht wieder weg, sagen die meisten, »aber schreibt bloß nix von Schlangen«, insistiert der Chef der Großen Büsche nervös, wo sie doch gerade wieder mal eine Puffotter gefangen haben, »wir haben hier nur Frösche!«

Naturschutz bis Cape Agulhas

Längst wird von den Initiatoren der Walker Bay Fynbos Conservancy und der Grootbos Private Nature Reserve darüber nachgedacht, einen geschützten Fynbos-Korridor zusammen mit ökologisch orientierten Eignern bis hin zum Kap Agulhas zusammenzufügen, um der Menschheit das Fynbos- und Grootbos-Welterbe mit insgesamt 9250 blühenden Arten für alle Zeiten zu sichern. Wer sich von Grootbos aus via Gansbaai über Uilenkraalsmond und Baardskeerdersbos auf eine Reise durchs Strandveld Richtung Cape Agulhas macht, erfährt sich das bildschöne Hinterland der atlantischen Küste.

Ordentliche Bergbrocken wachsen aus dichter Fynbos-Vegetation, ab und an tauchen Farmen und Weingüter in kapholländischem Weiß aus der menschenentleerten Landschaft, dann, irgendwann, die ehemals deutsche Missionsstation Elim. Der Ort im Nirgendwo steht mit seinen geduckten reetgedeckten Häuschen unter Denkmalschutz, besuchenswert ist das klotzige Kirchhaus aus dem Jahr 1835, das auf den Begründer Hans Hallbeck aus Mähren zurückgeht. Die 1764 in Zittau gefertigte Kirchuhr mit ihrer genialen Mechanik zieht Uhrenfreaks aus aller Welt an.

TOP ⭐ ERLEBNISSE

⭐ SÜDAFRIKAS BESTER COASTTRIP

Auf dem Rückweg von Grootbos nach Kapstadt lässt sich auf dem zweistündigen Clarence Drive zwischen Kleinmond und Gordon's Bay durch das Kogelberg Nature Reserve ein lohnender Umweg erfahren: Rechts der Route 44 ragen die Bergbrocken schottisch anmutender Highlands beinahe 1000 Meter in die Wolken, zur Seeseite reiht sich ein Strand nach dem anderen: Kleinmond, Betty's Bay, Stony Point, Pringle Bay bis zum bildschönen Hangklip Lighthouse. In Rooiels langt der Clarence Drive noch einmal richtig zu: Die Cape Whale Coast führt in verwegenen Küstenserpentinen durch eine Felsskulpturenlandschaft direkt am Atlantik entlang, jenseits der Koogel Bay ragen die Bergketten der Kaphalbinsel aus dem Dunst.
INFO: Kogelberg Nature Reserve, capenature.co.za

⭐ DIE BUCHT DER WALE

Zwischen Mai und August dreht sich an der Walker Bay beinahe alles um die Wale. Wenn man im Marine Hotel von Hermanus, der vermutlich teuersten Walherberge Südafrikas, das Hornsignal des Walausrufers hört, reicht schon ein Blick aus dem Fenster, um die riesigen Meeressäuger zu entdecken. Auch vom Grootbos Nature Reserve geht der Blick genau dorthin.
INFO: Grootbos Private Nature Reserve, grootbos.com

SÜDAFRIKA, LESOTHO, SWASILAND (ESWATINI)

»SOUTHERNMOST TIP OF AFRICA« – CAPE AGULHAS

Die südlichste Spitze des Kontinents

Anderthalb Fahrstunden von Gansbaai entfernt treffen der Atlantische und der Indische Ozean aufeinander, am Kap Agulhas, dem wirklich südlichsten Punkt des Kontinents, der bereits 1488 vom portugiesischen Seefahrer Bartolomeu Diaz umsegelt und wegen zahlreicher Felsklippen und Riffe »Kap der Nadeln« getauft wurde. Unberechenbare Strömungsverhältnisse machten ihn für zahlreiche Schiffe zur Falle.

Nicht wenig erhebend ist es, am wahrhaftigen südlichsten Punkt des Kontinents zu stehen – und von dort auf den Atlantischen und den Indischen Ozean zu schauen (unten). Infos gibt es im Tourist Office und im Museum im Leuchtturm (rechte Seite oben). Gehört jetzt den Kormoranen: Schiffswrack am Cape Agulhas (rechte Seite unten).

Auf dem Weg dorthin führt die Route durch den 70 mal 25 Kilometer großen Agulhas-Nationalpark, in dem der Two Oceans Hiking Trail zu den großen Attraktionen zählt, weil er Wanderer durch das einzigartige Areal des Cape Floral Kingdom führt; über 200 der hier vorkommenden 250 Pflanzenspezies sind endemisch. 230 Vogelarten und 60 Säugetierarten lassen auch die Fauna selbstbewusst auftreten, Vogelfreunde reisen vor allem wegen des hier vorkommenden Schwarzen Austernfischers an.

Der südlichste Punkt Afrikas!

Und was für ein Moment, wenn nach der Anreise endlich das »richtige« Kap kommt: Der rot-weiß gekringelte Leuchtturm aus dem Jahr 1848 wurde einst mit Schafsschwänzen befeuert und ist heute Sehnsuchtsziel all jener, denen das Cape of Good Hope nicht ausreicht, um sich am allerletzten und wahrhaftig südlichsten Zipfel des afrikanischen Kontinents zu fühlen. Zahllose Kapitäne müssen das etwas anders empfunden haben, wenn 30 Meter hohe Wellen das mit felsigen Riffen besetzte »Kap der Nadeln« und ihre

Schiffe heimsuchten, weshalb der Meeresgrund ringsum mit mehr als 120 Schiffswracks übersät ist. Das letzte Opfer zerbrach hier trotz Leuchtturm 1982 und noch heute ist das Wrack des Trawlers »Meisho Maru« als Mahnmal der unberechenbaren Strömungsverhältnisse und Untiefen zu sehen.

Museum im Leuchtturm

Das Lighthouse Museum verrät, dass das pittoreske Stück dem Leuchtturm von Pharos bei Alexandria in Ägypten nachgebaut wurde. Die Stiegen hinauf zur Plattform sind etwas eng, aber es lohnt sich: Von oben auf die verschmelzenden Ozeane zu blicken, wo eine gewaltige Brandung hinter dem zweitmeistfotografierten Schild der Welt (»U is nou op die mees suidelige Punt van die Vasteland van Afrika«) weiße Gischt auf raue Felsklippen donnert, das hat was!

Neben dem Lighthouse Museum verrät eine informative Ausstellung von Cape Agulhas Tourism, wohin die Reise als Nächstes geht. Zum Beispiel ins benachbarte Struisbaai, dessen weit gespannter Sandstrand beinahe schon unanständig endlos und bildschön ist, weshalb sich an diesem Ende der Welt eine wachsende Zahl an hübschen Wochenendhäusern etabliert. Von hier führt eine Piste nach Springfield und Brandfontein, das ein noch viel schöneres und dazu völlig menschenleeres Strandparadies ist und in seiner Unberührtheit zu den schönsten des Western Cape zählen darf.

Für Strandfreaks ist auch der westlichste Zipfel des Agulhas National Park ein Geheimtipp, der sich »Die Dam« nennt. Hinter opulenten Sanddünen versteckt sich ein parkähnlicher Campingplatz mit festen Unterkünften, gleich nebenan donnert die Brandung!

De Hoop Nature Reserve

Weiter östlich vom »richtigen« Kap, am Ende einer staubigen Piste durch eine Art Niemandsland, überraschen prachtvolle kap-holländische Architekturbauten, historische Herrschaftshäuser und liebevoll zu Herbergen umgebaute Stallungen an den Ufern eines riesigen Sees, den der Salt River speist. Jenseits gewaltiger Sanddünengebiete, die schroff zum Indischen Ozean abfallen, donnern riesige Brecher gegen felsige Klippen. 35 000 Hektar ehemaliger Farmgebiete umfasst die De Hoop Nature and Marine Reserve östlich von Kap Agulhas, die der Staat in den 1960er-Jahren aufkaufte und renaturierte.

Vor der Küste ist die Kinderstube der Südlichen Glattwale, an Land bietet die Natur 1400 Pflanzen-, 250 Vogel- und an die 100 Säugetierarten auf, was De Hoop zu einem sehr besonderen Reiseziel macht.

TOP ★ ERLEBNISSE

★ GEHEIMTIPP WAENHUISKRANS/ARNISTON

Das hübsche alte Fischerdorf ist eine Überraschung: Die Hälfte seines Ortsnamens verdankt es der 1815 in der Nähe gestrandeten »Arniston«, was 372 Menschenleben gekostet hat. Der burische Teil Waenhuiskrans, was so viel wie »Wagenhaushöhle« bedeutet, geht auf Jäger zurück, die hier in einer großen Höhle ihre Ochsenkarren unterstellten. Noch heute landen Fischer täglich Frischware an. Überwältigend ist ein endloser Dünenstrand, an dem außerhalb der Ferienzeiten nichts los ist. Kilometerweit lässt es sich an der Brandung entlanglaufen! Wer Cape Agulhas besucht, ist hier praktisch gleich um die Ecke.
INFO: Cape Agulhas Tourism in Bredasdorp und im Leuchtturm, xplorio.com/agulhas; De Hoop, dehoopcollection.co.za

★ GUT ZU WISSEN: ATLANTISCH WANDERN

Zahlreiche Küstenwanderwege ziehen sich an der gesamten Cape Whale Coast entlang, von Rooiels an der Koogel Bay über Hermanus am Walker Bay Nature Reserve vorbei bis nach De Kelders und Die Dam vor Cape Agulhas. Die Küstentracks haben das atlantische Panorama gemeinsam, meist direkten Zugang auf die en route liegenden Strände.
INFO: Beach Comber Guide, beachcomberguide.co.za; Cape Whale Coast, whalecoast.info

Südafrikas Garden Route ist bekannt als Strand- und Küstentraum, bei Hikern als Wandertraum, und als Bildertraum für Fotografen: Wilderness (rechte Seite oben) und an der Knysna-Lagune (rechte Seite unten).

ULTIMATIV – SÜDAFRIKAS GARDEN ROUTE
Zwischen Wilderness, Knysna & Plettenberg Bay

George ist das Tor zur Garden Route. Von hier windet sich die berühmte und längste Panoramastrecke Südafrikas über hunderte von landschaftlich spektakulären Kilometern die Küste entlang bis nach Port Elizabeth. Mit malerischen Buchten, einsamen Stränden, steil aufsteigenden Felswänden, bezaubernden Wanderrouten durch urweltliche Wälder, naturgeschützten Feuchtgebieten und hübschen Städtchen. Wobei die Bezeichnung »Garden Route« die fruchtbaren, grünenden Vegetationsgebiete der Küstenlandschaften bezeichnet, die so wohltuend vors Auge treten.

Das 440 Kilometer von Kapstadt entfernte und malerisch von der Outeniqua Mountain Range mit den städtischen Hausbergen Cradock Peak (1578 Meter) und George Peak (1337 Meter) umgebene George bildet zusammen mit dem benachbarten Mossel Bay (beide je mindestens 200 000 Einwohner) das urbane Drehkreuz der gesamten Küstenregion. »Es war einmal«, ließe sich sagen, eine romantische Holzfällersiedlung, aus der 1811 ein Verwaltungssitz wurde, der im Verlauf seiner rasanten Entwicklung seinen Reiz verlor. Den Städtern scheint das rein gar nichts zu machen, immer noch vorhanden sind die Strandparadiese der Garden Route, zum Beispiel Wilderness gleich vor der Haustür!

Traumhafte Wilderness

Das Strandpanorama von Wilderness ist schon gewaltig: Mächtig donnert die Brandung des Indischen Ozeans auf einen opulent breiten und langen Sandbeach, nicht selten, dass die Konturen des Örtchens im Gischtnebel verschwimmen. Einst von Künstlern, Anglern und anderen stilsicheren Individualisten als Wohn- und Wochenendparadies geschätzt, ist Wilderness heute ein schnell erreichbarer Vorgarten von George. Wer auf der N2-Autobahn-Stelzenbrücke über den Storms River und in die letzte Linkskurve geht, dem stockt der Atem. Der Fuß will auf die Bremse, der Blick auf die Projektionsfläche einer Breitleinwand, für die es aus gutem

SÜDAFRIKA, LESOTHO, SWASILAND (ESWATINI)

Garden-Route-Impressionen: der legendäre Golf Course auf dem *Fancourt Hotel and Country Club Estate* bei George (oben) sowie traumhafte Strandszenen in Plettenberg Bay (unten) und Kunst und Kitsch im »*African Attitude Shop*« in Knysna (rechte Seite oben). Der Hafen von Plettenberg (rechte Seite unten).

Grund eine viel genutzte Haltebucht gibt: Ein Naturspektakel aus Lagunen, Sandflächen, dampfender Brandung und Bergketten tut sich da unten auf, weshalb die Perle der Wildnis zu den besten Spots der Garden Route zählt.

»Most Spectacular Landscape«

Wenngleich ein nicht wenig gieriger Immobilienmarkt immer mehr Sahnestücke besetzt, wurde der größte Teil dieser Wilderness-Natur als »Wilderness National Park« (inzwischen ein Teil des Garden-Route-Nationalparks) geschützt. Nach wie vor findet sich ein Wildgartenparadies zwischen Stränden, Dünen und Bergen, bestehend aus Flüssen, Seen, Lagunen, Inseln, Sümpfen, stillen Wasserarmen und sprudelnden Bächen. Natur- und Vogelfreunde werden den sieben Kilometer langen Kingfisher Trail lieben sowie die Wanderwege durch die Goukamma Nature Reserve, die durch das weitläufige Küstenschutzgebiet zwischen Wilderness und Buffels Bay führen. Vögel kommen in der immergrünen Vegetation in unfassbaren Mengen vor: Je nach Jahreszeit versammeln sich in der Wilderness-Region bis zu 25 000 Wasservögel aus bis zu 250 bislang sicher identifizierten Arten, darunter der Vertreter allerhöchster ornithologischer Freuden: der farbschillernde Eisvogel.

Hotspot für Aktivsport

Längst haben sich in diesem Umfeld Aktivsportarten wie Paragliding, Abseiling, Klettern und Wellenreiten etabliert; wer die aquatische Ruhe sucht, gleitet im Kanu durchs stille Wasserparadies, was sich auch als geführte Wanderreise in vier Tagen auf dem Wilderness Canoe Trail durchführen lässt. Küstenwanderer gehen auf dem sechsstündigen Beach Walk zwischen Kleinkrantz und Gericke's Point, dessen 14 Kilometer nur bei Ebbe zu schaffen sind, Hiker auf einem der fünf Wander-Tracks im Nationalpark. Östlich von Wilderness liegt die 2230 Hektar große Goukamma Nature & Marine Reserve an der halbmondartigen Badebucht Buffelsbaai. Grüne Meerkatzen, Buschböcke, Tümmler, Austernfischer, Brillenpinguine und Glattwale bewohnen das Goukamma-Naturparadies, das sich nur zu Fuß, per Kanu oder zu Pferde erschließt. Wem der Beach von Wilderness nicht reicht, der fährt ein Stück weiter bis Sedgefield, wo am malerischen Sedgefield Mouth der Sedgefield Beach zum Myoli Beach, und dieser zum Cola Beach wird, bis kurz vor Brenton-on-Sea die sieben Kilometer lange Buffelsbaai zu einem noch größeren sandigen Erlebnis am Indischen Ozean wird!

Lagunenstädtchen Knysna

Mit einer lebendigen touristischen Infrastruktur liegt das liebliche Küstenstädtchen wie gemalt an seiner Lagune, die als National Lake Area unter Naturschutz steht. Restaurants, Bars und Stege mit Blick auf schaukelnde Boote laden zum Genießen ein, nicht ohne Grund bezeichnet sich dieses Knysna mit dem schwierigen Namen (gesprochen: »Naisna«) als Perle der Garden Route und zählt zu den beliebtesten Ferienorten der Küste. Seine bildschöne Lagune rahmen zwei mächtige Felsbrocken wie ein Eingangstor, Knysnas imposante »Heads«, zwei prachtvolle Sandsteinbrocken auf jeder Seite der Einfahrt, was ihr eine äußerst charmante Lage beschert, die jährlich hunderttausende anzieht: Zahlreiche Restaurants sowie Bars, Boutiquen, Souvenirläden und Caféterrassen mit Blick auf die Ankerplätze schneeweißer Jachten lassen die Knysna Quays, die als Miniaturausgabe der Kapstädter Waterfront nachgebaut sind, für Besucher so magnetisch werden wie die beiden 18-Loch-Plätze des Knysna Golf Clubs und des Simola Golf & Country Estates. Hier können Golfer zwischen alten Eukalyptusbäumen ihren Abschlag mit Blick auf den Indischen Ozean genießen.

Anfang Juli lockt das Oyster-Festival Liebhaber von Meeresfrüchten; Knysnas erntefrische Austern sind der Traum, aber auch ganzjährig Muscheln, Calamares, frische Heringe, Fischpâté, Abalone und Riesenlangusten. Festivals liegen in Knysna ohnehin im Trend, neben dem Austern-Fest feiert man hier noch das Pink Loerie Mardi Gras and Arts Festival, das Literatur-Festival, das Rastafarian Earth Festival, das Knysna Wine Festival und die Knysna Cycle Tour – die Liste ist endlos. Wer nicht zum Feiern, Walken, Segeln, Golfen, Biken oder Action-Sport herkommt, kommt zum Essen und Trinken.

Featherbed Nature Reserve

An der Hafenmole der Knysna Quays legt vormittags Punkt zehn das Boot zur Featherhead Nature Reserve auf dem westlichen »Head« ab, wo Streifzüge durch blühende Fynbos-Vegetation zu versteckten Strandhöhlen führen. Die organisierte Tour dauert etwa vier Stunden, ein Spaziergang von der Spitze des Western Head über einen 2,2 km langen Wanderweg hinunter zur Küste und zurück inklusive, und der Besuch lohnt sich: Das 150 Hektar große Naturreservat steht mit seinen prächtigen Milkwood-Bäumen auf der UNESCO-Liste des Weltnaturerbes.

TOP ⭐ ERLEBNISSE

★ **BEACHLIFE OHNE ENDE**

Shopping-Malls, Bars, Boulevard-Cafés und Restaurants sowie zahlreiche Aktivsport-Agenturen sorgen für Plettenbergs gut funktionierende Urlaubsinfrastruktur, unglaubliche Sandpakete und weite Strände machen den hübschen Badeort zu einem nachgefragten Ferienziel. Aufgrund ihrer bildschönen Umgebung bietet die Badeperle eine unüberschaubare Zahl von Aktivitäten, vor allem Wandern und Reiten, aber auch Aktivsportarten wie Abseiling, Segeln, Paragliding oder Fallschirmspringen.
INFO: Plettenberg Tourism, plett-tourism.co.za, showme.co.za/plett; George Tourism Office, georgetourism.org.za; Knysna Tourism, visitknysna.co.za

★ **IM SATTEL DER PFERDE**

An den Ausläufern des Tsitsikamma-Nationalparks bietet The Crags geführte Touren für Reiter auf alten Holzfällerpfaden durch die urwüchsige Wildnis. Gleich neben dem Reitstall wartet die idyllisch gelegene Country Lodge Hog Hollow mit schön restaurierten ehemaligen Farmgebäuden, opulenten Aussichtsterrassen, Restaurant und Pool zum Relaxen!
INFO: Kurland Park Horse Trails, horseridinggardenroute.com; Hog Hollow Country Lodge, hog-hollow.com

THEMA

PLETTENBERG BAY
Zentrum der Garden Route

Im Westen Knysna und Wilderness, im Osten der Tsitsikamma National Park, liegt »Plett« als urbane Schaltstelle geografisch exakt zwischen den schönsten Arealen des Garden Route National Park. Und erfreut sich aufgrund seiner außergewöhnlich weitläufigen und schneeweißen Sandstrände als Ferienort vor allem bei südafrikanischen Urlaubern größter Beliebtheit.
Die portugiesischen Seefahrer hatten den Küstenabschnitt schon im 15. Jahrhundert entdeckt und ihn »Bahia Formosa« getauft, die schöne Bucht. Rund 300 Jahre später erkannten die ersten weißen Siedler den forstwirtschaftlichen Wert der dichten Wälder, aus Gelb- und Stinkholz entstanden die edelsten Möbel und der Holzhandel florierte. 1778 erhob Gouverneur Joachim van Plettenberg den Anspruch der Holländisch-Ostindischen Handelskompanie auf die Bucht, um einen Hafen für den Holzumschlag zu bauen, inzwischen ist daraus eine gut besuchte Badeperle geworden.

Beach Life ohne Ende
Auch wenn sich während der Hochsaison die Zahl der Einwohner (65 000) verfünffacht (!) hat, verschandeln Hochbauten das angenehme urbane Ambiente Pletts nicht. Shopping Malls, Bars, Boulevard-Cafés und Restaurants sowie zahlreiche Aktivsport-Agenturen sorgen für eine gut funktionierende Urlaubsinfrastruktur, weite Strände machen den Badeort zu einem nachgefragten Ferienziel. In den Wohnlagen rings um die Bucht, alle mit Wasserzugang und Traumblick, zeigt sich Architektur vom Feinsten. Aufgrund seiner bildschönen Umgebung bietet die Badeperle eine unüberschaubare Menge anderer Aktivitäten, vor allem Wandern und Reiten, aber auch Aktivsportarten wie Abseiling, Segeln, Paragliding oder Fallschirmspringen.

Storms River Mouth Suspension Bridge, 7 Meter über dem Wasser, Hüpfen verboten!

Aquatisches Wunderland ist die Küste vor Nature's Valley.

Einer der Top Spots ist Plettenbergs 175 Hektar große Robberg Nature & Marine Reserve auf der Robberg-Halbinsel, die kilometerweit in den Indischen Ozean ragt und ein Naturparadies für Wanderer ist. 2000 Pelzrobben sowie zahlreiche Kormorane und Kaptölpel tummeln sich hier, und mit Glück kann man Wale und Delfine sehen. Wer sich für die längste der drei Wanderrouten entscheidet, wird beim vierstündigen Walk durch herrliche Fynbos-Vegetation zur Witsand-Düne gelangen sowie zu Die Eiland, einer Halbinsel, die mit Robberg durch eine Sandbank verbunden ist. Zwecks Whale Watching fahren während der Saison im südafrikanischen Winter mehrmals täglich Boote hinaus, allerdings lassen sich die begehrten Meeressäuger auch von den Aussichtspunkten am Signal Hill und dem Lookout View Point gut beobachten. Aber auch ohne Wale hat man von beiden Spots den allerbesten Panoramablick über die Bucht.

The Crags

Außer den eigenen und mehrheitlich strandbezogenen Preziosen hat Plett ein Hinterland aufzubieten, das schöner nicht sein kann. Über der Küste zwischen Nature's Valley und Plettenberg Bay liegt die Bilderbuchlandschaft The Crags mit saftig-grünen Farmarealen zwischen Berg und Tal, Wäldern und Wiesen. Bis hierhin ziehen sich die Rebstöcke der Winzer, die sich mit den Plett Winelands eine Weinroute im Herzen der Garden Route zugelegt haben und auf 58 Hektar erstklassige Sauvignon Blancs, Chardonnays und Pinot Noirs anbauen. The Crags steht für Programm. Die schönsten Ferienunterkünfte – für Aktivsportler zahlreiche Adrenalinsport-Agenturen – und auch für Kids eine Menge Abenteuer heißt das, auch hier kann sich Plett ganz und gar als familiengerechte Urlaubsdestination verstehen.

Nature's Valley

Etwa 25 Kilometer östlich liegt an den Ausläufern des Tsitsikamma National Park das sagenhafte und mit Strandlandschaften gesegnete Nature's Valley, eine von Klippen und Hügeln eingefasste Lagune des Groot River, der in den Indischen Ozean mündet. Auf der Fahrt von Plett Richtung Tsitsikamma führt der Abzweig R102 von der N2 direkt ins Paradies: In Serpentinen geht es steil abwärts bis zu einem privilegierten Parkplatz in Traumlage. Fix aussteigen, dem rauschigen Sound der Brandung folgen und auf einem Beach wie aus dem Bilderbuch stehen, ist eine Sache von 60 Sekunden: Umgeben von ausgedehnten Waldgebieten des Tsitsikamma Forest versteckt sich hier am Indischen Ozean eine Strandperle, menschenleer, kilometerlang, mit feinem Sand und Dünengebieten. Wer hier nicht ins Wasser steigt, ist selber schuld. Aber Achtung auf unterschwellige Strömungen (»cross currents«), wenn keine Life Guards auf Posten sind. Das aquatische Paradies wieder verlassen zu müssen, produziert seltsame Gefühle und den Wunsch nach wenigstens noch einem Tag dazu! Ein Stück weiter auf der N2 Richtung Tsitsikamma sind grenzwertige Situationen gefragt: Über die Bloukrans-Schlucht spannt sich die 216 Meter hohe Bloukrans-Betonbrücke, die ein Mekka der Bungee-Springer aus aller Welt ist.

Stilecht übernachten lässt es sich in der Country Lodge Hog Hollow.

SÜDAFRIKA, LESOTHO, SWASILAND (ESWATINI)

74 NATUR PUR – TSITSIKAMMA-NATIONALPARK

Zwischen Nature's Valley und Storms River

Jenseits der Urlauberhochburg Plettenberg Bay bildet der Tsitsikamma-Nationalpark die letzte Station der Garden Route und gleichzeitig eine der interessantesten: Afrikas erster Meeresnaturschutzpark bietet beeindruckende Wasserlandschaften aus wildromantischen Flussläufen, endlosen Dünengebieten, Süßwasserseen, einsamen Sandstränden und Klippen, die von der Brandung umtost werden.

Auf 75 Kilometer Länge zieht sich dieser Küstentraum der Groot River Lagune im Nature's Valley dahin und umfasst mit seinem Schutzgebiet ein feines, maritimes Territorium (unten). Ein Highlight des Parks ist auch das Mündungsgebiet des Storms River (rechte Seite oben). Hängebrücke in Storms River Mouth: Hüpfen und Springen unter Strafe verboten (rechte Seite unten).

Auch wenn sich Plettenberg immer noch als Tor zum Tsitsikamma-Naturwunder versteht, hat die einst reizvolle Küstenperle ihr Ambiente weitgehend verloren: Aufgrund ihrer zahlreichen schönen, goldgelben Strände (Cape St. Francis, Paradise Beach, Oyster Bay, Jeffrey's Bay und viele mehr) erfreut sie sich als Ferienort vor allem bei südafrikanischen Urlaubern großer Beliebtheit, weshalb Ferien- und Appartementsiedlungen rund um »Plett« wie Pilze aus dem Boden schießen. Zwar zählt das Küstenstädtchen nur 10 000 Einwohner, doch während der Hochsaison vervielfacht sich die Zahl der Menschen schlagartig. Die Umgebung ist aber immer noch beachtenswert schön, wie beispielsweise Plettenbergs Robberg-Halbinsel, ein Naturparadies erster Güte, auf dem sich an die 2000 Pelzrobben sowie zahlreiche Kormorane und Kap-Tölpel tummeln. Mit Glück lassen sich auch Wale und Delfine sehen, und sehr fotogen macht sich dort das Cape Seal Lighthouse.

Paradies für Schnorchler und Taucher

25 Kilometer östlich warten die Ausläufer des Tsitsikamma-Nationalparks mit wahrhaft idyllischen Strandlandschaften bei Nature's Valley, einer von Klippen und Hügeln eingefassten Lagune des Groot River, der hier in den Indi-

TOP ⭐ ERLEBNISSE

⭐ ADRENALIN UND WILDE TOUREN

Südafrikas berühmteste mehrtägige Touren für Wanderer sind der Otter Trail und der Tsitsikamma Trail, übernachten kann man in kernigen Cottages. Die Schluchten des Storms River locken Aktivsportler, die vom Blackwater Tubing auf dem Fluss schwärmen und vom höchsten Bungeesprung der Welt: 216 Meter von der Bloukrans-Brücke. Schöne Suiten hat die Hog Hollow Country Lodge, 18 Kilometer östlich von Plettenberg Bay, mit einem herrlichen Blick auf die Tsitsikamma-Berge.
INFO: Tsitsikamma Tourism Association, tsitsikamma.info; Hog Hollow Country Lodge, hog-hollow.com

⭐ STORMS RIVER MOUTH

Tagesbesucher, die sich den Thrill auf den drei Hängebrücken über den Storms River verschaffen wollen, müssen mit zweimal Autobahngebühr sowie Parkeintritt rechnen, und nicht immer gibt es am Zielort des viel besuchten Spots Storms River Mouth ausreichend Parkplätze zwischen Restcamp, Restaurant mit Supermarkt und Souvenirshop! Im Gegensatz zu anderen ebenso attraktiven, aber naturbelassenen Zielen der Garden Route, wie z. B. Nature's Valley, ist die zweifelsfrei schöne Storms-River-Mündung gut vermarktet.
INFO: Eastern Cape Parks & Tourism Agency, visiteasterncape.co.za

schen Ozean mündet. Dort endet der gebirgige Tsitsikamma Hiking Trail sowie die fünftägige Küstenwanderung des Otter Trail. Die einzigartig schönen maritimen Schutzgebiete des Parks erstrecken sich auf 80 Kilometern zwischen Plettenbergs Keurbooms Beach im Westen bis über die Mündung des Storms River hinaus im Osten sowie kilometerweit ins Meer hinaus, was Möwen, Reihern und Eisvögeln zugute kommt sowie Schnorchlern und Tauchern, die unter Wasser Korallenriffe bewundern können. Hinter der nassen Pracht residieren zwei Küstenplateaus auf unterschiedlichen Höhenstufen, die niedrigere von einer artenreichen Fynbos-Vegetation bedeckt, die höhere von dichtem Regenwald. Dahinter thronen die Tsitsikamma Mountains, deren höchste Erhebung, Formosa Peak, 1675 Meter aufragt.

Touren durch den Nationalpark

Tsitsikamma bietet Wanderern und Bikern ein Paradies auf zahlreichen Routen: dem Lourie Trail, der Storms River Cycle Route, dem Waterfall Trail und dem Blue Duiker Trail. Auf dem abenteuerlichen Otter Trail sind auf 41 Kilometern elf Flüsse zu durchqueren, was ein Grund dafür ist, dass die Teilnahme auf zwölf Personen begrenzt ist. Bis zu einem Jahr kann das Warten auf freie Plätze dauern. Kürzer sind die Buchungszeiten beim 64 Kilometer langen Tsitsikamma Hiking Trail, der 30 Personen pro Tag zulässt. Nicht so bekannt und deshalb weitgehend ohne Warteliste ist der 27 Kilometer lange Harkeville Trail, der westlich von Plettenberg Bay beginnt und entlang einer unberührten, bildschönen Küstenlandschaft durch dichte Regenwald- und Fynbos-Vegetation führt, weshalb sich die Route den Kosenamen »Little Otter« verdient hat. Weniger Ambitionierte werden sich über den Storms River Mouth Trail freuen, weil der nur einen Kilometer lang ist: Fantastische Aussichten und ein wenig Nervenzittern verursacht die wackelige Überquerung der Hängebrücke, die über die Schlucht an der Flussmündung führt. *The finest walks in the world* finden in diesem Garten Eden auch auf dem 20 Kilometer langen Elephant Walk statt, wenngleich die Aussichten, einen der letzten kleinen Waldelefanten im Busch zu sehen, eher gering sind. Dafür gibt es den Outeniqua Yellowwood zu besichtigen, bis zu 50 Meter hohe Baumriesen mit Durchmessern von über drei Metern. Manche der Bäume werden bis zu sage und schreibe 800 Jahre alt. Der größte, The Big Tree, erreicht 40 Meter Höhe, hat einen Umfang von 33 und eine Kronenspannweite von mehr als 30 Metern.

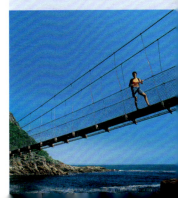

Wer einsame Paradiesbuchten und berauschend schöne Strände sucht, ist an Südafrikas Gardenroute richtig.

Neubausiedlungen im kapholländischen Stil an der Jacobs Bay (oben), gelassenes Beach Life im idyllischen Paternoster (rechte Seite oben), Wassersport für Adrenalinsüchtige findet im Strandörtchen Yzerfontein statt (rechte Seite unten).

NORDFRIESISCHE IMPRESSIONEN – CAPE WEST COAST

Langebaan und Paternoster heißen die Perlen

Die meisten Kapstadt-Besucher machen sich Richtung Garden Route, also nach Osten, davon und überlassen die andere Seite des Kaps mit seiner traumhaften West Coast weitgehend sich selbst – und den Capetonians, die menschenleere Sandbuchten, endlos lange Strände, postkartenreife Leuchttürme, bunte Fischerboote und vorgelagerte Inseln in weiten, schilfbestandenen Wasserlandschaften zu schätzen wissen.

Bis hinauf zur St. Helena's Bay und weiter nördlich erstrecken sich die Arbeitsplätze der Langustenfischer. In Landschaften, die an Schleswig-Holstein erinnern, mit rustikalen Küstenorten, weiß getünchten Fischerkaten, Trockengestellen voller gesalzener Makrelen sowie brandungsstarken Hotspots für Windsurfer, die sich von den bescheidenen Wassertemperaturen (eher unter 15 Grad als darüber) nicht beeindrucken lassen.

Das Landsträßchen R307 führt zu den ersten maritimen Aussichten in Yzerfontein, einem ursprünglich winzigen, romantischen Fischerdorf, wo die frischen *frutti di mare* direkt vom Bootsdeck an die Klientel aus der nur 60 Kilometer entfernten Großstadt verkauft werden, die an den Wochenenden in den weitläufigen, windumwehten Strandarealen der Atlantikküste Ruhe und Erholung sucht. Nur wenige Kilometer vor der Küste liegt Dassen Island, wo Brillenpinguine und zahllose Robben dem Leuchtturmwärter Gesellschaft leisten.

Vogel- und Urlaubsparadies Langebaan

Zwischen Yzerfontein und Paternoster befindet sich das Herzstück der Westküstenregion, der West-Coast-Nationalpark. Südlich von Saldanha, der Stadt mit dem größten Hafen der Region, erstreckt sich mit weitläufigen

SÜDAFRIKA, LESOTHO, SWASILAND (ESWATINI)

Ruhig geht es in der Jacobs Bay zu (oben), stilvoll und gemächlich in Paternoster (unten) und sehr beschaulich am Leuchtturm zwischen Langebaan und Vredenburg (rechte Seite oben). Wer es sich leisten kann, steigt in Paternosters Strandloper ab (rechte Seite unten).

Salzmarschen, Schlick- und Schilfflächen die Langebaan-Lagune, eingebettet vom Sandveld mit seiner für die Kapregion typischen Fynbos-Vegetation: 1200 verschiedene Fynbos-Spezies gibt es hier, die während der Blütezeit einen unglaublich farbigen, dicken Blumenteppich produzieren!

Sixteen Mile Beach heißt die schmale Landzunge, die den Atlantischen Ozean von diesem einzigartigen Vogelparadies trennt, das Ornithologen und Naturfreunde aus aller Welt begeistert. Massen von Kaptölpeln, Kormoranen, Brillenpinguinen und Flamingos geben sich in den Feuchtgebieten ein Stelldichein, manchmal sind es bis zu 60 000 Vögel auf einen Schlag. Insgesamt lassen sich über 300 heimische Vogelarten auflisten, wobei im südafrikanischen Sommer riesige Schwärme an Zugvögeln dazukommen. Wird es dann in der Langebaan-Lagune zu eng, dienen die vorgelagerten Inseln Jutten, Malgas, Marcus und Schaapen Island als zusätzliche Brutgebiete. Am besten lässt sich die Theatervorstellung der Vogelwelt auf einer Bootstour erkunden. Auf 17 Kilometer Ausdehnung kommt das Siedlungsgebiet Langebaans, das sich zum nachgefragtesten Urlaubs- und Wochenendstandort entwickelt hat und mit seinen bekannten Gourmettempeln Die Strandloper, Driftwoods und Pearlys Seafood ohne Ende an die Kundschaft bringt.

»Vaterunser« – Paternoster

Eine wahrhaft idyllische Westküstenperle ist das schöne Paternoster, das sich seinen typisch kapholländischen Stil erhalten hat und mit seinen kleinen Fischerhäusern seit eh und je ein Pilgerort für Künstler und Fotografen auf der Suche nach Inspiration ist. Paternoster, heute einer der schönsten Küsten-Spots an der West Coast, verzaubert seine Besucher mit bunten Fischerbooten, einer feinen Küche auf der Basis fangfrischer Hummer und anderem Meeresgetier sowie dem Cape-Columbine-Naturreservat inklusive Leuchtturm an der Tietiesbaai gleich nebenan. Während heute Paternosters *Drankwinkel* (Getränkemarkt) mit der Abteilung »Beer & Wine« die Strandenklave mit eisgekühltem Nachschub versorgt, blieb portugiesischen Schiffbrüchigen, die es einst zwischen die rund geschliffenen Granitfelsen spülte, nur das »Vater Unser« – was der makellosen Paternoster-Baai ihren Namen gab.

»Strandloper Ocean«

Rechtzeitig bevor die Immobilienpreise astronomisch stiegen, hat die Berlinerin Simone Jacke zusammen mit ihrem südafrikanischen Mann Deon Brand aufs richtige Pferd und ihr Strandloper Ocean-Paradies am Ende der Strandbebauung in die Sanddünen gesetzt:

Zahlreich konnten die beiden Auszeichnungen für das Schmuckstück im kapholländischen Stil verbuchen; modernes Interieur und offene Bauweise, die den Blick auf den Atlantischen Ozean direkt vor den Glasfronten freigibt, machen das feine, kleine Boutique-Hotel zu einer gastronomischen Preziose am allerschönsten Ferienort der Westküste. Damit das so bleibt, haben die Eigner die restlichen Kilometer des Strandareals von Paternoster dazugekauft, um eine weitere Ausdehnung der Strandbebauung zu verhindern, und der Natur eine Chance zu geben, so schön und unberührt zu bleiben, wie sie hier immer war. Gleich nebenan liegt die Jacobsbaai – im außerirdisch relaxten Weskusplek, dem einzigen und sehr atmosphärischen Restaurant dieser stillen Nachbarbucht, bleiben die West-Coast-Experten aus Kapstadt gourmet-technisch meist unter sich.

Draaihoek schlägt alles

Ab Velddriff führt eine Küstenstraße über das hübsche Seaside-Domizil Dwarskersbos. Schafe, Kühe und Ziegen stehen auf saftigen Weiden, gesäumt von beeindruckenden Dünenbergen, hinter denen der kalte Atlantik auf endlose Kilometer Sand schwappt. Die nächstfolgende Siedlung an dieser endlosen Traumküste ist Elandsbaai, das sich zunehmend als Alternativ-Destination begeisterter Surfer entwickelt, weshalb es schon eine Backpacker-Herberge gibt. Zwölf Kilometer vorher sollte man bremsen, und links einbiegen: Die Draaihook Lodge bietet den einzigen Zugang zwischen Dwarskersbos und Elandsbaai zu einem Wunderwerk aus unberührten Sanddünenbergen, weiten Strandflächen und der anrollenden atlantischen Brandung – ohne Fußspuren im Sand! Nur Möwen und Kormorane hinterlassen ihre spreizfüßigen *prints*. Wer hier abreist, hat den Neidfaktor schwer im Gepäck.

Lamberts Bay

Im windumtosten Hafenstädtchen Lamberts Bay ist die Reise nordfriesischer Bilder noch nicht zu Ende: 250 Kilometer nordwestlich von Kapstadt lockt der Ort mit rustikalen Outdoor-Restaurants und zieht zahlreich die Liebhaber frischer Meeresfrüchte an, die seine Trawler-Flotte jeden Nachmittag aufs Neue anlandet. In Sichtweite des Fischereihafens liegt Bird Island, eine Brutkolonie von 10 000 Kaptölpeln, die hier ganz ungestört für Nachwuchs sorgen, und wenige Kilometer vor Lamberts Bay ein Kuriosum mit der unaussprechlichen Bezeichnung Muisbosskerm, das beliebteste Strandrestaurant am Atlantic Drive; getafelt wird an einfachen Tischen mit Stühlen im Sand, zum Festpreis gibt's fangfrischen Fisch, Hummer, Muscheln und Langusten, so viel man essen kann!

TOP ⭐ ERLEBNISSE

⭐ CAPE NAMIBIA ROUTE

Auf 1500 Kilometern zieht sich die Cape Namibia Route von Kapstadt durchs Namaqualand nach Norden, bis sich der Oranjefluss in den Weg stellt. Der Grenzfluss, einst diamantenschwer, heute das Eldorado von Wildwasserfahrern, mündet zwischen dem namibischen Oranjemund und dem südafrikanischen Alexander Bay in den Atlantik. Von Lamberts Bay (Südafrika) sind es bis nach Lüderitz (Namibia) noch 845 Kilometer.
INFO: Cape Namibia Route, cape-town-namibia.co.za

⭐ FÜR DIE NACHT UND DEN MAGEN

Eine Auswahl von Top Spots für die Übernachtung: Strandloper Ocean Boutique Hotel in Paternoster, strandloper ocean.com; Draaihoek Lodge & Restaurant bei Elandsbaai, draaihoek.com; The Farmhouse Hotel, hübsches historisches Seaside-Hotel an der Langebaan Lagune, thefarm househotel.com. Zum Essen und Trinken empfohlen sind: Beach-Restaurant Muisbosskerm, muisbosskerm.co.za; Strandloper, hippes Seafood-Restaurant in Langebaan, strandloper.com; Pearlys On The Beach, Sea Food, Pasta, Cocktails in Langebaan, pearlys.co.za.
INFO: Cape West Coast Peninsula Tourism, capewestcoastpeninsula.co.za

SÜDAFRIKA, LESOTHO, SWASILAND (ESWATINI)

76 BUSHMANS KLOOF WILDERNESS – CEDERBERG MOUNTAINS

Luxus in der Skulpturwüste

Keine Autostunde östlich von den ausgedehnten Strand- und Wasserlandschaften der West Coast findet in den Cederberg Mountains zwischen Clanwilliam und Citrusdal das Kontrastprogramm statt. Felsige Trockenlandschaften, die mit ihren steinernen Monumenten an Arizona erinnern, sprudelnde Wasserfälle, glasklare Bergflüsse, vegetationssatte Berghänge und eine Luft zum Durchatmen begeistern Wander-, Wüsten- und Weinfreunde.

Skulpturelle Felswüste kennzeichnet die Landschaft zwischen Clanwilliam und Bushmans Kloof, wo sich inmitten arider Landschaft ein Vegetationsparadies auftut (unten), gewürzt mit Wohnambiente und Luxus pur (rechte Seite oben). Für Capetonians ein beliebtes Weekend-Ziel: Der historische Wein- und Szene-Ort Riebeek-Kasteel mit dem Royal Hotel (rechte Seite unten).

Das Obststädtchen Clanwilliam im Flusstal des Olifants River ist Ausgangspunkt für einen Besuch der 71 000 Hektar großen Cederberg Wilderness, die mit ihren zerklüfteten und über 2000 Meter hohen Sandsteingipfeln eine Trumpfkarte ausspielen kann. Von hier kommt auch der Rooibos-Tee, der aus den nadelartigen Blättern des Rooibos (Rotbusch) gewonnen wird, weder Tein noch nennenswerte Gerbstoffe enthält und aufgrund seines hohen Mineralstoffgehalts lindernd bei Kopf- und Magenschmerzen wirkt und das Immunsystem stärkt.

Bushmans Kloof

Inmitten der felsigen Kulisse hat eine der reichsten Familien am Kap mit der Bushmans Kloof Wilderness Reserve ein Naturparadies erster Güte geschaffen. Die reetgedeckten kapholländischen Häuser der Luxuslodge liegen in einem üppig grünen Gartenareal zwischen monumentalen Felsen. Selten gewordene Cape Mountain Zebras, Strauße und einige Antilopenarten sind hier ebenso zu bestaunen wie Wandmalereien von Buschmännern in umliegenden Felshöhlen. Aufgestaute Süßwasserseen und großflächige Pools

laden zum Baden inmitten eines Vegetationsrausches aus überbordender Flora ein, die meditative Stille der stylischen Felsenlodge lässt die Abreise als eine zwangsläufige Maßnahme erscheinen.

Eine halbe Fahrstunde von hier liegt die ehemals deutsche Missionsgemeinde Wupperthal, wo die beiden deutschen Missionare Baron Theobold von Wurmb und Johann Gottlieb Leipoldt von der Rheinischen Missionsgesellschaft ab 1830 versuchten, den ansässigen Khoikhoi christliche Lebensformen zu vermitteln, wozu 1835 ein hübsches Kirchhaus eingeweiht wurde. Außer Wupperthal existieren noch sechs weitere funktionierende Missionsstationen in der Westkap-Region in Ebenhaezer (1890), Elandskloof (1881), Goedeverwacht (1881), Troe-Troe (1874), Rietpoort (1913), Vergenoed (1935) sowie in Wittewater und Papendorp.

Durch die Heimat von Ceres

Die Rückfahrt nach Kapstadt sollte bei Citrusdal in jedem Fall erst einmal enden, denn dort könnten sich die beeindruckenden Gegensätze zum vorher Erlebten nicht intensiver darstellen: Sprudelnde Wasserfälle, reine Bergflüsse, leuchtende Berghänge und glasklare Luft gestalten das Eldorado für Naturfreunde, Wanderer und Weinliebhaber, die rund um die Cederberg Wilderness Area weitläufige Südfruchtplantagen besichtigen können. Ein Drittel aller Kaporangen kommt aus der Region von Ceres, dem Hauptort der Gemeinde Witzenberg, der seine Namensanleihe von der römischen Göttin des Ackerbaus gleich durchgereicht hat an die bekannte südafrikanische Fruchtsaft-Company Ceres, deren Tetrapaks nicht mehr von hier fortzudenken sind. Vor der letzten Etappe zum Kap kann man noch auf der Weinroute entlang des Olifants River vergorenen Rebsaft verkosten und die Natur der Cederberg Wilderness genießen, deren Höhepunkt der 2028 Meter hohe Sneeuberg ist.

In die nördlichen Winelands

Von Citrusdal führt die N7 über Moorreesburg ins pittoreske Weinstädtchen Riebeek-Kasteel, das eine der ältesten Städte Südafrikas ist und in einem Zug mit der historischen Weinperle Franschhoek genannt wird. Ein Stopover lohnt sich: Neben dem historischen Kirchhaus steht das prächtige *Royal Hotel* seit 1862 in der Main Street, die außerdem eine Reihe hübscher Boutiquen, Galerien und Cafés zur Akquise individueller Kundschaft nutzen. Ringsherum ziehen sich saftstrotzende Rebgärten, das bekannteste Weingut »Allesverloren« geht auf das Jahr 1704 zurück.

TOP ⭐ ERLEBNISSE

⭐ SÜDAFRIKAS PÄSSE

Unter abenteuerlichen Umständen entstanden Anfang der 1830er-Jahre der Oudeberg-Pass und der Van-Ryneveld-Pass bei Graaff-Reinet in der Großen Karoo, danach der Ecca-Pass zwischen Grahamstown und Fort Beaufort sowie der Michell's-Pass und der Bain's-Kloof-Pass bei Wellington. Nachdem der alte Passpionier Andrew Geddes Bain verstorben war, setzte Sohn Thomas die wagemutige Ingenieurskunst seines Vaters fort und brachte noch mehr Bergstraßen auf die Beine. Insgesamt 23 Straßen für reisende Selbstfahrer bringen auf Kurvenstrecken Fahrspaß ohne Ende. Die kurvigsten sind: Meiring's Poort, Seweweekspoort-Pass, Prince Alfred's Pass und der Swartberg-Pass zwischen Oudshoorn und Prince Albert.
INFO: Cederberg Tourism, Clanwilliam, cederberg.com; Bushmans Kloof, Cederberg Mountains, bushmanskloof.co.za

⭐ RIEBEEK-KASTEEL

Auf der Rückfahrt liegt der bildschöne Weinbauort nördlich von Wellington/Paarl, der nicht nur Capetonians an Wochenenden anzieht. Von weit her kommen sie angereist, um in Riebeek-Kasteels Royal Hotel abzusteigen und in einem althergebrachten Ambiente das Leben zu genießen. Der szenische Kolonnadenbau ist eines der ältesten Hotels in Südafrika.
INFO: The Royal Hotel, royalinriebeek.com

Je nach Wasserstand können die Augrabies-Wasserfälle ziemlich beeindruckend sein (oben). Die Orange-River-Oase Upington (rechte Seite unten). Köcherbäume im Richtersveld (rechte Seite oben).

DURCHS NAMAQUALAND – UPINGTON & AUGRABIES FALLS

Sehnsuchtsziel für Botaniker und Fotografen

Nur wenige Fahrstunden südlich der trockenen Kalahari rauscht Wasser satt: Die Augrabies Falls lassen den Oranje-Fluss (engl. Orange River) mit 50 000 Kubikmetern pro Sekunde 56 Meter in die Tiefe stürzen. Bei der Hochwasserflut 1988 drückte der Oranje sogar unvorstellbare 7,8 Millionen Kubikmeter pro Sekunde durch die Schluchten – eine Traumvorstellung angesichts der kargen Wüstenlandschaften des kalaharischen Nordens!

Neben Giganten wie Niagara und Victoria Falls zählen die Augrabies Falls zu den sechs größten Wasserfällen der Welt! In mehreren Kaskaden rauschen die Wassermassen 190 Meter abwärts, weshalb die Sprache der Buschmänner sie zutreffend als »Ort des großen Lärms« beschreibt. Atemberaubende Wildwasserfahrten durch die kilometerlangen Canyons locken Aktivsportler an diesen besonderen Abenteuerspielplatz, und natürlich war die Camel White Water Trophy auch schon da. Zwischen April und Mai schwillt der Oranje, dann ist der Eindruck am stärksten!

Walk On The Moon

Außer seinen donnernden Fällen hat der Augrabies-Falls-Nationalpark die Steinlandschaft seines Moon Rock zu bieten, dessen Felsformation aus rötlichem Gneis und schwarzem Granit scharenweise Besucher anzieht. Extrem hohe Temperaturunterschiede haben durch Verwitterung skurrile Gebilde wie den rundlichen Mondfelsen und andere steinerne Extreme hervorgebracht, die es im Sommer locker auf eine Oberflächenhitze von bis zu 70 Grad schaffen. Wer dann immer noch auf dem schwarzen Granitbrocken herumklettert, dem schmelzen die Sandalen.

Durchs Namaqualand – Upington & Augrabies Falls

Einen Steinwurf von den Falls entfernt zeigt sich die besondere Lebensqualität des Oranje, der sagenhafte 2160 Kilometer ostwärts am Mont Aux Sources in den Drakensbergen entspringt und hier mit seinen kühlenden Wassermassen nach der brutzelnd heißen Wildnis der nahen Kalahari zivilisatorische Annehmlichkeiten der gediegenen Art bietet: Das 1871 als Missionsstation gegründete Provinzhauptstädtchen Upington konnte sich an den fruchtbaren Flusslandschaften durch ausgedehnten Weinanbau und den Export von Trauben, Obst, Getreide, Datteln und Baumwolle einen hinlänglichen Wohlstand erwirtschaften und ist mit Supermärkten, Tankstellen und Geschäften die einzige Versorgungsschaltstelle für ein riesiges Umland.

Feines Wohnambiente

Wenn am Horizont die ausgedörrten Wüsten in bulliger Hitze nur so flirren, sorgen Upingtons Bewässerungssysteme für paradiesisch wohltuende Kontraste. Ein traumhaftes Ambiente verbreitet sich entlang des Oranje-Nordufers, weil sich dort exquisite Gästehäuser mit feinen antiquarischen Interieurs in liebevoll restaurierten georgianischen Villen etabliert haben, deren überbordende Gärten die naturbelassenen Wasserwelten des Oranje wie auf der Filmleinwand vorführen. Sehenswert ist das Kalahari Oranje Museum im 1875 erbauten Kirchhaus, das anschaulich die Siedlungsgeschichte am Fluss erklärt. In der nahen Spitskop Nature Reserve lassen sich außer Vertretern einer für den Landstrich typischen Fauna wie Zebras, Springböcke und Antilopen auch die eher untypischen Nachfahren von Kamelen blicken, die deutsche Soldaten nach dem Ersten Weltkrieg hier zurückließen.

Auf dem Weg über die N14 Richtung Kap wartet das Wunderland der Wildblumen. Wenn in den ariden Landschaften des Northern Cape die Flora verrückt spielt und die Wüste nach Regen in einer Farborgie explodiert, zieht das Paradies der Wildblumen nicht nur Botaniker an: Bunte Blumenteppiche poppen aus der vertrockneten Erde, was eingefleischten Namaqua-Fans die unglaublichsten Bilder beschert. Auch die Städtchen Springbok und das verschlafene Kamieskron erweckt dann neues Leben, wenn endlich der Regen kommt, meist zwischen August und Oktober, und ein bunter Blumenteppich explosionsartig den ausgetrockneten Erdboden überzieht. An die 3500 Pflanzenarten, darunter Aloen, Schwertlilien und Amaryllis, machen das braungelbe Veld zu einem Farbenspektakel, was der Region eines der faszinierendsten und nachgefragtesten Naturschauspiele im Südlichen Afrika verschafft.

TOP ★ ERLEBNISSE

★ AI-AIS-RICHTERSVELD

Das beinharte, extrem karge und nicht selten in brutzelnder Hitze flimmernde Richtersveld ist zusammen mit dem namibischen Fish River Canyon unter der Bezeichnung Ai-Ais-Richtersveld Transfrontier Park bekannt und für Offroadfans ein fahrtechnisches Nirwana: In der dünn besiedelten und bildschönen Naturlandschaft lässt sich ein wilder Roadtrip fernab jeder Zivilisation verwirklichen. Aber auch exquisit Wandern. Hiker kommen in der surreal anmutenden Landschaft des Richtersveld vorzugsweise während des südafrikanischen Winters auf ihre Kosten.
INFO: Upington Tourism, upington.co.za sowie northerncape.org.za; Springbok Tourism, namakwa-dm.gov.za sowie namaqualand.com

★ ORANGE RIVER RAFTING

»The Great One«, der große Fluss, wie ihn die Buschmänner nannten, stellt im Richtersveld eines der sinnlichsten Naturabenteuer: Auf dem Oranje durch bizarre Felslandschaften zu paddeln, ein Camp aufzuschlagen, nachts Stille und obendrüber funkelnde Sterne, das lässt sich nur auf einem River-Rafting-Trip weitab von der Zivilisation erleben. Teilnehmer sollten durchschnittlich fit sein, gut schwimmen können und Temperaturen je nach Jahreszeit zwischen 0 und 50 Grad einkalkulieren.
INFO: Orange River Rafting, orangeriverrafting.com; Nationalparks: Namaqua, Geogap, Augrabies Falls und Richtersveld, sanparks.org

THEMA

REISEN IN SÜDAFRIKA
Für Familien mit Kindern

Ohne Zweifel ist das Land am Kap ein ideales Reiseziel für Familien mit Kindern. Herzliche, kinderliebe Menschen, moderate Temperaturen, keine Zeitverschiebung, eine gute Infrastruktur mit einer Versorgungslage, vergleichbar mit europäischen Standards, denn Apotheken, Ärzte, Kliniken und Notfalldienste sorgen für entspanntes Reisen in einem spannenden, abenteuerlichen und vielfältigen Land.

Kinder bis 6 Jahre
Südafrika ist ein Land riesiger Dimensionen, auch was Entfernungen und klimatische Zonen betrifft, weshalb die Auswahl der Touren je nach Alter der mitreisenden Kinder entsprechend erfolgen sollte. Beispiel: Kalahari und Richtersveld im jahreszeitenverkehrten südafrikanischen Sommer bieten 50 Grad Celsius (!), von Kapstadt aus einmal zur Garden Route und zurück macht mindestens 1500 Fahrkilometer. Besonders mit noch sehr kleinen Kindern und Babys sollten hier kürzere Etappen eingeplant werden.

Kinder bis 10 Jahre
Wenn es um Wildnis und Safari geht, stellen Mütter speziell bei noch sehr jungen und unerfahrenen Sprösslingen gleich die verständliche Frage nach giftigen Schlangen und wie hoch das Malariarisiko ist. Letzteres lässt sich komplett vermeiden in Südafrikas malariafreier Kapregion, die zahlreiche Wildschutzgebiete anbieten kann, wie auch die Waterberg-Region, die Madikwe Game Reserve und Pilanesberg nordwestlich von Johannesburg. Die statistische Chance, einer Giftschlange zu begegnen, ist gering, und lässt sich durch den edukativen Besuch einer der vielen Reptilienabteilungen südafrikanischer Tierparks minimieren. Bester Lehrmeister aber ist die Wildnis selbst: Wenn die

Riesig: ein Straußenei im südafrikanischen Oudtshoorn

Kleinen einen »Kiddies Game Drive« absolvieren, wissen sie, wie Elefanten, Büffel, Nashörner, Raubkatzen und Flusspferde ticken, natürlich auch Schlangen, sofern man überhaupt eine zu Gesicht bekommt.

Kinder bis 14 Jahre
Welche Kids und Jugendliche träumen nicht davon, Löwen, Elefanten und Giraffen in freier Wildbahn zu begegnen, im Allradgeländewagen über staubige Pisten und Pässe zu kurven oder an tosender Brandung entlangzubiken oder -zureiten? Für ausreichend Badespaß und Wassersport wirft das Land zwischen den Ozeanen tausende Küstenkilometer in die Waagschale der Aktivitäten, mit für Kinder und Jugendliche geeigneten und als gesichert gekennzeichneten Stränden. Hainetze schützen vor unliebsamen Begegnungen und Rettungsschwimmer vor gefährlichen Strömungen.

Tipps für Kinder und Familien
Wildnis: Spezialisiert auf Kinder und Jugendliche jeden Alters haben sich Jaci's Lodge in der Madikwe Game Reserve und Ant's Nest in den Waterbergen. Jaci's mit einem »Kiddies Game Drive« und Kursen im Spurenlesen, bei Ant's geht es per Fahrrad, zu Fuß oder auf dem Pferd nahe an Giraffen und

Highlight für Kids: auf Safari wilde Tiere beobachten

Strand- und Wassersportparadies Muizenberg, False Bay, Südafrika

Nashörner heran: edukativ für Kinder, entspannend für Eltern, madikwe.com und waterberg.net

Township: Ein Bildungsprogramm, das keine Schule vermitteln kann! Emzini Tours in Knysna wird von Frauen der Township durchgeführt, im Rahmen der Tour besucht die Gruppe einen kleinen Shop, eine Friseurin, eine Bibliothek und eine Vorschule, in der die Kinder eine Sing- und Tanzaufführung vortragen. Dazu gibt es linguistische Übungen in der Klicklautsprache der Xhosa, emzinitours.co.za.

Oudtshoorn: Die Straußenstadt bietet ein unerschöpfliches Abenteuerprogramm an: a) mit den Cango Caves, deren unterirdische Höhlenlabyrinthe für Kids eine besondere Herausforderung sind, b) mit Show-Farmen, die Straußenreiten, Wasserrutschen, im Käfig ins Krokodilbecken tauchen, Gokart-Rennen etc. veranstalten.

Garden Route: Nicht ohne Grund ist Plettenberg der beliebteste Badeort südafrikanischer Familienurlauber: weil »Plett« rundum durch Life Guards abgesichert ist und flach ins Wasser laufende Strände mit weiten Sandflächen hat und mit seinem Hinterland The Crags zahlreiche kindgerechte und spannende Adventure-Unternehmungen bietet.

Abenteuer Ozean: Delfine, Pinguine, Robben und Wale auf einer Bootsfahrt zu den Dyer Islands hautnah zu erleben, ist toll. »Marine Life« heißt das Schlüsselwort der Ökologen beim Thema Ozeane, und wo wäre das besser als bei der nachwachsenden Generation aufgehoben? Anschauungsunterricht gibt die African Penguin & Seabird Sanctuary, wo verletzte und kranke Pinguine wieder aufgepäppelt werden.

Spiel- und Badespaß: Einer der kinder- und familienfreundlichsten Spots ist der Großraum Durban mit seinen zahlreichen Adventure- und Playground-Parks am immer warmen Indischen Ozean. Auf hunderte Kilometer erstreckt sich nord- und südwärts der Metropole eine Ferieninfrastruktur, die speziell für Familien mit Kindern geeignete Bade- und Spielparadiese bietet.

Sun City & Lost City: Die größte Herausforderung für Kinder dürfte das Spaß-Eldorado nordwestlich von Johannesburg sein, das mit zahlreichen Möglichkeiten lockt, sich richtig auszutoben: »Adventure Mountain«, »Valley of the Waves«, »Kwena Crocodile Gardens« und Kindertreff »Kamp Kwena« heißen die unschlagbaren Abenteuer-areale für die Kleinen.

Eine Familie Pinguine marschiert auf dem Boulders Beach an der False Bay bei Kapstadt.

SÜDAFRIKA, LESOTHO, SWASILAND (ESWATINI)

78 THE SONG OF THE KALAHARI – DIE HEIMAT DER SAN

Große Raubkatzen und steinzeitliche Buschleute

Am Abend dämmert die Wüste in blutroten Tönen vor sich hin, während die Sonne langsam versinkt. Als Schattenrisse tauchen Büsche und Bäume aus dem blasser werdenden Pastelllicht auf. Webervögel schwirren wie verrückt um ihre riesigen, klobigen Nester, die dunkel im Gegenlicht von ihren Wirtsbäumen hängen. Eiseskälte breitet sich schnell aus. »The Song of the Kalahari« nennen die Park-Ranger dieses beinahe außerirdische Drama, das sich allabendlich wiederholt.

Seit Jahrtausenden sind die Buschmänner (rechte Seite oben) in der lebensfeindlichen Umwelt der Kalahari zwischen Geröll, Busch und Sand (unten) zu Hause. 4x4 auf abenteuerlichen Pisten in den Cederberg Mountains (rechte Seite unten).

Die Kalahari-Wüste gilt mit 1,2 Millionen Quadratkilometern als das größte zusammenhängende Sandgebiet der Welt. Sie ist mehr als dreimal so groß wie Deutschland und verteilt sich auf die drei aneinandergrenzenden Länder Südafrika, Botswana und Namibia. Mit ihren gewaltigen Sanddünen, die je nach Sonnenstand extrem wechselnde Farbspiele vorführen, zählt sie zu den spektakulärsten Erlebnissen des Südlichen Afrika. Nicht nur der ungewöhnlichen Stimmungen wegen, die ihre Reize hervorrufen; sie ist auch die Heimat der San, steinzeitlicher Buschmenschen, die hier ihr Überlebenswunder vollbringen, sowie tausender Wildtiere: Oryxantilopen, Hyänen, Wüstenluchse und Wüstenfüchse, Streifengnus, Schakale und Löffelhunde. Sogar seltene Geparden zeigen sich dann und wann und, mit viel Glück, die großkalibrigen Exemplare der besonders massigen Kalahari-Löwen.

Park ohne Grenzen

Die schönsten Gebiete auf südafrikanischer Seite umfasst der ehemalige Kalahari-Gemsbok-Nationalpark und auf der botswanischen der Gemsbok-Nationalpark, beide existieren schon seit den 1930er-Jahren. Zur Jahrtausendwende unterschrieben die Präsidenten Botswanas und Südafrikas ein bis dahin bei-

spielloses grenzüberschreitendes Projekt, was aus den beiden nationalen Schutzgebieten den neuen Kgalagadi-Transfrontier-Nationalpark geschaffen hat. Damit war der erste »Park ohne Grenzen« Realität, der mit 35 000 Quadratkilometern fast doppelt so groß ist wie der Kruger-Park. Die Grundidee der südafrikanischen Peace Parks Foundation war, Tiere freizügiger wandern zu lassen, ohne dass sie durch Stacheldrahtzäune behindert werden, die sie von der natürlichen Migration abhalten. Auch setzte man auf die Vorteile eines gemeinsamen Park-Managements, zum Beispiel in der Bekämpfung der immer noch präsenten Wilderei, sowie auf mehr Gemeinsamkeit der beteiligten Staaten. Zum bestehenden Kgalagadi-Transfrontier-Nationalpark könnte eines Tages noch ein namibischer Teil diese grenzenlose *thirstland wilderness* der Kalahari erweitern, die von zehntausenden Besuchern jedes Jahr beehrt wird.

Safari in der Kalahari

»Ervaar die Wonderwereld van die Kalahari«, lesen Neuankömmlinge über die »dorstige Woestyn«, wenn sie sich in einem der drei Camps »Mata Mata«, »Nossob« und »Twee Rivieren« auf südafrikanischer Seite anmelden, um im eigenen Wagen auf Safari zu gehen: »Plante, diere, voëls en insekte perfek aangepas in'n unieke eko-sisteem.« Auch überlebenswichtige Verhaltensregeln sind für die Wildnisbesucher aufgelistet: Wer hier unvorsichtigerweise aussteigt und sich fototechnisch zwischen einer Puffotter und einem Kalahari-Löwen nicht schnell genug entscheidet, hat die Anpassung ans einzigartige Ökosystem ganz sicher verpasst. Besucher der Kalahari, die über rötlich glühende Sandberge und fotogene San-Frauen hinaus schnell Spektakuläres erwarten, könnten allerdings enttäuscht werden. Eine monotone, vertrocknete Landschaft brütet in großer Hitze erstarrt vor sich hin, es sei denn, ein paar Springböcke oder Antilopen haben Lust zu hüpfen, wenn sie vom Motorenlärm aufgeschreckt von der Fahrpiste flüchten. Entlang der beiden Trockenflüsse Auob und Nossob, die so gut wie nie »flüssig« sind, bieten Wasserbohrlöcher mit sinnfälligen Bezeichnungen wie Lekkerwater und Dankbaar eine Chance, Tiere aus der Nähe zu sehen, aber von Geparden und Löwen findet sich in der Hitze des Tages meist keine Spur. Dafür lassen sich Strauße, Sekretärsvögel und Braunadler blicken. Nachts gehen Weißgesicht-Ohreulen, Schleier- und Zwergohreulen auf die Jagd und dann auch die bei diesen Temperaturen sonst nur selten auszumachenden Raubkatzen.

TOP ⭐ ERLEBNISSE

⭐ OFF-ROAD DURCH DIE WÜSTE

Der Park bietet zwei organisierte 4x4-Trails für maximal 5 Geländewagen mit Ranger als Tour-Guide. Der Nossob 4 x 4 Eco Trail geht durch die roten Sanddünenfelder zwischen Twee Rivieren und Nossob Camp, dauert 4 Tage mit drei Übernachtungen. Der Leeudril 4x4 Loop bietet eine abenteuerliche Tagesfahrt auf 50 Kilometern. Der !Xerry Wilderness Trail ist ein zweitägiger Hiking-Trail mit zwei Übernachtungen in einem Basis Camp in der Nossob-Region.
INFO: South African National Parks, sanparks.org

⭐ SÜDAFRIKAS 4X4-INFRASTRUKTUR

Im |Ai-|Ais/Richtersveld Transfrontier Park auf beinahe allen befahrbaren Pisten, im Karoo National Park auf zwei Routen, und nördlich von Kapstadt warten der 55 km lange Hex-River-Trail, die Cederberg- und die Wupperthal-4x4-Routen sowie der Dunes 4x4-Trail bei Lambert's Bay. Tolle Küstenstrecken bieten die Wild Coast zwischen Coffee Bay und Hole in the Wall sowie Kwa-Zulu/Natal zwischen Rocktail Bay und Thonga Beach. Eine Herausforderung ist der 400 km lange und sandige Kalahari-4x4-Trail.
INFO: Northern Cape Tourism Authority, experiencenothern cape.com

An den Wasserlöchern von Tswalu ist das afrikanische Dschungelbuch reichlich vertreten (oben) und von den Terrassen der Chalets der edlen Lodge-Herberge ganz ohne Safari zu beobachten (rechte Seite unten). Sundowner mit Drinks und Snacks, wenn die Sonne über der Savanne versinkt (rechte Seite oben).

ARCHE NOAH DER WILDTIERE – TSWALU

Tollkühnes Experiment für die Zukunft afrikanischer Wildtiere

Wenn Tswalus Ranger im Cockpit ihres Microlight-Fliegers weite Runden drehen, werden Löwen, Hyänen, Giraffen, Geparden und Nashörner penibel aufgelistet, um festzustellen, dass keine der Preziosen verschwunden ist. In der Regel verhindern dies 586 Kilometer lange Zäune, die teilweise unter 9500 Volt Spannung stehen. Nur Leoparden lassen sich von der aufwendigen Elektrik nicht beeindrucken und wuseln sich trotzdem irgendwie durch.

Nach sandiger Piste taucht jenseits der Ortschaft Hotazel Tswalu auf, was in der Tswana-Sprache »der neue Anfang« bedeutet. Der begann am Rand der Kalahari-Wüste, zwischen den Korannabergen, mit einem der größten privaten Tierumsiedlungsexperimente, die Afrika bislang gesehen hatte, initiiert von Multimillionär und Großwildjäger Stephen Boler.

Platz für die Wildnis

Als der Brite 1988 in Tansania feststellte, dass von 5000 Spitzmaulnashörnern nach zehn Jahren nur noch ein Dutzend existierte, wurde aus dem Mann mit der Flinte ein Tierschützer, der 20 Millionen Dollar investierte und tausende wilde Tiere in ganz Afrika zusammenkaufte, um eine moderne Arche Noah zu basteln. Insgesamt kaufte der Küchen-Tycoon aus Manchester 28 Farmhäuser, die abgerissen wurden. 2300 Strommasten, 1000 Kilometer Farmzäune, 38 Wasserbehälter aus Beton, 200 Kilometer Straßen und 10 000 Stück Vieh mussten weichen. Der Traum, das Land den wilden Tieren zurückzugeben, rückte der Wirklichkeit näher. Auf 100 000 Hektar, einer Fläche größer als Berlin, begannen die Umsiedlungsaktionen. Für rund sieben Millionen Dollar kaufte Boler Springböcke, Gnus, Kudus, Antilopen, Zeb-

Arche Noah der Wildtiere – Tswalu

ras, Löwen und andere große Wildtiere. Der Supermarkt der Tiere findet auf sogenannten *game auctions* statt, im Kruger-Park, in Kuruman, in Natal, Namibia oder Botswana.

Tierschutz und wirtschaftliches Denken

Mit seinem Experiment und der Tswalu Kalahari Reserve hat Stephen Boler sich ein Denkmal sowie neue Maßstäbe für den Tierschutz gesetzt. Die Maxime lautet, dass Mehrwert nur durch Investitionen zu erreichen ist, womit der zusätzlich zu schaffende Lebensraum für die Tierwelt gemeint ist. Renditen steuern Kapitalströme, selbst in der Wüste. Tswalu finanziert sich anteilig aus Fotosafaris, Ökotourismus, Jagdgästen sowie einträglichen Tierverkäufen aus Zucht und natürlichen Überschüssen. Tswalu stellt hunderte von Arbeitsplätzen und verhilft bedrohten Tierarten zur Fortpflanzung, die ohne menschliches Eingreifen aussterben würden. Zweiflern, denen Elektrozäune, künstliche Wasserstellen, tierärztliche Betreuung sowie Hubschraubereinsätze in Verbindung mit Wildnis unbehagliche Gefühle bereiten, pflegte der unermüdliche Motor der Tswalu-Arche mit auf den Weg zu geben, dass ohne ökonomischen Input ökologischer Output nicht machbar sei.

Tswalus Besucher nächtigen in Fünf-Sterne-Herbergen, die zu den schönsten *game lodges* im Südlichen Afrika zählen. Naturmaterialien, reetgedeckte Runddächer, versetzte Wohnebenen und Panoramascheiben, die den Blick vom Bett oder Kaminplatz auf die Wasserlöcher der Tiere und die Savanne freigeben, kreieren ein unvergleichliches Ambiente. Innen werden Schätze afrikanischer Wohnkultur ausgestellt, der Außenbereich der Domizile wurde so optimal an die Umgebung angepasst, dass sie aus der Ferne kaum auszumachen sind. Etwas abseits liegt Bolers ehemaliges Privatdomizil, dem der Hausherr auf tragische Weise abhanden kam: Im Oktober 1998 landete er zum letzten Mal in seinem geliebten Tierparadies – der 55-jährige Ex-Großwildjäger erlag einem Herzinfarkt. Seine Arche Noah hat die Oppenheimer-Familie, welche eine der reichsten Familien Südafrikas (De-Beers-Diamantenkonzern) ist, übernommen. Einen besseren Garanten für sein Tierschutzprojekt als »Nicky« Oppenheimer, mit dem Boler lange Zeit eng befreundet war, hätte er nicht finden können. Und die wilden Tswalu-Exoten keinen tierfreundlicheren Hausherrn: Denn der hat die Jagd auf Wildtiere auf Tswalu inzwischen abgeschafft.

TOP ★ ERLEBNISSE

★ WITSAND NATURE RESERVE

Wer nach Kalahari und Tswalu von Sanddünen noch nicht genug hat, muss weiter nach Postmasburg: Das Minenstädtchen ist stolz auf seinen fünfzig Meter tiefen Diamantenkrater sowie archäologische Funde. Postmasburgs Highlight ist die 20 km südwestlich gelegene Witsand Nature Reserve, die für schneeweiße Dünen und ihre seltsamen »Roaring Sands« steht. Bei der hier vorherrschenden trockenen Hitze ist zwischen den bis zu hundert Meter hohen Wanderdünen ein merkwürdiger Sound zu hören, der bei steigenden Temperaturen weiter anschwillt und wie das Heulen eines Sturmes klingt.
INFO: Whitsand Nature Reserve, witsandkalahari.co.za

★ LINDBERGH PRIVATE GAME ESTATE

Die historische Herberge liegt auf der Strecke zwischen Johannesburg und Tswalu, und ist ein ideales Stopover für Reisende auf dem Weg zur Kalahari. Mit feinem kolonialen Ambiente versprüht die ehemalige Farm, 1907 inmitten bildschöner Savannenlandschaften entstanden, den Charme alter Zeiten. Der nachmittägliche Game Drive ist zeitlich leicht zu schaffen, der Sundowner findet stilsicher auf einer Hügelkuppe statt, wenn die Sonne blutrot im Busch versinkt.
INFO: Lindbergh Private Game Estate, lindbergh.co.za, Tswalu Kalahari Reserve, tswalu.com

SÜDAFRIKA, LESOTHO, SWASILAND (ESWATINI)

80 KULTUR & WILDNIS – GRAHAMSTOWN UND ADDO ELEPHANT NATIONAL PARK

Big Five und Südafrikas National Arts Festival

Die 100 000 Einwohner zählende Universitätsstadt auf halber Strecke zwischen Port Elizabeth und East London kommt als Kunstmetropole und architektonisches Freilichtmuseum daher: Beeindruckende georgianisch-viktorianische Gebäude bestimmen ein außerordentlich hübsches urbanes Ambiente, sodass es wenig verwundert, dass sich ausgerechnet hier eine lebendige Kunst- und Kulturszene etabliert hat.

Grahamstown, die Stadt der Kirchen und Kultur (unten) ist auch für ihre Elefanten bekannt, den »Addos«, wie die Städter sie liebevoll nennen (rechte Seite oben) – wobei der immer größer werdende Nationalpark auch reichlich Raubtiere vorzeigen kann. Donkin Reserve mit Pyramide und Leuchtturm in Port Elizabeth (rechte Seite unten).

Das Zentrum des »Settler Country« versteckt sich im grünenden Hinterland, wobei sich der Hinweis auf die Neusiedler von damals schon durch benachbarte Ortschaften wie Hamburg, Berlin, Braunschweig, Bethel und Breitbach erklärt. Grahamstown selbst ist very british und ein besonders feines Stück England unter afrikanischer Sonne – mit einer besonderen Geschichte: Als der britische Colonel John Graham an der Ostgrenze der damaligen Kapkolonie seinen Militärposten einrichtete, waren die ersten Scharmützel zwischen den landhungrigen Kolonialisten und den seit Langem hier ansässigen Xhosa bereits im Gange. Wenige Jahre später, 1820, landete europäischer Nachschub, was die Soldatengarnison schnell zum zweitgrößten Handelszentrum der Kolonie und zu einem recht wohlhabenden Städtchen machte.

Architektur, Kunst und viele Kirchen

Immer mehr prächtige Kirchbauten wuchsen aus dem Kernland der Xhosa, über 40, wie die Bischofskirche Cathedral of St. Michael and St. George aus dem Jahr 1824, was Grahamstown den Beinamen »Stadt der Heiligen« ein-

brachte. Kulturschätze gibt es hier reichlich, zum Beispiel das Observatory Museum, das Ende des 19. Jahrhunderts das Haus eines Henry Galpin war, der als Uhrmacher, Astronom, Juwelier und wissenschaftlich engagierter Zeitmesser in seinem Forschungslabor werkelte, wo sich noch immer seine alte Goldschmiedewerkstatt und die berühmte Camera obscura aus dem Jahr 1882 bewundern lassen. Über 200 traditionelle Instrumente aus ganz Afrika stellt die International Library of African Music der Rhodes University als das weltgrößte Archiv afrikanischer Musik der Subsahara aus und bietet eine einzigartige Hörbibliothek. Fort Selwyn, 1836 auf dem Gunfire Hill als Signalstation entstanden, hat eine exzellente militärhistorische Sammlung und die beste Aussicht auf Grahamstown.

Im Paradies der Querköpfe

Eine Fahrstunde nördlich lassen sich im Addo Elephant National Park nicht nur Elefanten, sondern auch die »Big Five« (darunter die seltenen Spitzmaulnashörner) beobachten. Über seine eigenwilligen Dickhäuter schreibt der Park eine Geschichte, die vom Sieg der Elefanten über die weißen Siedler erzählt, und so spielte sich das Drama der »Addos« ab: Viele von ihnen hatten die Elfenbeinjäger des 19. Jahrhunderts ohnehin nicht übrig gelassen, 1870 wurden nur noch Restbestände von 300 gezählt; tonnenweise wurde das Elfenbein über Port Elizabeth in alle Welt verschifft und der Lebensraum der Elefanten stetig kleiner, was diese immer aggressiver auftreten ließ. Farmer protestierten, bis ein kriegserprobter Major namens Philip Pretorius damit beauftragt wurde, das Elefantenübel nachhaltig zu unterbinden. In kürzester Zeit waren bis auf elf alle abgeschossen.

Überlebenstrauma

1931 bekamen die wenigen Überlebenden ein kleines Wildreservat, aber die Tiere blieben nachhaltig verschreckt. Einmal belagerten sie einen nahe gelegenen Bahnhof, ein andermal setzte sich eine Elefantenkuh auf einen Wilddieb, weil dieser versucht hatte, an ihr Elefantenbaby zu kommen. Von dem Herrn blieb nur wenig übrig. Selbst die Arbeiter des Parks mussten häufig die Flucht ergreifen, um sich vor der Angriffslust der Tiere zu retten. Als einmal ein Addo-Elefant in einen anderen Park umgesiedelt wurde, tötete er dort einen Menschen und kippte später aus Wut einen Lastwagen um. Ihr Verhalten brachte den Addos den Ruf ein, wesentlich aggressiver als andere Artgenossen zu sein. Inzwischen sind sie friedlich und im Park leben jetzt wieder hunderte dieser sehr eigenen Exemplare, die sich vom Auto aus beobachten lassen.

TOP ⭐ ERLEBNISSE

⭐ PORT ELIZABETH

Port Elizabeth oder Nelson Mandela Bay ist mit über 1,5 Millionen Einwohnern eine quirlige Hafen- und Industriestadt, Verkehrsknotenpunkt und Standort der südafrikanischen Produktion von Volkswagen und Ford, weshalb PE, wie die Großstädter ihr urbanes Konglomerat liebevoll nennen, für Reisende eher als Stopover zwischen Garden Route und Wild Coast interessant ist – und für Freunde der Kunst. Denn wo viel Geld ist, sind großartige Museumskomplexe nicht weit, wie z.B. das Bayworld (eine der besten und größten Museumsanlagen Südafrikas) sowie das Nelson Mandela Metropolitan Art Museum.
INFO: Nelson Mandela Bay Tourism, nmbt.co.za; Tourism Grahamstown, grahamstown.co.za

⭐ PORT ALFRED

Port Alfreds 18-Loch-Golfplatz zählt zu den Top Ten in Südafrika! Wer fliegen lernen will, findet mit der 43 Air School eine der besten Flugschulen des Landes, Reiter eine Reihe von Reitställen und Surfer hier die genau richtigen Wellen bei Wassertemperaturen zwischen 18 und 24 Grad. Eng kann es in der Hauptsaison zwischen Dezember und Januar werden, wenn die Städter aus den Industriestädten Port Elizabeth und East London zum Ausspannen anrücken.
INFO: Port Alfred, portalfred.co.za; Addo Elephant National Park, sanparks.org

289

Bildhübsch präsentiert sich die Architektur Graaff-Reinets mit Kirchenbauten und adretten Fassaden aus der Kolonialzeit (rechte Seite). Was sein bizarrer Vorgarten, The Valley of Desolation, an Exotik noch toppt (oben). Wer Stille und Ruhe in einer einzigartigen Landschaftsatmosphäre sucht, wird hier mit Sicherheit fündig.

KAPHOLLÄNDISCHES BILDERBUCH – GRAAFF-REINET

Der Vorposten der Buren in der Großen Karoo

Als Anfang des 19. Jahrhunderts der große Treck der Buren begann, die der britischen Kolonialmacht entfliehen wollten, war das burisch geprägte Graaff-Reinet eine bedeutende Etappe in der unwirtlichen Großen Karoo. Heute ist das 50 000-Einwohner-Städtchen am Fuße der Sneeuberg Range mit über 220 denkmalgeschützten Gebäuden einer der am besten erhaltenen historischen Orte des Landes.

Während sich Ende des 18. Jahrhunderts Briten und Holländer bereits komfortabel am Kap eingerichtet hatten, waren die Gegenden jenseits der großen Bergketten, die die zugänglichen Küstenregionen vom Inland trennten, großenteils noch unerforschtes, wildes Gebiet. Dennoch machten sich burische Siedler in die unbekannten, hochwüstenartigen Weiten auf, um dort erste Siedlungen zu gründen. Während Stellenbosch auf die Jahreszahl 1679 zurückblicken kann, lässt sich das weitere Vordringen der Europäer ins Landesinnere an den Gründungsjahren der Städte ablesen: Um 1770 kamen die ersten Pioniere bis in die Gegend um das heutige Graaff-Reinet, das als Außenposten der Kap-Kolonie vom ehemaligen Kap-Gouverneur Jacob van de Graaff und seiner Frau Cornelia Reinet gegründet wurde. Das Leben an der Peripherie der Kolonie war mit stetigen Bedrohungen durch die hier lebenden Xhosa und Khoi Khoi gewürzt, aber die Buren waren sture Pioniere und riefen sogar eine eigene Republik aus, weil sie sich der britischen Ordnungsmacht am Kap nicht beugen wollten.

Gebäude wie im Freilichtmuseum

Mit Graaff-Reinet hinterließen sie Südafrika ein bezauberndes Städtchen, das sich am

Kapholländisches Bilderbuch – Graaff-Reinet

...esten auf einer gemächlichen Rundfahrt mit der Pferdedroschke oder zu Fuß erkunden lässt. Auf der Liste der Sightseeing-Stopps stehen natürlich zuerst die Museen: das Hester Rupert Art Museum, dessen Gebäude einst der Londoner Missionsgesellschaft gehörte und heute zeitgenössische Kunst präsentiert, das Old Library Museum mit Sammlungen historischer Kleidungsstücke, Felsmalereien der San sowie Fossilien, deren lebende Exemplare vor etwa 230 Millionen Jahren die prähistorischen Sumpfgebiete der Karoo bewohnten, sowie das Reinet House, das Heimatmuseum der Stadt. Das ursprüngliche Pfarrhaus aus dem Jahr 1812 stellt mit seiner Architektur ein schönes Beispiel kapholländischer Baukunst aus, ringsherum das original erhaltene, geschichtsträchtige Ambiente, Kopfsteinpflaster sowie Weinstöcke aus längst vergangenen Zeiten inklusive. Als Wundertüte antiquarer Kuriositäten setzt sich der Graaff-Reinet-Club in Szene. Jagdtrophäen wie Elefantenfüße und ähnliche exotische Reliquien gehören zur Ausstattung der historischen Männerbastion, zu der Frauen damals keinen Zutritt hatten. Zu den herausragenden Gebäuden zählt auch die Drostdy in der Church Street, der 1806 erbaute Verwaltungssitz, der heute das noble *Drostdy Hotel* beherbergt, das mit Gerichtscafé, historischem Haupthaus sowie den restaurierten ehemaligen Sklavenquartieren am Stretch's Court, die als Suiten für die Übernachtungsgäste dienen, eine schöne koloniale Atmosphäre entfaltet.

Wunderschöne Umgebung

Auch die Umgebung Graaff-Reinets, das idyllisch an einer Schleife des Sundays River liegt, lohnt. In jedem Falle einen Besuch wert ist das Karoo-Naturreservat nordwestlich der Stadt, das mit 16 000 Hektar das Steppenbergland der Karoo auf besondere Weise einfängt und Bergzebras, Gnus, Büffel, Springbock- und Oryxantilopen beheimatet. Im Valley of Desolation, einem weitflächigen Tal, aus dem sich Doloritfelsen wie Skulpturen erheben, zaubert allabendlich der Sonnenuntergang eine hinreißende Bilderbuchlandschaft. Geplant ist, den benachbarten 6600 Hektar großen Mountain-Zebra-Nationalpark durch Korridore mit einzubeziehen, was ein riesengroßes Landschafts- und Tierschutzgebiet um Graaff-Reinet herum entstehen lässt. Für Wanderer ist der über 30 Kilometer lange Mountain Zebra Trail, der sich in drei Tagen erkunden lässt, schon heute ein Erlebnis erster Güte.

TOP ★ ERLEBNISSE

★ OWL HOUSE UND CAMDEBOO

Die traumhafte Lage des Bergorts Nieu Bethesda nördlich von Graaff-Reinet zieht zahlreiche Künstler an. In seinem Arts Centre hat sich ein Künstlerkollektiv zusammengefunden, zahlreiche Galerien stellen Skulpturen, Bilder und Keramik aus. Berühmt ist The Owl House, ein vielbesuchtes Museum der Künstlerin Helen Martins. Das Areal des Camdeboo National Park umschließt Graaff-Reinet fast vollständig. Im Wanderparadies des Ryneveld-Pass-Stausees leben neben seltenen Vogelarten auch Springböcke und Bergzebras.
INFO: The Owl House, theowlhouse.co.za; Niew Bethesta, nieubethesda.info; Camdeboo National Park, sanparks.org

★ BESONDERE ARCHITEKTUR

Überall im Land sind die traditionellen afrikanischen Bienenkorbhütten zu sehen, strohgedeckt und mit Wänden aus Lehmziegeln. Auch die Häuser der Ndebele und die der Basotho stellen, mit malerischen Kunstwerken geschmückt, besondere Bauweisen vor. Das größte architektonische Erbe ist dem modernen Südafrika aus der Kolonialzeit verblieben: der kapholländischen Baustil mit weiß getünchten Mauern, geschwungenen Giebeln, Holzbalkendecken und Sprossenfenstern.
INFO: Graaff-Reinet Tourism, graaffreinet.co.za und thegreatkaroo.co.za

SÜDAFRIKA, LESOTHO, SWASILAND (ESWATINI)

NICHT VON DIESER WELT – WILD COAST
Die wilde Küste der Xhosa

Jenseits von East London entfaltet sich auf 300 Kilometern die Wild Coast mit verschwiegenen Buchten, bizarren Höhlen und wahrhaftigen Traumstränden. Sie heißt so wegen ihrer zahlreichen Riffe und Untiefen, die schon viele Schiffe auf Grund laufen ließen. Und sie ist auch von einer wilden Schönheit, weil sie bis heute bleiben durfte, was sie immer war: ein Stück ungebändigte Natur.

Gefürchtet war sie bei den Seefahrern der Ostasien-Route, weil diese wilde Küste wegen tückischer Navigationsverhältnisse mit unberechenbaren Stürmen und Strömungen Wracks am laufenden Band produzierte. Untergänge waren geradezu an der Tagesordnung, sodass in Anlehnung an die südafrikanischen Wein- und Wal-Routen schon bald eine »Wrack-Route« für Taucher entstehen könnte.

Schotterpisten in die Einsamkeit

Aber wer wollte hier wirklich unter Wasser gehen, bei all der feinherben Schönheit, die sich an Land darbietet? Ein authentisches Stück wildes Afrika ist da zu finden, und glücklicherweise gibt es (noch) keine durchgehende Küstenstrecke, sondern nur kleine Stichstraßen zum Meer, die nach heftigen Regenfällen schnell zu gefährlichen Schlammfallen werden. Wer sich nicht abschrecken lässt, gelangt zu Stränden, die sich einsam und fast unberührt zwischen den Bilderbuchbuchten des Indischen Ozeans verstecken. Wer es zwischen wildromantischen Flusstälern und steilen Bergrücken endlich bis zu den Lagunen der Flussmündungen ans Meer geschafft hat, wird fürstlich entlohnt.

Schiffbruch in der Kaffeebucht

Coffee Bay ist eines der schönsten Fleckchen der wilden Küste, das sich so nennt, seit im Jahr 1893 ein mit Kaffeebohnen beladenes Schiff in der Bucht strandete. Die Bohnen,

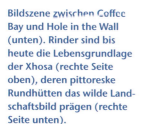

Bildszene zwischen Coffee Bay und Hole in the Wall (unten). Rinder sind bis heute die Lebensgrundlage der Xhosa (rechte Seite oben), deren pittoreske Rundhütten das wilde Landschaftsbild prägen (rechte Seite unten).

SÜDAFRIKA, LESOTHO, SWASILAND (ESWATINI)

Die berühmtesten Vertreter der Xhosa sind Nelson Mandela und Thabo Mbeki. Eine überzeugende Autorität strahlt diese Xhosa-Frau aus, die den weltberühmten Landeshäuptlingen an Statur in nichts nachsteht (unten). Aufwachsen wie im Paradies: Einheimische Xhosa-Jungs beim Kabbeln im Sand (oben). Das berühmte Hole in the Wall der Coffee Bay ist wegen Haien riskant für Schnorchler und Schwimmer (rechte Seite oben). Die Coffee Bay ist beliebt bei Wanderern (rechte Seite unten).

so erzählt die Geschichte, wurden damals an Land gespült, keimten, schlugen Wurzeln und ließen Kaffeesträucher wachsen. Nach den Beweisen suchen Besucher aber vergeblich. Das alles aber interessiert in Coffee Bay sowieso niemanden. Die Straße ist inzwischen geteert, was erste Begehrlichkeiten weckt, aber Vorsicht: Dort, wo das Grün der Küste aufhört und das Blau des Meeres beginnt, ist »Shark Country«. Nur das Baden in der Kaffeebucht selbst sei ohne Gefahr, versichern die Einheimischen vieldeutig grinsend. Coffee Bays »Hole in the Wall«, ein geologischer Blickfang, der an schottische oder irische Küsten mit ihren natürlichen Skulpturen erinnert, soll angeblich unerwünschte Begegnungen im Wasser mit den gefürchteten dunklen Sihouetten verhindern. Das vermutlich meistfotografierte Loch Afrikas befindet sich in einer Felswand, die schützend zwischen dem offenen Meer und der Lagune steht, nur das Frischwasser kann hindurch, die Haie bleiben draußen. Da bleibt mutigen Schwimmern zu wünschen, dass das auch stimmt.

Das Panorama der Wild Coast, das seine Bilder mithilfe von Steilklippen, Felsblöcken und Sandbuchten zeichnet, ist auch ohne maritimen Selbstversuch umwerfend. Bisher verirrten sich nur Rucksacktouristen und Insider hierher. Da jedoch schon Pläne für touristische Entwicklungen in den Schubladen der Bürokraten liegen, könnte es dem noch rückständigen Paradies (ein paar Hütten, ein Laden, zwei Hotels) bald so schlimm ergehen wie den sagenumwobenen Kaffeesträuchern, die möglicherweise tatsächlich keimten, aber nicht wuchsen.

Die Heimat von Nelson Mandela

Bei all den verzauberten Küsten der Wild Coast hat das Hinterland an Farbkolorit ebenfalls einiges zu bieten. Die ärmliche Transkei, das frühere Homeland der Xhosa, der »Menschen mit den roten Decken«, gehört seit 1994 zur Eastern Cape Province. Die 1879 gegründete Hauptstadt Umtata gibt sich als betriebsame Landesmetropole, an deren Universität tausende Studenten studieren. Deren begabte Vorgänger landeten 250 Kilometer weiter westlich auf der Fort Hare University, einer 1916 ausschließlich für schwarze Studenten gegründeten Bildungsinstitution. Prominentester Kommilitone: Nelson Mandela, Fachbereich: Jura. 4000 Studenten büffeln heute in Fort Hare, das zwei Nobelpreisträger und vier afrikanische Staatspräsidenten hervorgebracht hat, darunter auch Simbabwes Diktator Robert Mugabe.

Auch in Umtata führt an Mandelas Wurzeln kein Weg vorbei: Westlich der Stadt, in einem

TOP ⭐ ERLEBNISSE

⭐ WILD COAST HIKING TRAIL

Längst hat sich die Wild Coast bei Tauchern, Hochseeanglern und Surfern einen Namen gemacht, und bei Wanderern: Das Küstenareal zwischen Port Edward und Morgans Bay ist vollgepackt mit Felspools, rauschenden Flüssen und Wasserkaskaden. Abgelegene Lagunen, bizarre Klippen und versteckte Sandbuchten kreieren diesen Hikers' Heaven. Der Wild Coast Hiking Trail startet in Port St. Johns oder Coffee Bay, führt auf 64 Kilometern meist am Beach entlang und kann als geführte Fünf-Tages-Tour gebucht werden. Übernachtet wird in traditionellen Xhosa-Rundhütten, die wetterbeste Wanderzeit sind die Monate April/Mai und September.
INFO: Wild Coast Hiking Trail, wildsidehiking.com

⭐ PORT ST. JOHNS

Trendiges Beachlife mit Flair. Zu einer urbanen Idylle an der Wild Coast hat sich das Hafenstädtchen Port St. Johns entwickelt, das sich an seiner palmenbestandenen Lagune zum Treffpunkt von Künstlern und Malern und sonst wie hippem Publikum macht. Nach dem sportiven Strandleben lässt sich hier zwischen Boutiquen und Galerien die Zeit vertreiben oder in einer der Bars abhängen: um dort gar nichts zu tun, außer zu schauen.
INFO: Wild Coast Info, wildcoast.co.za; Port St. Johns Tourism, portstjohns.org.za

kleinen Dorf namens Mvezo am Bashee River, verbrachte der spätere Häftling, Nobelpreisträger und Präsident seine frühe Kindheit. Dort steht auch inmitten einer naturbelassenen Landschaft das Nelson-Mandela-Monument, nahe dem Haus, das er später für seinen Halbbruder errichten ließ.
Als Junge kam Mandela mit der Familie nach Qunu, unweit von Coffee Bay, bevor es ihn hinauszog in die intellektuelle Welt der Weißen. Eine Multimedia-Show des Nelson-Mandela-Museums erklärt seine Rolle bei der Befreiung Südafrikas vom Regime der Apartheid, und wie er sich als Sinnbild für Frieden, Vergebung und Liebe unsterblich gemacht hat. Der Tod des großen Freiheitskämpfers im Dezember 2013 bewegte die Welt; zahlreiche hochrangige Persönlichkeiten erwiesen ihm die letzte Ehre, bevor er in Qunu im Familiengrab beigesetzt wurde.

Im Land der Xhosa

Eine Reise durch das wilde Land der Xhosa ist eine Reise durch grüne Hügel und liebliche Täler, durch die sich wasserreiche Flüsse ziehen, eine Wegstrecke durch echtes Afrika. Nach wie vor finden die in traditionellen Bindungen tief verwurzelten Xhosa im Kral ihre soziale und ökonomische Einheit. Grasgedeckte Rundhütten zeichnen ein archaisches Bild, vor allem wenn Xhosa-Frauen Pfeife rauchend vor diesen Lehm- und Dungbehausungen auftauchen, um ihren Männern, die dort hocken und palavern, den fälligen Hirsebier-Nachschub zu bringen. Würdevoll schreiten sie einher, oft mit einer seltsamen Ernsthaftigkeit in den dunklen Gesichtern. Ein einziges Lachen kann aus dem Tiefsinn abrupt einen bezaubernden Ausdruck hervorlocken.

Vielleicht stellt sich im Hügelland der Xhosa erst nachträglich heraus, dass nicht nur die Küste wild ist. Schon lange hat sich die Wild Coast bei Tauchern, Hochseefischern und Surfern einen Namen gemacht, zunehmend lässt sie sich nun auch von Küstenwanderern entdecken. Der Abschnitt zwischen Port Edward und Morgan's Bay ist vollgepackt mit Felspools, Flüssen und Wasserkaskaden, wie die der Magwa Falls. Einsame Lagunen, bizarre Klippen, versteckte Sandbuchten und Küstenpfade begleiten den »Hiker's Trail Heaven«. Einer der schönsten, der Wild Coast Hiking Trail, beginnt in Port Edward. Zu einer Idylle hat sich das ehemalige Hafenstädtchen Port St. John's entwickelt, das sich an seiner palmenbestandenen Lagune zum Treffpunkt von Künstlern und Malern gemausert hat. Nach dem sportiven Strandleben lässt sich hier zwischen Boutiquen und Galerien die Zeit vertreiben oder in einer der Bars abhängen.

Die Sandsteinfelsen des Golden-Gate-Hochlandparks stellen eine der größten Attraktionen der Free-State-Provinz (oben). Bei klarer Sicht zeigt sich eine gewaltige Kulisse mit den benachbarten Bergriesen Lesothos, die über 3000 Meter aufragen (rechte Seite unten). »Bienenkörbe«, traditionelle Rundhütten mit Reetdächern, finden sich in vielen Siedlungen des Bergstaates Lesotho (rechte Seite oben).

ZIEL FÜR WANDERER – GOLDEN-GATE-HIGHLANDS-NATIONALPARK

Monumentales Landschaftsszenarium, irrwitziges Bühnenbild

Wer *most dramatic landscapes* sucht, findet sich zwangsläufig im »Golden Gate« wieder. Wohin die Blicke schweifen: zerklüftete Sandsteinformationen, die vor allem im späten Licht zu expressionistischen Wunderwerken geraten, wenn die Sonnenfarbe von Gold zu Orange und Ocker mutiert und, in der absoluten Stille skurriler Felsskulpturen, letztendlich zu Rot. Nach dem Absacken des Feuerballs explodiert der Himmel darüber erst richtig.

Ein Besuch lohnt sich allein für dieses Panorama, und viele kommen tatsächlich pünktlich, um sich nach dem spektakulären Naturschauspiel gleich wieder davonzumachen. Die Expressreisenden verpassen eindrucksvolle Naturstimmungen, bei denen grasbewachsene Berghänge, tiefe Schluchten und aufragende Felsklippen im Wechselspiel des Lichts noch einmal betont werden. Insider aus Johannesburg, Pretoria und Durban hingegen holen sich hier an den Wochenenden die Labsal für ihre großstädtisch gebeutelte Seele.

Besondere Attraktionen: Ruhe und Einsamkeit

Frieden von Polizeisirenen und Stop-and-go, wenn Lämmergeier, Bartgeier oder Felsenadler über Steilschluchten ruhig ihre Runden drehen, wenn Bergzebras, Springböcke und Antilopen zwischen Felssäulen stehen, reglos wie Bühnenstatisten. Sie und all die anderen aus der harmlosen Wildtierabteilung machen den Golden-Gate-Highlands-Nationalpark zum idealen Refugium für Wanderer, die Einsamkeit und Ruhe suchen oder für unverbesserliche Landschaftsfreaks, denen die

Ziel für Wanderer – Golden-Gate-Highlands-Nationalpark

»Big Five« schnurzegal sind. Zumindest ist für jeden etwas geboten. Jahr um Jahr wurde der 1963 gegründete Nationalpark nördlich der Maluti-Berge Lesothos erweitert, sodass er inzwischen eine Fläche von über 100 Quadratkilometern umfasst; heraus ragt der Generaalskop mit 2732 Metern Höhe. Golden Gate heißt der bizarre Landschaftspark zweier Felsklötze wegen, die nur wenige hundert Meter hoch sind, aber im goldenen Sonnenlicht wie riesenhafte Eingangstore zum Paradies erscheinen. Zahlreich finden sich im Park Sandsteinhöhlen mit gut erhaltenen Gravuren und Zeichnungen der San. Während der Burenkriege dienten sie flüchtigen Burenfamilien als Versteck, um sich dem Zugriff der Engländer zu entziehen.

Wandern in bizarrer Bergwelt

Golden-Gate-Besuchern mit Zeit stehen herrliche Wanderwege zur Verfügung, die bis an die Flanke des Generaalskop heranführen, dahinter steigen die Gebirgsketten Lesothos auf 3000 Meter an. Einer der bekanntesten mehrtägigen Tracks ist der 33 Kilometer lange Rhebok Hiking Trail, der am Glen Reenen Rest Camp beim Parkeingang beginnt. Dort befindet sich der Ausgangspunkt zweier Fahrpisten, die zu den schönsten Punkten dieses Reservats führen. Golden Gate Highlands hat ganzjährig Saison; im Sommer herrscht mildes Hochgebirgsklima mit angenehm kühlen Abenden. Zwischen Januar und Februar treten häufiger kurze, heftige Gewitter auf, was Wanderer bei der Ausrüstung berücksichtigen sollten, im Winter zeigen sich die höchsten Gipfel untypisch für Afrika, weil sie des Öfteren schneebedeckt vorgefunden werden. Nachts kann es dann frostig kalt werden, auch wenn tagsüber ideale Temperaturen für Outdoor-Aktivitäten garantiert sind. Neben preiswerten Unterkünften bieten die staatlichen Restcamps Brandwag, Glen Reenen, Mountain Retreat und Qwa Qwa während der Sommermonate auch Ausritte zu Pferde an, organisierte kürzere Wandertouren sowie Nachtsafaris. Auch lassen sich per Kajak oder Kanu die bildschönen Stauseen des Parks erkunden.

Je nach Jahreszeit sind die staatlichen Camps rechtzeitig zu reservieren, wenn das nicht klappt, freuen sich eine Reihe empfehlenswerter Gasthäuser im nahen Kleinstädtchen Clarens, das seinen eigenen Reiz versprüht: Die »Perle des Orange Free State« wurde 1912 nach der schweizerischen Ortschaft benannt, in der Paul Kruger, der erste Burenpräsident und Initiator des Kruger-Parks, seine letzten Lebensjahre in diesem sehr idyllischen Exil verbrachte.

TOP ★ ERLEBNISSE

★ BASOTHO CULTURAL VILLAGE

Zwischen dem Golden-Gate-Highlands-Nationalpark und dem Landstädtchen Harrismith liegt das Basotho Cultural Village, in dem die traditionelle Lebensweise der Sotho von Schauspielern dargestellt wird. Zum Programm des Freilichtmuseums gehören Übernachtungen in traditionellen Rundhütten (Rondavels), eine Wanderung, die Heilpflanzen und Felsbilder erklärt, sowie traditionelle Sotho-Kochkunst im eigenen Restaurant, selbst gebrautes Ingwerbier inklusive.
INFO: Free State Tourism, freestateonline.fs.gov.za

★ BLOEMFONTEIN

Bloemfontein, die Hauptstadt des Oranje-Freistaats, war während des Burenkriegs hart umkämpft: Britische Truppen schossen vom Naval Hill, Bloemfonteins Hausberg, mit Kanonen auf anrückende Buren, die ihr nationales urbanes Zentrum im Jahr 1900 an die britische Kolonialmacht verloren. Durch die Eingliederung des Oranje Free State in die Südafrikanische Union erhielt Bloemfontein den Sitz des Obersten Gerichtshofs. Interessanter Stopover auf der Fahrt nach Maseru in Lesotho.
INFO: Bloemfontein Tourist Information, bloemfonteintourism.co.za

SÜDAFRIKA, LESOTHO, SWASILAND (ESWATINI)

84 ZENTRUM DER KRAFT – JOHANNESBURG
Südafrikas ökonomisches Zugpferd

Die Geschichte Johannesburgs handelt von Gold und vom berühmtesten Township der Welt, Soweto; von der größten Ansammlung an Golfplätzen im Land und dem umtriebigsten Drehkreuz im afrikanischen Luftverkehr; vom Knotenpunkt zahlreicher Autobahnen und Bahnlinien; und von einer hohen Kriminalitätsrate und Kulturdichte sowie vom größten Anteil an der Erwirtschaftung des südafrikanischen Bruttosozialprodukts.

Johannesburgs City (unten) steht für Kriminalität und sein berühmter Township Soweto nicht nur für politische Schlagzeilen einer bewegten Geschichte. Die Jo'burger selbst wissen ihre »City of Gold« als kulturelles Zentrum zu schätzen. Straßenstand downtown Jo'burg (rechte Seite oben). Weltberühmt: Mandela House in Orlando West, Sowjeto (rechte Seite unten).

Seit 1886 fiebert »Jo'burg« in einer Art permanentem Rauschzustand. Zuerst brachte das Gold schnelles und chaotisches Wachstum innerhalb weniger Jahre, mächtige Minengesellschaften entstanden, die das goldhaltige reef unter Jo'burgs Oberfläche gewinnbringend ausbeuteten. Die Western Deep Levels Mine zum Beispiel reicht mehr als 3000 Meter tief in den Untergrund, nicht weit von den modernen Spiegelfassaden der schnelllebigen Metropole Johannesburg entfernt, und zählt mit den benachbarten Gruben der südafrikanischen Bergbaugesellschaft AngloGold Ashanti zu den tiefsten der Welt.

Das urbane Netzwerk

Nach dem Fall der Apartheid erlebte Johannesburg seinen brutalsten Wandel: Große Massen schwarzer Bewohner aus den Elendsquartieren vor den Toren der Stadt strebten nun in die City, während immer mehr Firmen, die ja mehrheitlich Weißen gehörten, ihre Standorte von dort verlegten, zum Beispiel in den neu geschaffenen feinen Vorort Sandton, der heute wie eine eigenständige und abgesicherte Stadt funktioniert. Johannesburgs Zentrum wurde zu einem Ort der Geisterstraßen zwischen Hochhausblöcken, wo die Kriminalität in astronomische Höhen stieg. Trotz

des Niedergangs seiner City entwickelte sich Johannesburg andernorts rasant weiter und die aufstrebende Stadt mit dem ausgezeichneten Höhenklima (1752 m) wurde zum Schmelztiegel aller Rassen und Hautfarben und zum schlagkräftigen Herzmuskel der neuen südafrikanischen Identität. Heute ist das aus hunderten Stadtvierteln, Vorstädten und Townships zusammengesetzte urbane Netzwerk mit seinen Hochhauspalästen eine pulsierende Weltstadt.

City mit Weitblick

Vom 50. Stockwerk des Carlton Centre, das die nicht unpassende Bezeichnung »Top of Africa« führt, lässt sich bei guter Sicht das nur 50 Kilometer entfernte Pretoria ausmachen, der Sitz der südafrikanischen Regierung. Nur wenige Kilometer entfernt befindet sich der historische Themenpark Gold Reef City auf dem Territorium der seit Langem geschlossenen Crown Mines mit stilecht rekonstruierten viktorianischen Bauten, Bühnenshows, Straßentheater, Cafés, Kneipen und Restaurants. Beispiellose Revitalisierungsprogramme haben einst heruntergekommene Stadtviertel wieder zurückgeholt, dazu gehören Melville, Rosebank, Melrose Arch und Craighall Park. Auch in Johannesburgs ramponiertem Zentrum schlägt die urbane Erneuerung

kraftvolle Wurzeln. Investoren, Kunstschaffende und Marketingexperten haben die City neu entdeckt, wie Jonathan Liebmanns Happenig-Meile »Arts on Main« beweist, wo die Kunst- und Intellektuellenszene sich ein sehr spezielles Zuhause geschaffen hat. Hier findet Lebensart satt statt – nicht nur auf dem samstäglichen Market on Main oder in einer Sonnenliege auf der Dachterrasse der »The Beach«-Bar.

Trotzdem ist Vorsicht geboten

Besuchern ist Jo'burg im Alleingang dennoch nicht zu empfehlen, aber kein Grund zur Panik: Die meisten Verbrechen geschehen in den umliegenden Townships. Gleichwohl sind Touristen gefährdet, weshalb wie überall in der Welt Vorsicht geboten ist: Keine Kameras, keinen Schmuck, keine Wertsachen herumtragen. Unter sachkundiger Führung zeigen sich Nachtleben, Musikszene, Kunst und Galerien, prall gefüllte Shopping Malls, szenische Kneipen und Gourmettempel in kaum vorstellbarem Überfluss, und die Liste kultureller Ereignisse ist endlos. Edle Einkaufsmeilen in den Malls der vornehmen Vorstädte Sandton City, Rosebank und Parkhurst kontrastieren zu afrikanisch-bunten Märkten, die sich downtown auf Plätzen und Trottoirs ausbreiten.

TOP ⭐ ERLEBNISSE

⭐ TOWNSHIP EXPERIENCE

Soweto mal ganz anders erkunden – auf einem Fahrrad! Teilnehmer haben garantiert einen aufregenden Tag. Auf den Halb- oder Ganztagesfahrten wird eine Menge Wissenszuwachs geliefert: Historische Sehenswürdigkeiten stehen auf dem Programm, natürlich auch das bekannte Hector Pieterson Museum, das die wechselhafte politische Geschichte des berühmtesten Elendsviertels der Welt auf spannende Weise erzählt. Natürlich bleibt ausreichend Zeit eine Shebeen, eine typische Township-Kneipe, zu besuchen, bevor die Biker durch die berühmte Vilakazi Street radeln, in der Präsident Nelson Mandela lebte und in der Erzbischof Desmond Tutu zu Hause war.
INFO: Lebos's Soweto, sowetobicycletours.com

⭐ HEIDELBERG

Spurensucher deutscher Siedlungsgeschichte kommen 50 Kilometer südöstlich von Johannesburg auf ihre Kosten: in Heidelberg! Die 1862 von Heinrich Julius Ückermann gegründete Handelsstation benannte der deutsche Kaufmann nach seiner Studien- und Heimatstadt am Neckar. Das hübsche Landstädtchen war während der Burenkriege sogar mal Hauptstadt der Südafrikanischen Republik und bietet einiges an Sehenswürdigkeiten.
INFO: Heidelberg, suedafrika-reise.net; Gauteng Tourism, gauteng.net

VILAKAZI ST
ORLANDO WEST
SOWETO

Auf der Jacaranda-Route verwandeln 70 000 ursprünglich aus Südamerika eingeführte Blütenträume ab Oktober die Straßen von Pretoria in ein rosa-violettes Blütenmeer.

Nicht unbeachtlich ist die Skyline Pretorias (oben), schon gar nicht der massive Granitblock des Voortrekker Monuments (rechte Seite unten), und sehr beachtlich die international renommierte Kunst der Ndebele (rechte Seite oben).

DIE HALBE HAUPTSTADT – PRETORIA

Immer gemächlich: Metropole der Verwaltung

Das südafrikanische Parlament tagt im fernen Kapstadt, aber offiziell ist Pretoria Regierungssitz. Der bezieht sein ruhiges Flair aus dem gemächlichen Gang der Verwaltung mit zahlreichen Amtsstuben. Natürlich war die »halbe Hauptstadt« auch mal eine ganze, nämlich die des einstigen Burenstaates Suid-Afrikaanse Republiek, in der die Handschrift der »Voortrekker« elegante Kolonialarchitektur präsentiert.

Die auf 1367 Metern Höhe und 50 Kilometer von Johannesburg entfernt liegende Zwei-Millionen-Stadt wurde im Jahr 1855 von Marthinus Wessel Pretorius (1819–1901), einem General der Voortrekker, gegründet. Im Herzstück der auf dem Reißbrett geplanten Stadt steht der Übervater der ehemaligen Burennation und Begründer des gleichnamigen Parks, »Ohm« (Onkel) Paul Kruger (ausgesprochen wie »Krüger«, 1825–1904), in Form einer wuchtigen Sockelstatue auf Pretorias Church Square.

Ohm Kruger: verstaubt und vergessen

Das Werk des Bildhauers Anton van Wouw wurde 1899 in Rom in Bronze gegossen und nach Südafrika verschifft, wo es wegen des Anglo-Buren-Krieges vergessen verstaubte. 1925, zu Ehren seines 100. Geburtstages, landete Kruger dann auf dem Bahnhofsvorplatz und 1954 auf dem Church Square. Gleich dahinter finden sich der Oude Raadsaal (1891), das Parlament der ehemaligen Burenrepublik, und der Justizpalast, dem Nelson Mandela seine Jahre auf Robben Island verdankte. Das monumentale Sandsteingebäude des Union Building, heute Regierungssitz, wurde mit seinen imposanten Kuppeltürmen vom südafrikanischen Architekten Sir Herbert Baker entworfen und zwischen 1910 und 1913 als 275 Meter langer Gebäudekomplex an die Hänge des Meintjies Kop gesetzt. Eine architektonische Perle ist das 1866 im feinsten viktorianischen

Die halbe Hauptstadt – Pretoria

Stil erbaute Melrose House: Prachtvolle Marmorsäulen, kunstvolle Bleiglasfenster und kostbare Mosaikböden machen das historische Gebäude zu einem der schönsten der Hauptstadt.

Jo'burgs ruhigere Schwester

Anders als Johannesburg lebt Pretoria von einer immer noch eher konservativen Beamtenadministration, die das hauptstädtische Getriebe weitgehend prägt. Ein Glück, dass der Regierungssitz viele Hochschulen hat und akademisches Jungvolk auf die Beine bringt. Die beiden bekanntesten sind die Universiteit van Pretoria und die University of South Africa, letztere mit über 100 000 Studenten eine der größten Fernuniversitäten der Welt.

Die Liste der Sightseeing-Stopps ist lang: Das naturkundliche Transvaal Museum und das Pretoria Art Museum stehen darauf, ganz sicher das Kruger House Museum nahe der Grootkerk sowie das Sammy Marks Museum, wo das ehemalige Wohnhaus des südafrikanischen Industriellen interessante Einblicke in die Lebenswelt des 19. Jahrhunderts vermittelt. Dann das National Cultural History Museum, das Old Capitol Theatre, das Hoofposkantoor (Hauptpostamt) und die drei erhaltenen historischen Wehrburgen der Stadt, Fort Schanskop, Fort Klapperkop und Fort West.

Metropole der Blüten

Auf der Jacaranda-Route zeigt Pretoria im Rahmen drei verschiedener Stadtrundgänge seine schönsten Blumenstraßen: 70 000 ursprünglich aus Südamerika eingeführte Blütenträume verschaffen der Stadt ihren Beinamen »Jacaranda City« und verwandeln ab Oktober die Straßen in ein rosa-violettes Blütenmeer. Von den zahlreichen Parks der Blumenstadt sind vor allem der National Zoological Garden zu nennen, der mit über 700 Tierarten einer der größten und interessantesten Tiergärten weltweit ist, sowie Pretorias National Botanical Garden.

Im Süden der City, am Barea Park, ragt das wichtigste Historiendenkmal der Afrikaans sprechenden Weißen auf: das bombastische Voortrekker-Monument. Der riesige Steinkubus ist 40 Meter hoch, lang und breit und erinnert mit seinem in Beton gemeißelten Relief aus 60 Ochsenkarrenwagen an den Großen Treck der Buren, die in den 1830er-Jahren aus der britisch dominierten Kapprovinz nach Norden aufbrachen. Und, natürlich, an die Schlacht am Blood River (1838), in der die Zulus vernichtend geschlagen wurden.

TOP ★ ERLEBNISSE

★ CRADLE OF HUMANKIND

40 Kilometer südwestlich von Pretoria verbirgt sich bei Sterkfontein die größte Fossilienstätte der Menschheitsgeschichte an exakt der Stelle, an der das Skelett des bisher ältesten menschlichen Fossilienfunds der Welt freigelegt wurde. Weshalb sich der Ort »Wiege der Menschheit« nennt und samt seiner prähistorischen Exponate von der UNESCO zum Weltkulturerbe ernannt wurde. Rund 40 Ausgrabungsstellen befinden sich dort. Einer der Funde, ein affenartiges Skelett mit der Bezeichnung »Little Foot«, wird auf ein Alter von 4 Millionen Jahre geschätzt!
INFO: Cradle of Humankind, Maropeng-Besucherzentrum, maropeng.co.za und thecradle.co.za

★ BOTSHABELO VILLAGE

Nicht weit von Pretoria befindet sich bei Middleburg die 1865 von den deutschen Missionaren Heinrich Grützner und Alexander Merensky gegründete Niederlassung der Berliner Missionsgesellschaft Botshabelo, die heute eine der schönsten Ndebele-Schausiedlungen mit Exponaten expressionistisch bemalter Häuserwände beherbergt. Eindrucksvoll sind die Entwicklungsphasen der Ndebele-Baustile von der einfachen Rundhütte bis zu den heutigen rechteckigen Grundrissen dokumentiert, sowie auch die typischen bunten Ndebele-Perlenarbeiten.
INFO: Mpumalanga Tourism, mpumalanga.com

SÜDAFRIKA, LESOTHO, SWASILAND (ESWATINI)

86 VERGNÜGEN PUR – SUN CITY

Und nebenan The Big Five im Pilanesberg-Nationalpark

Wem der Begriff »Vergnügungspark« Bauchschmerzen bereitet, sollte sich die südafrikanische Variante trotz aller Vorbehalte unbedingt antun. Denn so falsch kann keine Statistik sein: Millionen lassen sich jährlich durch ein Panoptikum der Verrücktheiten schleusen, und selbst der hartgesottenste Kritiker wird das weltberühmte künstliche und kunstvolle Spaß-Territorium anschließend ungläubig-verwundert kopfschüttelnd verlassen und geholfen haben, tausende Arbeitsplätze zu sichern.

Südafrikas Las Vegas kann mit seinem Prunkstück *The Palace of the Lost City* protzen (unten). Seine Märchenkreation zieht jährlich Millionen Besucher an, dazu wartet die Fantasiewelt Sun City mit künstlichen Tropenstränden auf (rechte Seite oben) und, nur einen Katzensprung entfernt, im Pilanesberg Nationalpark mit wilden Tieren und einer reichhaltigen Vogelwelt (rechte Seite unten).

Zwei Stunden von Johannesburg entfernt, am Fuße des 1687 Meter hohen Pilanesbergs, liegt der größte Vergnügungspark, der jemals aus afrikanischem Wüstenboden gewachsen ist: Sun City. 1977 wurde das südafrikanische Las Vegas in die Savannenlandschaft des ehemaligen Homelands Bophuthatswana gestampft und diente zu Apartheidszeiten vornehmlich als Amüsierpark der weißen Gesellschaft. Seither pilgern täglich tausende in ihr Siebtes Weltwunder, um funkelnde Luxushotels, glitzernde Casinos und die schrillsten Diskotheken zu erleben. Das Spaß-Eldorado bietet seinen durchschnittlich 25 000 Tagesbesuchern eine Arena für Pop-, Rock- und Sportveranstaltungen, Golfplätze, Kinos, reichlich Abenteuerspielplätze zur Ausübung von Extremsportarten, Wassersport und Strandvergnügen mitten in der Wüste, kurz: Unterhaltung jeglicher Couleur. Auf riesigen Flächen verarbeiten künstlich angelegte Strände ein beinahe stilechtes *beach life*, und wer zwischendurch einen Kick braucht, schlendert nachmittags zur Fütterungszeit zum Crocodile Sanctuary, wo ein ebenso spannendes wie grausames Spektakel den müdesten Strandschläfer in Sekundenschnelle wieder hellwach macht. Und damit das alles auch Eltern viel Spaß

TOP ★ ERLEBNISSE

★ NATIONALPARKS UND NATURSCHUTZ

Südafrika hat rund 600 Schutzgebiete, davon sind 20 staatliche Nationalparks, zuzüglich 400 Wild-, Meeres- und Naturschutzgebiete und an die 500 Private Game Reserves. Für die staatlichen Parks ist der South African National Parks Board mit Sitz in Pretoria zuständig, auch für die Rest-Camps sowie deren Buchung. Nationalparks lassen sich auf festen Pisten mit dem eigenen Pkw durchfahren. Die meisten der Rest-Camps bieten Unterkünfte für Selbstversorger an, von einfachen Hütten bis hin zu komfortablen Chalets.
INFO: North West Province, tourismnorthwest.co.za; Sun City, suninternational.com, sanparks.org

★ HARTBEESPOORT NATURE RESERVE

Auf dem Weg zum Pilanesberg National Park führt kein Weg an diesem Naherholungsgebiet der Metropoliten vorbei: Zwischen Pretoria und Rustenberg erstreckt sich der 160 Kilometer lange und bis zu 1852 Meter hohe Bergzug der Magaliesberge. Größte Attraktion ist der Hartbeespoort-Stausee im Hartbeespoort Nature Reserve. Dort locken diverse Tierparks, Lodges, Hotels und Restaurants sowie die Hartbeespoort Dam Cableway, eine Seilbahn. Eine Vielzahl an Sportaktivitäten sind vor allem für Familien mit Kindern interessant.
INFO: Magaliesburg Tourism, magaliesburgtourism.co.za

macht, gibt es im Kinderparadies Kamp Kwena jede Menge Programm für die Kids.

Luxuriöse Kunstwelten in Lost City

1992 ließ Wüstenschloss-Erfinder Sol Kerzner, einer der reichsten Unternehmer des Landes, seine tempelartige Lost City dazubauen, die an den Mythos eines versunkenen afrikanischen Reiches anknüpft und in Anlehnung an Disney World die perfekte Illusion inszeniert: Erdbeben werden per Lautsprecher angekündigt (und finden natürlich auch statt), im Valley of the Waves werden herrliche Sandstrände von Wellen umspült, die es eigentlich gar nicht gibt. Was übrigens auch auf das offizielle Zahlungsmittel zutrifft, denn das sind hier nicht südafrikanische Rand, sondern »Sunbucks«, mit denen sich tatsächlich auch etwas kaufen lässt. Die Krönung von Kerzners Vergnügungsvision stellt der Märchenpalast »The Palace« dar, ein Luxushotel, das inmitten eines künstlichen Regenwaldes liegt. Die Edelherberge mit dem unschlagbaren Ambiente, die zu den besten Hotels der Welt gezählt wird, ist von einem botanischen Garten umgeben und wartet mit atemberaubenden Interieurs auf sowie mit zwei 18-Loch-Golfplätzen im Gary Player Country Club und im Lost City Golf Course. Wer zwischen Black Jack und Roulette Wildtiere besichtigen will, kann das gleich mit erledigen – im benachbarten Pilanesberg-Nationalpark, der vollkommen unterbewertet wird, wenn er in einem Atemzug mit den Vergnügungszentren von Sun City und Lost City genannt wird. Immerhin ist Pilanesberg mit 58 000 Hektar (einer Fläche so groß wie der Bodensee) der viertgrößte Nationalpark des Landes und besticht durch weitläufige Savannenlandschaften sowie beeindruckende Felsformationen, die vor allem um den Mankwe-See im Krater eines 1,2 Milliarden Jahre alten erloschenen Vulkans aufragen. Dort findet sich nicht nur das komplette Sortiment der »Big Five«, sondern auch Vertreter anderer exotischer Wildtierarten wie Giraffen, Nilpferde, Zebras, Hyänen, die seltenen Rappenantilopen und Wildhunde. Auch die Vogelwelt ist sehr reich vertreten mit über 300 nachgewiesenen Arten.

Das Tierparadies befindet sich inmitten einer wild wuchernden Vegetation zwischen Steilhängen, Schluchten und sanften Hügellandschaften und lässt sich auf gut befahrbaren Pisten im eigenen Pkw erkunden. Während der größte Besucheranteil auf organisierten Tagestouren von Sun City aus anreist, besteht in Pilanesbergs bildschönen Unterkünften die Möglichkeit, den obligatorischen Gin Tonic zum Sonnenuntergang ganz in Ruhe zu genießen.

Safari-Gäste auf prickelnder Pirsch und der Begegnung mit einem Breitmaulnashorn (oben). Jaci's zauberhafte Tree Lodge im Madikwe Game Reserve (rechte Seite unten). Selbstbewusster Fährtenleser und examinierter Wildlife-Guide bei Jaci's Lodges (rechte Seite oben).

 SAFARI FÜR KINDER – MADIKWE GAME RESERVE

Ein mutiges Experiment und seine Folgen

Drei Fahrstunden nordwestlich von Johannesburg, an der Grenze zu Botswana, liegt eines der größten Wildschutzgebiete Südafrikas, das Madikwe Game Reserve. Mit 760 Quadratkilometern beeindruckenden Savannen- und Flusslandschaften ist Madikwe das Ergebnis eines staatlichen Experiments, welches sich die Renaturierung unrentabler Farmgebiete zum Ziel gesetzt hatte und so die ursprüngliche Wildnis wiederauferstehen ließ. Inzwischen ist die Tierwelt hier wieder mit einer faszinierenden Artenvielfalt vertreten.

An die 500 Dickhäuter durchstöbern Madikwes Busch- und Baumvegetation auf der Suche nach Nahrung, und oft genug hinterlassen sie ein Chaos aus abgebrochenen Zweigen, zertrampelten Jungbäumen und abgeknickten Ästen. Zu Beginn waren es gerade mal 25. »Operation Phoenix« hieß die spektakuläre Unternehmung, die sie hierherbrachte, zusammen mit anderen wilden Kollegen aus dem Artenregister. Weil eine Studie herausgefunden hatte, dass in der dürren Landschaft wirtschaftliches Handeln und dringend benötigte Jobs am ehesten durch *wildlife* entstehen könnten, war vor zwei Jahrzehnten eine der umfassendsten staatlichen Aktionen in Sachen Wildlife Management angelaufen. Zur Durchführung des Mammutprojekts »Madikwe Game Reserve« gehörte das Errichten endloser Kilometer zweieinhalb Meter hoher, elektrischer Zäune, der Abbruch vorhandener Gebäude und Siedlungen, das Planieren von Fahrpisten, die Konzessionsvergabe zum Bau von *game lodges* sowie die Umsiedlung ganzer Dörfer. Antilopen, Zebras, Giraffen, Wasserböcke und Gnus kamen durch Aufkäufe und Umsiedlungen aus anderen Teilen des Südlichen Afrika in ihr angestammtes Gebiet zurück. Insgesamt waren das 8200 Tiere aus 28 Großwildarten, die als Grundstock für den heutigen Artenreichtum Madikwes dienten.

Safari für Kinder – Madikwe Game Reserve

Wildnis für Kinder

Eine der ersten Unterkünfte in Madikwe war Jaci's Lodge, die 1999 mit ihrem ungewöhnlichen Programm »Safari für Kinder« sofort zu einem durchschlagenden Erfolg wurde. Das speziell auf Kinder und Jugendliche jeden Alters abgestimmte Programm bietet vom Dschungelabenteuer bis zum Fährtenleserkurs alles, was spannend ist und beiläufig die aufregende Tier- und Pflanzenwelt der Wildnis in der Praxis erklärt. Auch Eltern profitieren, weil sie ihre lieben Kleinen unter professioneller Aufsicht wissen, während sie selbst auf Safari sind. Tierbeobachtungen machen die Kleinen bis zum Alter von sieben Jahren mit eigenem Führer. Darüber hinaus bietet »Jaci's« besondere Safari-Programme für die Altersgruppe zwischen drei und zwölf Jahren an, die über die üblichen Kinderangebote hinausgehen: Speziell geschulte Führer geben Kurse im Spurenlesen, gehen mit den Kleinen auf die Pirsch, vermitteln Einblicke in traditionelle Handwerkstechniken und das Leben im afrikanischen Busch. Natürlich gibt es auch Informationen über die wachsende Zahl der wilden Tiere, was im Fall der (zu vielen) Elefanten drängende Probleme aufwirft: Weniger als die Hälfte der Dickhäuter wären auf dem Territorium Madikwes tragbar. Daher läuft die Planung eines Korridors zum 100 Kilometer entfernten Pilanes-Nationalpark auf Hochtouren, der die beiden Reservate auf einer riesigen Fläche renaturierter Wildnis zu einem der größten Südafrikas vereinigen und als »Heritage Park« dem legendären Kruger-Park mächtig Konkurrenz machen wird.

Weg in die Moderne: der Stamm der Balete

Eine Besonderheit unter den Madikwe-Lodges ist das Experiment des Stammes der Balete, der mit einer privaten Beratergesellschaft, den Wildlife-Rangern der North-West-Parks-Behörde sowie Regierungsexperten die erste gemeindeeigene Safari-Lodge Südafrikas plante, baute sowie – als hundertprozentiger Eigentümer – selbstständig betreibt. Nach hartem Training sichern über zwei Dutzend Balete-Angestellte ein Einkommen für ihr Dorf Lekgophung, das darüber hinaus von einer Reihe weiterer Dienstleistungen profitiert. Der Weg aus der ärmlichen Stammessiedlung am Rande des Nationalparks zur Luxus-Lodge führte über ein umfassendes Ausbildungsprogramm direkt in die globale Welt des modernen Ökotourismus. Balete-Chef Kgosi Tsiepe darf stolz darauf sein – und sich glücklich schätzen –, dass sein 1000-köpfiger Stamm nun im Tier- und Naturschutz eine neue Existenzgrundlage gefunden hat.

TOP ⭐ ERLEBNISSE

⭐ AFRICAN STYLE

Ein wahrhaft authentisches Jenseits-von-Afrika-Gefühl verschaffen Jaci's Safari Lodges mit reetgedeckten Zeltbungalows zwischen prächtigen Tamboti-Baumkronen am Ufer des Marico-Flusses. Ganz speziell ist Jaci's Tree Lodge mit Baumhäusern aus Reet, Rosenholz und Palisaden, die auf bis zu sechs Meter hohen Stelzen im Blätterwald exotischer Tamboti und Leadwoodbäumen stehen. Ausgesuchte Interieurs, offene Badezimmer und Dschungeldusche im Freien verstärken das Afrika-Feeling noch.
INFO: Jaci's Lodges, jacislodges.co.za; Madikwe Game Reserve, madikwe.com

⭐ BUFFALO RIDGE SAFARI LODGE

Die reetgedeckte Buschherberge in Traumlage wurde mit Unterstützung der Wildlife-Ranger der North-West-Parks-Behörde sowie Regierungsexperten von Mitgliedern des Stamms der Balete erbaut und ist eine der ersten gemeindeeigenen Safari-Lodges Südafrikas. Die Balete sind hundertprozentiger Eigentümer und betreiben die Luxuslodge selbstständig. Die Ökolodge zählt zu den interessantesten und schönsten Beispielen südafrikanischer Community Projects.
INFO: Buffalo Ridge Safari Lodge, buffaloridgesafari.com

SÜDAFRIKA, LESOTHO, SWASILAND (ESWATINI)

WILDLIFE OHNE RAUBTIERE – WATERBERG MOUNTAINS

Reitsafaris, Wandertouren, Offroad-Trails

Aus der Ferne erscheint die 150 Kilometer lange Gebirgskette der Waterberge noch als sanfte Horizontkulisse, beim Näherkommen zeigen sich zerklüftete Gipfel, schroffe Felswände und imposante Auftürmungen, die sich im Gebiet der Kransberge bis zu 2000 Meter in den azurblauen Himmel recken. Auf dem Weg dorthin ließe es sich in Heilbron oder Frankfort pausieren oder in die heißen Thermalquellen von Warmbad, dem heutigen Bela-Bela, steigen und ein Heilbad nehmen, was bei Gicht und Rheuma helfen soll.

Eine ganze Reihe privater Schutzgebiete und Nationalparks hat sich in der Naherholungsregion Gautengs etabliert, darunter auch der Marakele-Nationalpark und die Lapalala Wilderness, die beide für ihre reichhaltige Nashornpopulation bekannt sind.

Ant Barbers Privatreservat

In der reizvollen Umgebung des Waterbergs haben sich auch Tessa und Anthony (Ant) Barber auf der elterlichen Farm niedergelassen, die auf 1300 Metern Höhe liegt. Ants Vorfahren, die 1820 aus England und Irland ans Kap kamen, hatten sich 1864 von dort aus mit vielen anderen Siedlern auf einem der beschwerlichen Ochsenwagen-Trecks auf den Weg gemacht, um nach einer neuen Heimat zu suchen. In den Waterberg Mountains wurden sie fündig, hier entstanden die altehrwürdigen Farmgebäude, die heute immer noch da sind. Schon als kleiner Junge, erzählt Ant, sei es sein großer Traum gewesen, die wilden Tiere, die vorher auf dem Territorium gelebt hatten (und manchmal noch weit draußen vor den Zäunen zu sehen waren), irgendwann einmal wieder zurückzuholen.

Das altehrwürdige Farmgebäude könnte mit seinem Reetdach auf Sylt stehen, aber auch das ist Südafrika (unten). Ein Ausritt in die Wildnis ist nur möglich, weil es hier keine Raubtiere gibt (rechte Seite oben). Tessa Barber (rechte Seite unten, mit Anthony) spricht fließend Deutsch.

Das ist auch ökonomisch sinnvoll: Auf dem Areal könnten nur 500 Kühe weiden, nicht genug, um damit zu überleben. Der Vater mühte sich noch als Viehzüchter, als der Sohn schon die ersten Wildtiere einkaufte. Aber derartige Visionen sind teuer. Nashörner und Büffel sind nicht unter 20 000 Euro zu bekommen, Giraffen nehmen sich da mit rund 2000 Euro pro Stück noch verhältnismäßig preiswert aus. Heute leben auf dem 5000 Hektar großen Gelände mehr als 40 Wildarten friedlich nebeneinander. Raubtiere gibt es in Ant's Privatreservat nicht, dafür aber erstklassige Mountainbikes und etwa 50 Reitpferde. Im Sattel lässt es sich an bis zu drei Tonnen schwere Rhinos heranradeln oder -reiten oder ungewöhnliche Größenverhältnisse zwischen Ross, Reiter und Bike neben aufragenden Giraffenhälsen herstellen.

Kinder erleben die Wildnis

Schnell kam bei den Besitzern die Idee auf, mit ihren Lodges der »Ant's Collection« ein Wildnisparadies für Eltern mit Kindern zu schaffen. Mit viel Sinn für Interieur und Design entstand aus den Farmgebäuden ein architektonisch bestechendes Ambiente mit prachtvollen Natursteinmauern und ausladenden Reetdächern, was eine ganz besondere heimelige Atmosphäre schafft. Auf große »kleine« Faulpelze wartet ein Zaubergarten mit Riesenpool, und auf Kinder jeden Alters eine lebensverändernde Erfahrung durch Ants sehr spezielle Wildnisprogramme. Sechs Ponys sowie Reitstunden für Kids machen diese tagsüber für Eltern quasi unsichtbar.

Lapalala Wilderness

In ähnlicher Weise ist auch die Lapalala Wilderness für Kinder und Jugendliche bestens geeignet mit speziellen Bildungsprogrammen, Kanufahrten und Wanderungen. In kleinen einfachen Buschcamps können Familien als Selbstversorger mitten in der Wildnis logieren und ein Safarierlebnis der besonderen Art genießen. Auf dem 26 000 Hektar großen Gelände tummeln sich Flusspferde, Nashörner, Gnus, Zebras und Antilopen sowie an die 300 Vogelarten. Den weltweit größten Bestand an Kap-Geiern, die vom Aussterben bedroht sind, kann man mit hunderten von Brutpaaren im nahen Marakele-Nationalpark bestaunen. Empfehlenswert ist ein Besuch des Rhino Cultural Museums in Melkrivier, das umfangreich über die vom Aussterben bedrohte Spezies Nashorn informiert. Zum Beispiel auch darüber, dass einige Wildparks dazu übergegangen sind, ihre Rhinozerosse zu betäuben und ihnen dann das Horn abzusägen, weil immer noch Wilderer trotz aller Schutzmaßnahmen erfolgreich unterwegs sind.

TOP ⭐ ERLEBNISSE

⭐ MOUNTAINBIKEN UND REITEN

In Ant's Privatreservat gibt es keine Raubtiere, dafür aber Mountainbikes sowie an die 50 Reitpferde. Im Rad- oder Reitsattel kann man auf Tuchfühlung mit bis zu drei Tonnen schweren Nashörnern gehen. Auch lassen sich Zebras und Giraffen auf Rad- oder Pferdelänge entfernt bestaunen. Sechs Ponys sowie Reitstunden und spezielle Wildnisprogramme für Kids machen diese tagsüber für Eltern quasi unsichtbar.
INFO: The Ant Collection, waterberg.net; Limpopo Tourism, golimpopo.com

⭐ DIE VERSUNKENE STADT

Der Mapungubwe National Park im Dreiländereck zwischen Botswana, Simbabwe und Südafrika bietet Besuchern Antilopen, Giraffen, Wildhunde sowie die komplette Familie der Big Five. Und eine versunkene Stadt, die den Multimilliardär und Vergnügungspark-Unternehmer Sol Kerzner beim Bau seines Dschungelimperiums Sun City/Lost City inspiriert haben soll. Die archäologische Fundstätte gehört zum UNESCO-Weltkulturerbe, über 20 Königsgräber aus der Eisenzeit, die Gold- und Elfenbeinschmuck, Geschmeide, Amulette, Haarschmuck sowie Glas- und Porzellanperlen enthielten, ließen sich freilegen.
INFO: Mapungubwe National Park, sanparks.org

TRAUMROUTEN

89 EXOTISCH AUF SCHIENEN – »ROVOS«, »SHONGOLOLO« UND »BLUE TRAIN«

Mit der Eisenbahn durch Afrika

Schon zu frühen Kolonialzeiten existierte der Traum, ganz Afrika auf der Längsachse von Kairo bis nach Kapstadt in ein und demselben Zug durchqueren zu können. Nie ließ er sich tatsächlich verwirklichen, wenngleich man aus strategischen und ökonomischen Gründen Schienentrassen kreuz und quer durch den Kontinent trieb. Heute befahren historische Schmuckstücke für Liebhaber luxuriöser Zugreisen die schönsten Teilstrecken.

Auch das war schon vor 100 Jahren so, wie ein Zeitzeuge die Sehnsucht nach der Schiene beschreibt: »Jetzt fuhren die Eisenbahnen vom Kap der guten Hoffnung und von Natal aus ohne Schwierigkeiten auch Vergnügungsreisende«, notierte August Wilhelm Grube 1923 über die frühe Entwicklung der heutigen Luxuszüge, »auf die Hochflächen, hinein bis nach Rhodesia, bis an die Viktoriafälle des Sambesi«. Grube erwähnt die dreibogige Eisenbrücke, die den mächtigsten Fluss Südafrikas unterhalb der Fälle schon überschritten habe, die legendäre Victoria Bridge. Als Beispiel großartiger Ingenieurskunst wurde sie im Jahr 1904 über die Schluchten

Eisenbahn-Fans sind von Dampfloks und historischen Bahnhöfen schlichtweg begeistert!

Im Pullman-Waggon durch die Savanne zu rollen und Luxus pur zu genießen – das hat was.

der Victoria Falls gesetzt und ist heute noch ein atemberaubender Brückenschlag zwischen Mugabes marodem Simbabwe und dem florierenden Sambia. Damals konnten Eisenbahnfans auf die Schließung der noch bestehenden Trassenlücken zwischen den Victoriafällen und Kairo hoffen. Der Autor verweist auf die Fortschritte der Uganda- und der Khartumbahn und sieht die Verwirklichung der großen Eisenbahnervision schon in greifbare Nähe gerückt, »ein Riesenwerk englischer Tatkraft«: die Kap-Kairo-Bahn.

Der Shongololo-Express

Wie kein anderes afrikanisches Land hat Südafrika das Schienenerbe in der Gegenwart angetreten und lässt zahlreiche seiner Züge auf den schönsten Strecken durch Wüsten, Savannen und an seinen Traumküsten entlangfahren. Einer der bekanntesten ist der Safarizug »Shongololo Express«, der auf seinen Routen Southern Cross, Dune Express und Good Hope die Garden Route entlang bis nach Durban fährt sowie bis nach Namibia und zu den Victoriafällen. Die Zugreise findet hauptsächlich nachts statt, denn tagsüber geht es auf Safari und Landexkursionen.

Rovos Rail: von Kapstadt zu den Victoriafällen

Die beiden anderen renommierten Eisenbahnlinien Rovos Rail und Blue Train bieten ebenfalls ein spektakuläres Sightseeing-Programm an. Mehrmals im Jahr veranstaltet Rovos Rail speziell aufgelegte Sechs-Tages-Fahrten von Kapstadt bis zu den Victoriafällen mit vier Nächten an Bord sowie einer Hotelübernachtung in Pretoria. Auf der Reise sind Stopps mit Exkursionen in Matjiesfontein und der Minenstadt Kimberley eingeplant (eine Fahrt auf der historischen Straßenbahn zum Big Hole sowie ein Museumsbesuch inklusive), außerdem Pretoria und der Hwange-Nationalpark, bevor der Luxuszug nach einer Wochenreise im Bahnhof von Victoria Falls einläuft. Eine Hinweistafel mahnt den alten Eisenbahnertraum an: »Cape Town 1647 miles – Cairo 5165 miles«.

Von Kapstadt nach Kairo

Dieser Traum lässt sich in der Realität buchen: »Cape to Cairo« nennt sich das einmalige Abenteuerpaket, das Blue Train auf einer heroischen Reise von Kapstadt nach Kairo anbietet. Die in Kapstadt beginnt und über Simbabwe und Sambia bis nach Daressalaam in Tansania führt. Von dort geht es per Flugzeug weiter über Sansibar, Tansania, Uganda und Sudan bis nach Assuan, wo ein Nilkreuzfahrtschiff den Weitertransport bis nach Luxor übernimmt. Die letzte Lücke bis Kairo schließt wieder ein Flug. Wer nach Belegen für den real existierenden Luxus sucht, findet in jedem Blue-Train-Abteil sein eigenes Badezimmer, Telefon und TV sowie natürlich Aircondition.

TOP ★ ERLEBNISSE

★ NOSTALGIE AUF SCHIENEN

Der Service von Shongololo und Blue Train lässt kaum Wünsche offen, und das Ambiente stimmt: Als filmische Endlosschleife zieht draußen ein Out-of-Africa-Kino vom Allerfeinsten vorbei, drinnen herrscht die Atmosphäre stilvoller Kolonial-Interieurs längst vergangener Zeiten. Buchungsklassen wie Pullman, Deluxe oder Royal verraten den individuellen Anspruch auf Exklusivität, wobei unisono für alle Mitreisenden gilt: Den Pulsschlag der Begeisterung gestaltet der Grad des Luxus nicht. Hier gilt in ganz besonderer Weise: Der Weg ist das Ziel, und das findet aufregend ratternd und rumpelnd zu jeder Sekunde mitten in Afrika – auf Schienen – statt.
INFO: Shongololo Express, shongololo.com;
The Blue Train, bluetrain.co.za

★ MIT ROVOS ZUM GOLFEN

Über 2000 Kilometer mit neun Übernachtungen bringt das Rovos-Programm für Golfer auf die Schiene. Los geht es von Pretoria nach Sun City und nach Pilanesberg zur Safari. Die Drakensberge, das romantische Spioenkop, die Metropole am Indischen Ozean, Durban, der Hluhluwe-Nationalpark in Zululand sowie der Kruger Park stehen auf der Liste der Stopps, zudem natürlich einige der Top Greens Südafrikas.
INFO: Rovos Rail, rovos.co.za

SÜDAFRIKA, LESOTHO, SWASILAND (ESWATINI)

90 DIE ARCHE DER WILDTIERE – KRUGER-PARK

Neben Grzimeks Serengeti das bekannteste Tierparadies

Was wäre der Kontinent ohne seine wilden Tiere? Sie sind Afrikas Faustpfand und zugleich ein brillantes Erbstück der Evolutionsgeschichte. Für sie hält Südafrika über 20 Nationalparks sowie zahllose Naturparks, Wildreservate und andere Schutzgebiete bereit, auf einer Gesamtfläche so groß wie das Bundesland Bayern. Allerdings weht den staatlichen Nationalparks seit dem Fall der Apartheid ein frischer Wind entgegen. Auch Südafrikas Flaggschiff, dem »Kruger«.

Vom Olifants Rest Camp auf diese Flussszene (unten) zu schauen macht deutlich, was die riesige Arche der Wildtiere, die sich weit bis nach Mosambik hineinzieht, tatsächlich bedeutet. Raubkatzen wie dieser Leopard und auch Löwen sind Nachttiere. Die Gefleckte liebt Schlafen auf Bäumen, Löwen reicht meist der Schatten darunter (rechte Seite).

Während früher die Tierenklaven als Hätschelkinder der weißen Afrikaner-Elite galten, die sich durch Tierschutz international profilierte, bescherte die politische Wende den Nationalparkbehörden kapitale Probleme. Denn mit dem Volkshelden Mandela an der Spitze der ersten frei gewählten und schwarzen Regierung tauchten sofort zahlreiche Interessengruppen auf, die an den Parktoren rüttelten: die Urvölker der San und Khoikhoi mit ihren Ansprüchen auf Landrückgabe; schwarze Farmer und Kleinbauern, die abgetretenes Territorium zurückwollten; arme Dorfbewohner an den Parkrändern, die nicht mehr verstanden, warum sie weiterhin darben sollten, während marodierende Wildtiere ihre spärlichen Felder verwüsteten sowie politische Gruppen, denen die Finanzierung der ehemaligen Spielwiesen weißer Großwildjäger und betuchter Fototouristen angesichts der sozialen Verwerfungen Südafrikas zu weit ging. Dazu muss man wissen, dass beispielsweise um die Siedlung Hazyview, direkt vor den Grenzen des Kruger-Parks, in einem 30-Kilometer-Radius über eine halbe Million Menschen leben und

SÜDAFRIKA, LESOTHO, SWASILAND (ESWATINI)

Das kostbare Nass des Olifants River zieht massenhaft Wildtiere an, auch Giraffen und Elefanten, die hier Wasser aufnehmen (unten). Das junge Nashorn (rechte Seite oben) hat sein Jagdrevier unter Kontrolle, und lässt sich von herumfahrenden Safarifahrzeugen nicht stören (rechte Seite unten). Mit etwas Glück sind bei Rückkehr von der Safari alle Motive auf der Festplatte.

diese Gegend damit nach Johannesburg die am dichtesten besiedelte Region ist. Der frische Wind eines neuen Verständnisses von Tierschutz hieß Wirtschaftlichkeit, was bedeutete, dass die bislang subventionierten staatlichen Parks umdenken und sich auf eigene finanzielle Beine stellen mussten. Aber wie? Im Kruger-Park sind dutzende Camps zu unterhalten, tausende Kilometer an stattlichen Zäunen (Kudu-Antilopen überspringen eine Höhe von 2,50 Metern), 2500 Kilometer Straßen und Pisten, Verwaltungsgebäude innerhalb und außerhalb des Parks sowie dafür notwendiges Personal, das monatlich auf Bezahlung wartet. Die außerhalb der Parkgrenzen lebenden Großfamilien der Angestellten existieren auf der Grundlage der einzigartigen Tierwelt – und deren Schutz.

Ohne Grenzen: Transfrontier-Park

Mit einer Längsausdehnung von 320 Kilometern und der Fläche von Rheinland-Pfalz ist der Kruger-Park nicht gerade eine kleine Unternehmung. Die Einrichtung des Great-Limpopo-Transfrontier-Parks, den Nelson Mandela persönlich eröffnete, macht die Herausforderungen nicht geringer. Der neue Peace Park ohne Grenzen, der den südafrikanischen Kruger-Park, den Gaza-Park in Mosambik und den Gonarezhou-Nationalpark in Simbabwe vereint, wird mit 35 000 Quadratkilometern so groß wie Baden-Württemberg sein, wenn die Grenzzäune endgültig fallen. Die Tiermengen, die der Kruger-Park auf seinem Gebiet auflistet, sind gewaltig: 114 Reptilien- und 147 Säugetierarten bringen u. a. 3000 Flusspferde, 30 000 Zebras, 2500 Büffel, 150 000 Impala-Antilopen, 9000 Giraffen, 1000 Leoparden und 300 Geparden in die Statistik. Vögel zählt niemand. Sie kommen auf 500 Arten, darunter auch die skurrilen Ausputzer, die Geier: Gaukler-, Ohren- und Wollkopfgeier, Weißrücken- und Kappengeier sorgen dafür, dass vom Abgenagten der Raubtiere nichts ungenutzt bleibt. Zu den größeren Reptilien zählen rund 3000 Krokodile, die bis zu sechs Meter lang werden. Kleinere Arten sind kaum weniger erschreckend. Gemeint sind Südafrikas Schlangen. Wer glaubt, die »Arche Noah Kruger-Park« sei ein Garten Eden, der sich auf paradiesische Weise selbst erhält, irrt. Nicht nur 12 000 Elefanten, 1500 Löwen und die ganz besonders kostbaren Nashörner erfordern eine aufwendige Boden-Luft-Überwachung, damit das fragile ökologische Gleichgewicht keinen Schaden nimmt – und die Ökonomie stimmt. Denn was der staatliche Tierschutz zum Wohle der Tiere vor allem braucht, sind gefüllte Kassen.

Geld bringen maximal 5000 Tagesbesucher, die im Kruger-Park im eigenen Pkw auf die Pirsch gehen dürfen. Die staatlichen Rest-Camps bieten Elektrizität, Krankenstation, Supermarkt, Waschsalon, Restaurant, Bistro, Telefon und Tankstelle sowie Unterkünfte vom Campingplatz bis zum klimatisierten Safari-Bungalow. Selbst die einfache Kategorie Safari Tents offeriert einen gewissen Luxus: Die Zeltcamps bieten bis zu vier Schlafplätze, Kühlschrank und Ventilator. Für Ausflüge auf eigene Faust gelten klare Regeln: Fahrten im offenen Wagen sind nicht erlaubt, unterwegs auszusteigen schon gar nicht (außer an offiziellen Rastplätzen), und das Verbot, Körperteile aus dem fahrenden Wagen zu halten, soll verhindern, dass sie en route verschwinden. Tempolimits zwischen 30 und 50 Stundenkilometern werden per Radar kontrolliert, und wer einen Reifen wechselt, tut dies auf eigene Gefahr. Über 200 Ranger überwachen die Vorgaben zum Schutz von Mensch und Tier, Regelüberschreitungen haben Bußgelder zur Folge.

Ohm Krugers Erbe im Web

Wie alle südafrikanischen Nationalparks ist der Kruger-Park professionell organisiert: Besucher können bei der Planung auf umfangreiches Material zurückgreifen, das auch im Internet steht. Als eines der schönsten Camps gilt das *Olifants Rest Camp* mit über 100 komfortablen Cottages oberhalb des Lepelle mit optimalen Tierbeobachtungsmöglichkeiten. Traum-Sonnenuntergänge sind zum obligatorischen Gin-Tonic-Sundowner garantiert. Noch näher ans Wildtierparadies schaffen es Krugers Wilderness Trails: In Kleingruppen wird die Wildnis abseits jeder Zivilisation im Schutz bewaffneter Führer durchwandert.

Wie alles begann

Dass es den Kruger-Park überhaupt gibt, ist seinem Namensspender Paul Kruger zu verdanken, der als Präsident der »Suid-Afrikaanse Republiek« schon 1884 vom »Volksraad« verlangte, für die immer stärker abnehmende Zahl an Wildtieren Schutzzonen zu schaffen. 14 Jahre später wurde zwischen dem Crocodile und dem Sabie River auf 4600 Quadratkilometern ein Anfang gemacht. Im Krieg zwischen Engländern und Krugers Buren ging dieser erste Versuch beinahe unter. Nachdem »Ohm« Kruger sich nach dem Sieg der Briten ins schweizerische Exil begeben musste, übernahm der Offizier Major James Stevenson-Hamilton das Kommando über den Tierpark. Gegen marodierende Soldaten, wildernde Schwarze wie Weiße, gierige Bergwerksgesellschaften und landhungrige Großfarmer setzte er sich erfolgreich durch und stellte die Weichen für das, was heute als eines der größten Tierparadiese der Welt gilt.

TOP ⭐ ERLEBNISSE

⭐ CAMPEN IN DER WILDNIS

Einer von Krugers Zeltplätzen ist Tsendze Campsite. Natürlich ist das Areal durch einen Zaun von den Wildtieren getrennt, d. h. die Camper sind umzäunt, nicht die Tiere. Die Parzellen sind durch dichtgewachsene Vegetation separiert, am begehrtesten sind diejenigen direkt am Zaun mit der Chance, den Wildtieren nachts möglichst sehr nahe zu sein – wenngleich der Atemhauch einer aasfressenden Hyäne oder das Gebrüll eines Löwen jenseits der Zeltplane im Rabenschwarz der Nacht nicht zu den beruhigendsten Wildtiererlebnissen zählt!
INFO: Kruger National Park, sanparks.org

⭐ THE OUTPOST UND PAFURI

Im abgelegenen Nordzipfel haben sich die beiden privaten Konzessionsgebiete mit Lodges und Camps der absoluten Luxusklasse weit ab von Krugers sonstigen Aktivitäten innerhalb des Parks etabliert. Beide Standorte profitieren von ihrer bildschönen Lage an den Ufern des Luvuvhu River im wenig frequentierten Dreiländereck Südafrika, Mosambik und Simbabwe. Und wer es sich leisten kann, erlebt hier sein Out of Africa in reinster Form!
INFO: The Outpost und Pafuri, theoutpost.co.za, returnafrica.co

Zwischen der Begegnung mit der urwüchsigen Wildnis und dem Rückzug in die edle, klimatisierte Design-Absteige Singita Lebombo liegen kaum mehr als zehn Minuten. Das private Konzessionsgebiet nahe der Grenze zu Mosambik versammelt auf seinem Terrain ein erstaunliches Wildtiersortiment.

KRUGERS GELDMASCHINEN – SINGITA LEBOMBO & CO.

Zweiklassenwildnis im Staatspark

Was anmutet wie eine Lizenz zum Gelddrucken, entpuppt sich als Gebot der Not: Der chronische Mangel an Finanzmitteln des »National Parks Board« (das die gesamten Einnahmen aller südafrikanischen Nationalparks verwaltet und umverteilt) ließ einen umstrittenen Einfall Wirklichkeit werden, gegen den Umweltaktivisten entrüstet Sturm liefen – die Verpachtung staatlicher Naturschutzterritorien an Privatunternehmer.

Die Idee war genial: Es ging darum, auf entlegenen, wenig genutzten Arealen des Kruger-Parks Konzessionsgebiete auszuweisen und als Pachtland auf 20 Jahre an Höchstbietende zu versteigern. Gezündet wurde diese Rakete zur Jahrtausendwende, geradezu symbolhaft für einen Neubeginn. Für eine der insgesamt sieben Wildnisenklaven, die Nwanetsi Concession, erhielt die Lodge & Safari-Company Singita den Zuschlag. Woraufhin im Jahr 2003 mit der *Singita Lebombo Lodge* ein Weltklasseprodukt unter dem bekannten Label »Kruger-Park« an den Start ging, dessen Gästebuch inzwischen zahlreiche VIPs verzeichnet, darunter bekannte Namen wie Thabo Mbeki, Nicolas Cage, Leonardo DiCaprio und Charlize Theron. Zu diesem Zweck wurde hier, mitten in den Lebombo Mountains, im Grenzgebiet zu Mosambik, ein wohltemperierter Weinkeller aus den Felsen gestampft, in dem bis zu 3000 Flaschen ihren Platz finden. Natürlich auch Moët & Chandon, Dom Perignon, Laurent-Perrier und Billecart-Salmon, um nur einige der französischen Champagnermarken zu nennen. Wine Tasting und Food & Wine-Matching heißen hier kulinarische Begleitprogramme, und natürlich lassen sich alle

SÜDAFRIKA, LESOTHO, SWASILAND (ESWATINI)

Nickerchen in der Wildnis: Leopard und Löwe beim Schläfchen (unten). Spannend: Der tägliche Game Drive durchs Singita-Lebombo-Konzessionsgebiet (rechte Seite oben). Herrlicher Bade-Spot: Debegeni Wasserfälle in Tzaneen (rechte Seite unten).

Produkte gegen geringen Aufpreis innerhalb von zwei Wochen weltweit an jede Haustür liefern.

Fangfrisch aus Maputo

Wer nicht mit perfekt geschulten Sommeliers über Rebsorten und Jahrgangsklassen diskutieren mag, findet wie selbstverständlich auch original Pilsener Urquell im Tulpenglas vor. Clinton Drake, der Küchenchef aus Kapstadt, versichert, dass es seine Crew mit jedem Stadtrestaurant aufnehmen kann, und das inmitten der Wildnis. Nur wenige Fahrstunden jenseits der Grenze zu Mosambik wartet die Hafenstadt Maputo mit fangfrischem Fisch sowie Meeresfrüchten aller Art auf. Nur 20 Minuten von der Lodge entfernt liegt die Satara-Landebahn, falls mal wichtige Zutaten fehlen sollten, und ansonsten fahren die Trucks der Spediteure über das ausgezeichnete Straßensystem bis vor den Liefereingang des Kruger-Parks, wo Frischware in Kühlhäusern verschwindet.

Wohnträume im Busch

Das Lebombo-Camp thront mit offenem Restaurant, opulentem Pool und einer gewaltigen Lounge-Halle auf einem Bergrücken und offeriert Design pur: Glas, Stahlrahmen und kostbare Naturhölzer sind die sichtbaren Trägermaterialien, die als skulpturelle Eingriffe gewagt im Buschland stehen, und als Skulptur begreifen sich auch formgebende Wandsätze, runde Ecken und beinahe alle darin versammelten Interieurs. Die gleiche Handschrift tragen die ultramodernen Glaskästen der 15 Chalets, die mit Blick auf den Nwanetsi River und den Sweni River aus der dichten Vegetation eines Berghanges ragen. Wer Kobras, Giftspinnen, Paviane und die Schwarze Mamba nicht fürchtet, kann sich des Nachts der Klimaanlage entziehen, um auf der hölzernen Veranda zu schlafen, wo das Bett zur Nachtruhe mit dem besonderen Kick vorsorglich und aufs Feinste allabendlich bereitet ist, Taschenlampe und Druckluftnotsignal für alle Fälle in greifbarer Nähe. Auch das Telefon steht nicht weit (die Rezeption ist durchgehend besetzt), und wer vom ganz großen Abenteuer lieber die Finger lässt, wird doch wohl die romantische Außendusche nutzen. Wenngleich auch die wenig Platz lässt zwischen dem Brausekopf und der wilden Tierwelt da draußen, die sich ohne Abzäunung auf Lebombos 15 000 Hektar großem Pachtareal (doppelt so groß wie die Nordseeinsel Föhr) tummelt. Elefanten, Nashörner, Büffel, Nilpferde, Krokodile, Giraffen, Horden von Affen und vielköpfige Löwenfamilien gehören dazu. Das alles erscheint beinahe spielerisch und fußt doch auf einer

TOP ⭐ ERLEBNISSE

⭐ KRUGERS WILDERNESS TRAILS

Neben nächtlichen Wildbeobachtungen sind sogenannte Trekker Trails oder Bush Trails die Spezialität privater Game Reserves. Die Safaris zu Fuß sind so stark nachgefragt, dass sie als Wilderness Trails auch vom Kruger Park als Bushmans Trail, Olifants Trail oder Wolhuter Trail erfolgreich angeboten werden. Hautnah geht es dabei bis an die Wildtiere heran, weshalb Ranger und Fährtenleser bewaffnet sind.
INFO: South African Parks, sanparks.org sowie Singita Lebombo, singita.com

⭐ DEBEGENI FALLS UND TZANEEN

Das Wander- und Naturwunderland zeichnet sich durch Teeplantagen, kristallklare Bäche und rauschende Wasserfälle aus, was die reizvolle Umgebung des 1912 gegründeten Farmerstädtchens Tzaneen zu einem idealen Stopover für Outdoor-Begeisterte macht. Was sich schon bei der waldreichen Anfahrt über den Magoebaskloof-Pass zeigt, wenn sich jenseits der Passhöhe das fruchtbare Letaba Valley öffnet. Krugers Phalaborwa Gate ist nur eine Autostunde entfernt.
INFO: Limpopo Tourism, limpopo-info.co.za; Coach House Hotel & Spa, Old Coach Road, coachhousehotel.co.za

seinharten Realität, in erster Linie auf strikten Schutzvorschriften des Kruger-Parks. Strenge Auflagen regeln Bautätigkeit, Wasserverbrauch, Personal- und Gästemengen, Zuliefererbewegungen sowie den involvierten Naturschutz. Das gesamte Projekt ist auf Stelzen gesetzt nach der Leitlinie *touching the earth lightly*, was bedeutet, Lebombo könnte in kürzester Zeit demontiert werden, ohne dass Narben in der Wildnis zurückbleiben. Bis auf die 30 Bohrlöcher vielleicht, die für die Wassersuche nötig waren. Nur drei davon sind produktiv, liegen acht Kilometer entfernt, weshalb das Wasser aufwendig in Tanks gesammelt und aufbereitet werden muss. Natürlich ist auch der anfallende Abfall ein Thema, das die Parkverwaltung mit Argusaugen überwacht. Sukzessive werden die Dieselgeneratoren ökologisch korrekten Sonnenkollektoren weichen.

Community first

Strenge Auflagen gibt es für das Personal, das gewerkschaftlich organisiert ist und exakt acht Stunden arbeitet: sechs Wochen lang jeden Tag, dann zwei Wochen Auszeit. 95 Prozent der rund 180 Angestellten müssen aus den einheimischen *communities* stammen, die vor den Parkgrenzen siedeln. Eine Herausforderung nicht nur für jene, die von dort aus den Sprung in die Welt des Luxustourismus wagen, sondern auch für die Gastronomie selbst: Viele der Lebombo-Beschäftigten kamen erstmals mit einer modernen Arbeitswelt in Berührung. Damit das Zusammenleben mit dem Mahlamba-Ndlovu-Forum (in dem sich 33 Gemeinden mit insgesamt 100 000 Einwohnern organisieren) funktioniert, ist die Lodge mit Hilfsdiensten für die Siedlungen befasst. Dazu gehören Brunnenbau und Wasserpumpen, Unterstützung bei der Gründung von Kleinunternehmen (die von der Lodge später ihre Aufträge erhalten), Hilfe in den Bereichen Schule, Krankenversorgung und Ausbildung. In 20 Jahren müssen sich die gewaltigen Investitionen der Singita-Eigner amortisiert haben. Denn dann läuft der Pachtvertrag aus, und eine neuerliche Versteigerung steht an – wieder in der Form von Angeboten im verschlossenen Umschlag, das heißt ohne Wissen, wie hoch die Konkurrenz bietet, und im Bewusstsein, dass Singita sein Camp Lebombo nicht demontieren darf, auch wenn dies ein Kinderspiel wäre. Denn auch die Besitzrechte an allen Gebäuden und Aufbauten laufen mit dem Konzessionsvertrag ab. Wer also mit dem einfallsreichen Deal die Lizenz zum Gelddrucken erworben hat, wird sich erst nach langer Zeit tatsächlich erweisen. Ob die Bleistifte der staatlichen Bürokraten spitzer waren als jene der privaten Investoren, kann den Lodge-Gästen der sieben Konzessionsgebiete egal sein: Ihre Safari-Land-Rover sind mit den Wildtieren des Parks unter sich, und das in den feinsten Arealen, die Ohm Kruger einst unter Schutz stellen ließ.

THEMA

VOM BESONDEREN GLÜCK IN SÜDAFRIKA ZU LEBEN
Tolle Natur, freundliche Menschen

Was Einheimische über das Glück, in Südafrika zu leben denken, bezeugt vor allem eine große Liebe zu diesem schönen Land, ungeachtet der Hautfarbe, der Herkunft und sozialer Standards der Befragten.

Neil Van der Nest

Neil Van der Nest, geb. in Prince Albert, jobbt in einem Kaffeehaus: »Ich fühle mich wie eine Pflanze, die zur Karoo gehört, und gehe niemals freiwillig von hier fort! Ich liebe diese ländlich friedfertige Ruhe, auch wenn Prince Albert in der Mitte vom Nirgendwo liegt: Für mich ist es das Paradies!«

Lusanda Mketsu, geb. in Kapstadt, lebt bei Gansbaai und arbeitet im Service einer Luxus-Lodge: »Ich bin stolz auf mein Land und seine vielen Kulturen, die alle friedlich zusammenleben. Immer mehr Besucher kommen, weil Südafrika so schön ist, was uns Jobs und ein besseres Leben bringt.«

Felix Chughuda

Felix Chughuda, geb. in Singida, Tansania, Straßenmusikant vom Stamm der Wataturu in Kapstadts Company's Garden: »Ich bin jetzt vier Jahre hier, habe Heimweh, klar, aber es gibt viele hilfreiche Leute, die sehr freundlich sind und mich unterstützen. Die Menschen hier sind gut, und geben mir sehr viel!«

Andy Fermor, geb. in Kapstadt, stud. Bauingenieur und Gründer der Country-Lodge Hog Hollow bei Plettenberg: »Ich habe 1991 Mandelas Freilassung und den politischen Umbruch erlebt und glaube an dieses Südafrika und sein riesiges Potenzial: Wir haben Traumstrände, tolles Klima, freundliche Menschen, egal welcher Hautfarbe, es ist mein Land. Ich bin stolz Südafrikaner zu sein!«

Michael Lutzeyer, geb. in Kapstadt, Lodge-Unternehmer, Gründer des Grootbos Biosphärenreservats sowie der Grootbos-Foundation: »Dass wir

Michael Lutzeyer

es mit Mandela ohne Gewalt geschafft haben, das Apartheidsystem zu stürzen, und einen friedlichen Übergang zur Demokratie gefunden haben, das ist ein großes Glück. Sicher gibt es Probleme, aber wie ist es anderswo, zum Beispiel in Europa? Südafrika schafft das!«

Marlize Visser, geb. in Springbok, Namaqualand, aufgewachsen in Swellendam, arbeitet hier in einer Krippe für 20 behinderte Kinder im Township: »Die Freundlichkeit und die kulturelle Vielfalt der Menschen, diese Wahnsinnsnatur, die Stille, das traumhafte Klima – all das verschafft mir meine

Lusanda Mketsu

Andy Fermor

Marlize Visser

sehr individuelle Komfortzone jeden Tag aufs Neue!«

Maureen Fowie, geb. in Napier, im Tourist Office des Cape-Agulhas-Leuchtturms beschäftigt: »Als

Maureen Fowie

Reisende ist Afrika für mich die Nummer eins, ganz besonders Südafrika und Cape L'Agulhas! Warum? Weil's hier so friedlich, vielfältig und naturnah ist! Weshalb meine Arbeit nicht nur ein Job, sondern Leidenschaft ist!«

Daniel Lourens, geb. in Bredarsdorp, Familienvater, selbstständiger Handwerker: »Angeln ist wie Medi-

Daniel Lourens

tation. Mehrmals im Monat fahre ich dazu an diesen einsamen Strand. In der abgelegenen und bildschönen Natur hörst du nur das Rauschen der Brandung, Schreie von Seevögeln und den Wind. Hier herrscht tiefer Frieden!«

Sandra Hörbst, geb. in Schaffwald bei Wien, arbeitet in Kleinbaai: »Ich kam für sechs Wochen Freiwilligenarbeit, dann suchten sie eine Biologin, jetzt arbeite ich mit Walen und mache den forschungsbasierten Masterabschluss

Sandra Hörbst

als Meeresbiologin! In Südafrika ist alles viel ruhiger, freundlicher und gelassener als in Europa, Hektik ein Fremdwort!«

Dr. Rolf Schumacher, geb. in Wiesbaden, Zahnarzt und Winzer, seit 1991 am Kap: »Südafrika lebt, was Deutschland verloren hat: eine gelassene

Dr. Rolf Schumacher

Gesellschaft, die sich Zeit nimmt. Hier kriegt man mehr ›smiles on the road‹ als anderswo! Und diese Weite! In Deutschland ist das so: Je weiter du von einer Stadt wegfährst, desto näher kommst du an die nächste dran.«

SÜDAFRIKA, LESOTHO, SWASILAND (ESWATINI)

92 WER DIE WAHL HAT ... – WETTSTREIT DER EDELHERBERGEN

Luxus pur im Sabi-Sand-Reservat

Seit jeher haben sich in ganz Südafrika neben den staatlichen Nationalparks zahlreiche private Wildparks mit etwa 200 Lodges und Wildlife-Camps etabliert. Die bekanntesten dieser Schutzgebiete liegen im Lowveld, westlich des Kruger-Parks. Zäune gibt es keine zwischen Kruger-Park und den privaten Gebieten, was garantiert, dass die Qualität der Wildtiere die gleiche ist. Die Klientel allerdings nicht. Nur wer sich Exklusivität leisten kann, ist in den Lodges der Private Game Reserves am richtigen Platz.

Wie Tarzan im Dschungel können Gäste in dieser Baumhaus-Plattform übernachten (rechte Seite oben), und dabei der Wildnis sehr nahe kommen. Nach einem *game drive* durch den Busch (rechte Seite unten) kommt der Pool im Kirkman's Kamp (unten) gerade recht.

Zum Luxus der Privaten zählt nicht nur die spektakuläre Art der Unterbringung, die dem Jenseits-von-Afrika-Klischee aus Film und Roman entspricht. Aufgrund begrenzter Gästezahlen und individueller Gestaltung wird der Kontakt mit der Wildnis auf Exklusivbasis besonders eindrucksvoll. Hervorragend ausgebildete Wildlife-Ranger geben einen fundierten Einblick in die Welt der Wildtiere, meist ist ein Fährtenleser dabei, auf jeden Fall ein gekühltes Büfett zum Sonnenuntergang, und selbstverständlich sind alle Fahrzeuge über Funk vernetzt, sodass in kürzester Zeit sehr viele Tierarten zu sehen sind. Spezialität der Privaten sind *night game drives*, also Nachtsafaris, die in staatlichen Parks in der Regel nicht erlaubt sind. Die abendlichen Ausfahrten im exotischen Dunkel der Savanne treffen meist exakt den Geschmack ihrer Teilnehmer: Raubkatzen lassen sich dann bei der Jagd auf Gnus, Antilopen und Zebras besonders gut beobachten.

Nicht zum Spaß: die Jagd

Unter Einsatz von Scheinwerfern lässt sich mit ansehen, wie sich Löwinnen ihr potenzielles

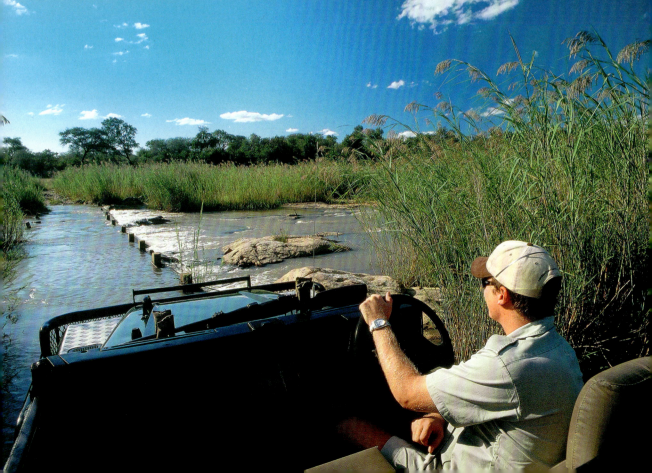

SÜDAFRIKA, LESOTHO, SWASILAND (ESWATINI)

Wie in Omas Wohnzimmer genießen die Gäste des Farmhauses Kirkman's Homestead den Abend in geschmackvollem Ambiente (rechte Seite oben) und mit exzeptionellem Service (unten). Garonga bietet Safari schon zum Frühstück (rechte Seite unten).

Opfer in einer Gnuherde ausgucken, den Angriff taktisch anlegen und durchsetzen, bis eine der Großkatzen das Finale ausführt und das Huftier ruhig und gelassen an der Kehle gepackt hält, bis ihm der Sauerstoff ausgeht. Derweil wartet der mähnige König der Wildnis im Hintergrund entspannt auf seinen Einsatz. Wenn sich die Staubwolken des Angriffs gelegt haben, werden seine Katzen den aufgebrochenen Leib des Opfers in fressbare Stücke zerreißen, dem Patriarchen aber unterwürfig den Vortritt lassen. Wobei sich die Raubtiere nicht im Geringsten bei ihrer Fressparty stören lassen, selbst dann nicht, wenn eine Handvoll Fahrzeuge auf Wagenlänge um sie herumstehen. Die Privaten mit den berühmtesten Namen (Sabi Sabi, Londolozi, Singita, Kirkman's Kamp und Mala Mala) liegen im weitläufigen Sabi Sands Game Reserve, in dem sich eine ganze Reihe kleiner Schutzgebiete mit ihren Lodges befindet. Die treten im ausgefallensten Ambiente gegeneinander an und lassen kaum Wünsche offen. Londolozi etwa bietet neben seinem Haupthaus mehrere kleine Camps, wobei Wohnträume im klassischen Safaristil und romantische Abendessen im Kerzenschein unter den funkelnden Sternen des glasklaren Savannenhimmels so selbstverständlich sind wie Aircondition und private Minipools. Konkurrenz macht erfinderisch, weshalb sich Sabi Sabi eine unterirdische Earth Lodge zugelegt hat, was sie mit Mala Mala und Singita darum wetteifern lässt, welche der drei zu den besten Game Lodges Afrikas gehört. Natürlich beschäftigen derartige Unternehmen eine Menge Personal, und das wiederum kommt der einheimischen Bevölkerung vor den Parktoren zugute.

Hippo im Pool

Sogar ein Nightmanager ist präsent, falls nachts mal ein Nashorn durchs Zimmer läuft. Ganz abwegig ist das nicht. Die Belegschaft der noblen Inyati Lodge mag sich erinnern, wie einmal ein drei Tonnen schweres Nilpferd dem Sabie River entstieg, gemütlich über die grüne Wiese zum Haus heraufschlenderte, grunzend das Luxusbüfett mit dem Hintern zum Einsturz brachte, um sich dann zum Entsetzen der herausgeputzten Dinnergäste im Swimmingpool zu versenken. Das Hippo saß nun mit wenig Wasser auf dem Grund des gekachelten Betonbeckens fest, und es dauerte eine Weile, bis ein Kranwagen in die Wildnis kam, um es aus seiner misslichen Lage zu befreien. Die Atmosphäre luxuriöser Wildlife-Lodges hat ihren Preis. Der beginnt in der gehobenen Güteklasse bei 800 Euro pro Tag, wobei sich dieser je nach Ausstattung und Saison auch noch wesentlich weiter oben einpendeln kann. Meist stellen die

Inneneinrichtungen handverlesene Schätze afrikanischer Wohnkultur aus, während die Lodges äußerlich so optimal an die Umgebung angepasst sind, dass sie kaum auffallen. Dem Einfallsreichtum privater Betreiber sind keine Grenzen gesetzt, wenn es darum geht, zahlungskräftigen Gästen ihr Afrika-Gefühl auf höchstem Niveau zu verschaffen, wie die ausgefallene Earth Lodge von Sabi Sabi beweist: Ihre Earth-shelter-Architektur lugt unauffällig aus einer Hügelgruppe hervor: Organische Baustoffe sowie bepflanzte Dächer halten sie perfekt underground. Durch getarnte Sichtfenster kann man auf gut frequentierte Wasserlöcher blicken, sodass verschiedene Wildtiere wie auf einer Filmleinwand ihr Dschungelbuch spielen. An die 200 Mitarbeiter sorgen dafür, dass es den Gästen im luxuriösen Untergrund an nichts fehlt.

Zu Fuß durch die Wildnis

Neben nächtlichen Wildbeobachtungen sind sogenannte *trekker trails* oder *bush trails* die besondere Spezialität der Privaten. Diese Safaris zu Fuß werden inzwischen so stark nachgefragt, dass sie als *wilderness trails* auch vom Kruger-Park erfolgreich angeboten werden. Zu Recht, denn dabei kommt die Wildnis, egal ob staatlich oder privat, auf sehr leisen Pfoten daher: Zu Fuß geht es hautnah bis an die Wildtiere heran, weshalb Ranger und Fährtenleser bewaffnet sind, denn aus dem Nichts können sie auftauchen, jederzeit, riesige Elefantenherden, gefährliche Büffel, Leoparden und Löwen. Es ist ein prickelndes Gefühl, weder Zaun noch den Schutz eines Autos zwischen sich und der Wildnis zu haben. Was verstärkt zu Safari-Abenteuern der besonderen Art führen kann, zum Beispiel diesem: Eine Gruppe bewegt sich vorsichtig im Gänsemarsch hinter dem Ranger. Nummer drei tritt auf einen Zweig, der laut knackend zerbricht. In gleicher Sekunde taucht aus der verbuschten Unterwelt der wahrhaftige Teufel in Form eines Rhinozerosses auf, dessen Kalb im Halbkreis davonstiebt. Die Mutter hastet wild schnaubend hinter ihm her. Reflexartig gehen Kameras auf Zielsuche, sinken aber gleich wieder, als sich im Sucher abbildet, wie das Kleine abrupt stoppt, sich blitzschnell entscheidet, mit einem Haken zu drehen und dann geradewegs auf den entsetzten Safaritrupp zuzurennen, seinen mütterlichen Aufpasser, nun vollends außer Rand und Band, dicht hinter sich. Obwohl der Ranger der Gruppe eingeschärft hatte, in jedem Fall immer dicht zusammenzubleiben, machen sich nun ihre Mitglieder panisch in alle Richtungen davon, während Mutter und Kind mitten durch die gerade frei gewordene Lücke hindurchgaloppieren und weiter, Gott sei's gelobt, geradeaus in die freie Savanne.

TOP ⭐ ERLEBNISSE

⭐ SAFARI FÜR ALLE SINNE

An der Grenze des Kruger Parks hat der Brite Bernie Smith das charmante Wildlife-Refugium Garonga gegründet. Dort schwebt man im Mikroleicht-Flugzeug über den Busch, zelebriert ein Bush Bath in der frei stehenden Badewanne unter funkelnden Sternen oder verbringt mutig die Nacht auf einer hölzernen Dschungel-plattform über dem Jagdgebiet von Löwen, Hyänen und Leoparden – mit nichts weiter als einer Petroleumlampe, einer Matratze und einer gut gefüllten Kühlbox. Wer die Baumhaus-Plattform heil überstanden hat, ist reif für den Heimflug.
INFO: Garonga Safari Camp, garonga.com; Sabi Sand Nature Reserve, sabisand.co.za; Kirkman's Kamp, andbeyond.com

⭐ KROKODILE UND GEPARDE

Westlich des Kruger Parks engagiert sich das Cheetah Research Centre für den Schutz von Geparden. Die hyperschnellen und selten gewordenen Raubtiere werden häufig von Farmern erschossen oder verletzt. Noch lebende päppeln das Cheetah-Zentrum und das Moholoholo Wildlife Rehabilitation Centre zwecks späterer Auswilderung wieder auf. Faszinierend ist das Hoedspruit Reptile Centre, wo Kids lernen, was es mit Giftschlangen und Krokodilen auf sich hat.
INFO: Cheetah Research Centre, hesc.co.za; Moholoholo Wildlife Rehabilitation Centre, moholoholo.co.za; Hoedspruit Reptile Centre, hoedspruitreptilecentre.com

Für Wanderfreudige bietet der Blyde River Canyon zwischen Graskop und Sabie eine bizarr schöne Naturwelt. Sabie River (oben) und Nördliche Drakensberge (rechte Seite unten). Beeindruckend ragen Tafelberge aus Blyde River's Schluchten (rechte Seite oben).

LANDSCHAFTSSZENARIO ALLERERSTER GÜTE

Nördliche Drakensberge und God's Window

Abrupt bricht in der Nordprovinz Mpumalanga das Highveld-Plateau zum Lowveld ab. Ziemlich beeindruckend ist es, von den Transvaaler Drakensbergen auf die 1000 Meter tiefer liegende subtropische Ebene hinunterzublicken. Mit tiefen, von Flussläufen eingefrästen Gräben geht der Bruch dieser Randstufe einher, mit Naturschauspielen beinahe senkrechter Felswände und großartiger Wasserfälle – auf der Panoramaroute gerät die Seele in Schwingung!

Liebhaber großartiger Panoramaausblicke kommen auf einer einzigen Straße, die die Landschaftsdramatik zwischen den niedlichen Ortschaften Sabie, Graskop und Pilgrim's Rest durchschneidet, schnell auf Hochtouren, nicht umsonst heißt diese Strecke Panoramaroute. Beim anheimelnd hübschen Forststädtchen Sabie, das auf 1100 Meter am Fuß des 2286 Meter hohen Mount Anderson liegt, entspringt der Sabie River, der im benachbarten Kruger-Park hunderttausenden Wildtieren als Tränke dient. Das Paul Kruger Gate, einer der Zugänge des Parks, sowie das Sabi Sand Private Game Reserve sind nur 50 Kilometer entfernt. Was auch ein Grund dafür ist, weshalb das 12 000-Einwohner-Städtchen eine ausgezeichnete touristische Infrastruktur für Besucher bereithält.

Schöne Aussichten

Nach God's Window und dem berauschenden Blick über das Lowveld tief unten wartet die nächste Sensation mit The Pinnacle, einer massiven Felssäule, die singulär aus den Schluchten heraufragt. Noch beeindruckender sind die nachfolgenden Gesteinsformationen von Bourke's Luck Potholes, deren kuriose Krater ausgewaschene zylindrische

Landschaftsszenario allererster Güte

Strudellöcher im felsigen Untergrund sind, vor Jahrmillionen durch Erosion reißender Strömungen entstanden. Ein Rundweg führt über Brücken, die die Schluchten der Flüsse Treur River und Blyde River miteinander verbinden. Benannt wurde das Naturphänomen nach Tom Bourke, der hier im Jahr 1870 seinen Goldfund machte.

Wie Bourke's Luck Potholes sind auch die gewaltigen Steinzylinder der Three Rondavels gut besucht, die spektakulär über der 700 Meter tiefen Schlucht des Blyde River thronen. Die Felsformationen, die als fotogenes Motiv auf keiner Blyde-River-Canyon-Broschüre fehlen, ähneln afrikanischen Rundhütten und tragen deshalb ihren merkwürdigen Namen. Vom Aussichtspunkt geht der Blick über ein Märchenland, dort, wo der Blyde River eine enge Schleife zieht und seine Wassermassen glitzernd zu Tal bringt. In den umliegenden Berghöhlen ist der Leopard zu Hause, Paviane, Antilopen und Perlhühner stehen auf seinem Speiseplan. In Vorsprüngen der Felswände nistet der Kaffernadler, der in seinen weiten thermischen Segeltouren den Canyon nach Kleintieren absucht.

Dicke Brocken

In der gesamten Region sind beachtliche Bergriesen beheimatet: Im Süden stehen Spitzkop (1984 m), Madunusa (2053 m) und Mount Carmel (1271 m), The Peak (2231 m), im Norden der Marepeskop (1944 m). Die Namen der Zufahrten, die in dieses Berg-Naturspektakel hineinführen, sprechen für sich: Caspersnek Pass, Robbers-Pass, Abel-Erasmus-Pass und so fort. Eine der schönsten Routen führt über den Long Tom Pass, der als Hauptverbindungsstraße von Lydenburg nach Sabie führt und eine Passhöhe von 2150 Metern erreicht. Seine kuriose Bezeichnung leitet sich von den schweren Geschützen ab, die während der Burenkriege bei Devil's Knuckles auf die angreifenden Briten warteten.

Blyde River Canyon

In den rötlichen Gesteinsschluchten, in denen auf 30 Kilometer der strudelnde Blyde River rauscht und dabei viele Meter an Höhe verliert, mag zu Goldgräberzeiten mancher Desperado sein Glück in Form von blitzenden Nuggets gesucht haben. Aber nur wenig ist davon überliefert. Und so stehen Besucher manchmal ergriffen vor den Gräbern des historischen Friedhofes in Pilgrim's Rest und studieren die wenigen Inschriften, die noch zu entziffern sind. Die Idylle der Panoramaroute ist voll erschlossen, was auf den Parkplätzen deutlich wird, die nahe der Aussichtspunkte liegen und auch mit Rundreisebussen gut zu erreichen sind.

TOP ⭐ ERLEBNISSE

⭐ PANORAMA AM BLYDE RIVER CANYON

Die einzige Straße, die die Nördlichen Drakensberge durchschneidet, heißt Panoramaroute. Hier entspringt der Sabie River, der im benachbarten Kruger Park hunderttausenden Wildtieren als Tränke dient. Outdoor-Aktivisten betreiben Reiten, Bungee, Heißluftballonfahren, Mountainbiken und Wildwasser-Rafting. Jenseits des malerischen Bergorts Graskop windet sich die R523 rasch dem berühmten Blyde River Canyon zu und eröffnet mit God's Window das unglaublichste Landschaftsszenario.
INFO: Blyde River Canyon Lodge, blyderivercanyon.co.za

⭐ LANDSCHAFT WIE IM PARADIES

Selbstfahrern dient Sabie als Ausgangspunkt zu Tagessafaris im Kruger Park, Forellenfischer wissen das kühle Klima und den fantastischen Fischbestand zu schätzen und Wanderer die ausgedehnten Pinien- und Eukalyptuswälder. Zahlreich schicken hier Wasserfälle rauschende Kaskaden bis zu 70 Meter in die Tiefe. Die Sabie Falls, Bridal Veil Falls, Forest Falls, Lone Creek Falls, Horseshoe Falls, Mac Mac Falls, Lisbon Falls und die Berlin Falls markieren die Wasserfallroute.
INFO: Mpumalanga Tourism, mpumalanga.com, sabie.co.za und graskop.co.za

Blick über den Blyde River Canyon

SÜDAFRIKA, LESOTHO, SWASILAND (ESWATINI)

AUS GOLDGRÄBERS ZEITEN – PILGRIM'S REST
Lebendiges Freilichtmuseum

Am Pilgrim's Creek wird der Goldrausch wieder lebendig. Noch 13 Jahre sollte es dauern, bis Johannesburg seine Goldadern entdeckte, als 1873 ein Pionier von altem Schrot und Korn abseits aller Pfade in einem zerklüfteten, abgelegenen Gebirgsgebiet mit seiner Schubkarre umherirrte und am Pilgrim's Creek fündig wurde: Alec Patterson sah glitzernde Goldklumpen im glasklaren Wasser des Bächleins, an dem er freudig erregt geseufzt haben soll: »Now the pilgrim can rest!«

Seit 1848 war in Kalifornien der größte Goldrausch aller Zeiten im Gange: Oregon, Nevada und South Dakota folgten wenige Jahre später, was die Hoffnung armer Teufel nährte, auch im Süden Afrikas könnte sich das ganz große Glück einstellen. Erst recht, nachdem Gerüchte über den ersten Diamantenfund bei Kimberley (1866) die Runde gemacht hatten. Es dauerte nicht lange, bevor die Kunde von Alec Pattersons Entdeckung durchs Land ging und Goldschürfer von überallher in Scharen anrückten. Rasant entwickelte sich die winzige Goldgräbersiedlung Pilgrim's Rest zum boomenden Eldorado. Schnell wurden große Minengesellschaften aufmerksam, zumal die Vorkommen als Oberflächengold kostengünstig abzubauen waren. Ab 1895 kaufte die Transvaal Gold Mining Estate Ltd. zahlreiche Claims von schuftenden Diggern auf, sodass ihr bald der ganze Ort samt Wellblechbaracken und Siedlerhäusern gehörte. Hilfskräfte mussten her zum Abbau der Vorkommen in großem Stil, und so entwickelte sich Pilgrim's Rest schnell zu einem quirligen Arbeiterstädtchen.

Lebendige Vergangenheit
Bis 1971 florierten die Geschäfte. Als kein Gold mehr zu finden war, veräußerte die Firma das historisch interessante Örtchen komplett an die südafrikanische Regierung,

Ein lebendes Freilichtmuseum ist das geschichtsträchtige Pilgrim's Rest aus alten Goldgräberzeiten heute – und zieht mit verwunschenem Charme zahlreiche Rundreise-Touristen an (unten und rechte Seite oben). Bungee-Sprung in die Tiefe – wer's braucht ... (rechte Seite unten).

die es restaurieren und zum Freilichtmuseum herrichten ließ. Was einen neuen Boom in Gang setzte. Heute leben in diesem putzigen Miniaturstädtchen ein paar hundert Einwohner vom historischen Nimbus dieses Kleinods, das inzwischen zum Nationaldenkmal erklärt wurde und jährlich eine große Zahl von Touristen anzieht. Prachtstück ist Alanglade, das herrschaftliche Wohnhaus des Direktors der Transvaal Gold Mining Estate Ltd., wenige Kilometer vom Ortskern entfernt. Als zeitgeschichtliches Museum zeigt das Gebäude typisches Interieur aus der Goldgräberzeit zwischen 1900 und 1930 und wirkt so authentisch, als wären seine Bewohner noch hier zu Hause. Tatsächlich zu erleben ist das Ambiente von einst im viktorianischen Holzbau des Royal Hotels.

Wem die Zeit für eine Übernachtung nicht bleibt, der sollte sich einen Drink in der Church Bar genehmigen, wo sich am Tresen die alten Pionier- und Goldgräberzeiten sehr angenehm herbeiträumen lassen. Ohne Bar funktioniert das auf einer historischen Besichtigungstour. Vielleicht im Miner's House, das ein typisches Beispiel der Wohnquartiere ausstellt, oder im Old Print House, dem Verlagshaus der Lokalzeitungen *Gold News*, *Pilgrim's Rest News* und *Sabie News*. Außer den Druckmaschinen sind hier noch einige interessante Titelseiten von einst zu bestaunen. Im »Dredzen Shop«, dem Einkaufsladen des Minenstädtchens, gingen früher dringend benötigte Kolonialwaren über die Ladentheke, vor allem Lebensmittel, Whisky, Werkzeuge und Haushaltswaren. Die Bestseller allerdings dürften Sieb und Schaufel gewesen sein für all jene, die herkamen, um ihr Glück zu machen.

Letzte Ruhe

Das können Besucher beim Goldwaschen am Pilgrim's Creek heute auch noch versuchen. Hilfreich wäre vorher eine Führung im Diggings Museum, um dort das sachgerechte Schwenken der Goldpfanne zu erlernen. Ein Traum für Oldtimer-Fans ist die alte Autowerkstatt eines gewissen Paul P. Ahlers, die liebevoll wieder hergerichtet wurde und heute wahre Schmuckstücke ausstellt. Wer es schafft, abseits der Besucherströme auf den alten Friedhof zu gelangen, wird eine seltsame Stimmung verspüren beim Anblick der Grabstätten von Goldgräbern, Minenangestellten und Händlern, die in längst vergangenen Zeiten aus aller Welt hierher, nach Pilgrim's Rest, kamen. Und die nun dem Namen ihres Goldgräberstädtchens im Sinne des Erfinders auf alle Zeit gerecht werden.

TOP ⭐ ERLEBNISSE

⭐ TOP SPOT FÜR ADRENALINSPORT

Outdoor-Aktivisten betreiben Reiten, Bungee, Heißluftballonfahren, Mountainbiken und Wildwasser-Rafting. Adrenalin-Junkies bietet sich in der Gebirgswelt des Blyde River Canyon das volle Programm mit Klettern, Bungee und Swings, Abseiling, Reiten, Wandern, Mountainbiking, Drachenfliegen, Ballonfahrten, Wildwasser und Mountainbiking. Ziemlich verrückt ist das Angebot zwischen den Nördlichen Drakensbergen und Hazyview an der Grenze zum Krüger-Park. Eine der adrenalinhaltigsten Einrichtungen ist der Flying-Fox über dem Blätterdach des Tropenwaldes am Sabie River.
INFO: Mpumalanga Tourism, mpumalanga.com; Pilgrim's Rest Information Centre, pilgrims-rest.co.za; Graskop und Sabie, graskop.co.za, sabie.co.za; Adrenalin und Outdoor, skywaytrails.com; Kestell Adventures, kestelladventures.com

⭐ BIKERS' PARADISE

Tierisch gut macht sich die Panoramaroute auf zwei Rädern. Weshalb das kurvige Auf und Ab gerne zur Rennstrecke heimischer Motorrad-Clubs wird, deren Mitglieder rudelweise auf schweren Maschinen den Geschwindigkeitskick suchen. Wer unbedingt auf eine Maschine muss, kann sich eine problemlos mieten.
INFO: capebiketravel.com, bmw-motorrad.co.za, karoo-biking.de

Die berühmte Whalebone Pier in Umhlanga nördlich von Durban: Umspült von der Brandung des Indischen Ozeans (oben). Aus der Luft erschließt sich das Kaliber der Golden Beach City am Indischen Ozean am besten (rechte Seite oben), erst recht ist seine Skyline umwerfend, wenn das Lichtermeer glitzert (rechte Seite unten).

DIE STADT DES LICHTS – DURBAN

Quirliger Lifestyle am Indischen Ozean

Die Millionenmetropole an Südafrikas Ostküste darf sich als Allererstes mit ihrem prominentesten Sohn, Mahatma Gandhi, schmücken. Der junge indische Anwalt lebte zwischen 1893 und 1914 in der Hafenstadt, bevor er (wie Nelson Mandela 100 Jahre später) als Symbolfigur für den gewaltlosen Widerstand und den Freiheitskampf mit friedlichen Mitteln in die Geschichtsbücher der Welt einging. Das moderne Durban fußt auf einer bewegten Geschichte.

Als der portugiesische Seefahrer Vasco da Gama am Weihnachtstag 1497 hier vor Anker ging, taufte er den Landstrich »Natal«, zu Ehren der Geburt Jesu Christi. Es war das Stammesgebiet der Zulu. 1823 ließen sich die ersten Händler an der Bucht nieder, und wenig später wurde aus da Gamas Ankerplatz ein betriebsamer Hafen, vor allem durch den Umschlag von Elfenbein. Bald gerieten die burischen »Voortrekker«, die mit ihren Ochsenwagengespannen vom britisch regierten Kap kamen, mit den kriegerischen Zulu aneinander. Die Eingeborenen unterlagen in blutigen Kämpfen. Wenig später schlugen sich die Buren mit den Briten, die auch Natal unter die Kontrolle des Empire bringen wollten. Diesmal unterlagen die Buren. 1843 wurde Natal britische Kolonie und die Stadt nach dem ehemaligen Kap-Gouverneur Sir Benjamin D'Urban benannt. Mitte des 19. Jahrhunderts legten die neuen Herren riesige Zuckerrohrplantagen an, wozu Arbeiter in großer Zahl aus Indien herangeschafft werden mussten, weil die stolzen Zulu-Krieger nicht auf die Felder wollten. 1883 lebten bereits 30 000 Inder in der Region. Viktorianische Prachtbauten entstanden, die noch heute im alten D'Urban Ville zeigen, was einst war: 1863 das Gerichtsgebäude (heute The Local History Museum), 1885 das Rathaus

SÜDAFRIKA, LESOTHO, SWASILAND (ESWATINI)

(jetzt Hauptpost), 1894 der Hauptbahnhof (heute The Durban Exhibition Centre) und 1910 die City Hall als monumentaler Nachbau des Rathauses von Belfast.

Dominiert vom Business

Das Alte Fort (1842) beherbergt ein sehenswertes Kriegsmuseum und das Kirchlein St. Peter in Chains, das ehedem als Pulvermagazin diente. Durban ist die zweitälteste unter den vier großen Städten Südafrikas und mit mindestens vier Millionen Einwohnern die drittgrößte. Sie ist die Hauptstadt der Provinz KwaZulu-Natal, hat den zweitgrößten Hafen Afrikas sowie das umschlagstärkste Zuckerterminal. Dazu ist Durban Sitz finanzkräftiger Industrie- und Handelsunternehmen, das International Convention Centre bietet bis zu 10 000 Kongressteilnehmern aus aller Welt Platz. Hotelneubauten schießen wie Pilze aus dem Sand, die Skyline zeigt: Hier werden Geschäfte gemacht. Business vor Schönheit ist heute die Devise, und so findet in Durban eine lebhafte Mischung aus Bombay, Afrika und Florida statt.

Strandhauptstadt: Südafrikas Playground

Die größte Attraktion ist Durbans »Golden Mile«, ein sechs Kilometer langer Küstenstrich, der sich zwischen der Landzunge The Point im Süden und dem Umgeni River im Norden erstreckt. Die Prachtmeile am Meer ist der Kulminationspunkt des urbanen Lebensgefühls mit zahllosen Restaurants, Bars, Pools und Vergnügungslokalen. Dort, zwischen Neonreklamen, Wolkenkratzern und feinen Strandhotels, spielt die Metropole Miami Beach – oder, je nachdem, auch Miami Vice. North Beach lockt mit seinem hyperbreiten Strand Städter aller Couleur ans Wasser – und auf seine Marine Parade, wo sich Durbans glitzerndes Beach-Nachtleben konzentriert. Die erste Baureihe hinter dem Goldstrand besetzen Fünf-Sterne-Hotelklötze, dazwischen warten feine Gourmettempel wie *Daruma Seafood & Sushi* oder das *Piatto Mediterranian Kitchen* auf strandmüde Kundschaft. South Beach kann mit seinem Themenpark uShaka Marine World brillieren, wo sich im *shark tank* alles versammelt, was an Haifischen in der südlichen Hemisphäre unterwegs ist. Vermutlich ist er gerade hier installiert, um Schwimmer für die Signale der Rettungswacht zu sensibilisieren, weil ab und zu Haie trotz Elektroschocks und Schutznetzen urplötzlich Durbans Strände ansteuern.
Auf der To-do-Liste für Sightseeing in der Innenstadt stehen: Durban Art Gallery und Natural Science Museum im Gebäude der City Hall, Museum of Africana in Muckleneuk,

Der Reißzahn-besetzte Kiefer eines prähistorischen Megalodon Haies in der uShaka Marine World in Durban (unten). Für Surfer ist der Indische Ozean ein aquatischer Garten Eden (rechte Seite oben). Spektakuläre Hängebrücke über der Oribi Gorge (rechte Seite unten).

TOP ⭐ ERLEBNISSE

⭐ DOLPHIN UND HIBISCUS COAST

Auf rund 300 Kilometern erstrecken sich zwischen Port Edward im Süden und Richards Bay im Norden feine Sandstrände am immer warmen Indischen Ozean. Die Badeorte der Hibiscus Coast südlich von Durban reihen sich mit lebendigem Beachlife wie Perlen auf der Kette, die Orte der nördlichen Dolphin Coast leben vornehmlich von hochwertigen Senioren- und Ferienanlagen und feinen Golfplätzen – die meisten mit Meerblick beim Abschlag.
INFO: Durban Tourism, visitdurban.travel; KwaZulu/Natal Tourism, zulu.org.za

⭐ ORIBI GORGE

Das Oribi Gorge Nature Reserve 20 Kilometer westlich von Port Shepstone, wo der Umzimkulvana River ein atemberaubendes Spektakel veranstaltet, zählt zu den besonderen Highlights. 400 Meter tief hat sich der Fluss hier in eine gewaltige Sandsteinschlucht eingegraben, was Bungee-Verrückten einen genial aufregenden Sprung verschafft. Stromschnellen, Felspools und Sandbänke produzieren ein paradiesisches Bild. Mit dichten Wäldern bietet das 1837 Hektar große Naturschutzgebiet Wanderern mit gut ausgebauten Pfaden sowie Vogelfreunden mit über 250 Arten ein Refugium, das auch zum Bleiben verlockt.
INFO: KwaZulu Natal South-Coast, kzn-southcoast.com; South Coast Tourism, visitkznsouthcoast.co.za; Wild5Adventures Oribi Gorge, wild5adventures.co.za

das Exhibition Centre, eine unorthodoxe Ausstellungshalle mit Kunst, Kitsch, Theater, Tanz und Musik, die Jumah-Moschee, Zutritt nur für Männer. Unterschiedliche Tierwelten zeigen der Umgeni-Bird-Park und der Fitzsimons-Snake-Park. Zum Unterhalten wären da noch die Fun-Parks Amphitheatre Gardens und Water Wonderland, die Casino and Entertainment World, die Botanic Gardens, der Royal Durban Golf Course, die Formel-1-Rennstrecke, der Greyville Race Course (Pferderennen), der Durban Country Club sowie die Florida Road, die in schöner Kolonialatmosphäre Boutiquen, Cafés, Restaurants und trendige Kneipen wie auf der Perlenschnur vorzeigen kann.

Klein-Indien

Die Zeiten, als indischstämmige Mitbürger wie Mahatma Gandhi aus einem für Weiße vorbehaltenen Zugabteil entfernt wurden, sind zum Glück vorbei. Fast alle der etwa eine Million südafrikanischen Inder leben in Durban, das sind 15 Prozent der Bevölkerung der Provinz KwaZulu-Natal. 75 Prozent der Menschen sind Zulu, der Rest europäischstämmig. Durbans Kultur ist stark indisch geprägt. Wer das trotz der Kuppeln der Jumah-Moschee im Indischen Viertel, wild herumkurvender Rikscha-Taxis (deren Fahrer aber häufig Zulu sind) oder diverser Hindutempel nicht sofort erkennt, riecht es spätestens auf dem wuseligen Victoria Market mit seinen Düften nach Curry und Weihrauch.

Auf keinen Fall verpassen: The Tourist Junction im alten viktorianischen Bahnhof und The Workshop, Durbans beliebtestes Shopping-Paradies gleich nebenan. Eine Stadt mit der wirtschaftlichen Power Durbans hat kulturell einiges zu bieten, etwa die Sonntagskonzerte des Natal Philharmonic Orchestra, peppige Shows der Red Eye @rt mit Musik, Mode und Kunst in der Durban Art Gallery, Shakespeare oder Komödie als experimentierfreudige Inszenierungen auf den fünf Bühnen des Natal Playhouse. Und dann sind da noch die religiösen Festivitäten der Inder: Kavadi, das wichtigste Hindufest Ende Januar, Diwali, das Lichterfest im November, Ratra Yathra zu Ehren der Gottheit Vishnu und so fort. Hinzu kommen Kongresse aller Art, darunter die größte afrikanische Touristikmesse Indaba, Formel-1-Rennen, Surfwettbewerbe und die Durban-Beach-Afrika-Festwochen. Ein besonderer Schatz sind Durbans Art-déco-Juwelen aus den 1930er-Jahren.

Vom Meer aus präsentiert sich Durbans Skyline beeindruckend, aber richtig gut wird die »City of Lights« vor allem bei Nacht.

SÜDAFRIKA, LESOTHO, SWASILAND (ESWATINI)

96 ÜBERIRDISCH – DIE SÜDLICHEN DRAKENSBERGE

Der Kamm des Drachen

Wer auf den Kamm des Drachens will, kommt an der Region der Midlands nicht vorbei: Sanft geschwungene Hügellandschaften mit saftigen Wiesen und glücklichen Kühen erstrecken sich nordwestlich von Durban, wo sich Pietermaritzburg als letzte britische Bastion versteht und als Tor zu einer der bizarrsten Landschaften KwaZulu-Natals. Mit Highlights, deren Namen beinahe schon alles verraten: Tugela Falls, Cathedral Peak, Giant's Castle, Sani Pass, Bushman's Nek.

Liebhaber bizarrer Hochgebirgslandschaften kommen in den südlichen Drakensbergen voll auf ihre Kosten, wie die prächtigen Bergpanoramen rund um das sogenannte »Amphitheater« zeigen (unten). Zwischendrin gibt es auch sehr liebliche Ansichten, wie die beiden Zulu-Geschwister in der Blumenwiese beweisen (rechte Seite oben). Buschmann im Cave Museum (rechte Seite unten).

Das 1838 gegründete Städtchen, das seine halbe Million Einwohner auch »Piemburg« oder »PMB« nennen, wartet mit noch intakten Insignien des britischen Empire auf.

Very british: Pietermaritzburg

Adrett ziehen sich hölzerne Gartenzäune um akkurat geschnittene Rasenflächen und Bougainvillea-Sträucher, sauber gepflasterte Wege ziehen sich nicht nur die Parklandschaften der schmucken Hauptstadt KwaZulu-Natals. Pietermaritzburgs City Hall, die als viktorianischer Architekturschatz zum Nationaldenkmal erklärt wurde, ist angeblich das größte Backsteingebäude südlich des Äquators. In gleicher Weise beeindruckend präsentiert sich vis-à-vis das Gebäude der Tatham Art Gallery, die eine beachtliche Sammlung Gemälde und Skulpturen südafrikanischer und europäischer Künstler aus dem 19. und 20. Jahrhundert ausstellt; sogar Picasso-Werke haben den Weg in die Hallen des ehemaligen Obersten Gerichtshofs gefunden. Architektur aus längst vergangenen Zeiten ist das aussagestärkste Thema dieser Stadt. Fotogene Stopps sind das Macrorie House (1862), das Old Government House (1860), das Old Colonial Building (1899) und das Voortrekker

TOP ⭐ ERLEBNISSE

⭐ BUSHMAN'S ROCK ART

An die 25 000 Felsmalereien steinzeitlicher San finden sich in über 500 Höhlen und Felsüberhängen im Drakensberg-Gebiet. Konzentriert lässt sich das UNESCO-Weltkulturerbe im Royal Natal Nationalpark besichtigen, wo zahllose Bushman Paintings aus dem Leben der Jäger und Sammler erzählen, die schon vor rund 8000 Jahren mit Blick auf den Dreitausender Giant's Castle lebten. Die schönsten und am leichtesten zugänglichen San-Kunstwerke befinden sich in den Giant's Castle Main Caves. Empfehlenswert: das Cave Museum, im Drakensberg Park das Kamberg Rock Art Centre sowie das San Rock Art Centre in Didima.
INFO: Southern Drakensberg Tourism, drakensberg.org

⭐ DRAKENSBERG SPORTLICH

Golfen: Champagne Sports Resort, unter den Top-30 Championship 18-Loch-Plätzen, champagnesportsresort.com, Cathedral Peak Golf Course, 9-Loch in traumhafter Gebirgslage, cathedralpeakgolfclub.co.za.
Wandern: Der Giants Cup Trail verläuft an den Ausläufern der Drakensberge vom Sani Pass bis Bushman's Neck, ausreichend Fitness erforderlich, kznwildlife.com.
Wildwasser-Rafting: Abenteuer auf dem Ash River am Fuß der Maluti-Berge, einem Gebirgszug der Drakensberge, Clarens Xtreme, Clarens, clarensxtreme.co.za.

WEITERE INFORMATIONEN
Pietermaritzburg Tourism, pmbtourism.co.za

House (1847), bevor es zu den Attraktionen geht, die unmittelbar vor Piemburgs Haustür liegen. In der Church Street erinnert die »Statue of Hope« an Mohandas (später Mahatma) Gandhi. 1893 wurde er im Bahnhof von Pietermaritzburg aus dem Zugabteil der 1. Klasse verwiesen, weil dieses nur den Weißen vorbehalten war. Dieser Eklat politisierte den jungen Anwalt und machte ihn zum gewaltlosen Kämpfer gegen Rassismus.

uMgungundlovu – die Midlands

Die Midlands-Route führt durch das Gebiet der Midlands Meander bis zum Albert Falls Public Nature Reserve. Bei Fort Nottingham bieten die Howick Falls im Umgeni Valley Nature Reserve das nächste Paradies. Hier, wie auch im benachbarten Midmar Public Resort and Nature Reserve, lassen sich Giraffen, Zebras, Antilopen, Nashörner und eine reiche Vogelwelt beobachten. Weiter auf der N3 (die bis nach Johannesburg hinaufführt) geht es in die Region des Golden-Gate-Highlands-Nationalparks, des Royal-Natal-Nationalparks sowie des Rugged Glen Nature Reserve und zahlreicher kleinerer Schutzgebiete, wo die ganz großen Brocken Südafrikas in dramatischen Berglandschaften thronen. Über sie regiert Mafadi Peak, mit 3446 Metern der höchste Berg Südafrikas.

uKhahlamba – der Drachenpark

Das 243 000 Hektar große Gebirgsareal, das jenseits der Grenze zu Lesotho mit dem höchsten Gipfel des Südlichen Afrika (Thabana Ntlenyana, 3482 m) seine Fortsetzung findet, bildet mit seinen phänomenalen Basaltgipfeln als uKhahlamba-Drakensberg-Park die Kulisse zahlreicher Filme und wurde im Jahr 2000 zum Weltnaturerbe erklärt. Nicht nur bei Bergsteigern und Wanderern ist der »Kamm des Drachens«, der Drakensberg, begehrt. Denn das, was sich hier zeigt, ist von geradezu überirdischer Schönheit. Dazu gehört das berühmte Amphitheater im Royal-Natal-Nationalpark, wo der Tugela River an einer fünf Kilometer langen und 500 Meter hohen Felswand in mehreren Stufen über 800 Meter tief abstürzt. Allradfreunde machen sich auf den Weg zum 2895 Meter hohen Sani-Pass, der auf einer extremen Gebirgsstrecke ins Königreich Lesotho hineinführt. Bequemer, wenn auch nicht weniger spektakulär, ist das Giant's Castle Game Reserve zu erreichen. Zwischen Champagne Castle (3374 m), Giant's Castle (3314 m), Cathkin Peak (3148 m) und Cathedral Peak (3004 m) ragen gewaltige Basaltbrocken auf, deren Höhenlinien auch nur minimal unter 3000 Metern liegen.

THEMA

ERBE DER ANGST
Südafrikas Townships

Townships sind ein Produkt der Siedlungspolitik der burischen Afrikaaner-Elite, die ihr Rassenproblem auf radikale Weise löste: Zunächst wurden, nach Stämmen sortiert, künstliche »Homelands« geschaffen und dann alle schwarzen Bewohner Südafrikas in diese neuen »Heimatländer« zwangsumgesiedelt.

Millionen schwarze Südafrikaner mussten sich nach dieser Apartheidphilosophie solche Reservate zuweisen lassen. Danach lebten – je nach Stammeszugehörigkeit – die Zulu in KwaZulu, die Xhosa in Transkei und Ciskei und die Tswana in Bophutatswana. Die Kunst-Staaten hatten zwar eigene Regierungsstrukturen, waren aber vollkommen von der weißen Zentralregierung abhängig. Auf dieser Grundlage verschaffte sich die Apartheidgesellschaft eine »weiße Weste«, weil das Land offiziell nun nicht mehr gemischtrassig war. Die Schwarzen in den Homelands galten sozusagen als Ausländer und brauchten gültige Papiere, um in »weiße Gebiete« einreisen zu können.

Arbeitsfutter für Fabriken

Aufgrund des Arbeitskräftebedarfs in den Großstädten erwies sich jedoch die Situation als unhaltbar. Um die Schwarzen in der Nähe, aber dennoch getrennt von der weißen Bevölkerung anzusiedeln, wurden etwa um Johannesburg, Kapstadt und Durban Massenquartiere geschaffen, in die die meisten Bewohner der Homelands umgesiedelt wurden – womit der Anfang für die Townships gemacht war, die sich heute wie Metastasen um die Metropolen ausbreiten. Die schlimmen Folgen waren bei einem derartigen Gesellschaftsentwurf programmiert: Traditionelle Bindungen zerfielen, gleichzeitig wurde der schwarzen Bevölkerung angemessene soziale Versorgung verweigert.

Unter zunehmendem Elend begannen die Bewohner sich zu organisieren, um sich gegen den politischen Druck von außen und die um sich greifende Kriminalität im Inneren zu schützen. Gewalttaten waren an der Tagesordnung. Die weiße Polizei traute sich in manche Gegenden nicht mehr vor. Höhepunkte der Entwicklung waren sogenannte Halsbandmorde, bei denen die Opfer mit brennenden Autoreifen um Hals und Arme bei lebendigem Leib verbrannten.

In den heutigen Townships leben unvorstellbar große Menschenmassen beengt und unter sehr schlechten Bedingungen. Allein in Johannesburgs South West Township *(So-We-To)* sind es vier Millionen. Die Cape Flats bei Kapstadt geben ein ähnliches Bild ab. Regierungsprogramme haben versucht, den Zustrom in die Großstädte, der massiv durch die Zuwanderung von Kriegs- und Armutsflüchtigen aus anderen afrikanischen Staaten verstärkt wird, wenigstens in geordnete Bahnen zu lenken. Aber Erschließungen neuer Townshipgebiete inklusive Parzellenvergabe mit Eigentumsrechten, Finanzierungshilfen, Sozial- und Krankenstationen und verbesserter Wasserversorgung hinken der rasanten Entwicklung in ein noch größeres Elend hoffnungslos hinterher.

Die Orlando Towers in Soweto gehören zu einem stillgelegten Kohlekraftwerk.

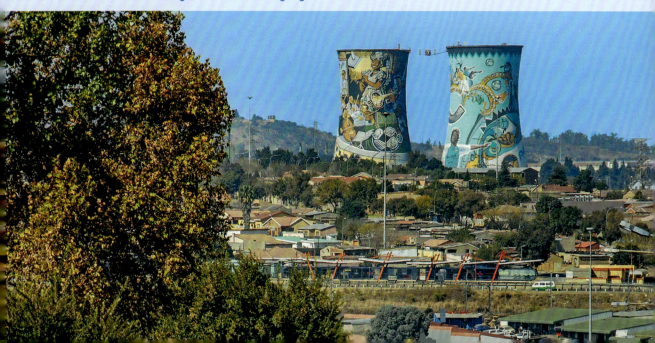

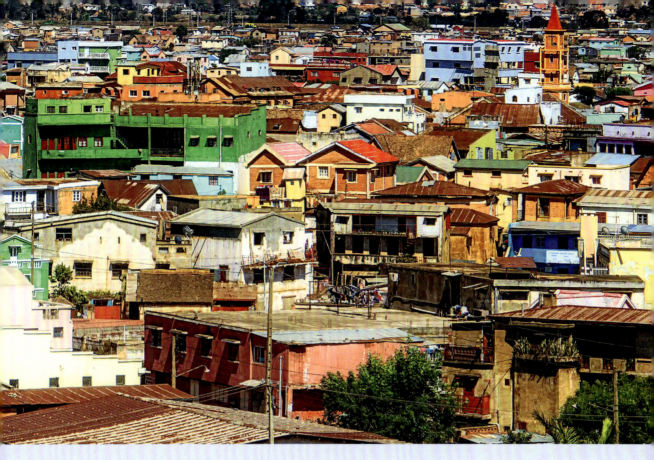

Die South West Township Soweto ist Johannesburgs bekanntestes Siedlungserbe aus der Apartheid.

Wie zur Zeit der Apartheid

Auch für die schwarze Regierung heute sind die Probleme äußerst schwer in den Griff zu bekommen. Zum armseligen Standard des Lebens kommt der Mangel an Arbeitsplätzen in den Townships, sodass sich täglich unfassbare Menschenmassen in öffentliche Nahverkehrsmittel und private Bustaxis drängen müssen, um sich wie zu Apartheidzeiten zu Fabriken und in die Stadtzentren transportieren zu lassen. Dennoch hat sich manches verändert. In den endlosen wellblechgedeckten Häusermeilen Sowetos existieren längst auch bürgerliche und luxuriöse Wohngegenden wie in Orlando-West, wo Touristen auf Soweto-Tour gern das Haus Winnie Mandelas besichtigen, was auch die Eröffnung von Sowetos Super-Mall Maponya beweist, die für 50 Millionen Euro entstand und auf 65 000 Quadratmetern Verkaufsfläche die vorhandene Kaufkraft absorbiert. Täglich lassen sich rund 1000 Besucher die Townships vorführen, wobei inzwischen mehr als drei Dutzend solcher Agenturen existieren, die auch Kneipenbesuche sowie Übernachtungen in Soweto und in anderen Townships organisieren. Auf eigene Faust ist von Exkursionen dringend abzuraten. Townships sind trotz aller positiven Entwicklungen hochgefährlich, für Touristen No-go-Gebiete, und sie bleiben ein Erbe der Angst.

Not macht erfinderisch und schafft Spielzeug, auch wenn's nicht elektronisch ist.

Das »Wagon Monument« der traurigen Zulu-Historie am Blood River bei Dundee (oben). Kaum verwunderlich, dass sie so stolz sind auf Zululand, die Nachfahren der kampferprobten Zulu-Krieger: Zulu-König im Häuptlingsputz (rechte Seite unten) Das Zugpersonal hat alle Hände voll zu tun (rechte Seite oben).

KWAZULU-NATAL – IM STAMMESLAND DER ZULU

Traumhafte Landschaften, faszinierende Einblicke

Inmitten grüner Hügellandschaften liegt nördlich von Durban das Siedlungsgebiet jener stolzen Stammeskrieger, die sich von Anbeginn der Kolonialisierung an gegen die weißen Eindringlinge aus Europa stellten. Hier herrschte einst der legendäre Zulu-König Shaka, der Anfang des 19. Jahrhunderts versprengte Zulu-Stämme einte und eine straff organisierte Militärmacht aufstellte.

Shaka Zulu, heute heiß verehrt, war ein blutrünstiger Diktator, der das Land in Angst und Schrecken versetzte und 1828 von seinen Halbbrüdern Dingaan und Umhlanga ermordet wurde. Seinen Kultstatus verdankt er dem Untergang seines machtstrotzenden Zulu-Reiches und der schmählichen Niederlage gegen die Buren in der legendären Schlacht am Blood River im Dezember 1838. Heute leben viele Zulu in bitterer Armut, was die Glorifizierung des Übervaters Shaka Zulu verständlich macht und weshalb zahlreiche Denkmäler und Ortsbezeichnungen dem großen König gewidmet sind: Nur wenig nördlich von Durban liegt Shaka's Rock, von dem es heißt, Shaka habe dort Ungehorsame ins Meer werfen lassen. Über Shakaskraal gelangt man ins Städtchen Stanger, wo das Shaka Memorial die Stelle markiert, an welcher der Zulu-König schließlich erschlagen wurde. Wenige Kilometer weiter, an der Mündung des Tugela River, erinnert der Ultimatum Tree an den Ausbruch der Schlachten zwischen Briten und Zulu.

Es lebe der König!

Vor allem in der Region zwischen Eshowe und Empangeni breitet sich die einst mächtige Zulu-Kultur in Form bunter Folklore mit idyllisch wirkenden Rundhüttendörfern aus, die pittoresk inmitten weitflächiger Zuckerrohrplantagen liegen. Zahlreiche Museumsdörfer lassen die Geschichte der Zulu und ihres legendären Königs wieder lebendig

KwaZulu-Natal – Im Stammesland der Zulu

werden. Eines davon ist Shakaland, nördlich von Eshowe, das als orginalgetreue Rekonstruktion für die Kulissen der amerikanischen Fernsehserie »Shaka Zulu« gebaut wurde. Heute funktioniert Shakaland als Show-Park, in dem zahlreiche Veranstaltungen, Tänze und Vorführungen stattfinden und Besuchern die Tradition der Zulu sowie deren Geschichte näherbringen. Lebendigere Zeugnisse der Vergangenheit sind die übers Jahr verteilt stattfindenden Zulu-Festivitäten. Zehntausende Teilnehmer bietet das Shembe Festival auf und noch mehr die Veranstaltungen am King Shaka Day Ende September. Zum Schilftanz versammeln sich dann in großen Mengen junge Zulu-Frauen, tanzend und singend, um ihrem König im Royal Kraal in Nongoma zu huldigen. Ehemals eine Zeremonie zu Ehren des Zulu-Königs, der sich bei dieser Gelegenheit mit frischen Bräuten versorgte, ist es heute das Fest voyeuristischer Kameralinsen.

Zululands Schlachtfelder

Das kleine Städtchen Ulundi, einst im Verein mit Pietermaritzburg die Hauptstadt von KwaZulu-Natal, war früher das Zentrum des Zulu-Reiches. In der Schlacht von Ulundi fanden die grausamen kriegerischen Auseinandersetzungen zwischen Zulu und Briten ihr endgültiges Ende. Für historisch Interessierte lässt sich das einstige *battlefield* besichtigen, das KwaZulu Historical Museum liefert audiovisuelle Hintergrunddetails. Eine der wichtigsten historischen Pilgerstätten der Zulu befindet sich im Emakhosini-Ophathe-Heritage-Park bei Ulundi, dem südafrikanischen »Tal der Könige«. Sieben große Zulu-Könige sind hier begraben, darunter auch der Brudermörder Dingaan. Nordwestlich von Ulundi, im Dreieck von Newcastle, Vryheid und Ladysmith, liegen weitere Schlachtfelder sowie das legendäre Blood River Monument zwischen Dundee und Vryheid. Hier, am Ncome River, dem späteren Blood River, hatten 464 Buren mit ihren Ochsenwagengespannen eine Wagenburg errichtet und wurden am 16. Dezember 1838 von 20 000 Zulu angegriffen. 3000 Zulu starben und der Fluss färbte sich rot ... Wie nicht anders zu erwarten im Land der Wal-, Wein-, Brandy-, Freedom- und Adrenalin-Routen können KwaZulu-Natal-Besucher auf eine Battlefields-Route zählen. Die tatsächlich existiert, ebenso wie Südafrikas erste Bierroute, auf der sich neben dem Großproduzenten South African Breweries in Durban eine Handvoll Kleinbrauereien vorstellen.

TOP ★ ERLEBNISSE

★ IM ZUG DURCHS ZULULAND

Der dreitägige Rovos Rail Trip ab Pretoria bietet eine sehr spezielle Perspektive auf das Stammland der Zulus, das heutige Kwa/Zulu-Natal. Tag 1 zeigt zur Mittagszeit das Gebirgsszenario der Drakensberge, bevor sich der Zug Richtung Majuba Hill bis auf 2146 Meter Höhe müht. Am nächsten Morgen geht eine frühe Safari durchs Nambiti Private Game Reserve, nach einem Brunch on board findet im Städtchen Ladysmith ein Stopover-Programm zu den Spionkop Battlefields statt, wo Zulu-Krieger gegen die burische Besatzungsmacht kämpften. Nach dem Frühstück des 3. Reisetags hält der Luxuszug im Midlands-Städtchen Lions River mit einem Besuch der Ardmore Ceramics Gallery in Lidgetton, bevor es durchs Valley of a 1000 Hills zur Endstation Durban geht.
INFO: Rovos Rail, rovos.co.za; Zululand Tourism, zulu.org.za; Paulpietersburg Tourism, zululandtourism.org.za

★ STILVOLL ÜBERNACHTEN

Zwischen Blood River Monument und Richards Bay an der Küste im Babanango Valley liegt das 4000 Hektar große private Schutzgebiet des Babanango Game Reserve am Nsubeni River. Das Hauptgebäude ist das ehemalige Farmhaus der Turners, die sich ihren Gästen mit hervorragendem Service widmen.
INFO: Valley Lodge, Zulu Rock Accommodation, Madwaleni River Lodge, babanango.co.za

Traditionelle Rundhütten der Zulu prägen dieses gewaltige Bergpanorama in KwaZulu-Natal.

SÜDAFRIKA, LESOTHO, SWASILAND (ESWATINI)

98 GOURMETPARADIES FÜR VEGETARIER – HLUHLUWE

Rhino-Country: Hluhluwe-iMfolozi-Nationalpark

Zwei Fahrstunden nordwestlich von Durban öffnen sich die Tore des Hluhluwe-iMfolozi Game Reserve. Das riesige Areal des Schutzgebiets, das mit 1000 Quadratkilometern die doppelte Fläche des Bodensees ausweist, kam 1998 durch einen Verbindungskorridor zwischen den bis dahin separaten Reservaten Hluhluwe und iMfolozi zustande. Der Wildpark zählt seit der Gründung im Jahr 1895 zu den ältesten in Afrika und ist der viertgrößte in Südafrika.

Die Flüsse White Imfolozi, Black Imfolozi und Hluhluwe River speisen das riesige Wildschutzgebiet der Hluhluwe-iMfolozi Game Reserve (rechte Seite oben) und machen sie zu einem der interessantesten Tierbeobachtungsparadiese Südafrikas. Neben zahlreichen Nashörnern (unten) sind hier auch Elefanten, Löwen, Leoparden, Hyänen und Giraffen vertreten. Tänzerin im Dumazulu Cultural Village (rechte Seite unten).

Als im März 1959 die beiden Wildhüter Ian Player und Magqubu Ntombela mit einer Handvoll Safarigästen auf dem ersten offiziellen Wilderness Trail im iMfolozi Game Reserve unterwegs waren, konnten die Wanderer ihre Verwunderung nicht verbergen: In der strotzend grünen Hügellandschaft, deren Täler von zahlreichen Wasserarmen durchzogen sind, entfalteten sich Bilder von seltener Schönheit. Wälder und Dornveld-Ebenen, Hügel und Felskuppen sowie Flussauen mit aufsteigenden Nebelschwaden wechselten sich ab und formten eine Vision vom Garten Eden. Der Erfolg der Gruppe, die ohne Fahrzeuge in vollkommener Stille ein Teil dieser entrückten Naturwelt werden konnte, setzte das iMfolozi-Gebiet auf die Landkarte der Begehrlichkeiten.

Walk on the wild side

Schnell entwickelten sich *bush walks* zu einer immer beliebteren Art, Safari in reinster Form zu erleben. Heute zählt der Hluhluwe-iMfolozi zu den am meisten besuchten Schutzzonen Südafrikas.
Über die N2 und das Städtchen Hluhluwe gelangt das größte Kontingent des organisierten Rundreisetourismus zum Memorial Gate und in den Ostteil des Parks. Gleich dahinter breiten sich schier endlos bewal-

TOP ⭐ ERLEBNISSE

⭐ RUND UM HLUHLUWE-IMFOLOZI

Das kleine Örtchen Hluhluwe bringt nicht nur eine Tankstelle, sondern auch ein Shopping-Paradies mit ausgezeichneten Zulu-Kunsthandwerksprodukten auf die Beine. Wer hier kauft, stärkt die Stellung der einheimischen Frauen, was sich Ilala Weavers als Konzept auf die Fahnen geschrieben hat.
INFO: Ilala Weavers, ilala.co.za; KwaZulu-Natal Tourism, zulu.org.za; Ubizane Wildlife Reserve, ubizane.co.za; Übernachtungen rings um Hluhluwe: Hluhluwe River Lodge, hluhluwe.co.za, Gooderson DumaZulu Lodge, goodersonleisure.co.za

⭐ ZULUKULTUR IN ACTION

Im Hluhluwe benachbarten Dumazulu Cultural Village gibt es in einer Art Live-Show-Museum Zulu-Vorstellungen mit Tanz, Gesang, Korbflechten und Speerwerfen. Die touristische Veranstaltung soll dazu dienen, Besuchern die Lebensart der Zulu näher zu bringen. Tekweni Eco Tours veranstaltet mehrtägige Wandersafaris im Nationalpark.
INFO: Dumazulu Cultural Village, dumazulu.co.za; Wandersafaris, tekwenibackpackers.co.za; Übernachtungstipp für den Hluhluwe-Nationalpark: das staatliche Hill Top Restcamp, kznwildlife.com

dete Hügellandschaften aus, durch die sich der Hluhluwe River sowie der Black- und der White iMfolozi River schlängeln, die fruchtbare Täler mit üppiger Vegetation und satte, weite Grassavannen hervorbringen: Hier ist Rhino-Country, ein ideales Fressparadies für Rhinozerosse.

Rettet die Rhinos

Nicht umsonst wurde Hluhluwe-iMfolozi in den 1950er- und 60er-Jahren weltberühmt für sein Schutzprogramm »Operation Rhino«, das die Breitmaulvertreter (White Rhino) vor dem Aussterben bewahrte und die Spitzmaulkollegen (Black Rhino) zur größten Population in ganz Afrika versammelte. Im einst opulenten Jagdgebiet von Zulu-König Shaka (sowie schießwütigen Wilderern, die auf wertvolles Elfenbein aus waren) brauchen sich Rhinozerosse heute innerhalb des Schutzgebiets kaum noch Sorgen um Horn und Leben zu machen. Die über 2000 Breitmaul- und um die 500 der besonders seltenen Spitzmaulnashörner stehen im weltgrößten Schutzgebiet für Rhinos unter strenger Aufsicht der Parkranger. Auf Tuchfühlung lässt es sich an die sensiblen Vegetarier am besten auf den *wilderness trails* herankommen, die zu den Höhepunkten von Hluhluwe-iMfolozi zählen: Zu Fuß wird unter sachkundiger Führung die Savanne erkundet. Groß sind dabei die Chancen, einen Revierkampf zweier Nashornbullen aus nächster Nähe mitzuerleben und zu beobachten, wie die beiden Kolosse aufeinander zustampfen, die Hörner kreuzen, schieben und drücken, die Köpfe schwenken, um erneut Anlauf zu nehmen – bis der Schwächere nachgibt und sich davontrollt, während der Sieger durch kräftige Urinstrahlen sogleich sein Revier markiert, oder, je nachdem was gerade geht, durch eine ordentliche Portion *rhino droppings*. Natürlich sind auch die Vertreter der Raubtier- und Aaskategorie zahlreich in den weiten unberührten Landschaften vertreten, weshalb ein Viertel des Gebietes von den Fleischfressern abgetrennt ist, um Safaris zu Fuß möglich zu machen.

Romantisch: »Zululand Tree Lodge«

Die magnetische Wirkung des Hluhluwe-iMfolozi haben in der näheren Umgebung Lodges und kleinere private Schutzgebiete entstehen lassen. Eines davon ist das Ubizane Wildlife Reserve mit der *Zululand Tree Lodge*, nur wenige Kilometer vom Memorial Gate entfernt. Abseits der touristischen Brennpunkte im Park lässt es sich hier in einem traumhaften Jenseits-von-Afrika-Ambiente wohnen, gleichwohl kann man mit Rangern auf Jeep-Safari im Hluhluwe-iMfolozi gehen.

Bis zur Grenze Mosambiks hinauf erstrecken sich traumhafte und naturbelassene Strände (oben). Akrobatik im Areal der Kosi Forest Lodge, Kosi Bay Nature Reserve (rechte Seite oben). Flussfähre über den Sihadla Channel bei Kosi Bay (rechte Seite unten).

WASSERREICHES TIERPARADIES

Greater St. Lucia und iSimangaliso Wetland Park

Einschließlich seiner Wasserflächen umfasst das 332 000 Hektar große Areal, das ist das Sechsfache des Bodensees, drei Binnenseen, acht ineinandergreifende Ökosysteme, riesige Sumpf- und Mündungsgebiete, 25 000 Jahre alte Sanddünenlandschaften, die bis zu 180 Meter hoch wachsen, sowie weite Wald- und sattgrüne Grasflächen. Kein Wunder, dass iSimangaliso ein Paradies für Krokodile und Flusspferde ist!

Der St. Lucia Wetland Park sei der einzige Ort auf dem Globus, erklärte Nelson Mandela, »wo sich das älteste Landsäugetier und das größte ein Ökosystem teilen mit dem ältesten Fisch und dem größten Säugetier der Meere«. Gemeint waren Nashorn, Elefant, Quastenflosser und Wal. Das gruseligste Reptil und den dicksten Fleischklops, nämlich Krokodil und Flusspferd, hat er bei seiner Aufzählung glatt vergessen.

UNESCO-Weltnaturerbe

Und was für ein Glück für die Menschheit: Auf 280 Kilometern erstreckt sich der iSimangaliso Wetland Park zwischen Cape St. Lucia im Süden und Kosi Bay im Norden. Eine sehr spezielle Portion trägt der frühere St. Lucia Wetland Park mit seinen Feuchtgebieten des Lake St. Lucia zu diesem »Park der Wunder« bei, so die Übersetzung von iSimangaliso. Mindestens ebenso spektakulär ist der Küstenstreifen der Elephant Coast samt Binnenseenlandschaften, der sich bis zur Grenze Mosambiks zieht. Bis zum Fall der Apartheid waren diese Küstenareale ausschließlich Militärs und Meeresbiologen vorbehalten, was die Unberührtheit einer einzigartigen Natur garantierte. Aufgrund seiner ökologischen Einzigartigkeit sowie einer besonderen Tierpopulation schaffte es der »Wunderpark« als erstes Schutzgebiet Südafrikas auf die Weltnaturerbeliste der UNESCO. Auf seiner

SÜDAFRIKA, LESOTHO, SWASILAND (ESWATINI)

Fischreiher auf der Suche nach Beute (unten). Flusspferde, die tagsüber die Feuchte am Seeufer zwecks Abkühlung suchen (rechte Seite oben). Grauen erregende Krokodile, die in großen Mengen die Wetlands bevölkern (rechte Seite unten).

gesamten Längenausdehnung brandet mit durchschnittlich 30 Grad Celsius Wassertemperatur und mit weiß schäumenden Brechern der Indische Ozean an. Verschwiegene Buchten, unberührte Sanddünenwelten, skurrile Baumstammskulpturen, die als Treibholz auf weite Sandflächen geschwemmt werden, bilden ein menschenleeres tropisches Paradies, das im urzeitlichen Zustand verharrt.

Naturperlen ohne Ende

Nicht ohne Stolz zählt die iSimangaliso Wetland Park Authority ökologisch und landschaftlich kostbare Juwelen auf: Kosi Bay, an Südafrikas Nordgrenze zu Mosambik, ist mit vier Seen und einem Netz an Kanälen ein begehrtes Ziel von Schnorchlern und Fischern; Lake Sibaya, Südafrikas größter Süßwassersee, beherbergt KwaZulu-Natals zweitgrößte Population an Krokodilen und Flusspferden; Sodwana Bay gilt als eine der besten Tauchgründe weltweit; Mkhuze, eine Ausstülpung der Wetlands im Landesinneren, gehört Leoparden, Breitmaul- und Spitzmaulnashörnern, Wildhunden, Geparden, Elefanten und Giraffen. Und dann Lake St. Lucia selbst: Seine 85 Quadratkilometer großen Feuchtgebiete versammeln mit tausenden Krokodilen und Flusspferden die größte Dichte ihrer Spezies in ganz Südafrika. Dazu bevölkern 526 gelistete Vogelarten die urzeitlichen Landschaften, was Vogelbeobachter und Ornithologen aus aller Welt begeistert. Lake St. Lucia versorgt zahllose Reptilien mit Flamingos, Pelikanen und Wildenten, aber der Speiseplan funktioniert auch rein vegetarisch: Nach Einbruch der Dunkelheit steigen 800 Flusspferde aus den flachen Gewässern, um auf den umliegenden Grasflächen zu weiden, wo die Fleischkolosse allnächtlich tonnenweise frisches Grünzeug vertilgen. Tagsüber aalen sich die Hippos gern im kühlenden Wasser, das ihre nährstoffreichen Exkremente dankbar aufnimmt und an zehntausende Fische weitergibt, was wiederum die rund 2000 bis zu sechs Meter langen Nilkrokodile sehr erfreut.

St. Lucia

Die Hauptstadt der Wetlands fungiert als zivilisatorischer Kulminationspunkt in der Mitte der Wildnis: Bed-and-Breakfast-Pensionen, Hotels und Lodges bringen tausende Gästebetten auf die Beine, alle Campingplätze zusammen beinahe noch einmal so viele, in deren Kielwasser dutzende Restaurants, Kneipen, Cafés, Souvenirshops und Supermärkte profitieren. Veranstalter haben Walbeobachtung, Hochseeangeln, Nilpferd- und Krokodil-Kreuzfahrten, Öko- und Schildkrötentouren im Programm, Outdoor- und Safari-Ausrüster

teilen sich die Kundschaft mit Käufern von Zulu-Kunsthandwerk, wenn die nicht gerade auf einem der beiden bildschönen Golfplätze in der Nähe St. Lucias den Abschlag zwischen Krokodilen und Hippos üben.

Ein Riesenspektakel findet jeden Juli vor der Küste St. Lucias statt, beim berühmten *sardine run*, wenn Millionen Sardinen in dichten Schwärmen auftauchen, verfolgt von Kamerateams und Raubfischen, die mit offenem Maul durch das reich gedeckte Fress-Büfett hindurchpflügen und schlucken, was immer geht. Vor den feinen Sandstränden kreuzen Weiße Haie, Buckelwale, Südliche Glattwale, Delfine und die selten gewordenen Dinosaurier der Meere – die Quastenflosser.

Geheimtipp im »Wunderpark«

Sozusagen Bestandsschutz hat dieses Hideaway im iSimangaliso: Abseits des Touristenstromes liegen die sechs Suiten der Makakatana Bay Lodge am Rande des Uferwaldes mit Blick auf die Ausläufer des St.-Lucia-Sees. Nur maximal zwölf Gäste finden in diesem zauberhaften Buschdomizil mit dem unaussprechlichen Namen Platz. Warzenschweine, Buschböcke, Affen, Flusspferde und Büffel machen sich zum gelegentlichen Platschen abtauchender Krokodile zu jeder Zeit bemerkbar sowie eine mehr als 347 Arten umfassende Vogelwelt, darunter der seltene Seeadler mit seinem markanten Schrei. Inmitten dieses Naturparadieses betreiben Leigh-Ann und Hugh Morrison, deren schottische Vorfahren 1918 hierherkamen, die einzige Privatunterkunft innerhalb des iSimangaliso Wetland Parks.

Mkuze Falls

Nicht weit von St. Lucia entfernt residieren hungrige Raubkatzen unter viel Federvieh: Zwischen glitzernden Wetlands, trockenem Buschveld, vegetationsstrotzenden Flusslandschaften und grasbewachsenem Hügelland bietet das 36 000 Hektar große private Mkuze-Falls-Reservat ein ideales Territorium für Wildtiere aller Art. Über 400 Vogelarten bevölkern dieses wenig bekannte Naturparadies, darunter Spechte, Webervögel, Geier, Störche, Sekretäre, Eulen, Moorhühner, Eisvögel, Nashornvögel, Falken sowie zahlreiche Adlerarten. Zu den »Big Five« kommen Krokodile, Flusspferde, Zebras, Gnus und Giraffen sowie ausreichend Antilopen als Raubkatzenbeute dazu, weshalb das bereits 1912 gegründete Wildlife Reserve zu den Höhepunkten einer KwaZulu-Natal-Rundreise gehört. Die gleichnamige Luxus-Lodge überrascht mit einem Top-Safari-Ambiente aus Reetdächern und Safarizelten, stilechten Badewannen von anno dazumal sowie Außenduschen und Pools.

TOP ⭑ ERLEBNISSE

⭑ WETLAND SAFARI

Adrenalinfördernd sind Boottrips auf den weiten Wasserflächen des iSimangaliso. Wer den tobenden Fleischkoloss in Form eines wild gewordenen Flusspferds erlebt, das mit seiner aggressiven Muskelmasse und den rasiermesserscharfen Zähnen zu den wütendsten Wildtieren Afrikas gehört, wird die Größe seines fahrbaren Untersatzes sofort verfluchen. Die Kumpane der Flusspferde sind ebenso riesig wie tückisch: Nilkrokodile werden bis zu sechs Meter lang!
INFO: iSimangaliso Wetland Park Authority, isimangaliso.com; Mkuze Falls Game Reserve, mkuzefallsgamelodge.com

⭑ HIDEAWAY IM ISIMANGALISO

Off the beaten track liegt die Makakatana Bay Lodge am Rand des Uferwalds mit Blick auf die Ausläufer des St. Lucia-Sees. Nur wenige Gäste finden in diesem zauberhaften Buschdomizil Platz. Affen, Flusspferde, Büffel sowie Krokodile haben hier ihr Habitat, zudem eine 347 Arten umfassende Vogelwelt, darunter der seltene Seeadler. Inmitten dieses Naturparadieses betreiben Leigh-Ann und Hugh Morrison, deren schottische Vorfahren 1918 hierherkamen, die einzige Privatunterkunft innerhalb des iSimangaliso Wetland Park.
INFO: Makakatana Bay Lodge, makakatana.co.za

SÜDAFRIKA, LESOTHO, SWASILAND (ESWATINI)

🔵 DIE KÜSTE DER WUNDER – ELEPHANT COAST

Von Schildkröten und Quastenflossern

Von Cape St. Lucia bis zum Maputaland an der Grenze zu Mosambik zieht sich die naturbelassene Traumküste des Indischen Ozeans, die als ungeschliffener Diamant in der Schatzkiste Südafrikas liegt. Gehoben wird das Juwel nördlich St. Lucias beinahe ausschließlich von Südafrikanern, die um die seltenen Naturschönheiten – und den Weg dorthin – wissen. Kosi Bay, Rocktail Bay, Sodwana Bay und Lake Sibaya stehen auf der Inventarliste der Kostbarkeiten.

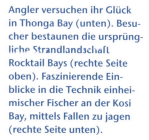

Angler versuchen ihr Glück in Thonga Bay (unten). Besucher bestaunen die ursprüngliche Strandlandschaft Rocktail Bays (rechte Seite oben). Faszinierende Einblicke in die Technik einheimischer Fischer an der Kosi Bay, mittels Fallen zu jagen (rechte Seite unten).

Versteckt und schwer zugänglich liegt das Kosi-Bay-Naturreservat mit den vier Seen Sifungwe, Mpungwini, Nhlange und Amanzimnyama dort oben im letzten Zipfel des Grenzgebiets. Die unaussprechlichen Perlen sind nur durch einen schmalen Dünengürtel vom Indischen Ozean getrennt. Von hier bis hinunter nach Sodwana Bay erstrecken sich die südlichsten Korallenriffe der Welt.

Aquatische Wunder

Unter der Wasseroberfläche ist der Teufel los: Der Northern Reef Complex vor Kosi Bay zieht Taucher aus aller Welt an, White Sands Canyon, Seven Mile Reef, Diepgat Canyon, Red Sands Reef heißen einige der farbschillernden Korallenriffe, die sich bis ins südliche Cape St. Lucia ziehen. Wer hier abtaucht, findet keine anderen Taucher in den Riffen, nur Unterwasserwelten vom Allerfeinsten, in denen Nemo und seine Freunde wie im Film durch bunte Korallengärten gleiten. Schildkröten paddeln in Zeitlupe vorüber, Muränen lugen aus Felslöchern – nicht umsonst heißt einer der besten Tauchplätze vor Kosi Mouth »Aquarium«. Nach Kosi Bay gelangt man nur mit 4x4-Antrieb, für Wanderfreunde bietet die 44 Kilometer lange Route des Kosi Bay Trail an Feigenwäldern und Palmenhainen entlang eine Herausforderung.

SÜDAFRIKA, LESOTHO, SWASILAND (ESWATINI)

Nemos große Freunde

Sodwana Bay besteht aus einem Einschnitt der Küste und verheißt aufgrund seiner schwierigen Zufahrt vor allem Abgeschiedenheit. Südafrikanische Taucher und Sportfischer, die gut ausgerüstet in schweren Geländewagen mit Bootsanhängern anrücken, lassen sich davon nicht abhalten und sind im wenig frequentierten Sodwana-Zipfel, dem weltweit besten Platz für Barrakuda, Marlin und Königsmakrele, meist unter sich. Ebenso wie große Weiße Haie, die gerade hier keine Seltenheit sind. Während die Hauptbadestrände KwaZulu-Natals mit Netzen gesichert und von ausgebildeten Life Guards bewacht sind, herrscht an den urzeitlichen Bilderbuchstränden der Elephant Coast die naturbelassene Wildnis, und (hoffentlich) größte Vorsicht: Nicht nur Schwimmer, sondern auch Brandungswanderer, die sich zu weit ins Wasser wagen, füllen die Statistik von Haiangriffen.

Während der Ferienzeiten kann es auch im entlegensten Naturparadies schon mal enger werden, wenn zunehmend Städter aus Durban und Johannesburg herkommen, um sich vom Leben der anstrengenden Millionenmetropolen zu erholen. Ein halbes Dutzend Herbergen sorgen für komfortable Unterkünfte wie das Buschcamp von Coral Divers oder die Sodwana Lodge. Nördlich von Sodwana Bay liegt mit Lake Sibaya der größte natürliche Süßwassersee des Landes, an dessen Ufern Krokodile, Flusspferde, Schakale, Riedböcke und hunderte von Vogelarten ihre animalische Vorstellung geben.

Rettet die Schildkröten

Rocktail Bay zählt zu den besten Plätzen der Welt, um Meeresschildkröten bei der Eiablage und beim spektakulären Ereignis des Schlüpfens zu beobachten. Dazu braucht es Strände ohne Ende, viel Sonne und einen lauwarmen Ozean. Die Kombination bietet Rocktail Bay im Überfluss, und dazu Einsamkeit zwischen urtümlichen Dünen bis zum Horizont. Vor allem die Lederschildkröte *(Dermochelys coriacea)*, die Echte Karettschildkröte *(Eretmochelys imbricata)* und die Grüne Meeresschildkröte oder Suppenschildkröte *(Chelonia mydas)* nutzen die abgelegenen Sandstrände zur Eiablage. Schätzungen gehen davon aus, dass jährlich rund 250 000 Schildkröten (ungewollt) in Fangnetzen von Fischtrawlern landen und verenden. Was ein Grund mehr ist, Artenschutz und nachhaltigen Tourismus unter Einbindung ortsansässiger Bevölkerungsgruppen zu verbinden.

Das Naturspektakel der Eiablage zwischen November und April bietet dafür die beste

Für Reiten, Fischen, Hochseeangeln, Schnorcheln und Tiefseetauchen steht KwaZulu-Natals Sodwana Bay (unten). Der Sandtiger- oder auch Schnauzenhai bringt es auf bis zu 100 kg Körpergewicht (rechte Seite oben). Großohren stehen für die Bezeichnung »Elephant Coast« (rechte Seite unten).

Gelegenheit. Dann krabbeln die bis zu 750 Kilogramm schweren Meeresschildkröten an Land, um am Strand Löcher für ihre Eier in den warmen Sand zu buddeln. Erst recht bewegend ist der Moment, wenn die Kleinen nach zwei Monaten aus ihren Schalen schlüpfen, um gleich danach ihr noch wackeliges Rennen zum vermeintlich rettenden Wasser zu beginnen. Aber Feinde warten überall, zu Lande und zu Wasser, weshalb nur ein geringer Prozentsatz der jungen Panzerträger überlebt.

On The Rocks

Zwischen Black Rock, Lala Nek und Island Rock findet man keine Spuren im Sand, nur menschenleere Buchten, in die der Indische Ozean mit gewaltigen Brechern einläuft. In den 1960er-Jahren wurde das aufgewühlte Meer dem Fischtrawler »The Rocktail« zum Verhängnis – sein Wrack ist bei Ebbe noch immer zu sehen! Was es heißt, gegen die Urgewalt des Ozeans anzukämpfen, wissen die Spezialisten vom Rocktail Bay Diving Centre zu berichten. Zwei fette 85-PS-Yamaha-Außenborder sind nötig, um das sieben Meter lange Tauchboot durch die Brandung zu bekommen. Dafür wartet draußen mit 14 renommierten Tauchgebieten eines der exklusivsten Unterwasserparadiese.

Im südafrikanischen Sommer, wenn die Wassertemperaturen bis auf 28 Grad Celsius ansteigen, herrscht unter der Oberfläche eine Sichtweite zwischen 12 und 35 Metern, das ist dann die Zeit der Walhaie und Schildkröten. Im Winter sinken die Temperaturen auf 20 Grad und die Sichtweite auf bis zu 10 Meter. Auch Wissenschaftler des Max-Planck-Instituts kurvten hier schon mit einem Tauchboot durch die Tiefen, um dem lange Zeit als ausgestorben geltenden Quastenflosser, dem Urfisch *Coelacanth*, auf die Spur zu kommen. Das Alter dieses lebenden Fossils wird auf 410 Millionen Jahre geschätzt, 1938 wurde zum ersten Mal ein Exemplar im Indischen Ozean entdeckt. Inzwischen ließen sich an die 200 dieser urfischartigen Unterwasserwesen an verschiedenen Orten der Welt einfangen.

Der Deal der Thonga Beach Lodge

68 Prozent Gemeindeanteil am Lodge-Betrieb, 80 Prozent an der Belegschaft, 100 Prozent an Grund und Boden. »Unser Dorf verdient mit«, lautet das Credo des Mabibi Trust, der die Einnahmen der Mabibi-Gemeinde verwaltet. Schulspeisung, Brunnenbau, Solarenergie u. v. m. stehen auf der gemeinnützigen Ausgabenliste der Fünf-Sterne-Lodge und Schnorcheln, Rifftauchen, Hochseeangeln und nächtliche Schildkrötenbeobachtung auf der Liste der Aktivitäten.

TOP ★ ERLEBNISSE

★ ELEPHANT COAST

Seit ewigen Zeiten sind die weiten Gebiete westlich der Küste des Indischen Ozeans das Maputaland, nach dem einstigen König der Thonga, Mabhudu, benannt. Zusammen mit St. Lucia im Süden wurde der gesamten Region ein neues Branding verpasst mit der Bezeichnung Elephant Coast.
INFO: Thonga Beach Lodge, isibindi.co.za; Kosi Bay Lodge, kosibaylodge.co.za; Mabibi Beach Camp, mabibicampsite.co.za; Mseni Beach Lodges, mseni.co.za; Sodwana Bay Lodge, sodwanadiving.co.za; Utshwayelo Lodge and Camp, kosimouth.co.za

★ WUNDERLAND MAPUTALAND

Unter dem Label Elefantenküste sind die Hauptattraktionen des nordöstlichen Teils KwaZulu-Natals erfasst. Traumbeaches am Indischen Ozean sind Thonga Bay, Rocktail Bay, Sodwana und Kosi Bay, Naturschutzzonen Tembe Elephant Park, iSimangaliso Wetland Park, Hluhluwe iMfolozi und Phinda, die Zululand Rhino Reserve sowie zahlreiche kleinere Schutzgebiete.
INFO: iSimangaliso Wetland Park Authority St. Lucia, isimangaliso.com

TRAUMROUTEN

ÜBER DEN WOLKEN – AUF DEM DACH SÜDAFRIKAS

Lesotho, das »Königreich im Himmel«

Als kralförmige Enklave ist Lesotho vollständig von Südafrika umschlossen, gehörte aber zu keiner Zeit politisch zum großen Nachbarn. Die extreme Gebirgslage war während der Kolonialisierung Rückzugsgebiet der Basotho, deren König Moshoeshoe in der ersten Hälfte des 19. Jahrhunderts zwischen Missionaren, Buren und Briten taktierte und seinem Volk so die Unabhängigkeit sichern konnte – auch während der südafrikanischen Apartheid.

Liebhaber zackiger Gebirgslandschaften, deren Riesen weit über 3000 Meter aufragen, finden hier ihr Paradies erster Klasse, selbst die Täler des Bergstaats liegen über 1000 Meter hoch. Aber erst die Passstraßen geben Auskunft darüber, was hier wirklich passiert: Der Bushman's Pass geht bis auf 2268 Meter hinauf, der Blue-Mountain-Pass auf 2626, die größten Berge im Land versammeln sich um den höchsten des Südlichen Afrika, den Thabana Ntlenyana, der 3482 Meter aufragt. Wer beim Bereisen dieses landschaftlichen Ausnahmezustands von der bizarren Szenerie, die hinter jeder Kurve mit einer neuen Überraschung aufwartet, nicht genug bekommen kann, macht sich am besten gleich auf der Roof of Africa Road ab in die Wolken.

Auf kurvigen Straßen fast bis zum Himmel

Dort geht es zu wie auf der Achterbahn. Die exzeptionelle Panoramaroute verläuft von der Hauptstadt Maseru parallel zum grenznahen südafrikanischen Caledon River an Lesothos Westgrenze Richtung Norden. Man kann auch von den südafrikanischen Grenzstädten Ficksburg oder Fouriesburg aus einsteigen, denn wirklich wild wird das Dach Afrikas erst nach der Ortschaft Butha-Buthe auf dem 2840 hohen Moteng-Pass zwischen Mont-aux-Sources (3282 m) und Cathedral Peak (3004 m). Über 3000 Meter winden sich die Gebirgspassagen Mahlasela und der Pass of Guns durchs Hochgebirge, mit den grandiosesten Ausblicken. Bis zu einem halben Meter Schnee schaffen während der Wintermonate rund um den Wintersportort Oxbow ein kurioses Skiparadies mitten in Afrika, das von Südafrikanern gern besucht wird. Die östlichen Highlands bestehen aus Vulkangestein, sind vor circa 150 Millionen Jahren entstanden und von berauschend idyllischen Flusstälern durchzogen. An den Rändern der Drakensberge gehen zahllose Wasserfälle in die Tiefe. Ziemlich beeindruckend sind die Maletsunyane-Fälle, die mit fast 200 Metern zu den höchsten frei fallenden Kaskaden des Südlichen Afrikas zählen. Inmitten dieses Gebirgsszenarios entspringen die südafrikanischen Flüsse Oranje und Caledon, die sich malerisch durch bizarr anzusehende Canyons ziehen.

Raues Gebirgsklima

Dort wo der Oranje, der hier Senqu heißt, mit dem Makhaleng River zusammenfließt, liegt auf circa 1400 Metern der tiefste Punkt des Landes, während 80 Prozent auf über 1800 Metern residieren, weshalb es im südafrikanischen Winter bitterkalt wird, mit sicherem Schneefall in den östlichen Höhenlagen. Trotzdem schaffen durchschnittlich 300 Sonnentage im Jahr ein trockenes, winterliches Traumwetter, das im Sommer zur 30-Grad-plus-Hitze wird – die nachts wie fortgeblasen scheint, wenn die Quecksilbersäule, je nach Höhenlage, wieder den Nullpunkt aufsucht. Lesothos Wetter liebt theatralische Auftritte und gibt sich besonders viel Mühe, wenn kraftvolle Sommergewitter mit saftigen Niederschlägen schwere Ge-

Wie ein Mahnmal schaut der Basotho-Reiter ins (noch) unberührte Paradies.

TOP ★ ERLEBNISSE

★ SANI & CO.

Wem das Dach Südafrikas mit dem Drakensberg nicht hoch genug ist, macht sich am besten gleich auf die Roof-of-Africa-Route nach Lesotho. Nach der lesothischen Ortschaft Butha-Buthe wird es mit dem 2840 Meter hohen Moteng Pass zwischen Mont-aux-Sources (3282 Meter) und Cathedral Peak (3004 Meter) spannend. Eine Menge Schnee gibt es im südafrikanischen Winter rund um den Wintersportort Oxbow, der dann zu einem Skiparadies mitten in Afrika wird! Von hier windet sich eine Asphaltstraße über eine Reihe von mehr als 3200 Meter hohen Pässen bis hinunter ins Städtchen Mokhotlong, den Ausgangspunkt für den verwegensten Teil der Roof-Top-Strecke: Nur mit 4x4 geht es über den legendären Sani Pass ins südafrikanische KwaZulu/Natal. Die Ausfahrt nach Südafrika erfolgt über den Sani Pass (2874 m) und zählt zu den Top-Fahrspaß-Erlebnissen schwindelfreier Offroader. Die meisten Stationen Lesothos lassen sich mit normalem Pkw erreichen, wie die Maletsunyane und Ketane Falls in Semonkong, der »Ort des Rauchs«, oder das Traumszenario des Bergorts Malealea am Gates of Paradise Pass.
INFO: Malealea Lodge, malealea.co.ls; Sani Mountain Escape, sanimountain.co.za; Semonkong Lodge, placeofsmoke.co.ls

★ FAHRSPASS OHNE ENDE

Die meisten Stationen Lesothos lassen sich mit normalem Pkw erreichen, wie die Maletsunyane und Ketane Falls in Semonkong, der »Ort des Rauches«, oder das Traumszenario des Bergortes Malealea am Gates of Paradise Pass.
INFO: Travel Lesotho, tasteofsouthernafrica.com

birgssommerwolken entleeren, weshalb die angenehmsten Reisezeiten Herbst und Frühling sind mit höchst moderaten Erscheinungsformen. Noch dazu leisten sich Lesothos Landschaften herrliche Blütenteppiche und saftig-grüne Hänge mit selten schönen Gebirgsblumen.

Einer der touristischen Höhepunkte Lesothos ist neben dem Durchqueren seiner grandiosen Landschaften das Pony-Trekking. Für viele der rührend gastfreundlichen Hochlandbewohner sind die zähen Basotho-Ponys das einzige Transportmittel, und Besuchern bieten sie die beste Möglichkeit, die Sehenswürdigkeiten der bezaubernden Bergwelten in Stille und in wohltuender Zeitlupe zu erkunden. Es gibt aber auch Schattenseiten im Land der königlichen Berge: Die Mehrheit der Bevölkerung ernährt sich mehr schlecht als recht von der Landwirtschaft, viele Wanderarbeiter müssen sich in den Minen Südafrikas verdingen, wenn es denn Jobs gibt, um überhaupt ein Einkommen zu erwirtschaften.

Lesotho wartet mit großartigen Passstraßen und kalten Wintern auf.

SÜDAFRIKA, LESOTHO, SWASILAND (ESWATINI)

 # AHNENKULT, HEXEREI UND AUFREGENDES NACHTLEBEN – SWASILAND (ESWATINI)

Das Reich von König Mswati III.

Nicht nur wegen seines illustren Auftretens ist das kleine Swasiland (Eswatini), nach Gambia das zweitkleinste Land Afrikas, gar nicht so ohne: Ein halbes Dutzend exzellenter Wild- und Naturparks wartet mit traumhaften Berglandschaften und natürlich den »Big Five« auf sowie mit einer stattlichen Statistik an großkalibrigen Wildtieren – und Nachtclubs, Spielcasinos und Diskotheken.

Traumlandschaft mit traditionellen Rundhütten im Ezulwini Valley (unten). Löwin mit ihren Jungen auf der Jagd (rechte Seite oben). Präsentation im Swazi Cultural Village (rechte Seite unten).

Die meisten Besucher werden die schillerndste Figur einer der letzten afrikanischen Monarchien kaum zu Gesicht bekommen, auch wenn eine Audienz bei Ihrer Hoheit König Mswati III. ganz sicher der krönende Abschluss einer Reise ins Südliche Afrika wäre. Ranken sich doch um ihn die kuriosesten Anekdoten. Ohnehin kursieren in seinem 1,1-Millionen-Untertanen-Volk gern die spannendsten Gerüchte. Besonders wenn mal wieder ein Swasi spurlos verschwunden ist. Garantiert wird in den Gazetten dann auf einen rituellen Mord spekuliert und die Frage diskutiert, wann die Leichenteile zu Pulver zermahlen auftauchen werden – schließlich spielen im Königreich Kulte, Schwarze Magie, Hexerei und Ahnenverehrung eine große Rolle. Immer noch werden mysteriöse Riten praktiziert wie die heilige Incwala-Zeremonie (Fruchtbarkeitsfeier) sowie der Umhlanga-Tanz (Schilftanz), die neben vielen anderen kulturellen Eigenheiten aufzeigen, wie stark das Leben der Swasi in Traditionen verhaftet ist. Als Staatsführer und spirituelles Oberhaupt wird König Mswati III., absoluter Monarch seit 1986, von seinem Volk sehr verehrt. Die Existenz der Nation ist allein der klugen Politik der Königsfamilie zu danken, die

das Land seit Erlangen der Unabhängigkeit (1968) geschickt durch die Turbulenzen der südafrikanischen Apartheid lavierte.

Flotte Hoheit: Sexverbot

Auch wenn deren jüngster und derzeit regierender Spross bekannt ist für seinen ausschweifenden Lebensstil (an die 20 Ehefrauen soll er haben, was sich jedoch im Vergleich zu über 100 seines Vorgängers König Sobhuza II. eher bescheiden ausnimmt), gibt es an der Monarchie wenig Zweifel. Zu Apartheidszeiten war Swasiland bei den weißen Südafrikanern beliebt wegen zahlreicher Spielcasinos und Nachtclubs, wo es sich – weit genug entfernt von der strikten Rassentrennung zu Hause – herrlich feiern ließ, mit allen erdenklichen exotischen Zutaten. Heute leidet das Land nicht nur unter einer hohen Armuts- und Arbeitslosenrate. Die extreme HIV-Infektionsrate hätte König Mswati III. gerne durch ein fünfjähriges Sexverbot in den Griff bekommen, was aber naturgemäß nicht funktionierte, vor allem auch, weil Seine Hoheit selbst in die Schlagzeilen geriet und an Glaubwürdigkeit einbüßte: Kurz nach dem Erlass wurde er mit einer 17-Jährigen ertappt.

Die Schönheiten der Natur Swasilands sind beeindruckend. Das größte Schutzgebiet, der Hlane-Royal-Nationalpark, liegt in der Nachbarschaft des ehemaligen königlichen Jagdreviers, wo es sich auf organisierten Buschwanderungen hautnah an Elefanten und Breitmaulnashörner heranpirschen lässt. Das private Mkhaya-Wildreservat wirbt damit, dass Besucher hier mehr Nashörner sichten können als irgendwo sonst in Afrika. Das Ezulwini Valley ist mit seiner reizvollen Landschaft und dem königlichen Sitz Lobamba Swasilands touristisches Herzstück. Neben dem Royal Embo State Palace, dem Royal Kraal und dem Lozitha State House finden sich im »Tal des Königs« elegante Hotels, Restaurants, Märkte und Kasinos. Nicht ohne Grund wohnt Seine Majestät lieber hier im Royal Valley und nicht im schnell wachsenden und quirligen Mbabane.

Die 100 000 Einwohner starke Hauptstadt ist zwar pittoresk von 1800 Meter hohen Gebirgsketten umringt, hat aber gegen Ezulwini wenig Reiz aufzubieten. Als landschaftliche Perle kommt das kleine Goldgräberstädtchen Piggs Peak daher, im hügeligen, pinienbestandenen Norden des Landes, wo ein gewisser William Pigg 1884 sein Glück machte. Schon lange sind alle Minen geschlossen, aber heute lockt das Forststädtchen mit malerischen Landschaftsbildern, den Phophonyane-Wasserfällen sowie afrikanischem Kunsthandwerk, was es zu einem beliebten Highlight Swasilands macht.

TOP ⭐ ERLEBNISSE

⭐ IM TAL DER KÖNIGE

Ezulwini Valley ist das royale Kernstück von Swasiland, und das touristische Zentrum. Hier befinden sich Swasilands State Palace, Nationalmuseum und Parlament sowie das Denkmal King Sobhuza II. (dem von den Untertanen der Herrscherfamilie am meisten verehrten König) – allesamt Hauptattraktionen für Kameralinsen. In der Mantega Nature Reserve liegt das Swazi Cultural Village, ein lebendiges Kulturdorf mit traditionellen Bienenstockhütten sowie einer Ausstellung zur Swasi-Kultur. Die Mantega Falls gehören mit zum Reservat und sind auf jeden Fall sehenswert.
INFO: The Kingdom of Eswatini (Swaziland) Official Tourism Website, thekingdomofeswatini.com

⭐ WELLNESS IN SWAZIS SPA

In Ezulwini Valleys heißen Thermalquellen lässt es sich vorzüglich entspannen. Wer das nicht schafft, wechselt ins Swazi Spa Health & Beauty Studio gleich nebenan, um sich mit Dampfkabinen, Sauerstoff- und Aromatherapie sowie sprudelnden Jacuzzis vom anstrengenden Reisen zu erholen. Anschließend geht es gelockert zum Shoppen: Korbwaren bei Gone Rural beispielsweise, Batik bei Baobab Batik und fantastische Kerzen bei Swazi Candles.
INFO: Gone Rural, gonerural.co.uk; Swazi Candles, swazicandles.com; Baobab Batik, baobab-batik.com

Pinguinkolonie am Boulders Beach in Simons Town, False Bay bei Kapstadt

LEGENDE

▬▬9▬▬	Autobahn	★	Sehenswürdigkeit - Kultur
▬▬17▬▬	Schnellstraße	★	Sehenswürdigkeit - Natur
▬▬471▬▬	Fernstraße	■	Sehenswürdigkeit
────	Nebenstraße	⚑	Kirche, Kloster
────	Sonstige Straße	♪	Schloss
────	Fahrweg	⚐	Schlossruine
┼┼┼┼	Eisenbahn	🏛	Museum
─ ─ ─	Flüsse	⌒	Höhle
▬▬▬	See	※	Windmühle
▬▬▬	Bebauung	⊤	Leuchtturm
─ ─ ─	Staatsgrenze	✳	Aussichtspunkt
─ ─ ─	Natur-, Nationalpark	◆	Flughafen

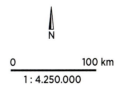

1 : 4.250.000

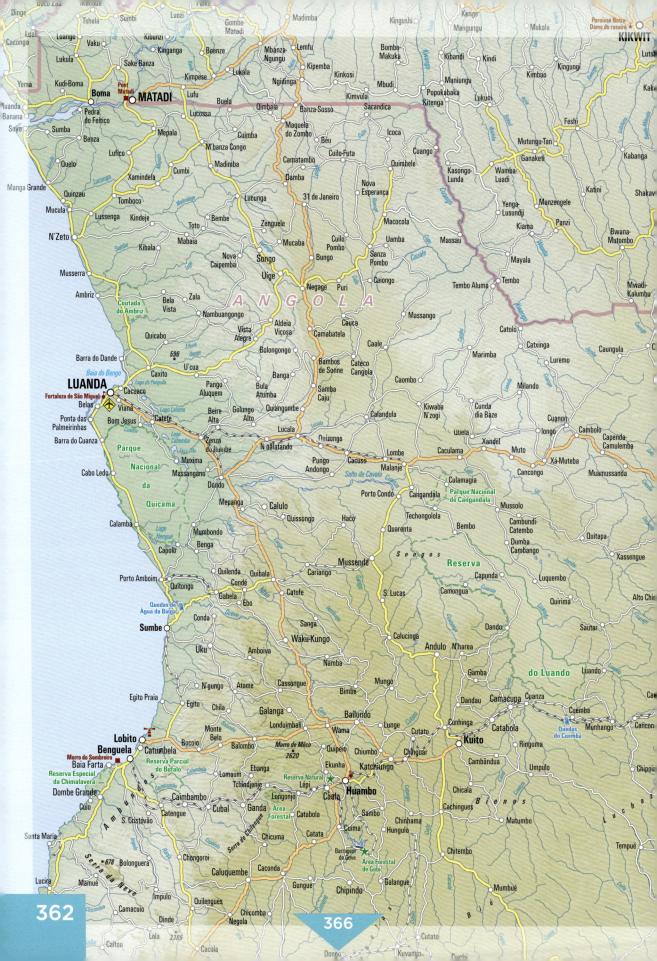

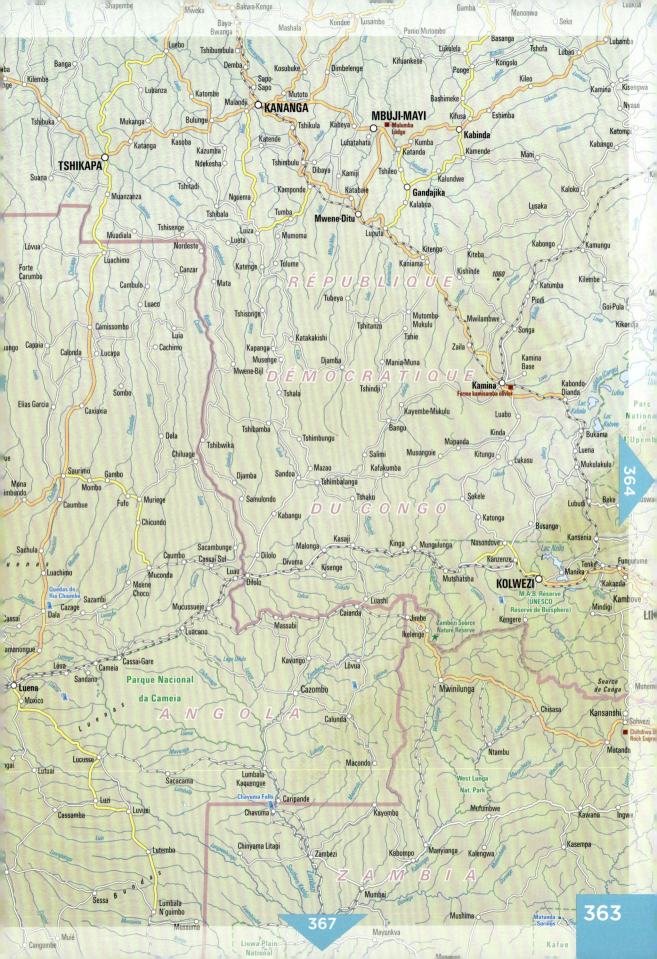

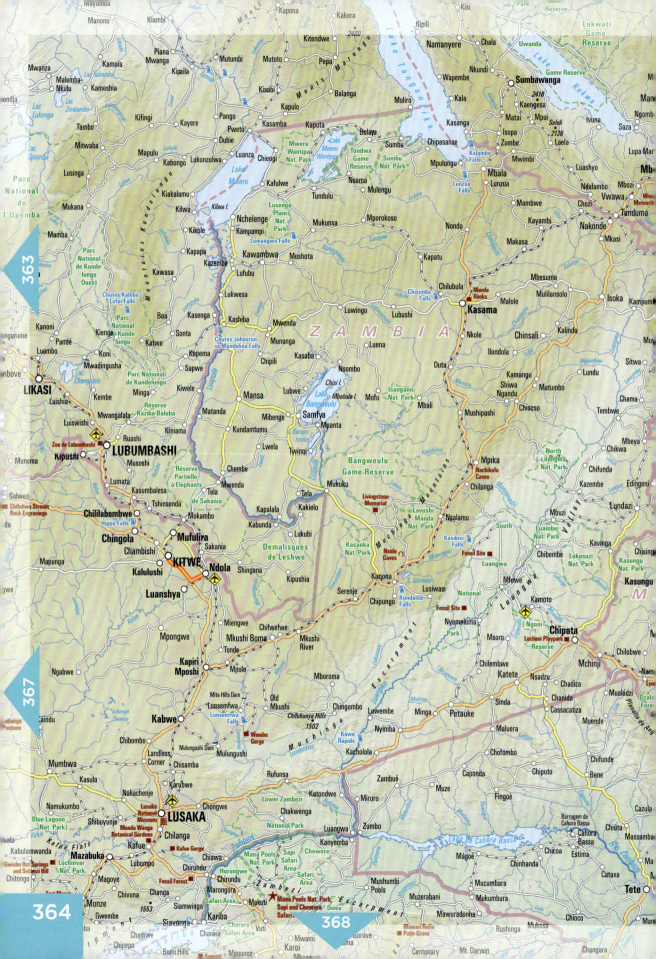

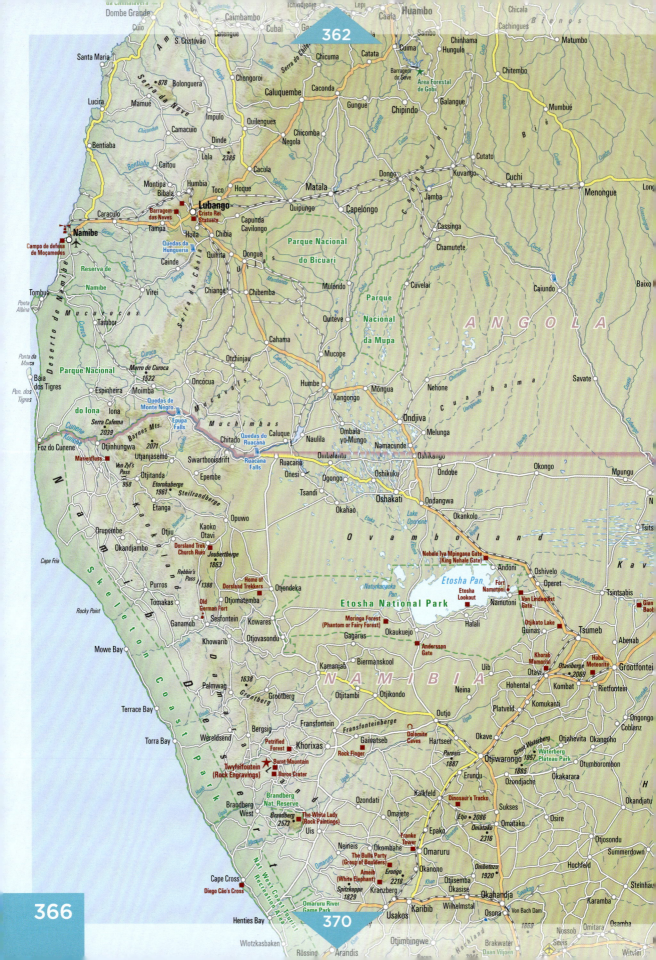

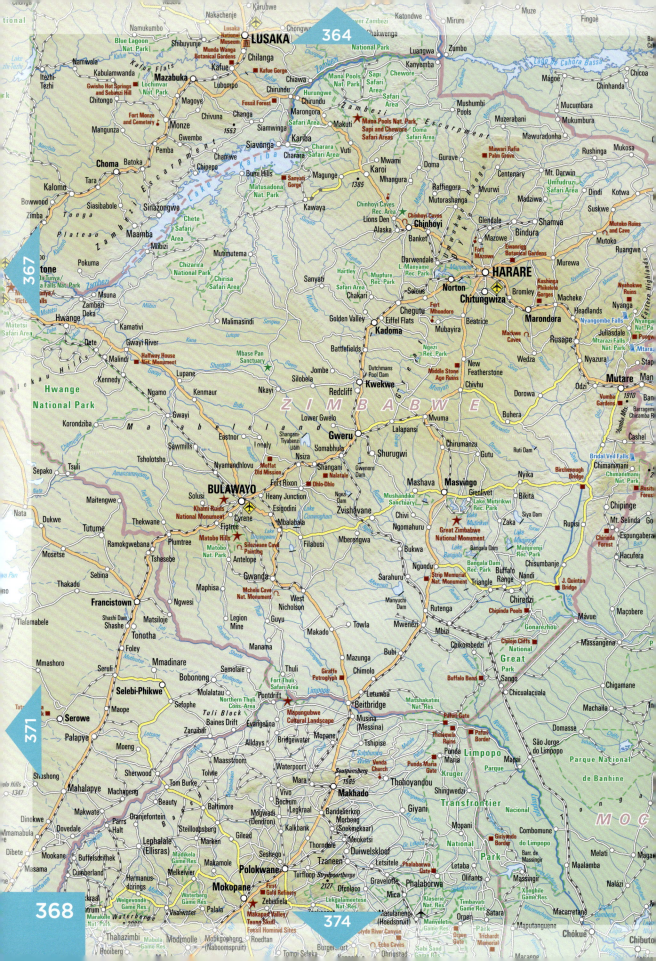

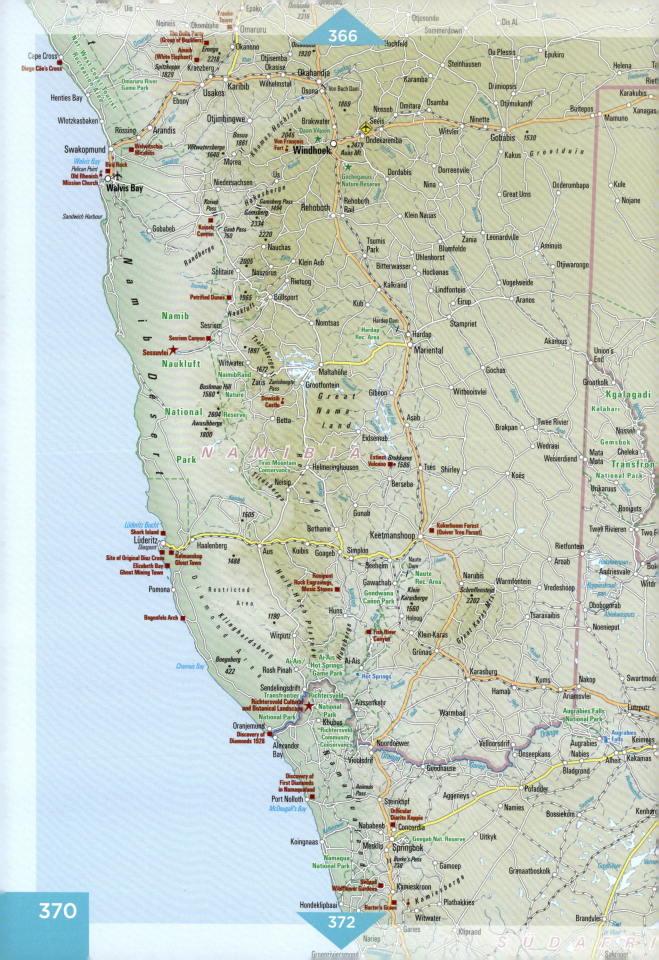

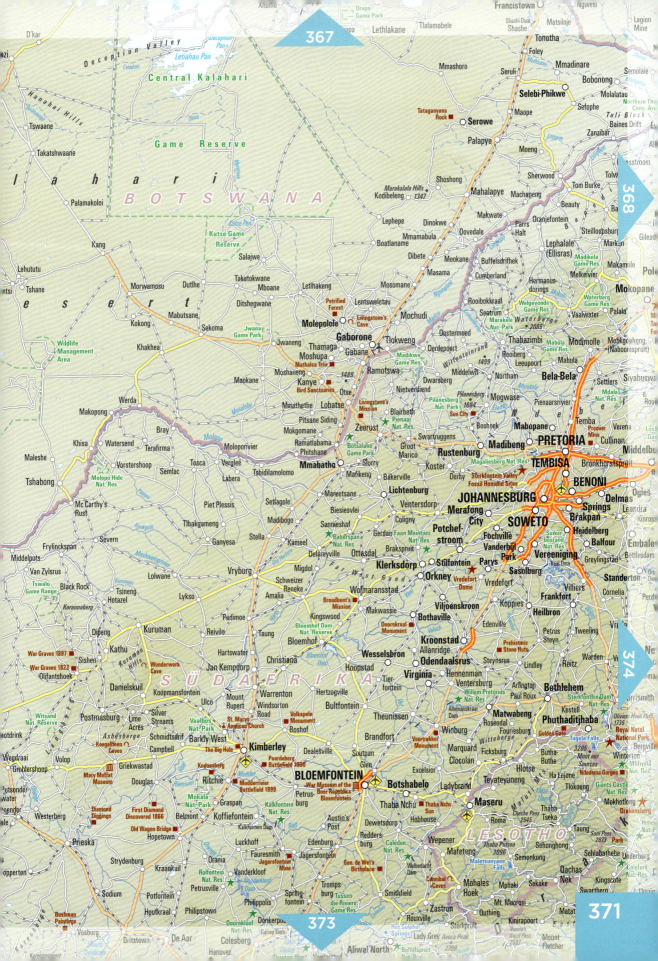

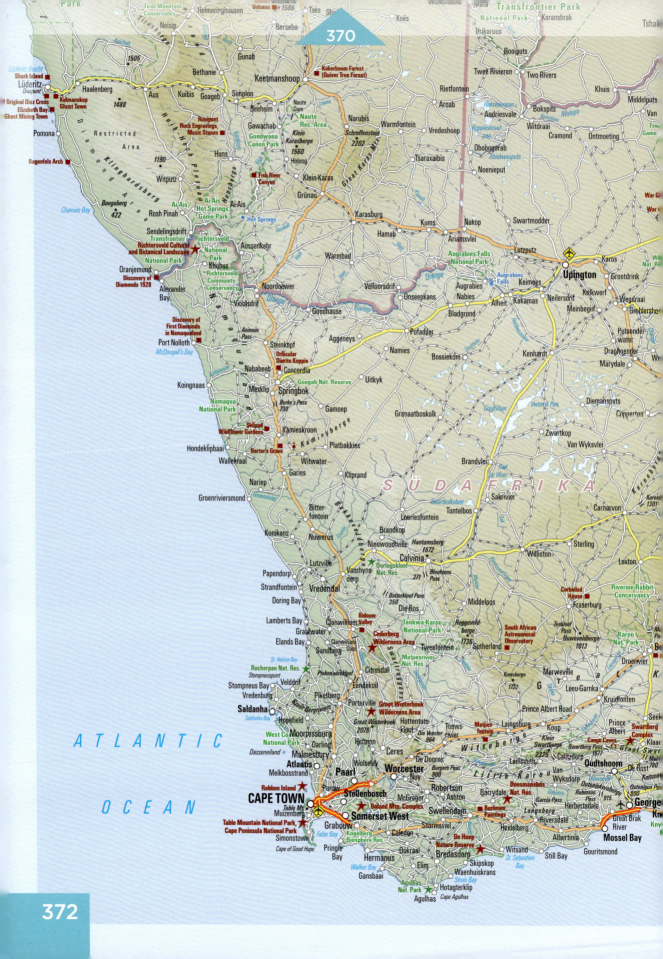

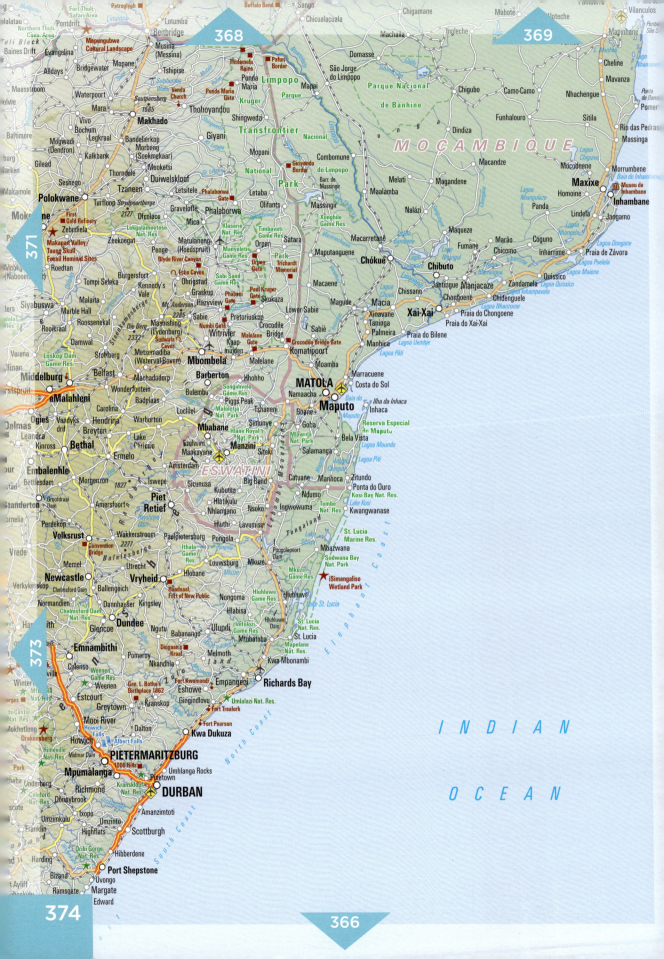

Die Maletsunyane Falls in Lesotho zählen zu den schönsten und romantischsten Wasserfällen weltweit.

REGISTER

A
Addo Elephant Nationalpark 288
Agulhas-Nationalpark 262
Ais-Ais 211
Angola 28
– Kunene River 28, 168
– Luanda 31
Apartheid 338 f.
Atlantic Seaboard 240, 243
Augrabies Falls 200

B
Bahia Formosa 268
Bazaruto-Archipel 84 ff.
– Benguerra 84
– Santa Carolina 87
Bethanien 212
Bethanien 212
Blantyre 68 f.
Blue Train 310 f.
Blyde River Canyon 326 f.
Botswana 104
Brandberg-Massiv 154
Bulawayo 109

Busanga Plains 32, 34 ff.
Buschpiloten 32 f., 98
Bushman's Pass 354
Bushmans Kloof Wilderness
   Reserve 278

C
Cango Caves 254, 283
Cape Agulhas 261 ff.
Cape Cross 180 f.
Cape Namibia Route 277
Cape Point 240, 244 f.
Cape West Coast 274
Cape Whale Route 256 f.
Caprivi-Streifen 23, 216
Cederberg Mountains 278
Chapman's Peak Drive 240 f.
Chobe 101
Chobe Nationalpark 226
Chobe River 97
Chobe River Camp 226
Clarence Drive 261
Clarens 337
Coffee Bay 294 f.

D
Damaraland 137, 152 f.
De Hoop Nature Reserve 263
Desert Express 125, 193
Desert Golf Village 187
Desert Whisper 202 f.
Drakensberg-Park 337
Drakensberge 326 f., 336 f.
Dune Star Camp 202 f.
Durban 332, 334 f.

E
Eisenbahn 310 f.
Elephant Coast 306 ff.
– Sodwana Bay 308
– Rocktail Bay 308 f.
– Thonga Beach 309
Erongogebirge 132 f.
Etosha-Nationalpark 125, 138 ff., 142

F
False Bay 210 f., 241 f.
Fish River Canyon 122 ff., 190 f.
Fish-River-Canyon-
   Nationalpark 190 f.
Fort Namutoni 140 f.

Gleitschirmfliegen an den Dünen der Namib Wüste, Marktfrau im Ovamboland Namibias, Felsspirale und Köcherbaumwald, Malawierinnen vor Lehmhütte, Felszeichnung in Twyfelfontein, Hererofrau mit typischen Kopfschmuck (v.l.n.r.).

Respekt: Der Afrikanische Büffel wird selbst von Löwen als einer der gefährlichsten Gegner geachtet. Nicht selten ist der kraftvolle Einsatz spitzer Hörner für Raubkatzen tödlich. Hier eine friedliche Herde beim Flussbad.

G
Garden Route 232 ff., 283
 – Wilderness 232 f.
 – Knysna 235
 – Featherbed Nature Reserve 235
 – Plettenberg 264, 268 f.
Garden Route National Park 268 f.
God's Window 326
Golden-Gate-Highlands-Nationalpark 296
Golfen 186 f., 311
Gondwana-Canyon-Park 195
Gondwana-Kalahari-Park 194
Gondwana-Namib-Park 195
Gondwana-Sperrgebiet-Rand-Park 195
Graaff-Reinet 290 f.
Grahamstown 288 f.
Grootbos Nature Reserve 258
Grootfontein 146 f.

H
Harare 108
Hartmann-Bergzebra 221
Henties Bay 180 f.
Herero 164 f.
Hermanus 256 f.
Himba 165

Hluhluwe-iMfolozi-Nationalpark 344
Hout Bay 240 f.
Huntingdon House 68 f.
Hwange-Nationalpark 110

J
Johannesburg 298 f.
 – Soweto 298, 398 f.

K
Kafue-Nationalpark 32 ff.
Kalahari-Wüste 104, 284
Kalk Bay 242
Kameldornbaum 220
Kaokoveld 160
Kap der guten Hoffnung 310
Kapstadt 234, 240 f., 310 f.
 – Castle of Good Hope 236
 – Tafelberg 142, 236 f.
Karibasee (Lake Kariba) 33, 44, 47
Karibib 140 f.
Karoo 252, 290
Kasane 97, 101
KAZA-Naturschutzprojekt 102 f.
Keetmanshoop 212
Kgalagadi-Transfrontier-Nationalpark 285
Khomas-Hochland 140

Hluhluwe-iMfolozi-Nationalpark 344
Khwai River Reserve 100
Kiddies Game Drive 282
Kolmanskop 206
Köcherbaum 220
Kruger-Park 312
Kunene River 168
KwaZulu-Natal 340

L
Lake Malawi 58
 – St. Peter's Cathedral 60
 – Likoma Island 33, 60
 – Likoma-Archipel 64
 – Kaya Mawa Lodge 61
 – Mumbo Island 33, 64
 – Domwe Island 65
 – McLear-Halbinsel 65
Lake-Malawi-Nationalpark 64 f.
Lake St. Lucia 346 ff.
Lamberts Bay 277
Langebaan 274
Lapalala Wilderness 309

Lesotho 354 f.
 – Roof of Africa Road 354
Lilongwe 33, 69
Livingstone, David 48, 50, 60, 107, 116, 227

REGISTER

Liwonde-Nationalpark 70
Llandudno 240
Lower-Zambezi-Nationalpark 44
Luangwa River 34, 40, 43
Luangwa Valley 43
Lüderitz 204, 213
Lüderitzbucht 204
Lugenda River 79
Lunga River 32, 34
Lunga River Camp 32

M
Madikwe Game Reserve 306
Majete Wildlife Reserve 72
Makgadikgadi-und-Nxai-Pan-Nationalpark 105
Malawi 64 f., 68, 70
Mana-Pools-Nationalpark 116 f.
Mandela, Winnie 339
Maputo 74 f., 318
Märchental 206, 208
Marienflusstal 170
Marulabaum 220 f.

Maseru 354
Matobo-Hills-Nationalpark 115
Maun 96
Midlands 336 f.
Miuzenberg Beach 242
Mkuze Falls 349
Mobile Safari 98, 101
Monkey Bay 65
Moremi Game Reserve 98
Mosambik 74, 79, 80, 84
Mosi-oa-Tunya-Nationalpark 40, 48
Mua Mission 67

N
Nama 164
Namib-Naukluft-Nationalpark 125, 155, 200
Namib-Wüste 195, 202 f., 220
Namibia 122, 126, 134, 142, 144, 154, 188, 216, 219 f.
Namibia Nature Foundation 178
NamibRand Nature Reserve 200
Nyika-Nationalpark 71

O
Okahandja 140 f.
Okavango-Delta 22, 90, 219
Omaruru 140
Onguma 148
Oranje-Fluss 280
Oudtshoorn 254 f., 283

P
Paarltal 248 f.
Paternoster 274 f.
Pemba 76, 79
Pietermaritzburg 336 f., 341
Pilanesberg-Nationalpark 282, 304 f.
Pilgrim's Rest 326 f., 330 f.
Plettenberg Bay 268
Ponta do Ouro 80 f.
Ponta Malongane 81
Pony-Trekking 355
Popa Falls 219
Port St. John's 295
Pretoria 302 f., 305, 311
Prince Albert 255
Purros 164 f., 166 f.

Q
Quadbike 187
Quirimbas 76 f.

Strauße in Südafrika, Blick auf den Hauptgipfel der markanten Spitzkoppe Namibias, Überlebenskünstler Nebeltrinkkäfer, Pelikane am Kunene River, Fischer auf dem Malawisee, historische Häuserzeile in Lüderitz (v.l.n.r.).

Südliches Afrika: Weite Savannen und dichter Dschungel sind das Terrain wilder Exoten.

Quirimba-Archipel 76 ff.
– Ibo Island 77
– Matemo Island 76

R
Reserva Nacional do Niassa 79
Richtersveld 281
Riebeek-Kasteel 279
Robben Island 243
Robberg Nature & Marine Reserve 269
Rossmund Golf Club 186
Rovos Rail 311, 341

S
Sabi Sands Game Reserve 324
Sambesi River 20, 33, 40 f., 46 ff., 50 f., 55, 106, 116 f., 224 ff.
Sambia 34 ff., 40 ff., 44 ff., 48 ff.
Schloss Duwisib 213
Schoeman, Louw 178
Schoemans Safari 178 f.
Shire River 70 ff.
Shongololo Express 311 f.
Simbabwe 106 f., 108 f., 110 ff., 114, 226 f.
Singita Lebombo 316 ff.
Skeleton Coast (Skelettküste) 139, 166 f., 172 ff., 178 f.
Sossusvlei 192 f., 198 f.
South-Luangwa-Nationalpark 40 ff.
South West Township (Soweto) 338 f.
Spitzkoppe 140 f., 154 f.
St. Lucia 346 ff., 350 ff.
Stellenbosch 250 f.
Sun City 283, 304 f.
Swakopmund 140 f., 144 f., 175, 182 ff., 188 f.
Swasiland (Eswatini) 356 f.
Swellendam 252

T
The Crags 269
Tierschutz 54 f.
Townships 338 f.
Tsitsikamma-Nationalpark 268 f., 270 f.
Tsumeb 146 f.
Tswalu Kalahari Reserve 287
Twelve Apostels 240
Twyfelfontein-Naturreservat 158 ff.

U
Unterwasserwelt 64, 77
Upington 280 f.
Usakos 140 f.

V
Victoria Falls (Ort) 50 f., 107, 226 f.
Victoria Falls Hotel 51, 106 f.
Victoriafälle 48 ff., 106 f., 218 f., 226 f., 311
Vilankulo 84

W
Waenhuiskrans/Arniston 263
Walker Bay 256 ff., 261 ff.
Walvis Bay 175, 188 f., 192 f.
Waterberg 142 f., 282, 308 f.
Waterberg Mountains 142 f.
Wild Coast 292 ff.
Wildtiere 54 f., 94 f., 98 f., 221
Windhoek 125, 126 ff., 130 f.
– Katutura 130 f.
– Domestic Airport »Eros« 138 f.
Wlotzkasbaken 180
Wüstengolfplatz 186

Z
Zomba 68 f.

Der Autor und die Fotografen

Roland F. Karl produziert seit 35 Jahren als freier Autor und Fotograf Reisereportagen für Printmedien, u. a. auch für Die Zeit, Stern, Handelsblatt sowie verschiedene Reise-Magazine. Darüber hinaus ist er mit seinen Texten und Bildern an zahlreichen Buchpublikationen beteiligt.

Christian Heeb ist einer der erfolgreichsten Reisefotografen weltweit. Er ist Bildautor von über 100 Büchern und unzähligen Kalendern.

Clemens Emmler arbeitet als selbstständiger Fotograf und Reisejournalist und hat zahlreiche Veröffentlichungen in Bildbänden, Kalendern, Reiseführern sowie Reise- und Fachmagazinen. Zu seinen Spezialgebieten gehört Südafrika.

Bildnachweis

Roland F. Karl: S. 4 u.l., 4 u.r., 5 u.m., 6 u. (3), 7 u.l., 7 u.m., 16, 19 (3), 22 u., 25 (2), 31, 32, 33 (2), 34, 35 (2), 36 (2), 37 u., 46 u., 49 u., 54 (2), 55 (3), 57 u., 60 (2), 61 u., 65 (2), 67, 73 o., 75 o., 84, 85 o., 86 (2), 87 u., 89 o., 91 o., 94 (2), 95 (2), 98, 99 (2), 100 (2), 101 (2), 107 (2), 108, 110, 111 u., 114, 115, 117 u., 125 (2), 129 (2), 130, 131 (2), 136 (2), 137 (2), 139 o., 143 o., 144 (5), 145 (5), 147 o., 150 (2), 151 u., 154, 159 o., 163 u., 164, 165 (2), 167 o., 175 u., 179 u., 181 o., 185 u., 186 (2), 187, 189 o., 190, 193 u., 198, 199 (2), 201 (2), 202 (2), 203 (2), 208 o., 211 o., 213 u., 218 u., 222, 223 (2), 224, 225 (2), 226, 227 (2), 229 u., 233 o., 236 u., 237 u., 240, 241, 251 u., 255 u., 257 u., 258, 259 (2), 260 o., 261 o., 262, 263 u., 268, 269 (2), 276 (2), 277 u., 279 (2), 286, 287 (2), 306, 307 (2), 308, 309 (2), 315 (2), 316, 317 (2), 318 u., 319 o., 320 (5), 321 (5), 323 u., 325 u., 331 o., 353 u., 379 u.l.;

Christian Heeb: S. 4 o., 22 o., 43 u., 48, 49 o., 71 u., 88, 106, 121 u., 122, 124 u., 127 (2), 135 u., 139 u., 142, 147 u., 148, 151 o., 152, 153 (2), 155 (2), 156/157, 159 u., 160, 161 (2), 162 (2), 163 o., 166, 167 u., 168, 169 (2), 170, 171 (2), 172, 173, 174 o., 176/177, 178, 181 u., 182, 188, 189 u., 192 (2), 193 o., 194, 200, 205 o., 206, 207, 208 u., 210, 211 o., 216, 217 (2), 218 o., 219 (2), 228, 236 u., 237 o., 243 u., 249 (2), 250 u., 253, 254 u., 256, 257 u., 265 u., 275 o., 300/301, 304, 305 u., 313 u., 314 u., 318 u., 327 u., 328, 330, 341 u., 347 (2), 355, 380 o.;

Clemens Emmler: S. 4 u.m., 230, 231 (2), 233 o., 235 o., 242 u., 243 o., 244, 245 (2), 248, 250 u., 251 u., 252, 254 u., 255 o., 260 u., 265 u., 266 (2), 267 o., 270, 271 (2), 284, 285 u., 294 (2), 296, 297 (2), 298, 303 o., 305 o., 311 o., 312, 313 o., 314 o., 322, 323 u., 324, 325 o., 336, 337 (2), 340, 341 o., 344, 345 o., 354, 357 o.,

Shutterstock: S. 1 (Anton_Ivanov); 2 (Jacob Lund); 5 u.r. (CarGe); 7 u.r. (Artush); 14/15 (Stephan Roeger); 18 o. (N.Vector Design); 20, 93 o. (Efimova Anna); 21 o., 91 u. (Vadim Petrakov); 23 (Radek Borovka); 24 (Jez Bennett); 26, 46 o., 89 u. (Gudkov Andrey); 27 u., 90, 93 u., 96 (Anton_Ivanov); 27 u. (Curioso); 28 (JP Matias); 29 o., 40 (Radek Borovka); 31 (Chris Renshaw); 37 o. (Frantisek Staud); 42 o., 111 u. (Paula French); 42 u. (Phillip Allaway); 44 (Lynn Y); 50 (Stanislav Beloglazov); 51 o. (Sean Heatley); 51 u. (Dmitry Pichugin); 56 (Giovanni de Caro); 57 o. (Alberto Loyo); 58 (Erichon); 59 (PlusONE); 59 u., 61 u., 82/83 (SAPhotog.); 62/63, 277 o., 282 (Andrea Willmore); 64 (Gareth Zebron); 70 (Gualtiero boffi); 71 o. (Vladirina32); 73 u. (Maximum Exposure); 74 (Fedor Selivanov); 76 (Blue-Orange); 87 o. (RMFFerreira); 92 o. (JuRitt); 92 u. (Villiers Steyn); 97 (Fabian Plock); 103 u. (TLF Images); 104, 121 o., 209 u. (2630ben); 105 (Hector Garcia Serrano); 109 (Herb Klein); 112/113 (Rainer Lesniewski); 116 (Great Stock); 118/119 (Jez Bennett); 120, 134 (TravelNerd); 132/133 (Truba7113); 135 o. (Cornelia Pithart); 141 o. (Fotografie Kuhlmann); 141 u. (Ingehogenbijl); 185 o. (Gianclaudi o Miori); 196/197 (Vaclav Sebek); 204 (Luca Nichetti); 214 (Radek Borovka); 220 (LouieLea), 221 u. (Makabas); 221 u. (Ondrej Prosicky); 229 u. (Toscanini); 232 o. (Peter Wollinga); 232 u. (Dreamer Company); 235 u. (Dereje); 242 o. (Diriye Amey); 246 (Heinrich Knoetze); 261 u. (THP Creative); 263 o., 292 (LMspencer); 264 (EcoPrint); 267 u., 331 u. (Sean Nel); 272 (fokke baarssen); 274 (Olena Granko); 275 u. (LouisLotter); 278, 281 o. (Geoff Sperring); 280, 349 o. (Elleon); 283 o.l. (JaySi); 283 o.r. (Oksana Shufrych); 285 u. (PhotoSky); 288 (MD_Photography); 289 o. (Elsbet9); 289 u. (michael sheehan); 290 (Alta Pretorius); 291 o., 356 (Ikpro); 291 u., (Intrepix); 292 (Nhorv); 293 (Codegoni Daniele); 293 u., 295 u. (Wandel Guides); 295 o. (Alexandre.ROSA); 299 o. (Vladan Radulovicjhb); 299 u. (Sunshine Seeds); 302 (SSchietekat); 303 u. (WitR); 310 (Leonard Zhukovsky); 311 u. (Jane Karren Baker); 319 u. (Dr. Juergen Bochynek); 326 (Edith Ross); 327 o. (Dina van Wyk); 332 (Icswart); 333 o. (Photo Africa SA); 333 u. (Mava Siko); 334 (Jurie Maree); 335 o. (ChrisVanLennep-Photo); 335 u. (Mbuso Sydwell Nkosi); 338 (PrakichTreetasayuth); 339 o. (Atosan); 339 u. (Nielen de Klerk); 342/343 (Erwin Niemand); 345 u. (Neja Hrovat); 346 (Bildagentur Zoonar GmbH); 348 (Megan Griffin); 349 u. (MrLis); 352 (2) (PhotoSky); 353 o. (Sirtravelalot); 376 mbrand85); 378 o. (Utopia_88); 379 u.m. (Yury Birukov);

Mauritius images: S. 5 u.l. (ADBE/Axiom Photographic); 6 o., 102 (Age Fotostock/Joseph C. Dovala); 18 l. (ADBE/Nature picture library/Tony Heald); 18 r. (ADBE/Rainer Harscher); 30 u. (Age Fotostock/Eric Lafforgue); 72 (John Warburton-Lee); 75 u. (ADBE/Axiom Photographic); 77 o., 78 (2) (ADBE/Loop Images/Eric Nathan); 77 u., 79 o. (ADBE/ImageBROKER/Oliver Gerhard); 79 u. (ADBE/Axiom RF); 80 (Anka Agency International/Alamy Stock Photo); 81 (Etienne Volschenk/Alamy Stock Photo); 85 u. (Richard Croft/Alamy Stock Photo); 103 o. (ADBE/ImageBROKER/Herbert Kratky); 117 o. (Universal Images Group North America LLC/DeAgostini/Alamy Stock Photo); 140 (Alamy); 179 o. (ImageBROKER/Fabian von Poser); 350 (Ernie Janes); 351 o. (AfriPics/Alamy); 351 u. (ADBE/Nature Picture Library/Richard Du Toit); 357 o. (Gary Blake/Alamy Stock Photos); 378 u.m. (Africa Media Online/Roger de la Harpe);

Lookphotos: S. 10 (Feiner, Denis); 12 (Design Pics); 38/39 (robertharding); 52/53 (Mint Images); 123 (Andy Selinger); 124 o. (Yoko Aziz); 126, 209 o., 283 u. (Hauke Dressler); 128 (2), 183 o., 184 (Thomas Dressler); 138, 149, 174 u., 175 o. (age fotostock); 143 u. (Moritz Attenberger); 180 (Nigel Dennis); 191, 195 (2) (Bernard van Dierendonc); 205 u. (Florian Werner); 212 (Werner Bollmann); 213 o. (The Travel Library); 234 (Avalon.red2); 238, 381 u.l., 381 u.m. (robertharding); 358, 378 u.r. (Delimont, Dania); 375, 383 (Jalag / Lengler, Gregor); 378 u.l. (Dirscherl, Reinhard); 379 u.r. (Reithmeir, Claudia); 380 u.l. (Travelstock44); 380 u.m. (reisezielinfo.de); 381 u.r. (Bayerl Günther);

HUBER images: S. 21 u. (Jürgen Ritterbach);

Mfuwe Lodge: S. 29 u., 41 (2), 43 o.;

Laif: S. 30 o. (Eric Lafforgue/hemis.fr);

Royal Zambesi Hotel: S. 45, 47 u.;

Chiawa Camp: S. 47 o.;

Nykia National Park: S. 66;

Picture Alliance: S. 146 (HB Verlag); 183 u. (Lonely Planet); 380 u.r. (Thomas Schoch);

Wikimedia Commons: S. 281 u. (Rick Walker).

Impressum

Verantwortlich: Maren Langendorff, Ronja Holzinger
Layout: VerlagsService Gaby Herbrecht
Korrektorat: Christiane Gsänger
Umschlaggestaltung: Alexander Knoll
Repro: Ludwig:media
Kartographie: Huber Kartographie, Heike Block
Herstellung: Alexander Knoll
Printed in Turkey by Elma Basim

Sind Sie mit diesem Titel zufrieden? Dann würden wir uns über Ihre Weiterempfehlung freuen.

Erzählen Sie es im Freundeskreis, berichten Sie Ihrem Buchhändler, oder bewerten Sie bei Onlinekauf.
Und wenn Sie Kritik, Korrekturen, Aktualisierungen haben, freuen wir uns über Ihre Nachricht an Bruckmann Verlag, Postfach 400209, D-80702 München oder per E-Mail an lektorat@verlagshaus.de.

Unser komplettes Programm finden Sie unter

www.bruckmann.de

In diesem Buch wird aus Gründen der besseren Lesbarkeit das generische Maskulinum verwendet. Weibliche und anderweitige Geschlechteridentitäten werden dabei ausdrücklich mitgemeint, soweit es für die Aussage erforderlich ist.

Alle Angaben dieses Werkes wurden von den Autoren sorgfältig recherchiert und auf den neuesten Stand gebracht sowie vom Verlag geprüft. Für die Richtigkeit der Angaben kann jedoch keine Haftung übernommen werden, weshalb die Nutzung auf eigene Gefahr erfolgt. Sollte dieses Werk Links auf Webseiten Dritter enthalten, so machen wir uns die Inhalte nicht zu eigen und übernehmen für die Inhalte keine Haftung.

Umschlagvorderseite: Weinanbaugebiet bei Stellenbosch mit Blick auf den Simonsberg in Südafrika (shutterstock/ModernNomad)
Umschlagrückseite großes Bild: Das weiche Formenspiel der Namib fasziniert durch immer neue Entwürfe (lookphotos).
Umschlagrückseite kleine Bilder v.o.n.u.: Cape Town Waterfront (lookphotos/Avalon.red2); junge Löwen (mauritius/ADBE/Rainer Harscher); Piri-Piri auf dem Markt in Maputo (Design Pics)
Umschlagrücken: Der Sambesi stürzt an den Victoria Falls in die Tiefe (Christian Heeb).

S. 1: Löwenpaar beim Schmusen. Aber die Idylle täuscht. Das Überleben der Raubkatzen hängt von grausigen Ereignissen ab.
S. 2/3: Aus der Vogelperspektive: Signal Hill, Lion's Head, Devil's Peak und der markante Tafelberg umgeben Kapstadt.
S. 16: UNESCO-Weltnaturerbe Okavango-Delta in Botswana
S. 375: Gibt's auch in der Ausgabe Büffel, Elefant, Krokodil und Oryx-Antilope …
S. 383: Baumskulpturen als Mahnmale in der Namib

Die Deutsche Nationalbibliothek verzeichnet diese Publikation in der Deutschen Nationalbibliografie; detaillierte bibliografische Daten sind im Internet über http://dnb.d-nb.de abrufbar.

© 2024 Bruckmann Verlag GmbH
Infanteriestraße 11a
80797 München
ISBN: 978-3-7343-2988-3

In gleicher Reihe erschienen …

ISBN 978-3-7343-2519-9

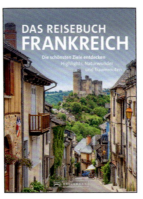
ISBN 978-3-7343-2505-2

ISBN 978-3-7343-2824-4

www.bruckmann.de

Patricia de Muga • Laura García H

barcelona
arquitectura moderna 1929-1979
modern architecture

Edicions Polígrafa

Ajuntament de Barcelona

índice

A

(...construcció)

...orts

...oficines del taller de...

...ges

...e barcelona

...oficines can bruixa

40 | B4 | torres ... ines trade
42 | B5 | nou camp: estadi del futbol club barcelona
44 | B6 | edifici d'habitatges
46 | B7 | cinema liceo

PEDRALBES - SARRIÀ

54 | C1 | edifici d'habitatges la colmena
56 | C2 | edifici d'habitatges
58 | C3 | illa seida: edifici d'habitatges, estació de servei, magatzem i taller de la seat
60 | C4 | edifici d'habitatges
61 | C5 | torre d'habitatges monitor
62 | C6 | escola thau
64 | C7 | facultat de dret
66 | C8 | facultat de ciències econòmiques
68 | C9 | escola d'alts estudis mercantils (empresarials)
70 | C10 | escola tècnica superior d'enginyers industrials de barcelona (ETSEIB)
72 | C11 | IESE (institut d'estudis superiors de l'empresa)
74 | C12 | edifici d'habitatges casa tokio
76 | C13 | conjunt residencial les escales park
78 | C14 | col·legi de metges
80 | C15 | casa llar

CIUTAT VELLA - BARCELONETA

88 | D1 | edifici comercial hispano olivetti
89 | D2 | edifici luminor
90 | D3 | dispensari central antituberculós
92 | D4 | gratacels urquinaona
93 | D5 | torre urquinaona
94 | D6 | torre colom
96 | D7 | habitatges per a pescadors
98 | D8 | park hotel
99 | D9 | club natació barcelona

L'EIXAMPLE

106 | E1 | seu de l'editorial gustavo gili
108 | E2 | edifici d'habitatges mediterrani
109 | E3 | edifici d'habitatges
110 | E4 | edifici d'habitatges
111 | E5 | edifici d'habitatges astoria
112 | E6 | banco atlántico (actual banc sabadell-atlántico)
114 | E7 | edifici d'habitatges
115 | E8 | edifici d'oficines "la caixa"
116 | E9 | truiteria flash-flash
117 | E10 | bar restaurant il giardinetto
118 | E11 | seu de l'institut francès
119 | E12 | edifici d'habitatges
120 | E13 | edifici d'oficines banca catalana (actual BBVA)
122 | E14 | casa espona - casa cardenal
123 | E15 | edifici d'habitatges
124 | E16 | joieria roca

126 | **E18** oficines i tallers per al *noticiero universal*
128 | **E19** casa del cotó
129 | **E20** societat general d'aigües de barcelona, s.a.
130 | **E21** edifici d'oficines sandoz-novartis
132 | **E22** casa dels braus
133 | **E23** edifici d'oficines

SANT GERVASI

140 | **F1** conjunt d'habitatges del banco urquijo
142 | **F2** antiga clínica soler roig
143 | **F3** central telefónica
144 | **F4** edifici d'habitatges
146 | **F5** edifici d'habitatges
147 | **F6** edifici d'habitatges
148 | **F7** edifici d'habitatges
150 | **F8** edifici d'habitatges
152 | **F9** edifici d'habitatges
153 | **F10** clínica barraquer
154 | **F11** edifici d'habitatges frégoli
156 | **F12** edifici d'habitatges
158 | **F13** edifici d'habitatges

GRÀCIA – HORTA - GUINARDÓ

166 | **G1** casa fullà
168 | **G2** illa escorial
170 | **G3** casa tàpies
172 | **G4** fàbrica de joieria monés (actual escola superior de disseny i moda)
173 | **G5** casa vilaró
174 | **G6** edifici d'habitatges
176 | **G7** escola pública eduard fontseré (la teixonera)
178 | **G8** polígon de montbau
180 | **G9** habitatges unifamiliars agrupats (montbau)

SANT MARTÍ - SANT ANDREU

188 | **H1** església de sant lluís gonzaga
190 | **H2** edifici d'habitatges
191 | **H3** habitatges a nou barris
192 | **H4** edifici d'habitatges meridiana
193 | **H5** edifici d'habitatges
194 | **H6** canòdrom meridiana
196 | **H7** fàbrica **ENMASA** (empresa nacional de motors d'aviació, avui fàbrica de la mercedes benz)
198 | **H8** casa bloc

PROP DE / CLOSE TO / CERC BARCELONA

206 | **K1** conjunt residencial walden 7
208 | **K2** taller d'arquitectura ricardo bofill
209 | **K3** casa iranzo
210 | **K4** casa moratiel (MMI)
212 | **K5** vil·la la ricarda
214 | **K6** edifici d'habitatges el castillo
215 | **K7** església parroquial de sant jaume
216 | **K8** conjunt residencial
218 | **K9** casa ugalde

Aquesta **Guia d'Arquitectura Moderna** tria un cop més la ciutat de Barcelona com a escenari per presentar una selecció de les obres arquitectòniques més rellevants que van marcar durant cinquanta anys (1929-1979) l'evolució de la ciutat moderna.

Els grans esdeveniments celebrats a Barcelona –com ara la Primera Exposició Universal de 1888, els Jocs Olímpics de 1992 o el Fòrum de les Cultures de 2004– han estat sempre estratègies impulsores de noves creacions arquitectòniques. El punt de partida de l'arquitectura i l'urbanisme moderns coincideix amb la celebració el 1929 de la segona Exposició Universal. Una gran intervenció urbanística va transformar la muntanya de Montjuïc, però va ser la construcció del pavelló alemany de Mies Van der Rohe el veritable símbol de l'arribada de l'avantguarda europea a Barcelona. Tanmateix, l'arquitectura que es fa a partir d'aquest moment abasta també corrents i manifestacions de caràcter diferent. D'aquesta manera, a la guia s'inclouen alguns exemples de la producció arquitectònica de la primera època, amb reminiscències de corrents anteriors com ara el Noucentisme; o de la dècada dels setanta, en què es començaven a veure actituds més revisionistes. Tanmateix, aquesta guia posa un èmfasi especial en aquelles arquitectures que, després de la ideologia iniciada als anys trenta pel grup del GATCPAC, van encarnar els atributs més emblemàtics de la modernitat.

Conèixer l'arquitectura d'una ciutat és, entre d'altres aspectes, descobrir les condicions socioculturals, i fins i tot politicoeconòmiques del període en què es va construir aquesta arquitectura. La diversitat d'ideologies i esdeveniments que va configurar el panorama històric que ens ocupa va influir notablement en els projectes que presentem, i per això considerem necessària una breu aproximació al seu context.

A principis dels anys trenta, i coincidint amb la proclamació de la Segona República (1931), va sorgir un grup de joves catalans compromesos amb la societat i coneguts sota el nom de GATCPAC (Grup d'Arquitectes i Tècnics Catalans per al Progrés de l'Arquitectura Contemporània), considerats els iniciadors de l'arquitectura moderna del nostre país. Van recollir les influències del Moviment Modern a Europa i van apostar per una arquitectura racionalista que no mirés els estils del passat i tornés a l'arquitectura la seva expressió natural, lligada a les noves condicions tècniques, socials i econòmiques. Alguns dels seus arquitectes més compromesos, com ara Josep Lluís Sert o Josep Torres i Clavé, han contribuït al llegat d'aquesta arquitectura amb exemples emblemàtics com per exemple la Casa Bloc o el Dispensari Antituberculós. No obstant això, hi havia corrents contraris al racionalisme encapçalats per alguns arquitectes contemporanis al GATCPAC, com ara Pere Benavent o Jaume Mestres Fossas.

Després de la Guerra Civil espanyola (1936-1939), i amb l'arribada de la Dictadura, es va produir un buit crític i un rebuig de la cultura progressista dels anys de la República. En arquitectura, es va traduir en un retorn als models del passat i en un abandó gairebé total de les idees racionalistes iniciades pel GATCPAC, els membres del qual estaven exiliats o van ser inhabilitats. Es van construir, sobretot, bancs, hotels i habitatges per a l'alta burgesia. Aquesta interrupció

del desenvolupament del racionalisme es tradueix de la mateixa manera en aquesta guia, amb l'absència d'obres d'aquell moment. L'únic edifici dels anys quaranta que s'inclou són els habitatges del carrer d'Amigó (1941-1944) de Francesc Mitjans. Aquests habitatges van representar un punt d'inflexió amb la situació descrita abans, i van incorporar solucions innovadores dins de l'arquitectura residencial barcelonina, com ara les terrasses contínues.
A finals dels anys quaranta, amb el final de l'autarquia, es reinicia el contacte amb l'exterior que afavoreix l'aparició de corrents renovadors. Un dels més representatius va ser el «grup R», que es va caracteritzar per la seva voluntat de continuïtat amb l'avantguarda cultural europea, i per la seva feina en comú amb altres sectors a banda de l'arquitectura. Aquest grup d'arquitectes, entre els quals hi ha una primera generació –A. Moragas, J. M. Sostres, J. A. Coderch– i la següent –O. Bohigas, J. Martorell, P. López Iñigo, G. Giráldez i X. Subias–, es considera la segona onada d'arquitectura moderna, que passa per la pròpia revisió del Moviment Modern.
A finals dels cinquanta, aquesta segona generació d'arquitectes va començar a presentar noves actituds basades en criteris derivats d'exigències socials i constructives, i va protagonitzar els anys de l'Escola de Barcelona. L'arquitectura s'allunyava definitivament de les «qüestions d'estil» o formals per orientar-se a través d'unes bases econòmiques i socials que responguessin a la situació real del moment. Començaven els anys de més expansió del capitalisme espanyol i el territori es començava a urbanitzar a gran velocitat i de manera indiscriminada.

L'habitatge social, la planificació urbana o la reforma agrària eren alguns temes que demanaven una reflexió imminent. Oriol Bohigas va ser el gran promotor de les estratègies culturals i les plataformes de debat que cercaven reflexions «reals» sobre el futur del país.
Davant de la «unitat» anterior dels arquitectes catalans, als anys setanta s'inicien línies d'activitat més personals i menys ideològiques. Tenen en comú la desconfiança en l'arquitectura capaç de canviar la societat, i el convenciment del valor d'una arquitectura que només es transforma a ella mateixa. Es construeixen obres singulars d'arquitectes com ara Correa i Milà, Bofill, Viaplana, Busquets, i obres d'aquesta època de Bohigas i Martorell o Tous i Fargas. Apareixen també en aquests anys actituds més radicals i crítiques cap a les «limitacions» de la Modernitat i es manifesten en ocasions de manera irònica a través de la mateixa composició de les obres. Els arquitectes més representatius d'aquest tipus d'actuacions són el Grup Per, format per Ll. Clotet, O. Tusquets, Josep Bonet i C. Cirici.
Aquesta introducció històrica s'ha organitzat rigorosament de manera cronològica com a complement de la visió transversal que ofereix la mateixa estructuració de la guia. L'agrupació dels projectes per proximitat geogràfica respon a la importància atribuïda al contacte directe amb l'obra arquitectònica i converteix la guia en un instrument real per poder-la visitar. Alhora, la inevitable mescla històrica de tipologies i estils que hi ha a la ciutat implica una diversitat amb un valor afegit per a l'espectador a l'hora de visitar els edificis d'aquest període. Es convida, per tant, a una mirada intercalada amb l'actualitat i oberta a la comparació.

This **Guide to Modern Architecture** once again takes the city of Barcelona as a setting to present a selection of the most important architectural works that marked the evolution of the modern city over the course of the 50 years from 1929 to 1979.

The major events held in Barcelona—such as the first World's Fair in 1888, the 1992 Olympic Games and the Universal Forum of Cultures in 2004—have always served as strategies that have spawned new architectural creations. The starting point for the city's modern architecture and urban development was the second World's Fair, held in 1929. Major urban development works transformed the hillsides of Montjuïc but the true symbol of the arrival of the European Avant-garde in Barcelona was the construction of Mies van der Rohe's German Pavilion. Nevertheless, the architecture produced from this time onwards encompassed movements and manifestations of differing character. Consequently, this guide includes a number of examples of architectural output from the early period that are reminiscent of earlier movements such as *Noucentisme*, or from the 1970s, in which more revisionist attitudes can be perceived. Even so, this guide places special emphasis on those architectural works which, following the ideology first mooted in the 1930s by the GATCPAC, embody the most emblematic attributes of modernity. Understanding the architecture of a city is, among other things, a way of discovering the socio-cultural and even political and economic conditions of the period in which these buildings were erected. The diversity of ideologies and events that shaped the historical panorama that concerns us here had a notable influence on the projects presented in this guide and hence we feel that a brief introduction to the context is useful.

In the early 1930s, coinciding with the proclamation of the Second Republic (1931), a group of young architects emerged who were committed to social advancement. This group was known as the GATCPAC (Group of Catalan Architects and Technicians for the Improvement of Contemporary Architecture). Regarded as the initiators of modern architecture in Catalonia, they drew on the influences of the Modern Movement in Europe and adopted a rationalist architecture that did not hark back to the architecture of the past but instead restored architecture to its natural expression, allied to the new technical, social and economic circumstances. Some of the most *engagé* of these architects, such as Josep Lluis Sert and Josep Torres i Clavé, have contributed to the legacy of this architecture with emblematic buildings such as Casa Bloc and the Anti-Tuberculosis Dispensary. In addition, however, there were movements opposed to Rationalism that were led by architects who were contemporaries of the GATCPAC, including Pere Benavent and Jaume Mestres Fossas.

With the establishment of the dictatorship after the Spanish Civil War (1936-39), there was a critical vacuum and a rejection of the progressive culture of the years of the Republic. In architecture, this took the form of a return to the models of the past and an almost total abandonment of the rationalist ideas begun by the GATCPAC, whose members were exiled or refused permission to work in their chosen profession. The construction work of this time consisted in the main of banks, hotels and homes for the bourgeoisie. This interruption to the development of Rationalism is reflected in this guide by the absence of any works from this period. The sole edifice from the 1940s that is included is the apartment block on Carrer d'Amigó (1941-1944) designed by Francesc Mitjans. These apartments represented a turning point and incorporated solutions, such as the continuous balconies, that were new to the residential architecture of Barcelona. In the late 1940s, when the policy of autarky was abandoned, contact with the outside world was re-established, improving the conditions for the emergence of reforming movements. One of the most representative of these was the R Group, which was noted for its determination to continue the precepts of the European cultural Avant-garde, and for its joint work with other sectors and not just architecture. This group of architects—the early generation of which included A. Moragas, J. M. Sostres and J. A. Coderch and in the later generation O. Bohigas, J. Martorell, P. López Iñigo, G. Giráldez and X. Subias—was regarded as the second wave of modern architecture, which involved a rethinking of the Modern Movement.

Towards the end of the 1950s, this second generation of architects began to present new approaches based on criteria that sprang from social and building demands. These architects were the key figures in the years of the School of Barcelona. Architecture finally moved away from questions of style or form and instead took a direction informed by social and economic concerns that reflected the real situation of the day. These were the years when Spanish capitalism was growing at an unprecedented rate and when indiscriminate development began to spread rapidly across the region. Social housing, urban planning and agricultural reform were just some of the issues that demanded immediate attention. Oriol Bohigas was the great promoter of cultural strategies and of forums for debate that sought "real" answers for the future of the country.

In contrast with the previous unity among Catalan architects, the 1970s saw the emergence of more individual, less ideological lines of work. The architects of the time were suspicious of an architecture capable of changing society and shared a belief in the value of an architecture that transformed nothing but architecture itself. Singular buildings were erected by architects such as Correa and Milà, Bofill, Viaplana and Busquets, as well as by Bohigas and Martorell and Tous and Fargas. These years also witnessed the appearance of more radical attitudes that were critical of the "limitations" of modernity and which revealed themselves, occasionally ironically, through the composition of the works. The architects most representative of this type of project were the Per Group, consisting of Ll. Clotet, O. Tusquets, Josep Bonet and C. Cirici.

This historical introduction is organized in strict chronological order, complementing the cross-vision presented by the structure of the guide. The grouping of projects according to their geographical proximity is due to the importance accorded to viewing the architectural work for oneself. It also makes the guide a useful tool in order to visit these buildings. Similarly, the inevitable historical mix of different types of building and styles in a single city implies a diversity that provides added value for the visitor viewing buildings from this period. This guide is, therefore, an invitation to view these works from the recent past interspersed with others in the city as it is today, providing a fascinating opportunity for comparison.

Esta **Guía de Arquitectura Moderna** elige, una vez más, la ciudad de Barcelona como escenario para presentar una selección de las obras arquitectónicas más relevantes que marcaron durante 50 años (1929-1979) la evolución de la ciudad moderna.
Los grandes eventos celebrados en Barcelona –como la 1ª Exposición Universal de 1888, los Juegos Olímpicos de 1992 o el Fórum de las Culturas del 2004– han sido siempre estrategias impulsoras de nuevas creaciones arquitectónicas. El punto de partida de la arquitectura y el urbanismo modernos coincide con la celebración en 1929 de la segunda Exposición Universal. Una gran intervención urbanística transformó la montaña de Montjuïc, pero fue la construcción del pabellón alemán de Mies Van der Rohe el verdadero símbolo de la llegada de la vanguardia europea a Barcelona. Sin embargo, la arquitectura que se produce a partir de este momento abarca también corrientes y manifestaciones de carácter diferente. De este modo, se incluyen en la guía algunos ejemplos de la producción arquitectónica de la primera época, que presentan reminiscencias de corrientes anteriores como el «Noucentisme»; o de la década de los 70, en la que se vislumbraban actitudes más revisionistas. Sin embargo, esta guía pone especial énfasis en aquellas arquitecturas que, después de la ideología iniciada en los años 30 por el grupo del GATCPAC, encarnaron los atributos más emblemáticos de la modernidad.
Conocer la arquitectura de una ciudad es, entre otros aspectos, descubrir las condiciones socio-culturales, e incluso político-económicas del período en el que esta arquitectura fue construida. La diversidad de ideologías y acontecimientos que configuraron el panorama histórico que nos ocupa influyeron notablemente sobre los proyectos que presentamos, y por eso creemos necesaria una breve aproximación a su contexto.

A principios de los años 30, y coincidiendo con la proclamación de la II República (1931), surgió un grupo de jóvenes catalanes comprometidos con la sociedad y conocidos como GATCPAC (Grup d'Arquitectes i Tècnics Catalans per al Progrés de l'Arquitectura Contemporánia) considerados los iniciadores de la arquitectura moderna de nuestro país. Recogieron las influencias del Movimiento Moderno en Europa y apostaron por una arquitectura racionalista que no mirase los estilos del pasado y devolviese a la arquitectura su expresión natural, ligada a las nuevas condiciones técnicas, sociales y económicas. Algunos de sus arquitectos más comprometidos como Josep Lluís Sert o Josep Torres i Clavé han contribuido al legado de esta arquitectura con ejemplos emblemáticos como la Casa Bloc o el Dispensario Antituberculoso. Sin embargo, existían corrientes contrarias al racionalismo encabezadas por algunos arquitectos contemporáneos al GATCPAC, como Pere Benavent o Jaume Mestres Fossas. Después de la guerra civil española (1936-1939), y con la llegada de la Dictadura, se produjo un vacío crítico y un rechazo de la cultura progresista de los años de la República. En arquitectura se tradujo en un retorno a los modelos del pasado y un abandono casi total de las ideas racionalistas iniciadas por el GATCPAC, cuyos miembros fueron exiliados o inhabilitados. Se construyeron sobre todo bancos, hoteles y viviendas para la alta burguesía. Esta interrupción del desarrollo del racionalismo se traduce del mismo modo en esta guía, con la ausencia de obras de ese momento. El único edificio de los años 40 que se incluye son las viviendas de la calle Amigó (1941-1944) de Francesc Mitjans. Éstas representaron un punto de inflexión con la situación descrita anteriormente, y incorporaron soluciones novedosas a la arquitectura residencial barcelonesa, como las terrazas corridas.

A finales de los años 40, con el fin de la autarquía, se reinicia el contacto con el exterior que favorece la aparición de corrientes renovadoras. Una de las más representativas fue el «grupo R» que se caracterizó por su voluntad de continuidad con la vanguardia cultural europea, y por su trabajo en común con otros sectores a parte de la arquitectura. Este grupo de arquitectos entre los que se encuentran, de una primera generación, A. Moragas, J. M. Sostres, J. A. Coderch, y de la siguiente, O. Bohigas, J. Martorell, P. López Iñigo, G. Giráldez y X. Subias, se consideran la segunda oleada de arquitectura moderna, que pasa por la propia revisión del Movimiento Moderno.

A finales de los cincuenta, esta segunda generación de arquitectos, empezaron a presentar nuevas actitudes basadas en criterios derivados de exigencias sociales y constructivas, y protagonizaron los años de la Escuela de Barcelona. La arquitectura se alejaba definitivamente de «cuestiones de estilo» o formales para orientarse a través de unas bases económicas y sociales que respondieran a la situación real del momento. Empezaban los años de mayor expansión del capitalismo español y el territorio empezaba a urbanizarse a gran velocidad y de forma indiscriminada. La vivienda social, la planificación urbana o la reforma agraria eran algunos temas que pedían una reflexión inminente. Oriol Bohigas fue el gran promotor de las estrategias culturales y plataformas de debate que buscaban reflexiones «reales» sobre el futuro del país. Frente a la «unidad» anterior de los arquitectos catalanes, en los años 70 se inician líneas de actividad más personales y menos ideológicas. Tienen en común la desconfianza en la arquitectura capaz de cambiar la sociedad, y el convencimiento del valor de una arquitectura que sólo transforma a la propia arquitectura. Se construyen obras singulares de arquitectos como Correa i Milà, Bofill, Viaplana, Busquets, y obras de esta época de Bohigas i Martorell o Tous i Fargas. Aparecen también en estos años actitudes más radicales y críticas hacia las «limitaciones» de la Modernidad y se manifiestan en ocasiones de manera irónica a través de la propia composición de las obras. Los arquitectos más representativos de este tipo de actuaciones son el Grupo Per, formado por Ll. Clotet, O. Tusquets, Josep Bonet y C. Cirici.

Esta introducción histórica se ha organizado rigurosamente de forma cronológica como complemento a la visión transversal que ofrece la propia estructuración de la guía. La agrupación de los proyectos por cercanía geográfica responde a la importancia atribuida al contacto directo con la obra arquitectónica y convierte la guía en instrumento real para poderla visitar. A su vez, la inevitable mezcla histórica de tipologías y estilos que se produce en la ciudad implica una diversidad que conlleva un valor añadido para el espectador a la hora de visitar los edificios de este período. Se invita, por tanto, a una mirada intercalada con la actualidad y abierta a la comparación.

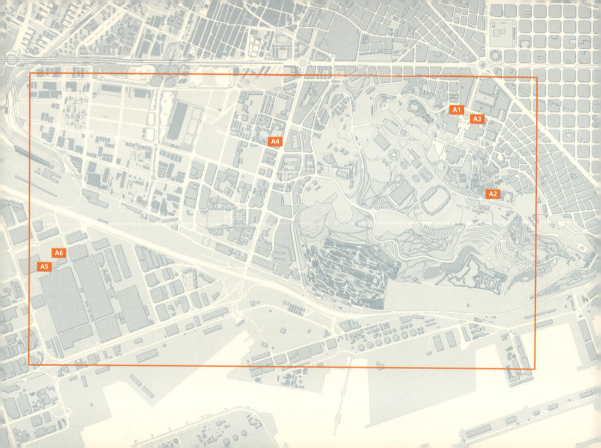

MONTJUÏC - ZONA FRANCA

montjuïc

- **A1** **pavelló d'alemanya** (reconstrucció)
  ludwig mies van der rohe
- **A2** **fundació joan miró**
  josep lluís sert i lópez, jackson & associates
- **A3** **palau municipal d'esports**
  josep soteras mauri, lorenzo garcía-barbón

zona franca

- **A4** **escola d'aprenents i oficines del taller de foneria per a la seat**
  manuel barbero rebolledo, rafael de la joya
- **A5** **laboratoris de la seat**
  césar ortiz-echagüe, rafael echaide itarte
- **A6** **menjadors de la seat**
  césar ortiz-echagüe, manuel barbero rebolledo, rafael de la joya

montjuïc

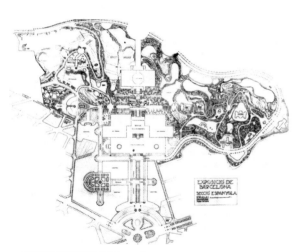

Exposició Universal 1929, plànol general.
Josep Puig i Cadafalch, Guillem Busquets, 1916.

La Primera Exposició Universal celebrada el 1888 va ser un esdeveniment de caràcter internacional que d'alguna manera va ajudar a Barcelona a impulsar accions de reestructuració de la perifèria de la ciutat. Tanmateix, l'apropament urbanístic de Barcelona i Montjuïc no va començar fins a principis del segle XX, amb l'impuls cosmopolita que va imprimir Francesc Cambó, coincidint amb el projecte de les exposicions de les Indústries Elèctriques que, finalment, va concloure amb l'obra de l'Exposició Internacional de 1929. Els arquitectes Josep Puig i Cadafalch en l'ordenació, Josep Amargós en la gestió i Jean-Claude Nicolas Forestier en els jardins seran les claus de la que podríem anomenar *la primera reconquesta de Montjuïc*. Amb aquestes intervencions es va produir la clarificació del principal accés pel portal de la plaça d'Espanya a través de l'eix monumental de l'avinguda Maria Cristina. El passeig «K» (avingudes del Marquès de Comillas, de l'Estadi i de Miramar), projectat per Amargós, va permetre connectar la Secció Espanyola –situada a la part baixa–, la Secció de les Indústries Elèctriques –situada a la gran esplanada que avui ocupa l'Anella Olímpica– i la Secció Marítima de Miramar.
Entre una estètica classicista i una altra més pròpia de la tradició local (com les propostes d'ordenació de Puig i Cadafalch, les torres bessones d'accés a l'Exposició de

Ramon Reventós o la font commemorativa de J. M. Jujol), l'exposició va incorporar també la construcció de l'edifici que tindria més repercussió per a èpoques posteriors: el Pavelló d'Alemanya de Ludwig Mies van der Rohe. En aquell moment, a la Catalunya dels anys vint, el Pavelló de Ràdio de N. M. Rubió i Tudurí al Tibidabo era el primer i únic projecte d'estil racionalista que presentava ja clares influències del moviment modern.

Després de l'exposició de 1929, l'aposta per la conjunció urbanística de Barcelona i la seva muntanya es va aturar de sobte. Des de la postguerra fins a l'arribada de la democràcia només es van construir tres jardins, els dels poetes Jacint Verdaguer, Costa i Llobera i Joan Maragall, com també el Mirador de l'Alcalde.

Els jardins, el parc d'atraccions, el Poble Espanyol, les proves automobilístiques de la Penya Rhin, després la Fórmula 1, alguns museus i la reutilització de vells pavellons juntament amb d'altres de nova construcció per allotjar els certàmens de la Fira de Barcelona i poc més són els recursos que tenia la muntanya per atraure els ciutadans en aquesta etapa gris. La construcció de la paradigmàtica Fundació Miró o Centres d'Estudis d'Art Contemporani va ser el projecte que va originar un important vincle cultural amb la ciutat i un fort magnetisme a la muntanya.

Pavelló de Radio Barcelona, ctra. de Vallvidrera al Tibidabo.
Nicolau M. Rubió i Tudurí, 1922-1929.

The First World's Fair in 1888 proved to be an international event that to a certain extent prompted Barcelona to set in motion work to restructure the outskirts of the city. Even so, the urban development that would bring Barcelona and Montjuïc closer together did not begin until the early 20th century with the cosmopolitan impetus initiated by Francesc Cambó, coinciding with the proposed exhibitions on the Electrical Industries, and came to an end with the works for the World's Fair of 1929. The key figures in what we could term the first "reconquest" of Montjuïc were Josep Puig i Cadafalch, who was responsible for the overall planning, Josep Amargós, for management, and Jean-Claude Nicolas Forestier, for the gardens. With their interventions, the main access through the portal on Plaça d'Espanya via the broad thoroughfare of Avinguda Maria Cristina was fully resolved. Passeig "K" (Avinguda del Marquès de Comillas, Avinguda del Estadi and Avinguda de Miramar), designed by Amargós, made it possible to connect the Spanish Section—situated in the lower part of the Electrical Industries Section, on the sweeping esplanade today occupied by the Olympic Ring facilities—and the Miramar Maritime Section.

The overall style of the fair complex was somewhere between the classical aesthetic and another aesthetic more typical of the local tradition, as can be seen in the layout proposals made by Puig i Cadafalch, the twin towers, designed by Ramon Reventós, at the entrance to the fair complex, and the commemorative fountain, the work of Josep Maria Jujol. However, the complex also included the building that was to have a notable influence in later years: the German Pavilion by Ludwig Mies van der Rohe. At this time in Catalonia, the Radio Pavilion, designed by N. M. Rubió i Tudurí on Tibidabo was the sole project in the Rationalist style that bore clear evidence of the influence of the Modern Movement.

Following the 1929 Fair, the initiative to link Barcelona and its mountain by means of urban development came to a sudden halt. The period from the end of the Civil War up to the establishment of democracy saw the construction of just three gardens—the gardens of the poets Jacint Verdaguer, Costa i Llobera and Joan Maragall—and the vantage point known as the Mayor's Mirador.

The gardens, the funfair, the Poble Espanyol complex, the Penya Rhin and later the Formula 1 Grand Prix races, a number of museums, and events organized by the Fira de Barcelona trade fair and exhibition center in new-build premises, as well as in re-used pavilions still standing from the Fair, were among the few attractions on Montjuïc to draw citizens to its slopes during those bleak years. The construction of the paradigmatic Miró Foundation building, otherwise known as the Center for Contemporary Art Studies, was the project that created a major cultural link with the city and made the mountain a magnet.

La Primera Exposición Universal celebrada en 1888 resultó ser un acontecimiento de carácter internacional que de algún modo ayudó en Barcelona a impulsar acciones de reestructuración de la periferia de la ciudad. Sin embargo, el acercamiento urbanístico de Barcelona y Montjuïc no comenzó hasta principios del siglo XX con el impulso cosmopolita que imprimió Francesc Cambó, coincidiendo con el proyecto de la exposiciones de las Industrias Eléctricas, que, finalmente, concluyó con la obra de la Exposición Internacional de 1929. Los arquitectos Josep Puig i Cadafalch en la ordenación, Josep Amargós en la gestión y Jean-Claude Nicolas Forestier en los jardines serán las claves de la que podríamos denominar la primera reconquista de Montjuïc. Con estas intervenciones se produjo la clarificación del principal acceso por el portal de la plaza Espanya a través del eje monumental de la avenida Maria Cristina. El paseo «K» (avenidas del Marquès de Comillas, del Estadi y de Miramar), proyectado por Amargós permitió conectar la Sección Española -situada en la parte baja- la Sección de las Industrias Eléctricas -situada en la gran explanada que hoy ocupa el Anillo Olímpico-, y la Sección Marítima de Miramar.

Entre una estética clasicista y otra más propia de la tradición local (como las propuestas de ordenación de Puig i Cadafalch, las torres gemelas de acceso a la Exposición de Ramon Reventós o la fuente conmemorativa de J. M. Jujol) la exposición incorporó también la construcción del edificio que más repercusión tendría para épocas posteriores: el Pabellón de Alemania de Ludwig Mies van der Rohe. En ese momento, en la Catalunya de los años 20, el Pabellón de Radio de N. M. Rubió i Tudurí en el Tibidabo era el primer y único proyecto de estilo racionalista que presentaba ya claras influencias del Movimiento Moderno.

Tras la exposición de 1929, la apuesta por la conjunción urbanística de Barcelona y su montaña se detuvo de golpe. Desde la posguerra hasta la llegada de la democracia sólo se construyeron tres jardines, los de los poetas Jacint Verdaguer, Costa i Llobera y Joan Maragall, así como el Mirador de l'Alcalde.

Los jardines, el parque de atracciones, el Poble Espanyol, las pruebas automobilísticas de la Penya Rhin, después la Fórmula 1, algunos museos y la reutilización de viejos pabellones junto con otros de nueva construcción para albergar a los certámenes de la Fira de Barcelona y poco más son los contados recursos que tenía la montaña para atraer a los ciudadanos en esta etapa gris. La construcción de la paradigmática Fundació Miró o Centre d'Estudis d'Art Contemporani fue el proyecto que originó un importante vínculo cultural con la ciudad y un fuerte magnetismo a la montaña.

pavelló d'alemanya (reconstrucció)

ludwig mies van der rohe
(autor original)

**ignasi de solà-morales i rubió,
cristian cirici, fernando ramos**
(reconstrucció)

1929 (reconstrucció 1986)

A1

av. del marquès de comillas

▶ Ⓜ L 1, 3 (espanya)
🚍 L 13, 50

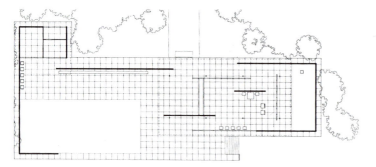

El pavelló alemany va ser erigit el 1929 per l'arquitecte Ludwig Mies van der Rohe. Es va construir en un terreny aleshores ocupat per un jardí i que es trobava en el recorregut dels vianants entre la font màgica de Montjuïc i el Poble Espanyol. Sense estar subjecte a requeriments funcionals específics ni a un pressupost insuficient, el pavelló havia de representar l'estat alemany. Travertí romà, marbre verd grec, marbre verd alpí, ònix daurat, vidres de diferents tonalitats, pilars d'acer, un focus de llum, una escultura de Georg Kolbe, dos estanys i el mobiliari conformen aquesta construcció. Desmuntat vuit mesos després de ser inaugurat, es va aixecar una reconstrucció del pavelló el 1986 exactament en el mateix emplaçament de la construcció original.

The German Pavilion was erected by the German architect Ludwig Mies van der Rohe on land formerly occupied by gardens that were on the pedestrian route between the Magic Fountains on Montjuïc and Poble Espanyol. The pavilion was intended to represent Germany and was not expected to fulfill any particular functional requirements, nor was it subject to any financial constraints. The construction materials consist of Roman travertine, Greek green marble, Alpine green marble, golden onyx, glass in various different hues and steel pillars. The building also features a spotlight, a sculpture by Georg Kolbe, two pools and furnishings. The pavilion was dismantled eight months after it opened and a reconstruction was built on precisely the same spot as the original building in 1986.

El pabellón alemán fue erigido en 1929 por el arquitecto Ludwig Mies van der Rohe. Se construyó en un terreno ocupado entonces por un jardín y que se encontraba en el recorrido peatonal entre la fuente mágica de Montjuïc y el Poble Espanyol. Sin estar sujeto a requerimientos funcionales específicos ni a un presupuesto insuficiente, el pabellón debía representar al estado alemán. Travertino romano, mármol verde griego, mármol verde alpino, ónice dorado, vidrios de distintas tonalidades, pilares de acero, un foco de luz, una escultura de Georg Kolbe, dos estanques y el mobiliario conforman esta construcción. Desmontado ocho meses después de su inauguración, se levantó una reconstrucción del pabellón en 1986, exactamente en el mismo emplazamiento que la construcción original.

fundació joan miró

josep lluís sert i lópez, jackson & associates

1972-1975
(1987: reforma / 2000-2001: ampliació de jaume freixa)

A2

plaça de neptú. parc de montjuïc

▶ L 1, 3 (espanya)
🚌 L 13, 50

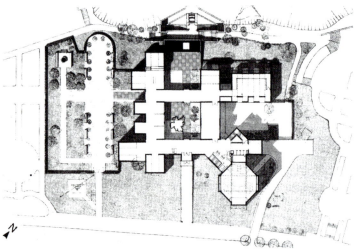

La concepció inicial del conjunt museístic no va ser només per allotjar-hi les obres donades pel pintor barceloní Joan Miró, sinó també per a exposicions temporals d'altres artistes i altres dependències com ara l'auditori i la biblioteca situades a la torre de planta octogonal. A l'interior, a partir d'un pati central, es van organitzar enginyosament els espais d'exposició i el recorregut del visitant de manera que no hagués de tornar a passar per on ja havia passat. Tanmateix, quan el projecte original es va ampliar i es va reformar va quedar dividit en dues parts amb un recorregut duplicat paral·lel a l'avinguda d'accés. La singularitat dels seus lucernaris, el treball en formigó vist i la cura de les proporcions responen a la influència directa de Le Corbusier.

The museum complex was designed not only to house works donated by the Barcelona-born painter Joan Miró, but also as a venue for temporary exhibitions of work by other artists. The foundation has a number of other outbuildings and rooms such as the auditorium and library, both of which are in the eight-sided tower. Inside, the exhibition rooms and corridors are ingeniously arranged around a central courtyard so that visitors do not have to retrace their steps. However, when the original design was extended and altered, the building was divided into two parts, with a duplicated route running parallel to the entrance avenue. The unusual skylights, exposed concrete and the care in the proportions are evidence of the direct influence of Le Corbusier.

La concepción inicial del conjunto museístico no fue sólo para albergar obras donadas por el pintor barcelonés Joan Miró sinó también para exposiciones temporales de otros artistas y otras dependencias como el auditorio y la biblioteca situadas en la torre de planta octogonal. En el interior, a partir de un patio central, se organizaron ingeniosamente los espacios de exposición y el recorrido del visitante de modo que no tuviera que volver sobre sus propios pasos. Sin embargo, cuando el proyecto original se amplió y reformó quedó dividido en dos partes con un recorrido duplicado paralelo a la avenida de acceso. La singularidad de sus lucernarios, el trabajo en hormigón visto y el cuidado de las proporciones responden a una influencia directa de Le Corbusier.

palau municipal d'esports

josep soteras mauri,
lorenzo garcía-barbón

1953-1955

A3

c. de la guàrdia urbana / c. lleida, 40

▶ Ⓜ L 1, 3 (espanya)
🚌 L 55, 121

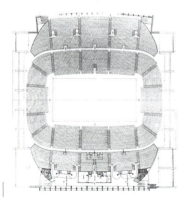

Amb motiu de la celebració dels II Jocs del Mediterrani, Josep Soteras i Lorenzo García-Barbón van construir, amb la col·laboració de l'enginyer Frederic Folch, el Palau Municipal d'Esports amb una capacitat de 10.000 espectadors. Va ser una construcció exemplar per la seva alta tecnologia estructural, que va destacar dins del buit general d'obres similars a la Barcelona d'aquella època. El conjunt estructural es compon de vuit arcs triarticulats de formigó armat disposats paral·lelament a la façana principal salvant una llum de 65 metres. La secció dels arcs des de l'interior s'amaga parcialment i d'aquesta manera presenta un aspecte més lleuger en comparació amb la seva longitud. A l'exterior destaquen els elements de contrafort i es mostren les plaques destacades prefabricades de formigó.

For the Second Mediterranean Games, J. Soteras and Lorenzo García-Borbón, in collaboration with the engineer Frederick Folch, built the Municipal Sports Hall, which has a capacity for 10,000 spectators. This was an exemplary construction in its day due to its high-tec structure, which stood out from the generally bleak panorama of similar buildings in Barcelona at that time. The structure is made up of eight tri-articulated reinforced concrete arches that run parallel to the main facade, spanning a distance of 213 feet. The section of the arches is partly hidden from the inside, thereby presenting a lighter appearance than expected given the length. On the outside, the buttressing elements are evident and the prefabricated concrete slabs are exposed.

En ocasión de la celebración de los II Juegos del Mediterráneo J. Soteras y Lorenzo García-Borbón construyeron con la colaboración del ingeniero Frederich Folch el Palacio Municipal de Deportes con una capacidad de 10.000 espectadores. Fue una construcción ejemplar por su alta tecnología estructural que destacó dentro del vacío general de obras similares en la Barcelona de aquella época. El conjunto estructural se compone de 8 arcos triarticulados de hormigón armado dispuestos paralelamente a la fachada principal salvando una luz de 65 metros. La sección de los arcos desde el interior se esconde parcialmente y presenta de este modo un aspecto más ligero en comparación a su longitud. En el exterior destacan los elementos de contrafuerte y se muestran las placas resaltadas prefabricadas de hormigón.

zona franca

Fàbrica Philips (antiga Lámparas Z), passeig de la Zona Franca, 215. Josep Soteras, 1959.

Dipòsit d'automòbils i laboratoris de la SEAT, gran via de les Corts Catalanes / plaça d'Ildefons Cerdà. César Ortiz Echagüe i Rafael Echaide, 1958.

Arribats als primers anys del segle XX, es van començar a instal·lar a la Zona Franca diferents activitats industrials, amb la qual cosa els horts, els camps, les masies i el barri de pescadors de Can Tunis van deixar pas al port, la indústria i els diferents nuclis urbans. L'auge de la indústria a Catalunya després de la Primera Guerra Mundial va produir la necessitat de crear un port franc. El 1929 un reial decret llei aprova una zona franca que permet la instal·lació d'indústries alhora que regula el fet de gaudir d'avantatges duaners portuaris. Als anys trenta s'inicien les expropiacions que provoquen la desaparició del barri de Can Tunis i el dens entramat industrial que l'envoltava en aquells moments.

Al llarg de la dècada dels cinquanta la política econòmica espanyola es va liberalitzant i l'Institut Nacional d'Indústria (INI) accepta la localització de la fàbrica SEAT en els terrenys de la Zona Franca. El condicionament de la plaça Cerdà el 1959 per Xavier Busquets i Sindreu va resultar ser un dels millors exemples d'espais públics que trobem als anys cinquanta. Bàsicament va consistir a resoldre la trobada en T de la Gran Via amb el passeig de la Zona Franca. La plaça en aquell moment es trobava presidida pels emblemàtics edificis de la Societat Espanyola d'Automòbils de Turisme (SEAT). El 1956 es va permetre la conversió dels terrenys expropiats, classificats com a zona franca, en polígon industrial fins que, en ple apogeu industrial dels anys setanta, es podien comptar fins a vuitanta-tres fàbriques que ocupaven més de nou mil persones. L'any 1963 es va fer un avantprojecte per a la realització d'un port propi de la Zona Franca, però va acabar englobat en el d'ampliació del port de Barcelona, i es va crear un gran polígon industrial que avui dia constitueix una de les més importants concentracions industrials de l'àrea mediterrània.

With the arrival of the 20th century, various industrial activities began to establish themselves in Zona Franca. The development of the port, industry and a number of urban population centers led to the disappearance of the market gardens, fields, farmhouses and traditional fishing neighborhood of Can Tunis that had once stood here. The growth in industry in Catalonia after the First World War made it necessary to build a free port, and in 1929 a royal decree gave legal approval to a free zone (Zona Franca) where industrial companies could build premises. The decree also regulated the favorable customs tariffs applicable in the port. The 1930s saw the first of the forced purchases that led to the disappearance of Can Tunis and the dense industrial fabric that at that time surrounded the district.

During the course of the 1950s, Spanish economic policy became more liberal and the INI (National Institute of Industry) gave its approval for the SEAT plant to be located in the free zone. The improvements to Plaça Cerdà in 1959 by Xavier Busquets i Sindreu resulted in one of the finest public spaces to be found in the 1950s. The alterations consisted essentially of resolving the T junction between Gran Via and Passeig de la Zona Franca. At the time of the works, the most prominent buildings on the square were the emblematic premises of SEAT (Spanish Touring Car Company). In 1956 permission was given for expropriated land to be reclassified. Originally classified as a free zone, the land was now described as an industrial estate. In the 1970s, when industry was at its peak, there were as many as 83 companies, employing 9,000 workers, on the estate. In 1963, a draft project was drawn up for a port as part of the Zona Franca, but this was ultimately incorporated into the expansion of Barcelona Port. Instead, a vast industrial estate was created, forming one of the most important industrial areas in the Mediterranean region today.

Llegados los primeros años del Siglo XX, empezaron a instalarse en la Zona Franca diferentes actividades industriales, con lo que las huertas, los campos, las masías y el barrio de pescadores de Can Tunis dejaron paso al puerto, a la industria y los diferentes núcleos urbanos. El auge de la industria en Cataluña después de la Primera Guerra Mundial produjo la necesidad de crear un puerto franco. En 1929 un real decreto-ley aprueba una zona franca que permite la instalación de industrias a la vez que regula el hecho de disfrutar de ventajas aduanera portuarias. En los años 30 se inician las expropiaciones que provocan la desaparición del barrio de Can Tunis y el denso entramado industrial que, en aquellos momentos lo rodeaba.

A lo largo de la década de los 50 la política económica española se va liberalizando y el INI (Instituto Nacional de la Industria) acepta la localización de la fábrica SEAT en los terrenos de la Zona Franca. El acondicionamiento de la plaza Cerdà en 1959 por Xavier Buquets i Sindreu resultó ser uno de los mejores ejemplos de espacio público que encontramos en los años 50. Consistió básicamente en resolver el encuentro en «T» de la Gran Via con el Passeig de la Zona Franca. La plaza se encontraba en ese momento presidida por los emblemáticos edificios de la SEAT (Sociedad Española de Automóviles de Turismo). En 1956 se permitió la conversión de los terrenos expropiados, clasificados como zona franca, en polígono industrial hasta que, en pleno apogeo industrial de los años 70, podían contarse hasta 83 fábricas que ocupaban más de 9.000 personas. En el año 1963 se hizo un anteproyecto para la realización de un puerto propio de la Zona Franca, pero acabó englobado en el de ampliación del puerto de Barcelona, y se creó un gran polígono industrial, que constituye hoy en día una de las más importantes concentraciones industriales del área mediterránea.

escola d'aprenents i oficines del taller de foneria per a la seat

manuel barbero rebolledo, rafael de la joya

1956-1957

A4

pg. de la zona franca / c. del cisell

▶ L 9, 23, 37, 109

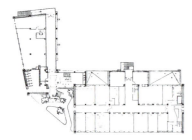

El conjunt articula la trobada entre dos carrers, deixa la cantonada lliure i diferencia dos blocs per resoldre les exigències del programa amb el mínim esforç econòmic. L'escola d'aprenents de la SEAT, juntament amb el taller de foneria i el seu respectiu magatzem i una zona d'oficines, eren exigències programàtiques molt diferenciades que van dividir el projecte en dos blocs. Les cobertes, una en forma de voltes de formigó armat i l'altra en dent de serra, afegeixen un especial interès al projecte.

This complex articulates the encounter between the two streets on which it stands, leaving the corner of the junction itself free. The two blocks are differentiated in order to satisfy the requirements of the program at the lowest possible cost. The SEAT school for apprentices, together with the metal casting shop and its associated stores and office area, were very distinctive demands that resulted in the project being divided into two blocks. The roofs, one of them in the form of reinforced concrete vaulting and the other sawtooth, add a particular note of interest to the project.

El conjunto articula el encuentro entre dos calles dejando libre la esquina y diferenciando dos bloques para resolver las exigencias del programa con el mínimo esfuerzo económico. La escuela de aprendices de la SEAT, junto con el taller de fundición y su respectivo almacén y una zona de oficinas, eran exigencias programáticas muy diferenciadas que dividieron el proyecto en dos bloques. Las cubiertas, una en forma de bóvedas de hormigón armado y la otra en diente de sierra añaden al proyecto un especial interés.

laboratoris de la seat

césar ortiz-echagüe,
rafael echaide itarte

1958-1960

A5

zona franca. sector a, c. 2, núm. 1-25

 L 9, 23, 37, 109

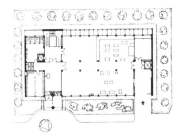

Els serveis de laboratori de la fàbrica SEAT feien el control de qualitat dels materials utilitzats a la construcció dels automòbils. D'aquí la necessitat d'un edifici amb façanes tancades hermèticament per aconseguir les bones condicions de temperatura i humitat. L'estructura d'acer laminat del *brise-soleil* de lamel·les de fibrociment del mur cortina de la façana sud respon a la modulació de l'estructura general de l'edifici. De nou es mostren evidents similituds miesianes en la combinació de maó i acer.

The SEAT Laboratories were responsible for controlling the quality of the materials used by the company to build cars. Hence the need for a building with hermetically sealed facades to ensure the right temperature and humidity conditions could be maintained. The laminated steel structure of the *brise-soleil* made of strips of fibrocement on the curtain wall of the south facade is a response to the modulation of the overall structure of the building. Once again, we find evident similarities with Mies' work in the combination of brick and steel.

Los servicios de laboratorio de la fábrica SEAT realizaban el control de calidad de los materiales utilizados en la construcción de los automóviles. De ahí la necesidad de un edificio con fachadas cerradas herméticamente para conseguir las buenas condiciones de temperatura y humedad. La estructura de acero laminado del *brise-soleil* de lamas de fibrocemento del muro cortina de la fachada sud responde a la modulación de la estructura general del edificio. De nuevo se muestran evidentes similitudes miesianas en la combinación del ladrillo con el acero.

menjadors de la seat

césar ortiz-echagüe,
manuel barbero rebolledo,
rafael de la joya

1953-1956

A6

zona franca. sector a, c 2, núm. 1 25

▶ 🚌 L 37. 109

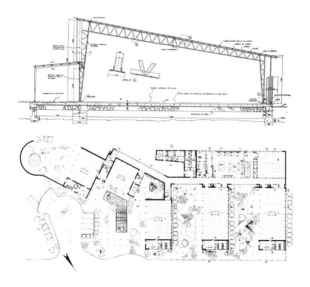

Sis pavellons d'una sola planta construïts essencialment amb maó, vidre i una lleugera estructura d'alumini (molt avantatjosa per la mala qualitat del terreny on s'assentava) s'organitzen enginyosament amb patis i circulacions sota pèrgoles que regulen perfectament la relació exterior-interior, per contenir els menjadors per als treballadors i directius de la factoria de la SEAT. Exemplar per ser de les primeres arquitectures tecnològiques espanyoles i per la seva acurada execució en l'estructura d'alumini i la seva precisió en els detalls, va ser mereixedor del Reynolds Memorial Award, premi que els va oferir l'oportunitat de conèixer a Chicago qui va passar a orientar gran part del seu treball, Mies van der Rohe.

The dining rooms for workers and management at the SEAT factory are housed in six single-story pavilions built in the main out of brick, glass and a light aluminum structure (which offers considerable advantages given the poor quality of the land on which they stand). The pavilions are ingeniously laid out by means of courtyards and walkways that run below pergolas that regulate to perfection the relationship between the exterior and interior. These dining rooms are exemplary in that they are one of the first Spanish technological buildings and because of the care taken in the making of the aluminum structure and the accuracy in the details. The complex was given the Reynolds Memorial Award, a prize that gave its architects the opportunity to view at first hand in Chicago the work of Mies van der Rohe, who influenced much of their work.

Seis pabellones de una sola planta construidos esencialmente con ladrillo, vidrio y una ligera estructura de aluminio (muy ventajosa dada la mala calidad del terreno donde se asentaba) se organizan ingeniosamente mediante patios y circulaciones bajo pérgolas que regulan perfectamente la relación exterior-interior, para contener los comedores para los trabajadores y directivos de la factoría de la SEAT. Ejemplar por ser de las primeras arquitecturas tecnológicas españolas y por su cuidada ejecución en la estructura de aluminio y su precisión en los detalles, fue merecedor del Reynolds Memorial Award, premio que les ofreció la oportunidad de conocer en Chicago, quien pasó a orientar gran parte de su trabajo, Mies van der Rohe.

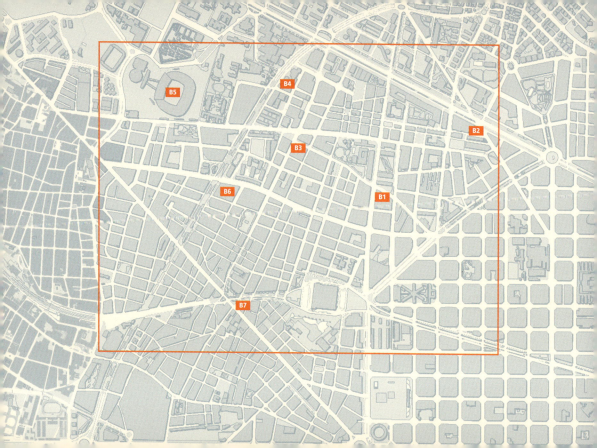

SANTS - LES CORTS

- **B1** **edifici d'habitatges**
  ricardo bofill levi
- **B2** **edifici talaia de barcelona**
  federico correa, alfonso milà, josé luis sanz magallón
- **B3** **habitatges i oficines can bruixa**
  albert viaplana, helio piñón, gabriel mora
- **B4** **torres d'oficines trade**
  josé antonio coderch de sentmenat
- **B5** **nou camp: estadi del futbol club barcelona**
  francesc mitjans, josep soteras, lorenzo garcía-barbón
- **B6** **edifici d'habitatges**
  esteve bonell i costa, josep m. casabella
- **B7** **cinema liceo**
  antoni moragas i gallissà

sants - les corts

Habitatges Xaudiera, c. d'Entença, 99-101 / c. d'Aragó, 20-22.
Martorell-Bohigas-Mackay, 1964-1967.

A principis del segle xx, la quantitat de terreny disponible d'aquests dos municipis va ajudar a descentralitzar la indústria concentrada del casc antic de Barcelona: Les Corts ofereix espai a la demanda residencial, i Sants allotja les noves fàbriques fins a esdevenir un dels suburbis industrials de més potència de la rodalia de Barcelona.
La situació a principis del 1900 del municipi de Les Corts era bàsicament rural i residencial, amb masies, grans parcel·les destinades a camps de conreu i l'aparició posterior d'algunes cases d'estiueig de la incipient burgesia industrial (Güell i Girona). El 1922, la fundació del primer estadi de futbol del Futbol Club Barcelona a l'actual travessera de les Corts va ser l'esdeveniment més significatiu que va generar més activitat i riquesa en el municipi durant els seus trenta anys de funcionament.
En aquesta mateixa època, pel contrari, l'actual barri de Sants s'havia convertit ja en un potent suburbi industrial de Barcelona amb la instal·lació dels grans vapors en terrenys propers al pas de les línies ferroviàries. Importants fàbriques cotoneres com ara La España Industrial o Can Batlló es van mantenir en funcionament fins a principis dels anys setanta. Juntament amb aquestes indústries, petites actuacions com ara la construcció de la Parròquia de Sant Medir, fundada el

Parròquia de Sant Medir, c. de la Constitució, 17.
J. Bonet Armengol, 1958-1960.

1949, van ser el motor del desenvolupament sociocultural del municipi. Des de la parròquia es va constituir una cooperativa per a la construcció d'edificis per a habitatges socials, inaugurats el 1957, any en què es va iniciar la construcció de nous locals per a la parròquia i l'actual església de caire modernista.

A principis dels anys cinquanta, l'obertura de les grans artèries de creixement de la ciutat de Barcelona, com ara l'avinguda de la Diagonal o la ronda del General Mitre, no només ajuda per al desenvolupament d'aquests dos municipis, sinó que també va originar l'aparició de tota una sèrie de noves construccions de tipologia ben diferent (com ara la Torre Talaia). En aquest cas, observem com l'edifici abandona l'alineació al carrer i creix en alçada, i és un exemple de la nova relació que sorgeix entre les grans estructures viàries i l'edificació de la seva vora. Ambdós districtes limiten actualment amb la trama de l'Eixample per mitjà de l'avinguda de Josep Tarradellas, el carrer de Tarragona i l'avinguda del Paral·lel, i agrupen tota una sèrie de barris diferenciats per la seva trama urbana, per la seva tipologia constructora, per l'origen dels seus habitants i per la seva tradició històrica i associativa.

Parròquia de Santa Tecla,
av. de Madrid, 119.
J. Soteras i Mauri, 1961-1965.

The amount of land available in these two municipalities enabled the industry concentrated in the old center of Barcelona to relocate here in the early 20th century. Les Corts offered space to meet the demand for residential accommodation, while Sants took in new factories, in the process becoming one of the most vigorous industrial suburbs on the outskirts of Barcelona.

In the early 1900s, the municipality of Les Corts was essentially a rural and residential area, with farmhouses, swathes of land given over to crops and subsequently a number of summer residences, built for the rising bourgeoisie (such as the Güell and the Girona families). The construction in 1922 of Barcelona Football Club's first stadium on what is today Travessera de les Corts was the most significant event of the time and gave rise to increased economic activity and wealth in the municipality during the 30 years it was in use.

In contrast, the neighborhood of Sants as it is today had already become one of Barcelona's dynamic industrial suburbs following the construction of steam-powered factories on land near the railway lines. Important cotton mills such as La España Industrial and Can Batlló remained in business until the early 1970s. These companies and smaller initiatives, such as the construction of the Parish Church of Sant Medir, founded in 1949, were the driving force of the social and cultural development of the municipality. The parish church was, for example, responsible for setting up a cooperative venture to construct social housing, which welcomed the first occupants in 1957, the year that work began on new buildings for the parish and the current church, which is neo-*modernista* in appearance.

The opening of new major thoroughfares in the 1950s in response to the growth of Barcelona, such as Avinguda de la Diagonal and Ronda del General Mitre, contributed further to the development of these two municipalities and also gave rise to the construction of a series of new buildings of various types. One of these buildings is Torre Talaia, which, as can be seen, does not follow the alignment of the street and is, moreover, significantly taller than other buildings around it, making it an example of the new relationship that developed between the large road structures and the constructions alongside them.

Both districts currently border the Eixample at Avinguda de Josep Tarradellas, Carrer de Tarragona and Avinguda del Paral·lel. Between them, they encompass a number of neighborhoods differentiated by their urban layout, types of buildings, the origins of the residents, their historical traditions and associations.

A principios del Siglo XX, la cantidad de terreno disponible de estos dos municipios ayudó a descentralizar la concentrada industria del casco antiguo de Barcelona: Les Corts, ofreciendo espacio a la demanda residencial y Sants alojando las nuevas fábricas hasta convertirse en uno de los suburbios industriales de mayor potencia de los alrededores de Barcelona.

La situación a principios del 1900 del municipio de Les Corts era básicamente rural y residencial, con masías, grandes parcelas destinadas a campos de cultivo y la aparición posterior de algunas casas de veraneo de la incipiente burguesía industrial (Güell y Girona). En 1922, la fundación del primer estadio de fútbol del F. C. Barcelona en la actual Travessera de les Corts fue el acontecimiento más significativo que generó mayor actividad y riqueza en el municipio durante sus 30 años de funcionamiento.

En esa misma época, por el contrario, el actual barrio de Sants se había convertido ya en un potente suburbio industrial de Barcelona con la instalación de los grandes vapores en terrenos cercanos al paso de las líneas ferroviarias. Importantes fábricas algodoneras como La España Industrial o Can Batlló se mantuvieron en funcionamiento hasta principios de los años 70.

Junto a estas industrias, pequeñas actuaciones como la construcción de la parroquia de Sant Medir fundada en 1949 fueron el motor del desarrollo socio-cultural del municipio. Desde la parroquia se constituyó una cooperativa para la construcción de edificios para viviendas sociales, inauguradas en 1957, año en el que se inició la construcción de los nuevos locales para la parroquia y la actual iglesia de cariz neomodernista.

A principios de los años 50, la apertura de las grandes arterias de crecimiento de la ciudad de Barcelona, como la Avenida de la Diagonal o la Ronda del General Mitre, no sólo ayudó al desarrollo de estos dos municipios sino que también originó la aparición de toda una serie de nuevas construcciones de diferente tipología (como la Torre Talaia). En este caso observamos cómo el edificio abandona la alineación a calle y crece en altura, siendo ejemplo de la nueva relación que surge entre las grandes estructuras viarias y la edificación de su borde.

Ambos distritos limitan actualmente con la trama del ensanche mediante la avenida Josep Tarradellas, la calle Tarragona y la Avenida del Paral·lel y agrupan toda una serie de barrios diferenciados por su trama urbana, por su tipología constructora, por el origen de sus habitantes y por su tradición histórica y asociativa.

edifici d'habitatges
ricardo bofill levi

1963-1965

B1

nicaragua, 97-99

▶ Ⓜ L 3 (plaça del centre)
🚌 L 15, 30, 43, 54, 59, 66

Una petita parcel·la a la cantonada del carrer de Nicaragua, entre parets mitgeres, sense contacte amb el pati interior d'illa, i orientada al nord van ser els principals paràmetres determinants de la disposició en planta de l'edifici. L'escala i les habitacions s'aboquen al pati del darrere per aprofitar la llum del sud, mentre que l'enginyosa disposició dels murs d'obra vista a la façana principal permeten il·luminar la sala menjador amb llum d'est-oest. L'acabament de l'edifici es produeix amb un àtic –residència de l'arquitecte durant gairebé vint anys– distribuït en tres nivells i que incorpora una piscina a l'últim pis. El treball i l'acurada disposició del maó i la ceràmica superen la limitació de la construcció industrialitzada per oferir una àmplia varietat d'opcions formals de notable força plàstica.

The floor plan of this building was largely determined by the fact that it stands, abutting its neighboring buildings, on a small, north-facing corner plot on Carrer de Nicaragua with no access to the inner courtyard. The staircase and bedrooms overlook the rear courtyard to make the most of the south light, while the ingenious arrangement of the exposed brickwork walls of the main facade mean that the living and dining room is illuminated by east-west light. The building is crowned by an attic apartment —the architect's own home for almost 20 years— on three levels, with a swimming pool on the top floor. The quality and careful arrangement of the brickwork and tiles exceed expectations of an industrialized building, which features a wide range of formal options of remarkable artistic force.

Una pequeña parcela en esquina de la calle Nicaragua, entre medianeras, sin contacto con el patio interior de manzana, y orientada a norte fueron los principales parámetros determinantes de la disposición en planta del edificio. La escalera y las habitaciones se abocan al patio trasero para aprovechar la luz de sur, mientras que la ingeniosa disposición de los muros de obra vista en la fachada principal permiten iluminar el estar-comedor con luz este-oeste. El remate del edificio se produce mediante un ático –residencia del arquitecto durante casi 20 años– distribuido en tres niveles, incorporando una piscina en el último piso. El trabajo y la cuidada disposición del ladrillo y la cerámica superan la limitación de la construcción industrializada para ofrecer una amplia variedad de opciones formales de notable fuerza plástica.

edifici talaia de barcelona

federico correa, alfonso milà,
josé luis sanz magallón

1966-1970

B2

av. de sarrià, 71 / av. de la diagonal

 T1, 2, 3 (francesc macià)
L 6, 7, 33, 34, 63, 67, 68

La Torre Talaia va ser un dels primers edificis d'habitatges en alçada construïts a Barcelona juntament amb la Torre Urquinaona d'A. Bonet i J. Puig i Torné. Emergeix en la trobada de dues grans vies de circulació, puntualitza la linealitat de l'avinguda de la Diagonal i manifesta una preocupació per donar resposta formal a l'entorn. L'organització general en esvàstica de la planta tipus presenta una variació en alçada que s'expressa a la façana: els primers dotze nivells allotgen vuit habitatges per planta i es reserven els nivells superiors per a quatre habitatges de dimensions més grans.

Torre Talaia was, along with Torre Urquinaona by A. Bonet and J. Puig i Torné, among the first tall residential buildings to be constructed in Barcelona. It rises up at the junction between two of the city's major thoroughfares and accentuates the linearity of Avinguda de la Diagonal, demonstrating the architects' determination to provide a formal response to the setting. The overall organization of the floor plan in the shape of a swastika presents a variation in height expressed in the facade: the first twelve stories hold eight apartments per floor, with the upper stories holding four larger apartments.

La Torre Talaia fue de los primeros edificios de vivienda en altura construidos en Barcelona junto con la Torre Urquinaona de A. Bonet y J. Puig i Torné. Emerge en el encuentro entre dos grandes vías de circulación y puntualiza la linealidad de la avenida Diagonal, manifestando una preocupación por dar una respuesta formal al entorno. La organización general en esvástica de la planta tipo presenta una variación en altura que se expresa en fachada: los primeros 12 niveles albergan ocho viviendas por planta reservando para los superiores cuatro viviendas de mayor dimensión.

habitatges i oficines can bruixa

albert viaplana, helio piñón, gabriel mora

1973-1975

B3

galileu, 281-285

▶ Ⓜ L 3 (les corts)
🚌 L 15, 43, 54, 59

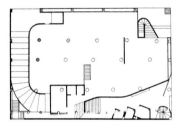

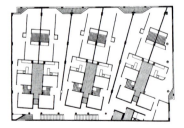

En un solar rectangular, entre dues parets mitgeres i molt profund, es disposen els habitatges a mode de ventall a favor d'una millora de la qualitat de l'espai, tant de l'accés com de l'interior, i de la recerca de la bona orientació. Les peces que ho requereixen han mantingut l'ortogonalitat i es juxtaposen amb els àmbits de límits no paral·lels, que potencien les visuals i la continuïtat dels espais. Aquesta imatge no es reprodueix directament a l'exterior, on es presta molta atenció al pla de la façana. Un doble mur en façana respon a requeriments interns i externs, sovint contradictoris. Uns grans buits agrupen les obertures de les sales d'estar i provoquen un canvi de proporció que conviu amb la composició ritmada de finestres.

This project stands on a rectangular site between the two very deep walls of the neighboring buildings. The residential apartments are arranged like a fan in order to improve the spatial quality of the entrance and the apartment interiors and orientation. The rooms that are required to have orthogonal lines retain them, while the adjoining rooms have non-parallel sides that enhance the visual effects and the continuity of the spaces. This arrangement is not directly evident on the exterior, where considerable attention is paid to the plane of the facade. A double facade wall meets the internal and external requirements, which are often contradictory. Large hollows group the openings of the living room and give rise to a change in proportions that matches the rhythmical composition of the windows.

En un solar rectangular, entre dos medianeras y muy profundo, se disponen las viviendas a modo de abanico en favor de una mejora de la calidad espacial, tanto del acceso como de su interior, y de la búsqueda de la buena orientación. Las piezas que lo requieren han mantenido la ortogonalidad y se yuxtaponen con los ámbitos de límites no paralelos, que potencian las visuales y la continuidad de los espacios. Esta imagen no se reproduce directamente en el exterior, donde se presta mucha atención al plano de fachada. Un doble muro en fachada responde a requerimientos internos y externos, a menudo contradictorios. Unos grandes huecos agrupan las oberturas de las salas de estar y provocan un cambio de proporción, que convive con la ritmada composición de ventanas.

torres d'oficines trade

josé antonio coderch de sentmenat

1966-1969

B4

av. de carles III, 92-94

▶ Ⓜ L 3 (maria cristina)
🚌 L 59, 70, 72, 75

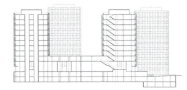

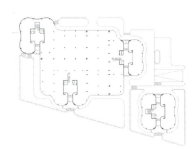

Edifici que es projecta al mateix temps que els habitatges Girasol de Madrid. És el primer cop que Coderch té l'oportunitat de construir un conjunt d'oficines d'alt nivell. L'ús del mur cortina, que s'utilitzava en aquest tipus d'edificis fins a la trivialització, és tractat extraient-ne la màxima capacitat expressiva. El seu traç sinuós, que resegueix les continuïtats del basament i resta rotunditat als edificis, permet recuperar el sentit de lleugeresa visual originari d'aquest sistema constructiu. L'ambivalència de Coderch entre severitat i sensualitat, mesura i desmesura, ens apropa a aquell Gaudí que perseguia lligar amb geometries funiculars rigoroses la seva imaginació frondosa. L'arquitecte desenvolupa amb aquesta obra un camí meritós de recerca per donar resposta al veritable i essencial sentit de les coses.

Coderch designed this building while he was working on the Girasol residential project in Madrid. It was the first opportunity he had been given to build an office complex of a high standard. The curtain wall, which was employed in this kind of building so often that it became commonplace, is treated in such a way as to draw out its full expressiveness. Its sinuous line, which follows the continuities of the plinth and mitigates the starkness of the buildings, restores the original visual impression of lightness of this construction system. Coderch's ambivalence between severity and sensuality, restraint and excess, calls to mind Gaudí, who sought to check his boundless imagination by means of strict, geometrical funicular shapes. With this project, Coderch pursued a worthy path of research in order to provide a response to the true and essential meaning of things.

Edificio que se proyecta al mismo tiempo que las viviendas Girasol de Madrid. Es la primera vez que Coderch tiene la oportunidad de construir un conjunto de oficinas de alto nivel. El uso del muro cortina, que se utilizaba en este tipo de edificios hasta la trivialización, es tratado extrayendo de él la máxima capacidad expresiva. Su trazado sinuoso, que resigue las continuidades del basamento y resta rotundidad a los edificios, permite recuperar el sentido de ligereza visual originario de este sistema constructivo. La ambivalencia de Coderch entre severidad y sensualidad, mesura y desmesura, nos acercan a aquel Gaudí que perseguía atar con rigurosas geometrías funiculares su frondosa imaginación. El arquitecto desarrolla con esta obra un meritoso camino de investigación para dar respuesta al verdadero y esencial sentido de las cosas.

nou camp: estadi del futbol club barcelona

francesc mitjans, josep soteras, lorenzo garcía-barbón

1954-1957 (reforma / ampliació: 1982, francesc mitjans, josep soteras, joan pau mitjans, francesc cavaller, antoni bergnes)

B5

trav. de les corts / av. de joan XXIII

▶ Ⓜ L 5 (collblanc)
🚌 L 15, 75, L12, L 50, L 56, L 62, 54, 56, 57, 157

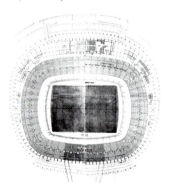

El projecte inicial preveia una construcció en dues fases amb una ocupació final de 150.000 persones, que l'hauria convertit en l'estadi amb més capacitat del món. L'edifici té planta ovalada i secció variable i asimètrica. Aquesta disposició va permetre als autors situar el màxim d'espectadors en el sentit longitudinal del camp, que és el que té més visibilitat. L'estadi actual és un edifici de volumetria unitària sobre la qual destaca la marquesina que cobreix la tribuna, de volada de 40 metres, el més gran del món en la data de la seva construcció. La continuïtat dels elements horitzontals a l'interior i el ritme de pantalles verticals de l'exterior determinen l'estructura formal de l'edifici. L'estadi va ser ampliat amb una tercera graderia amb motiu dels mundials de futbol de 1982 i remodelat el 1998 per assolir la seva capacitat actual de 98.600 localitats assegudes.

The initial project, intended to be built over two phases, was for a stadium capable of seating 150,000 spectators, which, had it been completed, would have made it the largest-capacity stadium in the world. The building is oval in plan and variable and asymmetric in section. This layout allowed the architects to place most of the spectators along the length of pitch, a position that affords a better view of the game. The current stadium is a single-volume edifice with an impressive canopy covering one side of the stands. The canopy extends 131 feet and was the largest in the world when it was built. The continuity of the horizontal elements inside and the rhythm of the vertical screens of the exterior determine the formal structure of the building. The stadium was extended in 1982, when a third bank of tiered seating was added for the World Cup, and was refurbished in 1998, when it reached its current 98,600-seat capacity.

El proyecto inicial preveía una construcción en dos fases con una ocupación final de 150.000 personas, que lo habrían convertido en el estadio con mayor capacidad del mundo. El edificio tiene planta ovalada y sección variable y asimétrica. Esta disposición permitió a los autores situar el máximo de espectadores en el sentido longitudinal del campo, el de mayor visibilidad. El estadio actual es un edificio de volumetría unitaria sobre la que destaca la marquesina de cubrición de tribuna, de voladizo de 40 metros, el mayor del mundo en la fecha de su construcción. La continuidad de los elementos horizontales en el interior y el ritmo de pantallas verticales del exterior determinan la estructura formal del edificio. El estadio fue ampliado con un tercer graderío con motivo de los mundiales de fútbol de 1982 y remodelado en 1998 alcanzando su capacidad actual de 98.600 localidades de asiento.

edifici d'habitatges

esteve bonell i costa,
josep m. casabella

1969

B6

av. de madrid, 136-138

▶ ⟨M⟩ L 3 (les corts - plaça del centre), 5 (badal)
🚌 L 15, 43, 54, 70, 75

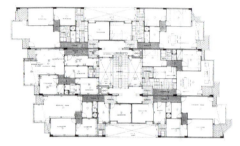

El projecte organitza sis habitatges per replà (tres al carrer principal i tres al pati interior de l'illa) mitjançant la divisió de l'ample total del solar en tres grans crugies perpendiculars al carrer. Es produeix una fragmentació de la façana principal, més continguda a les tres últimes plantes, per uns volums amb aplacats ceràmics corresponents als balcons en voladís i les tribunes de les sales d'estar. D'aquesta manera s'aconsegueix amagar la divisió estructural de les tres crugies i manifestar una falsa arbitrarietat en l'organització dels habitatges.

This building has six apartments per landing, three overlooking the main street and three overlooking the inner courtyard of the street block, achieved by dividing the total width of the plot into three large bays that run perpendicular to the street. The main facade, which is more restrained on the upper floors, is broken up by means of volumes with tile siding corresponding to the projecting balconies and the galleries of the living rooms. The structural division of the three bays is thus masked and the organization of the apartments is given a false sense of arbitrariness.

El proyecto organiza seis viviendas por rellano (tres a calle principal y tres a patio interior de manzana) mediante la división del ancho total del solar en tres grandes crujías perpendiculares a la calle. Se produce una fragmentación de la fachada principal, más contenida en las últimas plantas, mediante unos volúmenes con aplacados cerámicos correspondientes a los balcones en voladizo y las tribunas de las salas de estar. De este modo se consigue ocultar la división estructural de las tres crujías y manifestar una falsa arbitrariedad en la organización de las viviendas.

cinema liceo
antoni moragas i gallissà
1956-1959

B7

la rambla, 7

▶ Ⓜ L 3 (drassanes)
🚌 L 14, 36, 38, 57, 59, 64, 157

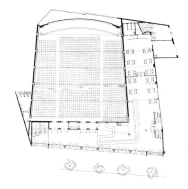

Moragas va realitzar set projectes d'espais cinematogràfics. És en aquest tipus d'edificacions on l'arquitecte se sent més lliure i submergit en la innovació. La irregularitat de la planta i la complexitat del programa porten a una planta de gran connexió entre els diferents espais, propera a l'arquitectura orgànica que s'estava desenvolupant al nord d'Europa. Disposava d'un bar fantàstic amb una barra de 32 metres de llarg. Actualment el cinema no funciona com a tal, i el bar ha estat reformat, però la configuració de l'edifici continua sent pràcticament l'original.

Moragas designed seven movie halls. It was in this kind of construction that Moragas felt less constrained and was able to immerse himself in innovation in architecture. The irregular arrangement of the floor plan and the complexity of the program resulted in a floor linking the various spaces, a solution that is close to the organic architecture being pursued in northern Europe at that time. The cinema once had an astonishing bar that was 105 feet long. Nowadays, the cinema is no longer used to screen movies and the bar has since been altered. Even so, Moragas' design for the building has survived virtually intact.

Moragas realizó 7 proyectos de espacios cinematográficos. Es en este tipo de edificaciones donde Moragas se siente más libre y sumergido en la innovación. La irregularidad de la planta y la complejidad del programa llevan a una planta de gran conexión entre los diferentes espacios, cercana a la arquitectura orgánica que se estaba desarrollando en el norte de Europa. Disponía de un fantástico bar con una barra de 32 metros de largo. Actualmente el cine no funciona como tal, y el bar ha sido reformado, pero la configuración del edificio sigue siendo prácticamente la original.

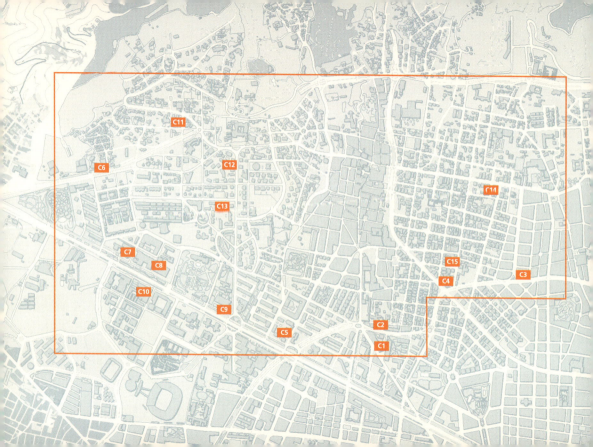

PEDRALBES - SARRIÀ

- **C1** **edifici d'habitatges la colmena**
  francesc mitjans miró
- **C2** **edifici d'habitatges**
  f. j. barba corsini
- **C3** **illa seida: edifici d'habitatges, estació de servei, magatzem i taller de la seat**
  francesc mitjans miró
- **C4** **edifici d'habitatges**
  pere llimona, xavier ruiz i vallès
- **C5** **torre d'habitatges monitor**
  federico correa, alfonso milà
- **C6** **escola thau**
  oriol bohigas, josep m. martorell, david mackay
- **C7** **facultat de dret**
  pere lópez iñigo, guillem giráldez dávila, xavier subias fages
- **C8** **facultat de ciències econòmiques**
  pere lópez iñigo, guillem giráldez dávila, xavier subias fages
- **C9** **escola d'alts estudis mercantils (empresarials)**
  f. javier carvajal ferrer, rafael garcia de castro
- **C10** **escola tècnica superior d'enginyers industrials de barcelona (ETSEIB)**
  robert terradas i via
- **C11** **IESE (institut d'estudis superiors de l'empresa)**
  juan rius i camps, juan ignacio de la vega i aguilar
- **C12** **edifici d'habitatges casa tokio**
  francesc mitjans miró
- **C13** **conjunt residencial les escales park**
  josep lluis sert, jackson & associates
- **C14** **col·legi de metges**
  robert terradas i via
- **C15** **casa llar**
  césar ortiz-echagüe, rafael echaíde

pedralbes - sarrià

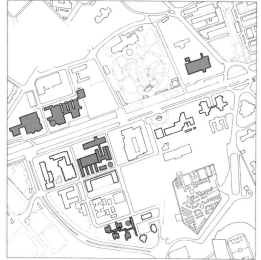

Zona Universitària - Av. de la Diagonal.
Vista i plànol general.

En aquest itinerari es recullen els edificis més emblemàtics construïts entre els anys cinquanta i seixanta a la zona alta del nord-oest de Barcelona. Des de principis dels cinquanta, quan ja era una necessitat l'estudi del creixement de la ciutat, i a través del Pla comarcal de la nova ordenació de Barcelona de 1953, determinades zones perifèriques es comencen a especialitzar segons els seus usos. Observem com les construccions que recull aquest itinerari, com les escoles de la Ciutat Universitària o els edificis residencials a Sarrià i Pedralbes, es van concentrar especialment en els espais contigus a l'obertura de les grans vies d'extensió de la ciutat: l'avinguda Diagonal, la via Augusta o la ronda del General Mitre. Hem d'afegir a aquestes infraestructures viàries l'existència de línies ferroviàries que ja des del 1863 connectaven la ciutat de Barcelona amb els pobles de Sarrià, Gràcia i Sant Gervasi. Aquestes es van anar ampliant cap a Terrassa i Sabadell, i el 1929 es van cobrir les vies des de Barcelona-plaça Catalunya fins a Muntaner. Entre els anys cinquanta i setanta es va continuar estenent el túnel de la línia de Barcelona.

Les noves edificacions, fruit d'aquest projecte d'especialització funcional de la ciutat, reflectien el creixent interès per la recerca tipològica, tant en el camp de la construcció com

pel que fa a la implantació en els nous contextos urbans. Desvinculats de les lleis de formació del volum que dictava l'Eixample, van començar a generar noves situacions urbanes. El carrer ja no era l'element que caracteritzava l'espai públic, sinó que les construccions es disposaven unes respecte de les altres amb criteris d'una certa autonomia. L'enlairament de la mitgera, la lleugera vulneració de l'alineació al carrer, la simple articulació de volums o la creació d'espais intermedis entre el carrer i l'accés a l'edifici apareixen en bon nombre dels edificis examinats en aquest itinerari. Petites «ciutats dins de la ciutat» com el complex residencial de les Cotxeres de Sarrià són exemples de la nova implantació urbana a la qual ens referim.
Tots ells són actualment emblemàtics exemples construïts en un moment en el qual l'esperit de la modernitat va sintonitzar amb les possibilitats de la indústria de la construcció i de la demanda social. Per exemple, en la construcció de les noves universitats, la substitució de l'estructura de murs de càrrega per una retícula d'acer, muntada ràpidament i en sec, va agilar el procés constructiu i conseqüentment l'urgent trasllat de les facultats de la Universitat Central a la part alta de la Diagonal.

Antiga Facultat de Geografia i Història, c. de Baldiri Reixac, s/n.
Robert Terradas i Via, José María García-Valdecasas, 1969.

Conjunt residencial Cotxeres de Sarrià, pg. de Manuel Girona, 75.
José Antonio Coderch de Sentmenat, 1971-1973.

This itinerary takes in the most emblematic buildings erected in the 1950s and 60s in the northwestern area of Barcelona. As a result of the 1953 district plan on the new development of Barcelona, certain areas on the outskirts became associated with particular uses from the early 1950s onwards, by which time there was also a manifest need for a study on the growth of the city. We can see how the constructions that feature in this itinerary, such as the schools in the University City or the residential buildings in Sarrià and Pedralbes, are concentrated in particular around the areas near Avinguda Diagonal, Via Augusta and Ronda General Mitre, the main thoroughfares opened up at that time that enabled the city to spread. In addition to the road infrastructure, there were the railway lines that had connected Barcelona with the then outlying towns and villages of Sarrià, Gràcia and Sant Gervasi from as early as 1863. The railway tracks were extended out to Terrassa and Sabadell and in 1929 the lines that ran from Plaça Catalunya in Barcelona out to Muntaner were covered over so that they now effectively ran underground. Between the 1950s and the 1970s, tunnels were built to cover the rest of the Barcelona network.

The new buildings that resulted from this specialization in functions that occurred in a number of districts around the city reflected the growing interest in research into different types of construction and in the development of new sorts of urban environments. Unaffected by the bylaws regulating the size of buildings in the Eixample, new urban conditions began to develop. The street was no longer the urban feature that determined the urban space. Instead, the buildings were arranged in relation to each other, though there was a certain autonomy in the architectural criteria. The increased height of the party walls with neighboring buildings, the slight flouting of the alignment of the street, the simple articulation of the volumes and the creation of intermediate spaces between the street and the building entrance are features found in many of the buildings considered in this itinerary. Small "cities within the city", such as the Cotxeres de Sarrià residential complex, are an example of this new urban environment.

All these now emblematic buildings were erected at a time when the spirit of modernity was in syntony with the possibilities offered by the construction industry and with social demand. For example, in the construction of the new universities, rather than a load-bearing structure of walls, a steel frame that could be quickly dry-assembled was used, speeding up construction and consequently allowing the faculties in the Central University to move swiftly into their premises on the upper part of Avinguda Diagonal.

En este itinerario se recogen los edificios más emblemáticos construidos entre los años 50 y 60 en la zona alta del Noroeste de Barcelona. Desde principios de los 50, cuando ya era una necesidad el estudio del crecimiento de la ciudad, y, a través del Plan Comarcal de la nueva ordenación de Barcelona de 1953, determinadas zonas periféricas comienzan a especializarse según sus usos. Observamos cómo las construcciones que recoge este itinerario, cómo las escuelas de las Ciudad Universitaria o los edicios residenciales en Sarriá y Pedralbes, se concentraron especialmente en los espacios contiguos a la apertura de las grandes vías de extensión de la ciudad: la avenida Diagonal, la vía Augusta o la ronda General Mitre. Debemos añadir a estas infraestructuras viarias la existencia de líneas ferroviarias que ya desde 1863 conectaban la ciudad de Barcelona con el pueblo de Sarriá, Gracia y Sant Gervasi. Éstas se fueron ampliando hacia Terrassa, Sabadell y en 1929 se cubrieron las vías desde Barcelona-Pl. Catalunya hasta Muntaner. Entre los años 50 y 70 continuó extendiéndose el túnel al resto de la línea de Barcelona.

Las nuevas edificaciones, fruto de este proyecto de especialización funcional de la ciudad, reflejaban el creciente interés por la investigación tipológica, tanto en el campo de la construcción como en la implantación en los nuevos contextos urbanos. Desligados de las leyes de formación del volumen que dictaba el Eixample, empezaron a generar nuevas situaciones urbanas. Ya no era la calle el elemento que caracterizaba el espacio público, sino que las construcciones se disponían unas respecto de otras con criterios de cierta autonomía. El despegue de la medianería, la ligera vulneración de la alineación a calle, la simple articulación de volúmenes o la creación de espacios intermedios entre la calle y el acceso al edificio aparecen en buen número de los edificios examinados en este itinerario. Pequeñas «ciudades dentro de la ciudad» como el complejo residencial de las cotxeres en Sarriá son ejemplos de la nueva implantación urbana a la que nos referimos.

Todos ellos son en la actualidad emblemáticos ejemplos construidos en un momento en el que el espíritu de la modernidad sintonizó con las posibilidades de la industria de la construcción y de la demanda social. Por ejemplo, en la construcción de las nuevas universidades, la substitución de la estructura portante de muros de carga por una retícula de acero, montada rápidamente y en seco, agilizó el proceso constructivo y consecuentemente el urgente traslado de las facultades de la Universidad Central a la parte alta de la Diagonal.

edifici d'habitatges la colmena
francesc mitjans miró

1959

C1

rda. del general mitre, 115-125

▶ **FGC** L 6 (reina elisenda), S 1 (terrassa-rambla), S2 (sabadell-rambla), S 5 (Rubí)
🚌 L 14, 16, 58, 64, 70, 72, 74

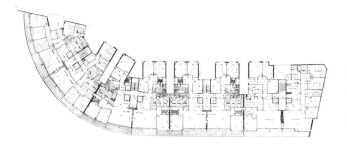

Mitjans reconeix i soluciona la connexió i transició urbana entre dos carrers de caràcter molt diferent (ronda del General Mitre i carrer Mandri) eixamplant la vorera en projectar la planta baixa a doble alçada i endarrerida respecte del pla de la façana. La solució de la terrassa contínua en façana i la seva alineació en corba al carrer emfatitzen aquesta voluntat d'adaptació al context urbà. La potència de l'horitzontal dels forjats es manifesta subtilment modulada per perfileries metàl·liques verticals. Es recupera en planta de forma magistral la solució tipològica en pinta que integra uns patis profunds a la façana posterior, recurs ja utilitzat a l'Illa Seida i després a l'edifici de la CYT a la via Augusta.

Mitjans acknowledged and resolved the urban link between Ronda General Mitre and Carrer Mandri and the transition from one to the other of these two thoroughfares of very different character. The solution of the continuous terrace on the facade and its curving alignment with the street emphasize this determination to adapt to the urban environment. The powerful presence of the horizontal of the floor and ceiling slabs is subtly modulated by the vertical metal strips. The "comb-like" solution for the floor plan is revived in masterly fashion in this building, which has deep courtyards at the rear, a device that Mitjans used earlier in the Manzana Seida and again later in the CYT building on Via Augusta.

Mitjans reconoce y soluciona la conexión y transición urbana entre dos calles de carácter muy distinto (Rda. General Mitre y calle Mandri) ensanchando la acera al proyectar la planta baja a doble altura y retrasada respecto el plano de fachada. La solución de terraza corrida en fachada y su alineación en curva a la calle enfatizan esta voluntad de adaptación al contexto urbano. La potencia de la horizontal de los forjados se manifiesta sutilmente modulada por perfilerías metálicas verticales. Se recupera en planta de forma magistral la solución tipológica «en peine» que integra unos profundos patios en la fachada posterior; recurso ya utilizado en la Illa Seida y posteriormente en el edificio de la CYT en vía Augusta.

edifici d'habitatges

f. j. barba corsini

1959-1963

C2

rda. del general mitre, 1-13

▶ Ⓜ L 3 (maria cristina)
🚌 L 16, 30, 70, 72, 74

El projecte es concep com un bloc «autosuficient» de sis unitats d'hotel apartament de lloguer amb els serveis comunitaris, les plantes baixes comercials i els entresòls destinats a oficines. La testera se soluciona mitjançant una setena unitat de tipologia diferent que conté habitatges de més dimensió destinats a la venda. El conjunt s'organitza mitjançant dos blocs allargats paral·lels enllaçats per la seva part central pels patis de ventilació interiors i els nuclis d'accés verticals. Es van utilitzar alguns mecanismes com ara l'elecció d'un mobiliari específic (llits plegables, lliteres, sofà llits...) o la introducció de divisions interiors a tall de grans plans continus per dotar de la màxima flexibilitat els 48 m² habitables dels apartaments.

This project is conceived as a "self-sufficient" block containing six apartment-hotel rental units that share communal services, the commercial premises on the first floor and the mezzanines given over to offices. The frontage is resolved by means of a seventh unit of a different type that contains larger homes for sale. The entire complex is organized by means of two long, parallel blocks that are connected at the center by the internal ventilation patios and the vertical access cores. Appropriate furnishings (including folding beds, bunks, sofa beds, etc.), large sliding panels as internal partitions and other similar features have been employed to ensure that the inhabitable 517-square-foot surface area of the apartments is as flexible as possible.

El proyecto se concibe como un bloque «autosuficiente» de seis unidades apart-hotel de alquiler con los servicios comunitarios, las plantas bajas comerciales y los entresuelos destinados a oficinas. El testero se soluciona mediante una séptima unidad de distinta tipología que contiene viviendas de mayor dimensión destinadas a la venta. El conjunto se organiza mediante dos bloques alargados paralelos enlazados por su parte central por los patios de ventilación interiores y los núcleos de acceso verticales. Se utilizaron algunos mecanismos como la elección de un mobiliario específico (plegatín, literas, sofá-cama...) o la introducción de divisiones interiores a modo de grandes planos correderos para dotar de la máxima flexibilidad a los 48 m² habitables de los apartamentos.

illa seida: edifici d'habitatges, estació de servei, magatzem i taller de la seat

francesc mitjans miró

1955-1957

C3

av. de sarrià, 130-152

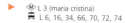
L 3 (maria cristina)
L 6, 16, 34, 66, 70, 72, 74

El projecte va incorporar tres intervencions a la mateixa illa: sis habitatges continus precedits d'una gasolinera actualment molt desfigurada i uns volums existents que l'arquitecte va aprofitar per destinar-los a tallers i magatzem de l'empresa de cotxes Seida (actualment desapareguda). El conjunt d'habitatges es caracteritza essencialment pel tractament diferenciat de la façana principal i posterior respectivament. Mentre una es configura mitjançant un traçat més horitzontal amb un joc de terrasses provocat per les separacions transversals en gelosia, l'altra s'organitza en pinta obrint uns patis generosos que penetren a l'edifici arribant a generar unes petites terrasses de servei i dotant el conjunt amb una geometria més vertical.

The project included three interventions on the same block: six terraced homes preceded by a gas station, now in a very poor state of repair, and existing volumes that the architect made the most of by converting them into workshops and a store for the Seida car company, which are no longer standing. The residential accommodation is characterized essentially by the different treatments of the main and rear facades. Whereas one is configured by a more horizontal line, with an array of terraces created by transverse separations in the manner of a *jalousie*, the other is arranged in a "comb-like" manner, with generous courtyards that penetrate the building, creating small service courtyards and giving the whole a more vertical geometry.

El proyecto incorporó tres intervenciones en la misma manzana: seis viviendas continuas precedidas de una gasolinera actualmente muy desfigurada y unos volúmenes existentes que el arquitecto los aprovechó para destinarlos a talleres y almacén de la empresa de coches Seida (actualmente desaparecidos). El conjunto de viviendas, se caracteriza esencialmente por el tratamiento diferenciado de la fachada principal y posterior respectivamente. Mientras una se configura mediante un trazado más horizontal con un juego de terrazas provocado por las separaciones transversales en celosía, la otra se organiza en peine abriendo unos patios generosos que penetran en el edificio llegando a generar unas pequeñas terrazas de servicio y dotar al conjunto de una geometría más vertical.

edifici d'habitatges
pere llimona, xavier ruiz i vallès

1964-1968

C4

c. de calatrava, 12 / via augusta / c. del rosari

 FGC L 6 (tres torres)
🚌 L 16, 30, 70, 72, 74

El projecte resol la cantonada de la confluència de tres carrers fragmentant el projecte en dos cossos articulats entre si a 90° pel nucli de comunicacions verticals. La façana s'endarrereix especialment a les cantonades orientades a la via Augusta per formalitzar els buits corresponents a sales d'estar i menjador a tall de balcons generosos. La modulació dels paraments d'obra vista emmarcats per la retícula general de l'estructura i la resolució dels detalls revelen un interès especial pels preceptes miesians.

This project resolves the corner at which three streets converge by breaking the program into two volumes joined at a 90° angle by the vertical communications core. The facade is set back, in particular at the corners facing Via Augusta, to allow the hollows corresponding to the living and dining rooms to form generous balconies. The modulation of the exposed ashlar framed by the overall grid of the structure and the resolution of the details reveal a special interest in the precepts of Mies van der Rohe.

El proyecto resuelve la esquina de la confluencia de tres calles fragmentando el proyecto en dos cuerpos articulados entre sí a 90° por el núcleo de comunicaciones verticales. La fachada se retrasa especialmente en las esquinas orientadas a via Augusta para formalizar los huecos correspondientes a salas de estar y comedor a modo de balcones generosos. La modulación de los paramentos de obra vista enmarcados por la retícula general de la estructura y la resolución de los detalles revelan un interés especial por los preceptos miesianos.

torre d'habitatges monitor

federico correa, alfonso milà

1968-1970

C5

av. de la diagonal, 670

L 3 (maria cristina)
L 7, 33, 63, 67, 68, 75, 78, L 14

A partir del nucli central estructural de formigó on se situen els buits del pati interior i els ascensors, es distribueixen dos habitatges per planta concentrant totes les zones de servei al seu voltant. La correspondència vertical dels buits endinsats del pla de façana, com també les columnes d'extracció en forma de paraments opacs d'obra vista, pretenen emfatitzar la reduïda alçada de l'edifici, i tot i així se situa a mig camí entre una torre d'habitatge col·lectiu i un edifici més domèstic d'habitatge individual aïllat.

Each story of this building has two apartments, with all the service areas concentrated around them, fanning out from the central structural concrete core where the shafts for the inner courtyard and the elevators are situated. The vertical hollows set back from the plane of the facade, as well as the extraction columns in the form of exposed, opaque ashlar, are intended to emphasize the fact that the building is not particularly high. Even so, it is part way between a residential tower block and the more domestic building of a single detached home.

A partir del núcleo central estructural de hormigón donde se sitúan los huecos del patio interior y ascensores se distribuyen dos viviendas por planta concentrando todas las zonas de servicio a su alrededor. La correspondencia vertical de los huecos retranqueados del plano de fachada, así como las columnas de extracción en forma de paramentos opacos de obra vista pretenden enfatizar la reducida altura del edificio. Aún así, se sitúa a medio camino entre una torre de vivienda colectiva y un edificio más doméstico de vivienda individual aislada.

escola thau

oriol bohigas, josep m. martorell, david mackay

1972-1975

C6

ctra. d'esplugues, 49-53

 L IM, EPB, 60, 75

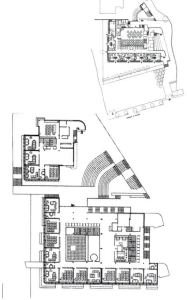

Escola per a 1.440 alumnes formada per dos edificis concebuts com a «contenidors», perquè l'absència de qualificació d'espai donés llibertat a la pedagogia canviant. Cada edifici es compon d'un bloc central d'ús variable, i d'una successió d'aules a les seves façanes del sud-est i el sud-oest. Segons les característiques topogràfiques del solar, aquests blocs se situen respectivament amb una diferència de cota de sis metres i formen entre ells un amfiteatre que recull la vida col·lectiva. Unes escales penjants contínues comuniquen els espais centrals i els porten llum natural a través del mur cortina.

A school for 1,440 pupils consisting of two blocks conceived as "containers," in which the absence of any spatial specification affords complete freedom in adapting them to suit the changes inherent in education. Each building consists of a central block used in a variety of ways and of a series of classrooms aligned along the southeast and southwest facades. Due to the topographical characteristics of the site, one of the buildings is positioned nearly 20 feet higher than the other. Formed between them is an amphitheater that provides a space for the collective life of the school. Continuous hanging staircases link the central spaces and allow natural light to filter in through the curtain wall.

Escuela para 1.440 alumnos formada por dos edificios concebidos como «containers», para que la ausencia de calificación espacial diera libertad a la cambiante pedagogía. Cada edificio se compone de un bloque central de uso variable, y de una sucesión de aulas en sus fachadas SE y SO. Atendiendo a las características topográficas del solar, estos bloques se sitúan respectivamente con una diferencia de cota de 6 metros y forman entre ellos un anfiteatro que recoge la vida colectiva. Unas escaleras colgantes contínuas comunican los espacios centrales y les llevan luz natural a través del muro cortina.

facultat de dret

pedro lópez íñigo, guillem giráldez dávila, xavier subias fages

1958-1959

C7

av. de la diagonal, 684

▶ Ⓜ L 3 (palau reial)
🚌 L 7, 33 , L 97, 67, 68, 74, 75

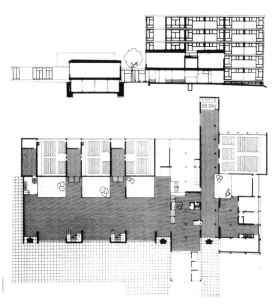

La necessitat de traslladar les facultats de la Universitat Central a la part alta de la Diagonal va propiciar que els arquitectes adoptessin en aquest cas una estratègia que agilités el procés constructiu. D'aquesta manera, van escollir una retícula estructural metàl·lica que amb una gran austeritat i rigor els va ajudar a organitzar el programa del conjunt docent. Es formalitza en tres cossos: d'una banda el cos de les aules organitzades a través d'un vestíbul i tres patis interiors; un segon cos, de seminaris, de cinc plantes i emplaçat perpendicularment a l'avinguda de la Diagonal; i el tercer que allotja les dependències de l'administració, la biblioteca i l'aula magna.

The need to move the faculties of the Central University to the upper part of Avinguda Diagonal prompted the architects to employ a strategy to speed up the construction process. As a result, they opted for a metal structural frame that helped them to organize the program of the teaching complex with notable austerity and rigor. The complex has three volumes: firstly, the volume given over to classrooms, which are organized by means of a vestibule and three inner courtyards; the second section, used for seminars, has five stories and is situated perpendicular to Avinguda Diagonal; and finally the third section, which has the administrative offices, the library and the main lecture theater.

La necesidad de trasladar las facultades de la Universidad Central a la parte alta de la Diagonal propició que los arquitectos adoptaran en este caso una estrategia que agilizase el proceso constructivo. De este modo, escogieron una retícula estructural metálica que con gran austeridad y rigor les ayudó a organizar el programa del conjunto docente. Se formaliza en tres cuerpos: por un lado, el cuerpo de las aulas que se organizan mediante un vestíbulo y tres patios interiores; un segundo cuerpo, el de los seminarios, de cinco plantas y emplazado perpendicularmente a la avenida Diagonal, y el tercero que alberga las dependencias de la administración, la biblioteca y el aula magna.

facultat de ciències econòmiques C8

pere lópez íñigo, guillem giráldez dávila, xavier subias fages

1964-1967

av. de la diagonal, 690

▶ Ⓜ L 3 (palau reial - zona universitaria)
🚌 L 7, 67, 68, 74, 75, L 14, L 97

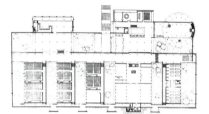

El projecte es va inspirar en la idea del recinte tancat, gairebé emmurallat, de l'antic claustre universitari: una paret l'envolta completament i tan sols és superada pels cossos on s'ubiquen el bar, l'aula magna i els despatxos del Deganat. Aquest esquema contrasta amb la Facultat de Dret, que presenta una organització dels espais lliures més oberts a l'avinguda de la Diagonal. La clara dominant horitzontal del complex es caracteritza per l'exhibició de l'estructura, i confia al formigó armat de les bigues mestres, les cornises i les gelosies gran part de la potència plàstica del conjunt. El duplicat de les bigues mestres va permetre unir-les correctament amb els peus drets metàl·lics sense interrompre's a les interseccions amb els sostres.

This project took its inspiration from the idea of the walled enclosure of the university cloister of yesteryear: a wall runs completely around it and is only exceeded by the volumes in which the bar, the main lecture theater and the deanery offices are located. This arrangement is very different to the Faculty of Law, which has unbuilt areas organized in such a way as to leave them more open to Avinguda Diagonal. The clear predominance of the horizontal line in the complex is characterized by the exposure of the structure, with the reinforced concrete of the beams, cornices and *jalousies* responsible for much of the building's artistic force. The doubling of the beams allowed them to be assembled with the metal standards without interrupting the standards at the intersections with the ceilings.

El proyecto se inspiró en la idea del recinto cerrado, casi amurallado, del antiguo claustro universitario: una pared lo rodea completamente y sólo es superada por los cuerpos donde se ubican el bar, el Aula Magna y los despachos del Decanato. Este esquema contrasta con la Facultad de Derecho que presenta una organización de los espacios libres más abiertos a la avenida Diagonal. La clara dominante horizontal del complejo se caracteriza por la exhibición de la estructura, confiando al hormigón armado de las jácenas, cornisas y celosías gran parte de la potencia plástica del conjunto. El duplicado de las jácenas permitieron un ensamblaje correcto con los pies derechos metálicos sin interrumpir éstos en las intersecciones con los techos.

escola d'alts estudis mercantils (empresarials)

C9

f. javier carvajal ferrer, rafael garcía de castro

av. de la diagonal, 694

1955-1961

▶ Ⓜ L 3 (palau reial - zona universitaria)
🚌 L 7, 67, 68, 74, 75, L 14, L 97

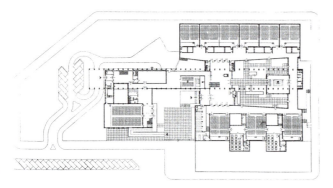

A partir d'un gran cos longitudinal de cinc plantes s'estenen a ambdós costats les construccions de planta baixa, destinades als programes més específics. Aquesta planta es configura mitjançant una clara jerarquització de les circulacions d'accés per anar connectant les diferents estances contingudes en volums opacs que cerquen la il·luminació natural de forma zenital amb claraboies, com en el cas dels aularis principals. Aquests s'organitzen en una graderia per ajustar-se a la topologia del solar. L'abstracció de façana del cos longitudinal, destinat als seminaris, contrasta amb la planta baixa, més tancada, en presentar grans plans de vidre emmarcats per la retícula estructural de formigó que conformen els forjats amb la disposició cada tres metres dels pòrtics de dotze metres.

In this project, the buildings on the first floor, intended for more specific programs, stretch out either side of a long, five-story volume. The configuration of the first floor is determined by the clear hierarchy in the entrance ways, which gradually connect the various rooms contained in opaque volumes that receive natural overhead lighting through skylights, such as in the main faculties, which are stepped to suit the lie of the land. The abstraction of the facade of the longitudinal volume, used for seminars, contrasts with the first floor, which gives the impression of being somewhat enclosed as a result of its vast sheets of glass framed by the concrete grid-like structure made up of the floor and ceiling slabs with 39-foot porticos positioned every ten feet.

A partir de un gran cuerpo longitudinal de cinco plantas se extienden a ambos lados las construcciones de planta baja, destinadas a los programas más específicos. Esta planta se configura mediante una clara jerarquización de las circulaciones de acceso para ir conectando los diferentes estancias contenidas en volúmenes opacos que buscan la iluminación natural cenital mediante claraboyas, como en el caso de los aularios principales. Éstos se organizan en graderío para ajustarse a la topografía del solar. La abstracción de fachada del cuerpo longitudinal, destinado a los seminarios, contrasta con la planta baja, más cerrada, al presentar grandes planos de vidrio enmarcados por la retícula estructural de hormigón que conforman los forjados con la disposición cada 3 m. de los pórticos de 12 m.

escola tècnica superior d'enginyers industrials de barcelona (ETSEIB)
robert terradas i via

1955-1964

C10

av. de la diagonal, 647

▶ Ⓜ L 3 (palau reial - zona universitaria)
🚌 L 51, L 57, L 61, L 63, L 64

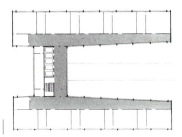

La resolució funcional del complex docent es duu a terme des de la fragmentació en blocs purs d'edificació que es dimensionen i relacionen coherentment entre ells en funció de les seves necessitats programàtiques. A través de la gran volada de la marquesina del bloc administratiu, d'horitzontalitat dominant i paral·lel a l'avinguda de la Diagonal, es produeix l'accés principal. Des d'allà es distribueixen les circulacions mitjançant grans passadissos per accedir a les torres bessones d'onze plantes, on hi ha les aules, o als sis blocs de menys alçada separats per patis i destinats a laboratoris. El laboratori d'electricitat es desenvolupa en posició retirada i paral·lela respecte del bloc administratiu, i forma un gran pati obert al carrer lateral per on es va preveure l'accés dels alumnes.

The functional resolution of the teaching complex is achieved through its fragmentation into pure blocks of construction that are coherent in size and in their relationship with each other in accordance with their programmatic needs. The main entrance is through the vast overhanging canopy of the administrative block, a powerful horizontal that runs parallel to Avinguda Diagonal. From here long corridors lead to the eleven-story twin towers where the classrooms are located, and to the six lower blocks separated by courtyards and used as laboratories. The electricity laboratory is built set back and parallel to the administrative block: between them they form a large courtyard that is open along one edge to the side street, where it was intended students would enter the complex.

La resolución funcional del complejo docente se realiza desde la fragmentación en bloques puros de edificación que se dimensionan y relacionan coherentemente entre ellos en función de sus necesidades programáticas. A través del gran voladizo de la marquesina del bloque administrativo, de horizontalidad dominante y paralelo a la avenida Diagonal, se produce el acceso principal. Desde allí se distribuyen las circulaciones mediante grandes corredores para acceder a las torres gemelas de 11 plantas, donde se encuentran las aulas, o a los seis bloques de menor altura separados por patios y destinados a laboratorios. El laboratorio de electricidad se desarrolla en posición retirada y paralela respecto al bloque administrativo, formando con él un gran patio abierto a la calle lateral por donde se previó el acceso de los alumnos.

IESE (institut d'estudis superiors de l'empresa)

juan rius i camps, juan ignacio de la vega i aguilar

1957-1958

C11

av. de pearson, 21

🚌 L 22, 63, 75, 113

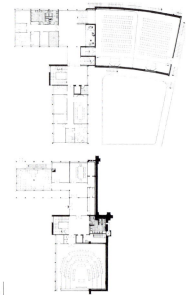

L'IESE forma part de la Universitat de Navarra i actualment desenvolupa programes de perfeccionament per a empresaris. La implantació de l'edifici es va resoldre aprofitant el gran pendent del solar per optimitzar les possibilitats edificables permeses per l'ordenança. D'aquesta manera, d'una banda es va excavar considerablement per guanyar pràcticament dos pisos i, de l'altra, semienterrant la sala d'actes s'aconseguia situar-ne la coberta a l'alçada de l'avinguda Pearson i així integrar-la com a terrassa en el jardí. Estructuralment, es va triar una separació entre eixos de pilars de 2,12 m en consonància amb l'alternança de despatxos grans i petits.

The IESE is part of the University of Navarra and today runs courses for businessmen and women. The building stands on a steep slope, which provided an opportunity to optimize the volume of construction allowed by the local bylaws: the land was excavated on one side to a considerable depth to gain virtually two whole stories, and on the other side the conference hall was half-buried, resulting in its roof emerging at the level of Avinguda Pearson and hence allowing it to be incorporated into the garden as a courtyard. With regard to the structure, it was decided to leave a gap of 7 feet between the pillar shafts, reflecting the alternation between the large and small offices.

El IESE forma parte de la Universidad de Navarra y en la actualidad desarrolla programas de perfeccionamiento para empresarios. La implantación del edificio se resolvió aprovechando la gran pendiente del solar para optimizar las posibilidades edificables permitidas por la ordenanza. De este modo, por un lado se excavó considerablemente para ganar prácticamente dos pisos y por el otro, semienterrando el salón de actos se lograba situar su cubierta a nivel de la avenida Pearson y poder así integrarla como terraza en el jardín. Estructuralmente se eligió una separación entre ejes de pilares de 2,12 m en consonancia con la alternancia de despachos grandes y pequeños.

edifici d'habitatges casa tokio
francesc mitjans miró

1954-1957

C12

av. de pedralbes, 57-61

 🚌 L 22, 63, 75, 78

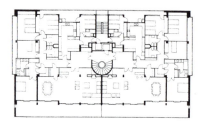

Prop de la Creu de Pedralbes, a la zona alta de la ciutat, hi ha aquest bloc aïllat d'habitatges de proporció cúbica que conté cinc plantes amb dos habitatges de luxe per replà rematat amb un àtic que es va construir especialment per a una de les sopranos d'òpera més emblemàtiques del segle XX, Victòria dels Àngels. L'absència de parets mitgeres va permetre la supressió dels patis de llums interiors i una orientació digna de 180° en cada habitatge. L'acotació de l'espai intermedi exterior-interior a la façana sud-oest amb la doble pell de plafons de lamel·les ens permet observar com, deu anys després del seu primer bloc d'habitatges al carrer d'Amigó, de caràcter més domèstic, s'ha produït en els projectes d'habitatge Mitjans una evolució cap a un llenguatge més abstracte en façana.

This detached residential block that is cuboid in its proportions stands near the Pedralbes Cross in the upper part of the city. The building has five stories, each of which has two luxury apartments per landing, and an attic at the top built especially for one of the most renowned sopranos of the 20th century, Victòria dels Àngels. Since the block has no immediately adjacent buildings, there is no need for inner light wells and each apartment has an orientation of 180°. The demarcation of the intermediate exterior-interior space on the southwest facade with its double skin of slatted panels reveals how, ten years after his first residential block on Carrer Amigó, which is more domestic in character, Mitjans' housing designs had evolved towards a more abstract language in the facades.

Cerca de la Cruz de Pedralbes en la zona alta de la ciudad se encuentra este bloque aislado de viviendas de proporción cúbica que contiene cinco plantas con dos viviendas de lujo por rellano rematado con un ático que se construyó especialmente para una de las sopranos de ópera más emblemáticas del S. XX, Victòria dels Àngels. La ausencia de medianeras permitió la supresión de los patios de luces interiores y una orientación digna de 180° a cada vivienda. La acotación del espacio intermedio exterior-interior en la fachada sudoeste con la doble piel de paneles de lamas nos permite observar cómo, diez años después de su primer bloque de viviendas en la calle Amigó, de carácter más doméstico, se ha producido en los proyectos de vivienda de Mitjans una evolución hacia un lenguaje más abstracto en fachada.

conjunt residencial les escales park

josep lluís sert, jackson & associates

1967-1973

C10

c. de sor eulàlia d'anzizu, 4

▶ Ⓜ L 3 (zona universitària)
🚌 L 54, 60, 75, JM, EPB

El conjunt, format per habitatges «dúplex», es compon a través d'un exercici volumètric de simetries i decalatges. L'edifici es beneficia d'un esplèndid jardí els arbres del qual es van conservar íntegrament i van fer que aquest se separés del carrer a la seva façana nord. En el costat sud, les cobertes dels garatges en el nivell semisoterrani formen terrasses per als apartaments de la primera planta. A la planta baixa, els vestíbuls estan units per un passadís de vidre que a través de miralls reflecteixen el jardí existent. Un altre joc de reflexos ve ofert per un canal d'aigua que recorre paral·lelament la longitud del passadís. La pedra blanca i la ceràmica vidrada, i les solucions constructives com el revoltó o el mur de càrrega mostren un intent de recuperació de la tradició mediterrània després de l'experiència americana.

This complex, consisting of duplex apartments, is a volumetric exercise in symmetry and offsetting. The building benefits from a splendid garden with trees originally on the site that were all safeguarded during construction work and so separated the north facade from the street. On the south side, the roof over the semi-basement car park forms terraces for the apartments on the second floor. On the first floor, the lobbies are connected by a glass walkway that reflects the existing garden by means of mirrors. Other reflections are created by a channel of water that runs parallel to the length of the walkway. The white stone and glazed tiles and the construction solutions such as the small vaults and the load-bearing wall reveal an attempt on Sert's part to revive the Mediterranean tradition after his American experience.

El conjunto, formado por viviendas «dúplex», se compone a través de un ejercicio volumétrico de simetrías y decalajes. El edificio se beneficia de un espléndido jardín cuyos árboles se conservaron íntegramente e hicieron que éste se separe de la calle en su fachada norte. En el lado sur, las cubiertas de los garajes en nivel semisótano forman terrazas para los apartamentos de planta primera. En planta baja, los vestíbulos están unidos por un corredor acristalado que a través de espejos reflejan el jardín existente. Otro juego de reflejos viene ofrecido por un canal de agua que recorre paralelamente la longitud del corredor. La piedra blanca y la cerámica vidriada, y las soluciones constructivas como el revoltón o el muro de carga muestran un intento de recuperación de la tradición mediterránea después de la experiencia americana.

col·legi de metges
robert terradas i via

1966-1975

C14

pg. de la bonanova, 47

▶ **FGC** L 6 (reina elisenda), S1 (terrassa-rambla), S2 (sabadell-rambla), S5 (Rubí)
🚌 L 22, 64, 75, 123

Després de la tasca realitzada en el concurs per a la seu social del RACC, Robert Terradas va intentar organitzar el programa per al Col·legi de Metges a través d'una volumetria semblant però més continguda ja que es trobava en un entorn més residencial i limitat per parets mitgeres. Tanmateix, amb l'elecció de les diferents textures dels materials de revestiment de façana l'arquitecte aconsegueix emfatitzar la disgregació entre els volums que conformen l'edifici. El tractament de l'accés i de tota la planta baixa amb sòcols i espais porticats resol hàbilment l'acord en planta baixa amb els diferents pendents dels carrers que l'envolten. Les obertures en façana es dimensionen a favor d'oferir una lectura més domèstica i adequada al context urbà on s'implanta.

Following the work he did for the competition for the corporate headquarters of the Royal Catalan Car Club (R.A.C.C.), Robert Terradas attempted to organize the program for the offices of the Professional Association of Doctors using a similar volume yet one that was more contained given that it was in a more residential area and would abut the end walls of the immediately adjoining buildings. Even so, through his choice of different textures in the facade cladding materials, he managed to emphasize the separation between the volumes that make up the building. The treatment of the entrance and the entire first floor in the building bases and arcaded areas successfully enables the first floor to adapt to the various slopes of the surrounding streets. The apertures in the facade are of the appropriate size to present a more residential aspect appropriate to the urban environment that the building stands in.

Después del trabajo realizado en el concurso para la sede social del RACC, Robert Terradas intentó organizar el programa para el Colegio de Médicos a través de una volumetría similar pero más contenida ya que se encontraba en un entorno más residencial y limitado por medianeras. Sin embargo, con la elección de las distintos texturas de los materiales de revestimiento de fachada el arquitecto consigue enfatizar la disgregación entre los volúmenes que conforman el edificio. El tratamiento del acceso y de toda la planta baja mediante zócalos y espacios porticados resuelve hábilmente la entrega en planta baja con las diferentes pendientes de las calles que lo rodean. Las aberturas en fachada se dimensionan en favor de ofrecer una lectura más doméstica y adecuada al contexto urbano donde se implanta.

casa llar

**césar ortiz-echagüe,
rafael echaide**

1958-1960

C15

c. del milanesat, 37

▶ **FGC** L 6 (tres torres)
🚍 L 30, 16, 70, 72, 74

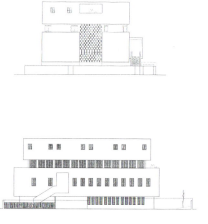

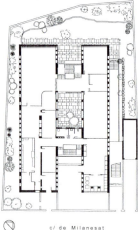

c/ de Milanesat

L'edifici, destinat a la formació i residència de les religioses de l'Opus Dei, se situa en el grup dels d'última època realitzats per la parella Echagüe-Echaide i difereix clarament dels de la seva primera sèrie d'edificis industrials per a la SEAT. En aquest cas, ens trobem davant d'un edifici d'estructura de formigó i més compacte que s'allunya dels preceptes miesians. Tanmateix, es recupera la divisió programàtica de volums: l'edifici es divideix i organitza asimètricament en dos cossos separats per un pati central i els nuclis d'escales.

This building was intended for use as a training centre and residence for women members of Opus Dei. It dates from the final period of buildings designed by Echagüe and Echaíde as a team and is clearly different from their first series of industrial premises for SEAT. The Llar building has a compact concrete structure that disregards the precepts of Mies van der Rohe. Even so, the program is divided into volumes, as the building is organized asymmetrically in two section separated by a central courtyard and the cores of the stairwells.

El edificio, destinado a la formación y residencia de las religiosas del Opus Dei, se sitúa en el grupo de los de última época realizados por la pareja Echagüe-Echaíde y difiere claramente de los de su primera serie de edificios industriales para la SEAT. En este caso nos encontramos ante un edificio de estructura de hormigón y más compacto que se aleja de los preceptos miesianos. Sin embargo se recupera la división programática de volúmenes: el edificio se divide y organiza asimétricamente en dos cuerpos separados por un patio central y los núcleos de escaleras.

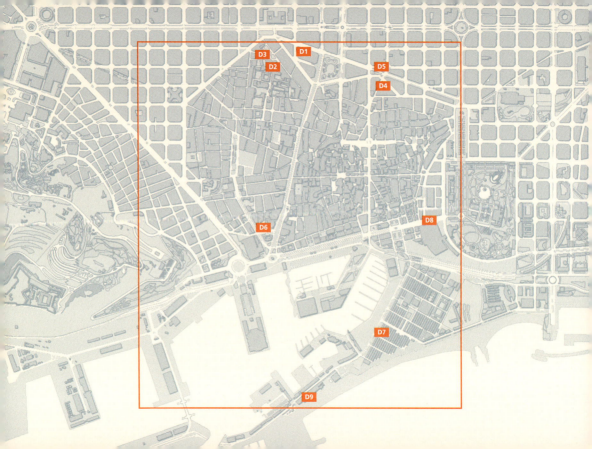

CIUTAT VELLA - BARCELONETA

- **D1** **edifici comercial hispano olivetti**
  ludovico b. belgiojoso, enrico peressutti, ernesto n. rogers
- **D2** **edifici luminor**
  josep soteras mauri / josé antonio coderch de sentmenat (ampliació)
- **D3** **dispensari central antituberculós**
  josep lluís sert, josep torres i clavé, joan baptista subirana
- **D4** **gratacels urquinaona**
  luis gutiérrez soto
- **D5** **torre urquinaona**
  antoni bonet castellana, josep puig i torner
- **D6** **torre colom**
  josep anglada, daniel gelabert, josep ribas
- **D7** **habitatges per a pescadors**
  josé antonio coderch de sentmenat, manuel valls
- **D8** **park hotel**
  antoni de moragas i gallissà, francesc de riba i sales
- **D9** **club natació barcelona**
  miquel ponseti i vivas

ciutat vella - barceloneta

Passeig Marítim, platja de la Barceloneta, 1957. E. Giralt i Ortet.

El planteig de les necessitats urbanes que el GATCPAC va iniciar amb la «Ciutat del Repòs» els va portar a plantejar entre 1933 i 1935 el Pla Macià, un pla director de Barcelona en el qual aquest grup va col·laborar amb Le Corbusier i Pierre Jeanneret. Una de les principals propostes era el sanejament del casc antic, creant zones verdes i equipaments com ara biblioteques públiques, escoles, dispensaris... A l'època en què hi havia el Govern Autònom de Catalunya, que tenia molts projectes de construccions escolars, hospitalàries i serveis col·lectius, és quan es va poder fer, per exemple, el Dispensari Antituberculós.

El pla també preveia la determinació de zones urbanes segons les seves funcions i la millora d'enllaços entre la ciutat i la costa amb l'extensió de la Gran Via fins a la «Ciutat del Repòs» (a Castelldefels). Des de la seva visió funcionalista, plantejaven per al port comercial i la Barceloneta una forta reconversió, ja que consideraven la platja contaminada i obsolets els edificis de banys, i les estructures portuàries innecessàries. Proposaven situar les àrees d'esbargiment lluny de les zones portuàries i dels usos terciaris (Ciutat del Repòs).

La primera notícia que tenim de la intenció d'urbanitzar un passeig marítim a la platja de la Mar Vella es remunta al 1895. Des d'aleshores es van proposar diversos projectes, però fins als anys cinquanta no es duu a terme. Es tracta d'un espai públic de referència obligada per la seva importància en la configuració de la ciutat i la vida urbana que encara es conserva. Va ser una important obra paisatgística i un dels pocs punts de contacte directe de la ciutat amb el mar. Cobreix una longitud de 850 m i es compon d'una calçada per a automòbils i una vorera, ambdues de 12 m d'amplada, formant un balcó continu sobre el mar. La vorera es munta sobre uns pòrtics de formigó armat i dóna lloc a un porxo continu sobre la sorra on se situen diverses entitats esportives i municipals.

Seu del COAC,
Pl. Nova, 5.
Xavier Busquets, 1958-1962.

The analysis of urban needs that the GATCPAC (Group of Catalan Architects and Technicians for the Improvement of Contemporary Architecture) initiated with the "Ciutat del Repòs" (City of Rest, where people went for recreation and vacations) led them between 1933 and 1935 to devise the Macià Plan, a master plan for Barcelona that they worked on in collaboration with Le Corbusier and Pierre Jeanneret. One of the main proposals in the plan was to clear areas of the old heart of the city and to create open spaces and other amenities such as public libraries, schools, dispensaries, etc. During the time of the Autonomous Government of Catalonia, which had ambitious plans to build schools, hospitals and other community services, the GATCPAC was able, for example, to erect the Anti-Tuberculosis Dispensary. Among the various features of the Macià Plan were the definition of urban areas according to their functions, and improvements to the transport connections between the city and the coast, to be achieved by extending Gran Via to the Ciutat del Repòs in Castelldefels. This functionalist approach prompted them to propose a major reorganization of the commercial port and Barceloneta, since they regarded the beach as polluted, the bathing facilities as obsolete and the port structures as unnecessary. Their plan was to situate the leisure areas far from the port zones and tertiary uses (the Ciutat del Repòs).
The first documented record of the intention to develop a seafront promenade along the Mar Vella Beach dates from 1895. Various projects were put forward over the years, but it was not until the 1950s that the esplanade was completed. This new public space proved crucial in shaping the city and urban life and has survived the passage of time. It was a major undertaking and one of the few points that the city and the sea came into direct contact with each other.
The promenade extends 930 yards and consists of a roadway for vehicles and a sidewalk, both nearly 50 feet wide, forming what can be regarded as a continuous balcony with views out over the sea. The sidewalk is raised on reinforced concrete arcades that stand at beach level, where a number of sporting and municipal bodies have premises.

Departament de la Generalitat,
Via Laietana, 69.
Arquitecte desconegut. Anys 70.

El planteo de las necesidades urbanas que el GATCPAC inició con la «Ciutat del Repòs», les llevó a plantear entre 1933 y 1935 el Plan Macià, un plan director de Barcelona en el que este grupo colaboró con Le Corbusier y Pierre Jeanneret. Una de las principales propuestas era el saneamiento del casco antiguo, creando zonas verdes y equipamientos tales como bibliotecas públicas, escuelas, dispensarios... En la época en que había el Gobierno Autónomo de Catalunya, que tenía vastos proyectos de construcciones escolares, hospitalarias y servicios colectivos, es cuando pudieron realizar por ejemplo el Dispensario Antituberculoso.

El plan contemplaba también la determinación de zonas urbanas según sus funciones y la mejora de enlaces entre la ciudad y la costa con la extensión de la Gran Vía hasta la «Ciutat del Repòs» (en Castelldefels). Desde su visión funcionalista, planteaban para el puerto comercial y la Barceloneta una fuerte reconversión, ya que consideraban la playa contaminada y obsoletos los edificios de baños, y las estructuras portuarias innecesarias.

Proponían situar las áreas de esparcimiento lejos de las zonas portuarias y de los usos terciarios (La Ciutat del Repòs).

La primera noticia que tenemos de la intención de urbanizar un paseo marítimo en la playa de la Mar Vella se remonta al año 1895. Desde entonces se propusieron varios proyectos, pero no es hasta en los años cincuenta cuando se realiza. Se trata de un espacio público de obligada referencia por su importancia en la configuración de la ciudad y la vida urbana que aún se conserva. Fue una importante obra paisajística y uno de los pocos puntos de contacto directo de la ciudad con el mar. Cubre una longitud de 850 m y se compone de una calzada para automóviles y una acera, ambas de 12 m de anchura, formando un balcón corrido sobre el mar. La acera se monta sobre unos pórticos de hormigón armado dando lugar a un porche contínuo sobre la arena donde se sitúan diversas entidades deportivas y municipales.

edifici comercial hispano olivetti

D1

ludovico b. belgiojoso, enrico peressutti, ernesto n. rogers

rda. universitat, 18

1960-1964

▶ Ⓜ L 1, 3 (catalunya)
🚌 L 14, 38, 59

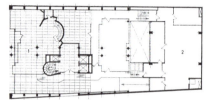

Edifici integrat per dos cossos, el principal de tretze plantes, i un cos auxiliar ubicat a l'interior d'illa de tres. Aprofitant-ne la ubicació i amb un sentit publicitari, es retira en planta baixa de l'alineació del carrer i ocupa planta baixa i pis per a exposició dels seus productes. Les plantes superiors, dedicades a oficines, es resolen amb plantes lliures modulades en mòduls de 0,90 x 0,90 m i façanes totalment geomètriques, a base d'estructura metàl·lica i envidrament general. Aquesta geometrització es trenca a la part superior de l'edifici. La façana reinterpreta algunes solucions en tribuna típiques de l'Eixample.

This building is made up of two volumes: the main volume, which is 13 stories high, and an ancillary three-story volume situated in the inner courtyard of the street block. The building makes the most of its location by being set back from the street at first-floor level, drawing the attention of passers-by to the products displayed at street level and on the floor above. The open-plan upper floors are given over to offices arranged in modules measuring 3 x 3 feet. The facades are totally geometrical and have an overall metal and glass structure. This regularity is broken at the top of the building. The facade reinterprets some of the gallery solutions typical of the Eixample.

Edificio integrado por dos cuerpos, el principal de trece plantas, y un cuerpo auxiliar ubicado en el interior de manzana de tres. Aprovechando su ubicación y con un sentido publicitario, se retira en planta baja de la alineación de la calle y ocupa planta baja y piso para exposición de sus productos. Las plantas superiores, dedicadas a oficinas, se resuelven con plantas libres moduladas en módulos de 0,90 x 0,90 m y fachadas totalmente geométricas, a base de estructura metálica y acristalamiento general. Esta geometrización se rompe en la parte superior del edificio. La fachada reinterpreta algunas soluciones en tribuna típicas del Eixample.

edifici luminor

josep soteras mauri, josé antonio coderch de sentmenat (ampliació)

1953-1955 (ampliació: 1961)

D2

pl. de castella, 1-4

▶ Ⓜ L 1, 3 (catalunya)
🚌 L 120

L'edifici construït per J. Soteras i ampliat uns anys després per J. A. Coderch devia acollir oficines i locals comercials. Es tracta d'una important peça urbana, tot i que les seves característiques fan referència a una arquitectura autònoma, independent del teixit històric en el qual es troba. La planta s'organitza mitjançant un rígid esquema en L, i organitza un espai públic de grans dimensions. Les façanes es resolen amb la manifestació exterior de l'estructura de formigó i el tractament envidrat de les obertures. És emblemàtica la peça de tancament de l'edifici a tall de marquesina.

This building, built by J. Soteras and extended not long afterwards by J. A. Coderch, was designed to hold offices and commercial premises. It is an important feature in the urban landscape, though its characteristics make reference to an independent architectural tradition that bears no relation to the historical fabric around it. The floor plan is structured in a rigid L-shape and has given rise to a large public space. The facades are formed by the exposed concrete structure and the glazing of the apertures. The finishing touch to the building provided by the canopy is particularly noteworthy.

El edificio construido por J. Soteras y ampliado unos años más tarde por J. A. Coderch, debía albergar oficinas y locales comerciales. Se trata de una importante pieza urbana, aunque sus características hacen referencia a una arquitectura autónoma, independiente del tejido histórico en el que se encuentra. La planta se organiza mediante un rígido esquema en L, y organiza un espacio público de grandes dimensiones. Las fachadas se resuelven con la manifestación exterior de la estructura de hormigón y el tratamiento vidriado de las aberturas. Es emblemática la pieza de remate del edificio a modo de marquesina.

dispensari central antituberculós   D3
josep lluís sert, josep torres i clavé, joan baptista subirana

pge. de sant bernat, 10

1934-1938

▶ Ⓜ L 1, 3 (catalunya)
🚌 L 120

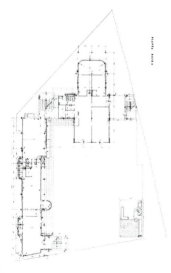

Projecte més significatiu de la primera etapa de J. Ll. Sert i representatiu dels postulats racionalistes del GATCPAC, que evidencia també l'afinitat d'aquest grup amb les directrius de Le Corbusier: estructura independent dels tancaments, possibilitat de plantes i façanes lliures, finestres contínues i coberta transitable. A això s'afegeixen matisos propis com ara el revestiment del costat del bloc amb plaques de fibrociment, versió industrial dels aplacats amb teules i pissarres verticals utilitzades de vegades a l'arquitectura popular. El conjunt s'ordena segons un bloc principal de planta L de quatre plantes i un pavelló de consergeria. Entre els dos queda lliure una part del terreny que s'organitza com a pati arbrat.

This is the most significant project undertaken by J. Ll. Sert in his early phase and is representative of the rationalist postulates of the GATCPAC. At the same time, it reveals the affinities between the GATCPAC and Le Corbusier's precepts in the independent structure of the exterior walls, the possibility of open-plan floors and facades, continuous windows and a traffic-bearing roof deck. In addition, it has a number of features of its own, such as the fibro-cement siding, an industrial version of the vertical tile or slate cladding used on occasions in ordinary architecture. In floor-plan, the premises consist of a four-story L-shaped main block and a porter's lodge. The part of the site left empty between them has been turned over to a courtyard planted with trees.

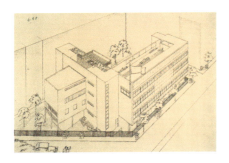

Proyecto más significativo de la primera etapa de J. Ll. Sert y representativo de los postulados racionalistas del GATCPAC, que pone en evidencia también la afinidad de dicho grupo con las directrices de Le Corbusier: estructura independiente de los cerramientos, posibilidad de plantas y fachadas libres, ventanas corridas y cubierta transitable. A esto se suman matices propios como el revestimiento del costado del bloque con placas de fibrocemento, versión industrial de los aplacados con tejas o pizarras verticales utilizadas en ocasiones en la arquitectura popular. El conjunto se ordena según un bloque principal de planta L de cuatro plantas y un pabellón de consergería. Entre ambos queda libre una parte del terreno que se organiza como patio arbolado.

gratacels urquinaona
luis gutiérrez soto

1936-1944

D4

c. de jonqueres, 18 / pl. d'urquinaona

▶ Ⓜ L 1, 4 (urquinaona)
🚌 L 16, 17, 42, 47, 62

El 1933 Gutiérrez Soto projecta aquest edifici que va ser pràcticament el primer «gratacels barceloní», amb quinze plantes, i es va acabar el 1944, després de la interrupció de la Guerra Civil. La forma del solar va suggerir la solució de la planta, tractada com tres peces autònomes amb els seus corresponents nuclis de comunicació vertical. Precisament la cantonada és la que protagonitza la composició, gràcies al recurs d'unificar en aquesta part els buits en una banda horitzontal que, en corbar-se, rememora la poètica expressionista, accentuada per la torre-àtic a la cantonada.

Gutiérrez Soto designed this building in 1933 but it was not completed until 1944 following the interruption of the Civil War. With its 15 stories, it was virtually the first skyscraper erected in Barcelona. The shape of the site determined the floor plan, which is treated as three separate volumes, each with its own vertical circulation core. The most notable feature of the composition is in fact the corner thanks to the unification of the hollows in a horizontal band which, as it curves, calls to mind Expressionist poetics, which is further accentuated by the attic-tower at the corner.

En 1933 Gutiérrez Soto proyecta este edificio, que fue prácticamente el primer 'rascacielos barcelonés', con 15 plantas. Se terminó en 1944 tras la interrupción de la Guerra Civil. La forma del solar sugirió la solución de la planta, tratada como tres piezas autónomas con sus correspondientes núcleos de comunicación vertical. Justamente la esquina es la que protagoniza la composición, gracias al recurso de unificar en esa parte los huecos en una banda horizontal que, al curvarse, rememora la poética expresionista, acentuada por la torre-ático en la esquina.

torre urquinaona

antoni bonet castellana,
josep puig i torner

1966-1973

D5

p. urquinaona, 6

▶ Ⓜ L 1, 4 (urquinaona)
🚍 L 16, 17, 42, 47, 62

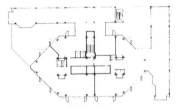

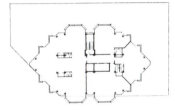

Es demostra una especial preocupació per donar una resposta formal a l'entorn. Intenta integrar l'edifici a la ciutat, i resol amb una forma complexa el difícil entroncament del carrer i la plaça. Es modula de manera que l'objecte es personalitza i adquireix el caràcter de monument, tot i que la diversitat formal s'aplica amb dosis d'arbitrarietat escultòrica.

This building reveals a particular concern on the part of the architects to provide a formal response to the surroundings. An attempt is made to blend the building into the city by employing a complex form to resolve the difficult relationship between the street and the square. The building is modulated, successfully becoming a singular feature and acquiring all the status of a monument, even though the formal diversity is applied with a measure of sculptural arbitrariness.

Se demuestra una especial preocupación por dar una respuesta formal al entorno. Intenta integrar el edificio en la ciudad, resolviendo con una forma compleja el difícil entronque de la calle y la plaza. Se modula de manera que el objeto se personaliza y adquiere el carácter de monumento, aunque la diversidad formal se aplica con dosis de arbitrariedad escultórica.

torre colom

josep anglada, daniel gelabert, josep ribas

1965-1971

D6

c. portal de santa madrona, 10-12 / av. de les drassanes, 6-8

▶ Ⓜ L 3 (drassanes)
🚌 L 91, 120

Resultat del boom especulatiu en la construcció d'edificis d'oficines que es va produir a la Barcelona dels anys cinquanta i seixanta, la Torre Colom s'emmarca clarament en el cànon brutalista, corrent que s'inspirava en l'aleshores incipient cultura pop i era representat pels Smithson. Les seves façanes guerxes i inclinades estan revestides de plafons d'agregat de formigó. Coronant l'edifici hi ha una piràmide invertida de formigó els costats de la qual descriuen un gir de 45 graus respecte de les façanes, i converteix la torre en una referència visual important al costat de la ciutat medieval.

The Torre Colom was erected during the speculative boom in office block construction that took place in Barcelona in the 1950s and 60s. The building is completely in keeping with the precepts of Brutalist architecture, a trend inspired by the then emerging Pop culture and represented by the Smithsons. The canted facades are clad in aggregate concrete panels. The building is crowned with sculptural expressiveness by an inverted concrete pyramid whose sides are twisted at an angle of 45° in relation to the facades, making the tower an important visual landmark alongside the medieval city.

Resultado del boom especulativo en la construcción de edificios de oficinas que se produjo en la Barcelona de los años cincuenta y sesenta, la Torre Colom se enmarca claramente en el cánon Brutalista, corriente que se inspiraba en la entonces incipiente cultura Pop, y representada por los Smithson. Sus fachadas combadas e inclinadas están revestidas de paneles de agregado de hormigón. Coronando el edificio, se encuentra una pirámide invertida de hormigón cuyos lados describen un giro de 45° con respecto a las fachadas, convirtiendo la torre en una importante referencia visual al lado de la ciudad medieval.

habitatges per a pescadors

josé antonio coderch de sentmenat, manuel valls

1952-1954

D7

pg. de joan de borbó, comte de barcelona, 43

▶ L4 (barceloneta)
L 17, 36, 39, 45, 57, 59, 64, 157

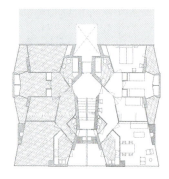

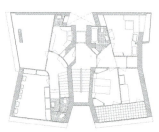

L'arquitectura domèstica és sens dubte una de les aportacions més significatives de l'arquitecte. El mateix Coderch manté que la configuració de la planta és fruit de l'aprofitament màxim de la superfície disponible. Estudis posteriors afegeixen que també és l'èxit d'una intenció arquitectònica i d'espai precisa relacionada amb el que es defineix com a *funcionalisme orgànic*. Les parets s'inclinen facilitant l'acceleració cap al sol i cap a la llum. L'alçada només és la superposició exigida d'aquesta planta tan ben resolta. Però també resol la façana, a base de franges verticals de persiana de llibret i franges de rajola groga envidrada.

One of the most significant contributions made by these architects is unquestionably their domestic architecture. Coderch himself maintained that the shape of the floor plan is the outcome of making the very most of the available surface area. Subsequent studies add that it is also the success of a precise architectural and spatial intention related what is termed "organic functionalism." The walls are sloping and give an impression of acceleration up towards the sun and the light. The height is simply the superposition demanded by this extremely well resolved floor plan. Even so, the facade is also resolved through the use of vertical slatted blinds and strips of yellow glazed tiles.

La arquitectura dómestica es sin duda una de las aportaciones más significativas del arquitecto. El mismo Coderch mantiene que la configuración de la planta es fruto del aprovechamiento máximo de la superficie disponible. Estudios posteriores añaden que es también el éxito de una intención arquitectónica y espacial precisa relacionada con lo que se define como «funcionalismo orgánico» Las paredes se inclinan facilitando la aceleración hacia el sol y hacia la luz. La altura es sólo la superposición exigida de esta planta tan bien resuelta. Pero resuelve también la fachada, a base de franjas verticales de persiana de librillo y franjas de baldosa amarilla vidriada.

park hotel

antoni de moragas i gallissà,
francesc de riba i sales

1950-1954

D8

av. del marquès de l'argentera, 11

▶ Ⓜ L 4 (barceloneta)
🚌 L 14, 39, 51

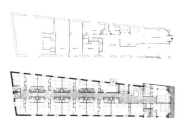

El projecte recull ja les influències de l'organicisme italià, el racionalisme holandès o el classicisme nòrdic, i la confiança de l'arquitecte de poder-les conciliar en una mateixa obra. La façana principal aconsegueix dinamisme manifestant l'estructura de pilars i bigues mestres en volada, emfatitzat pels plans de forjat i els murs d'acabament inclinat. Aquest és un dels principis bàsics de la seva obra: que l'estructura es diferenciï sempre de la decoració. Dins d'aquest esquema general, s'introdueixen matisos com el cos corbat i asimètric de la planta baixa o les divisions perforades de les terrasses.

This building reveals the influences of Italian organicism, Dutch rationalism and the classicism of northern Europe, as well as the architects' confidence that they would be able to successfully combine all these styles in a single building. The dynamism of the extremely narrow main facade, for example, is achieved by the exposure of the structure of pillars and overhanging beams, which emphasizes the planes of the floor and ceiling slabs and the sloping facing walls. One of the basic principles of their work—that the structure should be distinguishable from the decoration at all times—is thus reflected in this building. The building incorporates a number of eye-catching variants within this overall approach, such as the curving, asymmetrical volume of the first floor and the perforated divisions of the terraces.

El proyecto recoge ya las influencias del organicismo italiano, el racionalismo holandés o el clasicismo nórdico, y la confianza del arquitecto de poderlas conciliar en una misma obra. La fachada principal consigue dinamismo manifestando la estructura de pilares y jácenas en voladizo, enfatizado por los planos del forjado y los muros de remate inclinado. Éste es uno de los principios básicos de su obra: que la estructura se diferencie siempre de la decoración. Dentro de este esquema general, se introducen matices como el cuerpo curvo y asimétrico de la planta baja o las divisiones perforadas de las terrazas.

club natació barcelona

miquel ponseti i vivas

D9

pg. de joan de borbó, comte de barcelona, 93

1969

▶ L 4 (barceloneta)
🚌 L 17, 36, 39, 45, 57, 64

Un primer projecte d'ordenació de les instal·lacions existents de Mestres Fossas i González Esplugas dóna pas a diversos projectes de reestructuració de Ponseti fins al definitiu. Un nou cos s'avança projectant-se cap al mar; aquest allotja la cafeteria amb terrassa exterior i dependències administratives. L'altre cos, adossat a la piscina i a les velles instal·lacions, allotja serveis i vestuaris. L'estructura de pilars en Y que sustenta els dos cossos dóna caràcter al conjunt i encerta a insinuar que l'edifici sura damunt de la sorra.

An initial plan to improve the club's existing premises, by Mestres Fossas and González Esplugas, was the first of a number of restructuring projects presented by Ponseti prior to the acceptance of his final version. A new volume extends towards the sea and houses the cafeteria with outdoor terrace, as well as the administrative offices. The other volume, which adjoins the pool and the old facilities, houses the service areas and the changing rooms. The Y-shaped pillar structure that supports both volumes gives the building as a whole a sense of personality and successfully suggests that the building may be floating on the sand.

Un primer proyecto de ordenación de las instalaciones existentes de Mestres Fossas y González Esplugas, da paso a diversos proyectos de reestructuración de Ponseti hasta el definitivo. Un nuevo cuerpo se avanza proyectándose hacia el mar; éste aloja la cafetería con terraza exterior y dependencias administrativas. El otro cuerpo, adosado a la piscina y a las viejas instalaciones aloja servicios y vestuarios. La estructura de pilares en Y que sustenta los dos cuerpos le confiere carácter al conjunto y acierta en insinuar que el edificio flota sobre la arena.

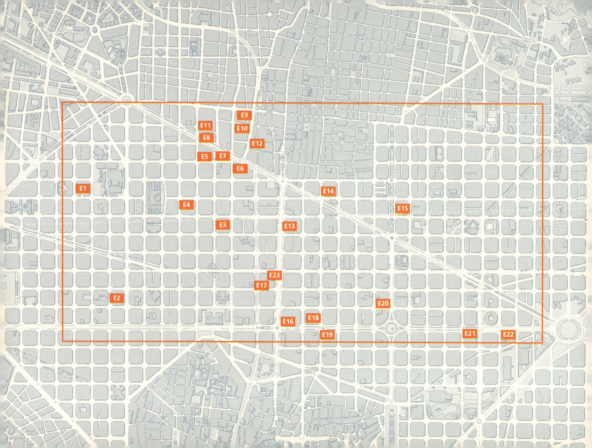

L'EIXAMPLE

- **E1** **seu de l'editorial gustavo gili**
  francesc bassó, joaquim gili
- **E2** **edifici d'habitatges mediterrani**
  antoni bonet i castellana, josep puig torné
- **E3** **edifici d'habitatges**
  guillem cosp i vilaró
- **E4** **edifici d'habitatges**
  emilio donato folch
- **E5** **edifici d'habitatges astoria**
  germán rodríguez arias
- **E6** **banco atlántico** (actual banc sabadell-atlántico)
  francesc mitjans miró
- **E7** **edifici d'habitatges**
  germán rodríguez arias, ricardo de churruca
- **E8** **edifici d'oficines "la caixa"**
  xavier busquets i sindreu
- **E9** **truiteria flash-flash**
  federico correa, alfonso milá
- **E10** **bar restaurant il giardinetto**
  federico correa, alfonso milá
- **E11** **seu de l'institut francès**
  josé antonio coderch de sentmenat
- **E12** **edifici d'habitatges**
  carlos martinez sánchez
- **E13** **edifici d'oficines banca catalana** (actual BBVA)
  josep m. fargas, enric tous
- **E14** **casa espona - casa cardenal**
  raimon duran i reynals
- **E15** **edifici d'habitatges**
  oriol bohigas, josep m. martorell, david mackay
- **E16** **joieria roca**
  josep lluis sert (amb antoni bonet)
- **E17** **galeria joan prats**
  josep lluis sert (amb manuel de muga, miquel delàs, carles ferran)
- **E18** **oficines i tallers per al noticiero universal**
  josep m. sostres i maluquer
- **E19** **casa del cotó**
  nicolau m. rubió i tudurí
- **E20** **societat general d'aigües de barcelona**
  ramon tort i estrada
- **E21** **edifici d'oficines sandoz-novartis**
  xavier busquets i sindreu
- **E22** **casa dels braus**
  antoni moragas i gallissà, francisco riba de salas
- **E23** **edifici d'oficines**
  josep maria fargas, enric tous

l'eixample

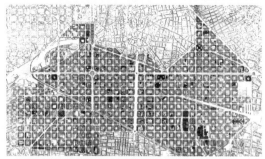

Plànol de l'Eixample.

Vista aèria.

El projecte per a l'Eixample de Barcelona, proposat per l'enginyer Ildefons Cerdà, es va aprovar el 1860, per ocupar el pla que hi havia fora les muralles, entre la ciutat i els pobles veïns.
Es basava en el traçat d'una trama reticular uniforme de 133,3 x 133,3 m entre eixos de carrers per a la conformació d'illes edificables, de proporcions quadrades i amb les cantonades en xamfrà. Aquesta trama es veuria travessada per dues grans vies diagonals de circulació: l'avinguda Meridiana i la Diagonal. Segons les primeres propostes del projecte de Cerdà, aquestes illes havien d'estar construïdes només en dos costats i per edificacions de tres plantes d'alçada, i reservar la resta per a zones enjardinades. Més tard, ell mateix va comprovar que s'optimitzaria el sistema edificant els quatre costats però sempre deixant un accés a l'interior d'illa obert al carrer. Aquest procés edificatori es va anar intensificant i densificant posteriorment arran d'una sèrie d'ordenances. Entre 1891 i 1941, es va augmentar l'ocupació d'illa al 73% amb la qual cosa la profunditat edificable arribava fins als 28 metres i al pati es permetien construccions de 4,4 m d'alçada. Més tard, amb l'ordenança congestiva (1942-1976), es va passar a una alçada de 24,4 m, amb baixos i set plantes, més àtic i sobreàtic. Aquest fet també va fomentar els aixecaments sobre edificis anteriors per assolir les noves alçades permeses.
La força del traçat de l'Eixample, tanmateix, ha permès absorbir totes aquestes transformacions i conservar encara una coherència i lectura global dels edificis que

la conformen. També ha anat incorporant las diverses tendències arquitectòniques, a vegades fins i tot en forma de manifest necessari –necessari en un moment en què una part de la societat barcelonina desconfiava de la compatibilitat entre arquitectura moderna i Eixample–, com és la façana del *Noticiero Universal* de J. M. Sostres (E18).

La diversitat d'estratègies dels arquitectes a l'hora de resoldre les edificacions entre mitgeres, els necessaris patis de ventilació o els xamfrans s'han anat incorporant i no han alterat la unitat del conjunt. Trobem com a exemple d'alternatives als patis de ventilació convencionals, l'edifici de Bohigas i Martorell a Roger de Flor (E15), o els habitatges Mediterrani de Bonet i Puig Torner (E2). D'altra banda, demostren la possibilitat de dur a terme solucions personals alhora que respectuoses amb la configuració del xamfrà, l'edifici d'oficines de Busquets (E21), o els singulars habitatges de Cosp (E3).

La divisió d'aquest itinerari a l'Eixample Dret i Esquerre respon a una agrupació per proximitat dels edificis seleccionats, prenent el passeig de Gràcia com a límit entre els dos. La part coneguda com a Eixample Dret va ser el barri de la burgesia que ocupava edificis modernistes, i va créixer al voltant del passeig de Gràcia, amb teatres i jardins que l'envoltaven. En canvi, l'Eixample Esquerre va tenir un origen més industrial propiciat per la proximitat dels barris de Sants i Les Corts. Una peça destacable és precisament la Universitat Industrial que ocupa, excepcionalment, quatre illes de l'Eixample.

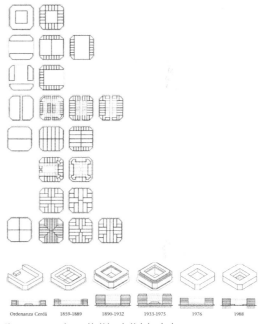

Ordenanza Cerdá   1859-1889   1890-1932   1933-1975   1976   1988

Plantes, esquemes de parcel·lació i evolució de les alçades.

In 1860 approval was given to the project submitted by Ildefons Cerdà for Barcelona's Eixample, or urban expansion area, that would occupy the land of the plain that extended from the city's old defensive walls to the neighboring towns. Cerdà's plan was based on a uniform reticular grid in which the streets ran vertically and horizontally, forming blocks measuring 146 x 146 yards that were cut off at the corners in a chamfered effect. The area covered by the plan was to have two large highways running diagonally through it, Avinguda Meridiana and Avinguda Diagonal. In Cerdà's initial proposals, only two of the sides of each block were to be built on, with the rest being given over to gardens. In addition, it was intended that buildings would be a maximum of three stories high. Later, as he himself saw, the structure of the grid could be optimized by building on all four sides but with a gap left so that the area in the center of the block could be accessed from the street.

A series of subsequent bylaws resulted in construction work increasing and buildings become denser than originally intended. Between 1891 and 1941, the occupation of the land in each block increased to 73% of the total, with buildings just under 31 yards deep and constructions up to nearly 15 feet high permitted in the inner courtyard area. Later, with the "congestive bylaw" (1942-76), buildings grew to a height of 80 feet and consisted of a ground floor and seven further stories above, plus two attic floors. This bylaw also stimulated construction work to add stories to existing buildings up to the permitted height.

The layout of the Eixample is so striking and emphatic, however, that all these transformations have been successfully absorbed, and the buildings within it have retained an overall coherence. In addition, the various trends in architecture have been incorporated, sometimes even in the manner of a necessary manifesto—necessary at a time when an element of Barcelona society doubted the suitability of modern architecture for the Eixample—such as the facade of the Noticiero Universal by J.M. Sostres (E18).

The diverse strategies employed by architects to resolve buildings constructed immediately adjacent to other buildings, their essential ventilation shafts and the chamfered street corners have gradually been incorporated and have not affected the unity of the whole. Examples of alternatives to the conventional ventilation shaft are to be found in the building erected by Bohigas and Martorell on Carrer Roger de Flor (E15) and the Mediterranean homes by Bonet and Puig Torner (E2). In addition, the possibility of arriving at individual solutions that respect the chamfered corner is demonstrated by the office block designed by Busquets (E21) and the remarkable residential apartments by Cosp (E3).

This itinerary has been divided into the Eixample Dreta, the right-hand area of the new suburb, and the Eixample Esquerra, the left-hand side, with the featured buildings grouped accordingly. Passeig de Gràcia serves as the boundary between the two parts of the route. The area known as the Eixample Dreta was the neighborhood occupied by the bourgeoisie, who erected *modernista* buildings. This part of the Eixample developed around Passeig de Gràcia and the surrounding theaters and gardens. The Eixample Esquerra was more industrial at the outset due to its proximity to the neighborhoods of Sants and Les Corts. One notable building in this area is the Industrial University, which occupies four entire blocks in the Eixample, an unusually large site.

El proyecto para el Eixample de Barcelona, propuesto por el ingeniero Ildefons Cerdà, se aprobó en 1860, para ocupar el llano que existía fuera de las murallas, entre la ciudad y los pueblos vecinos.

Se basaba en el trazado de una trama reticular uniforme de 133,3 x 133,3 m entre unos ejes de calles para la conformación de manzanas edificables, de proporciones cuadradas y con las equinas en chaflán. Esta trama se vería atravesada por dos grandes vías diagonales de circulación: la avenida Meridiana y la avenida Diagonal. Según las primeras propuestas del proyecto de Cerdà, estas manzanas debían estar construidas solamente en dos lados y por edificaciones de tres plantas de altura, reservando el resto para zonas ajardinadas. Más adelante, él mismo comprobó que se optimizaría el sistema edificando los cuatro lados pero siempre dejando un acceso al interior de manzana abierto a la calle. Este proceso edificatorio se fue intensificando y densificando posteriormente a raíz de una serie de ordenanzas. Entre 1891 y 1941, se aumentó la ocupación de manzana a un 73% con lo cual la profundidad edificable llegaba hasta los 28 m y en el patio se permitían construcciones de 4,4 m de altura. Más tarde, con la ordenanza congestiva (1942-1976), se pasó a una altura de 24,4 m, con bajos y siete plantas, más ático y sobreático. Este hecho fomentó también los levantamientos sobre edificios anteriores para alcanzar las nuevas alturas permitidas.

La fuerza del trazado del Eixample, sin embargo, ha permitido absorber todas estas transformaciones y todavía conservar una coherencia y lectura global de los edificios que la conforman. También ha ido incorporando las diversas tendencias arquitectónicas, a veces incluso en forma de manifiesto necesario –necesario en un momento en que una parte de la sociedad barcelonesa desconfiaba de la compatibilidad entre Arquitectura Moderna y Eixample–, como es la fachada del Noticiero Universal de J. M. Sotres (E18).

La diversidad de estrategias de los arquitectos a la hora de resolver las edificaciones entre medianeras, los necesarios patios de ventilación o los chaflanes se han ido incorporando y no han alterado la unidad del conjunto. Encontramos como ejemplo de alternativas a los patios de ventilación convencionales, el edificio de Bohigas y Martorell en Roger de Flor (E15), o las viviendas Mediterráneo de Bonet y Puig Torner (E2). Por otro lado, demuestran la posibilidad de realizar soluciones personales a la vez que respetuosas con la configuración del chaflán, el edificio de oficinas de Busquets (E21), o las singulares viviendas de Cosp (E3).

La división de este itinerario en Eixample Dret i Esquerre responde a una agrupación por proximidad de los edificios seleccionados, tomando el paseo de Gràcia como límite entre ambos. La parte conocida como Eixample Dret, fue el barrio de la burguesía que ocupaba edificios modernistas, y creció alrededor del paseo de Gràcia, con teatros y jardines que lo rodeaban. En cambio, la Eixample Esquerre tuvo un origen más industrial propiciado por la cercanía con los barrios de Sants y Les Corts. Una pieza destacable es precisamente la Universidad Industrial que ocupa, excepcionalmente, cuatro manzanas del Eixample.

seu de l'editorial gustavo gili
francesc bassó, joaquim gili

1954 (construït entre 1957-1960)

E1

c. de rosselló, 89

▶ Ⓜ L 5 (entença - hospital clínic)
🚍 L 41, 43, 44

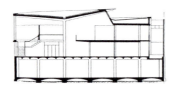

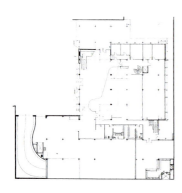

Aquest projecte mostra la preparació tècnica, pragmatisme i coherència constructiva de Bassó, complementada amb la sensibilitat i facilitat pel disseny de Gili. A través d'un pati enjardinat que estableix la comunicació amb el carrer i separa l'edificació dels edificis adjacents (i en el qual s'ha introduït recentment un edifici d'habitatges) s'accedeix a l'interior d'una illa de l'Eixample per descobrir, en el centre, tres cossos de planta baixa i pis destinats al complex editorial. Amb aquesta actuació es reprèn la problemàtica que ja havia plantejat el GATCPAC sobre l'ús dels interiors d'illa de l'Eixample. L'accés a l'interior de l'edificació a través d'un espai a doble alçada es defineix exteriorment amb un gran *brise-soleil* construït amb maons armats.

This project reveals Bassó's technical training, his pragmatism and his constructional coherence, all of which are complemented by Gili's feel and gift for design. A garden, which connects with the street and at the same time separates the building from its neighbors (which include the recent addition of a residential block), leads into an inner courtyard in the Eixample, at the center of which stands the publishing house's complex consisting of three two-story volumes. With this construction, Bassó and Gili return to the problems concerning the use of inner courtyards in the Eixample raised by the GATCPAC. The entrance into the building is a space that occupies the full height of the two stories, defined externally by a large *brise-soleil* built out of reinforced bricks.

Este proyecto muestra la preparación técnica, pragmatismo y coherencia constructiva de Bassó, complementada con la sensibilidad y facilidad por el diseño de Gili. A través de un patio ajardinado que establece la comunicación con la calle y separa la edificación de los edificios adyacentes (y en el que se ha introducido recientemente un edificio de viviendas) se accede al interior de una manzana del Eixample para descubrir, en el centro, tres cuerpos de planta baja y piso destinados al complejo editorial. Con esta actuación se retoma la problemática que ya había planteado el GATCPAC sobre el uso de los interiores de manzana del Eixample. El acceso al interior de la edificación a través de un espacio a doble altura se define exteriormente mediante un gran «brise-soleil» construido con ladrillos armados.

edifici d'habitatges mediterrani

antoni bonet i castellana,
josep puig torné

1964-1968

E2

c. del consell de cent, 164-168

▶ Ⓜ L 1 (urgell)
🚌 L 9, 20, 37, 50

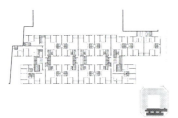

El projecte ocupa de forma excepcional la totalitat d'una de les quatre alineacions d'illa de l'Eixample. Respectant la màxima profunditat edificable de 28 m, divideix el projecte en dos prismes separats per un gran pati longitudinal central. Aquesta organització dels habitatges en dos blocs es fa evident a les testeres per la claredat de la seva resolució en arribar a la cantonada. D'altra banda, s'allunya de l'esquema general de distribució del programa segons una façana principal i una altra secundària, ja que permet guaitar les sales principals indistintament al pati interior o al carrer.

This project is unusual in that it occupies the entire length of one side of an Eixample street block. The design respects the 92-foot maximum permitted depth of construction into the inner courtyard and divides the project into two prisms separated by a long central courtyard. This organization of the apartments into two blocks is evident in the front walls due to the clarity of their resolution when they reach the corner. In addition, the general layout of a program with a main and a secondary facade is abandoned, since the principal rooms can look out onto either the inner courtyard or the street.

El proyecto ocupa de forma excepcional la totalidad de una de las 4 alineaciones de manzana del Eixample. Respetando la máxima profundidad edificable de 28 m, divide el proyecto en dos prismas separados por un gran patio longitudinal central. Esta organización de las viviendas en dos bloques se hace evidente en los testeros por la claridad de su resolución al llegar a la esquina. Por otro lado, se aleja del esquema general de distribución del programa según una fachada principal y otra secundaria, ya que permite asomar las estancias principales indistintamente al patio interior o a la calle.

edifici d'habitatges

guillem cosp i vilaró

1955-1956

E3

c. de mallorca, 213 / c. d'enric granados, 42

▶ Ⓜ L 3 (diagonal),
🚌 L 7, 16, 17, 20, 43, 44, 67, 68

Aquest edifici d'habitatges converteix el xamfrà en fonament de la seva contribució a l'espai urbà i en referència a la seva geometria. La planta, de tendència triangular, s'ordena des de la seva mediatriu com a eix d'una aparent simetria, i concentra els serveis i accessos a la seva part central per disposar les estances principals en façana. Els ampits de formigó armat de les terrasses contínues aconsegueixen desvincular i accentuar el volum del xamfrà respecte de la resta de l'edificació. La planta baixa, envidrada, endarrerida i a doble alçada col·labora en la formalització d'aquest efecte visual.

This residential building makes the chamfered corner the essence of its contribution to the urban space and treats it as the reference for its geometry. The floor plan, which tends towards the triangular, is laid out with its perpendicular bisector as an apparently symmetrical axis. All the services and accesses are concentrated in the central section so that the main rooms are aligned along the facades. The reinforced concrete parapets of the continuous terraces successfully uncouple and accentuate the volume of the chamfered corner in relation to the rest of the building. The glazed first floor is set back and is twice the height of the other stories and contributes to the formalization of this visual effect.

Este edificio de viviendas convierte el chaflán en fundamento de su contribución al espacio urbano y en referencia de su geometría. La planta, de tendencia triangular, se ordena desde su mediatriz como eje de una aparente simetría, y concentra los servicios y accesos en su parte central para disponer las estancias principales en fachada. Los antepechos de hormigón armado de las terrazas corridas consiguen desvincular y acentuar el volumen del chaflán respecto al resto de edificación. La planta baja, acristalada, retrasada y a doble altura colabora en la formalización de este efecto visual.

edifici d'habitatges

emilio donato folch

1964-1966

E4

c. de rosselló, 152

▶ ⟨M⟩ L 5 (hospital clínic)
🚌 L 54, 58, 64, 66

Es planteja un esquema pràcticament simètric transversalment partint d'un nucli d'accessos situats a la part central i una agrupació de quatre habitatges per planta Amb aquesta organització, permet tractar i composar amb els mateixos criteris la façana que dóna al carrer principal i la de l'interior d'illa. Els mecanismes per formalitzar ambdues façanes es basen coherentment en la utilització d'elements tradicionals que en general es reservaven per a les façanes de darrere, com ara les grans vidrieres a tall de galeries o els grans llenços de protecció de les persianes enrotllables.

This project is practically symmetrical crosswise, with the entrance core in the center and four apartments on each floor. This organization allowed the same criteria to be used in the treatment of the facade overlooking the main street and the facade facing into the inner courtyard. The mechanisms for formalizing both facades are based on the use of traditional elements generally employed only in rear facades, such as the large glazed panels by way of a gallery or the vast protective canvases of the roll-up blinds.

Se plantea un esquema prácticamente simétrico transversalmente partiendo de un núcleo de accesos situados en la parte central y una agrupación de cuatro viviendas por planta. Con esta organización se permite tratar y componer con los mismos criterios la fachada a la calle principal y la del interior de manzana. Los mecanismos para formalizar ambas fachadas se basan coherentemente en la utilización de elementos tradicionales que por lo general se reservaban para las fachadas traseras, como las grandes cristaleras a modo de galerías o los grandes lienzos de protección de las persianas enrollables.

edifici d'habitatges astoria

germán rodríguez arias

1933-1934

E5

c. de parís, 193-199

▶ Ⓜ L 3, 5 (diagonal)
🚌 L 6, 15, 33, 34

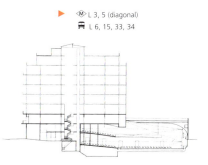

El programa mixt d'aquest edifici resol, en un solar entre mitgeres, una sala de cinema amb bar en planta baixa i entresòl, i habitatges a les plantes superiors. La densificació del programa en un solar tan profund i entre mitgeres es manifesta en la composició simètrica de la façana principal, que intenta abastar tres obertures per habitatge per aconseguir la il·luminació i ventilació correctes de les estances. Les tres franges de balcons, suportats en un pla en ombra més endarrerit, es disposen al centre de cada habitatge i alteren la pauta horitzontal marcada per la resta de finestres.

The mixed program of this building, which stands between two immediately adjacent buildings, includes a cinema with bar on the first floor and mezzanine and residential apartments on the floors above. The density of the program on this deep site between party walls is evident in the symmetrical composition of the main facade, which has three openings per apartment in order to provide proper lighting and ventilation for the rooms inside. The three bands of balconies, on a plane that is more set back and hence in the shade, are positioned at the center of each apartment and alter the horizontal line established by the other windows.

El programa mixto de este edificio resuelve, en un solar entre medianeras, una sala de cine con bar en planta baja y entresuelo, y viviendas en las plantas superiores. La densificación del programa en un solar tan profundo y entre medianeras se manifiesta en la simétrica composición de la fachada principal, que intenta abarcar tres aberturas por vivienda para conseguir la correcta iluminación y ventilación de las estancias. Las tres franjas de balcones, apoyados en un plano en sombra más retrasado, se disponen en el centro de cada vivienda y alteran la pauta horizontal marcada por el resto de ventanas.

banco atlántico
(actual banc sabadell-atlántico)

francesc mitjans miró

1966-1969

E6

c. de balmes, 168-170

▶ Ⓜ L 3, 5 (diagonal)
🚌 L 7, 16, 17, 31

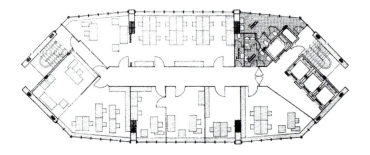

La torre destinada actualment a les oficines del Banc Sabadell-Atlántico es va implantar en un solar quadrat, recolzant-se a la diagonal i recuperant les cantonades com a xamfrans tradicionals de l'Eixample. Estructuralment aquestes cantonades es converteixen en quatre macropantalles de formigó que treballen juntament amb quatre pilastres –que entre elles formen un calaix estructural central– per solucionar magistralment l'estructura principal de l'edifici. Aquest «esquelet estructural» es tradueix en la façana de mur cortina de vidre i alumini en forma de franges verticals revestides en tota la seva alçada amb plaquetes de marbre blanc amorterades, i així accentuen l'esveltesa de la torre.

The block, now used as offices by the Banc Sabadell-Atlántico, stands diagonally on a four-sided site, reviving the traditional chamfered corner of the Eixample. Structurally, the corners become four vast concrete screens that combine with four pilasters—propped up together to form a large central structural box—to provide a successful solution for the main structure of the edifice. This "structural skeleton" is reflected on the glass and aluminum curtain-wall facade in the form of vertical strips of plaques of white marble cladding, mortared in place up the entire height of the building, accentuating the slenderness of the block.

La torre destinada actualmente a las oficinas del Banc Sabadell-Atlántico se implantó en un solar cuadrado, apoyándose en la diagonal y recuperando las esquinas achaflanadas tradicionales del Eixample. Estructuralmente estas esquinas se convierten en cuatro macropantallas de hormigón que trabajan junto con cuatro pilastras –arriostradas entre ellas formando un cajón estructural central– para solucionar magistralmente la estructura principal del edificio. Este «esqueleto estructural» se traduce en la fachada de muro cortina de vidrio y aluminio en forma de franjas verticales revestidas en toda su altura con plaquetas de mármol blanco amorteradas, acentuando así la esbeltez de la torre.

edifici d'habitatges

germán rodríguez arias, ricardo de churruca

1935-1940

E7

av. de la diagonal, 419-421 / c. d'enric granados, 126

▶ L 3, 5 (diagonal)
L 6, 15, 33, 34

La peculiaritat d'aquest projecte consisteix en el fet que engloba cinc edificacions ja existents i les unifica amb enginyosos recursos. S'obre un gran pati interior i es formalitza part de la façana amb la disposició, per exemple, d'un gran balcó continu que gira a la cantonada i descobreix el pilar existent. En canvi, els forjats i la distribució general interior no s'alteren. La modulació de la resta d'obertures respon a l'ordre intern dels seus respectius edificis d'habitatges. Això es mostra en aspectes com ara la introducció dels àtics i les terrasses per activitat complementària dels habitatges és un reflex de l'esperit innovador de la incipient arquitectura moderna.

This project is noteworthy because it takes in five existing edifices, which the architect unified in ingenious ways. The design includes a spacious inner courtyard, while part of the facade is formalized by means of a large, continuous balcony that turns at the corner, revealing the existing pillar. In contrast, the floor and ceiling slabs and the overall layout of the interior are unaltered. The modulation of the remaining windows matches the internal arrangement of the apartments. The introduction of attics and terraces as a complement to the apartments is evidence of the innovative spirit of the emerging modern architecture.

La peculiaridad de este proyecto consiste en el hecho que engloba cinco edificaciones existentes y las unifica mediante ingeniosos recursos. Se abre un gran patio interior y se formaliza parte de la fachada con la disposición, por ejemplo, de un gran balcón corrido que gira en la esquina descubriendo el pilar existente. En cambio, los forjados y la distribución general interior no se alteran. La modulación del resto de aberturas responden al orden interno de sus respectivos edificios de vivienda. La introducción de los áticos y terrazas como actividad complementaria de las viviendas. es reflejo del espíritu innovador de la incipiente arquitectura moderna.

edifici d'oficines "la caixa"

xavier busquets i sindreu

1968-1973

E8

av. de la diagonal, 522-532 / c. de moià, 3

▶ Ⓜ L 3, 5 (diagonal)
🚍 L 6, 7, 15, 27, 32, 33

En aquest projecte destaca la disposició de l'estructura metàl·lica que salvant distàncies de 9 m en els dos sentits que marquen les alineacions al carrer genera espais continus i diàfans per organitzar els racons de treball simplement amb la disposició del mobiliari i lleugeres pantalles baixes. La façana principal es protegeix de la radiació solar amb una gran pantalla de lamel·les teleorientables de vidre fosc. La imatge resultant adquireix un alt nivell d'abstracció que s'alça a l'avinguda de la Diagonal per acabar en planta baixa amb una gran marquesina en volada a través de la qual es produeix l'accés principal.

Noteworthy in this project is the arrangement of the metal structure, which spans 30 feet in the two directions established by the alignments of the streets and so creates open-plan, continuous spaces, with workstations simply formed by the positioning of furniture and lightweight, low screens. The main facade is protected against the sun by a large screen of dark glass strips that can be swiveled by remote control. This building, which rises up from Avinguda de la Diagonal, is extremely abstract in appearance and at street level has a large canopy that projects out over the main entrance.

Destaca en este proyecto la disposición de la estructura metálica que salvando distancias de 9 m en las dos direcciones que marcan las alineaciones a calle genera espacios continuos y diáfanos para organizar los rincones de trabajo simplemente con la disposición del mobiliario y ligeras pantallas bajas. La fachada principal se protege de la radiación solar mediante una gran pantalla de lamas teleorientables de vidrio oscuro. La imagen resultante adquiere un alto nivel de abstracción que se alza en la avenida Diagonal para terminar en planta baja con una gran marquesina en voladizo a través de la cual se produce el acceso principal.

truiteria flash-flash

federico correa, alfonso milá

1969-1970

E9

c. de la granada del penedès, 17 / c. de la granada del penedès, 22

▶ Ⓜ L 5 (diagonal)
🚌 L 6, 7, 15, 16, 17, 27

Amb aquest emblemàtic establiment on avui es poden degustar tota mena de truites, Correa i Milá demostren les seves habilitats per la innovació en la decoració d'espais interiors. L'exterior i les fotografies de la model Karin Leiz, de prop de 1,5 m x 0,5 m, són obra de Leopoldo Pomés. Als anys setanta, aquest restaurant va esdevenir un espai de tertúlia i un punt de trobada per als moviments intel·lectuals i avantguardistes de Barcelona. Actualment ja és un «clàssic» i un espai de referència estètica i cultural. A través d'un accés d'alçada reduïda s'accedeix al local i es descobreix un gran espai que relaciona la planta baixa, on hi ha la barra del bar, els sofàs i la cuina, amb les taules del restaurant a la planta pis. Les possibilitats formals de l'estructura esdevenen metàfora i suport de la seva representació gràfica.
La construcció d'aquest espai interior, juntament amb l'intimisme que genera l'estudiada il·luminació, submergeix el client en un ambient on la representació d'estructures arbòries configuren un peculiar «jardí» enmig de la ciutat.

Correa and Milá demonstrate their innovative skill in interior décor in this emblematic building, where diners can sample all kinds of Spanish omelets (tortillas) today. The exterior and the photographs of the model Karin Leiz, which measure approximately 60 x 18 inches, are the work of Leopoldo Pomès. In the 1970s, this restaurant became a place where the intellectual and avant-garde circles of Barcelona would gather. Nowadays, it is regarded as a "classic" and an aesthetic and cultural benchmark. A low entrance leads into the premises,

bar restaurant il giardinetto

federico correa, alfonso milá

1973-1974

E10

c. de la granada del penedès, 17 / c. de la granada del penedès, 22

▶ Ⓜ L 5 (diagonall)
🚌 L 6, 7, 15, 16, 17, 27

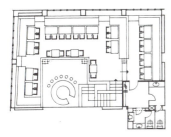

revealing a large space that links the first floor, where the bar, sofas and kitchens are located, with the restaurant tables on the second floor. The formal possibilities of the structure are turned into a metaphor and support for its graphic depiction. The construction of this interior space, together with the sense of privacy created by the carefully-designed lighting, immerses the client in an atmosphere in which the representation of arboreal structures create an unusual "garden" in the heart of the city.

Con este emblemático establecimiento donde hoy en día se pueden degustar toda clase de tortillas, Correa y Milá demuestran sus habilidades para la innovación en la decoración de espacios interiores. El exterior y las fotografías de la modelo Karin Leiz, de aproximadamente 1,5 m x 0,5m, son obra de Leopoldo Pomès. En los años 70, este restaurante se convirtió en un espacio de tertulia y en un punto de encuentro para los movimientos intelectuales y vanguardistas de Barcelona. En la actualidad es ya un «clásico» y un espacio de referencia estética y cultural.

A través de un acceso de reducida altura se accede al local y se descubre un gran espacio que relaciona la planta baja, donde se encuentra la barra del bar, los sofás y la cocina, con las mesas del restaurante en la planta piso. Las posibilidades formales de la estructura se convierten en metáfora y soporte de su representación gráfica. La construcción de este espacio interior, junto con el intimismo que genera la estudiada iluminación sumerge al cliente en un ambiente donde la representación de estructuras arbóreas configuran un peculiar «jardín» en medio de la ciudad.

seu de l'institut francès

josé antonio coderch de sentmenat

1972-1974

E11

c. de moià, 8

▶ Ⓜ L 3, 5 (diagonal)
🚌 L 6, 7, 15, 27, 32, 33, 34

Aquest edifici destinat a l'ensenyament renuncia a una part de la seva edificabilitat per aïllar-se de les construccions veïnes i assolir les condicions de singularitat, funcionals i significatives d'aquest tipus d'edificis. La façana es compon d'una sèrie de pilars molt propers que resolen els problemes d'aïllament acústic i visual de les aules, alhora que actuen de para-sol. La composició accentuada per les proporcions verticals és molt pròpia de l'Eixample barceloní, i aquí apareix reinterpretada i abstracta, deliberadament neutra i evocadora del silenci.

In this building used for educational purposes, the architect has sacrificed part of the legally permitted construction in order to isolate it from neighboring buildings and at the same time achieve the singularity, function and significance of premises of this nature. The facade is made up of a series of pillars set very close to each other that resolve the problem of providing sound and visual insulation for the classrooms, while also screening against the sun. The composition, accentuated by the vertical proportions, is highly typical of the Eixample in Barcelona. Reinterpreted in this building and now abstract, it is deliberately neutral and evokes silence.

Este edificio destinado a la enseñanza renuncia a una parte de su edificabilidad para aislarse de las construcciones vecinas y alcanzar las condiciones de singularidad, funcionales y significativas de este tipo de edificios. La fachada se compone de una serie de pilares muy próximos que resuelven los problemas de aislamiento acústico y visual de las aulas, a la vez que actúan de parasol. La composición acentuada por las proporciones verticales es muy propia del Eixample barcelonés, y aparece aquí reinterpretada y abstracta, deliberadamente neutra y evocadora del silencio.

edifici d'habitatges

carlos martínez sánchez

1934-1935

E12

via augusta, 12

▶ Ⓜ L 3, 5 (diagonal)
🚌 L 16, 17, 22, 24, 28

En un moment en què l'estètica noucentista estava sent desbancada pel racionalisme, Martínez va resoldre un edifici d'habitatges en cantonada incorporant molts trets estilístics que s'orientaven més cap a l'expressionisme de Mendelsohn. Aquesta influència es fa evident en els balcons continus amb els extrems corbats i d'alçada degradada, la introducció de baranes opaques i la gran austeritat que s'aconsegueix amb l'absència de qualsevol element ornamental. En conjunt, s'aconsegueix un equilibri que organitza i proporciona un gran dinamisme en façana, provocat, en part, per la diversificació funcional en alçada.

At a time when the aesthetic of *Noucentisme* was being ousted by Rationalism, Martínez constructed an apartment block using many stylistic features that incline towards the Expressionism of Erich Mendelsohn. This influence is evident in the low, continuous balconies that curve at the ends, in the use of solid, rather than open-worked, handrails and in the extreme austerity achieved through the absence of any decorative element. Overall, a sense of balance is attained that organizes the facade and endows it with tremendous dynamism, in part due to the functional diversification in height.

En un momento en que la estética Noucentista estaba siendo desbancada por el racionalismo, Martínez resolvió un edificio de viviendas en esquina incorporando muchos rasgos estilísticos que se orientaban más hacia el expresionismo de Mendelsohn. Esta influencia se muestra evidente en los balcones corridos con los extremos curvos y de altura degradada, la introducción de barandillas opacas y la gran austeridad que se consigue con la ausencia de cualquier elemento ornamental. En conjunto, se consigue un equilibrio que organiza y proporciona un gran dinamismo en fachada, provocado, en parte, por la diversificación funcional en altura.

edifici d'oficines banca catalana
(actual BBVA)

josep m. fargas, enric tous

1965-1968

E13

pg. de gràcia, 84

▶ L 3, 5 (diagonal)
🚌 L 7, 16, 17, 22, 24, 28

Tous i Fargas van guanyar el concurs per construir aquest banc en un entorn urbà compromès: el passeig de Gràcia de Barcelona. La seva façana exterior és molt representativa, i conceptualment afí amb l'arquitectura de l'Eixample. Està formada per uns plafons prefabricats de formes parabòliques, opacs i contrastats rítmicament amb l'envidrament. El mecanisme permet petites transformacions en funció dels possibles canvis interns. Els pilars de les plantes superiors descansen en planta primera sobre potents bigues mestres de gelosia. Aquestes bigues, en ser trepades, són transitables i creen un paisatge estructural molt suggerent. La resolució dels espais interiors, fins i tot dels locals ubicats en els soterranis o les cambres cuirassades, s'ha executat de manera impecable.

Tous and Fargas won the competition to build these banking premises on the challenging urban environment of Passeig de Gràcia in Barcelona. The exterior facade is highly representative of and conceptually in keeping with the architecture of the Eixample. It is made up of prefabricated panels in solid, parabolic forms that contrast rhythmically with the glazing, a device that allows for minor alterations to be made to suit any possible changes to the interior. The pillars of the upper floors rest on the lattice of sturdy main beams of the second floor. Since these beams crisscross, it is possible to walk across them and they create an intriguing landscape. The interior spaces, including the commercial premises in the basement or in the strongrooms, have been resolved in an impeccable manner.

Tous y Fargas ganaron el concurso para construir este banco en un entorno urbano comprometido: el paseo de Gràcia de Barcelona. Su fachada exterior es muy representativa, y conceptualmente afín con la arquitectura del Eixample. Está formada por unos paneles prefabricados de formas parabólicas, opacos y contrastados rítmicamente con el acristalamiento.
El mecanismo permite pequeñas transformaciones en función de los posibles cambios internos. Los pilares de las plantas superiores descansan en planta primera sobre potentes jácenas de celosía. Estas vigas, al ser caladas son transitables y crean un paisaje estructural muy sugerente.
La resolución de los espacios interiores, incluso de los locales ubicados en los sótanos o en las cámaras acorazadas, se han ejecutado de forma impecable.

casa espona - casa cardenal
raimon duran i reynals

1935

E14

c. roger de llúria, 132-138 i c. roger de llúria, 126

Ⓜ L 3, 5
🚌 L 6, 15, 33, 34

Aquestes obres construïdes el mateix any i situats en el mateix entorn urbà –dos xamfrans de la mateixa illa–, es prenen com a exemple del conflicte estilístic que vivien alguns arquitectes en aquell moment. Un està lligat al racionalisme incipient i l'altre és d'estil academicista. La façana de la casa Cardenal presenta una premonitòria terrassa contínua que crea unes rotundes línees d'ombra horitzontals que l'allunyen de qualsevol tradicionalisme. Tanmateix, el traçat de la planta té clares referències al model clàssic de l'Eixample. L'arquitecte, no compromès amb un determinat estil, utilitza els diferents llenguatges segons el client, el lloc i el tipus de construcció que cal projectar.

These two blocks, built in the same year and situated in the same urban environment, provide an example of the stylistic conflict raging among some of the architects of the time, as one of the buildings is linked to the then emerging Rationalism, while the other is academic in style. The facade of Casa Cardenal is announced by a continuous terrace that creates a number of dramatic horizontal lines of shadow that are far removed from any traditional architecture. Even so, the floor plan makes clear references to the classic model found in the Eixample. In this building, Duran i Reynals was not committed to any particular style but instead employed different languages that varied in accordance with the client he was working for and the type of construction to be designed.

Estas obras, construidas el mismo año y situadas en el mismo entorno urbano, se toman como ejemplo del conflicto estilístico que vivían algunos arquitectos en ese momento. Uno está ligado al racionalismo incipiente y el otro es de estilo academicista. La fachada de la Casa Cardenal presenta una premonitoria terraza corrida que crea unas rotundas líneas de sombra horizontales que la alejan de cualquier tradicionalismo. Sin embargo, el trazado de la planta tiene claras referencias al modelo clásico del Eixample. El arquitecto, no comprometido con un determinado estilo, utiliza los diferentes lenguajes según el cliente, el lugar y el tipo de construcción a proyectar.

edifici d'habitatges

oriol bohigas, josep m. martorell, david mackay

1954-1958

E15

c. roger de flor, 215

Ⓜ L 4, 5 (verdager)
🚌 L 15, 19, 33, 34, 55

El projecte organitza quatre habitatges de 130-160 m² per planta entre mitgeres. Es disposen en dues dobles crugies separades per un pati de 5 m, de manera que es tracten com a dues finques independents unides només per un nucli d'escales i ascensors. És una proposta alternativa contra el planteig urbanístic de l'Eixample en el qual les grans profunditats edificables porten a males condicions de salubritat ja que han de ventilar per petits patis. En aquest cas, el pati interior es tracta pràcticament com a exterior, i els paraments que el limiten esdevenen façanes.

This building has four apartments of between 1400 square feet and 1725 square feet per floor between party walls. The apartments are arranged in two double bays separated by a 16-foot courtyard, thereby effectively forming two independent properties linked solely by the staircase and elevator core. This is an alternative approach to the usual urban development in the Eixample, in which the considerable depths of buildings result in insalubrious conditions since ventilation is provided by small shafts and courtyards. In this case, the inner courtyard is treated virtually as an exterior, with the walls encircling it become facades.

El proyecto organiza cuatro viviendas de 130-160 m² por planta entre medianeras. Se disponen en dos dobles crujías separadas por un patio de 5 m, de manera que se trata como dos fincas independientes unidas sólo por un núcleo de escaleras y ascensores. Es una propuesta alternativa contra el planteo urbanístico del Eixample en el que las grandes profundidades edificables llevan a malas condiciones de salubridad ya que deben ventilar por pequeños patios. En este caso, el patio interior se trata prácticamente como exterior, y los paramentos que lo limitan se convierten en fachadas.

joieria roca

josep lluís sert
(amb antoni bonet)

1934
(ampliació i modificació, marcelo leonori, 1964).

E16

pg. de gràcia, 18

▶ Ⓜ L 1, 2, 3, 4 (passeig de gràcia)
🚌 L 7, 16, 17, 22, 24, 28

La joieria Roca és un dels pocs exemples d'interiorisme modern que es conserven. Es va substituir el mur existent per una estructura de pilars metàl·lics i un tancament de pavès translúcid amb aplacat de granit color rosa en el sòcol. En aquesta façana, fins i tot el sistema de subjecció dels tendals, que desapareixen quan no es precisen, estan perfectament resolts. El disseny de tots els elements, des del rètol fins al mobiliari, va permetre a Sert l'explotació de possibilitats de l'encara restringit vocabulari racionalista.

The Joyería Roca jeweler's is one of the few examples of modern interior design that have survived. The wall was replaced by a metal pillar structure and an exterior wall of translucent glass bricks with pink granite siding along the base. On this facade, everything, even the system for anchoring the awnings, which disappear when they are not required, is perfectly resolved. By designing all the elements, from the shop sign to the furnishings, Sert was able to exploit the possibilities offered by the as yet limited rationalist vocabulary.

La joyería Roca es uno de los pocos ejemplos de interiorismo moderno que se conservan. Se substituyó el muro existente por una estructura de pilares metálicos y un cerramiento de pavés translúcido con aplacado de granito color rosa en el zócalo. En esta fachada, incluso el sistema de sujeción de los toldos que desaparecen cuando no se precisan, están perfectamente resueltos. El diseño de todos los elementos, desde el rótulo hasta el mobiliario, permitió a Sert la explotación de posibilidades del todavía restringido vocabulario racionalista.

galeria joan prats

josep lluis sert
(amb manuel de muga,
miguel delàs, carles ferran)

1976

E17

rbla. catalunya, 54

M L 1, 3 (passeig de gràcia)
L 22, 24, 28

La galeria es va ubicar a l'antiga barreteria de Joan Prats, de la qual es conserva la façana modernista original, de vidre pintat. Manuel de Muga va desenvolupar i construir el projecte a partir d'uns esbossos inicials de J. Ll. Sert. Destinada a realitzar exposicions d'art, es poden apreciar detalls de gran interès com la continuïtat dels murs que resolen el contacte amb el sòl, de tal manera que sembla que surin, i amb el sostre, creant de vegades interessants espais per a la il·luminació.

The gallery was housed in the former hat shop that once belonged to Joan Prats, of which the original *modernista* painted glass facade still survives. Manuel de Muga designed and constructed the project based on initial sketches done by Sert. Inside are a number of extremely interesting details, among them the walls, which merge into the floor in such a way that they seem to be floating, and which meet the ceiling to create interesting lighting spaces.

La galería se ubicó en la antigua sombrerería perteneciente a Joan Prats, de la que se conserva la fachada modernista original. Manuel de Muga desarrolló y construyó el proyecto a partir de unos esbozos iniciales de J. Ll. Sert. Destinada a realizar exposiciones de arte, se pueden apreciar detalles de gran interés como la continuidad de los muros que resuelven el contacto con el suelo, de tal manera que parecen estar flotando, y con el techo, creando a veces interesantes espacios para la iluminación.

oficines i tallers per al noticiero universal

josep m. sostres i maluquer

1963-1965

E18

c. de roger de llúria, 35

▶ Ⓜ L 2, 3, 4 (passeig de gràcia)
🚌 L 39, 45, 47

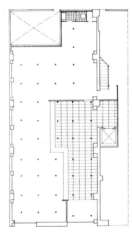

Aquest edifici per al *Noticiero Universal* va adquirir, pel seu context, una significació paradigmàtica i va constituir per a l'autor la possibilitat de demostrar la capacitat de l'arquitectura moderna per enllaçar amb la històrica sense transgredir-ne els postulats. La façana va ser concebuda com una membrana tensada sobre l'esquelet estructural, i descaradament rematada sense cornisa. Es tracta d'una abstracció de les façanes clàssiques de l'Eixample, de les seves proporcions i dels seus elements decoratius, en relació amb el moviment modern. Plana i subtilment composta, disposa d'un aplacat de pedra tractat com un mur cortina. L'edifici és concebut com un contenidor de plantes lliures, que permet una compartimentació variable per la diversitat de funcions.

This building for the *Noticiero Universal* newspaper became of paradigmatic significance in its urban environment and provided its architect with the opportunity to demonstrate the ability of modern architecture to forge connections with history without violating its own precepts. The facade was conceived of as a membrane stretched taut across the skeleton of the structure and is finished shamelessly without a cornice. In comparison with the Modern Movement, the result is an abstraction of the classic facades of the Eixample and their proportions and decorative elements. Flat and subtly composed, it has stone siding treated as if it were a curtain wall. The building was designed as a "container" with open-plan floors, which can be divided up in accordance with the various uses to which the space is put.

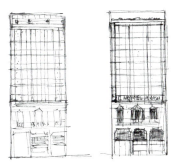

Este edificio para el *Noticiero Universal* adquirió, por su contexto, una significación paradigmática y constituyó para el autor la posibilidad de demostrar la capacidad de la arquitectura moderna para enlazar con la histórica sin transgredir sus postulados. La fachada fue concebida como una membrana tensada sobre el esqueleto estructural, y descaradamente rematada sin cornisa. Se trata de una abstracción de las fachadas clásicas del Eixample, de sus proporciones y de sus elementos decorativos, en relación con el movimiento moderno. Plana y sutilmente compuesta, dispone un aplacado de piedra tratado como un muro cortina. El edificio es concebido como un contenedor de plantas libres, que permite una compartimentación variable por la diversidad de funciones.

casa del cotó
nicolau m. rubió i tudurí

1962

E19

gran via de les corts catalanes, 670

▶ L 2, 3, 4 (passeig de gràcia)
L 7, 50, 54, 56

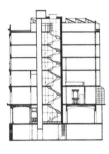

El 1962 es va triar aquest edifici neoclàssic d'Elies Rogent (1821-1897) com a seu social de l'empresa Textil Algodonera. L'actuació de Rubió i Tudurí respecta totalment l'obra original, i manté la façana principal i els salons nobles. En canvi, la façana posterior sí que es projecta segons la tècnica contemporània, tot i que manté una correspondència clara amb les façanes típiques de l'interior de l'Eixample. És destacable l'escala general suspesa de tirants prims d'un entramat metàl·lic en el pis superior.

This Neoclassical building designed by Elies Rogent (1821-1897) was chosen in 1962 as the headquarters of the Textil Algodonera S.A. cotton textile company. Rubió i Tudurí's intervention fully respected the original work and preserved the main facade and the drawing and other reception rooms. In contrast, the rear facade is designed with contemporary techniques and technology in mind, though there is a clear relationship between it and the facades typical of inner courtyards in the Eixample. The main staircase hanging from slender ties that are part of the metal latticework structure on the top floor is especially noteworthy.

Se escogió en 1962 este edificio neoclásico de Elies Rogent (1821-1897), como sede social de la empresa Textil Algodonera. La actuación de Rubió i Tudurí respeta totalmente la obra original, manteniendo la fachada principal y los salones nobles. En cambio, la fachada posterior sí que se proyecta según la técnica contemporánea, aunque manteniendo una correspondencia clara con las fachadas típicas del interior del Eixample. Es destacable la escalera general suspendida por delgados tirantes de un entramado metálico en el piso superior.

societat general d'aigües de barcelona

ramon tort i estrada

1968

E20

pg. de sant joan / c. de la diputació

▶ Ⓜ L 2 (tetuan), 4 (girona)
🚌 L 6, 19, 50, 51, 55

El projecte consistia en l'ampliació de la seu d'Aigües de Barcelona, ubicada en un palauet d'estil neoclàssic de finals del s. XIX. El 1968, van encarregar a Tort un nou edifici davant del palauet. Es va optar per un tipus d'arquitectura racionalista, de línies severes i desenvolupament ritmat que, amb un fons monocromàtic, simplement havia de conviure amb l'arquitectura existent, en la qual dominava l'acoloriment. La composició consistia en una sèrie de naus superposades il·luminades per amplis finestrals. A la primera etapa de construcció es van aixecar dos pisos, que continuarien més tard fins a deu.

This project consisted of an extension to the corporate headquarters of the water utility Aguas de Barcelona in a grand townhouse in the Neoclassical style dating from the late 19th century. In 1968, Aguas de Barcelona commissioned Tort to construct a new building opposite the townhouse. The decision was made to adopt a rationalist style of architecture with severe lines and a rhythmical development. It was intended that this new building with its monochrome background, would simply co-exist alongside the existing architecture, in which color predominated. The composition consisted of a series of superimposed warehouse—or wave—like edifices lit naturally by large windows. Two stories were initially constructed, though these were later increased to ten.

El proyecto consistía en la ampliación de la sede para Aguas de Barcelona, ubicada en un palacete de estilo neoclásico de finales del s. XIX. En 1968, encargaron a Tort un nuevo edificio frente al palacete. Se optó por un tipo de arquitectura racionalista, de líneas severas y desarrollo ritmado, que con un fondo monocromático, simplemente debía convivir con la arquitectura existente, donde dominaba el colorido. La composición consistía en una serie de naves superpuestas iluminadas por amplios ventanales. En la primera etapa de construcción se elevaron 2 pisos, que continuarían más tarde hasta 10.

edifici d'oficines sandoz-novartis

xavier busquets i sindreu

1968-1972

E21

gran via de les corts catalanes, 764-768 / c. de sardenya, 208-210

▶ Ⓜ L 2 (monumental)
🚌 L 6, 7, 56, 62

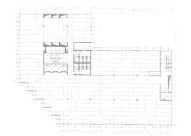

Aquest edifici és un exemple de bloc d'oficines dels anys setanta. Es diferencia de l'arquitectura catalana de l'Escola de Barcelona, influenciada pel neorealisme italià dels anys cinquanta i seixanta, que volia sintetizar els mètodes de la tradició constructiva amb el llegat racionalista del moviment modern. Aquest edifici forma part d'aquells experiments amb els nous materials i tecnologies que es donen sovint a l'inici de l'era postmoderna. El bloc d'oficines es col·loca en un xamfrà de la Gran Via, carrer de gran amplitud i trànsit abundant, i adopta una volumetria que s'adapta a la geometria de la cantonada. La façana és un suggerent mur cortina de vidre tintat de color fosc.

This building is a prime example of the 1970s office block. It is unlike the Catalan architecture of the School of Barcelona, which was influenced by the Italian Neo-Realism of the 1950s and 60s, which tried to draw together the methods of traditional architecture with the rationalist legacy of the Modern Movement. This block is representative of the experiments with new materials and technologies that were common in the early days of the Post-Modern era. It stands on a chamfered street corner on Gran Via, a broad avenue busy with traffic, and in shape follows the geometry of the chamfer. The facade is an intriguing curtain wall of dark tinted glass.

Este edificio es un ejemplo de bloque de oficinas de los años 70. Se diferencia de la arquitectura catalana de la Escuela de Barcelona, influenciada por el neorrealismo italiano de los años 50-60, que trataba de sintetizar los métodos de la tradición constructiva con el legado racionalista del Movimiento Moderno. Este edificio forma parte de aquellos experimentos con los nuevos materiales y tecnologías, que se dan con frecuencia al inicio de la era Post Moderna. El bloque de oficinas se coloca en un chaflán de la Gran Via, calle de gran amplitud y abundante tránsito, y adopta una volumetría adaptándose a la geometría de la esquina. La fachada es un sugerente muro cortina de vidrio tintado de color oscuro.

casa dels braus

antoni moragas i gallissà, francisco riba de salas

1959-1962

E22

gran via de les corts catalanes 798-804, 806-812, 814

L 1 (glòries), 2 (monumental)
L 7, 56, 62

L'edifici, tot i ocupar un solar irregular, es va projectar a partir d'un model de planta regular, per evitar distribucions conflictives al xamfrà. En aquest projecte es comença a evidenciar alguns problemes per la rigidesa tipològica i el sobredimensionat de l'estructura. La distribució dels habitatges és especialment allargada per la voluntat de construir tota la profunditat. D'aquesta manera, s'orienten la meitat dels habitatges cap al sud i l'altra meitat cap al nord. Les terrasses dels habitatges són les que donen nom a la finca, a causa de les seves característiques representacions d'escenes taurines que es poden veure des del carrer.

This building occupies an irregularly shaped plot but was designed using a regular floor plan to avoid distributions that would come into conflict with each other at the chamfered street corner. In this project a number of problems arising from the inflexibility in type and the excess size of the structure can already be seen. The homes are extremely long in layout as a result of the determination to employ the full building depth permitted by byelaws. Half of the apartments face south, while the other half are orientated towards the north. The building's name (House of the Bulls) comes from the apartments' balconies, which bear scenes related to bulls that can be seen from the street.

El edificio, a pesar de ocupar un solar irregular, se proyectó a partir de un modelo de planta regular, para evitar distribuciones conflictivas en el chaflán. En este proyecto se empiezan a evidenciar algunos problemas debido a la rigidez tipológica y al sobredimensionado de la estructura. La distribución de las viviendas es especialmente alargada debido a la voluntad de construir toda la profundidad. Así se orientan la mitad de ellas a sud y la otra mitad a norte. Las terrazas de las viviendas son las que dan nombre a la finca, debido a sus características representaciones de escenas taurinas que se pueden ver desde la calle.

edifici d'oficines

josep maria fargas, enric tous

1974-1976

E23

passeig de gràcia, 55-57

🅜 L 3, 4, (passeig de gràcia)
🚌 L 22, 24, 28

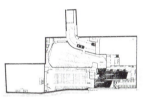

L'edifici, entre mitgeres, havia d'albergar oficines per a empreses diverses. Es va tractar com un contenidor que permetés la màxima flexibilitat d'usos i distribucions, amb una anàlisi acurada de l'estructura, i el modelatge dels interiors. La façana té un valor representatiu i vol mostrar modernitat, tecnologia i eficiència com a imatge de les diferents empreses. I ho fa a través de la seva concepció –la combinació d'elements modulars prefabricats–, del seu acabat –blanc, llis, brillant i tecnològicament perfecte–, i del domini que exerceix sobre el carrer fins al punt que esdevé una nova referència per al vianant. La façana pateix inevitablement una discontinuïtat quan arriba a la planta baixa.

This building, standing abutting its neighbors, was intended to provide offices for a number of companies. Through the careful study of its structure and by making its interiors modular, it was designed as a container offering maximum flexibility in its usage and distribution. The facade effectively represents the various companies and seeks to present a corporate image for them of modernity, technology and efficiency. This is demonstrated in its concept—the combination of prefabricated modular elements—its finish—plain and technologically perfect gleaming white—and by its imposing presence on the street, where it serves as a new landmark for passers-by. The facade is inevitably interrupted where it meets the ground floor.

El edificio, entre medianeras, debía albergar oficinas para empresas diversas. Se trató como un contenedor que permitiera la máxima flexibilidad de usos y distribuciones, estudiando detalladamente la estructura, y modulando los interiores. La fachada tiene un valor representativo, y quiere mostrar modernidad, tecnología y eficiencia como imagen de las diversas empresas. Esto se muestra por su concepción –la combinación de elementos modulares prefabricados–, por su acabado –blanco, liso, brillante y tecnológicamente perfecto–, y por el dominio que ejerce sobre la calle tomando el papel de una nueva referencia para el peatón. La fachada sufre inevitablemente una discontinuidad al llegar a planta baja.

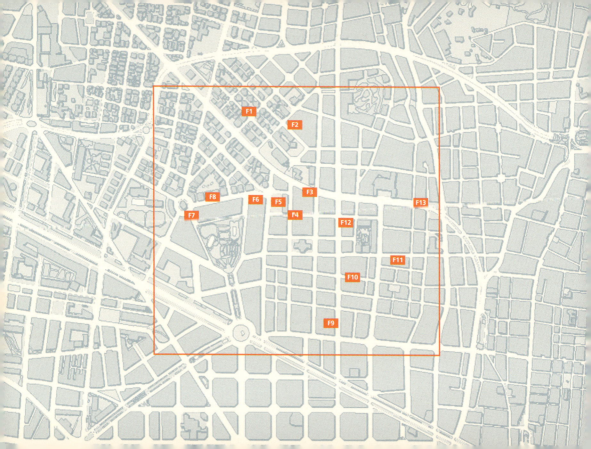

SANT GERVASI

- **F1** **conjunt d'habitatges del banco urquijo**
  josé antonio coderch de sentmenat
- **F2** **antiga clínica soler roig**
  francesc mitjans miró
- **F3** **central telefónica**
  francesc mitjans miró
- **F4** **edifici d'habitatges**
  francesc mitjans miró
- **F5** **edifici d'habitatges**
  ricardo bofill levi
- **F6** **edifici d'habitatges**
  miquel ponseti i vivas
- **F7** **edifici d'habitatges**
  ricardo bofill levi
- **F8** **edifici d'habitatges**
  josé antonio coderch de sentmenat
- **F9** **edifici d'habitatges**
  manuel de solà-morales rosselló, manuel de solà-morales rubió
- **F10** **clínica barraquer**
  joaquim lloret i homs
- **F11** **edifici d'habitatges frégoli**
  esteve bonell costa
- **F12** **edifici d'habitatges**
  josep lluís sert
- **F13** **edifici d'habitatges**
  antoni de moragas i gallissà, francisco riba de salas

sant gervasi

Edifici d'habitatges. Bohigas-Martorell-Mackay, 1962-1964. C. Bori i Fontestà, 16.

En aquest itinerari, les obres seleccionades corresponen en gran part a edificis residencials urbans i mostren un panorama determinat de l'habitatge burgès a la postguerra barcelonina.
A principis del segle xx, Sarrià i Sant Gervasi encara eren pobles d'estiueig de l'aristocràcia de Barcelona. Prenent com a referència les unitats naturals que generaven aquestes antigues finques rústiques que, en general, se sostenien i es concentraven a les principals vies de connexió (com el passeig de la Bonanova, l'avinguda de Pedralbes o l'avinguda del Tibidabo) es van començar a organitzar les parcel·les i a urbanitzar-les per destinar-les a àrees de segona i posteriorment de primera residència burgesa.
Cal destacar que els rierols existents van ser en gran part el límit natural d'aquestes primeres ordenacions parcials.
Tot i l'existència de propostes anteriors, no va ser fins al 1932 que la recopilació de les ordenances de la ciutat va regular, amb caràcter general, les condicions de l'edificació aïllada en relació amb la parcel·la (particularment l'alçada màxima i la separació al carrer). El 1947 es van aprovar les ordenances que admetrien i regularien els nous edificis

plurifamiliars de Sarrià i Sant Gervasi. Amb ells, es van
introduir nous paràmetres com ara l'ocupació de
parcel·la i el nombre màxim d'habitatges per replà, i van ser
consolidats amb l'aprovació del Pla parcial de la
Bonanova el 1958.
Contràriament a les àrees construïdes des de les parcel·les
individuals, les illes de construcció unitària, o les que havien
estat objecte d'una parcel·lació prèvia, van mostrar més
regularitat en les seves dimensions i més adequació de
les tipologies plurifamiliars, sense que això suposés
reduir l'aprofitament edificatiu. Un exemple que il·lustra
exitosament aquest cas és el de l'illa on hi ha els habitatges
del Banco Urquijo de Coderch.
Juntament amb aquestes estratègies més centrades en la
parcel·lació i regulació de l'edificació per a l'extraradi
barceloní, els transports col·lectius (ferrocarril de Sarrià
i xarxes de tramvies) van tenir un paper destacat, no
tant com a «responsables» de la suburbanització, tot i que
sí com a elements decisius en la consolidació d'aquestes
perifèries, com a «suport de l'extensió urbana».

Edifici d'habitatges Monitor. J. A. Coderch, 1966.
Via Augusta / C. d'Amigó.

Edifici d'habitatges. Francisco Barba Corsini, 1955. C. Bori i Fontestà, 1 / Av. de Pau Casals, 17. Planta menys ortogonal per la recerca de la llum, limitada pel petit pati d'interior d'illa.

Most of the works selected for this itinerary are urban residential buildings and reveal a particular approach to bourgeois homes in Barcelona in the years after the Civil War. In the early 20th century, Sarrià and Sant Gervasi were still places where the aristocracy in Barcelona would escape to in the summer. These old country estates, which were generally served by and concentrated along the main thoroughfares (such as Passeig de la Bonanova, Avinguda Pedralbes and Avinguda del Tibidabo), served as the natural reference for the first plots of land organized and developed as second homes for the bourgeoisie and then later their main residences. It should be noted that the existing streams constituted the natural boundaries for many of these first attempts to divide up the land into plots.

Despite the existence of earlier proposals, it was not until 1932 that the city bylaws began to regulate the conditions generally governing detached buildings in relation to the plot on which they stood, in particular as regards the maximum permitted height and the distance from the highway. The bylaws that allowed for and regulated the new apartment blocks in Sarrià and Sant Gervasi were approved in 1947 and introduced a range of new parameters, such as the area of the plot that could be built on and the maximum number of apartments per floor. These new regulations were firmly established with the approval of the La Bonanova Partial Plan in 1958. Unlike the areas built up individual plot by individual plot, the street blocks with unified construction, or which had been divided up into parcels of land beforehand, had plots that were more regular in size or which were better suited to building apartment blocks on, without sacrificing any of the amount of construction permitted by the local bylaws. An example that illustrates the success of this approach is the block on which the Banco Urquijo apartments, designed by Coderch, stand.

In addition to these strategies that dealt in the main with dividing up land into plots and with regulating construction on the outskirts of Barcelona, public means of transport, such as the Sarrià railway and the tram system, made a key contribution to the city's spread, not so much through the development of new suburbs but by supporting suburbs already built.

Edifici d'habitatges. Francisco Barba Corsini, 1960-1961. C. Escoles Pies, 20-22. La composició plàstica de la planta baixa, determinada per una decisió formalista, s'organitza amb uns murs curvilinis i contrasta amb la sobrietat i elegància amb la qual l'arquitecte resol els habitatges de 200 m² dels pisos superiors.

En este itinerario, las obras seleccionadas corresponden en gran parte a edificios residenciales urbanos y muestran un panorama determinado de la vivienda burguesa en la posguerra barcelonesa.

A principios del siglo XX, Sarriá y Sant Gervasi eran todavía pueblos de veraneo de la aristocracia de Barcelona. Tomando como referencia las unidades naturales que generaban estas antiguas fincas rústicas que, por lo general, se apoyaban y concentraban en las principales vías de conexión (como el paseo de la Bonanova, la avenida Pedralbes o l'avenida del Tibidabo) se empezaron a organizar las parcelas y a urbanizarlas para destinarlas a áreas de segunda y posteriormente de primera residencia burguesa. Cabe destacar que los arroyos existentes constituyeron en gran parte el límite natural de estas primeras ordenaciones parciales.

A pesar de la existencia de propuestas anteriores, no fue hasta 1932 que la recopilación de las ordenanzas de la ciudad reguló, con carácter general, las condiciones de la edificación aislada en relación a la parcela (particularmente la altura máxima y la separación a calle). En 1947 se aprobaron las ordenanzas que admitirían y regularían los nuevos edificios plurifamiliares de Sarriá y Sant Gervasi. Con ellas, se introdujeron nuevos parámetros como la ocupación de parcela y el número máximo de viviendas por rellano, y fueron consolidados con la aprobación del Plan Parcial de la Bonanova en 1958.

Contrariamente a las áreas construidas desde las parcelas individuales, las manzanas de construcción unitaria, o las que habían sido objeto de una parcelación previa, mostraron una mayor regularidad en sus dimensiones y una mayor adecuación de las tipologías plurifamiliares sin que eso supusiera reducir el aprovechamiento edificativo. Un ejemplo que ilustra exitosamente este caso es el de la manzana donde se encuentran las viviendas del Banco Urquijo de Coderch. Junto a estas estrategias más centradas en la parcelación y regulación de la edificación para el «extrarradio» barcelonés, los transportes colectivos (ferrocarril de Sarriá y redes de tranvías), tuvieron un papel destacado, no tanto como «responsables» de la suburbanización, aunque sí como elementos decisivos en la consolidación de dichas periferias, como «soporte de la extensión urbana».

conjunt d'habitatges del banco urquijo

josé antonio coderch de sentmenat

1968-1973

F1

c. de raset, 21-23 / c. de freixa, 22-32

▶ **FGC** L 6 (bonanova)
🚌 L 14, 16, 70, 72, 74

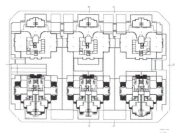

L'ordenació general del conjunt respon a la ferma voluntat d'oferir una alternativa a les previsions municipals del moment, orientades cap a un edifici singular en alçada. El resultat són sis volums de planta baixa més cinc o planta baixa més sis, amb un tractament dels espais lliures entre els blocs d'altíssima qualitat ambiental i de relació amb els carrers contigus. L'esquema bàsic de distribució interior segueix el dels habitatges de Johann Sebastian Bach, tot i que renuncia a algunes possibilitats funcionals d'aquest. La unitat de materials (peces ceràmiques i para-sols verticals de fusta), juntament amb el joc de transparències de les sales d'estar i els porxos, crea un altre exemple de la serenitat que tantes vegades trobem a l'arquitectura de Coderch.

The general layout of this complex is a manifestation of the determination to offer an alternative to municipal expectations of buildings of the day. Rather than a singular tall building, this complex consists of six edifices, some of them six stories in total while the others are seven stories. The treatment of the open spaces between the blocks is of a very high environmental standard and is in keeping with the adjoining streets. The basic interior distribution of the rooms is similar to that of the Johann Sebastian Bach apartments, though certain functional options were rejected. The unity of materials (ceramic tiles and wooden vertical *brise-soleils*) and the array of transparent effects of the living rooms and the porches between them create another example of the serenity so often found in Coderch's architecture.

La ordenación general del conjunto responde a la firme voluntad de ofrecer una alternativa a las previsiones municipales del momento, orientadas hacia un edificio singular en altura. El resultado son seis volúmenes de planta baja más cinco o planta baja más seis, con un tratamiento de los espacios libres entre los bloques de altísima calidad ambiental y de relación con las calles colindantes. El esquema básico de distribución interior sigue el de las viviendas de Johann Sebastián Bach, aunque renunciando a algunas posibilidades funcionales de aquél. La unidad de materiales (piezas cerámicas y parasoles verticales de madera), junto con el juego de transparencias de las salas de estar y los porches, crean otro ejemplo de la serenidad que tantas veces encontramos en la arquitectura de Coderch.

antiga clínica soler roig
francesc mitjans miró

1950-1954

F2

c. de freixa, 37 / c. de vallmajor, 25

▶ **FGC** L 6 (muntaner)
🚌 L 14, 58, 64

El projecte original va ser un encàrrec del doctor Soler Roig. En un solar rectangular, la clínica es va implantar en diagonal, corbant la façana principal per salvar uns arbres ja existents i endarrerint-la per valorar un jardí davanter que donés més intimitat als pacients. Desafortunadament, amb la recent rehabilitació del projecte, es van substituir les baranes de barrots originals i es va aixecar un mur de vidre per davant del pla de façana de la planta baixa. Mitjans també va dur a terme el projecte d'habitatges a la cantonada Vallmajor-Freixa i ambdós projectes van ser concebuts com a una unitat urbanística.

The original project was commissioned by Dr. Soler Roig. The clinic is positioned diagonally on a rectangular site. Its main facade is curved to safeguard trees growing on the site and is also set back to enhance the small front garden that provided the patients with greater privacy. Sadly, with the recent refurbishment, the original railings were replaced and a glass wall was erected in front of the plane of the facade on the first floor. Mitjans also designed the residential block at the junction between Carrer Vallmajor and Carrer Freixa, and the two projects were originally conceived of as an urban unit.

El proyecto original fue un encargo del doctor Soler Roig. En un solar rectangular, la clínica se implantó en diagonal, curvando la fachada principal para salvar unos árboles existentes y retrasándola para valorar un jardín delantero que diese más intimidad a los pacientes. Desafortunadamente, con la reciente rehabilitación del proyecto se sustituyeron las barandillas de barrotes originales y se levantó un muro de vidrio por delante del plano de fachada de la planta baja. Mitjans también realizó el proyecto de viviendas en la esquina Vallmajor-Freixa y fueron ambos proyectos concebidos como una unidad urbanística.

central telefónica

francesc mitjans miró

1972-1977

F3

via augusta, 177

▶ **FGC** L 6 (muntaner)
🚌 L 14, 58, 64

L'edifici d'ús industrial i d'oficines de la Central de Telefónica es va emplaçar en un solar de geometria irregular contigu a l'edifici d'habitatges Monitor de Coderch construït deu anys abans. Amb una sofisticada façana de persiana-gelosia de lamel·les de marbre, adaptada a l'alineació de via Augusta, juntament amb la incorporació d'un pati central endinsat, Mitjans aconsegueix incorporar un cop més aquesta sensació de l'espai intermedi exterior-interior. Posteriorment, la façana s'endinsa segons els mòduls de bastidors. El bloc es culmina amb una coberta inclinada de xapa metàl·lica.

The industrial and office building of the Telefónica Exchange was sited on an irregularly shaped plot of land adjoining the Monitor apartment block designed by Coderch and erected ten years earlier. With the Exchange's sophisticated facade of marble strips in the manner of a blind or *jalousie*, which follows the line of Via Augusta, and its central, set-back courtyard, Mitjans managed to create once again that impression of an intermediate exterior-interior space. The facade was subsequently set back following the frame modules. At the top, the block has a sloping sheet metal roof.

El edificio de uso industrial y de oficinas de la Central de Telefónica se emplazó en un solar de geometría irregular contiguo al edificio de viviendas Monitor de Coderch construido diez años antes. Con una sofisticada fachada de persiana-celosía de lamas de mármol, adaptada a la alineación de Via Augusta, junto con la incorporación de un patio central retranqueado, Mitjans consigue incorporar una vez más esta sensación del espacio intermedio exterior-interior. Posteriormente la fachada se retranquea según los módulos de bastidores. El bloque se culmina con una cubierta inclinada de chapa metálica.

edifici d'habitatges

francesc mitjans miró

1941-1944

F4

c. d'amigó, 76

▶ **FGC** L 6 (muntaner)
🚍 L 14, 58, 64

És el primer edifici d'habitatges plurifamiliars construït per Mitjans i va ser una peça excepcional de l'arquitectura residencial barcelonina dels anys quaranta. Entre d'altres aspectes singulars, va oferir una alternativa a la tipologia d'habitatge entre mitgeres de l'Eixample, organitzant, per exemple, les crugies paral·leles al carrer d'Amigó o introduïnt grans terrats continus. La façana principal s'endarrereix respecte de la alineació al carrer per deixar una planta baixa enjardinada que també permet l'accés al pàrquing. Amb la situació de l'escala al centre i uns grans vestíbuls d'accés a cada habitatge, aconsegueix distribuir 200 m² prescindint del passadís típic dels habitatges de l'Eixample i concentrant tots els serveis en uns patis interiors mínims.

This building, the first apartment block built by Mitjans, proved to be an outstanding feature in the residential architecture of Barcelona in the 1940s. Among other singular aspects, it offered an alternative to the type of home between party walls found in the Eixample by organizing the bays, for example, in such a way that they run parallel to Carrer Amigó, and also had large continuous balconies. The main facade is set back from the street, thereby allowing gardens at ground level with an entrance to the car park. By positioning the staircase at the centre and providing each home with a large lobby, he succeeded in distributing the 2150 square feet of each apartment without the need for the long corridor typical of Eixample properties. In addition all the services are concentrated in small inner courtyards.

Es el primer edificio de viviendas plurifamiliares construido por Mitjans y resultó ser una pieza excepcional de la arquitectura residencial barcelonesa de los años 40. Entre otros aspectos singulares, ofreció una alternativa a la tipología de vivienda entre medianeras del Eixample organizando, por ejemplo, las crujías paralelas a la calle Amigó o introduciendo grandes terrazas corridas. La fachada principal se retrasa de la alineación a calle para dejar una planta baja ajardinada que permite también el acceso al parking. Con la situación de la escalera en el centro y unos grandes vestíbulos de acceso a cada vivienda consigue distribuir 200 m² prescindiendo del pasillo típico de las viviendas de ensanche y concentrando todos los servicios en unos patios interiores mínimos.

edifici d'habitatges
ricardo bofill levi

1960-1963

F5

c. de johann sebastian bach, 28

▶ **FGC** L 6 (muntaner)
🚌 L 14

Les intencions de l'arquitecte estaven clarament allunyades d'una aplicació directa de la normativa. Pel contrari, li va interessar explotar i optimitzar la singularitat del solar per fer un edifici sense petits «patis interiors tipus», i en canvi va proposar un únic espai públic lliure que assegurés una bona ventilació, il·luminació i privacitat als dormitoris. La repetició dels tancaments de gelosia ceràmica i de fusta a la façana principal, contrasta amb la volumetria que produeix una aparent simetria desmentida per la correspondència diferent dels espais interiors que l'organitzen.

The architect's intentions were manifestly far removed from a direct application of the bylaws. He was, instead, interested in making the most of the singularity of the plot and in optimizing it in order to produce a building without the small "standard inner courtyards" by replacing them with a single open public space that would provide good ventilation, lighting and privacy. The repetition of the ceramic and wood *jalousie* on the main facade contrasts with the volumetric shape by giving rise to an appearance of symmetry that is belied by the different interior spaces that organize it.

Las intenciones del arquitecto estaban claramente alejadas de una aplicación directa de la normativa. Le interesó, por el contrario, explotar y optimizar la singularidad del solar para realizar un edificio sin pequeños «patios interiores tipo», proponiendo en cambio un único espacio público libre que asegurase buena ventilación, iluminación y privacidad en los dormitorios. La repetición de los cerramientos de celosía cerámica y de madera en la fachada principal contrasta con la volumetría produciendo una aparente simetría desmentida por la distinta correspondencia de los espacios interiores que la organizan.

edifici d'habitatges
miquel ponseti i vives

1955-1958

F6

c. de johann sebastian bach, 26

▶ **FGC** L 6 (muntaner)
🚌 L 14

Aprofitant que hi ha més profunditat edificable, Ponseti organitza l'edifici dividint l'amplada del solar en quatre crugies estructurals iguals i disposades perpendicularment al carrer. En planta baixa, els pilars s'expressen a doble alçada, i, a les plantes superiors, els forjats de les terrasses s'avancen per resoldre en un pla més endarrerit l'alineació de la façana amb la dels dos edificis contigus. L'optimització de l'espai per aconseguir la màxima superfície útil dels habitatges (quatre dormitoris més un de servei per habitatge) redueix considerablement la mida dels patis de ventilació.

Ponseti made the most of the permitted depth of building by dividing the plot of land widthways into four equal structural bays perpendicular to the street. At first floor level, the pillars are double height; on the upper stories, the floor slabs of the balconies are brought forward to resolve the alignment of the facade with that of the two adjoining buildings by means of a plane that is set back. The optimization of the space to achieve the maximum possible useful surface area in the apartments (four bedrooms plus one guest bedroom per apartment) led to a considerable reduction in the size of the ventilation shafts.

Aprovechando la mayor profundidad edificable, Ponseti organiza el edificio dividiendo el ancho del solar en cuatro crujías estructurales iguales y dispuestas perpendicularmente a la calle. En planta baja los pilares se expresan a doble altura, y, en las plantas superiores, los forjados de las terrazas se adelantan para solucionar en un plano más retrasado la alineación de la fachada con la de los dos edificios contiguos. La optimización del espacio para lograr la máxima superficie útil de las viviendas (cuatro dormitorios más uno de servicio por vivienda), reduce considerablemente el tamaño de los patios de ventilación.

edifici d'habitatges
ricardo bofill levi

1962-1963

F7

c. de johann sebastian bach, 2

▶ **FGC** L 6 (bonanova)
🚌 L6, 14, 30

Amb aquest projecte es tanca un cicle de projectes residencials de Bofill a Barcelona caracteritzats per la recerca de nous camins per afrontar els programes habitacionals convencionals a la ciutat. En aquest cas, és important la continuïtat que s'aconsegueix donar a la façana en haver de resoldre tres alineacions al carrer. La presència de dues entrades respon a la necessitat de resoldre programes diferents en un mateix edifici: 21 habitatges de renda limitada i 12 habitatges de luxe. L'explotació de les capacitats expressives del maó i la ceràmica en façana amb els elements triangulars a tall de gàrgoles, o les gelosies a través de les quals es ventilen i s'il·luminen les cuines són, al capdavall, elements que no deixen de demostrar l'esforç per aconseguir uns habitatges més habitables.

This project is the last in the series of residential buildings Bofill designed in Barcelona, which are characterized by his search for new ways to tackle conventional housing programs in the city. In this particular building, the continuity that the architect manages to endow the facade with, given that he has to resolve three street alignments, is especially noteworthy. The presence of two entrances is the result of the need to resolve different programs within the same building: 21 rent-controlled apartments and 12 luxury apartments. The exploitation of the expressiveness of brick and tiles on the facade, with triangular elements in the manner of gargoyles, and the blinds that allow natural ventilation and light into the kitchens are all features that demonstrate the effort to provide homes that are pleasing to live in.

Con este proyecto se cierra un ciclo de proyectos residenciales de Bofill en Barcelona, caracterizados por la búsqueda de nuevos caminos para afrontar los convencionales programas habitacionales en la ciudad. En este caso, es importante la continuidad que se consigue dar en fachada al tener que resolver tres alineaciones a calle. La presencia de dos entradas responde a la necesidad de resolver programas distintos en un mismo edificio: 21 viviendas de renta limitada y 12 viviendas de lujo. La explotación de las capacidades expresivas del ladrillo y la cerámica en fachada con los elementos triangulares a modo de gárgolas o las celosías a través de las que ventilan y se iluminan las cocinas son, al fin y al cabo, elementos que no dejan de demostrar el esfuerzo por conseguir unas viviendas más habitables.

edifici d'habitatges

josé antonio coderch
de sentmenat

1957-1961

F8

c. de johann sebastian bach, 7

▶ **FGC** L 6 (bonanova)
🚌 L 14, 30

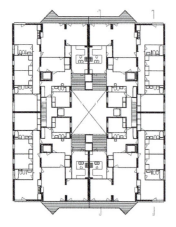

L'èxit més gran d'aquests habitatges és la perfecció distributiva de la planta. La disposició estratègica dels ascensors, entès com un element d'accés individual a l'habitatge, permet organitzar les circulacions a l'entorn d'un rebedor central. El sistema d'arribada a l'habitatge és una reinterpretació de l'entrada a algunes de les seves cases unifamiliars en convertir el vestíbul en el porxo d'accés de vehicles. La façana, en un entorn molt diferent al caòtic dels habitatges de la Barceloneta, recupera tanmateix algunes opcions d'aquella experiència com la persiana de llibret, i les utilitza com a reinterpretació d'elements tradicionals de protecció: galeria i tribuna mirador.

The finest achievement of these apartments is the perfect layout of the floor plan. The strategic positioning of the elevators, which provide individual access to the apartments, made it possible to organize corridors off a central hall. The system for arriving in the apartments is a reinterpretation of the entrance to some of Coderch's villas, since the vestibule is turned into a porch for vehicle access. The building stands in a very different environment to the chaos surrounding the apartment block he erected in Barceloneta. Even so, it draws on some of the features he employed in the earlier building, such as the slatted blind. He also returns to the Barceloneta block in his reinterpretation of the defensive elements of the distant past: the gallery and oriol-lookout point.

El mayor logro de estas viviendas es la perfección distributiva de la planta. La disposición estratégica de los ascensores, entendido como un elemento de acceso individual a la vivienda, permite organizar las circulaciones en torno a un recibidor central. El sistema de llegada a la vivienda es una reinterpretación de la entrada a algunas de sus casas unifamiliares al convertir el vestíbulo en el porche de acceso de vehículos. La fachada, en un entorno muy diferente al caótico de las viviendas de la Barceloneta, recupera sin embargo algunas opciones de aquella experiencia como la persiana de librillo, y los utiliza como reinterpretación de elementos tradicionales de protección: galería y tribuna-mirador.

edifici d'habitatges

**manuel de solà-morales rosselló,
manuel de solà-morales rubió**

1964-1967

F9

c. de muntaner, 217 / c. de l'avenir, 35-37

▶ Ⓜ L 5 (hospital clinic)
🚌 L 6, 7, 15, 27, 32, 33

L'estratègia d'aquesta proposta aliena a la tipologia tradicional a l'Eixample es basa en obrir uns grans patis a la zona central del solar que separen els dos grans cossos edificats. Uns passadissos aparellats travessen aquests espais per comunicar els habitatges des del cos exterior, compacte, en forma de L, que ocupen els dormitoris, amb un segon cos interior i disposat en ventall, on es troben la resta d'estances de l'habitatge. D'aquesta manera, totes les obertures que s'observen des del carrer corresponen als dormitoris i confereixen una imatge exterior d'extrema sobrietat.

The main strategy of this project is unlike the typical approach taken in the Eixample and is based on the opening up of large courtyards in the central part of the site that separate the two large built volumes. These spaces are crossed by pairs of corridors that link a particular apartment's bedrooms in the exterior, compact, L-shaped section with a second interior section laid out as a fan where the other rooms are found. In this way, all the openings that can be seen from the street are bedroom windows and give the exterior an extremely austere look.

La estrategia de esta propuesta aliena a la tipología tradicional del Eixample se basa en abrir unos generosos patios en la zona central del solar que separen los dos grandes cuerpos edificados. Unos corredores pareados atraviesan estos espacios para comunicar las viviendas desde el cuerpo exterior, compacto, en forma de «L», que ocupan los dormitorios, con un segundo cuerpo interior y dispuesto en abanico, donde se encuentran el resto de estancias. De este modo, todas las aberturas que se observan desde la calle corresponden a los dormitorios, y confieren una imagen exterior de extrema sobriedad.

clínica barraquer

joaquim lloret i homs

1934-1940

F10

c. de muntaner, 314

 FGC L 6 (muntaner)
L 14, 58, 64

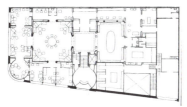

El projecte originalment estava destinat a consultori, clínica oftalmològica i habitatge particular del doctor Barraquer. En el seu moment es va concebre com a una alternativa al racionalisme més autòcton del GATCPAC que presentava alguns trets més propis de l'expressionisme europeu i del funcionalisme germànic. L'ampliació als anys setanta modifica la façana principal inicial superposant uns pilars que recorren tota l'alçada de l'edifici i interrompen els buits horitzontals originals. Tanmateix, al seu interior conserva encara els seus indiscutibles valors espacials pels elements decoratius de clara referència a la iconografia de l'Art Déco.

This project was originally intended to serve as the office, ophthalmology clinic and private home of Dr. Barraquer. At the time, it was regarded as an alternative to the more home-grown Rationalism of the GATCPAC since it incorporates features more typical of European Expressionism and German Functionalism. The extension work done in the 1970s altered the initial facade by superimposing on it pillars that extend the full height of the building and which interrupt the original horizontal openings. Even so, the undoubted spatial qualities of Lloret's design, created by the decorative elements that clearly draw on the iconography of Art Deco, have been preserved inside.

El proyecto originalmente estaba destinado a consultorio, clínica oftalmológica y vivienda particular del doctor Barraquer. En su momento se concibió como una alternativa al racionalismo más autóctono del GATCPAC presentando algunos rasgos más propios del Expresionismo Europeo y del funcionalismo germánico. La ampliación en los años 70 modifica la fachada inicial superponiendo unos pilares que recorren toda la altura del edificio e interrumpen los vanos horizontales originales. Sin embargo, en su interior conserva todavía sus indiscutibles valores espaciales por los elementos decorativos de clara referencia a la iconografía del Art Déco.

edifici d'habitatges frégoli

F11

esteve bonell costa

1972-1975

c. de madrazo, 54-56

▶ **FGC** L 7 (plaça molina)
🚌 L 16, 17, 27, 58, 64

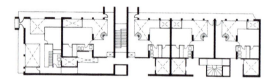

L'organització d'aquest edifici d'habitatges assaja la distribució a doble alçada per planta per oferir habitatges «en dúplex». L'optimització de la reduïda superfície destinada a cada habitatge comporta una fragmentació eficaç de la volumetria de façana, fins al punt d'incloure elements puntuals i més anecdòtics com alguns balcons de dimensions menors que apareixen en volada. A aquesta agitada però funcional composició se li afegeix un pis superior més contingut i tancat amb lamel·les orientables per generar un cos «pesat» que remata l'edifici i se separa alhora de la resta de la façana. El resultat, de classificació difícil, correspon a una de les primeres obres que va fer Esteve Bonell en la qual es reflecteix un atrevit autodidactisme.

The apartments in this residential building are distributed over two floors, creating duplex homes. The optimization of the small space available for each apartment entailed the effective breaking-up of the volumetric shape of the facade, so much so that it includes occasional, incidental features such as a number of smaller projecting balconies. This busy yet functional composition incorporates a top floor that is more restrained and closed to the outside world by means of adjustable slats, thereby creating a "heavy" volume that crowns the building while being separated from the rest of the facade. The result, which defies categorization, is one of the first works by Esteve Bonell and reflects his bold self-taught approach.

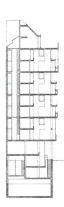

La organización de este edificio de viviendas ensaya la distribución a doble altura por planta para ofrecer viviendas «en dúplex». La optimización de la reducida superficie destinada a cada vivienda conlleva una eficaz fragmentación de la volumetría de fachada, hasta el punto de incluir elementos puntuales y más anecdóticos como algunos balcones de menor tamaño que aparecen en voladizo. A esta agitada pero funcional composición se le añade un piso superior más contenido y cerrado mediante lamas orientables para generar un cuerpo «pesado» que remata el edificio y se separa al mismo tiempo del resto de la fachada. El resultado, de difícil clasificación, corresponde a una de las primeras obras que realizó Esteve Bonell en la que se refleja un atrevido autodidactismo.

edifici d'habitatges

josep lluís sert

1930-1931

F12

c. de muntaner, 342-348

▶ **FGC** L 6 (muntaner)
🚌 L 14, 58, 64:

Obra representativa de la primera etapa del GATCPAC, i una de les més aconseguides del racionalisme espanyol, on es posa de manifest el coneixement i domini dels recursos expressius del funcionalisme europeu que tenia Sert. Es compon de sis habitatges dúplex, amb àrees comunes en el nivell inferior, i dormitoris al superior. A l'àtic se situen dos estudis oberts a terrasses enjardinades. L'estructura d'acer permet grans obertures en façana i les parets de maó buit exemplifiquen el moment de transició quant a les tècniques constructives. Amb aquesta solució d'habitatges dúplex, J. Ll. Sert persegueix la millora de les condicions d'habitabilitat, i alhora ofereix un plantejament polèmic que subratlla la novetat d'una arquitectura impacient per trencar amb el passat.

This work, which is representative of the early era of the GATCPAC and one of the finest exponents of Spanish Rationalism—reveals Sert's knowledge and mastery of the expressive devices of European functionalism. It contains six duplex apartments, with the communal areas on the lower floor and the bedrooms on the upper floor. The top story of the building has two studios that open out onto rooftop gardens. The steel structure allows for large openings in the facade, while the hollow brick walls exemplify the moment of transition in construction techniques. In this duplex apartment solution, Sert continues to pursue improvements in living conditions and also offers a controversial approach that underscores the newness of an architecture that was impatient to break with the past.

Obra representativa de la primera etapa del GATCPAC, y una de las más logradas del racionalismo español, donde se pone de manifiesto el conocimiento y dominio de los recursos expresivos del funcionalismo europeo que poseía Sert. Se compone de seis viviendas dúplex, con áreas comunes en el nivel inferior y dormitorios en el superior. En el ático se sitúan dos estudios abiertos a terrazas ajardinadas. La estructura de acero permite grandes aberturas en fachada y las paredes de ladrillo hueco ejemplifican el momento de transición en cuanto a las técnicas constructivas. Con esta solución de viviendas dúplex, J. Ll. Sert persigue la mejora de las condiciones de habitabilidad, y a su vez ofrece un planteamiento polémico que subraya la novedad de una arquitectura impaciente por romper con el pasado.

edifici d'habitatges

antoni de moragas i gallissà,
francisco riba de salas

1964-1970

F13

via augusta, 128-132 / c. de brusi, 39-43 / c. de sant elies, 11-19

  FGC L 7 (plaça molina)
L 16, 17, 27, 58, 64

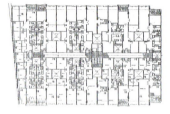

Conjunt format per tres blocs que comparteixen un mateix llenguatge i solucions constructives però que mantenen la seva identitat. El llenguatge emprat es basa en la sistematització d'elements domèstics: finestres, balcons, forjats, murs..., tots ells traçats rigorosament i de manera que cada element s'expressa amb un material diferent. Concilia les noves tecnologies (rígida estructura de formigó armat) amb materials tradicionals (maó, ceràmica i fusta). El vestíbul d'entrada està detalladament dissenyat segons aquest tractament de diversos materials i des de la lògica de la seva articulació, i es manifesta proper a l'obra de Carlo Scarpa.

A complex made up of three blocks that share the same construction language and solutions but which nevertheless retain their own identity. The language used is based on the systematization of residential elements such as windows, balconies, floor and ceiling slabs, walls, etc., all of them rigorously designed and each done in a different material. The building reconciles new technologies (a rigid structure of reinforced concrete) with traditional materials (brick, tiles and wood). The entrance lobby is meticulously designed in accordance with this treatment of various materials and the logic of their expression, and calls to mind the work of Carlo Scarpa.

Conjunto formado por tres bloques que comparten un mismo lenguaje y soluciones constructivas pero que mantienen cada uno su identidad. El lenguaje utilizado se basa en la sistematización de elementos domésticos: ventanas, balcones, forjados, muros…, todos ellos trazados rigurosamente y de manera que cada elemento se expresa con un material diferente. Concilia las nuevas tecnologías (rígida estructura de hormigón armado), con materiales tradicionales (ladrillo, cerámica y madera). El vestíbulo de entrada está detalladamente diseñado según este tratamiento de diversos materiales y desde la lógica de su articulación, manifestándose cercano a la obra de Carlo Scarpa.

GRÀCIA – HORTA-GUINARDÓ

- **G1 casa fullà**
  lluis clotet, òscar tusquets
- **G2 illa escorial**
  oriol bohigas, josep m. martorell, francesc mitjans, manuel ribas, josep alemany, josep m. ribas i casas, antonio perpiñá
- **G3 casa tàpies**
  josé antonio coderch de sentmenat, manuel valls
- **G4 fàbrica de joieria monés** (actual escola superior de disseny i moda)
  j. a. ballesteros, j. c. cardenal, f. de la guardia, p. llimona, x. ruiz i vallès
- **G5 casa vilaró**
  sixt illescas
- **G6 edifici d'habitatges**
  francesc rius
- **G7 escola pública eduard fontseré (la teixonera)**
  josep emili donato, uwe geest
- **G8 polígon de montbau**
  g. giraldez dávila, pedro lópez iñigo, xavier subias, m. baldrich, antoni bonet, josep soteras
- **G9 habitatges unifamiliars agrupats (montbau)**
  joan bosch agusti

gràcia – horta-guinardó

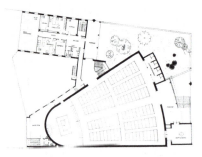

Parròquia de Santa Joaquima de Vedruna i ampliació del convent annex dels Pares Carmelites de l'A. O, 1967.
Dou Mas de Xaxàs. C. de Francolí, 54.

El Barri de Gràcia, de carrers estrets i petites places amb un caràcter molt propi, va entrar a formar part de la trama urbana de Barcelona el 1897. Sempre s'ha caracteritzat per ser un barri obrer de petites indústries i artesans.
El barri del Coll (a la part nord del districte de Gràcia), situat a 300 m sobre el nivell del mar, ocupa part del turó del mateix nom, connectat amb altres turons. A principis del segle XX, el barri es va anar edificant amb masies i habitatges unifamiliars, que gaudien de les vistes de la ciutat. Encara en queden algunes com ara la Casa Vilaró (G5). Als anys seixanta, arriba un nou tipus d'edificació entre mitgeres, corresponent a un canvi de qualificació a zona d'eixamplament mig intensiu en illa tancada. Aquesta qualificació era poc adequada a les característiques topogràfiques del lloc, ja que impedia les vistes a molts habitatges i conferia una imatge de muntanya edificada amb mitgeres al descobert. Posteriorment es va reconsiderar el pla a favor de l'edificació plurifamiliar aïllada, es va reduir l'edificabilitat a la meitat i es va fixar una alçada màxima de 24,4 m. En aquest període es construeix l'edifici d'habitatges de F. Rius (G6). El 1976 es va tornar a requalificar la zona passant a limitar l'alçada a planta baixa i dos pisos. El 1976 es va reivindicar la construcció d'un parc a l'antiga pedrera de la Creueta, on es volien construir pisos. Finalment el 1986 es va construir el parc de la Creueta del Coll, de MBM.
El procés d'ocupació i urbanització del sòl del districte d'Horta-Guinardó ha estat molt condicionat per la seva

topografia variada. L'existència d'unitats físiques com ara
la Serra de Collserola, la Vall d'Hebron o la riera d'Horta
ha conduït a una estructura urbana heterogènia, molt
diferenciada per sectors. Originalment els seus barris
estaven ocupats per masies i cases amb hort, o camps
de cultiu i pedreres a la zona de Guinardó. Fins als
anys cinquanta, aquests barris encara eren de pagesos,
menestrals, grangers i estiuejants, amb construccions de
planta baixa o planta baixa i pis. És en aquests anys quan
s'inicia la construcció de grans blocs d'habitatges.
A principis dels anys cinquanta, el creixement de l'activitat
constructiva i el conseqüent encariment del sòl, com també
el nivell d'industrialització de la ciutat que va generar
migracions des d'altres llocs, duu a una necessitat de recerca
de nou sòl urbanitzable. En aquest context, l'Administració
decideix crear polígons, barris residencials construïts a la
perifèria de la ciutat, projectats segons els postulats
de la ciutat funcionalista i assajant els nous sistemes
constructius. Els criteris d'actuació són: la concentració
d'habitatges per a la racionalització econòmica, el règim
d'amortització dels propietaris en lloc del lloguer, i la
inquietud social de crear comunitats en les quals tots se
sentin integrats, a través d'una planificació de la composició
social. En aquest capítol s'explica el de Montbau (G8 i G9)
–barri a l'esquerra de la vall d'Horta–, ja que s'ha considerat
el més significatiu i de més qualitat, tant de planejament
com de resolució dels seus habitatges.

Església El Redemptor, 1957-1963, 1962-1968. Bohigas-Mackay-Martorell. Av. Mare de Déu de Montserrat, 34-40.

Gràcia has narrow streets and small squares with a character all of their own and was annexed to Barcelona in 1897.
It has always been a working district with small companies and craftsmen's workshops.
The Coll neighborhood (in the northern part of Gràcia) is situated at 985 feet above sea level and occupies part of the hill of the same name that is one of a chain of hills. In the early 20th century, farmhouses and villas with spectacular views of the city below began to spring up here. A few of these early properties in the neighborhood have survived, among them Casa Vilaró (G5). In the 1960s, a new kind of development arrived in the form of adjoining buildings when the land was reclassified as a semi-dense suburb of closed street blocks. This classification was inappropriate for the topographical characteristics of the land, since it resulted in the views of many of the homes being blocked, while the mountain itself took on the look of a built-up area with exposed end walls. The plan was subsequently rethought, resulting in a new approach that favored detached apartment blocks—thereby reducing the volume of building to half its previous level—of a maximum height of 80 feet. This period saw the construction of the apartment block by F. Rius (G6). The bylaws were once again revised in 1976, when the height of construction was limited to a ground floor and two stories above. There were calls, again in 1976, for a park to be built in the former quarry of La Creueta, where the intention was to build apartments. At long last, La Creueta del Coll Park was built in 1986 by MBM.
The varied lie of the land in Horta-Guinardó district has been a determining factor in the gradual occupation and development of the district. The existence of topographical features such as the Sierra de Collserola chain of hills, the Vall d'Hebron valley and the Horta gully has led to a mixed urban fabric with very distinctive individual sectors. This part of the city was originally occupied by farmhouses and houses with kitchen gardens, or, in the case of Guinardó, by fields of crops and quarries. The area was occupied by smallholders, craftsmen and farmers, who were joined in the summer by people escaping the heat of the city, until as late as the 1950s. It was then that the construction of large apartment blocks began. In the early years of the decade, the growth in construction activity and the consequent rise in land prices in the city, as well as the level of industrialization that attracted migrants from other parts of Spain, meant that new building land had to be found. In response, the authorities decided to establish residential estates on the outskirts of the city that were to be designed in accordance with the postulates of the functionalist city and to be built using new construction systems. There were three key criteria governing these new buildings: firstly homes were to be concentrated in order to keep costs down; residents were to pay off a debt and hence become owners rather than tenants; and in response to the concern to create communities in which everyone felt at home, the social make-up of these estates was to be planned. This chapter looks at Montbau (G8 and G9)—the neighborhood on the left-hand side of the Horta valley—since it has always been considered the most important estate and the best in terms of quality in both the planning and the construction of its apartments.

El Barrio de Gràcia, de calles estrechas y pequeñas plazas con un carácter muy propio, entró a formar parte de la trama urbana de Barcelona en 1897. Siempre se ha caracterizado por ser un barrio obrero de pequeñas industrias y artesanos.

El barrio del Coll (en la parte norte del distrito de Gràcia), situado a 300 m sobre el nivel del mar, ocupa parte de la colina con el mismo nombre, conectada con otras colinas. A principios del siglo XX el barrio se fue edificando a base de masías y viviendas unifamiliares, que disfrutaban de las vistas de la ciudad. De éstas quedan algunas como la Casa Vilaró (G5). En los años 60 llega un nuevo tipo de edificación entre medianeras, correspondientes a un cambio de calificación a zona de ensanche semi-intensivo en manzana cerrada. Esta calificación era poco adecuada a las características topográficas del lugar ya que impedía las vistas a muchas viviendas y confería una imagen de montaña edificada con medianeras al descubierto. Posteriormente se reconsideró el plan en favor de la edificación plurifamiliar aislada, reduciendo la edificabilidad a la mitad, y fijando una altura máxima de 24,4 m. En este período se construye el edificio de viviendas de F. Rius (G6). En 1976 se volvió a recalificar la zona pasando a limitar la altura a planta baja y 2 pisos. En 1976 se reivindicó la construcción de un parque en la antigua pedrera de la Creueta, donde se querían construir pisos. Finalmente en 1986 se construyó el parque de la Creueta del Coll, de MBM.

El proceso de ocupación y urbanización del suelo del distrito de Horta-Guinardó ha estado muy condicionado por su variada topografía. La existencia de unidades físicas como la Serra de Collserola, Vall d'Hebron o la riera de Horta ha conducido a una estructura urbana heterogénea, muy diferenciada por sectores. Originalmente sus barrios estaban ocupados por masías y casas con huerto, o campos de cultivo y pedreras en la zona de Guinardó. Hasta los años 50 estos barrios eran todavía de payeses, menestrales, grangeros y veraneantes, con construcciones de planta baja o planta baja y piso. Es en estos años en los que se inicia la construcción de grandes bloques de vivienda.

A principios de los años 50, el crecimiento de la actividad constructiva y el consiguiente encarecimiento del suelo, así como el nivel de industrialización de la ciudad que generó migraciones desde otros lugares, lleva a una necesidad de búsqueda de nuevo suelo urbanizable. En este contexto, la Administración decide la creación de polígonos, barrios residenciales construídos en la periferia de la ciudad, proyectados según los postulados de la ciudad funcionalista y ensayando los nuevos sistemas constructivos. Los criterios de actuación son: la concentración de viviendas para la racionalización económica, el régimen de amortización de los propietarios en vez del alquiler, y la inquietud social de crear comunidades en las que todos se sientan integrados, a través de una planificación de la composición social. En este capítulo se explica el de Montbau (G8 y G9) –barrio a la izquierda del valle de Horta–, ya que se ha considerado el más significativo y de mayor calidad, tanto de planeamiento como de resolución de sus viviendas.

casa fullà
lluís clotet, òscar tusquets

1967-1971

G1

c. de gènova, 27

▶ Ⓜ L 4 (guinardó)
🚍 L 31, 32, 39, 55, 114

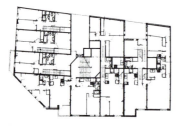

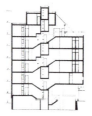

La complexitat, la fragmentació, la varietat d'apartaments de mides diferents (símplex, dúplex, triples...), el joc de desnivells i la configuració de totes les plantes diferents mostren una actitud de negar-se a la ciutat, una voluntat de destacar les contradiccions imposades pel marc on s'havia de produir l'arquitectura. A la façana predomina el ple davant del buit, les finestres són petites i quadrades i estan enrasades per fora. Els arquitectes treballen amb el límit i l'enginy per interpretar la normativa i aconsegueixen, per exemple, «desbordar» les plantes superiors de la façana continguda, com també passa en els acabats modernistes.

A determination to deny the city and to highlight the conditions imposed by the framework in which buildings had to be erected is revealed in the complexity, fragmentation, range of different sized apartments (single-story, duplex, three-story, etc.), the play of levels and the configuration of all the floor plans. The windows are small and square and lie flush with the facade, in which the built part predominates over the openings. The architects worked at the limits of the bylaws, using their ingenuity to achieve, for example, upper floors that "spill over" the restrained facade, as also occurs with the crowning finishes of *modernista* buildings.

La complejidad, la fragmentación, el abanico de apartamentos de distintos tamaños (símplex, dúplex, triples...), el juegos de desniveles y la configuración de todas las plantas diferentes muestran una actitud de negarse a la ciudad, una voluntad de resaltar las contradicciones impuestas por el marco donde se tenía que producir la arquitectura. En la fachada predomina el lleno frente al vacío, las ventanas son pequeñas y cuadradas y están enrasadas por fuera. Los arquitectos trabajan con el límite y el ingenio para interpretar la normativa y consiguen, por ejemplo, «desbordar» las plantas superiores de la contenida fachada, como sucede también en los remates modernistas.

illa escorial

oriol bohigas, josep m. martorell, francesc mitjans, manuel ribas, josep alemany, josep m. ribas i casas, antonio perpiñá

1952-1955, 1958-1962

G2

c. de l'escorial, 50

▶ Ⓜ L 4 (joanic)
🚌 L 39

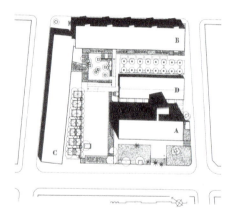

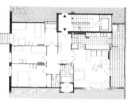

La proposta trenca l'ordenació de blocs alineats a carrers circumdants, i proposa obrir l'interior com a espai públic, sense contradir la realitat morfològica i el caràcter urbà dels carrers de l'Eixample. També es proposa millorar les condicions higièniques dels habitatges en profunditat de la urbanització tradicional. Per això s'organitzen dos edificis lineals paral·lels als carrers i s'obre l'interior al carrer de l'Escorial, de caràcter menys local. Enmig d'aquest espai, un bloc en alçada absorbeix gran part de l'edificabilitat de l'illa. Els tipus d'habitatges s'adeqüen a la morfologia general: habitatges de 80-90 m^2 amb accés per escala cada dos en blocs lineals, i habitatges en dos plantes de 100 m^2 amb accés per passadissos longitudinals a l'edifici alt.

This project breaks the pattern of aligned blocks on the surrounding streets by opening up the interior as a public space, without contradicting the morphological reality and urban character of the streets in the Eixample. The design also provides better lighting and ventilation in comparison with the buildings that extend a long way back that are typical of the Eixample. The project is structured as two buildings that run parallel to the streets, with the interior area accessible from Carrer Escorial, which is less local in character. In the middle of this space is a tall building that accounts for much of the permitted construction on the street block. The types of apartment are in keeping with the general morphology: apartments with a surface area of 860-970 square feet, with an entrance off a staircase for every two apartments in linear blocks; and apartments on two floors of 1075 square feet with an entrance off long corridors in the tall building.

La propuesta rompe la ordenación de bloques alineados a calles circundantes, y propone abrir el interior como espacio público, sin contradecir la realidad morfológica y el carácter urbano de las calles del Eixample. Se propone también mejorar las condiciones higiénicas de las viviendas en profundidad de la urbanización tradicional. Para ello se organizan dos edificios lineales paralelos a las calles y se abre el interior a la calle Escorial, de carácter menos local. En medio de este espacio, un bloque en altura absorbe gran parte de la edificabilidad de la manzana. Los tipos de vivienda se adecúan a la morfología general: viviendas de 80-90 m² con acceso por escalera cada dos en bloques lineales, y viviendas en dos plantas de 100 m² con acceso por pasillos longitudinales en el edificio alto.

casa tàpies

josé antonio coderch de sentmenat, manuel valls

1960-1963

G3

c. de saragossa, 57

▶ **FGC** L 6 (sant gervasi) L 7 (plaça molina)
🚌 L 16, 17, 27, 31, 32

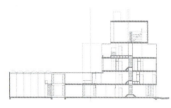

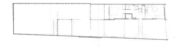

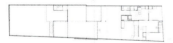

El 1960 el pintor català Antoni Tàpies encarrega a Coderch la seva casa taller. La seva postura és radical en el tractament exterior al carrer amb una façana homogènia de persiana de llibret, en contraposició a un tractament gairebé oriental a l'interior. La riquesa dels espais resideix en els cops de llum i ombra i els seus matisos, i en un joc continu de visuals i transparències creuades, basat en l'estudi de les diferents parts i les seves dimensions. Superada la primera impressió de recolliment de l'accés, la sala d'estar i el taller del pintor s'encadenen en una seqüència d'espais d'altíssima qualitat. Finalment, la biblioteca, aïllada de la resta de la casa per una planta amb terrassa, reafirma el seu caràcter de «silenci» tancant-se a l'exterior i organitzant la seva doble alçada al voltant de la xemeneia.

In 1960, the Catalan painter Antoni Tàpies commissioned Coderch to build his home and workshop. the architect took a radical approach to the treatment of exterior overlooking the street by designing a homogenous facade with a slatted blind, which contrasts with the almost Oriental interior. The visual appeal of the spaces is due to the continuous crisscrossing of the patches of light and shadow and their various nuances, the outcome of a careful study of the various parts and their dimensions. The entrance gives an initial sense of calm and leads into the chain of the living room and the painter's studio, a sequence of extremely high-quality spaces. Lastly, the library, which is isolated from the rest of the house by a floor with terrace, asserts itself as a "silent" area as it is shut off from the outside world, while the fireplace serves as the focal point that structures the double-height space.

En 1960 el pintor catalán Antoni Tàpies encarga a Coderch su casa-taller. Su postura es radical en el tratamiento exterior a la calle con una fachada homogénea de persiana de librillo, en contraposición a un tratamiento casi oriental en el interior. La riqueza de los espacios reside en los golpes de luz y sombra y sus matices, y en un juego continuo de visuales y transparencias cruzadas, basado en el estudio de las diferentes partes y sus dimensiones. Superada la primera impresión de recogimiento del acceso, el salón y el taller del pintor se encadenan en una secuencia de espacios de altísima calidad. Finalmente la biblioteca, aislada del resto de la casa por una planta con terraza, reafirma su carácter de «silencio» cerrándose al exterior y organizando su doble altura alrededor de la chimenea.

fàbrica de joieria monés (actual escola superior de disseny i moda)

j. a. ballesteros, j. c. cardenal, f. de la guardia, p. llimona, x. ruiz i vallès

1959-1962

G4

c. de guillem tell, 47 / c. de lincoln, 36-38

▶ **FGC** L 6 (sant gervasi) L 7 (plaça molina)
🚌 L 16, 17, 27

El projecte alberga un edifici industrial en alçada. La relació amb el sòl i amb la mitgera és la decisió que estableix la lògica interna de l'edifici i la seva resposta a les condicions del lloc. L'estructura, de pilars i bigues mestres planes de formigó, queda vista en planta baixa que té façana de vidre i allunya el volum superior del sòl. Aquest està revestit de gres gris perla, i les obertures cobertes amb lamel·les. Els passadissos de distribució de les plantes són els espais que vinculen i allunyen alhora el cos de l'edifici de la mitgera.

The internal logic of this tall industrial building and its response to the characteristics of the site are determined by its relationship with the land and with the party wall. The structure, with flat concrete beams and pillars, is exposed on the first floor, which has a glass facade and which separates the volume above from the ground. This upper volume is clad in pearly gray tiles while the openings are covered with slats. The various corridors on the floors serve to link the body of the building and to distance it from the party wall.

El proyecto alberga un edificio industrial en altura. La relación con el suelo y con la medianera es la decisión que establece la lógica interna del edificio y su respuesta a las condiciones del lugar. La estructura, de pilares y jácenas planas de hormigón, queda vista en planta baja que tiene fachada de vidrio y aleja el volumen superior del suelo. Éste está revestido de gres gris perla, y las aperturas cubiertas con lamas. Los corredores de distribución de las plantas son los espacios que vinculan y alejan, a la vez, el cuerpo del edificio de la medianera.

casa vilaró

sixt illescas

1929-1930

G5

av. del coll del portell, 67

▶ Ⓜ L 3 (vallcarca - lesseps)
🚌 L 116

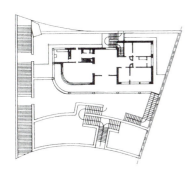

En un terreny amb un fort desnivell que es resol amb terrasses, s'aixeca l'habitatge en dues plantes. La distribució interior s'organitza en dos àmbits funcionals: la planta mig enterrada acull els serveis i la principal, el hall, que des d'una posició central distribueix a dormitoris, d'una banda, i cuina i sala d'estar de l'altra. En façana es fa evident la influència de l'«estil vaixell», tan difós en el primer racionalisme europeu; però les cobertes, les baranes metàl·liques, les terrasses i les formes corbes contenen molts dels paràmetres del primer racionalisme del GATCPAC.

The steeply sloping site on which this two-story house stands is resolved by means of terraces. The interior is divided into two functional areas: the floor that is partly built into the slope houses the services, whereas the main floor has a central hall with bedrooms leading off to one side and the kitchen and living room to the other. The influence of the "ship style," which was popular in early European Rationalism, is evident in the facade, but the roofs, metal railings, terraces and curving forms are consistent with the parameters of the early Rationalism of the GATCPAC.

En un terreno con un fuerte desnivel que se resuelve con terrazas, se levanta la vivienda en dos plantas. La distribución interior se organiza en dos ámbitos funcionales: la planta semienterrada alberga los servicios y la principal el hall, que desde una posición central distribuye a dormitorios por un lado, y cocina y sala de estar en el otro. En fachada se hace evidente la influencia del 'estilo barco', tan difundido en el primer racionalismo europeo; pero las cubiertas, las barandillas metálicas, las terrazas y las formas curvas contienen mucho de los parámetros del primer racionalismo del GATCPAC.

edifici d'habitatges

francesc rius

1971-1976, 1979-1981

G6

av. del coll del portell, 52

▶ M L 3 (vallcarca - lesseps))
🚍 L 116

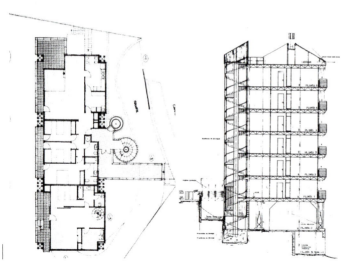

L'edifici s'ubica en un solar amb 8 m de desnivell i unes vistes excel·lents de la ciutat. Acull 9 habitatges d'uns 140 m^2, 6 de simples i 3 de dúplex. En aquest projecte, l'arquitecte volia experimentar amb una manera de construir industrialitzada, utilitzant una estructura formada per elements metàl·lics prefabricats i convertint l'edifici en imatge tecnològica. El més singular són els forjats, formats per una malla espacial de doble capa, amb piràmides de base quadrada de 0,90 x 0,90 m. Les passarel·les d'accés estan formades per aquesta mateixa malla que es prolonga en volada. El nucli de comunicacions verticals se situa exempt a l'edifici, i format per dos cilindres corresponents a l'escala i l'ascensor, i aporta expressivitat a la composició de la façana nord.

This building stands on a sloping site (the difference from top to bottom being 26 feet) and has excellent views of the city. It contains nine apartments of some 1,500 square feet, six of them on a single floor, the other three being duplex. The architect wanted to experiment in this project with an industrialized form of construction by using a structure made up of prefabricated metal elements, thereby turning the building into the image of technology.
The most unusual feature is the floor and ceiling slabs, which are formed from a dual-layer spatial mesh based on pyramids with a square base measuring 3 x 3 feet.
The entrance ways are formed from the same mesh extended as an overhang.
The vertical circulation core stands away from the building and consists of two cylinders, one for the staircase and another for the elevator, adding an expressive note to the composition of the north facade.

El edificio se ubica en un solar con 8 m de desnivel y unas excelentes vistas de la ciudad. Alberga 9 viviendas de unos 140 m^2, 6 simples y 3 dúplex. En este proyecto, el arquitecto quería experimentar con una manera de construir industrializada, utilizando una estructura formada por elementos metálicos prefabricados y convirtiendo el edificio en imagen tecnológica. Lo más singular son los forjados, formados por una malla espacial de doble capa, a base de pirámides de base cuadrada de 0,90 x 0,90 m. Las pasarelas de acceso están formadas por esta misma malla que se prolonga en voladizo. El núcleo de comunicaciones verticales se sitúa exento al edificio, y formado por dos cilindros correspondientes a la escalera y al ascensor, aporta expresividad a la composición de la fachada norte.

escola pública eduard fontseré (la teixonera)

josep emili donato, uwe geest

1978-1984

G7

c. de farnés, 60 / c. del pantà de tremp, s/n

▶ Ⓜ L 5 (horta)
🚌 L 19, 86, 87

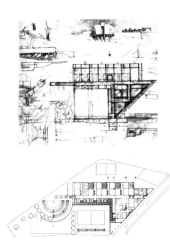

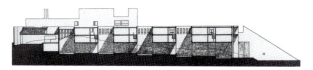

La planta del conjunt es compon amb formes geomètriques pures: el rectangle, el cercle i el triangle. Aquestes es prenen com a inici d'un procés que anirà atorgant-los complexitat, extraient-ne tots els registres possibles, totes les propietats tectòniques. El triangle acull les dependències comunes, mentre que el rectangle correspon a l'aulari. L'arc de cercle recull un amfiteatre vinculat al barri. La plasticitat característica de l'arquitectura de Donato es manifesta un cop més en aquest projecte, amb el tractament dels murs esquinçats per profundes escletxes, creant unes pautes rítmiques i intensos clarobscurs. La preocupació pel domini de la llum natural s'utilitza per atorgar profunditat als espais i relleu als objectes. Es presta també una especial atenció a l'espai fronterer entre interior i exterior, al límit entre ombra i llum.

The floor plan of this school complex is formed of pure geometrical shapes: the rectangle, the circle and the triangle. These shapes are taken as the starting point of a process that gradually sees them endowed with greater complexity, drawing from them every possible register and all their tectonic properties. The triangle houses the communal areas while the rectangle is given over to classrooms. The arc of the circle creates an amphitheater connected to the neighborhood. The plasticity characteristic of Donato's architecture is again evident in this project, with the treatment of the walls scored with deep gashes creating rhythmical lines and sharply contrasting chiaroscuro effects. The architect's determination to master natural light gives a sense of depth to the spaces and accentuates the relief of the objects. Special attention is also paid to the border area between the interior and the exterior, to the boundary between shade and light.

La planta del conjunto se compone con formas geométricas puras: el rectángulo, el círculo y el triangulo. Éstas se toman como inicio de un proceso que irá otorgándoles complejidad, extrayendo de ellas todos los registros posibles, todas sus propiedades tectónicas. El triángulo alberga las dependencias comunes, mientras que el rectángulo corresponde al aulario. El arco de círculo recoge un anfiteatro vinculado al barrio. La plasticidad característica de la arquitectura de Donato se manifiesta una vez más en este proyecto, con el tratamiento de los muros rasgados por profundas brechas, creando unas pautas rítmicas e intensos claroscuros. La preocupación por el dominio de la luz natural se utiliza para otorgar profundidad a los espacios y relieve a los objetos. Se presta también una especial atención al espacio fronterizo entre interior y exterior, al límite entre sombra y luz.

polígon de montbau

g. giraldez dávila, pedro lópez íñigo, xavier subias, m. baldrich, antoni bonet, josep soteras

1957-1965

G8

c. d'arquitectura / c. de vayreda

▶ Ⓜ L 3 (montbau)
🚌 L 10, 27, 60, 73, 76, 173, B19

Planta 1959

Planta 1962

El planejament de Montbau va posar èmfasi en la creació d'un barri d'una certa complexitat, amb prou diversitat social i dotat d'equipaments públics. Havia de constar de 1.440 habitatges de 60, 80 i 100 m², de gran diversitat tipològica (torres, blocs lineals i habitatges unifamiliars) i organitzades en un terreny de 31 ha. El Pla inicial representa un exemple de l'esforç per tornar a sintonitzar amb l'arquitectura internacional d'avantguarda i va ser redactat per X. Subias, P. López Íñigo i G. Giráldez. A la segona fase es va doblar la densitat amb una modificació del pla anterior i ho va fer un grup heterogeni d'arquitectes (M. Baldrich, A. Bonet, P. López Íñigo i J. Soteras) que van construir 690 habitatges. Tot i les crítiques del moment i l'excés real de densitat, el resultat és un fragment de ciutat de gran qualitat urbanística, que es caracteritza per patis rectangulars oberts, limitats per parells de blocs de planta en L.

The emphasis in planning the Montbau estate was to create a neighborhood of a certain complexity, with adequate social diversity and the necessary public amenities. The estate was intended to provide 1,440 homes of 645, 860 and 1,075 square feet of different types (tower and linear blocks of apartments and houses) on a 77-acre site. The initial plan was an example of the effort made to get back in step with international modern architecture and was devised by X. Subias, P. López Íñigo and G. Giráldez. During the second phase of construction, the original plan was altered and the density of construction doubled, with 690 homes being built by a varied group of architects (M. Baldrich, A. Bonet, P. López Íñigo and J. Soteras). Despite the criticisms of the day and the admittedly overdense construction, the result is a swathe of the city of high urban quality, characterized by open rectangular courtyards bounded by pairs of L-shaped blocks.

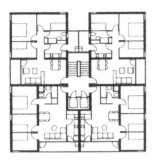

El planeamiento de Montbau puso énfasis en la creación de un barrio de cierta complejidad, con suficiente diversidad social y dotado de equipamientos públicos. Debía constar de 1.440 viviendas de 60, 80 y 100 m², de gran diversidad tipológica (torres, bloques lineales y viviendas unifamiliares) y organizadas en un terreno de 31 ha. El Plan inicial representa un ejemplo del esfuerzo por volver a sintonizar con la arquitectura internacional de vanguardia y fue redactado por X. Subias, P. López Íñigo y G. Giráldez. En la segunda fase se dobló la densidad con una modificación del plan anterior y se hizo por un grupo heterogéneo de arquitectos (M. Baldrich, A. Bonet, P. López Íñigo y J. Soteras) que construyeron 690 viviendas. A pesar de las críticas del momento y del exceso real de densidad, el resultado es un fragmento de ciudad de gran calidad urbanística, que se caracteriza por patios rectangulares abiertos, limitados por pares de bloques de planta en «L».

habitatges unifamiliars agrupats (montbau)

joan bosch agustí

1963-1968

G9

c. de la ceràmica, s/n

  L 10

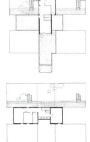

Aquest conjunt de 52 habitatges unifamiliars forma part de la segona fase del projecte de construcció del polígon de Montbau. És a la part alta del conjunt, a la falda de la muntanya, construït «en vessants descendents fins que el pendent els inutilitza», tal com es va redactar al Pla. La zona on s'ubiquen els habitatges es considera zona verda, i tant la seva col·locació a tall de cintes seguint les cotes de nivell com la forma de la seva secció permeten que no es desvirtuï en absolut la visió de la muntanya. Es tracta d'habitatges dúplex, formats per dos cossos rectangulars superposats perpendicularment entre ells. Aquesta disposició crea uns espais buits continus de gran interès des d'on es produeix l'accés als habitatges. Aquesta agrupació de l'edificació també permet que les cobertes d'un habitatge siguin utilitzades com a terrassa de l'habitatge superior.

This group of 52 family homes was erected during the second construction phase of Montbau and is situated in the upper part of the estate on the side of the hill. In keeping with the Plan, they were built descending the slopes until the gradient became impossible for further construction. The area in which these house are located is classified as green space and so they are arranged in the manner of ribbons in such a way that they do not impair the aspect of the mountain. These two-story buildings are formed from two rectangular volumes, one superimposed perpendicularly on the other. This creates continuous empty spaces of considerable interest that lead into the homes. In addition, the way these homes are grouped together allows the room of one home to be used as an outdoor terrace by the one above.

Este conjunto de 52 viviendas unifamiliares forma parte de la segunda fase del proyecto de construcción del polígono de Montbau. Se encuentra en la parte alta del conjunto, en la falda de la montaña, construido «*en laderas descendentes hasta que la pendiente los inutiliza*», tal y como se redactó en el Plan. La zona donde se ubican las viviendas se considera zona verde, y tanto su colocación a modo de cintas siguiendo las cotas de nivel como la forma de su sección permiten que no se desvirtúe en absoluto la visión de la montaña. Se trata de viviendas dúplex, formadas por dos cuerpos rectangulares superpuestos perpendicularmente entre ellos. Esta disposición crea unos espacios vacíos continuos de gran interés desde donde se produce el acceso a las viviendas. Esta agrupación de la edificación también permite que las cubiertas de una vivienda sean utilizadas como terraza de la vivienda superior.

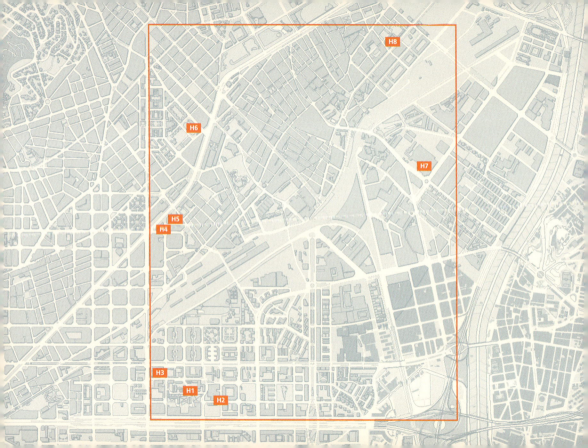

SANT MARTÍ - SANT ANDREU

- **H1** **església de sant lluís gonzaga**
  f. escudero, j. a. torroja
- **H2** **edifici d'habitatges**
  elias torres, josé antonio martinez lapeña
- **H3** **habitatges a nou barris**
  lluís nadal oller
- **H4** **edifici d'habitatges meridiana**
  oriol bohigas, josep m. martorell, david mackay
- **H5** **edifici d'habitatges**
  antoni moragas i gallissà, francesc de riba i salas
- **H6** **canòdrom meridiana**
  antoni bonet i castellana, josep puig i torné
- **H7** **fàbrica ENMASA** (empresa nacional de motors d'aviació, avui fàbrica de la mercedes benz)
  robert terradas i via
- **H8** **casa bloc**
  josep lluís sert, josep torres i clavé, joan baptista subirana

sant martí - sant andreu

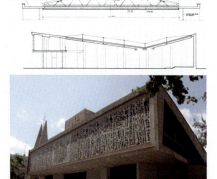

Parròquia de Sant Ambrosil, c. del Concili de Trent, 297-299.
Arquitecte desconegut, 1971.

Sant Martí i Sant Andreu eren dos municipis que es van annexionar a la ciutat de Barcelona el 1897.
Sant Martí agrupa una sèrie de barris amb una història i un origen característics. Abasta per damunt de la Gran Via els barris de Clot-Camp de l'Arpa i la Verneda, i entre la Gran Via i el mar el Poblenou. Fins als anys cinquanta, a la Verneda només hi havia camps de cultiu, alguna masia i l'església. És aleshores quan, fruit de la gran demanda d'habitatge generada per l'arribada massiva d'immigrants, el Patronat Municipal de l'Habitatge i altres institucions van impulsar la construcció de diversos grups d'habitatges i finalment el 1958 s'aprova un pla parcial que accelera la urbanització dels carrers i la multiplicació de grans blocs d'habitatge. Aquestes actuacions van originar un barri d'alta densitat de població però amb una falta total d'equipaments i serveis, que posteriorment es va anar resolent.
Sant Andreu, després de l'anexió a Barcelona, va viure una època de disturbis i repressió, en la qual es van tancar o transformar algunes de les seves entitats. Després, la República va suposar un parèntesi democràtic i de millora social i cultural, i es va construir l'Escola Ignasi Iglesias, la

Altar del Congrés Eucarístic.
Josep Soteras, 1952.

Fàbrica Icart, c. Guipúscoa, 197.
Elías Torres, J. A. Martínez Lapeña,
L. Cantallops, 1975-1976.
Un dels primers projectes juntament
amb Lluís Cantallops. Inici d'una nova
via en la simplicitat, aquí representada
en la duresa dels espais interiors.

plaça de les Palmeres o la Casa Bloc del GATCPAC (H8). La sublevació feixista del 36 no va triomfar a Sant Andreu, on el poble i els revolucionaris es van fer amb les casernes i van ajudar a armar les Milícies Populars. Acabada i perduda la guerra, la repressió franquista es va fer notar notablement. A partir dels anys cinquanta, el creixement va ser molt fort, es van construir nous habitatges, el metro, l'avinguda de la Meridiana i un gran nombre d'edificis industrials –per exemple, la fàbrica ENMASA (H7)–, símptoma del desenvolupament econòmic d'aquells anys.
El traçat de l'avinguda de Meridiana ja estava present en el projecte de l'Eixample per resoldre la connexió de la ciutat amb la resta del territori (com ara la Diagonal). Als anys seixanta, es va projectar com una via ràpida, com un espai amb caràcter d'autopista urbana, pensat bàsicament en funció dels vehicles i que actuava com a barrera entre els barris. Des del 1995 es van iniciar obres de remodelació per donar-li un caràcter més urbà, en continuïtat amb la resta de la ciutat, encara que fos a una escala superior.
Exemple d'una de les actuacions dutes a terme en el camp de la construcció de grans nuclis d'habitatge és la que es va fer amb motiu del Congrés Eucarístic. Es va celebrar el 1952 i l'altar que es va construir a la plaça Pius XII –avui desaparegut– és un exemple de la manera de concebre l'espai urbà als anys cinquanta. La idea generadora del projecte venia de la voluntat d'exaltació del tema religiós. Es va construir un altar circular de 25 m de diàmetre (l'Hòstia) elevat a 15 m del sòl i suportat per tres punts: fe, esperança i caritat. L'estructura, de formigó armat i metàl·lica, donava sensació d'ingravidesa i lleugeresa, i era mostra del desenvolupament tecnològic. És un exemple radical de l'arquitectura com a símbol. Amb motiu del Congrés, el bisbe de la ciutat va formular una petició de fons per a la construcció d'habitatge social, després del desallotjament d'innumerables barraques que s'estenien per damunt de la Diagonal. L'actuació principal es va concentrar en una zona suburbial coneguda com Can Ros i es va organitzar al voltant d'una artèria principal (Av. de Felip II) i la plaça del Congrés. El projecte d'urbanització va ser dut a terme per Josep Soteras, Antoni Pineda i Carles Marquès. Els blocs d'habitatges són desiguals i la seva arquitectura en general és de poc interès. Tanmateix, avui dia aquesta zona té una densitat de 1.000 habitants per ha, i esdevé el barri més dens de la zona.

Sant Martí and Sant Andreu were once two independent municipalities but were annexed to Barcelona in 1897. Sant Martí encompasses a number of neighborhoods with a history and origin of their own. Above Gran Via, it takes in the neighborhoods of Clot-Camp de l'Arpa and La Verneda, and between Gran Via and the sea Poblenou. Until the 1950s, there was nothing in La Verneda but fields of crops with the occasional farmhouse and church. As a result of the rise in demand for housing due to the wave of immigrants arriving in the city, the Municipal Board of Housing and other organizations and bodies promoted the construction of various areas of housing. Finally, in 1958, a partial plan was approved to speed up the development of the streets and to increase the number of large apartment blocks. This work initially gave rise to a neighborhood with a dense population but absolutely no amenities or services, though this situation was subsequently remedied.

When Sant Andreu was annexed to Barcelona, it initially went through a period of disturbances and repression, during which a number of local bodies were closed or transformed. The Republic represented a brief period of democracy and brought with it cultural and social improvement. Evidence of this era is provided by the Ignasi Iglesias School, Plaça de les Palmeres and the Casa Bloc of the GATCPAC (H8), which were all built at this time. The fascist uprising of 1936 did not triumph in Sant Andreu, where the people and revolutionaries took over the barracks and helped to arm the People's Militias. Once the war was over and lost, the heavy hand of the Franco regime soon made itself felt. In the 1950s, however, there was strong economic growth, evidence of which is provided by the new homes, the metro, Avinguda Meridiana and the numerous industrial premises, among them the Enmasa factory (H7), built at around this time.

The plan for the Eixample had already included the route followed by Avinguda Meridiana, which, like Avinguda Diagonal, was intended to link the city with the rest of the territory. By the 1960s, Avinguda Meridiana had come to be seen as an urban expressway designed basically with vehicles in mind and acted as a barrier, dividing neighborhoods. In 1995, work began to remodel it and to give it a more urban character in keeping with the rest of the city, even if on a larger scale. One example of the construction of major housing developments is the residential project built for the Eucharistic Congress held in 1952. In addition, the altar (no longer standing) erected in Plaça Pius XII reveals the concept of the urban space in the 1950s. The idea behind the project came from the urge to extol religion. A circular altar measuring 115 feet in diameter (the host) was raised 40 feet off the ground by three supports: faith, hope and charity. The reinforced concrete and metal structure gave the impression of weightlessness and was a demonstration of technological advancement. In all, the altar was a dramatic example of architecture as symbol.

On the occasion of the Congress, the bishop of the city requested funds for the construction of social housing following the eviction of the occupants of the countless shacks that had been built up the hill slopes above Avinguda Diagonal. Most of the building work was concentrated around one main thoroughfare (Avinguda Felip II) and Plaça del Congrés in a suburb known as Can Ros. The urban development plan was drawn up by Josep Soteras, Antoni Pineda and Carles Marquès. The housing blocks are uneven in quality and their architecture is of little interest. This area now has a population of 1000 inhabitants per 2.5 acres, making it the densest in the area.

Sant Martí y Sant Andreu eran dos municipios que se anexionaron a la ciudad de Barcelona en 1897.

Sant Martí agrupa una serie de barrios con una historia y un origen característicos. Abarca por encima de la Gran Via los barrios de Clot-Camp de l'Arpa y la Verneda, y entre la Gran Via y el mar el Poblenou. Hasta los años cincuenta, en la Verneda sólo había campos de cultivo, alguna masía y la iglesia. Es entonces cuando, fruto de la gran demanda de vivienda generada por la llegada masiva de inmigrantes, el Patronat Municipal de l'Habitatge y otras instituciones impulsaron la construcción de varios grupos de viviendas y finalmente en 1958 se aprueba un plan parcial que acelera la urbanización de las calles y la multiplicación de grandes bloques de vivienda. Estas actuaciones originaron un barrio de alta densidad de población pero con una falta total de equipamientos y servicios, que posteriormente se fue solventando.

Sant Andreu, después de la anexión a Barcelona, vivió una época de disturbios y de represión, en la que se cerraron o transformaron algunas de sus entidades. Después, la república supuso un paréntesis democrático y de mejora social y cultural, y se construyeron la Escola Ignasi Iglesias, la plaza de las Palmeres o la Casa Bloc del GATCPAC (H8). La sublevación fascista del 36 no triunfó en Sant Andreu, donde el pueblo y los revolucionarios tomaron las casernas y ayudaron a armar a las Milicias Populares. Acabada y perdida la guerra, la represión franquista se hizo notar notablemente. A partir de los años 50, el crecimiento fue muy fuerte, se construyeron nuevas viviendas, el metro, la avenida Meridiana y gran número de edificios industriales –por ejemplo la fábrica Enmasa (H7)–, síntoma del desarrollo económico que se dio esos años.

El trazado de la avenida Meridiana ya estaba presente en el proyecto del Eixample, para resolver la conexión de la ciudad con el resto del territorio (como la Diagonal). En los años 60 se proyectó como una vía rápida, como un espacio con carácter de autopista urbana, pensado básicamente en función de los vehículos y que actuaba como barrera entre los barrios. Desde 1995 se iniciaron obras de remodelación para darle un carácter más urbano, en continuidad con el resto de la ciudad, aunque fuera a una escala superior.

Ejemplo de una de las actuaciones realizadas en el campo de la construcción de grandes núcleos de vivienda es la que se realizó con motivo del Congreso Eucarístico. Se celebró en 1952 y el altar que se construyó en la plaza Pius XII –hoy desaparecido–, es un ejemplo del modo de concebir el espacio urbano en los años 50. La idea generadora del proyecto provenía de la voluntad de exaltación del tema religioso. Se construyó un altar circular de 25 m de diámetro (la Hostia) elevado a 15 m del suelo y soportado por tres apoyos: fe, esperanza y caridad. La estructura, de hormigón armado y metal, daba sensación de ingravidez y ligereza, y era muestra del desarrollo tecnológico. Es un ejemplo radical de la arquitectura como símbolo. Con ocasión del Congreso, el obispo de la ciudad formuló una petición de fondos para la construcción de vivienda social, tras el desalojo de innumerables barracas que se extendían por encima de la Diagonal. La actuación principal se concentró en una zona suburbial conocida como «Can Ros» y se organizó alrededor de una arteria principal (Av. Felip II) y la plaza del Congrés. El proyecto de urbanización fue realizado por Josep Soteras, Antoni Pineda y Carles Marquès. Los bloques de viviendas son desiguales y su arquitectura en general de poco interés. Sin embargo, hoy en día esta zona tiene una densidad de 1.000 habitantes por ha, convirtiéndose en el barrio más denso de la zona.

església de sant lluís gonzaga

f. escudero, j. a. torroja

1970

H1

c. de la selva de mar / pl. d'eduard torroja

▶ Ⓜ L 2 (sant martí)
🚍 L 33, 43, 40, 44

La coberta de l'església, de formigó armat pretensat i acabat de plaques prefabricades de formigó, es converteix en l'element més significatiu del projecte. És una superfície de dues direccions de curvatura iguals i perpendiculars, cosa que va permetre un únic motlle per a totes les peces prefabricades. Des de l'exterior, la coberta sembla que sura, ja que es desvincula del tancament i se sosté en uns grans pilars de formigó. Des del seu interior es pot apreciar la continuïtat de la coberta per damunt del cos més baix d'accés i serveis. L'entrada de llum es fa mitjançant unes grans vidrieres que reinterpreten les de les esglésies gòtiques amb la repetició d'una peça prefabricada de formigó.

The roof, done in prestressed concrete and finished with prefabricated concrete slabs, is the most significant feature of this project. The roof surface goes in two equal and perpendicular directions of curvature, meaning that just one mold was required to cast all the prefabricated components. From the outside, the roof seems to float since it is separate from the exterior walls and is supported by large concrete pillars. From the interior, it is possible to admire the continuity of the roof over the lower volume containing the entrance and services. The light enters through large windows which, with the repetition of a prefabricated concrete element, are a reinterpretation of the windows found in Gothic churches.

La cubierta de la iglesia, de hormigón armado pretensado y acabado de placas prefabricadas de hormigón, se convierte en el elemento más significativo. Se trata de una superficie de dos direcciones de curvatura iguales y perpendiculares, lo que permitió un único molde para todas la piezas prefabricadas. Desde el exterior la cubierta parece flotar ya que se desvincula del cerramiento y se apoya en unos grandes pilares de hormigón. Desde su interior se puede apreciar la continuidad de la cubierta por encima del cuerpo más bajo de acceso y servicios. La entrada de luz se realiza mediante unas grandes cristaleras, que reinterpretan las de las iglesias góticas con la repetición de una pieza prefabricada de hormigón.

edifici d'habitatges

elías torres, josé antonio martínez lapeña

1971-1974

H2

c. del treball, 197

▶ Ⓜ L 2 (sant martí)
🚌 L 40, 42, 56, 60

Es tracta d'un conjunt de 80 habitatges distribuïts en 16 alçades, que ocupen un solar de 30 x 12 m. El volum compacte s'especeja, se subdivideix i amb una geometria precisa permet encaixar l'ampli programa. S'agrupen sis habitatges per planta, quatre de simples i dos dúplexs, i s'utilitza hàbilment la combinació d'alçades en la composició de la façana. Els elements constructius i la utilització dels materials, sempre en la seva condició original, són un matís importantíssim en aquest projecte, ja que amb gran sensibilitat dissolen la duresa de la geometria.

This complex contains 80 homes distributed in 16 stories on a site measuring 98 x 39 feet. The compact volume is broken up and subdivided and is able, with its precise geometry, to encompass this entire ambitious program. There are four single-story and two duplex apartments on each floor, and this combination of heights skillfully used in the composition of the facade. The constructional elements and the materials, employed in their original state, are an extremely important feature of this project, since they mitigate the hard edges of the geometry with tremendous sensitivity.

Se trata de un conjunto de 80 viviendas distribuidas en 16 alturas, ocupando un solar de 30 x 12 m. El volumen compacto se despieza, se subdivide y con una precisa geometría permite encajar el amplio programa. Se agrupan 6 viviendas por planta, 4 simples y dos dúplex, y se utiliza hábilmente la combinación de alturas en la composición de la fachada. Los elementos constructivos y la utilización de los materiales, siempre en su condición original, son un matiz importantísimo en este proyecto, ya que con gran sensibilidad disuelven la dureza de la geometría.

habitatges a nou barris

lluís nadal oller

1959

H3

rbla. de guipúscoa, 64

▶ Ⓜ L 2 (bac de roda)
🚌 L 33, 43, 44

El projecte destaca pel seu rigor constructiu i la precisió del desenvolupament en planta. Per a un major rendiment, aprofita el desnivell del solar, eleva una mica el bloc respecte del carrer de Guipúscoa i també col·loca habitatges en planta baixa, i separa el volum del terreny. La composició de la façana principal és un cos massís, auster, que duu l'expressió del buit a la màxima abstracció i no presenta tampoc cap tipus d'acabament superior. El caràcter urbà d'aquesta façana contrasta amb una façana posterior on es manifesta l'escala individual dels habitatges.

This project is notable for its constructional rigor and the precision in the development of the floor plan. The building makes the most of the slope of the site and is slightly raised in relation to Carrer Guipúscoa, allowing apartments to be built on the first floor and seemingly separating the volume from the ground. In composition, the main facade is a solid and austere and takes the expression of the hollow to the limits of abstraction, nor is there any kind of finishing touch at the top. The urban character of this facade contrasts with a rear facade, which reveals the individual scale of the apartments.

El proyecto destaca por su rigor constructivo y la precisión del desarrollo en planta. Para un mayor rendimiento, aprovecha el desnivel del solar, y elevando un poco el bloque respecto a la calle Guipúscoa, coloca también viviendas en planta baja, y separa el volumen del terreno. La composición de la fachada principal es un cuerpo macizo, austero, que lleva la expresión del hueco a la máxima abstracción. No presenta tampoco ningún tipo de remate superior. El carácter urbano de dicha fachada, contrasta con una fachada posterior donde se manifiesta la escala individual de las viviendas.

edifici d'habitatges meridiana

H4

oriol bohigas, josep m. martorell, david mackay

av. de la meridiana, 312-318

1959-1965

▶ Ⓜ L 1, 5 (sagrera)
🚌 L 71, 96, 126

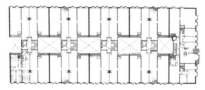

Aquest edifici d'onze plantes edificades amb parets de càrrega és exemple de l'arquitectura realista de MBM d'aquesta època, que fusionava un passat modernista autòcton amb la lliçó del GATCPAC. Presenta una composició de façana amb volums de base triangular, forma que trobem en alguns edificis modernistes. Les finestres adquireixen diverses posicions respecte d'aquest volum la utilització de l'espai al qual correspon. La seva direcció nord-sud va permetre col·locar habitatges en ambdues façanes, deixant un pati central que pràcticament divideix el conjunt en dos.

This building of eleven stories with load-bearing walls is an example of the Realist architecture of MBM at this time, which fused the local *modernista* past with the lessons of the GATCPAC. The composition of the facade is based on volumes with a triangular base, a shape found in a number of *modernista* buildings. The windows are variously positioned in the volume according to the use of the space they serve. The north-south orientation allowed apartments to be placed on both facades, leaving a central courtyard that virtually divides the complex in two.

Este edificio de once plantas edificadas con paredes de carga es ejemplo de la arquitectura realista de MBM de esta época, que fusionaba un pasado modernista autóctono con la lección del GATCPAC. Presenta una composición de fachada a base de volúmenes de base triangular, forma que encontramos en algunos edificios modernistas. Las ventanas adquieren diversas posiciones respecto a este volumen según la utilización del espacio al que corresponde. La dirección N-S del bloque permitió colocar viviendas en ambas fachadas, dejando una patio central que prácticamente divide el conjunto en dos.

edifici d'habitatges

antoni moragas i gallissà, francesc de riba i salas

H5

av. meridiana, 302-312

1965

Ⓜ L 1, 5 (sagrera)
🚌 L 62, 71, 96, 126

Enormes blocs d'habitatges en els quals es proposa una relectura de la peça urbana residencial i una recuperació semàntica de la tradició. Tot i que és coherent amb la resta d'habitatges de Moragas, aquí s'introdueixen algunes innovacions, segurament per les dimensions de l'edifici. Per exemple, el sòcol que solia ocupar dues plantes, aquí n'ocupa quatre, i la cornisa adopta formes més expressives ja que es poden apreciar des de l'Av. de la Meridiana. El bloc interiorment està dividit en dos franges pels patis de ventilació i els nuclis verticals, de manera que tots els habitatges només donen a una façana exterior.

This enormous residential block is a rereading of the urban housing building and a semantic revival of tradition. Even though this building is in keeping with Moragas' other residential projects, it incorporates a number of innovative features, undoubtedly due to the size of the building. For example, the base, which normally takes up two floors, in this project occupies four stories, and the cornice is done in more expressive forms since it can be seen from Avinguda Meridiana. Internally, the block is divided into two strips by the ventilation shafts and the vertical cores, meaning that each apartment has only one exterior facade.

Enorme bloque de viviendas donde se propone una relectura de la pieza urbana residencial y una recuperación semántica de la tradición. Aunque es coherente con el resto de viviendas de Moragas, se introducen aquí algunas innovaciones, debido seguramente a las dimensiones del edificio. Por ejemplo, el zócalo que solía ocupar dos plantas, aquí ocupa cuatro, y la cornisa adopta formas más expresivas ya que se pueden apreciar desde la Av. de la Meridiana. El bloque interiormente está dividido en 2 franjas por los patios de ventilación y los núcleos verticales, de manera que todas las viviendas dan solo a una fachada exterior.

canòdrom meridiana

antoni bonet i castellana,
josep puig i torné

1962-1963

H6

c. de concepció arenal, 165

 L 1 (fabra i puig)
L 11, 34, 62, 96, B 22

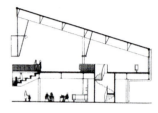

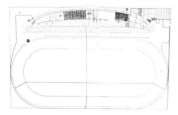

El programa de necessitats d'un canòdrom es resumeix en una pista i un local d'apostes amb la seva prolongació de grades i terrassa, tot i que en aquest cas també es va completar amb una sèrie de serveis extra. La construcció ocupa un terç de la superfície del solar i està formada per dues plantes en forma de sectors paraòlics, de més superfície la superior, i amb una diferència focal d'uns dos metres. Els elements funcionals, com ara el *brise-soleil* penjat de les grades, l'esvelta estructura metàl·lica i els forjats, són els que donen caràcter i plasticitat al conjunt. La forma és una conseqüència essencial de les necessitats, ja que cal un espai més important al centre i decreixent als extrems. En volum sorgeix una altra paràbola que dóna més alçada al centre, on la densitat d'espectadors és més gran.

The needs of a dog track can be summed up as a race course with a betting shop, as well as tiered seating and stands. These are complemented in this particular case by a range of additional services. The premises take up a third of the site and consist of two stories in the form of parabolic sectors, the upper one being larger in surface, with a focal difference of just over six feet. The functional elements, such as the *brise-soleil* hanging from the tiered area, the slender metal structure and the floor slabs, give the complex character and plasticity.
The form is an essential consequence of the needs, since more space is required in the center and less at the ends. In volume, another parabola emerges that is higher in the center, where there are more spectators.

El programa de necesidades de un canódromo se resume en una pista y en un local de apuestas con su prolongación de gradas y terraza, aunque en este caso se completó también con una serie de servicios extra. La construcción ocupa un tercio de la superficie del solar y está formada por dos plantas en forma de sectores parabólicos, de mayor superficie la superior, y con una diferencia focal de unos dos metros. Los elementos funcionales, como el *brise-soleil* colgado de las gradas, la esbelta estructura metálica y los forjados, son los que dan el carácter y plasticidad al conjunto. La forma es una consecuencia esencial de las necesidades, ya que se requiere un espacio más importante en el centro y decreciente en los extremos. En volumen surge otra parábola que da mayor altura en el centro donde la densidad de espectadores es mayor.

fàbrica ENMASA
(empresa nacional de motors d'aviació, avui fàbrica de la mercedes benz)

robert terradas i via

1958

H7

c. de sant adrià, 55-79

 L 60, 73, B 22

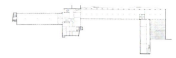
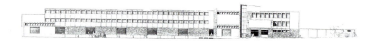

És un edifici industrial, projectat per un arquitecte racionalista, i en un moment en què aquest tipus d'arquitectura s'encarregava d'introduir els nous sistemes de construcció i de relació entre l'home i el seu entorn. Terradas experimenta aquí amb innovacions formals i tecnològiques, alhora que introdueix canvis en el comportament constructiu dels materials i resol una volumetria de gran plasticitat. A la primera fase va construir l'escola d'aprenents, l'edifici administratiu i el de direcció i va reservar la part posterior per als magatzems i el menjador. Després va fer la nau d'aeronàutica, la de proves de motors i la de premses. La coberta del menjador és un dels elements més significatius del complex per l'expressivitat de l'estructura portant.

These industrial premises were designed by a rationalist architect at time when this kind of architecture was beginning to introduce new construction systems and to establish new relationships between man and his environment. In this building, Terradas experiments with formal and technological innovations, while at the same time making changes in the constructional behavior of his materials and resolving a volumetric shape of tremendous plasticity. In the first phase, he built the school for apprentices, the administrative block and the management building, reserving the rear for warehouses and the dining room. He later made the aeronautical shop, the building where the engines were tested, and the press shop. The dining room roof is one of the most significant elements in the complex due to the expressiveness of the load-bearing structure.

Se trata de un edificio industrial, proyectado por un arquitecto racionalista, y en un momento en que este tipo de arquitectura se encargaba de introducir los nuevos sistemas de construcción y de relación entre el hombre y su entorno. Terradas experimenta aquí con innovaciones formales y tecnológicas, a la vez que introduce cambios en el comportamiento constructivo de los materiales y resuelve una volumetría de gran plasticidad. En la primera fase construyó la escuela de aprendices, el edificio administrativo y el de dirección; y detrás los almacenes y el comedor. Después hizo la nave de aeronáutica, la de pruebas de motores y la de prensas. La cubierta del comedor es uno de los elementos más significativos del complejo por la expresividad de la estructura portante.

casa bloc

josep lluís sert, josep torres i clavé, joan baptista subirana

restauració: jaume sanmartí (1985-1997), víctor seguí (1999)

1932-1936

H8

pg. de torras i bages

▶ Ⓜ L 1 (torras i bages)
🚌 L 35, 40, 73, B 20

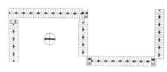
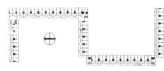
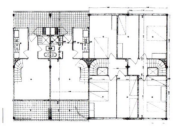

El conjunt consistia en un bloc de 200 habitatges dúplexs i zona verda, una biblioteca, un club, un parvulari, espais de jocs, locals i tallers. Va ser construït dins d'un pla social definit per la Generalitat de Catalunya. La configuració del bloc permet habitatges amb ventilació transversal i vistes als dos costats. Les cobertes planes s'utilitzen com a terrasses transitables. Els nuclis verticals se situen a les cantonades, reforcen la imatge de bloc continu, i allunyen els sorolls dels habitatges. Aquest projecte és una alternativa al bloc tancat de l'Eixample, i a partir d'aquesta experiència el GATCPAC assajarà la tipologia en altres propostes. També representa la primera confrontació real dels postulats teòrics de Le Corbusier per als *immeubles-villas*.

This complex consisted of a block of 200 duplex apartments and an open space, a library, a club, a kindergarten, a play area, shops and workshops. It was built as part of the social plan approved by the Government of Catalonia. The configuration of the block allows for apartments with cross-ventilation and views on both sides. The flat roofs are used as traffic-bearing terraces. The vertical circulation cores are situated at the corners, reinforcing the image of a continuous block and keeping noise away from people's homes.
This project is an alternative to the closed block found in the Eixample. Following this experiment, the GATCPAC was to try the same approach in other projects. It is also the first successful attempt to fully embrace Le Corbusier's precepts for *immeubles-villas*.

El conjunto consistía en un bloque de 200 viviendas dúplex y zona verde, una biblioteca, un club, un parvulario, espacios de juegos, locales y talleres. Fue construido dentro de un plan social definido por la Generalitat de Catalunya. La configuración del bloque permite viviendas con ventilación transversal y vistas a ambos lados, y las cubiertas planas se utilizan como terrazas transitables. Los núcleos verticales se sitúan en las esquinas, reforzando la imagen de bloque contínuo, y alejando así los ruidos de las viviendas. Este proyecto es una alternativa al bloque cerrado del Eixample, y a partir de esta experiencia, el GATCPAC ensayará la tipología en otras propuestas. Representa también la primera confrontación real de los postulados teóricos de Le Corbusier para los *immeubles-villas*.

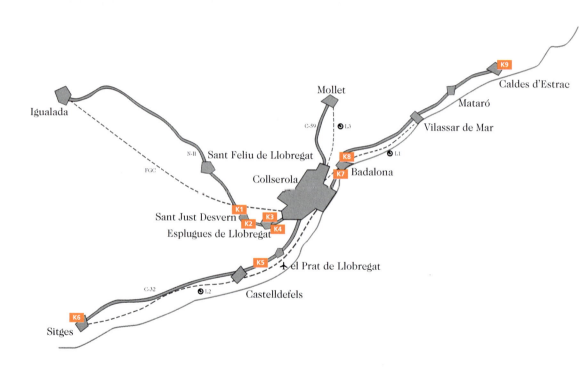

PROP DE / CLOSE TO / CERCA DE BARCELONA

- **K1** **conjunt residencial walden 7**
  ricardo bofill levi
- **K2** **taller d'arquitectura ricardo bofill**
  ricardo bofill levi
- **K3** **casa iranzo**
  josep maria sostres
- **K4** **casa moratiel (MMI)**
  josep maria sostres
- **K5** **vil·la la ricarda**
  antoni bonet i castellana
- **K6** **edifici d'habitatges el castillo**
  ricardo bofill levi
- **K7** **església parroquial de sant jaume**
  antoni moragas i gallissà
- **K8** **conjunt residencial**
  f. j. barba corsini
- **K9** **casa ugalde**
  josé antonio coderch de sentmenat

prop de / close to / cerca de barcelona

Casa Agustí, Sitges. Josep Maria Sostres, 1953-1955. Avui dia està mutilada i destruïda. Però el mateix Sostres va dir que els seus projectes dels anys cinquanta no estaven pensats per a la posteritat, que n'hi havia prou d'haver-los construït, fotografiat i publicat, i haver assegurat, en aquell moment, el valor intrínsec de la seva existència.

Les idees d'organització estructural del territori català s'inicien als anys trenta, tot i que se sostenen en hipòtesis prèvies formulades principalment a l'època de la Mancomunitat. Hi ha dos documents fonamentals per explicar aquesta situació: el Pla regional del 1932 dels germans Rubió i Tudurí, i la Divisió territorial de Catalunya del 1936. El primer es produeix com un intent de zonificació general, cercant, d'una banda, protegir les zones més interessants des d'un punt de vista paisatgístic i, de l'altra, assignar continguts funcionals precisos a alguns sectors territorials. Entre les idees que recull el pla destaquen la combinació entre la industrialització i l'agricultura, i la descentralització de Barcelona per construir el que anomenaven *Catalunya Ciutat*, en la qual Barcelona no era més que un gran barri.
La Divisió territorial de Catalunya arrenca amb els treballs del geògraf Pau Vila i Dinarès, on la divisió territorial es basa en criteris científics i polítics.
També el 1932, el projecte de la Ciutat del Repòs del GATCPAC sintetitza una resposta a l'organització del lleure i

Casa Catasús, c. de Josep Carner, Terramar, Sitges.
J. A. Coderch de Sentmenat, Manuel Valls. 1956-1958.

Comissaria de la Policia Nacional, av. de Gatassa, 15, cantonada ptge. d'Antoni Díaz Conde, Mataró. 1976 (arquitecte desconegut).

l'esbarjo de les masses urbanes. Proposa una zona de descans al Baix Llobregat. Dificultats polítiques i de gestió van fer que el projecte no prosperés. Tanmateix, havia marcat les directrius d'un tipus de desenvolupament que es va executar encara que d'una manera diferent als anys cinquanta.

Amb la Guerra Civil i el tancament de la democràcia, la innovació en arquitectura i urbanisme també es veu truncada. És als anys cinquanta, amb la fi del bloqueig internacional, i conseqüentment el creixement industrial, que es reprenen les migracions massives cap a les ciutats, i gran part del pes industrial de Barcelona es transvasa a l'àmbit de la seva comarca. El Pla comarcal del 1953 amplia la idea de ciutat fins a l'àmbit de les grans àrees de sòl disponibles als municipis de l'àrea del Llobregat i del Besòs. Basat en estudis de tipus sociològic i econòmic, es configura com un sistema «multinuclear» de taques de manera que cada municipi gaudeixi pràcticament de totes les zones. La continuïtat gairebé sense buits intermedis del Baix Llobregat i el Barcelonès amb el centre de Barcelona ha representat la localització de la residència de gran part de la classe treballadora. Aquest creixement comporta en aquest moment la destrucció de les antigues trames rurals. El corrent renovador de l'urbanisme català es recobra durant els anys seixanta, en què es revisa el Pla comarcal del 1953. Aquesta revisió, anomenada *Pla director*, que va acabar sent només de caràcter orientatiu, assenyala la necessitat d'una «comptabilització entre la rendibilitat i la construcció urbana». Poc després, amb el Pla 2000, es va «dibuixar» una idea de com havia de ser la gran capital en el futur. La insistència a donar solució als temes deficitaris de la ciutat, com ara la creixent densitat de trànsit, s'intentava combinar amb la definició d'un model ideal per al futur, que ja preveia una ocupació progressiva a escala territorial.

El 1962 es produeix un gran desenvolupament de la xarxa arterial de Barcelona, es construeixen autopistes radials que, amb centre a Barcelona, s'obren cap a l'àrea metropolitana: els eixos del Vallès, el Llobregat i el Maresme.

The ideas on structurally organizing Catalan territory were first mooted in the 1930s, though they are based on the earlier hypotheses formulated in the main during the time of the Mancomunitat, the federation of the four provinces of Catalonia. There are two key documents that provide insights into this situation: the *Regional Plan* of 1932, drawn up by the Rubió i Tudurí brothers; and the *Territorial Division of Catalonia* of 1936.

The *Regional Plan* was an attempt at general zoning in order to protect the areas deemed to be more interesting from the point of view of their landscape, while at the same time assigning particular functions to certain territorial sectors. The various ideas in the plan include mixed industrial and agricultural areas, and the decentralization of Barcelona so as to build what was termed "Catalonia City", in which Barcelona was simply a vast neighborhood.

The *Territorial Division of Catalonia* grew from the work of the geographer Pau Vila i Dinarès, who divided the country based on scientific and political criteria.

The GATCPAC project for a "Ciutat del Repòs" (City of Rest), also in 1932, was a response to the need to provide leisure and recreation opportunities for the urban masses.

The GATCPAC suggested a rest and relaxation area should be established in El Baix Llobregat, though political and management difficulties meant that the project never came to fruition. Even so, the group had laid down the guidelines for a type of development that was built, though in a different way, in the 1950s.

The outbreak of the Spanish Civil War and the close of democracy brought innovation in architecture and urban development to a standstill. In the 1950s, when international isolation came to an end, resulting in industrial growth, massive population shifts to cities began once again and much of the industry in Barcelona moved out of the city to the surrounding area. The 1953 District Plan extended the idea of the city to the vast swathes of land available in municipalities in the Llobregat and Besòs area. Sociological and economic studies resulted in a "multi-nucleus" patchwork model, allowing each municipality to incorporate virtually all possible types of zones.

The continuous development linking the districts of El Baix Llobregat and El Barcelonès with the center of Barcelona, with virtually no open spaces left between them, provided homes for much of the working class. This growth entailed the destruction of the ancient rural fabric.

The movement to reform Catalan urban development picked up in the 1960s when the 1953 District Plan was reviewed. This revision, which resulted in the so-called Master Plan, which was for guidance purposes only, pointed to the need to "reconcile profitability with urban construction." Not long afterwards, the Plan 2000 sketched out an idea of what the great capital ought to be like in the future. The plan sought to combine an emphasis on providing solutions to the shortcomings in the city, such as increased traffic density, with the definition of an ideal model for the future that already foresaw the gradual occupation of the land at a regional level.

In 1962, the road network in and around Barcelona underwent huge development, with radial expressways that opened the center of the city to El Vallès, El Llobregat and El Maresme in the metropolitan area.

Las ideas de organización estructural del territorio catalán se inician en los años 30, aunque se apoyan en hipótesis previas formuladas principalmente en la época de la Mancomunitat. Hay dos documentos fundamentales para explicar esta situación: el *Plan Regional* de 1932 de los hermanos Rubió i Tudurí, y la *Divisió Territorial de Catalunya* de 1936. El primero se produce como un intento de zonificación general, buscando por un lado proteger las zonas más interesantes desde un punto de vista paisajístico, y por otro asignar contenidos funcionales precisos a algunos sectores territoriales. Entre las ideas que recoge el plan destacan la combinación entre la industrialización y la agricultura, y la descentralización de Barcelona para construir lo que denominaban «Catalunya-Ciutat», en la que Barcelona no era más que un gran barrio.

La *Divisió Territorial de Catalunya* arranca con los trabajos del geógrafo Pau Vila i Dinarès, donde la división territorial se basa en criterios científicos y políticos.

También en 1932, el proyecto de la «Ciutat del Repòs» del GATCPAC sintetiza una respuesta a la organización del ocio y del recreo de las masas urbanas. Propone una zona de descanso en el Baix Llobregat. Dificultades políticas y de gestión hicieron que el proyecto no prosperase. Sin embargo, habían marcado las directrices de un tipo de desarrollo que se ejecutó aunque de manera distinta en los años 50.

Con la guerra Civil y el cierre de la democracia, la innovación en arquitectura y urbanismo se ve también truncada. Es en los años 50, con el fin del bloqueo internacional, y consecuentemente el crecimiento industrial, cuando se reanudan las migraciones masivas hacia las ciudades, y gran parte del peso industrial de Barcelona se trasvasa al ámbito de su comarca. El Plan Comarcal de 1953 amplia la idea de ciudad hasta el ámbito de las grandes áreas de suelo disponibles en los municipios del área del Llobregat y del Besòs. Basado en estudios de tipo sociológico y económico, se configura como un sistema «multinuclear» de manchas de forma que cada municipio disfrute prácticamente de todas las zonas.

La continuidad casi sin vacíos intermedios del Baix Llobregat y el Barcelonés con el centro de Barcelona, ha representado la localización de la residencia de gran parte de la clase trabajadora. Tal crecimiento comporta en ese momento la destrucción de las antiguas tramas rurales.

La corriente renovadora del urbanismo catalán se recobra durante los años sesenta en que se revisa el Plan Comarcal de 1953. Esta revisión, llamada Plan Director, que acabó siendo sólo de carácter orientativo, señala la necesidad de una «compatibilización entre la rentabilidad y la construcción urbana». Poco después, con el Plan 2000, se «dibujó» una idea de cómo debía ser la gran capital en el futuro. La insistencia en dar solución a los temas deficitarios de la ciudad, como la creciente densidad de tránsito, se intentaba combinar con la defición de un modelo ideal para el futuro, que ya preveía una ocupación progresiva a escala territorial.

En 1962 se produce un gran desarrollo de la red arterial de Barcelona, se construyen autopistas radiales que con centro en Barcelona se abren hacia el área metropolitana: los ejes del Vallès, del Llobregat y del Maresme.

conjunt residencial walden 7
ricardo bofill levi

1970-1975

K1

av. de la indústria, s/n (sant just desvern)

▶ L 63

En el seu moment, Walden 7 va esdevenir un projecte que, amb ànsies de recuperar els carrers i les formes de vida comunitària de la plaça, va organitzar magistralment en alçada uns mòduls estructurals d'habitatge que promovien les activitats col·lectives. A través d'una porta monumental de sis plantes s'accedeix al pati central on es concentren els mòduls de comunicació vertical i a través del qual s'estableix la connexió amb els altres quatre patis interiors que organitzen les circulacions perimetrals a tall de passadissos oberts. El complex residencial és el resultat insòlit de l'esforç de Bofill per la mecanització de les relacions espacials, la lògica combinatòria dels mòduls d'habitatge i el desig de crear un món interior aïllat del caos exterior.

When it was designed, Walden 7 was a project that was determined to reclaim the streets and the ways of community life of the square through a masterly vertical organization of structural modules for apartments that encourage residents to engage in collective activities. A monumental six-story-high door leads into a central courtyard where the vertical circulation cores are situated. This courtyard leads into four other inner courtyards that structure the perimeter walkways in the manner of open corridors. The residential complex is the unusual outcome of Bofill's efforts to mechanize the spatial relations, the combinatory logic of the residential modules and the desire to create an inner world isolated from the chaos outside.

En su momento, Walden 7 se convirtió en un proyecto que, con ansias de recuperar las calles y las formas de vida comunitaria de la plaza, organizó magistralmente en altura unos módulos estructurales de vivienda que promovían las actividades colectivas. A través de una puerta monumental de 6 plantas se accede al patio central donde se concentran los módulos de comunicación vertical y a través del cual se establece la conexión con los otros cuatro patios interiores que organizan las circulaciones perimetrales a modo de pasillos abiertos. El complejo residencial es el resultado insólito del esfuerzo de Bofill por la mecanización de las relaciones espaciales, la lógica combinatoria de los módulos de vivienda y el deseo de crear un mundo interior aislado del caos exterior.

taller d'arquitectura ricardo bofill

K2

ricardo bofill levi

av. de la indústria, 14 (sant just desvern)

1975

▶ T1, 2, 3 (walden)
　 L 63

El projecte està ubicat dins d'unes sitges d'una vella fàbrica de ciment, on l'arquitecte va descobrir un món insòlit i desmesurat en proporcions per convertir-lo en el seu taller d'arquitectura. Bofill va utilitzar la fàbrica entenent-la com una arquitectura industrial «incontaminada d'història» i la va aprofitar per «experimentar» i provocar la interacció de llenguatges diferents introduint, per exemple, elements medievals, com les finestres allargades que s'obren a les parets corbes de les sitges de formigó. El resultat final es manifesta gairebé com una intervenció escultòrica que pretén modificar i «habitar» el brutalisme original de la fàbrica.

This project is situated inside some silos at an old cement factory. Here the architect discovered a remarkable world of huge proportions that he converted into his architect's office. Bofill regarded the factory as industrial architecture "unpolluted by history", without moldings or pilasters, and used it to "experiment" and to provoke an interaction between different languages by introducing medieval elements such as the long windows cut into the curving walls of the concrete silos. The final result almost has the look of a sculptural intervention intended to modify and "inhabit" the factory's original Brutalism.

El proyecto se encuentra ubicado dentro de unos silos de una vieja fábrica de cemento, donde el arquitecto descubrió un mundo insólito y desmesurado en proporciones para convertirlo en su taller de arquitectura. Bofill, utilizó la fábrica entendiéndola como una arquitectura industrial «incontaminada de historia», y la aprovechó para «experimentar» y provocar la interacción de lenguajes distintos introduciendo, por ejemplo, elementos medievales, como las ventanas alargadas que se abren en las paredes curvas de los silos de hormigón. El resultado final se manifiesta casi como una intervención escultórica que pretende modificar y «habitar» el brutalismo original de la fábrica.

casa iranzo

josep maria sostres

1955-1956

K3

c. d'apel·les mestres, 8-10, urbanització ciutat diagonal (esplugues de llobregat)

▶ 🚇 T1, 2, 3 (pont d'esplugues)
🚌 L 67, 68

Des de l'articulació de volums que sorgeixen de les parts del programa de la casa, de temàtica bauhausiana, la planta superior es destina a la vida de la família i la planta inferior a usos secundaris com ara vestíbuls o garatge. Es crea un porxo, suportat per pilars metàl·lics, que serveix d'accés a l'habitatge. El volum clarament diferenciat de la sala d'estar suggereix una continuïtat difuminada de la planta superior cap al jardí, emfatitzada per l'opacitat de la planta baixa en coherència amb el seu programa. Mostra una preocupació pels mitjans constructius i els acabats «tecnicistes», tot i que modests.

The structuring of the volumes that emerge from the parts of the program of the house, which is Bauhausian in theme, results in an upper floor given over to family life and a lower floor used for secondary purposes such as a vestibule or garage. A porch supported by pillars serves as an entrance to the home. The clearly differentiated volume of the living room suggests a blurred extension of the upper floor towards the garden, emphasized by the opaqueness of the lower floor in keeping with the program. The building reveals Sostres' interest in construction resources and "technical" though modest finishes.

Desde la articulación de volúmenes que surgen de las partes del programa de la casa, de temática bauhausiana, la planta superior se destina a la vida de la familia y la planta inferior a utilizaciones secundarias como vestíbulos o garaje. Se crea un porche, soportado por pilares metálicos, que sirve de acceso a la vivienda. El volumen claramente diferenciado de la sala de estar sugiere una difuminada continuidad de la planta superior hacia el jardín, enfatizada por la opacidad de la planta baja en coherencia con su programa. Muestra una preocupación por los medios constructivos y los acabados «tecnicistas», aunque modestos.

casa moratiel (MMI)

josep maria sostres

1955-1957

K4

c. d'apel·les mestres, 19, urbanització ciutat diagonal (esplugues de llobregat)

▶ T1, 2, 3 (pont d'esplugues)
  JM, EPB

El diàleg entre el pati i l'edicle vidriat del terrat insinua l'articulació de volums. Alterna formes obertes i tancades, accents marcadament neoplasticistes, i elements del purisme volumètric com a referència contrastant. La zonificació interna no és tridimensional, sinó plana, de bandes longitudinals i creuades. L'accés es produeix a la façana nord, que representa una síntesi de tot el projecte, a través d'una fissura des de la qual es veu el pati. Aquest pati és conseqüència natural d'un plantejament modular, amb tancament lliure perimetral. És un espai dins d'un espai.

The dialogue between the courtyard and the glazed edifice on the rooftop hints at the articulation between the volumes. Open and closed forms, markedly Neo-Plastic accents, alternate, with a contrasting reference provided by elements of volumetric purity. The internal zoning is not three-dimensional but flat, in longitudinal and transverse bands. The entrance is on the north facade, which is a synthesis of the entire project, and consists of a fissure though which the courtyard can be seen. This courtyard is the natural consequence of the modular approach with a freestanding perimeter wall and is a space within a space.

El diálogo entre el patio y el edículo vidriado del terrado insinúa la articulación de volúmenes. Alterna formas abiertas y cerradas, acentos marcadamente neoplasticistas, y elementos del purismo volumétrico como referencia contrastante. La zonificación interna no es tridimensional, sino plana, de bandas longitudinales y cruzadas. El acceso se produce en la fachada norte, que representa una síntesis de todo el proyecto, a través de una fisura desde la que se ve el patio. Dicho patio es consecuencia natural de un planteamiento modular, con cerramiento libre perimetral. Es un espacio dentro de un espacio.

vil·la la ricarda
antoni bonet i castellana

1953-1962

K5

camí de l'albufera (el prat de llobregat)

C2, C10
L 65, 165

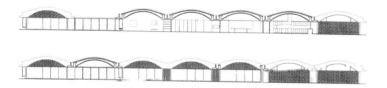

Aquest habitatge unifamiliar se situa en un bosc proper al mar, i mostra la voluntat de crear múltiples interrelacions entre interior i exterior. Com que havia d'allotjar una família nombrosa, es va cercar una certa autonomia de les diferents parts. La solució es configura a partir de la repetició d'un sol element estructural i arquitectònic: un mòdul quadrat amb sostre de volta catalana, de 9 m de costat, que va creant sucessivament espais interiors, espais intermedis entre els mòduls i espais exteriors. Crea porxos i terrasses que en alguns casos queden semitancats amb gelosies.

This villa is situated in woodland near the sea and reveals the architect's determination to create numerous interrelationships between the interior and the exterior. As it was intended as a home for a large family, a certain autonomy was sought in the various parts of the house. The solution is shaped by the repetition of a single structural and architectural element: a square module measuring 30 feet along each side with a ceiling done in Catalan vaults. These modules gradually create the interior spaces, the intermediate spaces between them and the exterior spaces. They also form porches and terraces which, in some cases, are partially closed in by *jalousies*.

Esta vivienda unifamiliar se sitúa en un bosque cercano al mar, y muestra la voluntad de crear múltiples interrelaciones entre interior y exterior. Como debía albergar una familia numerosa, se buscó una cierta autonomía de las diferentes partes. La solución se configura a partir de la repetición de un solo elemento estructural y arquitectónico: un módulo cuadrado con techo de bóveda a la catalana, de 9 m de lado, que va creando sucesivamente espacios interiores, espacios intermedios entre los módulos, y espacios exteriores. Crea porches y terrazas que en algunos casos quedan semicerrados con celosías.

edifici d'habitatges el castillo

ricardo bofill levi

1966-1968

K6

sant pere de ribes, sitges (barcelona)

▶ C2

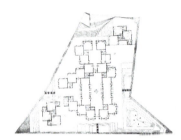

Uns apartaments organitzats a través d'una barroca composició de cubs blaus –avui dia pintats de blanc, desafortunadament– al voltant d'un pati, coronen a tall de «castell» un turó des del qual s'arriba a divisar el mar. Aquest projecte il·lustra la seva actitud «somiadora» de fer una arquitectura que difereixi de les tendències racionalistes del moment. L'aparent complexitat del conjunt va passar per uns estudis rigorosos previs de les variables que s'introduïen en els accessos verticals, perquè, al final, amb només cinc plans –i decidint els detalls en obra– s'edifiqués amb un cost normal i en un temps adequat.

These apartments, organized by means of a baroque composition of blue cubes —sadly now painted white—around a courtyard stand like a castle atop a hill from which it is possible to see the sea. This exemplary project illustrates Bofill's dream of achieving an architecture that differs from the rationalist tendencies of the day. The apparent complexity of the building is the result of the careful prior study of the variables that were introduced in the vertical entrances that made it possible to construct this project for which just five plans were drawn —with decisions on details being made on site—within a normal budget and time span.

Unos apartamentos, organizados a través de una barroca composición de cubos azules –desafortunadamente en la actualidad pintados de blanco- alrededor de un patio coronan a modo de «castillo» una colina desde la cual se llega a divisar el mar. Este proyecto ilustra su actitud «soñadora» de realizar una arquitectura que difiera de las tendencias racionalistas del momento. La aparente complejidad del conjunto pasó por unos estudios rigurosos previos de las variables que se introducían en los accesos verticales, para que al final, con sólo 5 planos –y decidiendo los detalles en obra– se edificara a un coste normal y en un tiempo adecuado.

església parroquial de sant jaume

antoni moragas i gallissà

1957

K7

av. del marquès de mont-roig, 130, badalona

Ⓜ L 2 (gorg)
🚌 B 25

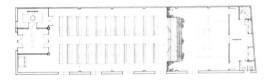

En el seu moment, es va aprofitar l'estructura d'una nau industrial a mig construir pels pocs recursos econòmics del rector. En aquest projecte és molt significativa la seva manera personal d'entendre els sistemes de producció com a base expressiva de l'arquitectura i com a instrument contra els amaneraments estilístics. Sense voler dissimular el seu origen d'edifici industrial, esdevé un manifest d'arquitectura realista. Com és característic de la seva obra, es mostren certs elements constructius i estructurals: el paviment continu de formigó (avui cobert per rajoles), el *tablex* o les senzilles peces ceràmiques amb les quals arriba a formar les gelosies de les grans vidrieres.

Due to the parish's limited financial resources, industrial premises that had been left half finished were used as the structure of the church. Noteworthy in this project is the architect's highly individual way of understanding the systems of production as the expressive basis of the architecture and as a means of countering any stylistic mannerism. Without wishing to conceal its origins as an industrial building, it has become a manifesto of realist architecture. Certain constructional and structural elements are exposed, a characteristic of Moragas' work. These elements include the continuous concrete floor (today covered with tiles), the tablex and the simple ceramic tiles that form the *jalousies* of the large windows.

En su momento, se aprovechó la estructura de una nave industrial a medio construir debido a los pocos recursos económicos del párroco. Es muy significativo en este proyecto su personal manera de entender los sistemas de producción como base expresiva de la arquitectura y como instrumento contra los amaneramientos estilísticos. Sin querer disimular su origen de edificio industrial, se convierte en un manifiesto de arquitectura realista. Como es característico de su obra, se muestran ciertos elementos constructivos y estructurales: el pavimento continuo de hormigón (hoy cubierto por baldosa...), el tablex o las sencillas piezas cerámicas con las que llega a formar las celosías de las grandes cristaleras.

conjunt residencial
f. j. barba corsini

1966-1973

K8

pl. de lluís solà i escofet (c. de rivero / c. de jovellar / c. del triomf / c. de sant bru), badalona

▶ Ⓜ L 2 (pep ventura)
🚌 B25, BD4

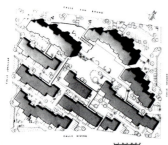

Conjunt d'habitatges format per nou blocs alineats segons l'orientació sud més favorable. Els tres blocs de més alçada es col·loquen a la zona nord del solar i donen a la carretera de més circulació i a més protegeixen els altres sis de menys alçada. L'ús del formigó «trencat» vist i la ceràmica vidriada a les zones nobles dels blocs baixos, com també l'organització de les passarel·les en alçada, són alguns dels elements més destacats del projecte.
Els espais d'accés en planta baixa, on una trama de pilars en V sostenen els murs de càrrega de les plantes superiors, juntament amb la plaça central que genera el conjunt, atorguen també un interès afegit.

A group of apartments formed from nine blocks aligned along the more favorable south orientation. The three tallest blocks stand in the northern part of the site, facing out onto the busiest road and hence screening the six lower blocks. The use of exposed "broken" concrete and glazed tiles in the public areas of the lower blocks, as well as the vertical organization of the walkways, are just a few of the noteworthy features of this project. The entrance areas on the first floor, where a array of V-shaped pillars supports the load-bearing walls of the upper floors, together with the central square created by the complex, also provide added interest.

Conjunto de viviendas formado por nueve bloques alineados según la orientación sur más favorable. Los tres bloques de mayor altura se colocan en la zona norte del solar dando frente a la carretera de mayor circulación y protegiendo del mismo modo a los otros seis restantes de menor altura. El empleo del hormigón «roto» visto y la cerámica vidriada en las zonas nobles de los bloques bajos, así como la organización de las pasarelas en altura, son algunos de los elementos más destacados del proyecto. Los espacios de acceso en planta baja, donde una trama de pilares en «V» sustentan los muros de carga de las plantas superiores, junto con la plaza central que genera el conjunto, otorgan también un interés añadido.

casa ugalde

josé antonio coderch de sentmenat

1951-1955

K9

caldes d'estrac

▶ C1

Per encàrrec del seu amic enginyer Eustaquio Ugalde, Coderch construeix aquesta casa de vacances de dos pisos, després de molts croquis, dubtes i modificacions. És una peça clau en la seva evolució estètica i l'embrió dels temes arquitectònics formals i ambientals més valorats de la seva obra posterior. L'habitatge s'implanta en un terreny privilegiat sobre el mar, i s'encaixa de manera que sembla que es fon amb el territori. La preocupació per respectar certes visuals i la vegetació existent ofereix com a resultat un joc de murs blanquejats i transparències que contenen tota la força continguda que caracteritza l'obra de l'arquitecte. Aquests murs es van adaptant al terreny i aconsegueixen fer desaparèixer la sensació de separació entre els espais interiors i l'exterior.

Coderch was commissioned by his friend the engineer Eustaquio Ugalde to build this two-story residence, the outcome of numerous sketches, doubts and modifications. The resulting building is a key element in Coderch's aesthetic evolution and the germ of formal and environmental architectural themes that he developed further in his subsequent work. The house stands on an exceptional site overlooking the sea and blends in with its surroundings so well that it seems to become one with them. As a consequence of his determination to preserve certain views and the existing plantlife, the building presents an array of white walls and openings that contain the restrained force characteristic of the architect's oeuvre. These walls gradually adapt to the land and succeed in making the impression of the divide between the interior and exterior disappear.

Por encargo de su amigo ingeniero Eustaquio Ugalde, Coderch construye esta casa de vacaciones de dos pisos, después de numerosos croquis, dudas y modificaciones. Ésta constituye una pieza clave en su evolución estética y el embrión de los temas arquitectónicos formales y ambientales más valorados de su obra posterior. La vivienda se implanta en un terreno privilegiado sobre el mar, y se encaja de tal manera que parece fundirse con el territorio. La preocupación por respetar ciertas visuales y la vegetación existente ofrecen como resultado un juego de muros blanqueados y transparencias que contienen toda la fuerza contenida que caracteriza la obra del arquitecto. Estos muros se van adaptando al terreno y consigue en hacer desaparecer la sensación de separación entre los espacios interiores y el exterior.

Índex d'arquitectes

josep anglada, daniel gelabert, josep ribas	torre colom, p. 94
j. a. ballesteros, j. c. cardenal, f. de la guardia, p. llimona, x. ruiz i vallès	fàbrica de joieria monés (actual escola superior de disseny i moda), p. 172
f. j. barba corsini	edifici d'habitatges, p. 56 conjunt residencial, p. 216
manuel barbero rebolledo, rafael de la joya	escola d'aprenents i oficines del taller de foneria per a la seat, p. 24
ludovico b. belgiojoso, enrico peressutti, ernesto n. rogers	edifici comercial hispano olivetti, p. 88
francesc bassó, joaquim gili	seu de l'editorial gustavo gili, p. 106
ricardo bofill levi	edifici d'habitatges, p. 34 edifici d'habitatges, p. 146 edifici d'habitatges, p. 148 conjunt residencial walden 7, p. 206 taller d'arquitectura ricardo bofill, p. 208 edifici d'habitatges el castillo, p. 214
oriol bohigas, josep m. martorell, david mackay	escola thau, p. 62 edifici d'habitatges, p. 123
oriol bohigas, josep m. martorell, francesc mitjans, et alt	illa escorial, p.168
oriol bohigas, josep m. martorell, david mackay	edifici d'habitatges meridiana, p. 192
esteve bonell costa	edifici d'habitatges frégoli, p. 154
esteve bonell i costa, josep m. casabella	edifici d'habitatges, p. 44
antoni bonet i castellana	vil·la la ricarda, p. 210
antoni bonet i castellana, josep puig i torné	torre urquinaona, p. 93 edifici d'habitatges mediterrani, p. 108 canòdrom meridiana, p. 194
joan bosch agustí	habitatges unifamiliars agrupats (montbau), p. 180
xavier busquets i sindreu	edifici d'oficines "la caixa", p. 115 edifici d'oficines sandoz-novartis, p. 130
f. javier carvajal ferrer, rafael garcía de castro	escola d'alts estudis mercantils (empresarials), p. 68
lluís clotet, òscar tusquets	casa fullà, p. 166
josé antonio coderch de sentmenat	torres d'oficines trade, p. 40 seu de l'institut francès, p. 118 conjunt d'habitatges del banco urquijo, p. 140 edifici d'habitatges, p. 150 casa ugalde, p. 218
josé antonio coderch de sentmenat, manuel valls	habitatges per a pescadors, p. 96 casa tàpies, p. 170
federico correa, alfonso milà	torre d'habitatges monitor, p. 61 truiteria flash-flash / bar restaurant il giardinetto, p. 116
federico correa, alfonso milà, josé luis sanz magallón	edifici talaia de barcelona, p. 36
guillem cosp i vilaró	edifici d'habitatges, p. 109
antoni de moragas i gallissà, francesc de riba i sales	park hotel, p. 98 edifici d'habitatges, p. 158
manuel de solà-morales rosselló, manuel de solà-morales rubió	edifici d'habitatges, p. 152
emilio donato folch	edifici d'habitatges, p. 110
josep emili donato, uwe geest	escola pública eduard fontseré (la teixonera), p. 176
raimon duran i reynals	casa espona - casa cardenal, p. 122
f. escudero, j. a. torroja	església de sant lluís gonzaga, p. 188
josep m. fargas i falp, enric tous i carbó	edifici d'oficines banca catalana (actual BBVA), p. 120 edifici d'oficines, p. 133
g. giraldez dávila, pedro lópez iñigo, xavier subias, m. baldrich, antoni bonet, josep soteras	polígon de montbau, p. 178
luis gutiérrez soto	gratacels urquinaona, p. 92

sixt illescas	casa vilaró, p. 173
pere lópez iñigo, guillem giráldez dávila, xavier subias fages	facultat de dret, p. 64 facultat de ciències econòmiques, p. 66
pere llimona, xavier ruiz i vallès	edifici d'habitatges, p. 60
joaquim lloret i homs	clínica barraquer, p. 153
carlos martinez sánchez	edifici d'habitatges, p. 119
ludwig mies van der rohe / ignasi de solà-morales, christian cirici, fernando ramos (reconstrucció)	pavelló d'alemanya (reconstrucció), p. 16
francesc mitjans miró	nou camp: estadi del futbol club barcelona, p. 42 edifici d'habitatges la colmena, p. 54 illa seida: edifici d'habitatges, estació de servei, magatzem i taller de la seat, p. 58 edifici d'habitatges casa tokio, p. 74 banco atlántico (actual banc sabadell-atlántico), p. 112 antiga clínica soler roig, p. 142 central telefónica, p. 143 edifici d'habitatges, p. 144
antoni moragas i gallissà	cinema liceo, p. 46 església parroquial de sant jaume, p. 215
antoni moragas i gallissà, francesc de riba i salas	casa dels braus, p. 132 edifici d'habitatges, p. 193
lluis nadal oller	habitatges a nou barris, p. 191
césar ortiz-echagüe, rafael echaide itarte	laboratoris de la seat, p. 25 casa llar, p. 80
césar ortiz-echagüe, manuel barbero rebolledo, rafael de la joya	menjadors de la seat, p. 26
miquel ponseti i vives	club natació barcelona, p. 99 edifici d'habitatges, p. 147
francesc rius	edifici d'habitatges, p. 174
juan rius i camps, juan ignacio de la vega i aguilar	IESE (institut d'estudis superiors de l'empresa), p.72
germán rodríguez arias	edifici d'habitatges astoria, p. 111
germán rodríguez arias, ricardo de churruca	edifici d'habitatges, p. 114
nicolau m. rubió i tudurí	casa del cotó, p.128
josep lluis sert	edifici d'habitatges, p. 156
josep lluis sert, jackson & associates	fundació joan miró, p. 18 conjunt residencial les escales park, p. 76
josep lluis sert, josep torres i clavé	dispensari central antituberculós, p. 90
josep lluis sert (amb antoni bonet)	joieria roca, p. 124
josep lluis sert (amb manuel de muga, et alt)	galeria joan prats, p. 125
josep lluis sert, josep torres i clavé, joan baptista subirana	casa bloc, p. 198
josep m. sostres i maluquer	oficines i tallers per al *noticiero universal*, p. 126 casa iranzo, p. 209 casa moratiel (MMI), p. 212
josep soteras mauri,	palau municipal d'esports, p. 20 nou camp: estadi del futbol club barcelona, p. 42
lorenzo garcia-barbón	nou camp: estadi del futbol club barcelona, p. 42
josep soteras mauri / josé antonio coderch de sentmenat (ampliació)	edifici luminor, p.89
robert terradas i via	escola tècnica superior d'enginyers industrials de barcelona (ETSEIB), p. 70 col·legi de metges, p. 78 fàbrica ENMASA (empresa nacional de motors d'aviació, avui fàbrica de la mercedes benz), p. 196
elias torres, josé antonio martinez lapeña	edifici d'habitatges, p. 190
ramon tort i estrada	societat general d'aigües de barcelona, p. 129
albert viaplana, helio piñón, gabriel mora	habitatges i oficines can bruixa, p. 38

Agraïments / Thanks / Agradecimientos: Ivan Blasi Mezquita, Ignacio López Alonso, Txoc_oh

Textos: Patricia de Muga, Laura García Hintze
Fotos: Carlos Collado
Coordinació: Montse Holgado
Disseny: Estudi Poligrafa / B. Martínez
Traduccions: Tina Vallès (català), Sue Brownbridge (anglès)
Fotomecànica: Estudi Poligrafa / Borja Ardite
Impressió: Futurgràfic, Barcelona

© de l'edició: 2006 Edicions Polígrafa; Imatge i Producció Editorial, Barcelona
www.edicionespoligrafa.com   www.bcn.es/publicacions

© dels textos, fotografies i traduccions: els autors

ISBN: 84-343-1126-7 (Edicions Polígrafa)
ISBN: 84-7609-707-7 (Ajuntament de Barcelona)

Dip. legal: B. 44.799 - 2006 (Printed in Spain)